패턴 목록

2단계 뷰(388): 도메인 데이터를 먼저 일종의 논리적 페이지로 변환한 다음 이를 다시 HTML로 변환하는 2단계 과정을 통해 변환한다.

값 객체(514): 금액이나 날짜 범위와 같이 동등 개념이 식별자에 기반을 두지 않는 작고 간단한 객체

게이트웨이(492): 외부 시스템이나 자원에 대한 접근을 캡슐화하는 객체

계층 상위 형식(502): 해당 계층에서 모든 형식의 상위 형식 역할을 하는 형식

구현 테이블 상속(313): 클래스의 상속 계층을 계층의 구현 클래스당 테이블 하나를 사용해 나타낸다.

굵은 입자 잠금(465): 하나의 잠금으로 여러 관련 객체의 집합을 잠근다.

금액(516): 금액을 나타낸다.

낙관적 오프라인 잠금(441): 충돌이 감지되면 트랜잭션을 롤백해 동시 비즈니스 트랜잭션 간의 충돌을 방지한다.

단일 테이블 상속(296): 여러 클래스로 이뤄진 상속 계층을 다양한 클래스의 모든 필드에 대한 열을 포함하는 단일 테이블로 나타낸다.

데이터 매퍼(174): 객체와 데이터베이스 사이에서 둘 사이는 물론 매퍼 자체에 대한 독립성을 유지하면서 데이터를 옮기는 매퍼(500)의 한 계층

데이터 전송 객체(427): 메서드 호출 횟수를 줄이기 위해 프로세스 간에 데이터를 전송하는 객체

데이터베이스 세션 상태(489): 세션 데이터를 데이터베이스에 커밋된 데이터로 저장한다.

도메인 모델(122): 동작과 데이터를 모두 포함하는 도메인의 객체 모델

레지스트리(507): 다른 객체가 공용 객체와 서비스를 찾기 위해 사용하는 잘 알려진 객체

레코드 집합(538): 테이블 형식 데이터의 인메모리 표현

리포지토리(344): 도메인 객체에 접근하는 컬렉션과 비슷한 인터페이스를 사용해 도메인과 데이터 매핑 계층 사이를 중재한다.

매퍼(500): 독립적인 두 객체 간의 통신을 설정하는 객체

메타데이터 매핑(325): 객체-관계형 매핑의 세부 정보를 메타데이터로 저장한다.

모델 뷰 컨트롤러(350): 사용자 인터페이스 상호작용을 세 가지 독립적인 역할로 분할한다.

변환 뷰(384): 도메인 데이터 요소를 요소별로 변환하고 HTML 변환하는 뷰

분리 인터페이스(504): 구현과 분리된 별도의 패키지에 인터페이스를 정의한다.

비관적 오프라인 잠금(452): 한 시점에 한 트랜잭션만 데이터에 접근할 수 있게 해서 동시 비즈니스 트랜잭션 간의 충돌을 방지한다.

상속 매퍼(322): 상속 계층을 처리하는 데이터베이스 매퍼를 구성하는 구조

서버 세션 상태(485): 세션 상태를 직렬화된 형식으로 서버 시스템에 저장한다.

서비스 계층(141): 사용 가능한 작업의 집합을 설정하고 각 작업에 대한 애플리케이션의 반응을 조율하는 서비스의 계층으로 애플리케이션의 경계를 정의한다.

서비스 스텁(533): 테스트 중 문제가 될 수 있는 서비스에 대한 의존성을 제거한다.

식별자 맵(206): 모든 객체를 한 맵에 로드해 각 객체가 한 번씩만 로드되게 한다. 객체를 참조할 때는 맵을 이용해 객체를 조회한다.

식별자 필드(227): 인메모리 객체와 데이터베이스 행 간의 식별자를 유지 관리하기 위해 데이터베이스 ID 필드를 저장하는 객체

암시적 잠금(477): 프레임워크나 계층 상위 형식 코드에서 오프라인 잠금을 얻을 수 있게 한다.

애플리케이션 컨트롤러(404): 화면 이동과 애플리케이션의 흐름을 처리하는 중심 지점

연관 테이블 매핑(264): 연관된 테이블에 대한 외래 키를 포함하는 테이블에 연관을 저장한다.

외래 키 매핑(251): 객체 간 연결과 테이블 간 외래 키 참조의 매핑

원격 파사드(412): 가는 입자 객체에 대한 굵은 입자 파사드를 제공해 네트워크 상에서 효율을 향상시킨다.

의존 매핑(280): 클래스가 자식 클래스의 데이터베이스 매핑을 수행하게 한다.

작업 단위(193): 비즈니스 트랜잭션의 영향을 받은 객체의 리스트를 유지 관리하고, 변경 내용을 기록하는 일과 동시성 문제를 해결하는 일을 조율한다.

지연 로드(211): 필요한 데이터를 모두 포함하지는 않지만 데이터가 필요할 때 가져오는 방법을 아는 객체

직렬화 LOB(291): 객체의 그래프를 데이터베이스 필드에 기록할 수 있는 하나의 큰 객체(LOB)로 직렬화해 저장한다.

쿼리 객체(337): 데이터베이스 쿼리를 나타내는 객체

클라이언트 세션 상태(482): 세션 상태를 클라이언트에 저장한다.

클래스 테이블 상속(304): 각 클래스당 테이블 하나를 사용해 클래스의 상속 계층을 나타낸다.

테이블 데이터 게이트웨이(151): 데이터베이스 테이블에 대한 게이트웨이(492)의 역할을 하는 객체. 한 인스턴스가 테이블의 모든 행을 처리한다.

테이블 모듈(132): 데이터베이스 테이블이나 뷰의 모든 행에 대한 비즈니스 논리를 처리하는 단일 인스턴스

템플릿 뷰(372): HTML 페이지에 표시자를 삽입해 정보를 HTML로 렌더링한다.

트랜잭션 스크립트(115): 비즈니스 논리를 프로시저별로 구성해 각 프로시저가 프레젠테이션의 단일 요청을 처리하게 한다.

특수 사례(525): 특정 사례에 대해 특수한 동작을 제공하는 하위 클래스

페이지 컨트롤러(353): 웹 사이트에서 특정 페이지나 동작에 대한 요청을 처리하는 객체

포함 값(286): 한 객체를 다른 객체의 테이블에 있는 여러 필드로 매핑한다.

프런트 컨트롤러(366): 웹 사이트의 모든 요청을 처리하는 컨트롤러

플러그인(528): 컴파일이 아닌 구성 중에 클래스를 연결한다.

행 데이터 게이트웨이(160): 데이터 원본의 단일 레코드에 대한 게이트웨이(492) 역할을 하는 객체. 행마다 인스턴스 하나가 사용된다.

활성 레코드(168): 데이터베이스 테이블이나 뷰의 행을 래핑하고, 데이터베이스 접근을 캡슐화하며, 해당 데이터에 대한 도메인 논리를 추가하는 객체

데니스 윌리엄 파울러(1922–2000)를

추억하며

– 마틴 파울러

엔터프라이즈
애플리케이션
아키텍처 패턴

엔터프라이즈 애플리케이션 아키텍처 패턴

지은이 마틴 파울러(Martin Fowler)
옮긴이 최민석
펴낸이 박찬규 엮은이 이대엽 디자인 북누리 표지디자인 아로와 & 아로와나

펴낸곳 위키북스 전화 031-955-3658, 3659 팩스 031-955-3660
주소 경기도 파주시 문발로 115 세종출판벤처타운 311호

가격 35,000 페이지 568 책규격 188 x 240mm

1쇄 발행 2015년 10월 27일
2쇄 발행 2018년 10월 31일
3쇄 발행 2021년 10월 30일
ISBN 979-11-5839-017-4 (93000)

등록번호 제406-2006-000036호 등록일자 2006년 05월 19일
홈페이지 wikibook.co.kr 전자우편 wikibook@wikibook.co.kr

이 도서의 국립중앙도서관 출판시도서목록 CIP는
서지정보유통지원시스템 홈페이지(http://seoji.nl.go.kr)와
국가자료공동목록시스템(http://www.nl.go.kr/kolisnet)에서 이용하실 수 있습니다.
CIP제어번호 2015027978

엔터프라이즈 애플리케이션 아키텍처 패턴

Patterns of Enterprise Application Architecture

엔터프라이즈 애플리케이션 구축을 위한 객체지향 설계의 원리와 기법

마틴 파울러 지음
/
최민석 옮김

서문

대상 독자 5
감사의 글 6
후기 8
원서 표지 설명 9

들어가며

아키텍처 10
엔터프라이즈 애플리케이션 11
엔터프라이즈 애플리케이션의 유형 14
성능에 대한 고려 16
패턴 19
패턴의 구조 20
이러한 패턴의 한계 22

01부 이야기

01장 계층화

엔터프라이즈 애플리케이션에서 계층의 발전 26
세 가지 주요 계층 28
계층이 실행될 위치 선택 31

02장 도메인

선택 38
서비스 계층 39

03장 관계형

아키텍처 패턴 41
동작 문제 46
데이터 읽기 48
구조적 매핑 패턴 49
관계 매핑 50
상속 53
매핑 56
이중 매핑 57
메타데이터 사용 57
데이터베이스 연결 58
기타 주의사항 60
참고 자료 61

04장 웹 프레젠테이션

뷰 패턴 65
입력 컨트롤러 패턴 68
참고 자료 68

05장 동시성

동시성 문제 70
실행 컨텍스트 71
격리와 불변성 73
낙관적 동시성 제어와 비관적 동시성 제어 74
일관성 없는 읽기 예방 75
교착 상태 76
트랜잭션 77
ACID 78
트랜잭션 리소스 78
활동성을 위한 트랜잭션 격리성 저하 80
비즈니스 트랜잭션과 시스템 트랜잭션 81

오프라인 동시성 제어를 위한 패턴 83
애플리케이션 서버 동시성 85
참고 자료 87

06장 세션 상태
상태 비저장의 가치 88
세션 상태 90
세션 상태를 저장하는 방법 91

07장 분산 전략
분산 객체의 매력 94
원격 및 로컬 인터페이스 95
분산이 필요한 상황 97
분산 경계를 사용한 작업 98
분산을 위한 인터페이스 99

08장 종합
도메인 계층으로 시작하기 102
데이터 원본 계층 103
- 트랜잭션 스크립트(115)의 데이터 원본 104
- 테이블 모듈(132)의 데이터 원본 104
- 도메인 모델(122)의 데이터 원본 105
프레젠테이션 계층 105
몇 가지 기술 관련 조언 106
- 자바와 J2EE 107
- .NET 108
- 저장 프로시저 108
- 웹 서비스 109
다른 계층화 체계 110

02부 패턴

09장 도메인 논리 패턴

트랜잭션 스크립트 115
- 작동 원리 115
- 사용 시점 116
- 수익 인식 문제 117
- 예제: 수익 인식(자바) 118

도메인 모델 122
- 작동 원리 122
- 사용 시점 125
- 참고 자료 126
- 예제: 수익 인식(자바) 126

테이블 모듈 132
- 작동 원리 133
- 사용 시점 135
- 예제: 테이블 모듈을 이용한 수익 인식(C#) 136

서비스 계층 141
- 작동 원리 142
- 사용 시점 145
- 참고 자료 145
- 예제: 수익 인식(자바) 146

10장 데이터 원본 아키텍처 패턴

테이블 데이터 게이트웨이 151
- 작동 원리 151
- 사용 시점 153
- 참고 자료 154
- 예제: 인물 게이트웨이(C#) 154
- 예제: ADO.NET 데이터 집합 사용(C#) 156

행 데이터 게이트웨이 160
- 작동 원리 160
- 사용 시점 161
- 예제: 인물 레코드(자바) 163
- 예제: 도메인 객체를 위한 데이터 홀더(자바) 167

활성 레코드 168

작동 원리 168

사용 시점 169

예제: 간단한 인물 클래스(자바) 170

데이터 매퍼 174

작동 원리 174

사용 시점 179

예제: 간단한 데이터베이스 매퍼(자바) 179

예제: 검색기 분리(자바) 186

예제: 비어 있는 객체 만들기(자바) 190

11장 객체- 관계형 동작 패턴

작업 단위 193

작동 원리 194

사용 시점 200

예제: 객체 등록을 사용하는 작업 단위(자바) 200

식별자 맵 206

작동 원리 206

사용 시점 209

예제: 식별자 맵의 메서드(자바) 209

지연 로드 211

작동 원리 211

사용 시점 214

예제: 지연 초기화(자바) 214

예제: 가상 프락시(자바) 215

예제: 값 홀더 사용(자바) 217

예제: 고스트 사용(C#) 218

12장

객체-관계형 구조 패턴

식별자 필드 227

작동 원리 227

사용 시점 232

참고 자료 232

예제: 정수 키(C#) 232

예제: 키 테이블 사용(자바) 234

예제: 복합 키 사용(자바) 237

외래 키 매핑 251

작동 원리 251

사용 시점 254

예제: 단일 값 참조(자바) 255

예제: 다중 테이블 검색(자바) 259

예제: 참조의 컬렉션(C#) 260

연관 테이블 매핑 264

작동 원리 264

사용 시점 265

예제: 직원과 기술(C#) 265

예제: 직접 SQL 사용(자바) 269

예제: 여러 직원을 쿼리 하나로 처리(자바) 273

의존 매핑 280

작동 원리 280

사용 시점 282

예제: 앨범과 트랙(자바) 282

포함 값 286

작동 원리 286

사용 시점 286

참고 자료 288

예제: 간단한 값 객체(자바) 288

직렬화 LOB 290

작동 원리 290

사용 시점 292

예제: 부서 계층을 XML로 직렬화(자바) 292

단일 테이블 상속 296
- 작동 원리 296
- 사용 시점 297
- 예제: 선수 정보를 단일 테이블로 매핑(C#) 298
- 데이터베이스에서 객체 로드 300

클래스 테이블 상속 304
- 작동 원리 304
- 사용 시점 305
- 참고 자료 306
- 예제: 선수의 상속 구조 매핑(C#) 306

구현 테이블 상속 313
- 작동 원리 313
- 사용 시점 315
- 예제: 구현 테이블 상속(C#) 316

상속 매퍼 322
- 작동 원리 323
- 사용 시점 324

13장

객체- 관계형 메타데이터 매핑 패턴

메타데이터 매핑 325
- 작동 원리 325
- 사용 시점 327
- 예제: 메타데이터와 리플렉션 사용(자바) 328

쿼리 객체 337
- 작동 원리 337
- 사용 시점 338
- 참고 자료 339
- 예제: 간단한 쿼리 객체(자바) 339

리포지토리 344
- 작동 원리 345
- 사용 시점 346

참고 자료 347
예제: 인물의 의존자 검색(자바) 347
예제: 리포지토리 전략의 교체(자바) 348

14장 웹 프레젠테이션 패턴

모델 뷰 컨트롤러 350
작동 원리 350
사용 시점 352
페이지 컨트롤러 353
작동 원리 353
사용 시점 355
예제: 서블릿 컨트롤러와 JSP 뷰를 사용한 간단한 표시(자바) 355
예제: JSP를 처리기로 사용(자바) 357
예제: 코드 숨김을 이용한 페이지 처리기(C#) 361
프런트 컨트롤러 366
작동 원리 366
사용 시점 368
참고 자료 369
예제: 간단한 디스플레이(자바) 369
템플릿 뷰 372
작동 원리 373
사용 시점 376
예제: 별도의 컨트롤러와 함께 JSP를 뷰로 사용(자바) 377
예제: ASP.NET 서버 페이지(C#) 380
변환 뷰 384
작동 원리 384
사용 시점 385
예제: 간단한 변환(자바) 386

2단계 뷰 388
작동 원리 389
사용 시점 391
예제: 2단계 XSLT(XSLT) 395
예제: JSP와 커스텀 태그(자바) 399
애플리케이션 컨트롤러 404
작동 원리 404
사용 시점 406
참고 자료 407
예제: 상태 모델 애플리케이션 컨트롤러(자바) 407

15장 분산 패턴

원격 파사드 412
작동 원리 413
사용 시점 416
예제: 자바 세션 빈을 원격 파사드로 사용(자바) 417
예제: 웹 서비스(C#) 421
데이터 전송 객체 427
작동 원리 427
사용 시점 432
참고 자료 433
예제: 앨범에 대한 정보 전송(자바) 433
예제: XML을 사용한 직렬화(자바) 438

16장
오프라인 동시성 패턴

낙관적 오프라인 잠금 441
- 작동 원리 442
- 사용 시점 445
- 예제: 도메인 계층과 데이터 매퍼(174)(자바) 446

비관적 오프라인 잠금 452
- 작동 원리 453
- 사용 시점 457
- 예제: 간단한 잠금 관리자(자바) 458

굵은 입자 잠금 465
- 작동 원리 465
- 사용 시점 468
- 예제: 공유된 낙관적 오프라인 잠금(441)(자바) 468
- 예제: 공유된 비관적 오프라인 잠금(452)(자바) 474
- 예제: 루트 낙관적 오프라인 잠금(441)(자바) 475

암시적 잠금 477
- 작동 원리 478
- 사용 시점 479
- 예제: 암시적인 비관적 오프라인 잠금(452)(자바) 479

17장
세션 상태 패턴

클라이언트 세션 상태 482
- 작동 원리 482
- 사용 시점 484

서버 세션 상태 485
- 작동 원리 485
- 사용 시점 488

데이터베이스 세션 상태 489
- 작동 원리 489
- 사용 시점 491

18장

기본 패턴

게이트웨이 492
작동 원리 493
사용 시점 494
예제: 특정 메시징 서비스에 대한 게이트웨이(자바) 495
매퍼 500
작동 원리 500
사용 시점 501
계층 상위 형식 502
작동 원리 502
사용 시점 502
예제: 도메인 객체(자바) 502
분리 인터페이스 504
작동 원리 505
사용 시점 506
레지스트리 507
작동 원리 507
사용 시점 509
예제: 싱글턴 레지스트리(자바) 510
예제: 스레드로부터 안전한 레지스트리(자바) 512
값 객체 514
작동 원리 514
사용 시점 515
금액 516
작동 원리 516
사용 시점 519
예제: 금액 클래스(자바) 519

특수 사례 525
작동 원리 526
사용 시점 526
참고 자료 526
예제: 간단한 null 객체(C#) 526
플러그인 528
작동 원리 528
사용 시점 529
예제: ID 생성기(자바) 530
서비스 스텁 533
작동 원리 533
사용 시점 534
예제: 소비세 서비스(자바) 534
레코드 집합 538
작동 원리 538
사용 시점 540

서문

1999년 봄, 필자는 소트웍스(ThoughtWorks)라는 작지만 나날이 성장하던 애플리케이션 개발 회사의 프로젝트 컨설팅을 의뢰받고 시카고로 향하는 비행기에 몸을 실었다. 이 프로젝트는 백엔드 임대 관리 시스템이라는 야심 찬 엔터프라이즈 애플리케이션 프로젝트였다. 이 프로젝트는 기본적으로 청구서 발송, 임대 중인 자산의 업그레이드 처리, 임대 요금을 미납한 고객 명단 확인, 고객이 자산을 조기 반환하는 경우 처리 등을 비롯해 임대 계약에 서명한 이후 일어나는 모든 작업을 처리할 수 있었다. 문제는 임대 계약이 거의 무한대라고 할 만큼 다양할 뿐 아니라 끔찍할 만큼 복잡하다는 것이었다. 비즈니스 "논리"는 논리적 패턴에 딱 들어맞는 법이 없다. 왜냐하면 거래 성사 여부를 좌우하는 사소하고 때때로 이상한 변경 사항을 충족하기 위해 사업가들이 상황에 따라 만들어내는 논리이기 때문이다. 이러한 사소한 변경 사항들이 추가될수록 시스템은 점점 더 복잡해진다.

필자는 이런 작업에 흥미가 많다. 모든 복잡성을 해결하고 문제를 쉽게 처리하는 객체로 구성된 시스템을 만들려면 어떻게 해야 할까? 필자는 복잡한 논리 문제를 쉽게 처리할 수 있다는 것이 객체의 가장 큰 장점이라고 생각한다. 복잡한 비즈니스 문제에 대한 도메인 모델(122)을 만드는 일은 쉽지 않았지만 결과는 만족스러웠다.

그런데 이것으로 모든 문제가 해결된 것은 아니었다. 도메인 모델은 데이터베이스에 저장해야 했고, 당시 우리는 다른 프로젝트와 마찬가지로 관계형 데이터베이스를 이용했다. 또한 이 모델을 사용자 인터페이스에 연결하고, 원격 애플리케이션으로 우리 소프트웨어를 이용할 수 있도록 지원해야 했으며, 우리 소프트웨어를 타사 패키지와 통합해야 했다. 이 모든 기능을 당시 경험이 거의 없었던 J2EE라는 새로운 기술을 이용해 구현해야 했다.

새로운 기술을 이용해야 했지만, 우리에게는 기본적인 경험이 있었다. 필자는 수년간 C++, 스몰토크(Smalltalk), 코바(CORBA) 등을 사용해 이와 비슷한 작업을 했었다. 소트웍스 개발자 중에도 숙련된 포르테(Forte) 개발자들이 많았다. 아키텍처에 대한 핵심적인 개념은 이미 머릿속에 있었기 때문에 이 개념을 J2EE로 적용하는 방법만 알아내면 되는 상황이었다. 지금 되돌아 생각해보면 3년 전 설계는 완벽하지는 않았지만, 당시의 중요 요건들을 아주 잘 충족했었다.

이 책은 바로 이런 상황을 해결하기 위해 쓰여졌다. 필자는 여러 해 동안 수많은 엔터프라이즈 애플리케이션 프로젝트를 경험했다. 이러한 프로젝트에는 엔터프라이즈 애플리케이션이 필연적으로 처리해야 하는 복잡성을 아주 효율적으로 다룰 수 있는 입증된 설계 아이디어를 포함하는 경우가 많았다. 이 책은 이러한 설계 아이디어를 패턴으로 만들기 위한 출발점이다.

이 책은 두 부분으로 구성돼 있다. 1부에서는 엔터프라이즈 애플리케이션의 설계를 이해하기 쉽게 설명하는 여러 이야기 장을 포함한다. 여기서는 엔터프라이즈 애플리케이션의 아키텍처와 관련된 다양한 문제와 그 해결책을 소개한다. 다만 이러한 해결책을 심도 있게 다루지는 않는다. 해결책에 대한 깊이 있는 내용은 패턴별로 정리된 2부에서 다룬다. 2부는 순서대로 읽기보다는 참고서로 사용하기에 적합하도록 구성했다. 1부의 이야기 장을 읽으면서 이 책에서 다루는 이야기를 개략적으로 파악한 후, 2부의 패턴 장에서 더 알아보고 집중적으로 공부할 수 있다. 즉, 이 책은 앞부분의 간단한 이야기와 뒷부분의 자세한 참고서를 하나로 결합한 책이다.

이 책은 엔터프라이즈 애플리케이션 설계에 대한 책이다. 엔터프라이즈 애플리케이션은 막대한 규모의 복잡한 데이터를 표시, 관리, 저장하고, 이러한 데이터를 이용한 비즈니스 프로세스를 지원하거나 자동화하는 애플리케이션을 말한다. 엔터프라이즈 애플리케이션의 예로는 예약 시스템, 금융 시스템, 공급망 시스템, 그밖의 현대 비즈니스 운영에 필수적인 다양한 시스템이 있다. 엔터프라이즈 애플리케이션에는 임베디드 시스템, 제어 시스템, 통신, 데스크톱 생산성 소프트웨어와는 분명히 다른 고유한 과제와 해결책이 있다. 따라서 엔터프라이즈 애플리케이션에 대해 배우려는 경우가 아니라면 이러한 다른 분야의 개발자에게는 이 책이 그다지 유용하지 않을 수 있다. 일반 소프트웨어 아키텍처에 대한 책으로는 [POSA]를 추천한다.

엔터프라이즈 애플리케이션을 구축하려면 다양한 아키텍처 문제를 해결해야 한다. 아쉽게도 이 책에서 모든 문제의 해결책을 얻지는 못할 것이다. 필자는 소프트웨어를 구축하는 방법으로 반복적 개발(iterative development)의 가치를 높게 평가한다. 반복적 개발의 핵심 개념 중 하나는 완전하지 않더라도 사용자에게 유용한 소프트웨어를 최대한 신속하게 만든다는 것이다. 책을 집필하는 일과 소프트웨어를 개발하는 일은 서로 다른 점도 많지만, 적어도 이 기본 개념은 두 가지 일에 모두 해당한다고 생각한다. 이 책은 아직 완벽하지는 않지만 엔터프라이즈 애플리케이션 아키텍처에 대한 유용한 개요를 담고 있다. 이 책의 주요 주제는 다음과 같다.

- 엔터프라이즈 애플리케이션 계층화
- 도메인(비즈니스) 논리 구성
- 웹 사용자 인터페이스 구성
- 인메모리(in-memory) 모듈(특히 객체)과 관계형 데이터베이스 연결
- 상태 비저장 환경에서 세션 상태 처리
- 분산의 원리

그런데 이 책에서 다루지 않는 주제도 많다. 할 수 있다면 유효성 검사 구성, 메시징과 비동기 통신의 통합, 보안, 오류 처리, 클러스터링, 애플리케이션 통합, 아키텍처 리팩터링, 리치 클라이언트 사용자 인터페이스 구성 등의 주제도 다루고 싶지만 시간과 지면의 부족 때문에 이 책에서는 다루지 않는다. 가까운 장래에 이러한 주제와 관련된 패턴이 만들어지기를 바란다. 아니면 내가 이러한 주제에 대한 다른 책을 쓰거나 다른 저자가 부족한 부분을 채워줄 수 있을 것이다.

이 가운데 메시지 기반 통신은 특히 중요한 주제다. 비동기 메시지 기반 통신을 활용해 여러 애플리케이션을 통합하는 사례가 점차 증가하고 있다. 애플리케이션 내에서 이를 이용하는 방법에 대해서도 다룰 내용이 많다.

이 책은 특정 소프트웨어 플랫폼을 염두에 두고 구성하지는 않았다. 필자는 80년대 후반부터 90년대 초반까지 스몰토크, C++, 코바 등으로 작업하는 동안 이러한 패턴을 처음 접했다. 90년대 후반에는 자바로 많은 작업을 했는데, 처음에는 자바/코바 시스템으로, 이후에는 J2EE 기반 시스템으로 이러한 패턴을 매끄럽게 적용할 수 있었다. 최근에는 마이크로소프트의 .NET 플랫폼을 기반으로 기초 작업을 하고 있는데, .NET 플랫폼에도 이러한 패턴을 원활하게 적용할 수 있다. 소트웍스에서 일하는 필자의 동료들도 특히 포르테와 관련된 경험을 소개해주었다. 지금까지 엔터프라이즈 애플리케이션에 사용되고, 앞으로 사용될 모든 플랫폼에 이러한 패턴을 완벽하게 적용할 수 있다고 보장하지는 못하지만 지금까지 여러 플랫폼에서 유용성이 충분히 입증됐다.

대부분의 패턴에 대한 코드 예제를 준비했고 최대한 많은 독자가 읽고 이해할 수 있게 예제의 언어를 선택했다. 자바는 탁월한 선택이다. C나 C++ 코드를 읽을 수 있는 사람이라면 누구나 자바 코드를 읽을 수 있다. 게다가 자바는 C++보다 훨씬 덜 복잡하다. 기본적으로 대부분의 C++ 프로그래머가 자바 코드를 읽을 수 있지만 반대로 자바 프로그래머가 C++ 코드를 읽기는 어렵다. 또한 필자는 객체 신봉자이므로 당연히 객체지향 언어를 선호한다. 따라서 대부분의 코

드 예제를 자바로 작성하는 것은 아주 자연스러운 결과였다. 또한 내가 이 책을 집필하는 동안 마이크로소프트는 .NET 환경을 상당히 안정화시켰고, C# 언어도 자바와 거의 동일한 특성을 갖게 됐다. 그래서 일부 코드 예제는 C#으로도 작성했다. 아무래도 자바 개발자보다 C# 개발자의 수가 적고 언어의 성숙도도 자바보다는 낮기 때문에 C#을 선택한 데는 약간의 위험이 있었다. 두 언어는 모두 C 기반 언어이므로 특정 언어나 플랫폼에 대한 숙련도에 관계없이 한 언어를 읽을 수 있으면 다른 언어도 읽을 수 있다. 필자의 목표는 최대한 많은 소프트웨어 개발자가 읽을 수 있는 코드 예제를 제공하는 것이다(스몰토크, 델파이, 비주얼 베이직, 펄, 파이썬, 루비, 코볼 또는 다른 언어를 사용하는 개발자에게는 미안한 마음이다. 자바나 C#보다는 자신이 사용하는 언어가 더 우월하다고 생각하는 것을 안다. 여러분의 생각에 충분히 공감한다!).

예제는 패턴의 개념에 대한 영감과 설명을 제공하기 위한 것이며, 완성된 해결책이 아니다. 즉, 예제를 여러분의 애플리케이션에서 활용하려면 적지 않은 수정 작업이 필요하다. 패턴은 출발점으로 유용하지만 그 자체가 목적지는 아니다.

대상 독자

이 책은 엔터프라이즈 애플리케이션을 구축하는 프로그래머, 설계자, 아키텍트가 아키텍처 문제를 이해하고 이에 대해 원활하게 의사소통하도록 돕기 위해 쓰여졌다.

이 책의 독자를 두 부류로 나눈다면 직접 소프트웨어를 구축하려는 마음이 급하지 않는 독자, 그리고 툴을 활용하려는 마음이 급한 독자로 나눌 수 있을 것이다. 급하지 않은 독자는 이 책에서 소개하는 패턴을 출발점으로 활용할 수 있다. 패턴만으로는 해결할 수 없는 여러 영역의 다양한 문제가 있지만 현장에서 활용할 수 있는 더 많은 내용을 다룰 것이다. 툴 사용자는 작동 원리를 좀 더 잘 이해하고 툴이 지원하는 패턴을 선택하는 데 이 책의 도움을 받을 수 있다. 객체-관계형 매핑 툴을 사용하더라도 특정 상황에 맞게 매핑에 대한 결정을 내릴 수 있어야 한다. 패턴에 대한 지식이 있으면 선택의 기준으로 활용할 수 있다.

그리고 직접 소프트웨어를 구축하려는 마음이 급한 독자라는 세 번째 부류도 있을 수 있다. 이런 독자에게는 먼저 툴 사용을 고려해보라는 조언을 하고 싶다. 실제로 필자는 결과적으로 프로젝트 자체에는 크게 도움이 되지 않는 프레임워크를 구축하면서 시간을 낭비하는 경우를 많이 봤다. 꼭 소프트웨어를 구축해야 한다면 그렇게 해도 된다. 다만 이 책의 예제는 이해를 돕기 위해 의도적으로 단순화한 것이 많으며, 실제 애플리케이션에서 활용하려면 적지 않은 수정이 필요하다는 것을 기억하자.

패턴은 반복적인 문제에 대한 공통적인 해결책이므로 몇 가지 패턴은 이미 접해봤을 가능성이 높다. 엔터프라이즈 애플리케이션 분야에서 오래 일했다면 대부분의 패턴을 잘 알고 있을 수도 있다. 이 책은 새로운 개념을 소개하기보다는 (이 업계의) 오래된 개념을 정리하는 책이다. 이 분야에 첫발을 떼는 개발자라면 이러한 개념을 배우는 데 이 책이 도움되길 바란다. 그리고 이러한 기술에 익숙한 개발자라면 이를 다른 개발자에게 가르치고 서로 의사소통하는 데 이 책이 도움될 것이다. 패턴의 중요한 역할 중 하나는 통용되는 어휘를 정의하는 것이다. 즉, 어떤 클래스가 **원격 파사드**(412)라고 이야기하면 다른 설계자가 그 말을 이해할 수 있다.

감사의 글

다른 책과 마찬가지로, 이 책은 내가 오랫동안 함께 일한 많은 이의 다양한 도움이 있었기에 나올 수 있었다. 간혹 이 책에서 중요하게 다룬 부분을 이야기한 사람을 기억하지 못하는 경우도 있지만 기억하는 한도 내에서 감사 인사를 전하는 기회를 마련했다.

먼저 공동 저자의 노고에 감사한다. 데이비드 라이스(David Rice)는 소트웍스에서 필자와 함께 일하는 동료이며, 이 책의 거의 1/10을 함께 집필한 공동 저자다. 고객을 지원하는 기존의 업무와 함께 집필 작업이 막바지에 이르러 마감 날짜를 맞추기 위해 열심히 일하면서 밤 늦게 주고받은 메신저 대화에서 그는 책을 쓰는 일이 왜 어렵고 힘든 일인지를 비로소 깨달았다고 털어놓았다.

매트 폼멜(Matt Foemmel) 역시 소트웍스에서 함께 일하는 동료로서 글을 재미있게 쓰는 능력은 아직 부족하지만, 이 책의 여러 코드 예제를 작성해줬고 책에 대한 간단명료한 비평도 해주었다. 랜디 스태퍼드(Randy Stafford)는 평소 그가 지지하는 **서비스 계층**(141) 부분을 집필했다. 에드워드 하얏트(Edward Hieatt)와 롭 미(Rob Mee)는 롭이 원고를 검토하면서 발견한 미진한 부분을 보완하는 내용을 직접 집필했다. 롭은 내가 가장 좋아하는 검토자가 됐음은 물론이다. 누락된 부분을 찾는 데서 그치지 않고 직접 필요한 내용을 써주는 검토자가 어디 있을까!

일차 공식 검토자 여러분에게도 깊은 감사를 드린다.

존 브루어(John Brewer)	롭 미(Rob Mee)
카일 브라운(Kyle Brown)	제라드 메스자로스(Gerard Meszaros)
젠스 콜데웨이(Jens Coldewey)	더크 라일(Dirk Riehle)

존 크루피(John Crupi) 랜디 스태퍼드(Randy Stafford)
레오나드 펜스터(Leonard Fenster) 데이비드 시겔(David Siegel)
앨런 나이트(Alan Knight) 카이 유(Kai Yu)

사실 여기에는 소트웍스의 직원 명부를 그대로 옮겨 적어도 무리가 없을 정도다. 그만큼 많은 동료들이 자신만의 설계와 경험을 공유하면서 이 프로젝트를 도와줬다. 이 책에 나오는 여러 패턴은 소트웍스의 훌륭한 설계자들과 대화하면서 필자의 머릿속에 떠오른 것이므로 회사 전체에 감사하는 것이 이치에 맞을 것이다.

카일 브라운, 레이첼 레이니츠(Rachel Reinitz), 바비 울프(Bobby Woolf)는 노스캐롤라이나에서 열린 검토 모임에서 필자에게 큰 도움을 줬다. 이들의 꼼꼼한 검토를 거치면서 내가 미처 생각지 못했던 여러 중요한 내용을 발견할 수 있었다. 특히 카일과는 여러 차례 긴 전화 통화를 했고 여기서 일일이 언급할 수 없을 정도로 많은 도움을 받았다.

2000년 초, 필자는 자바 원(Java One)에서 강연할 내용을 앨런 나이트, 카이 유와 함께 준비한 적이 있는데, 그때의 내용이 이 책의 밑바탕이 됐다. 이 작업을 도와준 두 사람은 물론이고 이후 강연 내용과 개념을 정리하는 데 도움을 준 조쉬 매켄지(Josh Mackenzie), 레베카 파슨즈(Rebecca Parsons), 데이비드 라이스에게 감사 인사를 전한다. 또한 짐 뉴커크(Jim Newkirk)는 내가 .NET의 새로운 세계에 익숙해지는 데 큰 도움을 줬다.

필자는 이 분야의 여러 사람들과 함께 일하고 대화하면서 많은 것을 배웠다. 특히, 젬스톤(Gemstone)에서 푸드스마트(Foodsmart) 예제 시스템에 대한 경험을 공유해준 콜린 로(Colleen Roe), 데이비드 뮤어헤드(David Muirhead), 랜디 스태퍼드(Randy Stafford)에게 감사 인사를 전한다. 또한 브루스 에켈(Bruce Eckel)이 주최한 크레스티드 버트(Crested Butte) 워크숍의 참가자들과 유익한 대화를 많이 나눴기에 지난 2년간 이 이벤트의 모든 참가자에게도 감사 인사를 전한다. 조슈아 케리에브스키(Joshua Kerievsky)는 전체 검토에 참여할 시간을 내지는 못했지만 훌륭한 패턴 컨설턴트가 돼 줬다.

그리고 제한 없는 오디오 리뷰라는 고유한 브랜드를 자랑하는 UIUC 독서 그룹으로부터 큰 도움을 받았다. 이 독서 그룹의 여러 멤버에게 감사 인사를 전한다.

UIUC의 멤버였던 드라고스 마놀레스쿠(Dragos Manolescu)는 직접 독서 그룹을 조직하고 이 책에 대한 의견을 전달해주었다. 이 그룹의 여러 멤버들에게도 감사 인사를 전한다.

켄트 벡(Kent Beck)은 일일이 기억할 수 없을 만큼 다양한 아이디어로 필자를 도와줬다. 그중에서 기억나는 것은 특수 사례(525)의 이름을 지어준 것이다. 짐 오델(Jim Odell)은 내가 컨설팅, 교육, 집필의 세계로 들어서도록 도와줬으며, 어떠한 인사말로도 그에게서 받은 도움을 표현할 수는 없을 것이다.

이 책을 집필하는 동안 초안을 웹에 공개했었는데, 많은 분들이 문제점을 지적하고 질문을 올려주거나 대안을 제시했다. 모든 분들에게 감사 인사를 전한다.

이 밖에도 이름을 모두 기억할 수는 없지만 의견을 제시해준 많은 분들에게 감사 인사를 전한다.

그리고 그 누구보다도 항상 내 옆을 지켜준 아내 신디에게 고마운 마음을 전하고 싶다.

후기

이 책은 내가 처음으로 XML과 관련 기술을 활용해 집필한 책이다. 주요 본문은 텍스트패드(TextPad)를 이용해 여러 XML 문서로 작성했고 직접 만든 DTD도 이용했다. 집필하는 동안 HTML 사이트의 웹 페이지를 생성하기 위해 XSLT도 이용했다. 다이어그램은 비지오에서 페이블 흐루비(Pavel Hruby)의 환상적인 UML 템플릿을 이용해 작성했다. 이 템플릿은 비지오의 기본 템플릿보다 훨씬 유용하다. 이 UML 템플릿을 이용하려면 필자의 웹 사이트에 있는 링크를 따라가면 된다. 그리고 코드를 잘라내고 붙여넣는 지루한 작업을 대신하도록 자동으로 코드 예제를 가져오는 간단한 프로그램을 작성했다. 처음 초안에는 아파치 FOP와 XSL-FO를 사용했지만, 이 조합은 작업에 적합한 조합은 아니었기에 나중에는 XSLT와 루비를 이용해 텍스트를 프레임메이커로 가져오는 스크립트를 작성해 이용했다.

이 책을 집필하는 동안 JUnit, NUnit, 앤트(ant), Xerces, Xalan, 톰캣(Tomcat), 제이보스(Jboss), 루비(Ruby), Hsql 등을 비롯한 몇 가지 오픈소스 툴을 이용했다. 이러한 툴의 여러 개발자에게 감사 인사를 전한다. 그리고 다양한 상용 툴도 이용했다. 그중에서도 비주얼 스튜디오 .NET과 자바용 인텔리제이 IDEA를 많이 이용했다. 인텔리제이 IDEA는 스몰토크 이후 처음으로 마음에 든 IDE였다.

이 책은 에디슨웨슬리(Addison Wesley)에서 출판 계약을 총괄하는 마이크 핸드릭슨(Mike Hendrickson)을 통해 계약했다. 2000년 11월부터 원고를 집필하기 시작했고 2002년 6월 최종 초안을 완성했다. 이 책은 2002년 11월 OOPSLA에서 발표가 예정돼 있었다.

원서 표지 설명

이 책을 집필하는 2년 동안 보스턴에서 아주 중요한 건설 프로젝트가 진행되고 있었다. 레오나드 P. 자킴 벙커 힐 브리지(Leonard P. Zakim Bunker Hill)라는 긴 이름의 이 다리는 찰스 강을 가로질러 주간고속도로 93호선을 연결하는 원래의 낡은 더블-데커식 다리를 대체하기 위해 건설됐다. 자킴 브리지는 유럽에서는 아주 흔하지만 미국 내에서는 흔치 않은 사장교(cable-stayed bridge)다. 또한 아주 길지는 않지만 세계에서 가장 폭이 넓은 사장교이며 비대칭 설계로 건설되는 미국 최초의 사장교다. 아주 아름다운 다리지만 사장교에서는 큰 사고가 날 수 있다는 헨리 페트로스키(Henry Petroski)의 이론을 얘기하면서 아내 신디를 놀려주는 재미를 선사하기도 했다.

마틴 파울러(Martin Fowler), 메사추세츠 멜로즈, 2002년 8월
http://martinfowler.com

들어가며

컴퓨터 시스템을 구축하는 일은 아주 어렵다. 시스템의 복잡도가 높아지면 소프트웨어를 구축하는 일은 기하급수적으로 어려워진다. 다른 전문 직업과 마찬가지로 우리는 실수나 성공에서 배우는 과정을 통해서만 앞으로 전진할 수 있다. 이 책은 필자의 경험을 바탕으로 이러한 기술을 좀 더 수월하게 배우고 다른 사람들과 더 효과적으로 의사소통할 수 있도록 돕기 위해 쓰여졌다.

'들어가며'에서는 이 책의 범위를 설정하고 개념을 뒷받침하는 몇 가지 배경 정보를 설명한다.

아키텍처

소프트웨어 업계에서는 한 용어를 미묘하게 모순되는 무수히 많은 의미로 확장하기를 즐기는 경향이 있다. 그 피해자 중 하나가 "아키텍처"라는 용어다. 필자는 "아키텍처"를 무언가 중요한 것을 이야기하고 있다는 것을 보여주려고 때 주로 사용하는 거창한 단어 중 하나라고 생각한다. 그래도 필자는 이런 냉소주의를 극복하고 독자에게 더 좋은 인상을 주기 위해 이 책에 이 용어를 사용했다.

"아키텍처"는 아주 많은 사람들이 정의하려고 하지만 의견이 분분한 용어다. 다만 두 가지 공통적 요소가 있는데, 하나는 시스템을 구성 요소로 나누는 최상위 수준의 분해를 의미하며, 다른 하나는 번복하기 어려운 결정을 의미한다. 또한 한 가지 방법만으로는 시스템의 아키텍처를 설명할 수 없으며, 하나의 시스템 안에도 여러 아키텍처가 있을 뿐 아니라 아키텍처적으로 무엇이 중요한지에 대한 관점도 시스템의 수명 기간 중 달라질 수 있다는 인식이 점차 설득력을 얻고 있다.

랄프 존슨(Ralph Johnson)은 메일링 리스트에 종종 아주 주목할 만한 글을 올리고는 했는데, 필자가 이 책의 초안을 완성할 무렵에는 아키텍처에 대한 글을 올렸다. 이 글에서 그는 아키텍처가 프로젝트에 참여하는 전문 개발자의 시스템 설계에 대한 공유된 이해를 반영하는 주관적 개념이라고 지적했다. 이 공유된 이해는 일반적으로 시스템의 중요 컴포넌트, 그리고 이러한 컴포넌트 간의 상호작용 방법에 대한 것이다. 또한 결정에 대한 것이기도 한데, 이 결정은 번복하기 어렵다고 인식되므로 개발자들이 되도록 일찍, 그리고 올바르게 내리고 싶어하는 것이라고 했다. 주관성은 이 부분에도 작용한다. 어떤 것이 원래 생각했던 것보다 바꾸기 쉽다면 더 이상 아키텍처에 속하지 않기 때문이다. 아키텍처의 본질은 그것이 무엇이든 중요한 것으로 요약된다.

이 책에서는 애플리케이션 아키텍처에서 중요한 부분에 대한 통찰력과 함께 가급적 일찍 내려야 하는 결정에 대해 설명한다. 필자가 가장 중요하게 여기는 아키텍처 패턴은 계층(layer)의 아키텍처 패턴이며 이에 대해서는 1장에서 자세하게 다룬다. 요약하면 이 책은 엔터프라이즈 애플리케이션을 계층으로 분할하는 방법과 이러한 계층이 상호작용하는 방법에 대한 책이다. 중요한 엔터프라이즈 애플리케이션은 어떤 형식으로든 계층형 아키텍처를 사용하지만 경우에 따라 파이프나 필터와 같은 다른 접근법이 유용한 경우도 있다. 이 책에서는 이러한 경우에 대해서는 다루지 않고 좀 더 다양한 상황에 유용하게 활용할 수 있는 계층형 아키텍처를 집중적으로 다룬다.

이 책에 나오는 일부 패턴은 중요한 결정에 해당하므로 충분히 아키텍처적이라고 할 수 있는 반면, 일부 패턴은 설계와 관련이 많고 해당 아키텍처에 대한 이해를 돕기 위한 것이다. 무엇이 아키텍처적인 것인가에 대한 판단은 주관적이므로 이 두 가지 종류를 확실하게 구분하지는 않았다.

엔터프라이즈 애플리케이션

아주 많은 사람들이 컴퓨터 소프트웨어를 개발하며, 이러한 작업을 모두 소프트웨어 개발이라고 부른다. 그런데 소프트웨어에는 과제와 복잡도 면에서 서로 뚜렷하게 구분되는 다양한 종류가 있다. 이 사실은 통신 분야에서 일하는 친구들과 이야기할 때 확실하게 드러난다. 어떤 면에서 보면 엔터프라이즈 애플리케이션은 통신 소프트웨어보다 훨씬 쉽다. 우리는 까다로운 멀티스레드 문제나 하드웨어와 소프트웨어 통합에 신경 쓸 필요가 없다. 그러나 다른 한편으로는 훨씬 어려운 면도 있다. 엔터프라이즈 애플리케이션은 대규모의 복잡한 데이터와 함께 논리적 추론으로는 설명되지 않는 비즈니스 규칙을 처리해야 하는 경우가 많다. 모든 종류의 소프트웨어에 적용되는 기법과 패턴도 있지만 특정한 분야에만 적용되는 기법과 패턴이 더 많다.

필자는 전체 커리어를 엔터프라이즈 애플리케이션에 집중했으므로 여기서 소개할 모든 패턴도 엔터프라이즈 애플리케이션을 위한 것이다(엔터프라이즈 애플리케이션의 다른 이름으로 "정보 시스템"이 있으며, 아주 오래 전에는 "데이터 프로세싱"이라고도 불렀다). 그러면 필자가 말하는 "엔터프라이즈 애플리케이션"의 의미는 무엇일까? 정확한 정의는 아니지만 이해하는 데 도움이 되는 예시를 제시할 수는 있다.

엔터프라이즈 애플리케이션은 급여 관리, 환자 기록, 배송 추적, 비용 분석, 신용 점수, 보험, 공급망, 회계, 고객 서비스, 외환 거래를 포함한다. 반면 자동차 연료 주입, 워드프로세서, 승강기 제어, 화학 공장 제어기, 전화 스위치, 운영체제, 컴파일러, 게임 등은 포함하지 않는다.

엔터프라이즈 애플리케이션은 일반적으로 **지속적 데이터**(persistent data)를 처리한다. 데이터가 지속적이어야 하는 이유는 프로그램을 여러 번 실행하더라도 데이터를 유지해야 하기 때문인데, 일반적으로 이러한 데이터는 최소한 몇 년 동안 유지해야 하는 경우가 많다. 데이터를 유지하는 이 기간 동안 데이터를 이용하는 프로그램은 여러 번 변경된다. 또한 데이터를 생성하는 데 이용한 하드웨어나 운영체제, 컴파일러보다 데이터가 오랫동안 유지된다. 이 기간 동안 기존 데이터를 손상시키지 않고 새로운 데이터를 저장하기 위해 데이터의 구조가 여러 번 변경될 수 있다. 데이터가 근본적으로 변경되고 기업에서 업무를 처리하기 위해 완전히 새로운 애플리케이션을 설치하는 경우 데이터를 새로운 애플리케이션에 맞게 마이그레이션해야 한다.

엔터프라이즈 애플리케이션은 일반적으로 **막대한** 양의 데이터를 처리한다. 평균적인 시스템에서도 수천만 개의 레코드로 구성된 1GB 이상의 데이터를 이용하는 경우가 많기 때문에 이를 관리하는 업무가 시스템의 중요한 부분을 차지한다. 예전 시스템에서는 IBM의 VSAM 및 ISAM과 같은 인덱싱 파일 구조를 사용했다. 현대적인 시스템에서는 데이터베이스, 특히 관계형 데이터베이스를 이용하는 것이 일반적이다. 이러한 데이터베이스를 설계 및 공급하는 작업도 별도의 전문 분야로 자리 잡았다.

엔터프라이즈 애플리케이션에서는 일반적으로 여러 사람이 **동시에 데이터에 접근한다**. 동시 사용자는 보통은 수백 명 미만이지만 인터넷을 통해 이용하는 웹 기반 시스템의 경우 수천 또는 수만 명이 될 수 있다. 동시 사용자가 다수이기 때문에 모든 사용자가 올바르게 시스템에 접근할 수 있게 확실한 준비가 필요하다. 그러나 사용자의 수가 아주 많지 않더라도 동시 사용자가 동일한 데이터에 접근할 때 오류를 예방하려면 여전히 적절한 준비가 필요하다. 트랜잭션 관리자 툴을 이용해 부담을 어느 정도는 완화할 수 있지만 애플리케이션 개발자의 손길이 꼭 필요한 경우가 많다.

엔터프라이즈 애플리케이션에는 이렇게 많은 데이터를 처리하기 위한 **사용자 인터페이스 화면의 수도 많다.** 화면이 수백 개에 이르는 경우도 많다. 엔터프라이즈 애플리케이션의 사용자는 가끔 이용하는 사용자부터 고정적인 사용자까지 다양하며 기술 전문도는 일반적으로 낮다. 따라서 다양한 용도에 맞게 다양한 방식으로 데이터를 제공해야 한다. 시스템은 다수의 일괄 처리(batch processing)를 포함하는 경우가 많으며, 사용자 상호작용을 강조하는 유스 케이스에 집중할 때는 이를 잊어버리기 쉽다.

엔터프라이즈 애플리케이션은 단독으로 운영되는 경우가 거의 없다. 즉, 엔터프라이즈 애플리케이션은 기업 전체에 분산된 **다른 엔터프라이즈 애플리케이션과 통합해야 하는 경우가 많다.** 기존 시스템은 각기 다른 시기에 다른 기술을 바탕으로 구축되며, 공동 작업 메커니즘(예: COBOL 데이터 파일, 코바, 메시징 시스템 등)도 상이한 경우가 많다. 종종 기업에서는 공용 통신 기술을 활용해 다양한 보유 시스템을 통합하려고 하지만 이 작업이 제대로 마무리되는 경우는 많지 않기 때문에 동시에 여러 다른 통합 체계가 존재한다. 이 문제는 기업이 다른 비즈니스 파트너와의 통합을 시작하면 더 까다로워진다.

기업이 통합 기술을 단일화하더라도 비즈니스 프로세스의 차이와 데이터에 대한 개념 불일치로 인한 문제가 발생한다. 한 기업 안에서도 현재 계약 관계가 있는 거래처만 고객으로 간주하는 부서와 더 이상 계약 관계가 없는 이전 거래처까지 고객으로 간주하는 부서가 있을 수 있다. 또한 서비스 판매 대상 고객을 제외한 제품 판매 대상 고객만 처리하는 부서도 있을 수 있다. 이 정도면 어렵지 않게 해결할 수 있다고 생각할 수 있지만 필드마다 미묘하게 의미가 다른 수백 개의 레코드가 있다면 문제의 규모가 감당할 수 없게 커진다. 필드의 모든 의미를 알고 있는 사람이 아직 회사에 남아 있다고 해도 쉽지 않은 문제다(게다가 이 모든 것이 언제든지 경고 없이 변경될 수 있다). 결과적으로 수없이 다른 구문과 의미 형식으로 끊임없이 데이터를 읽고, 수정하고, 기록해야 한다.

그다음에는 "비즈니스 논리"에 대한 문제가 있다. 이름과는 달리 비즈니스 논리에는 실제로는 논리적이지 않은 면이 많다. 가령 운영체제를 구축한다면 모든 것을 논리적으로 만들기 위해 노력한다. 반면 비즈니스 논리는 단지 그대로 주어질 뿐이며, 상당한 정치적 노력 없이는 바꾸는 것이 불가능에 가깝다. 종종 예기치 못하게 상호작용하는 이상하고 무작위적인 조건들을 그저 받아들일 수밖에 없다. 물론 합당한 이유는 있다. 예를 들어, 고객의 영업일정을 감안해 정상 날짜보다 2일 뒤에 연간 지급액을 지불하도록 합의함으로써 수백만 달러 규모의 거래를 성사시킬 수 있다. 한두 개면 상관이 없지만 이러한 이례적인 특수 사례가 수천 개가 되면 비즈니스 소프트웨어 개발을 그토록 어렵게 만드는 비즈니스 "비논리"가 된다. 이런 상황에서 확실한 것이 있다면 논리가 시간에 따라 바뀐다는 것 뿐이므로 비즈니스 논리를 최대한 효과적으로 구성하는 수밖에 없다.

"엔터프라이즈 애플리케이션"이라는 용어를 대규모 시스템이라는 의미로 이해하는 사람도 있다. 엔터프라이즈 애플리케이션은 기업에 막대한 가치를 제공하지만 모든 엔터프라이즈 애플리케이션이 대규모인 것은 아니다. 또한 소규모 시스템에 대해서는 걱정하지 않아도 된다는 사람들도 있다. 이러한 관점에도 장점이 없지는 않다. 소규모 시스템에서 문제가 발생하더라도 큰 시스템보다 영향이 적을 수 있다. 그러나 이러한 사고방식은 여러 소규모 시스템의 누적 효과를 과소평가하는 것이다. 소규모 프로젝트를 개선하면 기업 전체에서 아주 중요한 누적 효과를 거둘 수 있다. 특히 소규모 프로젝트는 규모는 작지만 가치는 아주 높은 경우가 많다. 실제로 대규모 프로젝트의 아키텍처와 프로세스를 간소화해 소규모로 만드는 것은 매우 바람직하다.

엔터프라이즈 애플리케이션의 유형

엔터프라이즈 애플리케이션을 설계하는 방법과 어떤 패턴을 이용할지를 논의할 때는 모든 엔터프라이즈 애플리케이션이 서로 다르며 각기 다른 문제를 해결하기 위한 다른 방법이 필요하다는 사실을 인식해야 한다. "항상 이렇게 해"라는 조언은 엔터프라이즈 애플리케이션에는 적용되지 않는다. 설계에 있어 중요한 과제(그리고 재미)는 다양한 대안을 알고 각 대안의 장단점을 제대로 파악하는 것이다. 선택할 수 있는 영역은 매우 넓지만 이해하는 데 도움될 만한 세 가지 예를 선택했다.

B2C(기업 대 개인) 온라인 소매상의 예를 생각해보자. 많은 사람들이 사이트에 방문해 상품을 구경하고 장바구니를 이용해 구매한다. 이러한 사이트는 극히 많은 사용자를 처리할 수 있어야 하므로 리소스를 아주 효율적으로 사용해야 하며, 하드웨어를 추가해 쉽게 규모를 확장할 수 있어야 한다. 이러한 애플리케이션의 도메인 논리는 주문 포착, 비교적 간단한 가격 및 배송 계산, 배송 알림 등과 같이 상당히 단순할 수 있다. 누구라도 시스템에 쉽게 접근할 수 있어야 하므로 최대한 다양한 브라우저로 이용할 수 있는 아주 일반적인 웹 프레젠테이션이 필요하다. 데이터 원본은 주문을 저장하기 위한 데이터베이스를 포함하며 가용성과 배송 정보를 지원하기 위해 재고 시스템과의 통신 기능도 포함할 수 있다.

이 시스템을 임대 계약 자동화 시스템과 비교해서 생각해보자. 임대 계약 관리 시스템은 일반적으로 동시 사용자가 수백 명 미만으로 적기 때문에 B2C 소매상보다 어떤 면에서는 훨씬 단순하다. 반면, 비즈니스 논리 면에서는 훨씬 복잡하다. 임대 업계의 경쟁력을 높이려면 이전의 계약과는 조금씩 다른 차별화가 필요하므로 월임대 수수료 계산, 조기 반환이나 지불 지연과 같은 상황 처리, 기록된 임대 기록에 대한 데이터 유효성 검사 등의 복잡한 작업을 수행해야 한다. 이러한 복잡한 비즈니스 도메인이 까다로운 이유는 규칙이 매우 임의적이기 때문이다.

이러한 시스템은 사용자 인터페이스(UI)도 더 복잡하다. 따라서 더 복잡하고 많은 수의 화면을 만들기 위해 최소한 훨씬 정교한 HTML 인터페이스를 제작해야 한다. 이러한 시스템의 사용자는 HTML 프런트엔드보다 높은 수준의 정교한 프레젠테이션을 원하는 경우가 많기 때문에 기존의 리치 클라이언트 인터페이스가 요구되는 경우가 많다. 더 복잡한 사용자 상호작용은 더 복잡한 트랜잭션 동작으로 이어진다. 임대 예약 하나를 진행하는 데는 경우에 따라 한두 시간이 걸릴 수 있으며, 그동안 이 사용자에게는 논리적 트랜잭션 상태가 적용된다. 또한 자산 가치 평가와 가격 책정을 위해 수백 개의 테이블과 패키지에 대한 연결을 포함하는 복잡한 데이터베이스 스키마가 이용되는 경우도 볼 수 있다.

세 번째 예는 소규모 기업을 위한 간단한 비용 추적 시스템이다. 이러한 시스템은 사용자가 많지 않고 논리가 단순하며 HTML 프레젠테이션을 통해 회사 전체에서 쉽게 접근할 수 있다. 또한 보통은 여러 테이블이 포함된 단일 데이터베이스를 유일한 데이터 원본으로 이용한다. 이러한 간단한 시스템에도 해결할 과제가 없는 것은 아니다. 짧은 시간 안에 구축해야 하며 시스템이 성장하면서 비용 변제 계산, 급여 시스템으로 데이터 공급, 세금 계산, CFO에게 전달할 보고서 제공, 항공예약 웹 서비스와의 연결 등의 새로운 기능이 필요할 수 있다는 점을 감안해야 한다. 다른 두 예제 시스템에 적합한 아키텍처를 이 시스템에 적용하려고 하면 개발 속도가 느려진다. 비즈니스 가치가 있는 시스템의 개발이 늦춰지면 비용이 손실되는 것과 같다. 그러나 향후 성장에 방해가 되는 결정을 지금 내리고 싶지는 않을 것이다. 당장의 유연성을 고려한 선택이 잘못된 경우 유연성을 위해 추가한 복잡성이 오히려 향후 발전을 방해하고 배포를 지연시켜 결과적으로 손해를 유발할 수 있다. 이러한 시스템은 규모가 작을 수 있지만 대부분의 기업에는 이러한 시스템이 많기 때문에 부적절한 아키텍처로 인한 누적 효과는 상당히 클 수 있다.

이러한 세 가지 엔터프라이즈 애플리케이션의 예에는 저마다 어려움이 있다. 따라서 단 하나의 아키텍처를 세 가지 예에 모두 적용할 수는 없다. 아키텍처를 선택한다는 것은 시스템의 특정한 문제를 이해하고 이러한 이해를 바탕으로 적절한 설계를 선택한다는 의미다. 이 책에서 엔터프라이즈의 요구를 위한 단일 해결책을 제공하지 않는 것은 바로 이 때문이다. 대신 선택과 대안에 해당하는 여러 패턴을 소개한다. 특정 패턴을 선택하더라도 요구에 맞게 패턴을 수정해야 한다. 엔터프라이즈 소프트웨어를 고민하지 않고 만들 수는 없으며 책에서는 이러한 결정을 내리는 데 도움되는 정보를 최대한 제공할 수 있을 뿐이다.

패턴에 적용되는 내용은 툴에도 적용된다. 애플리케이션을 개발하는 데 이용하는 툴은 최소한으로 유지하는 것이 바람직하지만 목적에 따라 최적의 툴이 다르다는 사실도 인식해야 한다. 애플리케이션에 맞지 않은 툴을 사용하면 도움이 되기보다 오히려 방해가 되므로 주의해야 한다.

성능에 대한 고려

아키텍처의 결정에는 성능과 관련된 것이 많다. 필자는 대부분의 성능 문제에 대해 먼저 시스템을 실행 가능한 상태로 만들고, 성능을 측정한 후, 측정 데이터를 바탕으로 체계적인 최적화 절차를 이용한다. 그런데 일부 아키텍처 결정은 나중에 최적화를 통해 해결하기 어려운 성능상의 영향을 미치는 경우가 있다. 또한 문제 자체가 해결하기 쉽더라도 프로젝트에 참여하는 사람들이 초기부터 이러한 결정에 대해 우려하는 경우도 있다.

그리고 성능에 대해서는 책에서 논의하는 데도 어려움이 있다. 성능에 대해 논의하는 것이 어려운 이유는 실제 구성에서 측정해서 확인하기 전까지는 성능에 대한 어떤 조언을 사실로 받아들일 수 없기 때문이다. 성능을 고려해 선택되거나 거절된 설계를 애플리케이션의 실제 설정에서 측정했을 때 원래의 주장이 완전히 잘못된 경우를 상당히 많이 경험했다.

이 책에서도 원격 호출을 최소화하는 것이 바람직하다는 것을 포함해 성능에 대한 여러 지침을 소개할 것이다. 물론 모든 팁은 애플리케이션에서 측정을 통해 검증해야 한다. 또한 이 책의 코드 예제에는 이해를 돕기 위해 성능을 희생한 경우가 종종 있다. 이 경우에도 각자의 환경에 맞게 최적화를 적용하는 것은 여러분의 몫이다. 그리고 성능을 최적화할 때는 반드시 최적화 전과 후의 성능을 따로 측정해야 한다. 그렇지 않으면 쓸데없이 코드를 읽기 어렵게 만들 수 있다.

한 가지 중요한 것은 구성이 크게 달라지면 성능에 대한 기존의 모든 사실이 무효화된다는 것이다. 즉, 가상 시스템, 하드웨어, 데이터베이스 등 어떤 것이든 중요한 사항이 변경되면 성능 최적화를 검토해 새로운 설정에서도 성능 최적화가 도움되는지 여부를 검증해야 한다. 새로운 구성에서는 이전과 다른 현상이 발생하는 경우가 많으며, 이전에 성능 향상에 기여했던 최적화가 새로운 환경에서는 오히려 성능을 저하시키는 경우도 볼 수 있다.

성능에 대해 논의하는 것이 어려운 다른 이유는 많은 용어가 일관성 없이 사용되고 있기 때문이다. 그중에서도 대여섯 가지 의미로 사용되는 "확장성(scalability)"이 있다. 다음은 필자가 사용하는 몇 가지 용어의 의미를 정리한 것이다.

응답 시간(response time)은 시스템이 외부에서 받은 요청을 처리하는 데 걸리는 전체 시간이다. 요청은 버튼 누르기와 같은 UI 동작일 수도 있고 서버 API 호출일 수도 있다.

응답성(responsiveness)은 시스템이 요청을 얼마나 신속하게 인식하느냐다. 요청을 처리하는 시간이 짧더라도 요청을 인식하는 데 오래 걸리면 사용자가 답답하게 느끼기 때문에 응답성은 여러 시스템에서 중요한 요소다. 요청을 처리하는 동안 시스템이 대기한다면 응답성과 응답 시간은 동일하다. 반면 요청이 완료되기 전에 요청을 인식했음을 사용자에게 알리면 응답성이 개선된다. 파일을 복사하는 동안 사용자에게 상태표시줄을 보여주면 응답 시간이 개선되지는 않지만 사용자 인터페이스의 응답성이 개선된다.

대기 시간(latency)은 수행할 작업의 존재 여부와 상관없이 모든 유형의 응답을 받는 데 걸리는 시간이다. 대기 시간은 일반적으로 원격 시스템과 관계가 깊다. 예를 들어, 필자의 노트북에서 실행 중인 프로그램에 대해 실제로는 아무 작업도 하지 않지만 언제 작업이 완료되는지를 보고하게 하면 당연히 거의 즉시 응답을 받는다. 그런데 프로그램이 원격 컴퓨터에서 실행 중인 경우 요청과 응답이 네트워크를 통해 전달되는 시간 때문에 몇 초의 시간 지연이 발생할 수 있다. 애플리케이션 개발자가 대기 시간을 줄이기 위해 할 수 있는 일은 아무것도 없다. 지연 시간은 원격 호출을 최소화해야 하는 이유이기도 하다.

처리량(throughput)은 일정한 시간 동안 얼마나 많은 일을 할 수 있는지 측정한 것이다. 파일 복사 성능을 측정하는 경우 초당 바이트 단위로 처리량을 측정할 수 있다. 엔터프라이즈 애플리케이션에서 일반적인 측정치는 초당 트랜잭션(tps)이지만 이 값은 트랜잭션의 복잡도에 따라 다른 의미를 가진다. 따라서 자신의 특정 시스템에 맞는 공통 트랜잭션 집합을 선택해야 한다.

성능(performance)은 처리량이나 응답 시간 중 여러분에게 더 중요한 항목을 의미한다. 기법에 따라 처리량은 향상되지만 응답 시간은 악화시키는 것도 있기 때문에 성능이라는 용어가 부정확한 경우에는 더 정확한 용어를 사용하는 것이 좋다. 사용자 관점에서는 응답성이 응답 시간보다 중요할 수 있으므로 응답 시간이나 처리량을 희생하고 응답성을 개선하면 성능이 향상된다.

부하(load)는 시스템이 현재 처리하고 있는 작업량을 의미하고 현재 연결된 사용자 수로 측정할 수 있다. 일반적으로 부하는 응답 시간 등의 다른 측정치의 맥락에서 사용된다. 예를 들어, 어떤 요청의 응답 시간이 사용자가 10명일 때 0.5초이고 20명일 때 2초라고 이야기할 수 있다.

부하 민감도(load sensitivity)는 부하에 따른 응답 시간의 변화를 나타내는 말이다. 예를 들어, 시스템 A는 사용자가 10~20명 범위에서 응답 시간이 0.5초로 변함이 없는 반면, 시스템 B

는 사용자가 10명일 때 응답 시간이 0.2초지만 사용자 20명일 때는 응답 시간이 2초로 증가할 수 있다. 이 경우 시스템 A는 시스템 B보다 부하 민감도가 낮다. **성능 저하**(degradation)라는 용어를 사용해 시스템 B가 시스템 A보다 성능 저하가 심하다고 말할 수도 있다.

효율(efficiency)은 성능을 자원으로 나눈 것이다. CPU 두 개에서 30tps를 내는 시스템은 동일한 CPU 네 개에서 40tps를 내는 시스템보다 효율이 높다.

시스템의 **용량**(capacity)은 최대 유효 처리량 또는 부하를 의미한다. 이 값은 절대 최댓값이거나 성능이 허용 가능한 임계값 미만으로 떨어지는 지점일 수 있다.

확장성(scalability)은 리소스(주로 하드웨어)를 추가했을 때 성능에 미치는 영향을 의미한다. 확장형 시스템은 서버를 두 배로 늘렸을 때 처리량이 두 배로 향상되는 경우와 같이 하드웨어를 추가해 상응하는 성능 향상을 얻을 수 있는 시스템이다. 수직 확장성(vertical scalability) 또는 수직 확장이란 단일 서버에 메모리와 같은 능력을 추가하는 것을 의미한다. 수평 확장성(horizontal scalability) 또는 수평 확장이란 서버를 더 추가하는 것을 의미한다.

문제는 설계에 대한 결정이 모든 성능 요소에 동일한 영향을 주지는 않는다는 것이다. 소드피시(Swordfish)와 캐멀(Camel)이라는 두 가지 소프트웨어 시스템이 한 서버에서 실행 중이라고 가정해보자. 소드피시의 용량은 20tps고 캐멀의 용량은 40tps다. 어떤 시스템의 성능과 확장성이 높을까? 이 데이터로는 확장성 질문에 답할 수 없고 단일 서버에서 캐멀이 더 효율적이라고만 답할 수 있다. 그런데 서버를 추가한 후 소드피시는 35tps를 처리하고 캐멀은 50tps를 처리하는 것이 확인됐다. 아직도 용량은 캐멀이 높지만 확장성은 소드피시가 더 좋다는 것을 알 수 있다. 서버를 더 추가할 때마다 소드피시는 추가 서버당 15tps가 향상되고 캐멀은 10tps가 향상되는 것이 확인됐다. 이 데이터를 바탕으로 판단하면 소드피시는 수평 확장성이 우수하지만 4대 미만의 서버에서는 캐멀이 더 효율적이다.

엔터프라이즈 시스템을 구축할 때는 용량이나 심지어 효율보다 하드웨어 확장성에 중점을 두는 것이 유리한 경우가 많다. 확장성은 필요할 때 성능을 높일 수 있는 옵션을 제공한다. 또한 확장은 쉬운 작업이다. 하드웨어를 구매하면 더 저렴한 비용으로 용량을 높일 수 있는 상황에서 특정 하드웨어 플랫폼의 용량을 개선하기 위해 복잡한 일을 하는 경우를 자주 볼 수 있다. 캐멀이 소드피시보다 비싸고 추가 비용이 서버 두 대 가격이라면 정확하게 40tps 용량만 필요하더라도 소드피시가 더 저렴하다. 소프트웨어를 제대로 실행하기 위해 더 좋은 하드웨어가 필요하다고 말하는 것은 너무 뻔한 얘기처럼 들린다. 필자도 최신 워드 버전을 원활하게 실행하기 위해 노트북을 업그레이드할 때마다 비슷한 이야기를 한다. 그러나 성능이 낮은 시스템에서 실행되도록 소프트웨어를 만드는 비용보다 하드웨어를 새로 구매하는 비용이 더 저렴한 경우가 많다. 이와 비슷하게 시스템이 확장형이라면 프로그래머를 고용하는 비용보다 서버를 추가하는 비용이 더 저렴한 경우가 많다.

패턴

패턴의 역사는 아주 오래됐기 때문에 사실 이 책에서 똑같은 내용을 반복하고 싶지 않은 마음도 있다. 그래도 패턴의 의의와 설계를 기술하는 데 있어 패턴의 가치에 대한 필자의 관점을 소개할 수 있는 기회이기도 하다.

패턴에 대한 통용되는 정의는 없지만 여러 패턴 적극론자에게 영감을 제공한 크리스토퍼 알렉산더(Christopher Alexander)의 설명을 먼저 소개하는 것이 적당할 것이다. "모든 패턴은 우리의 환경에서 반복적으로 발생하는 문제를 설명하며, 이 문제에 대해 수백만 번이라도 반복해서 적용할 수 있지만 매번 다른 방법으로 적용할 수 있는 해결책의 핵심을 설명하는 것이다." [Alexander et al.]. 알렉산더는 건축가이므로 그의 이론은 건축에 대한 것이지만 이러한 정의는 소프트웨어에도 상당히 잘 들어맞는다. 패턴의 초점은 하나 이상의 반복적인 문제를 해결하는 데 효과적이고 공통적인 특정한 해결책이다. 패턴을 보는 다른 방법은 패턴이 많은 수의 조언이며, 패턴을 만드는 핵심은 개별적으로 참조하고 논의할 수 있도록 조언의 여러 조각을 비교적 독립적인 덩어리로 나누는 것이다.

패턴은 실전에 기반을 둔다. 다른 사람들의 작업 방법을 관찰하고 "해결책의 핵심"을 찾는 과정을 통해 패턴을 발견할 수 있다. 물론 쉬운 과정은 아니지만 이렇게 찾은 패턴은 아주 귀중한 발견이 된다. 필자에게 패턴의 가치는 참고서 역할을 할 수 있는 책의 내용으로 사용할 수 있다는 것이다. 패턴을 유용하게 활용하기 위해 이 책이나 다른 패턴 책을 모두 읽어야 하는 것은 아니다. 이 패턴이 무엇이고, 이 패턴으로 어떤 문제를 해결하는지, 그리고 문제를 어떻게 해결하는지만 어느 정도 이해할 수 있으면 된다. 모든 세부 사항을 다 알 필요는 없으며 문제가 생겼을 때 책에서 어떤 패턴을 찾아야 하는지 정도만 숙지하면 된다. 그런 다음에야 해당 패턴에 대한 깊이 있는 내용을 찾아보면 된다.

패턴을 이용하려면 먼저 패턴을 특정 환경에 적용하는 방법을 결정해야 한다. 패턴의 경우에는 해결책을 그대로 적용하는 것은 불가능하다. 지금까지 패턴 툴의 성과가 좋지 않았던 것도 이런 이유 때문이다. 필자는 패턴이 단순히 "초벌"이라고 자주 이야기한다. 즉, 각자의 프로젝트라는 오븐에서 마무리해야 비로소 완성된다. 필자는 패턴을 사용할 때마다 매번 조금씩 수정한다. 동일한 해결책이 반복적으로 사용되지만 완전하게 동일하지는 않다.

각 패턴은 비교적 독립적이지만 서로 격리된 것은 아니다. 한 패턴이 다른 패턴으로 이어지거나 다른 특정한 패턴과 함께 사용되는 패턴도 있다. 예를 들어, **클래스 테이블 상속**(304)은 설계에 **도메인 모델**(122)이 있을 때만 사용된다. 이러한 패턴 간의 경계는 자연히 불명확하지만 각 패턴을 최대한 분리하기 위해 노력했다. 누군가 "**작업 단위**(193)를 사용해봐"라고 말한다면 책 전체를 찾을 필요 없이 해당하는 부분을 바로 찾아볼 수 있다.

숙련된 엔터프라이즈 애플리케이션 설계자라면 대부분의 패턴이 익숙하게 느껴질 수 있으며, 이에 실망하지 않기를 바란다(서문에서 이에 대해 이야기했었다). 패턴은 독창적인 개념이라기보다 현장에서 일어나고 있는 일을 관찰한 것에 가깝다. 따라서 패턴의 저자는 패턴을 "발명했다"고 말하지 않고 "발견했다"고 말한다. 우리의 역할은 공통적인 해결책을 관찰해 그 핵심을 찾고 결과로 얻은 패턴을 기록하는 것이다. 숙련된 설계자에게 패턴의 가치는 새로운 개념을 이해하는 것이 아니라 자신의 개념을 다른 사람과 원활하게 의사소통할 수 있다는 것이다. 주변의 동료 모두가 **원격 파사드**(412)가 무엇인지 안다면 "이 클래스는 **원격 파사드**야"라고 이야기하는 식으로 간단하게 의사소통이 가능하다. 또한 신입 개발자에게 "여기에는 **데이터 전송 객체**를 사용해"라고 이야기하면 신입 개발자는 이 책에서 모르는 내용을 쉽게 찾아볼 수 있다. 결과적으로 패턴을 통해 설계에 대한 어휘가 만들어지므로 패턴의 이름을 제대로 지정할 필요가 있다.

이 책의 패턴은 대부분 엔터프라이즈 애플리케이션을 위한 것이지만 기본 패턴 장(18장)의 패턴은 좀 더 일반적이다. 이 책에 이러한 패턴을 포함한 이유는 엔터프라이즈 애플리케이션 패턴에 대한 설명에서 이러한 패턴을 참조하기 때문이다.

패턴의 구조

저자마다 각기 다른 패턴 형식을 선택한다. 일부는 [Alexander et al.], [Gang of Four], [POSA]와 같은 고전 패턴 책의 형식을 바탕으로 활용한다. 또는 자신이 직접 패턴을 만드는 저자도 있다. 필자도 최적의 형식을 찾기 위해 많은 노력을 했다. 한편으로 GOF에서 소개한 것과 같은 작은 형식은 만들고 싶지 않으면서도 다른 한편으로는 참고서로 사용할 수 있을 만한 형식이 필요하다. 그래서 이 책에서는 다음과 같은 형식을 이용한다.

첫 번째 항목은 패턴의 이름이다. 패턴의 목적에는 설계자 간의 효과적인 의사소통을 지원하는 것이 포함되므로 패턴의 이름은 매우 중요하다. 예를 들어, 필자가 웹 서버를 **프런트 컨트롤러**(366)와 **변환 뷰**(384)로 구축했다고 이야기하고, 여러분이 이러한 패턴을 알고 있다면 이 웹 서버의 아키텍처를 정확하게 머릿속에 그릴 수 있게 된다.

다음으로는 목적과 스케치라는 두 가지 항목이 함께 나온다. 목적은 한두 문장으로 패턴을 요약한 것이다. 스케치는 패턴을 시각적으로 묘사하며, 보통은 UML 다이어그램이다. 이것은 패턴이 어떤 것인지를 상기하고 빠르게 기억할 수 있게 하기 위한 것이다. 이미 "패턴을 가지고 있다"라고 말하는 경우 이름은 모르지만 이미 해결책을 알고 있다는 의미이며, 목적과 스케치만 있으면 해당 패턴에 대한 모든 것을 알 수 있다.

다음 절에서는 패턴의 동기가 된 문제가 나온다. 이 문제는 해당 패턴으로 해결할 수 있는 유일한 문제는 아닐 수 있지만, 해당 패턴의 동기를 설명하는 데 가장 적합한 문제다.

"작동 원리"는 해결책에 대한 설명이다. 여기서는 구현과 관련된 문제와 필자가 발견한 변형을 소개했다. 여기에 나오는 내용은 가급적 특정 플랫폼과는 무관하도록 구성했다. 특정 플랫폼에 해당하는 내용은 들여쓰기를 적용해 쉽게 확인하고, 원할 경우 건너뛸 수 있게 했다. 또한 설명에 도움이 되는 부분에는 UML 다이어그램을 넣었다.

"사용 시점"은 패턴을 언제 사용해야 하는가에 대한 설명이다. 여기서는 다른 패턴과 비교한 이 패턴의 장단점을 이야기한다. 이 책에 나오는 패턴은 페이지 컨트롤러(353)나 프런트 컨트롤러(366)의 예와 같이 대안이 있는 경우가 많다. 어떤 패턴이 항상 올바른 선택인 경우는 많지 않기 때문에 필자는 패턴을 발견할 때마다 항상 "이 패턴이 적절하지 않을 때는 언제일까?"라는 질문을 한다. 이 질문에 대해 생각하면 대안이 되는 패턴이 떠오르는 경우가 많았다.

"참고 자료" 부분은 이 패턴에 대한 다른 참고 자료를 소개한다. 이 내용은 완전한 참고 문헌 목록은 아니다. 패턴을 이해하는 데 도움이 된다고 생각하는 참고 서적만 선정했고, 이 책에서 설명한 내용과 비교해 그다지 새로운 내용이 없거나 필자가 읽어보지 않은 책은 제외했다. 또한 찾기 어려울 것으로 생각되거나 이 책을 읽을 때쯤에는 없어질지 모르는 불안정한 웹 링크도 언급하지 않았다.

각 패턴에는 한두 개의 예제를 곁들였다. 각 예제는 패턴을 이용하는 방법을 자바나 C# 코드로 보여준다. 이 두 언어를 선택한 이유는 최대한 많은 전문 프로그래머가 예제를 읽을 수 있게 하기 위해서다. 이 예제 자체는 절대로 패턴이 아니라는 데 주의해야 한다. 실제로 패턴을 적용할 때 이 예제를 그대로 사용하는 것은 아니므로 예제를 매크로처럼 취급해서는 안 된다. 형식에서 패턴이 명확하게 드러나도록 예제는 최대한 단순하게 구성했으며, 패턴을 실제 사용할 때 드러날 수 있는 모든 유형의 문제를 무시했다. 이러한 문제는 각자의 환경과 밀접한 관련이 있다. 패턴을 사용할 때 반드시 수정이 필요한 이유다.

필자는 각 예제에서 패턴의 핵심 메시지가 드러나면서도 예제 자체는 최대한 간단하게 유지하기 위해 많이 노력했다. 같은 맥락으로, 실무 시스템에 필요한 여러 기능과 패턴이 함께 작동하는 방법을 보여주기보다는 간단하고 명확한 예제를 선택했다. 간단함과 지나친 단순함 사이의 균형을 맞추기는 쉽지 않았지만 지엽적인 문제를 너무 많이 다루면 패턴의 핵심을 이해하기 어려워질 수 있다.

이것이 실행 가능한 연결된 예제가 아닌 간단한 독립적인 예제를 선택한 이유이기도 하다. 독립적인 예제는 각각 이해하기는 쉽지만 실제 사용법을 안내하기에는 부족하다. 반면 연결된 예제는 패턴을 사용하는 방법은 잘 보여주지만 예제 안에 연결된 모든 부분을 모르면 한 패턴을 이해하기가 어렵다. 이론상으로는 연결되면서도 독립적으로 이해하기 쉬운 예제를 만드는 것이 불가능하지는 않겠지만 필자에게는 너무 어려운 일이었기에 독립적인 예제를 선택했다.

필자는 개념의 이해를 돕는 데 초점을 맞추고 예제 코드를 작성했다. 결과적으로 몇 가지 부분에는 소홀해졌다. 특히 아직 적용되는 패턴을 개발하지 못한 오류 처리에 대한 내용은 코드에 포함하지 않았다. 예제 코드는 순수하게 패턴을 설명하기 위한 것이며, 특정한 비즈니스 문제를 모델링하는 방법을 보여주기 위한 것이 아니다.

이러한 이유로 필자의 웹 사이트에서는 예제 코드를 제공하지 않는다. 이 책의 각 예제 코드는 기본 개념을 단순화하기 위해 너무 많은 임시 수단을 활용하고 있어 실무 환경에 그대로 활용하기는 어렵다.

또한 모든 패턴에 모든 절이 나오지는 않는다. 좋은 예제나 동기에 대한 설명이 생각나지 않는 패턴의 경우에는 그에 해당하는 내용을 생략했다.

이러한 패턴의 한계

서문에서 언급했듯이 이러한 패턴의 모음은 엔터프라이즈 애플리케이션 개발에 대한 완벽한 가이드는 아니다. 이 책에 나오는 패턴은 완벽하지 않더라도 충분히 유용한 것들이다. 이 분야는 책 한 권으로는 물론이고 한 사람의 능력으로 감당하기에는 너무 광범위하다.

이 책에 나오는 패턴은 모두 필자가 현장에서 목격한 것이지만 패턴의 모든 영향과 상호관계를 완벽하게 이해하고 있다고 주장할 수는 없을 것이다. 이 책은 필자가 현재 이해하고 있는 바를 바탕으로 하며, 이러한 이해는 이 책을 집필하는 동안에도 발전했다. 그리고 이 책이 출판된 후에도 계속 발전할 것이다. 소프트웨어 개발에서 한 가지 확실한 것이 있다면 변하지 않는 것은 없다는 것이다.

이러한 패턴은 최종 목적지가 아닌 출발점이라는 것을 기억하자. 모든 패턴은 소프트웨어 프로젝트마다 조금씩 달리 변형되지만 저자가 이러한 모든 변형을 예측할 수는 없다. 그래서 필자와 동료들이 함께 일하고 고생하면서 얻은 교훈을 전달함으로써 좀 더 나은 정보를 가지고 출발하도록 돕기 위해 이러한 패턴을 구성했다. 이 내용을 바탕으로 각자의 환경에 맞게 작업해야 한다. 모든 패턴은 미완성이며, 각자의 시스템 환경에 맞게 완성하는 것은 여러분의 몫이라는 점을 항상 기억하자.

01부

이야기

01장 계층화

계층화(layering)는 소프트웨어 설계자가 복잡한 소프트웨어 시스템을 분할하는 데 사용하는 가장 일반적인 기법이다. 컴퓨터 아키텍처의 경우 프로그래밍 언어로 운영체제 호출을 수행하면 장치 드라이버, CPU 명령어 집합, 그리고 칩 내의 논리 게이트로 전달되는 계층이 있다. 네트워킹에서 FTP 프로토콜을 보면 이더넷 위에 IP가 있고, 그 위에 TCP, 그리고 그 위에 FTP로 이어지는 계층이 있다.

계층의 관점에서 시스템을 보면 하위 계층 위에 다음 상위 계층이 있는 일종의 레이어 케이크와 같은 형식의 원리 체계가 머릿속에 떠오른다. 이 체계에서 상위 계층은 하위 계층이 정의하는 다양한 서비스를 사용하지만, 하위 계층은 상위 계층을 인식하지 못한다. 또한 일반적으로 각 계층은 상위 계층이 하위 계층을 보지 못하게 한다. 즉, 계층 4는 계층 3의 서비스를 사용하고 계층 3은 계층 2의 서비스를 사용하지만, 계층 4는 계층 2를 인식하지 못한다. 모든 계층형 아키텍처가 이렇게 불투명한 구조를 갖는 것은 아니지만 대부분이 그러하며, 또는 대부분이 거의 불투명한 구조를 갖는다.

시스템을 계층으로 분할하면 여러 중요한 이점이 있다.

- 다른 계층에 대한 정보 없이도 단일 계층을 하나의 일관된 계층으로 이해할 수 있다. 예를 들어, 이더넷이 작동하는 방법을 자세히 모르더라도 TCP 기반의 FTP 서비스를 구축할 수 있다.
- 동일한 기본 서비스를 가진 대안 구현으로 계층을 대체할 수 있다. FTP 서비스는 이더넷, PPP 또는 케이블 회사에서 제공하는 다른 프로토콜 기반에서 변경 없이 작동할 수 있다.
- 계층 간의 의존성을 최소화할 수 있다. 케이블 회사에서 물리 전송 시스템을 교체하더라도 IP만 작동하면 FTP 서비스를 변경할 필요가 없다.
- 계층은 표준화하기 좋은 위치다. TCP와 IP는 해당 계층이 작동하는 위치를 정의하기 때문에 표준이 됐다.

- 한 번 구축한 계층은 여러 다른 상위 서비스에서 사용할 수 있다. 예를 들어, TCP/IP는 FTP, 텔넷, SSH, HTTP에서 사용된다. TCP/IP가 없었다면 모든 상위 프로토콜에서 사실상 동일한 하위 프로토콜을 일일이 다시 구축해야 했을 것이다.

계층화는 중요한 기법이지만 단점도 있다.

- 계층은 전체가 효과적으로 캡슐화되지 않는다. 그 결과, 뭔가를 변경했을 때 다른 계층에 영향을 미치는 경우가 있다. 계층형 엔터프라이즈 애플리케이션에서 볼 수 있는 전형적인 예는 UI에 표시해야 하는 필드가 데이터베이스에도 있어야 하므로 그 사이에 있는 모든 계층에 해당 필드를 추가해야 한다는 것이다.
- 계층을 추가하면 성능이 저하된다. 일반적으로 각 계층에서는 정보를 한 표현에서 다른 표현으로 변환해야 한다. 다만, 기반 기능을 캡슐화하면 성능 저하가 보상될 만큼 효율이 향상되는 경우도 많다. 예를 들어, 트랜잭션을 제어하는 계층을 최적화하면 애플리케이션 전체가 빨라지는 효과가 있다.

그러나 계층형 아키텍처에서 가장 어려운 부분은 어떤 계층을 만들고 각 계층이 어떤 역할을 담당할지 결정하는 것이다.

엔터프라이즈 애플리케이션에서 계층의 발전

필자는 젊기 때문에 일괄 처리 시스템 시절에 일해본 경험은 없지만 이 시절의 개발자들은 계층에 대해서는 그리 신경 쓰지 않은 것으로 보인다. 필요한 형식의 파일(ISAM, VSAM 등)을 조작하는 프로그램을 작성하면 애플리케이션은 그것으로 충분했고 계층은 적용할 필요가 없었다.

계층의 개념은 90년대 클라이언트-서버 시스템의 등장과 함께 좀 더 중요해졌다. 클라이언트-서버 시스템은 클라이언트가 사용자 인터페이스와 다른 애플리케이션 코드를 포함하고 서버가 관계형 데이터베이스를 포함하는 2계층 시스템이다. 일반적인 클라이언트 툴에는 VB, 파워빌더, 델파이 등이 있었다. 이러한 툴은 SQL을 인식하는 UI 위젯을 가지고 있어 데이터 중심 애플리케이션을 개발하는 데 적합했다. 즉, 컨트롤을 디자인 영역으로 끌어서 놓는 방식으로 화면을 구성하고 프로퍼티 시트를 통해 컨트롤을 데이터베이스로 연결할 수 있었다.

애플리케이션의 기능이 주로 관계형 데이터를 표시하고 간단한 업데이트를 수행하는 것이라면 이러한 클라이언트-서버 시스템은 상당히 잘 작동한다. 문제는 비즈니스 규칙, 유효성 검사, 계산과 같은 도메인 논리를 수행하는 경우에 일어난다. 일반적으로 클라이언트에 이러한 논리를 추가하는 어색한 방법을 사용했고 UI 화면에 직접 논리를 삽입하는 경우가 많았다. 그런데 이 방법은 도메인 논리가 더 복잡해지면 이 코드로 작업하기가 매우 어려워진다는 문제가 있었다. 게다가 화면에 삽입한 논리는 코드를 복제하기가 쉽기 때문에 간단한 변경을 수행하더라도 수많은 화면의 비슷한 코드를 찾아야 했다.

이 문제의 대안으로 도메인 논리를 저장 프로시저로 만들어 데이터베이스에 저장하는 방법이 있다. 그런데 저장 프로시저는 제한적인 구조화 메커니즘을 가지고 있기 때문에 어색한 코드가 되는 문제는 여전하다. 또한 많은 사람들이 SQL을 선호한 이유 중에는 SQL이 표준이므로 원하는 경우 데이터베이스 공급업체를 바꿀 수 있다는 이유가 있었다. 실제로 데이터베이스를 이식하는 경우는 거의 없지만 원한다면 적은 이식 비용으로 공급업체를 교체할 수 있었다. 그런데 저장 프로시저는 공급업체별로 다르기 때문에 제품을 교체하기 어렵다.

클라이언트-서버가 인기를 얻는 동안 다른 한쪽에서는 객체지향의 세계가 시작됐다. 객체 커뮤니티에서는 도메인 논리 문제에 대한 해결책으로 3계층 시스템을 제안했다. 이 방식에서는 UI를 위한 프레젠테이션 계층, 도메인 논리를 위한 도메인 계층, 그리고 데이터 원본을 이용한다. 이 방식을 통해 복잡한 도메인 논리를 UI에서 분리해 별도의 계층으로 만들고 객체를 활용해 올바른 구조로 만들 수 있었다.

이러한 장점에도 불구하고 객체지향 기법은 큰 진전을 이루지 못했다. 그 이유는 당시 시스템이 너무 간단하거나 적어도 간단하게 시작했기 때문이다. 3계층 방식에는 장점이 많았지만, 해결하려는 문제가 간단하다면 기존 클라이언트-서버의 툴이 너무 매력적이었다. 클라이언트-서버 툴에서는 3계층 구성을 사용하기가 어렵거나 아예 불가능했다.

그러다가 웹이 등장하면서 이러한 판도가 크게 흔들리기 시작했다. 갑자기 모든 사람들이 클라이언트-서버 애플리케이션을 웹 브라우저로 배포하기를 원하기 시작했다. 그런데 모든 비즈니스 논리가 리치 클라이언트 안에 포함돼 있었기 때문에 웹 인터페이스를 지원하려면 모든 비즈니스 논리를 전면적으로 수정해야 했다. 올바르게 설계된 3계층 시스템이라면 간단하게 새 프레젠테이션 계층을 추가해 문제를 해결할 수 있었다. 게다가 이 즈음에는 객체지향 언어인 자바가 슬그머니 프로그래밍의 주류로 자리 잡았다. 웹 페이지 작성 툴은 SQL과의 결합이 훨씬 느슨했기 때문에 세 번째 계층을 받아들이는 데도 유리했다.

계층에 대해 이야기할 때 계층(layer)과 티어(tier)를 혼동하는 경우가 많다. 두 용어는 종종 같은 의미로 사용되지만, 일반적으로 티어는 물리적 분리를 함축하는 경우가 많다. 클라이언트-서버 시스템의 경우 클라이언트는 데스크톱에 있고 서버는 서버에 있으므로 물리적으로 분리돼 있기 때문에 2티어 시스템이라고 불리는 경우가 많다. 필자는 계층을 다른 시스템에서 실행할 필요가 없음을 강조하기 위해 계층이라는 용어를 사용한다. 도메인 논리의 개별 계층은 데스크톱이나 데이터베이스 서버에서 실행되는 경우가 많다. 이 경우 노드는 두 개지만 세 개의 개별 계층이 있다. 로컬 데이터베이스를 사용하는 경우 세 계층을 모두 단일 시스템에서 실행하지만, 여전히 세 개의 분리된 계층이 있다.

세 가지 주요 계층

이 책에서는 프레젠테이션, 도메인, 데이터 원본이라는 세 가지 주요 계층으로 구성되는 아키텍처를 주로 다룬다(이러한 계층의 이름은 [Brown et al.]에 나오는 이름을 차용했다). 표 1.1에 이러한 계층이 요약돼 있다.

프레젠테이션(presentation) 논리는 사용자와 소프트웨어 간 상호작용을 처리한다. 이 계층은 명령줄이나 텍스트 기반 메뉴 시스템처럼 간단한 것일 수도 있지만 리치 클라이언트 그래픽 UI 또는 HTML 기반 브라우저 UI인 경우가 많다(이 책에서 리치 클라이언트는 HTML 브라우저와 구분하기 위한 개념으로서 윈도우/스윙/팻 클라이언트 UI를 의미한다). 프레젠테이션 계층의 주 역할은 사용자에게 정보를 표시하고 사용자가 내린 명령을 도메인과 데이터 원본에서 수행할 작업으로 해석하는 것이다.

표 1.1 세 가지 주요 계층

계층	역할
프레젠테이션	서비스 제공, 정보 표시(창 또는 HTML), 사용자 요청(마우스 클릭, 키 누름), HTTP 요청, 명령줄 호출, 일괄 작업 API 처리
도메인	시스템의 핵심이 되는 논리
데이터 원본	데이터베이스, 메시징 시스템, 트랜잭션 관리자 및 다른 패키지와의 통신

데이터 원본(data source) 논리는 애플리케이션을 대신해 다른 시스템과 통신한다. 여기서 다른 시스템은 트랜잭션 모니터, 다른 애플리케이션, 메시징 시스템 등일 수 있다. 대부분의 엔터프라이즈 애플리케이션에서 가장 큰 데이터 원본 논리는 지속성 데이터를 저장하는 데이터베이스다.

나머지 논리는 비즈니스 논리라고도 하는 **도메인 논리**(domain logic)다. 이 논리는 애플리케이션이 수행해야 하는 도메인과 관련된 작업이다. 이러한 작업에는 입력과 저장된 데이터를 바탕으로 하는 계산, 프레젠테이션에서 받은 데이터의 유효성 검사, 프레젠테이션에서 받은 명령을 기준으로 작업 대상이 될 데이터 원본 논리를 결정하는 등의 작업이 포함된다.

때로는 도메인 계층이 데이터 원본을 프레젠테이션으로부터 완전히 감추도록 계층이 구성된 경우도 있다. 그런데 이보다는 프레젠테이션이 데이터 저장소에 접근하는 경우가 더 많다. 이 방식은 순수하지는 않지만 실제로는 아주 잘 작동한다. 이 경우 프레젠테이션은 사용자의 명령을 해석하고 데이터 원본을 통해 데이터베이스에서 해당하는 데이터를 가져온 다음 도메인 논리에 데이터 처리를 맡긴 후 처리된 데이터를 사용자에게 제공한다.

단일 애플리케이션에 이러한 세 영역이 여러 패키지로 포함된 경우도 있다. 예를 들어, 리치 클라이언트 인터페이스를 통한 사용자의 조작과 명령줄을 통한 조작을 모두 지원하는 애플리케이션의 경우 리치 클라이언트 인터페이스와 명령줄을 위한 두 개의 프레젠테이션이 포함된다. 다른 데이터베이스를 위한 여러 데이터 원본 컴포넌트가 있을 수도 있지만, 이보다는 기존 패키지와의 통신을 위한 경우가 더 일반적이다. 심지어 도메인도 상대적으로 구분되는 개별 영역으로 분리되는 경우가 있다. 이 경우 특정 데이터 원본 패키지가 특정 도메인 패키지에서만 사용될 수 있다.

지금까지 사용자에 대해 이야기하다 보니 소프트웨어를 작동시키는 사람이 없다면 어떻게 될까, 라는 의문이 자연스럽게 떠오른다. 이러한 소프트웨어는 웹 서비스처럼 비교적 새로운 유행일 수도 있고 일괄 처리 프로세스처럼 흔하면서도 유용한 것일 수도 있다. 후자의 경우 클라이언트 프로그램이 사용자에 해당한다. 이제 프레젠테이션과 데이터 원본 계층이 외부 세계와 연결한다는 면에서 비슷한 점이 많다는 것을 알 수 있을 것이다. 이것은 모든 시스템을 외부 시스템에 대한 인터페이스에 둘러싸인 시스템으로 시각화하는 앨리스테어 콕번(Alistair Cockburn)의 육각 아키텍처 패턴[wiki]의 바탕이 되는 논리다. 육각 아키텍처는 모든 외부 요소를 근본적으로 외부 인터페이스로 나타내므로 비대칭 계층화 체계와는 다른 모양의 대칭 뷰를 보여준다.

그런데 필자는 다른 사람에게 서비스로 제공하는 인터페이스와 다른 사람의 서비스를 사용하기 위한 인터페이스를 구분할 수 있는 비대칭이 유용하다고 생각한다. 바로 이것이 프레젠테이션과 데이터 원본을 구분하는 차이점이다. 프레젠테이션은 복잡한 사용자 인터페이스 또는 간단한 원격 프로그램 인터페이스이든 관계없이 시스템이 다른 사람에게 제공하는 서비스에 대한 외부 인터페이스다. 반면 데이터 원본은 프로그램에 제공하는 서비스에 대한 외부 인터페이스다. 클라이언트의 차이 때문에 서비스에 대한 생각도 달라지므로 이처럼 인터페이스를 서로 다르게 보는 것이 도움이 된다.

모든 엔터프라이즈 애플리케이션에 대해 프레젠테이션 계층, 도메인 계층, 데이터 원본 계층이라는 세 가지 공통적인 역할 계층을 파악할 수도 있지만 이러한 계층을 구분하는 방법은 애플리케이션이 얼마나 복잡하느냐에 따라 달라진다. 예를 들어, 데이터베이스에서 데이터를 가져와 웹 페이지로 표시하는 간단한 스크립트의 경우 스크립트 전체를 프로시저 하나로 작성할 수도 있다. 이러한 경우에도 필자는 세 계층으로 구분하기 위해 노력하지만 이 정도 복잡도라면 각 계층의 동작을 별도의 서브루틴에 넣는 정도면 충분하다. 시스템이 더 복잡해지면 세 계층을 별도의 클래스로 분리할 수 있고, 그다음에는 클래스를 별도의 패키지로 분리할 수 있다. 필자의 조언은 적어도 서브루틴 수준에서 상황에 맞는 가장 적절한 분리 방법을 선택하라는 것이다.

분리 외에도 의존성에 대한 중요한 규칙이 하나 있다. 도메인과 데이터 원본은 프레젠테이션에 의존하지 않아야 한다. 다시 말해 도메인이나 데이터 원본 코드가 프레젠테이션의 코드의 서브루틴을 호출하면 안 된다. 이 규칙을 지키면 동일한 기반을 유지하면서 다른 프레젠테이션으로 손쉽게 교체할 수 있으며, 다른 계층에 미치는 영향을 최소화하면서 프레젠테이션을 수정하기도 쉽다. 도메인과 데이터 원본 간의 관계는 좀 더 복잡하며 데이터 원본에 이용되는 아키텍처 패턴에 영향을 많이 받는다.

도메인 논리 작업에서 가장 어려운 점 중 하나는 도메인 논리와 다른 형태의 논리를 구분하기 어려운 경우가 많다는 것이다. 그래서 필자는 웹 애플리케이션에 명령줄 인터페이스를 추가하는 것과 같이 근본적으로 다른 계층을 애플리케이션에 추가한다고 가정해보곤 한다. 계층을 추가하기 위해 복제해야 하는 기능이 있다면 도메인 논리가 프레젠테이션으로 유출됐다는 신호다. 비슷하게 관계형 데이터베이스를 XML 파일로 대체하기 위해 복제해야 하는 논리가 있는지 생각해볼 수 있다.

이 문제를 보여주는 좋은 예로 지난달보다 10% 이상 더 판매된 상품을 빨간색으로 표시하는 시스템을 생각해볼 수 있다. 이 기능을 위해 개발자는 이달의 판매량과 지난달의 판매량을 비교하고 이달의 판매량이 10% 이상 많을 경우 색을 빨간색으로 설정하는 논리를 프레젠테이션 계층에 추가할 수 있다.

여기서 문제는 도메인 논리를 프레젠테이션에 넣었다는 것이다. 계층을 올바르게 분리하려면 상품 판매량이 늘었는지 확인하는 메서드를 도메인 계층에 넣어야 한다. 이 메서드는 두 달 동안의 상품 판매량을 비교하고 부울 값을 반환한다. 프레젠테이션 계층에서는 이 메서드를 호출하고 true가 반환된 경우 제품을 빨간색으로 강조 표시하면 된다. 이 방법으로 강조 표시할 항목이 있는지 결정하는 부분과 강조 표시하는 부분을 서로 분리할 수 있다.

사실 필자가 지나치게 독단적으로 주장하는 것은 아닌지 염려스러운 마음도 있다. 앨런 나이트는 이 책을 검토하면서 "이 논리를 UI에 넣는 것은 지옥으로 들어가는 문일 수도 있고 독단적 순수주의자만 반대할 완전히 합리적 선택일 수도 있다"라고 이야기했다. 우리가 염려하는 것은 둘 다 맞는 이야기이기 때문이다.

계층이 실행될 위치 선택

이 책에서는 시스템을 별도의 부분으로 분리해 시스템의 다른 부분 간의 결합(coupling)을 완화하기 위한 논리적 계층을 주로 설명한다. 계층 간의 분리는 모든 계층이 한 시스템에서 실행되더라도 유용하다. 그런데 시스템의 물리적 구조가 차이를 만드는 경우도 있다.

대부분의 IS 애플리케이션에서는 처리를 수행할 위치를 클라이언트, 데스크톱 시스템 또는 서버 중에서 선택하는 것이 중요하다.

가장 간단한 방법은 모든 것을 서버에서 실행하는 것이며, 웹 브라우저를 활용하는 HTML 프런트엔드가 좋은 예다. 서버에서 모든 것을 실행할 때의 가장 큰 장점은 서버에서 모든 작업이 이뤄지므로 업그레이드하거나 수정하기 쉽다는 것이다. 여러 데스크톱으로 배포하고 서버와 동기화하는 등의 작업에는 신경 쓰지 않아도 된다. 또한 다른 데스크톱 소프트웨어와의 호환성 문제도 생각할 필요가 없다.

클라이언트에서 실행하는 것을 선호하는 사람들은 응답성이나 비연결 작업의 유리함을 근거로 든다. 서버에서 실행되는 논리는 사용자가 작업할 때마다 응답하기 위해 서버로 왕복해야 한다. 따라서 사용자가 작업 중에 즉각적 피드백을 원한다면 이 왕복이 방해가 된다. 또한 서버에서 실행되는 논리는 네트워크로 연결돼야 실행된다. 이제 어디서나 네트워크 연결이 가능할 것 같지만 필자가 이 내용을 쓰는 동안 반경 10km 안에서는 연결할 곳이 없었다. 언젠가는 지구 어디서나 네트워크에 연결할 수 있는 시기가 오겠지만 아직은 네트워크 연결이 없더라도 작업할 수 있는 환경을 원하는 사람들이 있다. 비연결 작업은 상당히 독특한 과제에 해당하지만 아쉽게도 이 책에서는 다루지 않는다.

지금까지 한곳에서 모든 것을 실행하는 경우를 알아봤고, 다음으로 계층별로 선택할 수 있는 위치를 알아보자. 데이터 원본은 거의 항상 서버에서 실행된다. 예외는 일반적으로 비연결 작업을 위해 서버 기능을 고성능 클라이언트에 복제하려는 경우다. 이 경우 비연결 클라이언트의 데이터 원본에 대한 변경 사항을 서버와 동기화해야 한다. 앞서 언급했듯이, 비연결 작업에 대해서는 이 책에서 다루지 않는다.

프레젠테이션 계층을 실행하는 위치에 대한 결정은 주로 원하는 사용자 인터페이스의 유형에 따라 달라진다. 리치 클라이언트의 경우 거의 대부분 클라이언트에서 프레젠테이션 계층을 실행한다. 웹 인터페이스의 경우 거의 대부분 서버에서 실행한다. 데스크톱에서 실행되는 웹 서버에서 클라이언트 소프트웨어(예: 유닉스 환경의 X 서버)를 원격 운영하는 등의 예외가 있기는 하지만 아주 드문 경우다.

B2C 시스템을 구축할 때는 다른 선택의 여지가 없다. 아주 다양한 소비자들이 서버를 이용하기 때문에 구식 컴퓨터에서도 웬만하면 온라인 쇼핑이 가능하게 해야 한다. 즉, 모든 처리를 서버에서 하고 소비자의 브라우저로는 HTML을 전달해야 한다. HTML 방식의 제한은 모든 결정이 클라이언트와 서버 간의 왕복으로 수행되므로 응답성이 낮을 수 있다는 것이다. 브라우저 스크립팅과 다운로드 가능 애플릿으로 응답 지연을 약간 줄일 수는 있지만, 그러면 브라우저 호환성이 떨어지고 다른 골치 아픈 문제가 생길 수 있다. 순수하게 HTML만 사용할수록 문제가 간단해진다.

문제가 간단하다는 것은 심지어 IS 부서에서 모든 데스크톱을 손수 조립하는 상황에서도 솔깃하게 들릴 만한 장점이다. 단순한 다기능 시스템에도 클라이언트를 최신으로 유지하고 다른 소프트웨어와의 호환성 오류를 예방하는 것이 문제가 될 수 있다.

리치 클라이언트 프레젠테이션을 선호하는 주된 이유는 사용자가 직접 하기는 복잡한 작업이 있고 웹 GUI가 제공하는 것 이상의 기능이 필요한 경우 때문이다. 그러나 한편으로, 웹 프런트엔드를 개선해 리치 클라이언트 프레젠테이션이 필요한 경우를 줄이는 방법에도 점차 익숙해지고 있다. 필자는 가능하면 웹 프레젠테이션을 사용하고 꼭 필요할 때만 리치 클라이언트를 사용하라고 권장한다.

다음은 도메인 논리다. 비즈니스 논리는 모두 서버에서 또는 모두 클라이언트에서 실행하거나 분할해서 실행할 수 있다. 이번에도 역시 모두 서버에서 실행하는 것이 유지 관리를 생각할 때 최선의 방법이다. 비즈니스 논리를 클라이언트로 옮기는 이유는 응답성을 개선하거나 비연결 작업을 지원하기 위해서다.

논리의 일부를 클라이언트에서 실행해야 한다면 아예 모든 논리를 클라이언트에서 실행하는 것을 고려할 수 있다. 그러면 적어도 모든 논리를 한곳에서 관리할 수 있다. 일반적으로 이 방식은 리치 클라이언트와 관련이 있는데, 웹 서버를 클라이언트 시스템에서 실행하더라도 응답성은 그다지 개선되지 않지만 비연결 작업 문제를 해결하는 방법일 수는 있다. 모든 논리를 클라이언트에서 실행하더라도 **트랜잭션 스크립트**(115)나 **도메인 모델**(122)을 통해 도메인 논리를 프레젠테이션과 별도의 모듈로 유지할 수 있다. 모든 도메인 논리를 클라이언트에서 실행할 때의 문제는 업그레이드하고 유지 관리해야 하는 것이 늘어난다는 것이다.

데스크톱과 서버에 논리를 분할하는 방법은 어떤 논리를 어디로 분할해야 하는지 기준이 없기 때문에 최악의 선택으로 보일 수 있다. 이 방법은 주로 도메인 논리 중 적은 부분을 클라이언트에서 실행해야 할 때 선택한다. 이 경우 해당 논리를 시스템의 다른 부분에 의존하지 않는 독립적 모듈로 만드는 것이 좋다. 이렇게 하면 이 논리를 클라이언트나 서버에서 실행할 수 있다. 물론 실제로 구현하려면 작업할 양이 적지 않지만 충분히 가능한 방법이다.

프로세싱 노드를 선택하고 나면 노드의 모든 코드를 단일 프로세스(한 노드 또는 한 클러스터의 여러 노드로 복사)에 넣어야 한다. 꼭 필요한 경우가 아니면 계층을 여러 개별 프로세스로 분리하지 말아야 한다. 그렇지 않으면 **원격 파사드**(412), **데이터 전송 객체**(427) 등을 추가해야 할 때 너무 복잡하고 성능이 저하될 수 있다.

젠스 콜드웨이(Jens Coldewey)는 분산, 명시적 멀티스레딩, 패러다임 전환(예: 객체/관계형), 다중 플랫폼 개발, 극한의 성능 요건(예: 초당 트랜잭션 100개 이상)과 같은 여러 사항을 **복잡성 증폭기**(complexity booster)라고 불렀다. 이러한 사항은 모두 많은 비용이 든다. 꼭 필요한 경우가 있겠지만 이러한 사항은 각각 개발은 물론 지속적 유지 관리에 큰 부담을 더한다는 것을 잊지 않아야 한다.

02장

도메인 논리 구성

필자는 도메인 논리를 **트랜잭션 스크립트**(115), **도메인 모델**(122), **테이블 모듈**(132)의 세 가지 주요 패턴으로 분리했다.

도메인 논리를 저장하는 가장 간단한 방식은 **트랜잭션 스크립트**(115)다. 기본적으로 **트랜잭션 스크립트**(115)는 프레젠테이션에서 입력을 받고, 유효성 검사와 계산을 통해 입력을 처리한 다음, 데이터베이스에 데이터를 저장하고, 다른 시스템에서 작업을 호출하는 프로시저다. 그런 다음 필요에 따라 응답을 구성하고 서식을 지정하는 계산을 더 수행하고 추가 데이터로 프레젠테이션에 응답한다. 기본 구성은 사용자가 수행할 각 작업마다 프로시저를 하나씩 만드는 것이다. 즉, 이 패턴은 작업 또는 비즈니스 트랜잭션마다 스크립트 하나를 만드는 패턴으로 볼 수 있다. 모든 코드를 인라인 프로시저로 만들라는 것은 아니다. 코드를 서브루틴으로 분리하고 이러한 서브루틴을 여러 다른 **트랜잭션 스크립트**(115)에서 공유할 수 있다. 그래도 여전히 핵심 개념은 각 작업마다 프로시저 하나를 사용한다는 것이다. 소매 시스템을 예로 들면 체크아웃, 장바구니에 상품 추가, 배송 상태 표시 등에 대한 각각의 **트랜잭션 스크립트**(115)가 있을 수 있다.

트랜잭션 스크립트(115)에는 여러 장점이 있다.

- 대부분의 개발자가 이해할 수 있는 간단한 절차적 모델이다.
- **행 데이터 게이트웨이**(160)나 **테이블 데이터 게이트웨이**(151)를 적용해 데이터 원본 계층과 함께 사용하기에 적합하다.
- 트랜잭션의 경계를 설정하기가 쉽다. 트랜잭션 열기와 함께 시작하고 트랜잭션 닫기와 함께 종료한다. 툴을 사용해 배후에서 이러한 작업을 하기도 쉽다.

아쉽게도 단점도 상당히 많은데, 이러한 단점은 도메인 논리가 늘어나면서 복잡도가 상승하는 결과로 주로 나타난다. 여러 트랜잭션이 비슷한 작업을 수행해야 하므로 코드가 많이 중복된다.

공통 서브루틴을 뽑아내서 이러한 문제를 어느 정도 해결할 수 있지만, 그래도 중복을 제거하기는 어렵고 찾아내기는 더 어렵다. 결과적으로 애플리케이션이 명확한 구조가 없는 얼키고설킨 루틴 뭉치가 된다.

물론 복잡한 논리는 객체를 통해 해결할 수 있으며, 이 문제를 해결하기 위한 객체지향적 방법이 바로 도메인 모델(122)이다. 도메인 모델(122)을 이용할 때는 먼저 도메인에 있는 명사를 바탕으로 도메인과 비슷한 모델을 구축한다. 예를 들어, 임대 시스템을 위해 임대, 자산 등에 대한 클래스를 만들 수 있다. 유효성 검사와 계산을 처리하는 논리는 이 도메인 모델에 넣을 수 있으므로 배송 객체는 배송료를 계산하는 논리를 포함할 수 있다. 수수료를 계산하는 루틴이 아직 있을 수 있지만 이러한 프로시저는 도메인 모델(122) 메서드로 금방 위임할 수 있다.

트랜잭션 스크립트(115) 대신 도메인 모델(122)을 사용하는 것은 객체지향 지지자들이 그토록 많이 이야기하는 패러다임의 전환을 의미한다. 한 루틴이 한 가지 사용자 작업의 논리를 모두 처리하는 것이 아니라 각 객체가 관련된 논리의 일부를 담당하게 한다. 도메인 모델(122)에 아직 익숙하지 않다면 도메인 모델을 사용하는 방법을 배우는 동안 여러 객체 사이에서 동작을 찾으면서 상당한 어려움을 겪을 것이다.

간단한 예제로 두 패턴의 근본적 차이를 파악하기는 어렵지만, 패턴에 대한 설명에서 두 방법으로 모두 도메인 논리를 구축하면서 차이점을 이해할 기회를 마련했다. 두 패턴의 차이점을 이해하는 가장 쉬운 방법은 두 방식의 순서도(그림 2.1과 그림 2.2)를 보는 것이다. 여기서 문제의 핵심은 상품의 종류에 따라 계약의 수익을 인식하는 알고리즘이 다르다는 것이다(배경 정보는 9장, 115쪽 참고). 계산 메서드는 특정 계약의 상품이 어떤 종류인지 확인하고, 올바른 알고리즘을 적용한 다음, 계산의 결과를 보관할 수익 인식 객체를 생성한다(간단한 설명을 위해 데이터베이스 상호작용은 무시함).

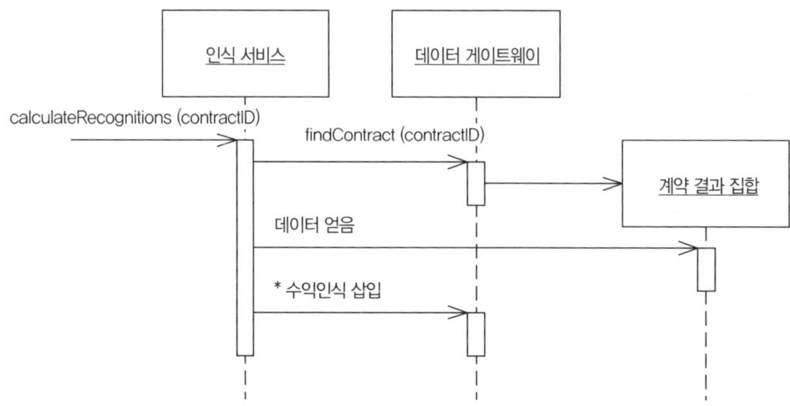

그림 2.1 트랜잭션 스크립트(115)를 이용한 수익 인식 방법

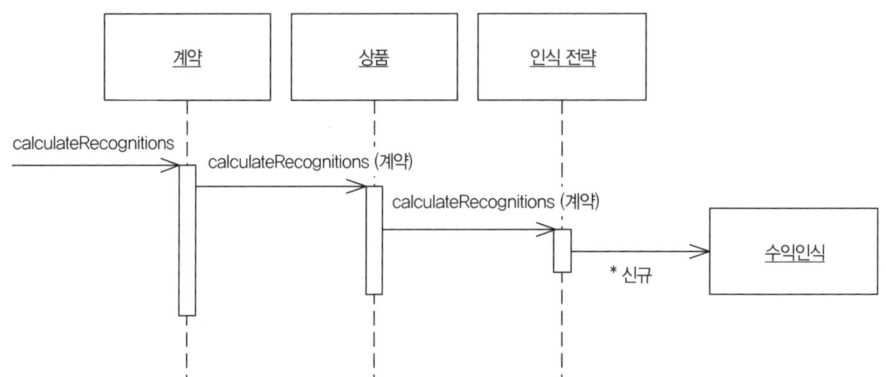

그림 2.2 도메인 모델(122)을 이용한 수익 인식 방법

그림 2.1에서는 **트랜잭션 스크립트(115)** 메서드가 모든 일을 다 한다. 기본 객체는 데이터를 트랜잭션 스크립트로 전달하는 **테이블 데이터 게이트웨이(151)**가 전부다.

반면 그림 2.2에는 여러 객체가 있으며, 최종적으로 전략 객체가 결과를 내놓을 때까지 각 객체가 동작의 일부를 다음 객체로 전달한다.

도메인 모델(122)에 익숙해지면 복잡한 논리를 체계적으로 관리할 수 있는 아주 다양한 기법을 활용할 수 있다. 예를 들어, 수익 인식을 계산하는 알고리즘이 늘어나면 인식 전략 객체를 새로 추가하는 식으로 알고리즘을 추가할 수 있다. **트랜잭션 스크립트(115)**의 경우에는 스크립트의 조건 논리에 조건을 추가해야 한다. 일단 객체에 대한 기본 개념이 정립된 후에는 아주 간단한 경우에도 **도메인 모델(122)**을 선호하게 된다.

도메인 모델(122)을 사용하는 데 따르는 비용은 사용의 복잡성과 데이터 원본 계층의 복잡성이다. 리치 객체 모델을 처음 시작하는 개발자가 **도메인 모델(122)**에 익숙해지는 데는 시간이 필요하다. 이 패턴을 사용하는 프로젝트에서 몇 달 동안 작업한 후에야 비로소 사고방식의 전환을 이루는 경우도 많다. 일단 **도메인 모델(122)**을 사용하는 데 익숙해진 후에는 이후의 모든 작업이 수월해진다. 필자와 같은 객체 신봉자가 이렇게 한 명 늘어난다. 그러나 이러한 전환을 끝내 이루지 못하는 개발자들도 상당수 있다.

사고방식을 전환해도 데이터베이스 매핑은 여전히 해야 한다. **도메인 모델(122)**이 풍성해질수록 관계형 데이터베이스 매핑도 복잡해진다. 정교한 데이터 원본 계층은 거의 고정 비용이라고 할 수 있다(보통은 **데이터 매퍼(174)**를 사용함). 좋은 데이터 원본 계층을 확보하려면 상당한 비용(구매하는 경우)이나 시간(만드는 경우)이 필요하지만 일단 준비되면 이를 이용해 많은 일을 할 수 있다.

도메인 논리 구조의 세 번째 선택으로 **테이블 모듈(132)**이 있다. 언뜻 보기에 테이블 모듈(132)은 계약, 상품, 수익 인식 클래스를 가진다는 점에서 **도메인 모델(122)**과 비슷해 보인다. 두 패턴의 가장 중요한 차이는 도메인 모델(122)은 데이터베이스에서 각 계약마다 계약 인스턴스가 있지만, 테이블 모듈(132)은 인스턴스가 단 하나라는 것이다. 테이블 모듈(132)은 **레코드 집합(538)**과 함께 사용하도록 설계돼 있다. 따라서 테이블 모듈(132)의 클라이언트는 먼저 데이터베이스에 쿼리를 수행해 레코드 집합(538)을 얻고 이 레코드 집합(538)을 인수로 전달해 계약 객체를 만든다. 이제부터 클라이언트는 이 계약에 대해 다양한 작업을 수행할 수 있다(그림 2.3). 개별 계약에 대한 작업을 수행하려면 ID를 전달해야 한다.

테이블 모듈(132)은 여러 면에서 **트랜잭션 스크립트(115)**와 도메인 모델(122)의 중간적인 성격을 많이 띤다. 프로시저로만 작업하기보다 테이블을 기준으로 도메인 논리를 구성하기 때문에 구조를 만들고 중복을 찾아 제거하기가 수월하다. 다만 상속, 전략, 그리고 다른 객체지향 패턴과 같이 도메인 모델(122)에서 논리의 세부 구조를 만드는 데 사용하는 여러 기법은 사용할 수 없다.

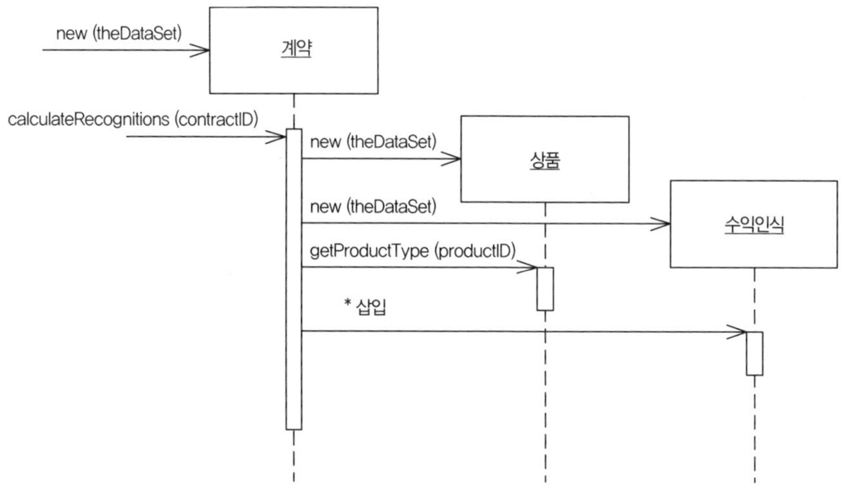

그림 2.3 테이블 모듈(132)을 이용한 수익 인식 계산

테이블 모듈(132)의 가장 큰 장점은 아키텍처의 나머지 부분과 잘 맞는다는 것이다. 여러 GUI 환경에서는 레코드 집합(538)으로 구성된 SQL 쿼리의 결과를 활용한다. 테이블 모듈(132)도 레코드 집합(538)을 이용해 작업할 수 있으므로 테이블 모듈(132)에서 쿼리를 실행하고 결과를 조작한 다음 이 데이터를 GUI로 보내 표시할 수 있다. 테이블 모듈(132)을 유효성 검사와 계산에 사용할 수도 있다. 마이크로소프트의 COM과 .NET을 비롯한 여러 플랫폼에서 이런 식의 개발 방법을 많이 활용한다.

선택

그러면 세 패턴 중 어떤 것을 선택해야 할까? 어떤 패턴이 가장 적절한지는 도메인 논리가 얼마나 복잡하느냐에 따라 크게 달라진다. 그림 2.4에는 비정량화된 축 때문에 파워포인트 프레젠테이션에서 필자를 아주 난감하게 했던 그래프가 나온다. 그래도 이 그래프를 보면 세 패턴에 대한 필자의 생각을 이해하는 데 도움이 된다. 도메인 논리가 간단하면 이해하는 데 필요한 시간과 데이터 원본의 복잡성 때문에 투자한 개발 시간과 노력의 성과를 거두기 어려우므로 도메인 모델(122)의 매력이 떨어진다. 그러나 트랜잭션 스크립트와 테이블 모듈 역시 도메인 논리가 어느 수준 이상 복잡해지면 효율이 떨어지고 더는 기능을 추가하기가 아주 어려워지는 수준까지 이르게 된다.

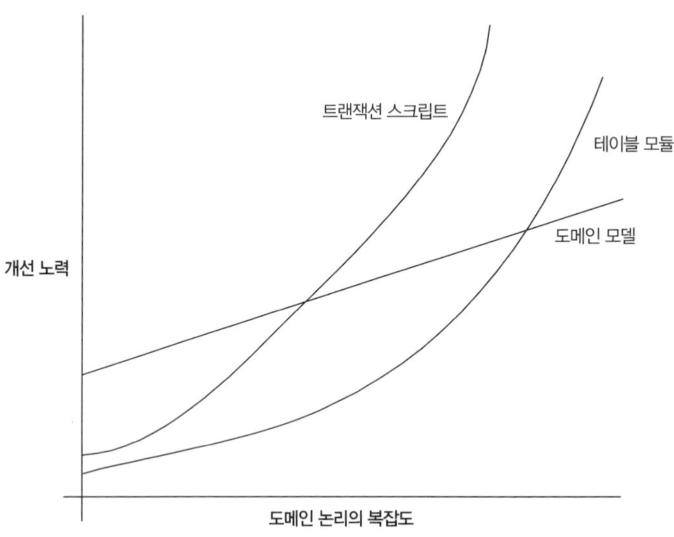

그림 2.4 여러 도메인 논리 형식에서의 복잡도와 노력의 관계

애플리케이션이 이 그래프의 x 축에서 어느 위치에 해당하는지 알아내면 된다. 도메인 논리의 복잡도가 어느 정도 이상이면 도메인 모델(122)을 사용하는 것이 바람직하지만, 도메인 논리의 복잡도를 측정하는 방법은 아무도 모른다는 것이 문제다. 따라서 실제로는 요건에 대한 초기 분석이 가능한 숙련된 개발자를 찾아서 분석을 부탁하는 수밖에 없다.

그래프의 곡선에 영향을 미치는 몇 가지 요소가 있다. 개발 팀이 도메인 모델(122)에 익숙하다면 이 패턴을 사용하기 위한 초기 비용이 낮아진다. 다만 데이터 원본의 복잡성은 그대로기 때문에 다른 패턴보다는 여전히 초기 비용이 높다. 그래도 필자의 경우에는 개발 팀의 수준이 높으면 도메인 모델(122)을 선호하는 편이다.

테이블 모듈(132)에 대한 선호도는 환경에서 **레코드 집합**(538)을 얼마나 잘 지원하느냐에 따라 달라진다. .NET이나 비주얼 스튜디오와 같이 **레코드 집합**(538)과 관련된 툴이 아주 많은 환경이라면 **테이블 모듈**(132)이 훨씬 매력적이다. 실제로 .NET 환경에서는 **트랜잭션 스크립트**(115)를 사용할 이유가 거의 없다. 반면 **레코드 집합**(538)을 지원하는 특수한 툴이 거의 없는 환경이라면 굳이 **테이블 모듈**(132)을 사용할 이유가 없다.

일단 결정을 내리더라도 그 결정을 바꾸는 것이 불가능하진 않지만 바꾸기가 까다로울 수는 있다. 따라서 어떤 길을 갈지 선택하기 전에 충분히 고려해야 한다. **트랜잭션 스크립트**(115)를 선택했는데 잘못된 길이었다고 생각된다면 지체없이 **도메인 모델**(122)로 리팩터링을 시작한다. **도메인 모델**(122)을 선택했는데 **트랜잭션 스크립트**(115)로 변경하려는 경우, 데이터 원본 계층을 단순화할 수 없다면 이렇게 변경하는 데는 일반적으로 그다지 장점이 없다.

이러한 세 패턴은 상호배타적인 선택은 아니다. 실제로 일부 도메인 논리에는 **트랜잭션 스크립트**(115)를 사용하고 나머지 도메인 논리에는 **테이블 모듈**(132)이나 **도메인 모델**(122)을 사용하는 경우도 흔히 볼 수 있다.

서비스 계층

도메인 논리를 처리하는 일반적인 방법은 도메인 계층을 둘로 나누는 것이다. 이 경우 **서비스 계층**(141)을 기반이 되는 **도메인 모델**(122)이나 **테이블 모듈**(132) 위에 배치한다. **트랜잭션 스크립트**(115)만 사용하는 도메인 계층은 별도의 계층을 수용할 만큼 복잡하지 않기 때문에 일반적으로 이 구조는 **도메인 모델**(122)이나 **테이블 모듈**(132)에만 사용한다. 이처럼 도메인 계층을 둘로 나눈 경우 프레젠테이션 계층은 애플리케이션의 API 역할을 하는 **서비스 계층**(141)과 단독으로 상호작용한다.

서비스 계층(141)은 명확한 API를 제공하며 트랜잭션 제어와 보안과 같은 기능을 넣기도 좋은 위치다. 즉, **서비스 계층**(141)의 각 메서드에 대한 트랜잭션과 보안 특성을 기술하는 간단한 모델을 활용할 수 있다. 가장 일반적인 방법은 별도의 속성 파일을 사용하는 것이지만 .NET에는 코드에서 깔끔하게 이 작업을 할 수 있는 특성을 제공하고 있다.

서비스 계층(141)을 사용할 때는 여기에 얼마나 많은 동작을 넣을지 결정하는 것이 아주 중요하다. 가장 소극적 사례는 **서비스 계층**(141)을 파사드로 만들고 모든 실제 동작을 기반 객체에 넣은 다음, **서비스 계층**(141)이 파사드에 대한 호출을 하위 객체로 전달하게 하는 것이다. 이 경우 서비스 계층(141)은 유스 케이스를 반영해서 구성된 사용하기 쉬운 API를 제공한다. 또한 트랜잭션 래퍼와 보안 검사를 추가하기도 편리한 지점이다.

이와 반대되는 극단적 사례는 대부분의 비즈니스 논리를 서비스 계층(141) 안의 트랜잭션 스크립트(115)에 넣는 것이다. 이 경우 기본 도메인 객체는 아주 간단하며, 기본 도메인 객체가 도메인 모델(122)인 경우, 데이터베이스와 일대일이므로 활성 레코드(168) 같은 간단한 데이터 원본 계층을 사용할 수 있다.

앞서 두 방법의 중간적인 성격으로서 행동을 혼합한 **컨트롤러-엔터티** 형식이 있다. 이 이름은 [Jacobson et al.]의 영향을 크게 받은 일반적 관례에서 유래한 것이다. 이 형식의 요점은 한 트랜잭션이나 유스 케이스에 적용되는 논리를 트랜잭션 스크립트(115)에 넣는 것이며, 일반적으로 이를 컨트롤러나 서비스라고 한다. 여기서 말하는 컨트롤러는 모델 뷰 컨트롤러(350)의 입력 컨트롤러나 나중에 알아볼 애플리케이션 컨트롤러(404)와는 다르기 때문에 이 책에서는 **유스 케이스 컨트롤러**(use-case controller)라는 용어를 사용할 것이다. 둘 이상의 유스 케이스에서 사용되는 동작은 엔터티라고 하는 도메인 객체에 배치한다.

컨트롤러-엔터티 방식은 흔히 사용되지만 필자는 이를 권장하지 않는다. 유스 케이스 컨트롤러는 트랜잭션 스크립트(115)와 마찬가지로 코드 중복을 많이 유발한다. 일단 도메인 모델(122)을 사용하기로 결정했으면 철저하게 도메인 모델에 맞는 구조를 따르는 것이 좋다. 한 가지 예외는 행 데이터 게이트웨이(160)와 트랜잭션 스크립트(115)를 사용하는 설계로 개발을 시작한 경우다. 이 경우 중복된 동작을 행 데이터 게이트웨이(160)로 옮긴 다음, 활성 레코드(168)를 사용하는 간단한 도메인 모델(122)로 바꾸는 것이 좋다. 물론 이것은 문제가 있는 설계를 개선하는 방법이며, 처음부터 이렇게 설계하지는 않을 것이다.

여기서 말하고자 하는 바는 서비스 객체에 비즈니스 논리를 절대로 넣지 말라는 것이 아니라, 이를 고정적인 계층으로 만들 이유는 없다는 것이다.

절차형 서비스 객체는 논리를 팩터링하는 아주 유용한 방법이기도 하지만 필자는 이를 아키텍처의 필수 계층으로 활용하기보다는 필요에 따라 이용하는 편이다.

즉, 보통의 경우에는 사용할 필요가 없다고 가정하며, 애플리케이션에 꼭 필요하다고 판단될 때만 최대한 간소화한 서비스 계층(141)을 사용한다. 그러나 필자가 아는 훌륭한 개발자 중에는 항상 서비스 계층(141)에 많은 양의 논리를 넣는 사람도 많으므로 이 부분에 대해서는 필자의 이야기를 무시해도 된다. 이 책의 서비스 계층(141) 패턴 부분은 리치 서비스 계층(141)을 활용해 좋은 성과를 많이 거둔 랜디 스태퍼드가 집필했다.

03장

관계형 데이터베이스 매핑

데이터 원본 계층의 역할은 애플리케이션이 작업을 수행하는 데 필요한 인프라의 다양한 부분과 통신하는 것이다. 이 계층에서 가장 중요한 일은 데이터베이스와 상호작용하는 것이며, 여기서 말하는 데이터베이스란 일반적으로 관계형 데이터베이스를 의미한다. 메인프레임 ISAM과 VSAM 파일과 같은 아주 오래된 데이터 저장소 포맷도 있지만 현재 시스템을 구축하는 사람들의 주요 관심사는 관계형 데이터베이스와 관련된 작업이다.

관계형 데이터베이스가 성공한 가장 큰 이유 중 하나는 데이터베이스 통신을 위한 거의 표준화된 언어인 SQL이 있었기 때문이다. 물론 SQL에는 복잡하고 성가신 공급업체별 추가 기능이 많이 포함돼 있지만 핵심 구문은 공통적이며 이해하기 쉽다.

아키텍처 패턴

첫 번째 패턴 집합은 도메인 논리가 데이터베이스와 상호작용하는 방법을 좌우하는 아키텍처 패턴으로 구성돼 있다. 이러한 패턴의 선택은 전체 설계에 미치는 파급효과가 크고 리팩터링하기 어렵기 때문에 충분한 주의를 기울여야 한다. 이 선택은 도메인 논리를 어떻게 설계했느냐에 따라서도 영향을 받는다.

SQL은 엔터프라이즈 소프트웨어에 널리 사용되고 있지만 문제가 없는 것은 아니다. 애플리케이션 개발자 중에는 SQL을 제대로 이해하지 못해 효과적인 쿼리와 명령을 정의하는 데 어려움을 겪는 사람이 많다. SQL을 프로그래밍 언어로 삽입하는 다양한 기법이 있지만 이러한 기법은 다소 불편한 것이 사실이다. 즉, 애플리케이션 개발 언어에 맞는 메커니즘을 사용해 데이터에 접근하는 것이 바람직하다. 데이터베이스 관리자(DBA)도 올바르게 데이터베이스를 조율하고 인덱스를 구성하는 방법을 이해하려면 SQL을 배워야 한다.

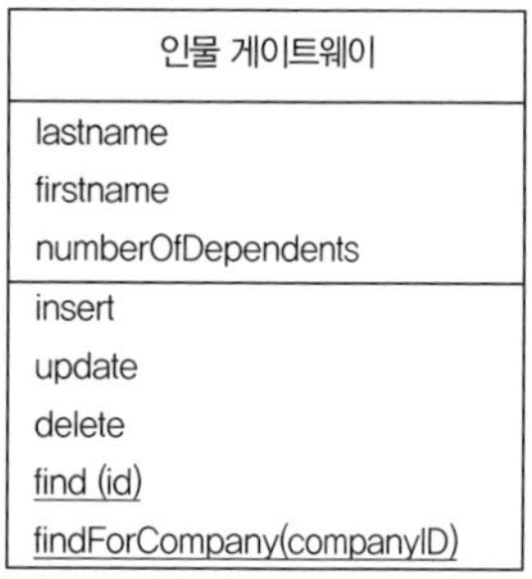

인물 게이트웨이
lastname firstname numberOfDependents
insert update delete find (id) findForCompany(companyID)

그림 3.1 행 데이터 게이트웨이(160)는 쿼리에서 반환한 행 하나당 인스턴스 하나를 가진다.

이러한 이유로 SQL 접근을 도메인 논리와는 별도로 분리하고 개별 클래스에 배치하는 것이 좋다. 이러한 클래스를 구성하는 방법으로는 데이터베이스 테이블당 클래스 하나를 가지도록 데이터베이스 테이블의 테이블 구조를 바탕으로 클래스를 구성하는 것이 좋다. 이러한 클래스는 테이블에 대한 게이트웨이(492)가 된다. 애플리케이션의 나머지 부분에서는 SQL에 대해 알 필요가 없으며, 데이터베이스에 접근하는 모든 SQL은 쉽게 찾을 수 있다. 데이터베이스에 관한 전문 지식이 있는 개발자는 이러한 데이터베이스 특화 클래스에 집중하면 된다.

게이트웨이(492)를 사용하는 데는 크게 두 가지 방법이 있다. 가장 확실한 방법은 쿼리가 반환하는 각 행마다 인스턴스 하나를 만드는 것이다(그림 3.1). 이를 **행 데이터 게이트웨이(160)**라고 하며, 데이터에 대한 객체지향적 사고방식과 자연스럽게 잘 어울린다.

레코드 집합(538)은 데이터베이스의 테이블식 특성을 흉내 낸 테이블과 행의 범용 자료구조로서 다양한 환경에서 폭넓게 지원한다. **레코드 집합(538)**은 범용 자료구조이므로 애플리케이션의 여러 부분에서 활용할 수 있다. GUI 툴에 **레코드 집합(538)**을 사용하는 컨트롤이 포함된 경우를 흔히 볼 수 있다. **레코드 집합(538)**을 사용하는 경우 데이터베이스의 각 테이블마다 클래스가 하나만 있으면 된다. 그림 3.2의 **테이블 데이터 게이트웨이(151)**는 데이터베이스를 쿼리하고 **레코드 집합(538)**을 반환하는 메서드를 제공한다.

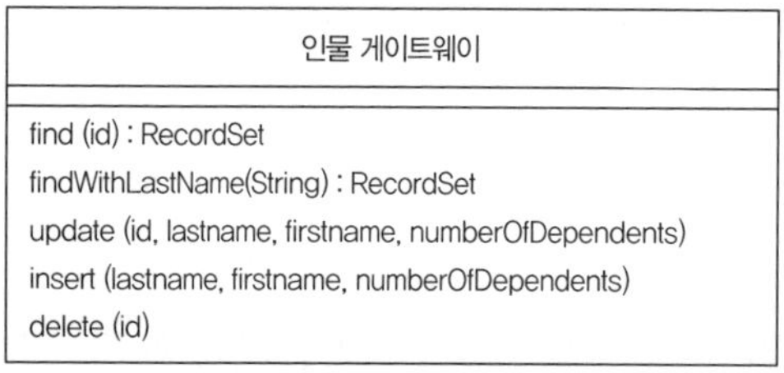

인물 게이트웨이
find (id) : RecordSet findWithLastName(String) : RecordSet update (id, lastname, firstname, numberOfDependents) insert (lastname, firstname, numberOfDependents) delete (id)

그림 3.2 테이블 데이터 게이트웨이(151)는 테이블당 인스턴스 하나를 가진다.

필자는 간단한 애플리케이션을 만들 때도 게이트웨이 패턴 중 하나를 사용하는 경우가 많다. 필자의 루비와 파이썬 스크립트를 보면 이를 확인할 수 있다. SQL과 도메인 논리를 명확하게 분리하면 많은 도움이 된다.

테이블 데이터 게이트웨이(151)는 레코드 집합(538)과 아주 잘 어울리므로 테이블 모듈(132)을 사용하는 경우에도 확실한 선택이다. 또한 저장 프로시저를 정리하는 데도 이 패턴을 고려할 수 있다. 데이터베이스에 접근하는 방법으로 명시적 SQL보다는 저장 프로시저에 전적으로 의존하는 설계자가 많다. 이 경우 저장 프로시저의 모음으로 테이블의 테이블 데이터 게이트웨이(151)를 정의한다고 생각하면 된다. 필자라면 저장 프로시저를 사용하더라도 저장 프로시저 호출을 래핑하는 인메모리 테이블 데이터 게이트웨이(151)를 사용해 저장 프로시저 호출 메커니즘을 캡슐화할 것이다.

도메인 모델(122)을 사용할 때는 몇 가지 추가 옵션이 있다. 도메인 모델(122)에는 행 데이터 게이트웨이(160)나 테이블 데이터 게이트웨이(151)를 함께 사용할 수 있다. 그러나 필자의 관점에서는 이러한 두 옵션은 간접성이 너무 많거나 부족하다.

간단한 애플리케이션에서 도메인 모델(122)은 데이터베이스 테이블당 도메인 클래스 하나를 사용해 데이터베이스 구조에 아주 근접하게 대응되는 간단한 구조다. 이러한 도메인 객체는 일반적으로 크게 복잡하지 않은 비즈니스 논리를 포함하는 경우가 많다. 따라서 그림 3.3과 같은 활성 레코드(168) 구조를 통해 각 도메인 객체가 직접 데이터베이스 로드와 저장을 수행하는 것이 적절하다. 활성 레코드(168)를 이해하는 다른 방법은 행 데이터 게이트웨이(160)로 시작한 후 클래스에 도메인 논리를 추가한다고 보는 것이다(특히 여러 트랜잭션 스크립트(115)에 반복적인 코드가 많은 경우).

이러한 상황에서는 게이트웨이(492)를 통해 추가된 간접성이 그리 도움이 되지 않는다. 그러나 도메인 논리가 복잡해지면 점차 리치 도메인 모델(122)에 가까워지고 활성 레코드(168)의 간단한 접근법으로는 주체하지 못하게 된다. 도메인 논리를 작은 클래스로 팩터링하기 시작하면 도메인 클래스와 테이블의 일대일 매칭이 깨지기 시작한다. 관계형 데이터베이스는 상속을 지원하지 않으므로 다양한 전략[Gang of Four]과 여러 깔끔한 객체 지향 패턴을 적용하기 어렵다. 도메인 논리를 개발하는 동안 항상 데이터베이스와 상호작용하지 않고도 도메인 논리를 테스트할 수 있는 방법이 필요하다.

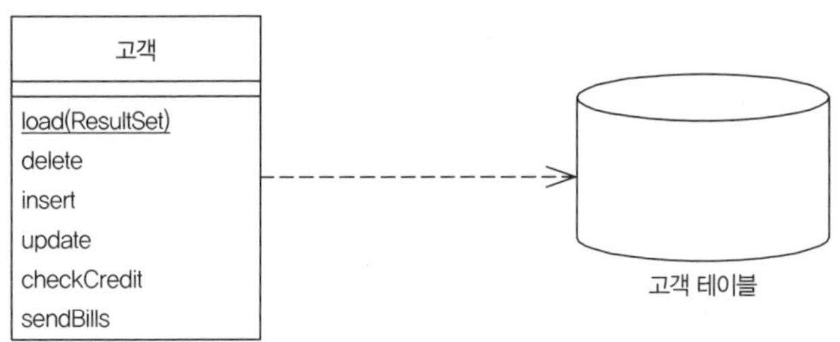

그림 3.3 활성 레코드(168)에서는 고객 도메인 객체가 데이터베이스 테이블과 상호작용한다.

이러한 모든 요인 때문에 **도메인 모델(122)**이 복잡해질수록 간접성을 원하게 된다. **게이트웨이(492)**로 몇 가지 문제를 해결할 수 있지만 **도메인 모델(122)**이 데이터베이스 스키마와 밀접하게 결합되는 것은 막지 못한다. 결과적으로 **게이트웨이(492)**의 일부 필드가 도메인 객체의 필드로 변환되는 현상이 발생하며, 이러한 변환은 도메인 객체를 복잡하게 만든다.

이보다는 도메인 객체와 데이터베이스 테이블 간의 매핑을 간접 계층을 통해 완전히 처리해서 **도메인 모델(122)**을 데이터베이스로부터 격리하는 것이 더 나은 방법이다. 그림 3.4의 **데이터 매퍼(174)**는 데이터베이스와 **도메인 모델(122)**이 서로 독립적으로 작동할 수 있게 중간에서 로딩과 저장을 대신 처리한다. **데이터 매퍼(174)**는 가장 복잡한 데이터베이스 매핑 아키텍처이며, 두 계층의 완전한 격리라는 장점을 제공한다.

필자는 **도메인 모델(122)**의 주요 지속성 메커니즘으로 **게이트웨이(492)**를 추천하지 않는다. 도메인 논리가 간단하고 클래스와 테이블이 서로 비슷하게 대응된다면 **활성 레코드(168)**가 간단한 방법이다. 더 복잡한 논리가 필요하다면 **데이터 매퍼(174)**가 적합하다.

이러한 패턴이 완전히 상호배타적인 것은 아니다. 여기서는 인메모리 모델의 데이터를 데이터베이스에 저장하는 방법, 즉 주요 지속성 메커니즘에 대해 많이 이야기한다. 그런데 주요 지속성 메커니즘에 패턴을 혼합해 사용하면 문제가 복잡해지기 때문에 하나만 선택해 사용해야 한다. 반면 주요 지속성 메커니즘으로 **데이터 매퍼(174)**를 사용하더라도 **게이트웨이(492)**를 사용해 테이블이나 서비스를 래핑하고 이를 외부 인터페이스로 취급해도 아무 문제가 없다.

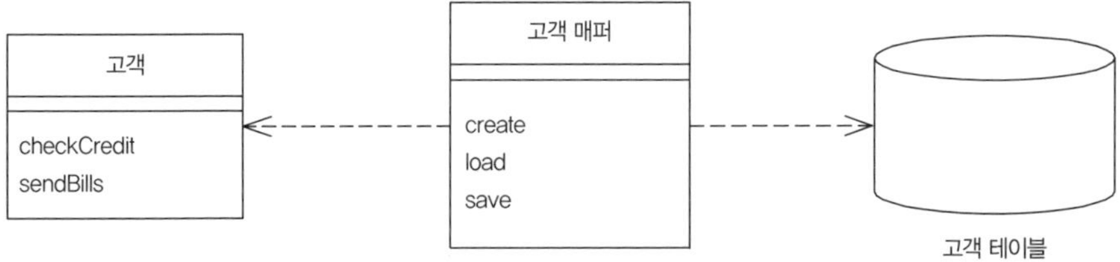

그림 3.4 데이터 매퍼(174)는 도메인 객체와 데이터베이스를 서로 격리한다.

이러한 개념과 패턴에 대한 설명에서 필자는 주로 "테이블"이라는 용어를 쓴다. 그런데 이러한 기법은 테이블만이 아니라 뷰, 저장 프로시저를 통해 캡슐화된 쿼리, 그리고 자주 사용하는 동적 쿼리에도 동일하게 적용할 수 있다. 아쉽게도 테이블/뷰/쿼리/저장 프로시저를 모두 의미하는 용어는 없기 때문에 테이블식 자료구조를 대표하는 "테이블"을 사용했다. 필자는 뷰를 가상 테이블이라고 생각하는데, 이것은 SQL에서 뷰를 취급하는 방법이기도 하다. 테이블을 쿼리할 때와 같은 구문을 뷰를 쿼리하는 데도 사용할 수 있다.

뷰와 쿼리를 업데이트할 때는 뷰를 직접 업데이트할 수 없고 기반이 되는 테이블을 조작해야 하기 때문에 확실하게 더 복잡해진다. 이처럼 적절한 패턴을 활용해 뷰/쿼리를 캡슐화하면 업데이트 논리를 한곳에서 구현할 수 있으며, 뷰를 더 간단하고 안정적으로 사용할 수 있다.

뷰와 쿼리를 이런 방법으로 사용할 때 한 가지 문제는 뷰가 구성되는 방법을 이해하지 못하는 개발자가 혼란을 느낄 수 있다는 점이다. 예를 들어, 동일한 기본 테이블을 업데이트하는 두 가지 다른 구조를 업데이트해서 결과적으로 첫 번째 업데이트를 두 번째 업데이트로 덮어쓸 수 있다. 업데이트 논리에서 적절하게 유효성을 검사하면 이러한 처리 방식 때문에 데이터 불일치가 발생하지는 않겠지만 개발자는 놀랄 수 있다.

아무리 복잡한 도메인 모델(122)이라도 저장할 수 있는 가장 간단한 방법에 대해서도 알아둘 필요가 있다. 객체지향 초창기에 많은 사람들은 객체와 관계 간에 근본적인 "임피던스 부정합(impedance mismatch)"이 있다는 것을 깨달았다. 이후 객체지향 데이터베이스를 만들려는 노력이 계속 이어졌고, 결국 객체지향 패러다임을 디스크 저장소에서 실현할 수 있게 됐다. 객체지향 데이터베이스에서는 매핑을 신경 쓸 필요가 없다. 상호연결된 객체의 거대한 구조를 그대로 사용할 수 있으며, 객체를 디스크로 저장하고 가져오는 작업을 데이터베이스가 알아서 처리한다. 또한 트랜잭션을 이용해 데이터 저장소의 업데이트와 공유 허용을 그룹화할 수 있다. 프로그래머에게는 마치 투명하게 디스크 저장소의 지원을 받는 무한한 트랜잭션 메모리를 사용하는 것과 비슷하다.

객체지향 데이터베이스의 가장 큰 장점은 생산성 향상이다. 통제된 실험으로 확인된 결과는 아니지만 유지 관리 중에도 계속 들어가는 비용인 관계형 데이터베이스 매핑 작업을 1/3 수준의 프로그래밍 작업으로 줄일 수 있다고 한다.

그러나 대부분의 프로젝트에는 객체지향 데이터베이스가 사용되지 않는다. 주된 이유는 위험성 때문이다. 관계형 데이터베이스는 오랫동안 사용되고, 주요 공급업체에서 지원하며, 널리 알려지고 입증된 기술이다. 게다가 SQL에는 모든 종류의 툴을 위한 거의 표준적인 인터페이스가 있다. 성능을 걱정하는 독자를 위해 한마디 하자면, 아직은 필자도 객체지향 데이터베이스와 관계형 시스템을 비교한 확실한 성능 데이터를 보지는 못했다.

객체지향 데이터베이스를 사용할 수 없더라도 설계에 **도메인 모델**(122)이 있다면 O/R 매핑 툴을 도입하는 것을 진지하게 고려해봐야 한다. 물론 이 책에서 여러 패턴을 배우면서 **데이터 매퍼**(174)를 만드는 방법을 충분히 이해할 수 있지만 이 작업은 여전히 복잡하고 힘들다. 지금까지 여러 개발사에서 이 문제를 해결할 제품을 개발해왔으며, 개발자가 직접 작성한 것 이상의 정교한 결과를 제공하는 상용이나 오픈소스 O/R 매핑 툴이 많이 나와 있다. 이러한 툴을 이용하면 계층을 직접 작성하고 유지 관리하는 시간과 비용을 크게 절감할 수 있다.

관계형 데이터베이스와 함께 사용할 수 있는 객체지향 데이터베이스 형식의 계층을 제공하려는 움직임도 있다. JDO는 자바 세계에서 이러한 움직임의 산물이지만 어떤 결과가 나올지 예측하기는 아직 이르다. 필자 역시 이 책에서 결론을 이야기할 만큼 충분히 접해보지 못했다.

툴을 이용하더라도 이러한 패턴을 충분히 숙지하는 것이 좋다. 좋은 O/R 툴은 데이터베이스 매핑에 대한 다양한 옵션을 제공하며, 이러한 패턴에 대한 이해를 바탕으로 어떤 옵션을 언제 사용해야 하는지 알 수 있다. 툴이 모든 작업을 대신하는 것은 아니다. 큰 도움이 되는 것은 사실이지만 O/R 툴을 튜닝하고 사용하는 데도 적지 않은 작업이 필요하다.

동작 문제

사람들은 O/R 매핑에 대해 말할 때 주로 구조적 측면, 즉 테이블이 객체와 연관되는 방법에 집중한다. 그러나 실제로 O/R 매핑을 활용할 때 가장 어려운 측면은 O/R 매핑의 아키텍처와 동작 측면이다. 아키텍처 관점의 접근법은 이미 살펴봤으므로 다음은 동작 문제에 대해 알아볼 차례다.

동작 문제는 객체가 데이터베이스에 저장 및 로드되는 방법에 대한 것이다. 언뜻 보기에는 그리 어려운 문제로 보이지 않을 것이다. 예를 들어, 고객 객체는 이 작업을 수행하는 로드와 저장 메서드를 가질 수 있다. 실제로 **활성 레코드**(168)의 경우 이 방법을 선택하면 확실하다.

다수의 객체를 메모리로 로드하고 수정할 때는 객체를 데이터베이스에 올바르게 기록하기 위해 수정한 객체를 모두 추적해야 한다. 물론 한 번에 두어 개의 레코드를 로드한다면 아주 쉬운 일이지만 로드할 객체가 많으면 이야기가 달라질 수 있다. 특히 행을 만들고 다른 행을 수정하는 작업을 함께 할 때는 생성된 행을 참조하는 다른 행을 수정하려면 생성된 행의 키가 필요하므로 문제가 더 복잡해진다.

객체를 읽고 수정하는 동안에는 사용하는 데이터베이스의 상태를 일관되게 유지해야 한다. 객체를 읽고 이를 대상으로 작업할 때는 다른 프로세스가 이 객체를 변경하지 못하도록 읽기를 격리해야 한다. 그렇지 않으면 일관성 문제가 발생하고 객체에 잘못된 데이터가 저장될 수 있다. 이것은 동시성(concurrency)이라는 해결하기 매우 까다로운 문제이며, 5장에서 설명할 주제이기도 하다.

작업 단위(193)는 이러한 두 가지 문제를 해결하는 데 꼭 필요한 패턴이다. 작업 단위(193)는 데이터베이스에서 읽은 객체와 함께 이후 다양한 방법으로 수정한 객체를 추적하고 데이터베이스를 업데이트한다. 애플리케이션 프로그래머는 저장 메서드를 직접 호출하지 않고 작업 단위에 커밋을 요청하면 된다. 그러면 작업 단위는 데이터베이스에 수행할 모든 동작을 적절한 순서로 정리한 다음, 커밋을 위한 복잡한 모든 작업을 한곳에서 처리한다. 작업 단위(193)는 이처럼 데이터베이스와의 동작 상호작용이 복잡할 때 필수적인 패턴이다.

작업 단위(193)는 데이터베이스 매핑의 컨트롤러로 작동하는 객체라고 생각하면 이해하기 쉽다. 작업 단위(193)가 없을 때는 일반적으로 도메인 계층이 컨트롤러 역할을 해서 데이터베이스를 읽고 쓸 시점을 결정한다. 작업 단위(193)는 데이터베이스 매핑 컨트롤러의 동작을 별도의 객체로 팩터링해서 만든 것이다.

객체를 로드할 때는 같은 객체를 두 번 로드하지 않게 주의해야 한다. 같은 객체를 두 번 로드하면 같은 데이터베이스 행과 연결된 인메모리 객체가 두 개가 되며, 이후 두 객체를 모두 업데이트하면 예기치 못한 결과가 발생한다. 읽은 모든 행의 기록을 식별자 맵(206)을 이용해 추적하면 이 문제를 예방할 수 있다. 데이터를 읽을 때마다 먼저 식별자 맵(206)을 이용해 이미 읽은 데이터인지 확인할 수 있다. 이미 읽은 데이터인 경우 이 데이터에 대한 참조를 반환하면 된다. 이 방법으로 업데이트를 올바르게 조율할 수 있다. 또한 식별자 맵(206)은 데이터베이스에 대한 캐시를 두 배로 늘려서 불필요한 데이터베이스 호출을 줄이는 효과도 있다. 그러나 식별자 맵(206)의 주요 용도는 성능 향상이 아니라 식별자를 올바르게 유지하는 것임을 기억하자.

도메인 모델(122)을 사용할 때는 데이터베이스에서 객체를 로드할 때 연관된 객체가 함께 로드되도록 구성하는 것이 일반적이다. 예를 들어, 주문 객체를 로드하면 연관된 고객 객체가 함께 로드되게 하는 것이다. 그런데 여러 객체가 복잡하게 상호연결된 경우 어떤 객체를 읽더라도 데이터베이스에서 막대한 규모의 객체 그래프가 선택될 수 있다. 이러한 비효율을 예방하려면 한 번에 읽는 양을 줄이면서도 나중에 필요할 때 손쉽게 추가 데이터를 가져올 수 있게 여지를 남겨두는 방법이 필요하다. 지연 로드(211)는 객체 참조 대신 자리표시자(placeholder)를 이용하는 기법으로서, 몇 가지 변형이 있지만 실제 객체 대신 자리표시자를 사용하도록 수정된 객체 참조를 사용한다는 기본 원리는 모두 동일하다. 즉, 링크를 따라가는 경우에만 데이터베이스에서 실제 객체를 가져올 수 있다. 지연 로드(211)를 적절한 지점에 활용하면 데이터베이스에 대한 각 호출로 데이터를 필요한 만큼 가져올 수 있다.

데이터 읽기

필자는 데이터를 읽는 메서드를 SQL select 문을 메서드 구조의 인터페이스로 래핑하는 검색기(finder) 메서드라고 생각한다. 그래서 필자가 작성하는 코드에는 `find(id)`나 `findForCustomer(customer)` 같은 메서드 이름이 자주 나온다. 이러한 메서드는 수십 개의 절이 포함된 select 문을 래핑하는 경우 다루기 힘들 만큼 복잡해질 수 있지만 다행히 그런 경우는 흔치 않다.

검색기 메서드를 넣을 위치는 사용하는 인터페이스 패턴에 따라 달라진다. 데이터베이스와 상호작용하는 클래스가 테이블 기반인 경우 데이터베이스의 테이블마다 클래스 인스턴스가 하나씩 있으므로 검색기 메서드를 삽입 및 업데이트와 결합하는 방법을 쓸 수 있다. 반면 상호작용 클래스가 행 기반인 경우 데이터베이스의 행마다 상호작용 클래스가 하나씩 있으므로 이러한 방법은 쓸 수 없다.

행 기반 클래스를 사용하는 경우 검색 작업을 정적으로 만들 수 있지만, 그러면 데이터베이스 작업을 대체할 수 없게 된다. 즉, 테스트할 때 데이터베이스를 서비스 스텁(533)으로 대체할 수 없다. 이 문제를 해결하는 가장 좋은 방법은 검색기 객체를 별도로 만드는 것이다. 각 검색기 클래스는 SQL 쿼리를 캡슐화하는 여러 메서드를 포함하며, 쿼리를 실행하면 검색기 객체가 적절한 행 기반 객체의 컬렉션을 반환한다.

검색기 메서드에서 한 가지 주의할 사항은 검색기 메서드가 객체가 아닌 데이터베이스를 기준으로 작업한다는 것이다. 예를 들어, 데이터베이스에서 어떤 구단(club)에 속한 모든 사람을 검색하는 쿼리를 수행한 경우 메모리에서 구단에 추가한 인물 객체는 검색되지 않는다. 결과적으로 작업을 시작할 때 먼저 쿼리를 수행하는 것이 좋다.

데이터를 읽을 때는 성능 문제가 크게 다가올 수 있다. 이를 위해 경험에 근거한 몇 가지 규칙을 알아두자.

가급적 여러 행을 한 번에 읽는다. 특히 같은 테이블에서 여러 행을 읽기 위해 반복적으로 쿼리하는 일이 없게 해야 한다. 일반적으로 너무 많이 읽는 것이 너무 적게 읽는 것보다 낫다(다만 비관적 동시성 제어(pessimistic concurrency control)를 사용할 때는 행이 너무 많이 잠기지 않도록 주의해야 한다). 예를 들어, 도메인 모델에서 기본 키로 식별 가능한 사람 50명을 읽어야 하지만, 200명을 읽는 쿼리만 만들 수 있다면 일단 200명을 읽은 다음 논리를 적용해 필요한 50명을 추려내는 것이 50명만 읽기 위해 개별 쿼리를 50번 수행하는 것보다 더 좋은 방법이다.

데이터베이스 접근을 줄이는 다른 방법은 조인을 사용해 쿼리 하나로 여러 테이블을 한 번에 가져오는 것이다. 결과 레코드 집합은 이상해 보일 수 있지만 속도를 향상하는 데 큰 도움이 된다. 이 경우 여러 조인된 테이블의 데이터를 얻는 게이트웨이(492)나 한 번의 호출로 여러 도메인 객체를 로드하는 데이터 매퍼(174)를 사용할 수 있다.

다만, 조인을 사용할 때는 데이터베이스가 쿼리당 최대 3~4개의 조인을 처리하도록 최적화된다는 것을 염두에 둬야 한다. 캐시된 뷰를 이용하면 어느 정도 만회할 수는 있지만 조인을 너무 많이 사용하면 오히려 성능이 저하된다.

데이터베이스에서는 다양한 최적화가 가능하다. 이러한 기법에는 자주 함께 참조되는 데이터의 클러스터링, 세심한 인덱스 사용, 그리고 메모리 캐시 활용 등이 포함된다. 이러한 사항은 이 책의 범위를 벗어나지만 훌륭한 DBA라면 반드시 알아야 한다.

반드시 특정한 데이터베이스와 데이터를 사용해 애플리케이션 프로파일링을 해야 한다. 일반적인 규칙은 참고 사항으로서 도움이 되지만 각 상황마다 늘 차이점이 있다. 데이터베이스 시스템과 애플리케이션 서버는 정교한 캐싱 체계를 활용하는 경우가 많기 때문에 애플리케이션이 어떻게 작동할지 정확하게 예측하기란 불가능하다. 앞서 나열한 경험 법칙에서도 종종 놀라운 예외 사례를 접하고는 한다. 따라서 성능 프로파일링과 튜닝을 위한 시간은 꼭 할애해야 한다.

구조적 매핑 패턴

대부분의 사람들은 객체-관계형 매핑을 이야기할 때 인메모리 객체와 데이터베이스 테이블을 매핑할 때 사용하는 구조적 매핑 패턴을 의미하는 경우가 많다. 이러한 패턴은 테이블 데이터 게이트웨이(151)와는 거의 관계가 없지만 행 데이터 게이트웨이(160)나 활성 레코드(168)의 경우 몇 가지 패턴을 함께 사용할 수 있다. 그리고 데이터 매퍼(174)의 경우 모든 패턴이 필요할 수 있다.

관계 매핑

객체와 관계형 데이터베이스가 연결을 처리하는 방법에는 차이가 있으며, 이 때문에 두 가지 문제가 발생한다. 첫째는 참조 방법의 차이다. 객체는 참조(메모리 주소나 메모리 관리 환경의 런타임에 보관되는)를 저장하는 방법으로 연결을 처리한다. 관계형 데이터베이스는 다른 테이블에 대한 키를 생성해 연결을 처리한다. 둘째, 객체는 컬렉션을 사용해 단일 필드로 손쉽게 여러 참조를 처리할 수 있는 반면 관계형은 정규화를 지원하기 위해 모든 연관 링크가 단일 값을 가져야 한다. 이에 따라 객체와 테이블 사이에서 자료 구조가 반전되는 현상이 발생한다. 예를 들어, 주문 객체는 자연스럽게 품목 객체의 컬렉션을 가질 수 있으며, 품목 객체는 주문에 대한 참조를 가질 필요가 없다. 테이블 구조는 이와는 차이가 있다. 즉, 주문에 다중 값 필드가 포함될 수 없으므로 품목에 주문에 대한 외래 키 참조가 포함돼야 한다.

참조 방법의 차이를 해결하려면 각 객체의 관계형 식별자를 객체의 식별자 필드(227)로 유지하고 이 값을 조회해 객체 참조와 관계형 키 간의 매핑을 처리하면 된다. 이 작업은 지루한 절차이긴 하지만 기본적인 기법을 이해하면 그리 어렵지는 않다. 디스크에서 객체를 읽을 때는 식별자 맵(206)을 관계형 키에서 객체로의 조회 테이블로 사용한다. 테이블에서 외래 키가 나올 때마다 외래 키 매핑(251)을 사용해(그림 3.5 참고) 객체 간 참조를 적절하게 구성한다. 식별자 맵(206)에 키가 없을 때는 데이터베이스에서 가져오거나 지연 로드(211)를 사용해야 한다. 객체를 저장할 때마다 올바른 키를 사용해 행에 저장한다. 모든 객체 간 참조는 대상 객체의 ID 필드로 대체된다.

컬렉션을 처리할 때는 앞에서 설명한 내용을 바탕으로 더 복잡한 버전의 외래 키 매핑(251)이 필요하다(그림 3.6 참고). 객체에 컬렉션이 있는 경우 원본 객체의 ID와 연결된 모든 행을 찾기 위해 다른 쿼리를 수행해야 한다(또는 지연 로드(211)를 사용해 일단 쿼리를 지연할 수 있음). 그리고 검색되는 각 객체를 생성해 컬렉션에 추가한다. 컬렉션을 저장할 때는 컬렉션 내의 각 객체를 저장하고 원본 객체에 대한 외래 키를 넣는 과정을 거친다. 이 과정은 특히 컬렉션에 추가되거나 컬렉션에서 제거된 객체를 감지해야 하는 경우 상당히 복잡해질 수 있다. 이 작업은 일단 익숙해진 후에는 반복적인 작업에 불과하므로 대규모 시스템에서는 메타데이터 기반의 처리 방법을 찾아보는 것이 합리적이다(이에 대해서는 나중에 설명한다). 컬렉션 객체가 컬렉션 소유자의 범위 외부에서 사용되지 않은 경우 의존 매핑(280)을 활용해 매핑을 간소화할 수 있다.

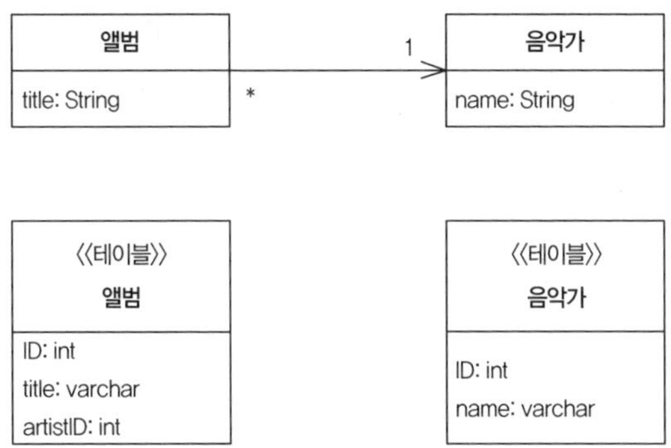

그림 3.5 외래 키 매핑(251)을 이용한 단일 값 필드 매핑

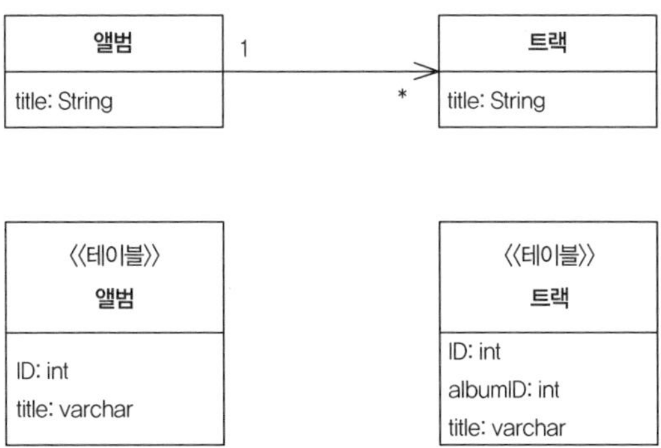

그림 3.6 외래 키 매핑(251)을 이용한 컬렉션 필드 매핑

양쪽 끝에 컬렉션이 있는 다대다 관계를 처리하려면 다른 방법이 필요하다. 다대다 관계의 예로 사람과 기술이 있다. 한 사람이 여러 기술을 가질 수 있으며, 한 기술을 여러 사람이 사용할 수 있다. 관계형 데이터베이스는 이를 직접 처리할 수 없으므로 **연관 테이블 매핑**(264, 그림 3.7)을 사용해 다대다 관계를 처리하는 새 관계형 테이블을 만들어야 한다.

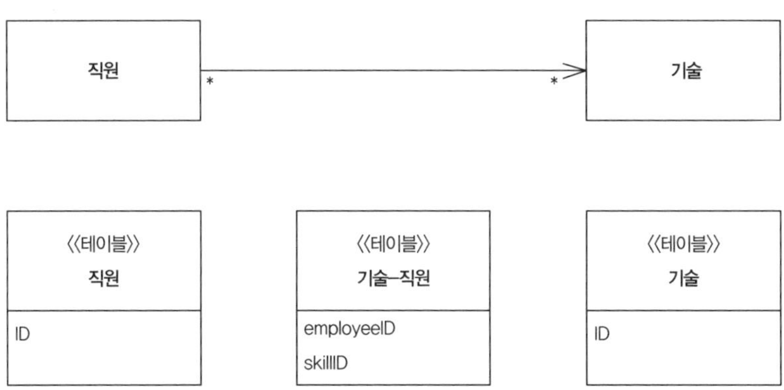

그림 3.7 연관 테이블 매핑(264)을 이용한 다대다 관계 매핑

컬렉션을 다룰 때 흔히 저지르는 실수 중 하나는 컬렉션 내의 순서에 의존하는 것이다. 객체지향 언어에서는 리스트나 배열과 같이 순서가 있는 컬렉션을 사용하는 것이 일반적인데, 이 경우 테스트가 쉬워진다는 장점도 있다. 그러나 관계형 데이터베이스에 저장할 때 순서가 있는 컬렉션을 그대로 유지하기는 아주 어렵다. 따라서 컬렉션을 저장할 때 순서가 없는 집합을 사용하는 것을 고려할 필요가 있다. 컬렉션을 쿼리할 때마다 정렬 순서를 지정하는 것도 한 가지 방법이지만 성능이 크게 저하될 수 있다.

참조 무결성 때문에 업데이트가 더 복잡해지는 경우도 있다. 최신 시스템에는 참조 무결성 검사를 트랜잭션의 끝으로 연기하는 기능이 있는 경우가 많다. 이 기능이 있다면 사용하는 것이 좋으며, 그렇지 않으면 데이터베이스가 모든 쓰기 작업에 대해 검사한다. 이 경우 업데이트가 올바른 순서로 수행되도록 주의해야 한다. 구체적인 방법은 이 책의 범위를 벗어나지만, 한 가지 방법은 업데이트를 위상 정렬(topological sort)하는 것이다. 다른 방법으로는 테이블을 기록하는 순서를 코드에 직접 기재하는 것이다. 이 방법은 데이터베이스에서 잦은 트랜잭션 롤백의 원인이 되는 교착 상태 문제를 줄이는 효과도 있다.

외래 키로 변환될 객체 간 참조에는 식별자 필드(227)가 사용되지만 모든 객체 참조를 이 방법으로 저장해야 하는 것은 아니다. 예를 들어, 날짜 범위나 금액 객체와 같은 작은 값 객체(514)는 데이터베이스에 별도의 테이블로 나타낼 필요가 없다. 즉, 값 객체(514)의 모든 필드를 연결된 객체에 포함 값(286)으로 넣으면 된다. 값 객체(514)는 값의 시맨틱을 가지므로 읽을 때마다 식별자 맵(206)에 신경 쓸 필요 없이 간단하게 생성할 수 있다. 기록할 때도 역시 객체를 역참조하고 해당 필드를 소유 테이블에 기록하면 되므로 간단하다.

이러한 작업을 대규모로 수행하려면 객체 클러스터 전체를 테이블의 한 열에 직렬화 LOB(290)로 저장하면 된다. LOB는 "큰 객체(Large OBject)"를 의미하며 이진 데이터(BLOB)나 텍스트 데이터(CLOB)를 포함할 수 있다. 계층적 객체 구조를 다룰 때는 객체의 뭉치를 XML 문서로 직렬화하는 것이 합리적인 방법이다. 이렇게 하면 한 번의 읽기로 연결된 작은 객체 전체를 가져올 수 있다. 데이터베이스는 상호연결된 다수의 작은 객체를 잘 처리하지 못하는 경향이 있기 때문에 자잘한 데이터베이스 호출을 여러 번 수행하느라 시간이 낭비될 수 있다. 조직도나 부품표 같은 계층적 구조와 관련된 작업에 직렬화 LOB(290)를 적용하면 데이터베이스 왕복을 크게 줄일 수 있다.

그런데 SQL은 내부적으로 일어나는 일을 인식하지 못하기 때문에 자료 구조별로 이식 가능한 쿼리를 만들 수 없다. 이번에도 XML을 활용해 SQL 호출 안에 XPath 쿼리 식을 포함하면 문제를 해결할 수 있다. 다만 이러한 포함 방식은 아직까지 대부분 비표준으로 취급된다. 결과적으로 직렬화 LOB(290)는 저장된 구조를 부분적으로 쿼리할 필요가 없는 경우에 가장 적합하다.

일반적으로 직렬화 LOB(290)는 애플리케이션의 일부를 구성하는 비교적 격리된 객체 그룹에 사용하는 것이 좋으며, 이를 남용하면 데이터베이스가 트랜잭션 파일 시스템과 비슷해지므로 주의해야 한다.

상속

앞에서는 관계형 시스템이 일반적으로 잘 처리하지 못하는 부품 트리와 같은 구성적(compositional) 계층에 대해 이야기했다. 관계형 데이터베이스에서 문제가 되는 또 다른 유형의 계층으로 상속으로 연결된 클래스 계층이 있다. SQL에는 상속을 처리하는 표준적인 방법이 없기 때문에 이 경우에도 매핑을 이용해야 한다. 상속 구조를 처리하는 세 가지 방법으로는 계층의 모든 클래스에 대해 테이블 하나를 사용하는 단일 테이블 상속(296, 그림 3.8), 각 구현 클래스당 테이블 하나를 사용하는 구현 테이블 상속(313, 그림 3.9), 그리고 계층의 클래스당 테이블 하나를 사용하는 클래스 테이블 상속(304, 그림 3.10)이 있다.

각 방법의 장단점은 모두 자료구조의 중복과 접근 속도의 차이에 있다. 클래스 테이블 상속(304)은 클래스와 테이블 간의 관계를 가장 단순하게 저장하지만 단일 객체를 로드하기 위해 여러 번 조인을 수행해야 하므로 일반적으로 성능이 낮다. 구현 테이블 상속(313)은 조인 없이 한 객체를 한 테이블에서 가져올 수 있지만 변경에 취약하다. 즉, 상위 클래스가 변경되면 모든 테이블과 매핑 코드를 함께 변경해야 한다. 게다가 계층 자체를 변경하면 더 많은 부분을 변경해야 한다. 또한 상위 클래스 테이블이 없기 때문에 키 관리가 불편하고 참조 무결성을 유지하기도 쉽지 않다. 다만 상위 클래스 테이블에서의 잠금 경합은 감소한다. 일부 데이터베이스에서는 공간 낭비가 단일 테이블 상속(296)의 가장 큰 단점일 수 있다. 각 행에 가능한 모든 하위 형식의 열이 있어야 하므로 빈 열이 많이 포함되기 때문이다. 그러나 대부분의 데이터베이스는 낭비된 테이블 공간을 압축하는 기능을 잘 갖추고 있다. 단일 테이블 상속(296)의 다른 문제는 크기 때문에 접근 시 병목현상이 발생할 수 있다는 것이다. 반면 가장 큰 장점은 모든 정보를 한곳에 저장하므로 수정하기 쉽고 조인이 필요 없다는 것이다.

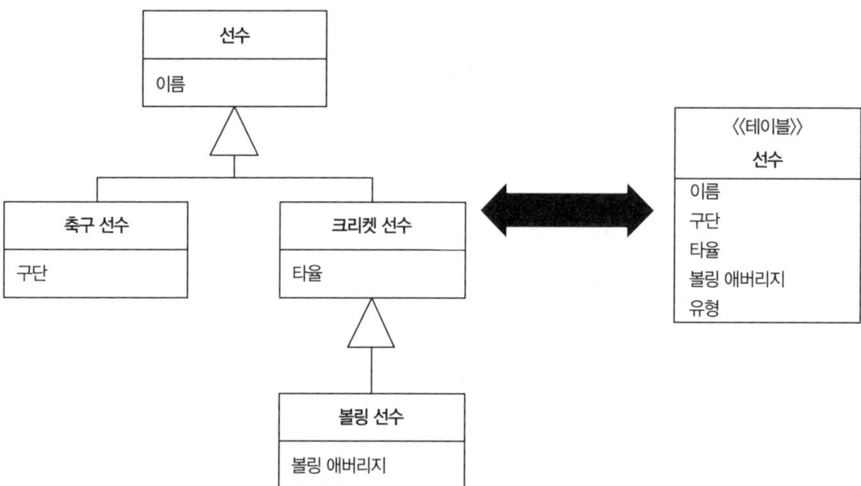

그림 3.8 단일 테이블 상속(296)은 한 테이블에 한 계층의 모든 클래스를 저장한다.

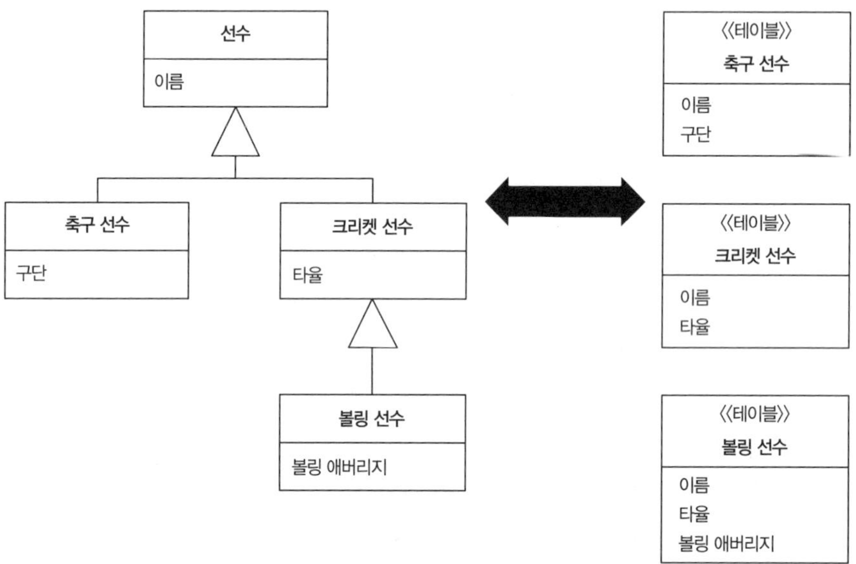

그림 3.9 구현 테이블 상속(313)은 한 테이블에 한 계층의 각 구현 클래스를 저장한다.

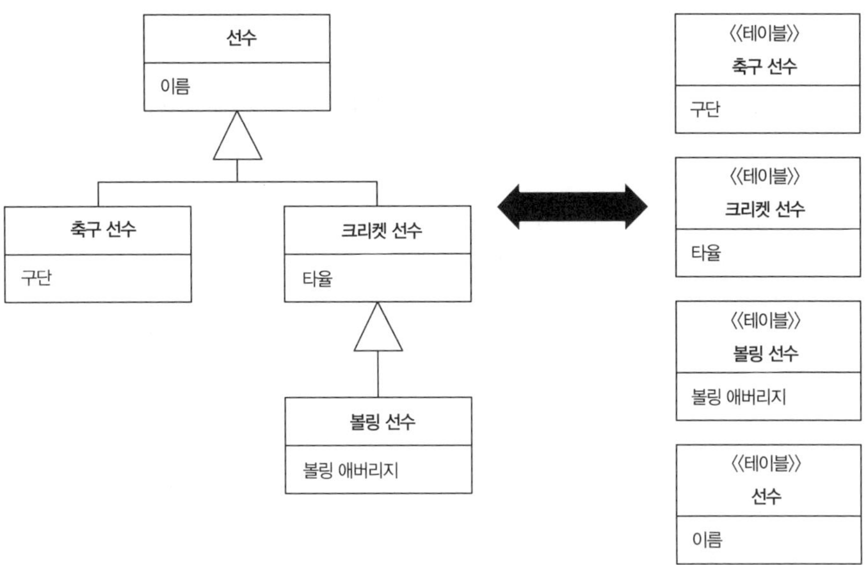

그림 3.10 클래스 테이블 상속(304)은 한 테이블에 한 계층의 각 클래스를 저장한다.

이러한 세 패턴은 상호배타적이지 않으므로 한 계층에서 여러 패턴을 혼합할 수 있다. 예를 들어, 여러 클래스를 함께 가져오기 위해 **단일 테이블 상속(296)**을 사용하고 일부 특수 사례에 **클래스 테이블 상속(304)**을 사용할 수 있다. 물론 패턴을 혼합하면 복잡도는 높아진다.

이러한 패턴 중에서 최상의 패턴을 꼽기는 어렵다. 즉, 다른 모든 패턴과 마찬가지로 각자의 상황과 선호를 고려해 선택해야 한다. 필자는 사용하기 쉽고 여러 번 리팩터링하기도 수월한 **단일 테이블 상속(296)**을 선호하는 편이며, 다른 두 패턴은 열이 불필요하게 낭비되는 문제를 꼭 해결해야 하는 경우에만 사용한다. 가장 좋은 방법은 DBA에게 문의하는 것이다. DBA에게서 데이터베이스를 가장 잘 활용하는 접근법에 대한 좋은 조언을 구할 수 있다.

방금 설명한 모든 예와 패턴에서는 단일 상속을 사용한다. 다중 상속은 점차 사용되지 않는 추세이며, 대부분의 언어에서도 자제하는 경향이 늘고 있지만, 자바와 .NET에서 인터페이스를 사용하는 경우 O/R 매핑에서 종종 다중 상속을 처리해야 할 수 있다. 앞에서 설명한 패턴은 특별히 다중 상속을 위한 것은 아니지만, 세 가지 상속 패턴의 변형을 적용해 다중 상속을 해결할 수 있다. **단일 테이블 상속(296)**은 모든 상위 클래스와 인터페이스를 큰 테이블 하나에 넣으며, **클래스 테이블 상속(304)**은 각 인터페이스와 상위 클래스를 별도의 테이블에 넣는다. **구현 테이블 상속(313)**은 모든 인터페이스와 상위 클래스를 각 구현 테이블에 넣는다.

매핑

관계형 데이터베이스로 매핑할 때는 기본적으로 세 가지 상황 중 하나에 해당한다.

- 스키마를 직접 선택할 수 있다.
- 기존의 스키마로 매핑해야 하며, 스키마를 변경할 수 없다.
- 기존의 스키마로 매핑해야 하지만 합의를 통해 스키마를 변경할 수 있다.

가장 간단한 경우는 스키마를 직접 만들며, 중간 또는 낮은 복잡도의 도메인 논리를 위해 설계에 트랜잭션 스크립트(115)나 테이블 모듈(132)을 사용하는 경우다. 이 경우 전통적인 데이터베이스 설계 기법을 사용해 데이터 중심으로 테이블을 설계할 수 있다. 도메인 논리에서 SQL을 가져오는 데는 행 데이터 게이트웨이(160)나 테이블 데이터 게이트웨이(151)를 사용한다.

도메인 모델(122)을 사용할 때는 데이터베이스 설계와 비슷한 설계를 조심해야 한다. 즉, 데이터베이스를 염두에 두지 말고 도메인 논리를 간소화하는 데 집중하면서 도메인 모델(122)을 구축한다. 데이터베이스 설계는 객체의 데이터를 지속하는 한 방법으로 취급한다. 데이터 매퍼(174)는 유연성은 가장 높지만 더 복잡하다. 데이터베이스 설계가 도메인 모델(122)과 같은 구조라면 활성 레코드(168)를 대신 사용하는 것을 고려해본다.

모델을 먼저 구성하는 것이 합리적이라고 했지만 이를 위해서는 개발 반복 주기가 단기여야 한다. 예를 들어, 6개월 동안 데이터베이스 없이 단독으로 도메인 모델(122)을 구축하는 것은 너무 위험하다. 설계에 성능을 저해하는 문제가 있으면 이를 해결하는 데 리팩터링이 너무 많이 필요할 수 있다. 이보다는 6주 이내의 각 반복 주기마다 데이터베이스를 구축하는 편이 바람직하다. 이렇게 하면 데이터베이스 상호작용이 실제 수행되는 방법에 대한 즉각적이고 지속적인 피드백을 얻을 수 있다. 모든 특정한 작업 내에서는 도메인 모델(122)을 먼저 고려해야 하며, 진행하면서 도메인 모델(122)의 각 부분을 데이터베이스에 통합해야 한다.

스키마가 이미 있는 경우 선택은 비슷하지만 과정은 약간 다르다. 도메인 논리가 간단할 때는 데이터베이스를 모방하는 행 데이터 게이트웨이(160)나 테이블 데이터 게이트웨이(151) 클래스를 만들고 이 위에 도메인 논리를 배치한다. 도메인 논리가 복잡할 때는 도메인 모델(122)이 필요하며 이 도메인 모델은 데이터베이스 설계와는 일치하지 않을 가능성이 높다. 따라서 도메인 모델(122)을 점진적으로 구축하면서 데이터를 기존 데이터베이스에 저장할 데이터 매퍼(174)를 포함하면 된다.

이중 매핑

가끔은 둘 이상의 데이터 원본에서 같은 종류의 데이터를 가져와야 하는 경우가 있다. 첫째는 여러 데이터베이스에 동일한 데이터가 포함되지만 복사/붙여넣기 재사용 방법 때문에 스키마에 약간의 차이가 있는 경우다(이때 불편함의 정도는 차이의 정도에 반비례한다). 둘째는 다른 메커니즘으로 저장하는 경우인데, 데이터를 때로는 데이터베이스에 저장하고 때로는 메시지에 저장할 수 있다. 또한 XML 메시지, CICS 트랜잭션, 그리고 관계형 테이블에서 비슷한 데이터를 가져와야 할 수 있다.

가장 간단한 방법은 데이터 원본마다 하나씩, 매핑 계층을 여러 개로 만드는 것이다. 그러나 데이터가 아주 비슷한 경우 코드 중복이 심해질 수 있다. 이 경우 2단계 매핑 스키마를 고려할 수 있다. 첫 번째 단계는 데이터를 인메모리 스키마에서 논리적 데이터 저장소 스키마로 변환한다. 논리적 데이터 저장소 스키마는 데이터 원본 포맷의 유사성을 극대화하도록 설계된다. 두 번째 단계는 논리적 데이터 저장소 스키마에서 실제 물리적 데이터 저장소 스키마로 매핑한다. 이 두 번째 단계에서 차이를 해결한다.

이 추가 단계는 데이터 간에 공통점이 많을 때만 가치가 있으므로 데이터는 비슷하지만 물리 데이터 저장소에 차이가 있어 불편한 경우에만 이중 매핑을 사용해야 한다. 논리적 데이터 저장소에서 물리적 데이터 저장소로의 매핑을 게이트웨이(492)로 취급하고 매핑 기법 중 하나를 사용해 애플리케이션 논리에서 논리적 데이터 저장소로 매핑한다.

메타데이터 사용

이 책에 나오는 대부분의 예제는 직접 작성한 코드로 돼 있다. 간단하고 반복적인 매핑을 사용하면 간단하고 반복적인 코드가 되는데, 반복적 코드는 설계에 문제가 있다는 신호다. 공통 동작을 상속과 위임을 통한 팩터링으로 분리하는 것이 더 바람직한 객체지향 방식이다. 그런데 메타데이터 매핑(325)을 이용한 더 정교한 방식이 있다.

메타데이터 매핑(325)은 데이터베이스의 열이 객체의 필드에 매핑되는 구체적인 방법을 메타데이터 파일에 기록하는 것이다. 여기서 핵심은 일단 메타데이터를 만든 후에는 코드 생성이나 리플렉션 프로그래밍을 통해 반복적 코드를 대신할 수 있다는 것이다.

메타데이터를 이용하면 작은 메타데이터로 상당히 많은 내용을 표현할 수 있다. 다음은 메타데이터 행의 한 예다.

```
<field name = customer targetClass = "Customer", dbColumn = "custID", targetTable =
"customers" lowerBound = "1" upperBound = "1" setter = "loadCustomer"/>
```

이 정보로 읽기와 쓰기 코드를 정의하고, 자동으로 임시 조인을 생성하며, 모든 SQL을 수행하고, 관계의 복합성을 적용하며, 심지어 참조 무결성이 있을 때는 쓰기 순서를 계산하는 등의 정교한 기능까지 실행할 수 있다. 상용 O/R 매핑 툴이 메타데이터를 주로 사용하는 것은 바로 이러한 유용성 때문이다.

메타데이터 매핑(325)은 인메모리 객체를 얻는 쿼리를 작성하는 데 필요한 기반 정보를 제공한다. **쿼리 객체**(337)를 이용하면 개발자가 SQL이나 관계형 스키마의 세부 사항을 몰라도 인메모리 객체와 데이터를 얻는 쿼리를 작성할 수 있다. 즉, **쿼리 객체**(337)는 **메타데이터 매핑**(325)을 이용해 객체 필드에 대한 정보를 적절한 SQL로 변환한다.

이를 더 발전시키면 뷰에서 데이터베이스를 거의 볼 수 없게 하는 **리포지토리**(344)를 만들 수 있다. 그러면 데이터베이스에 대한 모든 쿼리를 **리포지토리**(344)에 대한 **쿼리 객체**(337)로 만들 수 있으며, 개발자는 객체를 메모리에서 가져왔는지 또는 데이터베이스에서 가져왔는지 구분할 수 없게 된다. **리포지토리**(344)는 리치 **도메인 모델**(122) 시스템과 아주 잘 어울린다.

메타데이터에는 다양한 장점이 있지만 이 책에서는 이해하기 쉬운 손으로 작성한 예제를 주로 사용했다. 패턴을 어느 정도 이해하고 애플리케이션의 코드를 직접 작성할 수 있게 되면 메타데이터를 더 쉽게 활용하는 방법을 알아낼 수 있을 것이다.

데이터베이스 연결

대부분의 데이터베이스 인터페이스는 애플리케이션 코드와 데이터베이스 간의 링크 역할을 하는 일종의 데이터베이스 연결 객체를 사용한다. 일반적으로 이러한 연결을 먼저 열어야 데이터베이스에 대해 명령을 실행할 수 있다. 실제로 명령을 만들고 실행하려면 일반적으로 명시적 연결이 필요하며, 명령을 실행하는 동안 동일한 연결이 계속 열려 있어야 한다. 쿼리는 **레코드 집합**(538)을 반환한다. 일부 인터페이스는 연결이 닫힌 후에도 조작할 수 있는 연결이 끊긴 **레코드 집합**(538)을 제공한다. 반면 연결이 열려 있는 동안에만 **레코드 집합**(538)을 조작할 수 있는 연결된 **레코드 집합**(538)을 제공하는 인터페이스도 있다. 트랜잭션 안에서 작업을 수행할 때는 이 트랜잭션이 특정한 연결의 경계가 되며, 트랜잭션이 수행되는 동안 연결이 열려 있어야 한다.

연결을 만드는 데 드는 비용을 절약하기 위해 연결 풀을 사용하는 경우가 많다. 이 경우 개발자는 직접 연결을 만들고 닫는 대신 연결이 필요할 때 풀에서 요청하며 작업이 끝나면 연결을 풀로 반환한다. 현재 대부분의 플랫폼은 풀을 제공하므로 직접 연결을 만들고 닫는 경우는 드물다. 직접 연결을 만들고 닫아야 할 때는 풀링이 성능 향상에 도움이 되는지 확인해본다. 최근의 환경에서는 연결을 만드는 속도가 빨라져서 풀이 필요 없는 경우도 늘고 있다.

풀을 지원하는 환경에서는 풀에서 연결을 얻을 때도 새로운 연결을 만드는 것처럼 인터페이스로 세부 사항을 감추는 경우가 많다. 즉, 새로운 연결을 받았는지, 아니면 풀에서 할당된 연결을 받았는지 구분할 수 없다. 풀 사용 여부를 완전히 캡슐화하는 이러한 방식은 아주 바람직한 것이다. 이와 비슷하게 연결을 닫는 작업 역시 실제로는 닫는 것이 아니라 다른 곳에서 사용할 수 있게 풀로 반환하는 작업일 수 있다. 본문에서는 "열기"와 "닫기"라는 용어를 사용하지만, 풀에서 "얻기"와 풀로 "반환하기"라는 의미로 생각해도 된다.

연결은 만드는 비용이 크든 작든 관리가 필요하다. 연결은 관리하는 데 비용이 많이 드는 자원이므로 사용이 끝나면 즉시 닫아야 한다. 또한 트랜잭션을 사용할 때는 일반적으로 특정 트랜잭션 내의 모든 명령을 동일한 연결에 대해 수행해야 한다.

이에 대한 가장 일반적인 조언은 풀이나 연결 관리자를 호출해 명시적으로 연결을 얻은 다음, 수행하는 각 데이터베이스 명령에 이 연결을 지정하고 작업이 끝나면 연결을 닫으라는 것이다. 이 조언을 따르려면 연결이 필요한 모든 곳에서 연결을 확보해야 한다는 것과 작업이 끝나면 잊지 말고 연결을 닫아야 한다는 두 가지 문제를 해결해야 한다.

연결이 필요한 모든 곳에서 연결을 확보하는 방법은 두 가지다. 첫째는 연결을 명시적 매개변수로 전달하는 것이다. 이 방법의 문제는 불필요하게 모든 종류의 메서드 호출에 연결을 함께 전달해야 한다는 것이다. 물론 이 문제는 레지스트리(507)를 사용해 해결할 수 있다. 그리고 다중 스레드가 동일한 연결을 사용하지 않게 스레드 범위의 레지스트리(507)를 사용해야 한다.

필자처럼 잘 잊어버리는 사람에게 연결을 명시적으로 닫는 방법은 문제의 여지가 많다. 잊어버리고 연결을 닫지 않는 경우가 너무 많기 때문이다. 게다가 명령을 수행할 때마다 연결을 닫는 방법도 쓸 수 없다. 트랜잭션 안에서 실행 중일 때 연결을 닫으면 일반적으로 트랜잭션이 롤백되기 때문이다.

메모리도 연결과 비슷하게 사용이 끝나면 반환해야 하는 자원이다. 오늘날 대부분의 환경은 자동 메모리 관리와 가비지 컬렉션을 제공하므로 가비지 컬렉션을 사용하면 연결을 확실하게 닫을 수 있다. 이 방법을 사용하면 가비지 컬렉션 중에 연결 자체 또는 연결을 참조하는 다른 객체가 연결을 닫는다. 이 방법의 장점은 메모리에 사용되는 것과 동일한 관리 체계를 사용하므로 편리하고 익숙하다는 것이다. 단점은 가비지 컬렉터가 메모리를 회수할 때가 돼야 연결을 닫기 때문에 연결의 마지막 참조가 손실된 후 시간이 상당히 지난 후에 연결이 닫힐 수 있다는 것이다. 즉, 더 이상 참조되지 않는 연결이 상당히 오래 열린 상태로 유지될 수 있다. 이것이 문제가 될지 여부는 각자의 환경에 따라 달라진다.

그러나 필자는 가비지 컬렉션에 의존하는 것을 선호하지 않으며, 차라리 직접 닫는 편이 낫다고 생각한다. 그래도 가비지 컬렉션은 다른 일반적 방법이 실패했을 때 좋은 보완책이다. 결국에는 연결이 닫히는 것이 그대로 두는 것보다는 낫다.

연결은 트랜잭션과 밀접하게 관련되므로 트랜잭션과 함께 연결을 관리하는 것이 좋은 방법이다. 즉, 트랜잭션을 시작할 때 연결을 열고, 커밋하거나 롤백할 때 연결을 닫는다. 트랜잭션이 사용하는 연결을 직접 인식하고 처리하게 함으로써 연결을 별도로 관리할 필요가 없게 만드는 것이다. 트랜잭션이 완료될 때는 가시적인 효과가 있기 때문에 커밋을 기억하기도 쉽고 잊어버렸을 때는 확인하기도 쉽다. 이처럼 트랜잭션과 연결을 함께 관리하는 데는 작업 단위(193)가 적합하다.

트랜잭션 바깥에서 하는 작업(예: 읽기 전용 데이터 읽기)의 경우 각 명령마다 새로운 연결을 사용한다. 단수명 연결(short-lived connection)을 만드는 데 관련된 문제는 풀링으로 해결할 수 있다.

연결이 끊긴 레코드 집합(538)을 사용할 때는 연결을 열고 데이터를 레코드 집합으로 가져온 다음, 연결을 닫고 레코드 집합(538) 데이터를 조작한다. 데이터 작업이 완료되면 새로운 연결과 트랜잭션을 시작하고 데이터를 기록한다. 이 방식으로 작업할 때는 데이터를 조작하는 동안 레코드 집합(538)이 변경됐는지 확인해야 한다. 이 주제는 동시성 제어에 대해 설명할 때 다룬다.

구체적인 연결 관리 방법은 데이터베이스 소프트웨어의 기능에 따라 달라지므로 각자의 환경에 맞는 전략을 사용해야 한다.

기타 주의사항

일부 코드 예제에서는 이름을 지정한 열이 아니라 `select * from` 형식의 select 문을 사용하는 경우가 있다. `select *`를 사용하면 새 열이 추가되거나 열이 재정렬되면 일부 데이터베이스 드라이버에서 심각한 문제가 발생할 수 있다. 최신 환경에서는 이 문제가 발생하지 않지만 열 재정렬을 수행할 경우 코드가 충돌하므로 위치 인덱스를 사용해 열에서 정보를 얻을 때는 `select *`

를 사용하지 않는 편이 좋다. 반면 열 이름 인덱스와 select *를 사용하는 것은 괜찮으며, 실제로 열 이름 인덱스는 더 명확하게 읽을 수 있다. 다만 열 이름 인덱스는 실행 속도가 느릴 수 있는데, SQL 호출에 필요한 시간을 감안하면 큰 차이가 없을 수 있다. 확실히 알아보려면 직접 측정해보는 것이 좋다.

열 번호 인덱스를 사용하는 경우에는 열이 재정렬될 때 동기화가 손상되지 않도록 결과 집합에 대한 접근을 SQL 문 정의와 비슷하게 구성해야 한다. 그리고 테이블 데이터 게이트웨이(151)를 사용할 때는 게이트웨이에서 검색 작업을 실행하는 모든 코드에 결과 집합이 사용되므로 열 이름 인덱스를 사용해야 한다. 또한 사용하는 각 데이터베이스 매핑 구조에 대해 간단한 생성/읽기/업데이트/삭제 테스트 케이스를 만드는 것이 바람직하다. 이렇게 하면 SQL과 코드의 동기화가 손상되는 경우를 포착하는 데 도움이 된다.

매번 컴파일되는 동적 SQL이 아니라 사전 컴파일되는 정적 SQL을 작성하는 데 투자하는 시간은 충분한 가치가 있다. 대부분의 플랫폼에서는 SQL을 사전 컴파일하는 메커니즘을 제공한다. 이러한 SQL 쿼리를 작성할 때는 문자열 연결을 사용하지 않는 것이 좋다.

환경에서 여러 SQL 쿼리를 단 하나의 데이터베이스 호출로 일괄 실행하는 기능을 제공하는 경우가 많다. 이 책의 예제에서는 이러한 기능을 사용하지 않았지만 실무 코드에서는 당연히 사용을 고려해야 한다. 구체적인 적용 방법은 플랫폼에 따라 다르다.

예세에 사용된 연결에는 실제로는 레지스트리(507)인 "DB" 객체에 대한 호출을 사용했다. 연결을 얻는 방법은 환경에 따라 다르므로 이 부분은 각자의 환경에 맞는 방법으로 대체해야 한다. 또한 동시성과 관련된 부분 외의 다른 패턴에서는 트랜잭션을 다루지 않았다. 여기에도 각자의 환경에 맞게 트랜잭션을 적용해야 한다.

참고 자료

객체-관계 매핑은 대부분의 개발자에게 피할 수 없는 현실이므로 당연히 이를 다룬 글도 상당히 많다. 다만 최근에 나온 책 중에는 이 주제를 일관되고 완전하게 다룬 책이 없기 때문에 이를 감안해서 이 책에서는 이 내용에 많은 비중을 할애했다.

데이터베이스 매핑을 사용할 때 한 가지 다행스러운 점은 활용할 수 있는 훌륭한 아이디어가 굉장히 많다는 것이다. 권장할 만한 지식의 보고로는 [Brown-Whitenack], [Ambler], [Yoder], [Keller-Coldewey] 등이 있다. 이러한 자료를 찾아서 이 책에서 소개하는 패턴을 보완하는 데 활용하자.

04장

웹 프레젠테이션

엔터프라이즈 애플리케이션 분야에서 최근에 일어난 가장 큰 변화로는 웹 브라우저 기반 사용자 인터페이스의 급증을 꼽을 수 있다. 웹 브라우저 기반 사용자 인터페이스는 클라이언트 소프트웨어를 설치할 필요가 없고, 공통적인 UI를 제공하며, 사용하기 쉬운 범용적 접근을 제공하는 등 장점이 많다. 또한 다양한 환경에서 손쉽게 웹 앱을 구축할 수 있다.

웹 앱을 준비하는 작업은 서버 소프트웨어를 구성하는 것부터 시작한다. 일반적으로 서버는 특정 프로그램이 처리할 URL을 지정하는 일종의 구성 파일을 이용한다. 한 웹 서버가 다양한 종류의 프로그램을 처리할 수 있으며, 이러한 프로그램은 일반적으로 적절한 디렉터리에 넣는 방법으로 동적으로 서버로 추가할 수 있다. 웹 서버의 역할은 요청을 받으면 URL을 해석하고 웹 서버 프로그램으로 제어권을 넘겨주는 것이다. 웹 서버에서 프로그램을 구성하는 방식에는 스크립트와 서버 페이지라는 두 가지 주요 형식이 있다.

스크립트 형식은 일반적으로 HTTP 호출을 처리하는 함수나 메서드를 포함하는 프로그램으로서 CGI 스크립트와 자바 서블릿을 예로 들 수 있다. 스크립트는 프로그램이 수행할 수 있는 거의 모든 작업을 할 수 있으며, 서브루틴으로 구성될 수 있고, 다른 서비스를 만들거나 이용할 수도 있다. 스크립트는 문자열 형식의 HTTP 요청 객체를 조사하는 방법으로 웹 페이지로부터 데이터를 얻는다. 일부 환경에서는 요청 문자열에 대한 정규식 검색을 지원하며, 펄(Perl)은 이 기능에 기반을 두는 CGI 스크립트로 큰 인기를 얻었다. 자바 서블릿과 같은 다른 플랫폼에서는 프로그래머 대신 이러한 구문 분석을 수행하고 키워드 인터페이스를 통해 요청 정보에 접근할 수 있다. 이 경우 정규식을 사용할 필요가 없어 편리하다. 웹 서버의 출력은 요청과 마찬가지로 응답(response)이라는 문자열이며, 스크립트가 언어의 일반 출력 스트림 작업을 통해 출력할 수 있다.

스트림 명령을 통해 HTML 응답을 작성하는 일은 프로그래머에게도 상당히 불편한 작업이지만 HTML 페이지 작성에만 익숙한 웹 개발자에게는 거의 불가능한 수준이다. 이러한 불편함을 해소하기 위해 반환되는 텍스트 페이지와 함께 프로그램 코드를 구성하는 서버 페이지(server page)라는 아이디어가 나왔다. 서버 페이지에서는 반환하는 페이지는 HTML로 작성하고 특정 시점에 실행할 코드를 HTML 스크립트릿(scriptlet)으로 삽입한다. 서버 페이지의 예로는 PHP, ASP, JSP가 있다.

서버 페이지 방식은 예를 들어 "1234번 앨범에 대한 세부 사항 표시"와 같이 응답에서 수행할 처리가 간단한 경우에 적합하다. 반면 클래식과 재즈 앨범에 각기 다른 표시 형식을 적용하는 것처럼 입력을 바탕으로 결정을 내리는 경우에는 처리하기 복잡하다.

스크립트 스타일은 요청을 해석하는 데 적합하고 서버 페이지 스타일은 응답을 포매팅하는 데 적합하기 때문에 스크립트를 요청 해석에 사용하고 서버 페이지를 응답 포매팅에 사용하는 방법이 자연스럽게 받아들여졌다. 사실 이러한 분리 방법은 사용자 인터페이스에서 모델 뷰 컨트롤러(350) 패턴으로 처음 모습을 드러낸 오래된 아이디어다. 여기에 프레젠테이션이 아닌 논리는 팩터링을 통해 분리해야 한다는 핵심 개념을 고려하면 이 옵션은 이 패턴의 개념에 아주 잘 어울리는 조합이다.

모델 뷰 컨트롤러(350)(그림 4.1)는 자주 언급되지만 잘못 이해되는 경우가 많다. 실제로 웹 앱이 등장하기 전까지 필자가 접한 **모델 뷰 컨트롤러**(350)의 프레젠테이션은 대부분 잘못된 것이었다. 이러한 혼동의 원인은 주로 "컨트롤러"라는 용어에서 유발됐다. 컨트롤러는 여러 다양한 문맥에서 사용되지만 일반적으로 **모델 뷰 컨트롤러**(350)에서 의도하는 것과는 다른 의미로 사용된다. 따라서 필자는 **모델 뷰 컨트롤러**(350)에서는 컨트롤러 대신 **입력 컨트롤러**(input controller)라는 용어를 선호한다.

입력 컨트롤러는 요청을 받고 요청에서 정보를 꺼낸다. 그런 다음 비즈니스 논리를 적절한 모델 객체로 전달한다. 모델 객체는 데이터 원본 객체와 통신하고 요청에 명시된 모든 작업을 수행한 다음 응답에 필요한 정보를 수집한다. 그리고 작업이 완료되면 입력 컨트롤러로 제어를 반환한다. 입력 컨트롤러는 결과를 조사하고 응답을 표시하는 데 필요한 뷰를 결정한다. 입력 컨트롤러는 응답 데이터와 함께 제어를 뷰로 전달한다. 입력 컨트롤러에서 뷰로 전달하는 과정이 항상 직접 호출을 통하는 것은 아니며, 입력 컨트롤러와 뷰 간에 공유되는 HTTP 세션 객체에 저장되는 데이터를 통하는 경우도 있다.

모델 뷰 컨트롤러(350)를 적용하는 첫 번째 이유이자 가장 중요한 이유는 모델을 웹 프레젠테이션으로부터 완전히 분리하기 위해서다. 그러면 프레젠테이션을 수정하는 것은 물론 나중에 다른 프레젠테이션을 추가하기도 쉽다. 처리를 별도의 **트랜잭션 스크립트**(115)나 **도메인 모델**(122) 객체에서 수행하면 테스트하기도 수월하다. 서버 페이지를 뷰로 사용하는 경우에는 이렇게 처리를 별도의 객체에서 수행하는 것이 특히 중요하다.

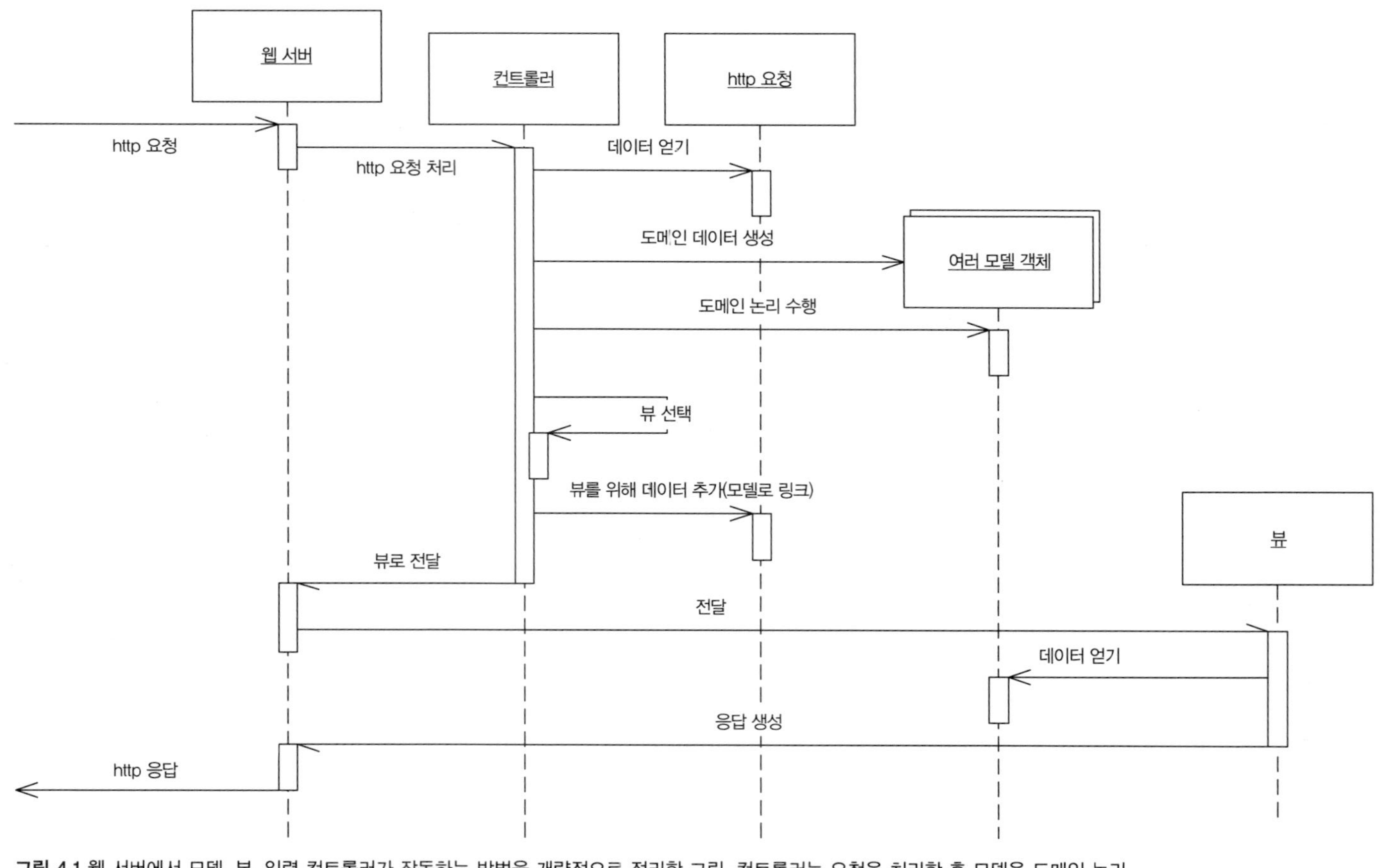

그림 4.1 웹 서버에서 모델, 뷰, 입력 컨트롤러가 작동하는 방법을 개략적으로 정리한 그림. 컨트롤러는 요청을 처리한 후 모델을 도메인 논리로 전달한 다음, 모델을 바탕으로 응답을 생성하도록 뷰에 지시한다.

이제부터는 "컨트롤러"라는 용어가 두 번째 의미로 사용된다. 여러 사용자 인터페이스 설계에서는 프레젠테이션 객체를 도메인 객체로부터 분리하기 위해 **애플리케이션 컨트롤러(404)** 객체라는 중간 계층을 사용한다. **애플리케이션 컨트롤러(404)**는 애플리케이션의 흐름을 처리하고 어떤 화면을 어떤 순서로 표시할지 결정하는 역할을 한다. 이 계층은 프레젠테이션 계층의 일부로 보일 수도 있지만 프레젠테이션과 도메인 계층을 조정하는 별도의 계층으로 생각할 수도 있다. **애플리케이션 컨트롤러(404)**는 모든 프레젠테이션과 독립적으로 만들 수 있으며, 이 경우 프레젠테이션 간에 재사용할 수 있다. 이 구조는 동일한 기본 흐름의 여러 다른 프레젠테이션이 있을 때도 잘 작동하지만 다른 프레젠테이션에는 다른 흐름을 적용하는 것이 가장 좋다.

모든 시스템에 **애플리케이션 컨트롤러(404)**가 필요한 것은 아니다. **애플리케이션 컨트롤러(404)**는 시스템에 화면 순서와 화면 간 이동과 관련된 논리가 많은 경우 유용하며, 페이지와 도메인의 작업 간에 간단한 매핑이 없는 경우에도 유용하다. 반면 화면을 순서에 관계없이 볼 수 있는 시스템이라면 **애플리케이션 컨트롤러(404)**가 크게 필요하지 않을 수 있다. 간단하게 말해서, 화면 흐름을 컴퓨터가 제어하는 경우 **애플리케이션 컨트롤러(404)**가 필요하며 사용자가 제어하는 경우 필요하지 않다.

뷰 패턴

뷰 쪽에서는 **변환 뷰(384)**, **템플릿 뷰(372)**, **2단계 뷰(388)**라는 세 가지 패턴을 고려해야 한다. 먼저 **변환 뷰(384)**나 **템플릿 뷰(372)** 중 어떤 것을 사용할지 결정한 다음, 이 패턴에서 1단계 뷰 또는 **2단계 뷰(388)** 중 어떤 것을 사용할지 결정해야 한다. **변환 뷰(384)**와 **템플릿 뷰(372)**의 기본 패턴은 한 단계다. **2단계 뷰(388)**는 두 패턴에 적용할 수 있는 변형이다.

템플릿 뷰(372)와 **변환 뷰(384)** 간의 선택에 대해 먼저 알아보자. **템플릿 뷰(372)**를 사용하면 페이지의 구조 안에 프레젠테이션을 작성하고 페이지에 표식을 삽입해 동적 콘텐츠를 넣을 위치를 지정할 수 있다. 여러 인기 있는 플랫폼이 이 패턴에 기반을 두고 있는데, 그중 많은 수가 페이지에서 완전한 프로그래밍 언어를 사용할 수 있게 해주는 서버 페이지 기술(ASP, JSP, PHP)이다. 이 기술은 상당히 강력하고 유연하지만, 아쉽게도 관리하기 어려운 복잡한 코드로 이어질 가능성이 높다. 따라서 서버 페이지 기술을 사용하는 경우 도우미 객체를 활용하는 등의 방법으로 페이지 구조에서 프로그래밍 논리를 철저하게 배제하도록 노력해야 한다.

변환 뷰(384)는 변환 스타일의 프로그램을 사용한다. 일반적인 예로 XSLT가 있다. 이 패턴은 사용할 도메인 데이터가 XML 형식이거나 이 형식으로 쉽게 변환할 수 있을 때 아주 효과적이다. 입력 컨트롤러는 적절한 XSLT 스타일시트를 선택하고 모델에서 얻은 XML에 이를 적용한다.

절차형 스크립트를 뷰로 사용하는 경우 **변환 뷰**(384)나 **템플릿 뷰**(372) 중 하나를 선택하거나 둘을 혼합한 흥미로운 스타일로 코드를 작성할 수 있다. 대부분의 스크립트는 이러한 두 패턴 중 하나를 주 형식으로서 따르는 경우가 많다.

그다음은 1단계 뷰(그림 4.2)와 **2단계 뷰**(388) 중 어떤 것을 사용할지 결정해야 한다. 1단계 뷰는 일반적으로 애플리케이션 화면당 뷰 컴포넌트 하나를 사용한다. 뷰는 도메인에서 데이터를 받고 이를 HTML로 렌더링한다. 서로 비슷한 논리적 화면이 뷰를 공유하는 경우는 있지만 이 경우에도 화면당 뷰 하나가 사용된다고 간주한다.

2단계 뷰(그림 4.3)는 이 과정을 도메인 데이터로부터 논리적 화면을 생성한 다음 이를 HTML로 렌더링하는 두 단계로 나눈다. 첫째 단계 뷰는 각 화면마다 하나씩 있지만 두 번째 단계 뷰는 전체 애플리케이션에 하나만 있다.

2단계 뷰(388)의 장점은 사용할 HTML에 대한 결정을 한곳으로 모을 수 있다는 것이다. 이렇게 하면 한 객체만 변경하면 사이트의 모든 화면을 변경할 수 있으므로 HTML 전체를 쉽게 변경할 수 있다. 물론 이 장점을 누리려면 논리적 프레젠테이션이 동일하게 유지돼야 하므로 여러 화면이 동일한 기본 레이아웃을 사용하는 사이트에 가장 적합하다. 다채로운 디자인을 사용하는 사이트의 경우 적절한 논리적 화면 구조를 만들기 어렵다.

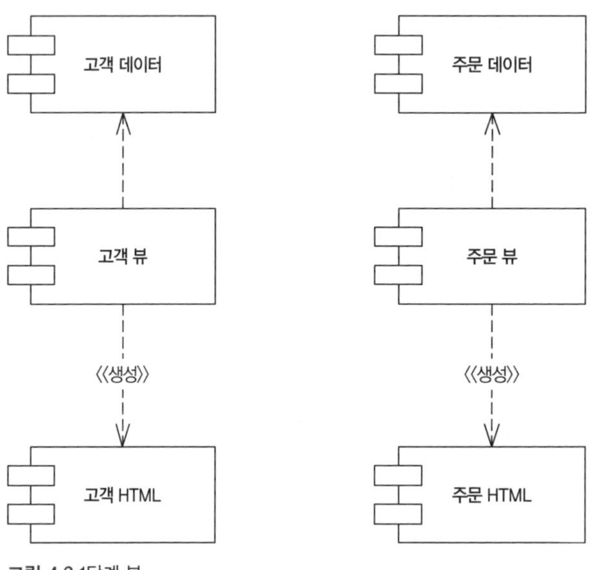

그림 4.2 1단계 뷰

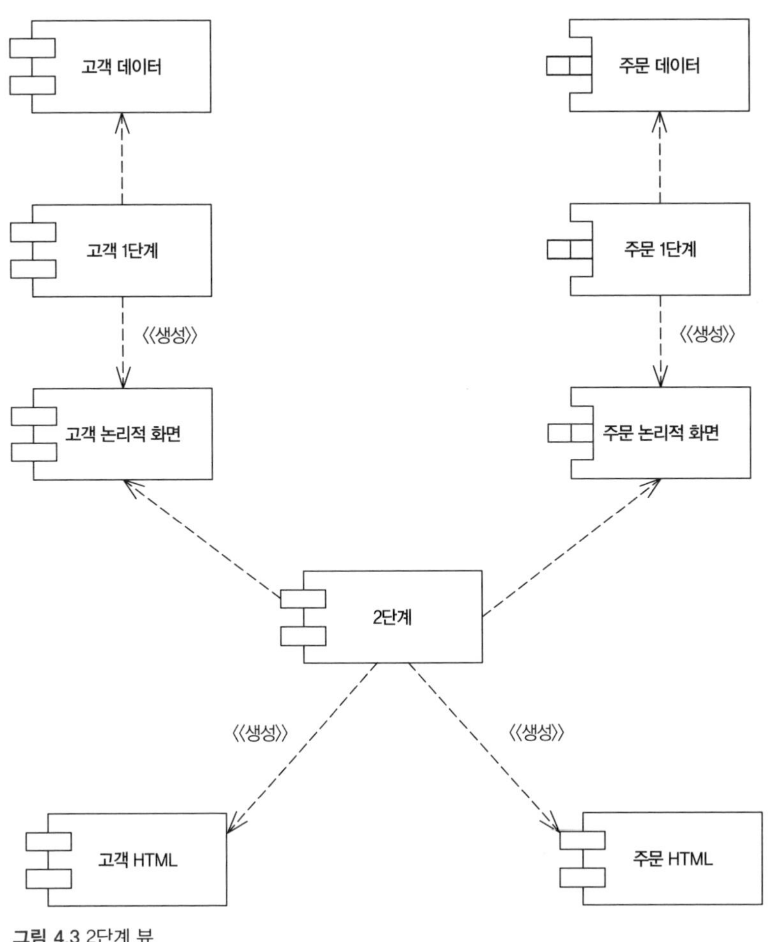

그림 4.3 2단계 뷰

2단계 뷰(388)는 기본적으로 동일한 예약 시스템에서 여러 항공사의 항공권을 예매하는 경우와 같이 서비스를 여러 프런트엔드 고객이 이용하는 웹 애플리케이션에서 더욱 잘 작동한다. 각 프런트엔드는 논리적 화면의 한계 내에서 다른 두 번째 단계를 이용해 다른 외형을 가질 수 있다. 이와 비슷하게 일반 웹 브라우저와 모바일을 위한 별도의 두 번째 단계를 사용해 각기 다른 출력 장치를 처리하는 데도 2단계 뷰(388)를 활용할 수 있다. 이 경우에도 공통의 논리적 화면을 공유한다는 제약이 있으므로 UI가 크게 상이하다면 적용할 수 없다.

입력 컨트롤러 패턴

입력 컨트롤러에는 두 가지 패턴이 있다. 가장 일반적인 패턴은 웹 사이트의 모든 페이지마다 입력 컨트롤러 객체를 만드는 것이다. 간단한 예로는 페이지 컨트롤러(353)가 뷰와 입력 컨트롤러의 역할을 결합한 서버 페이지 하나인 경우다. 실제로 여러 구현에서는 입력 컨트롤러를 별도의 객체로 분리하는 것이 더 쉬울 수 있다. 입력 컨트롤러는 처리를 수행할 적절한 모델을 생성하고 뷰를 인스턴스화한 후 결과를 반환한다. 페이지 컨트롤러(353)와 뷰 간에 일대일 관계가 성립하지 않는 경우도 많은데, 좀 더 정확한 관점은 버튼이나 링크와 같은 각 작업당 페이지 컨트롤러(353) 하나가 연결된다고 보는 것이다. 대부분의 경우 동작은 페이지와 연결되지만 조건에 따라 여러 다른 페이지로 연결되는 링크와 같이 일대일 관계가 아닌 경우도 있다.

모든 입력 컨트롤러는 HTTP 요청을 처리하고 이를 바탕으로 수행할 작업을 결정하는 두 역할을 하므로 두 역할을 분리하는 것이 더 적절한 경우가 많다. 서버 페이지는 요청을 처리하고 별도의 도우미 객체에 수행할 작업을 결정하도록 위임할 수 있다. 프런트 컨트롤러(366)는 이 분리를 한 단계 더 발전시켜서 한 객체가 모든 요청을 처리하게 한다. 이 단일 처리기는 URL을 해석해 요청의 유형을 파악하고 이를 처리할 별도의 객체를 생성한다. 이 방법으로 모든 HTTP 처리를 단일 객체로 집중할 수 있으며, 사이트의 작업 구조를 변경할 때마다 웹 서버를 다시 구성할 필요가 없게 만들 수 있다.

참고 자료

웹 서버 기술에 대한 책에서는 대부분 적어도 한두 개 단원을 서버 설계에 할애하고 있지만, 기술적 내용에 치중하는 경우가 많다. [Brown et al.]의 9장은 자바 웹 설계에 대한 훌륭한 내용을 담고 있다. [Alur et al.]은 추가적인 패턴에 대한 좋은 참고 자료이며, 여기서 소개하는 패턴은 자바 외의 환경에서도 활용할 수 있다. 입력 컨트롤러와 애플리케이션 컨트롤러의 용어를 구분하는 아이디어는 [Knight and Dai]에서 얻었다.

05장 동시성

마틴 파울러, 데이비드 라이스

동시성은 소프트웨어 개발에서 가장 까다로운 측면 중 하나다. 여러 프로세스나 스레드가 동일한 데이터를 조작하는 경우 필연적으로 동시성 문제가 발생한다. 동시성 문제를 해결하기 어려운 이유 중 하나는 문제의 모든 원인을 미리 알기 어렵기 때문이다. 어떤 방법을 사용하든지 놓치는 부분이 있을 수 있다. 게다가 동시성은 테스트하기도 어렵다. 자동화 테스트는 소프트웨어 개발의 기반으로서 중요한 역할을 하지만 동시성 문제를 확실하게 해결할 수 있는 테스트를 만들기는 어렵다.

엔터프라이즈 애플리케이션 개발 환경에서 볼 수 있는 한 가지 아이러니는 동시성을 많이 사용하는 소프트웨어 개발 부서일수록 동시성에 대한 걱정은 덜 한다는 것이다. 엔터프라이즈 개발자가 동시성에 대한 안일한 관점을 갖는 이유는 트랜잭션 관리자가 있기 때문이다. 트랜잭션은 엔터프라이즈 애플리케이션에서 가장 까다로운 동시성의 여러 측면을 예방하는 프레임워크를 제공한다. 트랜잭션 내에서 모든 데이터 조작을 수행하면 심각한 문제는 대부분 예방할 수 있다.

그러나 단일 데이터베이스 트랜잭션에 넣을 수 없는 시스템과의 상호작용이 많기 때문에 동시성 문제를 완전히 무시할 수 있는 것은 아니다. 데이터가 여러 트랜잭션에 걸쳐 조작되는 경우 개발자가 직접 동시성을 관리해야 하기 때문이다. 여러 데이터베이스 트랜잭션에 걸쳐 조작되는 데이터에 대한 동시성 제어를 **오프라인 동시성**(offline concurrency)이라고 한다.

엔터프라이즈 개발자가 해결해야 하는 두 번째 까다로운 동시성 문제는 다중 스레드를 지원하는 애플리케이션 서버 시스템에 대한 것이다. 다만 이 문제는 대처하기가 훨씬 수월하기 때문에 그동안 상대적으로 훨씬 적은 시간을 투자했다. 일부 서버 플랫폼은 실질적으로 이 문제를 거의 자동으로 해결한다.

이러한 문제를 제대로 이해하려면 먼저 동시성의 일반적 개념 몇 가지를 먼저 이해해야 한다. 그래서 이 단원에서는 이러한 몇 가지 문제를 먼저 알아보는 것으로 시작한다. 이 단원에서 소프트웨어를 개발할 때 일어나는 동시성 문제에 대한 일반적 해결책을 제시하는 것은 아니다. 이를 위해서는 적어도 책 한 권이 필요하다. 이 단원의 목표는 엔터프라이즈 애플리케이션 개발과 관련된 동시성 문제를 소개하는 것이다. 그다음에는 오프라인 동시성을 해결하기 위한 패턴을 소개한 후 애플리케이션 서버 동시성에 대해 간단하게 알아본다.

이 단원에서는 개발 팀에서 코드 기반에 대한 변경을 조율하는 데 사용하는 소스코드 관리 시스템을 예로 들어서 개념을 설명한다. 소스코드 관리 시스템은 이해하기 쉽고 대부분의 개발자에게 친숙하다. 실제로 소스코드 관리 시스템을 제대로 이해하는 것은 엔터프라이즈 애플리케이션 개발자가 되기 위한 필수 조건이다.

동시성 문제

먼저 동시성의 핵심적 문제를 알아보면서 시작해보자. 핵심적 문제라고 이야기한 것은 이러한 문제가 동시성 제어 시스템을 통해 예방하려는 근본적 문제이기 때문이다. 제어 메커니즘이 제공하는 해결책에서 새로운 문제가 발생하는 경우도 있기 때문에 핵심적 문제가 유일한 동시성 문제라고는 할 수 없지만, 동시성 제어의 가장 중요한 부분에 집중해서 살펴볼 수 있다.

손실된 업데이트(lost update)는 이해해야 할 가장 간단한 개념이다. 예를 들어, 마틴이 `checkConcurrency` 메서드를 변경하기 위해 파일 하나를 몇 분 동안 수정한다고 가정해보자. 그런데 마틴이 파일을 수정하는 동안 데이비드가 같은 파일의 `updateImportantParameter` 메서드를 변경하고 있었다. 데이비드는 일하는 속도가 아주 빠르기 때문에 마틴보다 나중에 시작했지만 먼저 편집을 끝내고 파일을 저장했다. 문제는 이제부터 시작된다. 마틴이 읽은 파일에는 당연히 데이비드가 업데이트한 내용이 포함되지 않았다. 따라서 마틴이 파일을 저장하면 데이비드가 업데이트한 버전을 덮어쓰므로 이 내용은 영원히 사라진다.

일관성 없는 읽기(inconsistent read)는 올바르지만 한편으로 올바르지 않은 정보의 두 조각을 읽은 경우 발생한다. 마틴이 동시성 패키지에 포함된 클래스의 개수를 알아보고 있다고 가정해보자. 이 패키지에는 잠금(locking)과 다상(multiphase)에 대한 하위 패키지 두 개가 포함돼 있었다. 마틴은 잠금 패키지에 클래스가 7개인 것을 확인한다. 때마침 마틴은 로이에게서 엉뚱한 질문을 하는 전화를 받는다. 마틴이 전화 통화를 하는 동안, 데이비드는 4상 잠금 코드(four-phase lock code)에 있던 골칫거리 버그를 해결하고 잠금 패키지에는 클래스 2개를 추가한 다음, 원래는 클래스가 5개였던 다상 패키지에는 클래스 3개를 추가했다. 전화 통화가 끝나고 마틴은 다상 패키지에 클래스가 8개인 것을 확인하고 클래스의 총 개수가 15개라고 결론을 내린다.

안타깝게도 15개는 정답인 적이 없다. 정답은 데이비드가 업데이트하기 전에는 12개고, 업데이트한 후에는 17개다. 현재 정답은 아니지만 두 답은 모두 정답일 수 있다. 그러나 15개는 정답이 아니다. 이 문제를 일관성 없는 읽기라고 하는 것은 마틴이 읽은 데이터에 일관성이 없기 때문이다.

이러한 두 가지 문제는 **정확성**(또는 안전성)을 위반하는 잘못된 동작을 유발하지만 두 사람이 동시에 동일한 데이터를 사용하려고 하지 않는다면 애초에 발생하지 않는다. 그런데 정확성만 중요하게 생각한다면 이 문제는 그리 심각하지 않을 수 있다. 약간의 조율을 통해 한 사용자만 동시에 데이터를 사용하게 할 수 있기 때문이다. 그러면 정확성을 유지하는 데는 도움이 되지만 동시에 일하는 능력은 저하된다. 모든 동시성 프로그래밍의 핵심적 문제는 정확성을 충족하는 것으로는 충분하지 않으며, 동시 작업이 얼마나 많이 진행될 수 있는지를 나타내는 **활동성**(liveness)도 충족해야 한다는 것이다. 경우에 따라서는 실패의 심각성과 발생 가능성, 그리고 여러 사람들이 동시에 데이터를 사용해야 하는 필요성을 감안해 정확성을 일정 부분 양보하고 활동성을 향상시키는 경우도 있다.

동시성과 관련된 문제는 이 밖에도 많지만 이것은 가장 기본적인 문제라고 볼 수 있다. 그리고 이러한 동시성 문제를 해결하려면 다양한 제어 메커니즘을 이용해야 한다. 그런데 세상에 공짜란 없듯이 원래의 문제만큼 심각하지는 않아도 모든 해결책에는 각기 문제점이 있다. 여기서 중요한 요점 하나가 부각된다. 문제를 용인할 수 있으면 동시성 제어도 필요 없다는 것이다. 흔하지는 않지만 문제가 용인되는 상황을 발견할 수 있을 것이다.

실행 컨텍스트

시스템에서 프로세싱이 진행될 때는 일반적으로 둘 이상의 컨텍스트 안에서 진행된다. 실행 컨텍스트에 대한 표준 용어는 없기 때문에 설명하면서 직접 적절한 용어를 정의하겠다.

외부 세계와 상호작용하는 관점에서 중요한 두 가지 컨텍스트로 요청과 세션이 있다. **요청**(request)은 소프트웨어가 작업하고 선택적으로 응답을 보내야 하는 외부 세계로부터의 단일 호출에 해당한다. 요청의 처리는 대부분 서버 영역에서 수행되며 클라이언트는 응답을 기다리며 대기한다. 일부 프로토콜에서는 클라이언트가 응답을 받기 전에 요청을 가로챌 수 있도록 허용하지만, 이것은 상당히 드문 경우다. 이보다는 클라이언트가 원래 요청을 방해할 수 있는 다른 요청을 보내도록 허용하는 경우가 많다. 예를 들어, 클라이언트는 주문 요청을 보낸 후 이 주문을 취소하는 다른 요청을 보낼 수 있다. 클라이언트 관점에서 두 요청은 분명 연결돼 있지만 서버 관점에서는 사용하는 프로토콜에 따라 두 요청의 관계가 명확하지 않을 수 있다.

세션(session)은 클라이언트와 서버 간에 오랫동안 실행되는 상호작용이다. 세션은 한 요청만 포함할 수도 있지만, 이보다는 사용자가 하나의 일관된 논리적 흐름으로 생각하는 일련의 요청으로 이뤄지는 경우가 더 많다. 일반적으로 세션은 사용자의 로그인으로 시작해 쿼리를 실행하거나 하나 이상의 비즈니스 트랜잭션(조금 뒤에 설명하겠다)을 수행하는 등의 다양한 작업을 포함한다. 사용자가 로그아웃하거나 사이트에서 나가면 로그아웃으로 간주하고 세션이 끝난다.

엔터프라이즈 애플리케이션에서 서버 소프트웨어는 클라이언트에 대해서는 서버로, 그리고 다른 시스템에 대해서는 클라이언트라는 두 가지 관점으로 요청과 세션을 처리한다. 따라서 클라이언트와의 HTTP 세션이나 다양한 데이터베이스와의 데이터베이스 세션을 포함한 다중 세션을 처리하는 경우가 많다.

운영체제와 관련된 두 가지 중요한 용어로 **프로세스**(process)와 **스레드**(thread)가 있다. 프로세스는 사용하는 내부 데이터에 대한 다단계 격리를 제공하는 대규모 실행 컨텍스트다. 스레드는 한 프로세스 내에서 여러 스레드로 작동할 수 있게 구성된 소규모의 활성 에이전트다. 스레드는 한 프로세스 안에서 여러 요청을 지원할 수 있어 효율적 자원 활용에 도움이 되므로 더 선호된다. 그러나 스레드는 일반적으로 메모리를 공유하기 때문에 동시성 문제를 유발할 수 있다. 일부 환경에서는 스레드가 접근할 수 있는 데이터를 제어하도록 허용함으로써 메모리를 공유하지 않는 격리된 스레드를 만들 수 있게 해준다.

문제는 실행 컨텍스트가 생각과는 다르게 깔끔하게 정리되지 않는다는 것이다. 이론상으로는 각 세션은 전체 수명 동안 한 프로세스와 독점적 관계를 맺는다. 프로세스는 서로 확실하게 격리되므로 동시성 충돌을 줄이는 데 상당히 유리하다. 그러나 실제로 이러한 방식으로 작동하는 서버 툴은 없다. 가장 비슷한 방식은 각 요청마다 새 프로세스를 시작하는 방식이며, 초기 펄 기반 웹 시스템의 일반 모드가 이렇게 작동했다. 그러나 프로세스를 시작하려면 많은 양의 자원을 할당해야 하므로 이제 이 방식은 거의 사용되지 않는다. 그러나 한 프로세스가 한 번에 한 요청만 처리하게 하는 시스템은 상당히 흔하며, 이렇게 해도 여러 동시성 문제를 예방할 수 있다.

데이터베이스를 처리할 때는 **트랜잭션**(transaction)이라는 또 한 가지 중요한 컨텍스트가 있다. 트랜잭션을 이용하면 클라이언트가 단일 요청인 것처럼 처리하고 싶은 여러 요청을 하나로 처리할 수 있다. 트랜잭션에는 애플리케이션에서 데이터베이스로 수행되는 시스템 트랜잭션과 사용자에게서 애플리케이션으로 수행되는 비즈니스 트랜잭션이 있다. 이러한 용어에 대해서는 조금 뒤에 알아본다.

격리와 불변성

동시성 문제는 상당히 오래 전부터 있었기 때문에 그동안 많은 사람들이 다양한 해결책을 제시했다. 엔터프라이즈 애플리케이션에서는 격리와 불변성이라는 두 가지 해결책이 특히 중요하다.

동시성 문제는 프로세스나 스레드와 같은 활성 에이전트가 동시에 둘 이상 동일한 데이터에 접근할 때 발생한다. 이 문제를 해결하는 한 가지 방법은 격리를 통해 데이터를 분리함으로써 하나의 활성 에이전트만 데이터에 접근할 수 있게 하는 것이다. 프로세스는 운영체제 메모리에서 이와 비슷하게 작동한다. 운영체제는 단일 프로세스에 독점적으로 메모리를 할당하며, 해당 프로세스만 연결된 데이터를 읽거나 쓸 수 있다. 여러 생산성 애플리케이션에서 이와 비슷한 파일 잠금 기능이 사용된다. 한 사용자가 파일을 열면 다른 사용자는 이 파일을 열 수 없다. 처음 사용자가 연 것과 동일한 버전의 파일을 읽기 전용으로 열 수 있지만, 이를 변경하거나 처음 사용자의 변경 내용을 볼 수 없다.

격리는 오류 발생 가능성을 낮추는 필수 기법이다. 주변에서 동시성 문제의 우려가 있는 기법을 선택해 스스로 문제를 일으키는 경우를 흔히 볼 수 있다. 격리를 적절하게 활용하면 프로그램을 격리 환경으로 전환해 동시성 걱정 없이 필요한 작업을 할 수 있다. 훌륭한 동시성 설계란 이러한 격리 환경을 만드는 방법을 찾고 이 환경 내에서 최대한 많은 프로그래밍 작업을 수행하는 것이다.

동시성 문제는 공유하는 데이터가 수정될 수 있을 때만 발생한다. 따라서 **변경 불가능한**(immutable) 데이터를 인식할 수 있으면 동시성 충돌을 예방할 수 있다. 많은 시스템에서 가장 중요한 작업은 데이터 수정이므로 당연히 모든 데이터를 변경 불가능하게 만들 수는 없다. 그러나 일부 데이터를 변경 불가능하게 만들거나 최소한 거의 항상 불가능하게 만들면 동시성 문제에 대한 우려를 줄이면서 데이터를 광범위하게 공유할 수 있다. 다른 방법으로는 애플리케이션에서 데이터를 읽기만 하는 부분을 분리하고 이곳에서 데이터의 복사본을 사용하게 해서 모든 동시성 제어로부터 자유롭게 작업하는 것이다.

낙관적 동시성 제어와 비관적 동시성 제어

격리할 수 없는 변경 가능한 데이터는 어떻게 해야 할까? 이러한 데이터는 낙관적 동시성 제어와 비관적 동시성 제어라는 두 가지 방법으로 제어할 수 있다.

마틴과 데이비드가 동시에 고객 파일을 편집하려 한다고 가정해보자. **낙관적 잠금**(optimistic locking)을 사용하는 경우에는 두 사용자가 모두 자유롭게 파일을 복사하고 편집할 수 있다. 데이비드가 먼저 작업을 완료하면 아무 문제 없이 작업 내용을 체크인할 수 있다. 그런데 마틴이 변경 내용을 제출하려고 하면 동시성 제어 기능이 작동한다. 이 시점에 소스코드 관리 시스템은 마틴과 데이비드의 변경 내용이 충돌한다는 것을 감지한다. 마틴이 제출한 내용은 거절되며 이 상황을 어떻게 해결할지는 마틴이 결정할 수 있다. **비관적 잠금**(pessimistic locking)을 사용하는 경우 먼저 파일을 체크아웃하면 다른 사용자가 파일을 편집할 수 없게 된다. 즉, 마틴이 먼저 체크아웃하면 데이비드는 마틴이 작업을 완료하고 변경을 제출할 때까지 파일을 사용할 수 없다.

간단하게 정리하면 낙관적 잠금은 충돌 감지에 해당하며, 비관적 잠금은 충돌 예방에 해당한다. 실제로 소스코드 관리 시스템은 두 가지 유형의 잠금을 모두 사용할 수 있는데, 오늘날 대부분의 개발자는 낙관적 잠금을 선호한다(낙관점 잠금은 실제로는 잠금이 아니라는 주장도 나름 일리가 있지만, 용어 자체가 너무 편리하고 널리 사용되고 있으므로 무시하자).

두 방식은 각기 장단점이 있다. 비관적 잠금의 단점은 동시성이 제한된다는 것이다. 누군가 파일을 편집하고 있으면 파일이 잠기므로 다른 모든 사용자는 기다려야 한다. 비관적 소스코드 제어 메커니즘을 실제로 사용해본 경험이 있다면 짜증나는 상황이 얼마나 많은지 잘 알고 있을 것이다. 엔터프라이즈 데이터의 경우에는 상황이 더 심각해서 누군가 데이터를 편집하고 있으면 다른 모든 사용자가 편집은 커녕 읽을 수도 없다.

낙관점 잠금을 사용하면 변경 사항을 제출할 때만 잠금을 적용하므로 사용자가 더 원활하게 일할 수 있다. 중요한 것은 충돌이 발생할 때 이를 해결하는 방법이다. 실제로 데이비드가 변경 내용을 제출한 이후 모든 사용자는 데이비드가 체크인한 파일 버전을 체크아웃하고 자신의 변경 내용을 데이비드의 변경 내용에 병합한 다음 새 버전을 체크인해야 한다. 소스코드의 경우 이 상황은 아주 흔히 볼 수 있다. 실제로 여러 소스코드 관리 시스템은 파일을 자동으로 병합하거나 자동 병합이 불가능할 때도 파일의 차이를 쉽게 알아볼 수 있게 해준다. 그러나 비즈니스 데이터는 자동 병합이 너무 어려울 수 있기 때문에 변경 내용을 모두 포기하고 처음부터 다시 편집해야 하는 경우가 많다.

낙관적 잠금과 비관적 잠금을 선택하는 가장 중요한 기준은 충돌의 빈도와 심각도다. 충돌이 자주 발생하지 않거나 그 결과가 그리 심각하지 않다면 더 나은 동시성을 제공하고 구현하기도 쉬운 낙관적 잠금을 선택해야 한다. 그러나 충돌의 결과가 사용자에게 심각한 경우에는 비관적 잠금을 사용해야 한다.

두 방법 모두 문제가 없는 것은 아니다. 실제로 둘 중 어떤 방법을 사용하더라도 애초에 잠금으로 해결하려는 기본적 동시성 문제만큼의 문제를 쉽게 유발할 수 있다. 이러한 구체적인 사항은 동시성을 전문적으로 다룰 책에 양보하기로 하고, 여기서는 기억할 만한 몇 가지 요점을 정리했다.

일관성 없는 읽기 예방

한 가지 가상의 상황을 생각해보자. 마틴은 주문 클래스를 호출하는 고객 클래스를 편집하고 있다. 그동안 데이비드는 주문 클래스를 편집하고 인터페이스를 변경하고 있다. 데이비드가 먼저 컴파일하고 체크인한 다음 마틴이 컴파일하고 체크인한다. 그러나 마틴은 주문 코드가 변경된 것을 몰랐기 때문에 공유된 코드는 작동하지 않는다. 이와 같은 일관성 없는 읽기 상황을 인식하는 소스코드 관리 시스템도 일부 있지만, 그렇지 않은 시스템에서는 체크인하기 전에 계층에서 파일을 업데이트하는 등과 같이 일관성을 적용하기 위한 수동 작업이 필요하다.

이 문제는 근본적으로 일관성 없는 읽기 문제지만 사람들은 동시성 문제에 의해 손실된 업데이트에 집중하느라 일관성 없는 읽기 문제를 놓치는 경우가 많다. 그런데 비관적 잠금의 읽기 잠금과 쓰기 잠금을 활용하면 이 문제를 매끄럽게 해결할 수 있다. 데이터를 읽으려면 읽기(또는 공유된) 잠금이 필요하며 데이터를 쓰려면 쓰기(또는 배타적) 잠금이 필요하다. 여러 사용자가 동시에 데이터에 읽기 잠금을 가질 수 있지만, 읽기 잠금을 가진 사용자가 있으면 다른 사용자는 쓰기 잠금을 가질 수 없다. 또한 쓰기 잠금을 가진 사용자가 있으면 다른 사용자는 어떤 잠금도 가질 수 없다. 이 시스템을 바탕으로 비관점 잠금을 활용해 일관성 없는 읽기를 예방할 수 있다.

낙관적 잠금의 충돌 감지 기능은 일반적으로 데이터에 넣은 일종의 버전 표식을 기반으로 작동한다. 이 표식은 타임스탬프나 순차 카운터일 수 있다. 시스템은 손실된 업데이트가 있는지 확인하기 위해 업데이트의 버전 표식을 공유된 데이터의 버전 표식과 비교한다. 두 표식이 동일한 경우 시스템은 업데이트를 허용하고 버전 표식을 업데이트한다.

일관성 없는 읽기를 감지하는 방법도 근본적으로 비슷하다. 이 경우 읽은 모든 데이터의 버전 표식도 공유된 데이터와 비교해야 한다. 차이가 있으면 충돌이 있다는 의미다.

읽은 모든 데이터에 대한 접근을 제어하면 충돌이나 그리 중요하지 않은 데이터에 대한 대기 때문에 불필요한 문제가 발생할 수 있다. 사용한 데이터와 단순히 읽은 데이터를 분리하면 이 부담을 줄일 수 있다. 제품 선택 목록의 경우 변경을 시작한 후 새 제품이 나와도 문제가 되지 않을 수 있다. 그러나 청구서 작성을 위해 요약하는 청구 내역은 중요할 수 있다. 이 기능의 어려움은 용도를 세심하게 분석해야 한다는 것이다. 고객 주소의 우편번호는 문제가 없어 보일 수 있지만, 가령 고객의 주거지를 기준으로 세금이 계산된다면 주소도 동시성 제어에 포함돼야 한다. 짐작할 수 있겠지만 제어해야 하는 대상과 그렇지 않은 대상을 구분하는 것은 어떤 동시성 제어 방식을 사용하느냐와 관계없이 중요한 작업이다.

일관성 없는 읽기를 해결하는 또 한 가지 방법은 **임시 읽기**(temporal read)를 이용하는 것이다. 이 기능은 읽은 모든 데이터에 일종의 타임스탬프나 읽기 전용 라벨을 붙이며, 데이터베이스는 이 시간이나 라벨을 기준으로 데이터를 반환한다. 이러한 기능을 지원하는 데이터베이스는 아주 드물지만 소스코드 관리 시스템에서는 종종 이 기능을 지원하기도 한다. 문제는 데이터 원본에서 변경의 전체 임시 내역을 제공해야 하며, 이를 처리하려면 시간과 공간이 많이 소비된다는 것이다. 소스코드를 관리하는 데는 이 정도 비용이 문제가 없지만 데이터베이스에서는 처리하기가 더 까다롭고 비용도 더 많이 든다. 도메인 논리의 특정 영역에서는 이 기능을 제공해야 할 수 있다. 그 방법에 대해서는 [Snodgrass]와 [Fowler TP]를 참고한다.

교착 상태

비관적 잠금 기법에서 발생할 수 있는 특수한 문제로 **교착 상태**(deadlock)가 있다. 마틴이 고객 파일을 편집하고 있고 데이비드가 주문 파일을 편집하고 있다고 가정해보자. 데이비드는 이 작업을 끝내려면 고객 파일도 편집해야 한다는 것을 알게 되지만, 마틴이 이 파일에 대한 잠금을 갖고 있기 때문에 기다려야 한다. 그런데 마틴도 데이비드가 잠금을 갖고 있는 주문 파일을 편집해야 한다는 것을 알게 된다. 이제 두 사용자는 교착 상태에 빠지고 다른 사용자가 완료하기 전까지 작업을 진행할 수 없다. 이렇게 설명만 보면 교착 상태를 쉽게 예방할 수 있을 것 같지만 복잡하게 연결된 여러 사용자 사이에서 발생하는 경우에는 해결하기가 까다롭다.

교착 상태를 해결하는 다양한 기법이 있다. 그중 하나는 교착 상태가 발생하면 감지할 수 있는 소프트웨어를 사용하는 것이다. 교착 상태가 발생하면 희생자 한 명을 선택해 해당 사용자의 작업과 잠금을 포기해 다른 사용자가 작업을 진행할 수 있게 한다. 교착 상태는 감지하기가 어렵고 희생자에게 큰 피해를 준다. 비슷하게 모든 잠금에 시간 제한을 두는 방식이 있다. 이 시간 제한이 초과되면 잠금과 작업이 모두 손실된다. 말하자면 희생자가 되는 것이다. 시간 제한은 교착 상태 감지 메커니즘보다 구현하기 쉽지만 누구라도 잠금을 오래 보유하면 누군가는 희생자가 되고 교착 상태가 해결된다.

시간 제한과 감지 기법은 모두 교착 상태가 발생하면 해결하는 기법이다. 교착 상태가 아예 발생하지 않게 예방하는 다른 기법이 있다. 교착 상태는 기본적으로 이미 잠금을 가진 사용자가 다른 잠금을 얻으려고 할 때 (또는 읽기 잠금을 쓰기 잠금으로 업그레이드할 때) 발생한다. 따라서 작업을 시작할 때 필요한 잠금을 모두 얻게 하고 추가 잠금을 얻지 못하게 하면 교착 상태를 예방할 수 있다.

사용자가 잠금을 얻는 순서에 대한 규칙을 지정할 수 있다. 예를 들어, 알파벳순으로 파일에 대한 잠금을 얻게 할 수 있다. 가령 데이비드가 주문(Order) 파일에 대한 잠금을 얻은 후 고객(Customer) 파일에 대한 잠금을 얻으려고 하면 알파벳 순서에 어긋나므로 얻을 수 없다. 이 경우 데이비드는 희생자가 된다.

또한 데이비드가 이미 가지고 있는 잠금을 마틴이 얻으려고 하면 자동으로 마틴이 희생자가 되게 하는 방법도 있다. 극단적이지만 간단하게 구현할 수 있으며, 생각보다 다양한 상황에 잘 적용된다.

보수적인 방식을 선호한다면 여러 기법을 함께 적용할 수 있다. 예를 들어, 작업을 시작할 때 필요한 잠금을 모두 얻게 하고, 만일을 대비해 시간 제한을 추가할 수 있다. 지나치게 조심스러운 것처럼 보이기도 하지만, 교착 상태가 발생한 후 처리하기보다는 처음부터 이와 같이 보수적으로 접근하는 것이 현명하다.

교착 상태로부터 안전한 체계를 만들었다고 생각해도 미처 예기치 못한 상황에 처하는 경우가 종종 있다. 따라서 엔터프라이즈 애플리케이션 개발에는 아주 간단하고 보수적인 체계를 선택하는 것이 바람직하다. 불필요한 희생자가 생기는 것처럼 보일 수 있지만 예기치 못한 교착 상태 시나리오가 발생하는 것보다는 낫다.

트랜잭션

트랜잭션은 엔터프라이즈 애플리케이션에서 동시성을 처리하는 가장 중요한 툴이다. “트랜잭션”이라는 단어는 돈이나 물품 거래를 연상시킨다. 현금지급기에서 비밀번호를 입력하고 현금을 인출하는 과정은 하나의 트랜잭션이다. 고속도로 출입구에서 통행료를 지불하는 것도 하나의 트랜잭션이다. 또한 동네 호프집에서 맥주 한 잔을 사는 것도 하나의 트랜잭션이다.

이러한 재정 거래에 대해 살펴보면 용어에 대한 적절한 정의를 제공하는 데 도움이 된다. 첫째, 트랜잭션은 시작점과 끝점이 명확하게 정의된 일련의 작업이다. 현금지급기 트랜잭션은 사용자가 카드를 삽입하면 시작되며, 현금이 지급되거나 잔액이 부족한 경우 끝난다. 관련된 모든 자원은 트랜잭션이 시작하고 끝날 때 모두 일관된 상태로 유지된다. 맥주를 사면 지갑에는 현금이 약간 줄어들지만 맛있는 맥주 한 잔을 마실 수 있다. 이 손님이 현재 보유한 전체 가치는 변하지 않는다. 호프집 역시 마찬가지이며 맥주를 무료로 제공하면 가게가 유지되지 않는다.

또한 모든 트랜잭션은 전체를 실행하거나 실행하지 않는 양자택일 방식으로 수행해야 한다. 현급지급기에서 현금을 지급하기 전에는 고객의 계좌에서 예금을 인출해서는 안 된다. 위의 트랜잭션에서 인간적 요소에 의해 이 마지막 속성이 선택 사항이 될 수는 있지만 소프트웨어가 이를 보장하지 못할 이유는 없다.

ACID

소프트웨어 트랜잭션은 다음과 같은 ACID 속성을 가진다.

- **원자성(Atomicity):** 트랜잭션의 경계 안에서 수행되는 각 작업의 단계는 모두 성공적으로 완료되거나 롤백돼야 한다. 부분 완료는 트랜잭션의 개념이 아니다. 예를 들어, 은행 고객이 예금 계좌에서 예금을 인출하고 지불 계좌로 입금하려고 할 때 예금 계좌에서 예금이 인출된 후 서버가 강제 종료된 경우 시스템은 인출되기 전 상태로 돌아간다. 커밋은 두 작업이 모두 완료된 것을 의미하며, 롤백은 두 작업이 모두 취소된 것을 의미한다. 두 작업이 모두 완료되거나 모두 취소돼야 한다.
- **일관성(Consistency):** 시스템의 자원은 트랜잭션의 시작과 완료 시점에 모두 일관성 있고 손상되지 않은 상태여야 한다.
- **격리성(Isolation):** 개별 트랜잭션의 결과는 트랜잭션이 성공적으로 커밋하기 전까지 다른 열려 있는 트랜잭션에서 볼 수 없어야 한다.
- **지속성(Durability):** 커밋된 트랜잭션의 결과는 영구적이어야 한다. 다른 말로 하면 어떠한 종류의 강제 종료가 발생해도 유지돼야 한다.

트랜잭션 리소스

대부분의 엔터프라이즈 애플리케이션은 데이터베이스 작업에 트랜잭션을 사용한다. 그러나 데이터베이스 외에도 메시지 큐, 프린터, 현금지급기 등 여러 다양한 리소스를 트랜잭션을 사용해 제어할 수 있다. 따라서 트랜잭션에 대한 기술적 논의에서는 트랜잭션으로 동시성을 제어할 수 있는 모든 대상을 나타내는 데 "트랜잭션 리소스"라는 용어를 사용한다. "트랜잭션 리소스"는 다소 복잡하므로 이 책에서는 가장 일반적인 "데이터베이스"라고 할 것이다. 그러나 "데이터베이스"라고 하는 내용은 다른 트랜잭션 리소스에도 동일하게 적용할 수 있다는 것을 알아두자.

처리량을 극대화하기 위해 최신 트랜잭션 시스템은 트랜잭션을 최대한 짧게 유지하도록 설계된다. 따라서 여러 요청에 걸친 트랜잭션을 만들지 말아야 한다. 여러 요청에 걸친 트랜잭션을 일반적으로 **긴 트랜잭션**(long transaction)이라고 한다.

따라서 요청이 시작될 때 트랜잭션을 시작하고 요청이 끝날 때 트랜잭션을 끝내는 방법이 일반적으로 많이 사용된다. 이러한 **요청 트랜잭션**(request transaction)은 간단하고 깔끔한 모델이며, 여러 환경에서 메서드를 트랜잭션으로 지정하는 방법으로 간편한 선언식 트랜잭션을 지원한다.

다른 방법은 트랜잭션을 최대한 늦게 여는 것이다. 트랜잭션 밖에서 모든 읽기를 수행하고 업데이트를 시작할 때 트랜잭션을 여는 이 방식을 **지연 트랜잭션**(late transaction)이라고 한다. 이 기법은 트랜잭션에 소비되는 시간을 최소화하는 장점이 있다. 트랜잭션을 열고 처음 쓰기를 수행할 때까지 긴 시간 지연이 발생하는 경우 이 기법으로 활동성을 개선할 수 있다. 그러나 트랜잭션을 시작하기 전까지는 동시성 제어가 전혀 적용되지 않으므로 일관성 없는 읽기 문제의 우려가 있다. 따라서 일반적으로 이 기법은 충돌이 아주 심하거나 비즈니스 트랜잭션이 여러 요청에 걸치기(다음에 설명함) 때문에 어쩔 수 없이 사용해야 하는 경우가 아니면 잘 사용되지 않는다.

트랜잭션을 사용할 때는 어떤 리소스가 잠기는지 어느 정도 인식하고 있어야 한다. 여러 데이터베이스 작업에서 트랜잭션 시스템은 작업과 관련된 행을 잠그므로 여러 트랜잭션이 동일한 테이블에 접근할 수 있다. 그런데 트랜잭션이 테이블의 전체 행을 잠그는 경우 데이터베이스가 처리 가능한 수준 이상으로 잠금이 증가하고 결국 잠금이 상향되어 다른 트랜잭션까지 잠그게 된다. 이 잠금 상향은 동시성에 상당히 심각한 영향을 미친다. 도메인의 **계층 상위 형식**(502) 레벨의 데이터에 일부 "객체" 테이블을 사용하지 않아야 하는 이유이기도 하다. 이러한 테이블은 잠금 상향(lock escalation)의 주요 후보이며, 해당 테이블이 잠기면 데이터베이스에서 다른 모든 작업에 영향을 미친다.

활동성을 위한 트랜잭션 격리성 저하

활동성을 개선하기 위해 트랜잭션의 보호 수준을 제한하는 경우를 흔히 볼 수 있다. 격리를 처리하는 작업에서 특히 이러한 사례가 많다. 완전한 격리가 가능하면 트랜잭션을 직렬화할 수 있다. 여러 트랜잭션을 동시에 실행해도 순서대로 실행했을 때와 동일한 결과를 얻을 수 있는 경우 **직렬화 가능**(serializable) 트랜잭션이라고 말한다. 즉, 클래스 개수를 세는 이전 예제의 경우 트랜잭션이 직렬화 가능하다면 마틴은 데이비드가 트랜잭션을 시작하기 전(12개)이나 트랜잭션을 끝낸 후(17개)에 해당하는 결과를 얻는다. 직렬화 가능성이 둘 중 어떤 결과를 얻을지 보장하지는 않지만 적어도 정답을 보장한다.

대부분의 트랜잭션 시스템은 SQL 표준을 사용해 네 가지 격리 수준을 정의한다. 직렬화 가능(serializable)은 그중 가장 강력한 수준이며, 그 아래 수준에서는 각각 특정한 종류의 일관성 없는 읽기(inconsistent read)가 발생할 수 있다. 여기서는 마틴이 파일 개수를 세는 동안 데이비드가 파일을 수정하는 예를 고려해보자. 패키지에는 잠금과 다상의 두 가지가 있다. 데이비드가 업데이트하기 전 잠금 패키지의 파일은 7개였고, 다상 패키지에는 5개였다. 업데이트한 후에는 잠금 패키지의 파일은 9개가 됐고, 다상 패키지의 파일은 8개가 됐다. 마틴이 잠금 패키지를 확인하는 동안 데이비드가 두 패키지를 모두 업데이트했으며, 그다음 마틴이 다상 패키지를 확인했다.

격리 수준이 직렬화 가능인 경우 시스템은 마틴에게 정답인 12개 또는 17개를 결과로 제공한다. 직렬화 가능성이 제공되더라도 이 시나리오를 반복했을 때 매번 동일한 결과를 보장하지는 않지만 적어도 데이비드가 업데이트하기 전 또는 업데이트한 후의 결과를 보장한다.

직렬화 가능 아래의 첫 번째 격리 수준은 **팬텀**(phantom)이 허용되는 **반복 가능 읽기**(repeatable read)다. 팬텀이란 컬렉션에 여러 요소를 추가했을 때 읽는 쪽에서 일부 요소만 볼 수 있는 현상이다. 이 경우 마틴은 잠금 패키지를 확인하면 파일이 7개다. 데이비드가 트랜잭션을 커밋한 후 마틴이 다상 패키지를 보면 파일이 8개다. 따라서 마틴을 잘못된 결과를 얻는다. 팬텀은 마틴의 트랜잭션 일부에서는 유효하지만 전체에서는 유효하지 않기 때문에 발생하며 항상 삽입된 요소에서 팬텀이 발생한다.

그 아래의 격리 수준은 **반복 불가능 읽기**(unrepeatable read)가 허용되는 **커밋된 읽기**(read committed)다. 마틴이 실제 파일이 아닌 합계를 구하고 있다고 가정해보자. 반복 불가능 읽기로 잠금에서는 7개를 얻는다. 데이비드가 커밋한 후 마틴은 다상 패키지에서 8개를 얻는다. 반복 불가능 읽기라고 하는 이유는 데이비드가 커밋한 후 마틴이 잠금 패키지를 다시 읽으면 이번에는 9개라는 새로운 숫자를 얻기 때문이다. 데이비드의 업데이트 이후에는 7개라는 원래의 읽기를 반복할 수 없다. 데이터베이스에서는 팬텀보다 반복 불가능 읽기를 찾기가 쉽기 때문에 반복 가능한 읽기는 커밋된 읽기보다 정확성은 높지만 활동성은 낮다.

가장 낮은 격리 수준은 **더티 읽기**(dirty read)가 허용되는 **커밋되지 않은 읽기**(read uncommitted)다. 커밋되지 않은 읽기에서는 다른 트랜잭션이 아직 커밋하지 않은 데이터를 읽을 수 있다. 이 경우 두 가지 오류가 발생할 수 있다. 데이비드가 잠금 패키지에 첫 번째 파일을 추가한 후 두 번째 파일을 추가하기 전에 마틴이 잠금 패키지를 볼 수 있다. 이 경우 마틴은 잠금 패키지에서 파일 8개를 본다. 두 번째 오류는 데이비드가 파일을 추가했지만 트랜잭션을 롤백한 경우 마틴은 실제로는 없는 파일을 볼 수 있다.

표 5.1에는 각 격리 수준에서 발생하는 읽기 오류가 나온다.

표 5.1 격리 수준과 허용되는 읽기 오류

격리 수준	더티 읽기	반복 불가능 읽기	팬텀
커밋되지 않은 읽기	예	예	예
커밋된 읽기	아니요	예	예
반복 가능 읽기	아니요	아니요	예
직렬화 가능	아니요	아니요	아니요

정확성을 최대한 보장하려면 항상 직렬화 가능 격리 수준을 사용해야 한다. 그러나 직렬화 가능을 사용하면 시스템의 활동성이 크게 저하되므로 처리량을 늘리려면 어쩔 수 없이 직렬화 가능성을 어느 정도 포기해야 한다. 즉, 어느 수준까지 위험을 감수할지 결정하고 오류와 성능 간의 적절한 균형을 찾는 것이 중요하다.

모든 트랜잭션에 동일한 격리 수준을 사용해야 하는 것은 아니므로 각 트랜잭션에 맞게 활동성과 정확성의 균형을 결정할 수 있다.

비즈니스 트랜잭션과 시스템 트랜잭션

이 책에서 지금까지 알아본 트랜잭션은 시스템 트랜잭션이라고 하며, RDBMS 시스템과 트랜잭션 모니터의 지원을 받아 운영된다. 데이터베이스 트랜잭션은 트랜잭션의 시작과 끝을 지정하는 명령으로 구분되는 SQL 명령의 그룹이다. 예를 들어, SQL 명령 네 개로 이뤄진 트랜잭션에서 네 번째 구문이 무결성 제약 조건을 위반한 경우 데이터베이스는 처음 세 개의 구문으로 적용된 영향을 롤백하고 호출자에게 트랜잭션이 실패했음을 알려야 한다. 또한 네 개의 구문이 모두 성공적으로 완료되면 한 번에 하나씩이 아니라 네 개의 구문이 끼친 영향을 한꺼번에 공개해야 한다. RDBMS 시스템과 애플리케이션 서버 트랜잭션 관리자는 보편적으로 제공되므로 자주 활용된다. 또한 대부분의 애플리케이션 개발자가 잘 이해하고 적절하게 사용할 수 있다.

그러나 시스템 트랜잭션은 비즈니스 시스템의 사용자에게는 전혀 의미가 없다. 예를 들어, 온라인 은행 시스템의 사용자에게 트랜잭션은 로그인, 계정 선택, 이체 내역 설정, 그리고 최종적으로 사용자가 확인 버튼을 눌러 금액을 이체하는 과정을 포함한다. 이를 **비즈니스 트랜잭션**(business transaction)이라고 하며, 여기서도 시스템 트랜잭션과 동일한 ACID 속성을 제공해야 한다. 사용자가 금액을 이체하기 전에 취소하면 이전 화면에서 수행한 모든 변경은 취소돼야 한다. 이체 내역을 설정하는 과정 자체는 확인 버튼을 누르기 전까지 계좌의 잔액에 영향을 미치지 않아야 한다.

비즈니스 트랜잭션에서 ACID 속성을 지원하는 확실한 방법은 한 비즈니스 트랜잭션 전체를 한 시스템 트랜잭션 안에서 실행하는 것이다. 그러나 비즈니스 트랜잭션을 완료하는 데는 여러 요청을 거치는 경우가 많으므로 시스템 트랜잭션 하나를 사용해 비즈니스 트랜잭션을 구현하면 긴 시스템 트랜잭션이 된다. 대부분의 트랜잭션 시스템은 긴 트랜잭션을 잘 처리하지 못한다.

긴 트랜잭션을 절대 사용하지 말라는 의미는 아니다. 데이터베이스의 동시성 요건이 중간 정도라면 긴 트랜잭션을 사용해도 괜찮다. 그리고 사용해도 괜찮다면 사용하는 것을 권장한다. 긴 트랜잭션을 사용하면 여러 귀찮은 문제를 예방할 수 있다. 그러나 긴 트랜잭션을 사용하면 데이터베이스가 주요 병목 구간이 되기 때문에 애플리케이션의 확장성이 제약을 받는다. 또한 긴 트랜잭션을 짧은 트랜잭션으로 바꾸는 리팩터링은 복잡하며 쉽지 않다.

이러한 이유로 여러 엔터프라이즈 애플리케이션에서는 긴 트랜잭션을 사용하기 어렵다. 이 경우 어쩔 수 없이 비즈니스 트랜잭션을 일련의 짧은 트랜잭션으로 분리해야 한다. 즉, 여러 시스템 트랜잭션 사이에서 비즈니스 트랜잭션의 ACID 특성을 지원하는 역할을 여러분이 직접 담당해야 하며, 앞에서 **오프라인 동시성**(offline concurrency)이라고 소개한 문제를 해결해야 한다. 시스템 트랜잭션은 여전히 중요한 부분을 차지한다. 비즈니스 트랜잭션이 데이터베이스와 같은 트랜잭션 리소스와 상호작용할 때마다 해당 리소스의 무결성을 유지하기 위해 시스템 트랜잭션 안에서 이 상호작용을 수행해야 한다. 그러나 곧 설명하겠지만 일련의 시스템 트랜잭션을 하나로 연결하는 것만으로는 비즈니스 트랜잭션을 제대로 지원하는 데는 부족하다. 비즈니스 애플리케이션이 이를 연결하는 일종의 고리를 제공해야 한다.

원자성과 지속성은 비즈니스 트랜잭션에서 가장 쉽게 지원할 수 있는 ACID 속성이다. 이 두 속성은 사용자가 저장을 선택할 때 비즈니스 트랜잭션의 커밋 단계를 하나의 시스템 트랜잭션 안에서 실행하는 방법으로 지원할 수 있다. 세션은 레코드 집합에 대한 모든 변경 사항을 커밋하기 전에 먼저 시스템 트랜잭션을 연다. 이 시스템 트랜잭션은 변경 내용이 한 단위로 커밋되고 지속적으로 유지되게 한다. 여기서 유일하게 까다로울 수 있는 부분은 비즈니스 트랜잭션의 수명 동안 정확한 변경 사항의 집합을 유지해야 한다는 것이다. 애플리케이션이 **도메인 모델**(122)을 사용하는 경우 **작업 단위**(193)로 정확하게 변경을 추적할 수 있다. 비즈니스 논리를 **트랜잭션 스크립트**(115)에 넣은 경우 수동으로 변경 사항을 추적해야 하지만 트랜잭션 스크립트를 사용한다는 것은 비즈니스 트랜잭션이 간단하다는 의미이기도 하므로 변경 사항을 추적하는 것은 그리 큰 문제는 아닐 것이다.

비즈니스 트랜잭션에서 적용하기 까다로운 ACID 속성은 격리다. 격리의 실패는 일관성의 실패로 이어진다. 일관성을 유지하려는 비즈니스 트랜잭션에서 레코드 집합을 잘못된 상태로 만들지 말아야 한다. 애플리케이션이 단일 트랜잭션 안에서 일관성을 유지하기 위해 해야 하는 역할은 모든 사용 가능한 비즈니스 규칙을 적용하는 것이다. 그리고 여러 트랜잭션에 걸쳐 일관성을 유지하기 위해 해야 하는 역할은 세션이 다른 세션의 변경 내용을 망치고 레코드 집합이 잘못된 상태가 되어 사용자의 작업이 손실되지 않도록 방지하는 것이다.

업데이트 충돌이라는 분명한 문제도 있지만, 일관성 없는 읽기라는 더 미묘한 문제가 있다. 여러 시스템 트랜잭션에서 데이터를 읽는 경우 데이터가 일관되게 유지된다는 보장이 없다. 다른 읽기 결과는 메모리 내 데이터에서 일관성 문제를 일으켜 애플리케이션 실패가 일어날 수도 있다.

비즈니스 트랜잭션은 세션과 밀접하게 연관된다. 사용자 관점에서 각 세션은 데이터를 읽기만 하지 않는다면 일련의 비즈니스 트랜잭션이므로 일반적으로 모든 비즈니스 트랜잭션은 단일 클라이언트 세션에서 실행된다고 간주한다. 다중 세션에 걸쳐 한 비즈니스 트랜잭션을 실행하는 시스템도 분명 설계할 수 있지만 혼란만 유발할 수 있다.

오프라인 동시성 제어를 위한 패턴

가능하면 트랜잭션 시스템이 최대한으로 동시성 문제를 맡아서 처리하게 해야 한다. 여러 시스템 트랜잭션에 걸친 동시성 제어에 일단 손을 대면 동시성을 직접 해결해야 하는 혼란스러운 상황에 빠져들게 된다. 이러한 상황에서는 예기치 못한 어떤 다른 문제가 발생할지 알 수 없다. 아쉽게도 비즈니스 트랜잭션과 시스템 트랜잭션 간의 불일치를 해결하기 위해 종종 이 상황에 뛰어들어야 할 수 있다. 여기서는 여러 시스템 트랜잭션에 걸쳐 동시성 제어를 처리하는 데 도움되는 몇 가지 패턴을 소개한다.

이러한 기법은 꼭 필요할 때만 사용해야 한다는 것을 기억하자. 모든 비즈니스 트랜잭션을 요청 하나에 연결해 시스템 트랜잭션 하나로 처리할 수 있다면 그렇게 하는 것이 좋다. 또한 확장성을 어느 정도 포기하고 긴 트랜잭션을 사용할 수 있다면 그렇게 하는 것이 좋다. 동시성 제어를 트랜잭션 소프트웨어에 맡기면 수고를 크게 덜 수 있다. 이러한 기법은 동시성 제어를 트랜잭션 소프트웨어에 맡길 수 없을 때 사용하는 것이다. 동시성의 까다로운 특성 때문에 패턴은 출발점일뿐 목적지가 아니라는 것을 기억하자. 이러한 패턴은 유용하지만 모든 동시성 문제를 해결하는 만병통치약은 아니다.

오프라인 동시성을 처리하는 첫 번째 선택은 여러 비즈니스 트랜잭션에 걸쳐 낙관적 동시성 제어를 사용하는 낙관적 오프라인 잠금(441)이다. 이 패턴을 먼저 소개하는 이유는 프로그래밍하기 쉽고 활동성이 가장 높기 때문이다. 낙관적 오프라인 잠금(441)의 한계는 비즈니스 트랜잭션이 실패하는 경우 커밋할 때가 돼서야 알 수 있다는 것인데, 이러한 늦은 빌견은 경우에 따라 상당한 불편함을 초래할 수 있다. 예를 들어, 사용자가 한 시간 동안 세부 사항을 입력한 임대 계약이 트랜잭션 오류 때문에 실패한다면 서비스에 대한 회의감이 생길 수 있다. 비관적 오프라인 잠금(452)은 이에 대한 대안으로서 문제가 있으면 조기에 알아낼 수 있지만 프로그래밍하기 어렵고 활동성이 제한된다.

이러한 두 접근 방식을 사용할 때 모든 객체의 잠금을 직접 관리하려고 하지 않으면 복잡도를 크게 낮출 수 있다. 굵은 입자 잠금(465)을 사용하면 객체 그룹의 동시성을 함께 관리할 수 있다. 또한 암시적 잠금(477)을 사용하면 애플리케이션 개발자의 부담을 크게 덜 수 있다. 암시적 잠금을 사용하면 잠금을 직접 관리할 필요가 없다. 즉, 할 일이 줄어들 뿐 아니라 이를 잊어버렸을 때 발생하는 찾기 어려운 버그까지 예방된다.

동시성이 요구사항이 완성된 후 결정할 수 있는 순수한 기술적 결정이라고 주장하는 사람들이 있다. 우리는 이 주장에 동의하지 않는다. 낙관적 또는 비관적 제어의 결정은 시스템의 전체 사용자 경험에 영향을 미친다. 또한 비관적 오프라인 잠금(452)을 현명하게 설계하려면 시스템의 사용자에게서 도메인에 대한 정보를 충분히 얻어야 한다. 마찬가지로, 굵은 입자 잠금(465)을 적절하게 선택하려면 도메인 지식이 필요하다.

동시성을 다루는 것은 아주 어려운 프로그래밍 작업 중 하나다. 동시성 코드는 확실하게 테스트하기가 매우 어렵다. 또한 동시성 버그는 재현하기가 어렵고 추적하기도 매우 까다롭다. 필자는 이 책에서 설명하는 패턴을 지금까지 잘 활용해왔지만 이 분야는 특히 어려운 분야다. 실제로 이 패턴을 활용해야 할 때는 숙련된 동료 개발자의 도움을 받는 것이 좋을 수 있다. 최소한 이 단원의 마지막 부분에 언급한 책을 읽어보면 도움이 된다.

애플리케이션 서버 동시성

지금까지는 주로 공유된 데이터 원본에 대해 실행되는 다중 세션의 관점에서 동시성을 살펴봤다. 동시성의 다른 형태로 애플리케이션 서버 자체의 프로세스 동시성이 있다. 이 동시성 문제에서는 서버가 여러 동시 요청을 어떻게 처리하며, 이것이 서버의 애플리케이션 설계에 어떤 영향을 미치는지 고려한다. 지금까지 설명한 다른 동시성 문제와 크게 다른 점은 애플리케이션 서버 동시성은 트랜잭션과는 관계가 없기 때문에 비교적 잘 제어되는 트랜잭션의 세계에서 더 이상 도움을 받을 수 없다는 것이다.

잠금과 동기화 블록을 사용해 명시적 다중 스레드 프로그래밍을 제대로 구현하기는 매우 어렵다. 주의하지 않으면 찾아내기 아주 어려운 결함이 쉽게 발생하며, 동시성 버그는 재현하기가 거의 불가능하다. 즉, 99%의 경우 잘 작동하지만 아주 적은 확률로 임의의 문제가 발생하는 시스템이 만들어질 수 있다. 이러한 소프트웨어를 디버깅하는 것은 아주 고통스러운 일이 될 수 있으므로 애플리케이션 개발자가 동기화와 잠금을 명시적으로 처리해야 하는 경우는 가급적 최소화해야 한다.

가장 간단한 방법은 각 세션이 각자의 프로세스에서 실행되는 **세션별 프로세스**(process-per-session)를 사용하는 것이다. 이 방식의 가장 큰 장점은 각 프로세스의 상태가 다른 프로세스로부터 완전히 격리되므로 애플리케이션 프로그래머가 다중 스레드에 대해 신경 쓸 필요가 전혀 없다는 것이다. 메모리 격리 관점에서는 각 요청별로 새로운 프로세스를 시작하는 방법과 한 프로세스를 요청 간에 유휴 상태로 유지되는 세션에 연결하는 방법이 거의 동일한 효과가 있다. 초기 웹 시스템에서는 각 요청별로 새로운 펄 프로세스를 시작했다.

세션별 프로세스에서 한 가지 문제는 프로세스가 리소스를 너무 많이 소모한다는 것이다. 그래서 각 프로세스는 한 번에 한 요청만 처리할 수 있지만, 다른 세션의 여러 요청을 순차적으로 처리할 수 있도록 프로세스의 풀을 만들어 효율을 높이는 방법이 나왔다. 이처럼 풀링되는 **요청별 프로세스**(process-per-request)를 이용하면 일정 수의 세션을 처리하는 데 훨씬 적은 수의 프로세스가 사용된다. 격리도 거의 같은 수준으로 유지되므로 까다로운 다중 스레드 문제가 많이 발생하지 않는다. 세션별 프로세스 대신 요청별 프로세스를 사용할 때 한 가지 주의할 점은 각 요청이 끝나면 요청을 처리할 때 사용된 모든 리소스를 반환해야 한다는 것이다. 아파치 mod-perl을 비롯해 여러 대규모 트랜잭션 처리 시스템에서 이 체계를 적용하고 있다.

그런데 요청별 프로세스 방식도 일정 수준의 부하를 처리하려면 많은 프로세스를 실행해야 한다. 한 프로세스가 여러 스레드를 실행하게 하면 처리량을 개선할 수 있다. 이러한 **요청별 스레드**(thread-per-request) 방식에서 각 요청은 프로세스 내의 한 스레드에 의해 처리된다. 스레드는 프로세스보다 서버 리소스를 적게 사용하므로 적은 하드웨어 리소스로 더 많은 요청을 처리해 서버의 효율을 높일 수 있다. 요청별 스레드 방식의 문제는 스레드가 서로 격리되지 않기 때문에 어떤 스레드든지 접근 가능한 데이터를 변경할 수 있다는 것이다.

가장 권장하고 싶은 방식은 요청별 프로세스다. 요청별 스레드보다는 효율이 낮지만 요청별 프로세스도 확장성이 충분하다. 또한 견고성이 더 우수하다. 한 스레드가 잘못되면 전체 프로세스가 잘못될 수 있기 때문에 요청별 스레드를 사용하면 피해가 제한된다. 특히 개발 팀의 숙련도가 충분히 높지 않은 경우 하드웨어 비용이 늘더라도 스레드에 대한 부담(그리고 버그 수정을 위한 시간과 비용)을 더는 것이 낫다. 애플리케이션에서 요청별 스레드와 요청별 프로세스의 상대적 비용을 측정하는 성능 테스트를 실제로 하는 경우도 종종 볼 수 있었다.

일부 환경에서는 데이터의 격리된 영역을 단일 스레드에 할당하는 중간 성격의 기법을 지원하기도 한다. COM은 단일 스레드 아파트먼트(single-thread apartment)라는 이름으로, 그리고 J2EE는 엔터프라이즈 자바 빈즈라는 이름으로 이 기능을 제공한다. 사용 중인 플랫폼에 이와 비슷한 기능이 있다면 요청별 스레드의 효율과 요청별 스레드의 격리라는 두 장점을 취할 수 있다.

요청별 스레드를 사용할 때 가장 시급한 것은 애플리케이션 개발자가 다중 스레드 문제를 걱정할 필요가 없는 격리된 지역을 만들고 이를 활용하는 것이다. 이를 위한 일반적인 방법은 스레드가 요청을 처리하기 시작할 때 다른 스레드가 볼 수 없는 곳에 새로운 객체를 만들고 이를 활용하는 것이다. 이 방법으로 다른 스레드가 참조할 수 없는 객체를 만들어 객체를 격리할 수 있다.

객체 생성 프로세스에 비용이 많이 든다고 걱정하는 개발자들은 객체를 풀링하는 방법을 생각했다. 풀링을 사용할 때의 문제는 풀링된 객체에 대한 접근을 어떤 방식으로든 동기화해야 한다는 것이다. 객체를 생성하는 비용은 사용하는 가상 시스템과 메모리 관리 전략에 따라 크게 좌우된다. 실제로 최신 환경에서 객체 생성 속도는 사실 상당히 빠르다[Peckish](생각나는 대로 그냥 말해보자: 600Mhz 속도의 펜티엄 3 컴퓨터에서 자바 1.3으로 1초 동안 자바 객체를 몇 개나 만들 수 있을까? 정답은 나중에 공개한다). 각 세션마다 새로운 객체를 만들면 많은 동시성 버그를 예방하고 확장성을 개선할 수 있다.

이 전술은 여러 경우에 적용이 가능하지만 개발자가 피해야 하는 몇 가지 영역이 있다. 하나는 정적, 클래스 기반 변수나 전역 변수다. 이러한 변수에 대한 접근은 모두 동기화해야 한다. 싱글턴의 경우도 마찬가지다.

전역 메모리와 비슷한 기능이 필요하면 레지스트리(507)를 사용한다. 레지스트리는 정적 변수와 비슷하지만 실제로는 스레드별 저장소를 사용하도록 구현할 수 있다.

세션을 위해 객체를 생성할 수 있고 결과적으로 비교적 안전한 영역을 만들 수 있다고 해도 어떤 객체는 생성하는 비용이 정말 많이 들기 때문에 사용할 때 주의를 기울여야 한다. 가장 일반적인 예로 데이터베이스 연결이 있다. 이 문제를 해결하려면 이러한 객체를 명시적 풀에 넣고, 필요할 때 얻고, 사용이 끝나면 반환해야 한다. 물론 이러한 작업은 동기화해야 한다.

참고 자료

이 단원은 여러 면에서 복잡한 주제를 간단하게 소개하는 수준이었다. 이 주제를 본격적으로 알아보려면 [Bernstein and Newcomer], [Lea], [Schmidt et al.]을 추천한다.

06장

세션 상태

앞서 동시성에 대해 이야기하면서 비즈니스 트랜잭션과 시스템 트랜잭션 간의 차이에 대한 주제를 언급했다(5장, 81쪽). 이 차이는 동시성에 대한 영향 외에도 비즈니스 트랜잭션 안에서 사용되는 데이터를 일반 데이터베이스의 레코드로 커밋하기 전에 저장하는 방법에도 영향을 미친다.

비즈니스 트랜잭션과 시스템 트랜잭션 간의 차이는 상태 비저장 세션(stateless session)과 상태 저장 세션(stateful session)에 대한 논의의 바탕이 됐다. 이 주제에 대한 글도 많이 나왔지만 상태 비저장과 상태 저장 서버 시스템의 기술적 질문에 집중하느라 근본적 문제는 소홀히 다뤄지는 경우가 많았다. 필자는 일부 세션은 본질적으로 상태 저장이라는 것을 인정하고 이 상태를 어떻게 처리해야 하는지 결정하는 것이 중요하다고 생각한다.

상태 비저장의 가치

상태 비저장 서버의 정확한 의미는 무엇일까? 물론 객체의 핵심은 상태(데이터)와 동작을 결합하는 것이다. 진정한 상태 비저장 객체란 필드가 없는 객체를 말하는데, 이러한 객체도 가끔 등장하기는 하지만 솔직히 매우 드물다. 게다가 상태 비저장 객체가 나쁜 설계라는 설득력 있는 주장을 하는 것도 가능하다.

그런데 대부분의 사람들이 말하는 분산된 엔터프라이즈 애플리케이션의 상태 비저장은 이런 의미가 아니다. 이들이 말하는 상태 비저장 서버는 요청 간에 상태가 유지되지 않는 객체를 의미한다. 이러한 객체도 물론 필드를 가질 수 있지만 상태 비저장 서버에서 메서드를 호출할 때 필드의 값이 정의되지 않는다는 것이다.

상태 비저장 서버 객체의 예로 책에 대한 정보를 담은 웹 페이지를 반환하는 객체를 생각해볼 수 있다. 이 객체는 ASP 문서나 서블릿일 수 있으며 정해진 URL에 접근해 이 객체를 호출할 수 있다. URL에는 서버가 HTTP 응답을 생성하는 데 사용할 ISBN 번호를 제공한다. 상호작용이 수행되는 동안 서버 객체는 데이터베이스에서 책의 ISBN, 제목, 가격 등의 정보를 얻고 HTML을 생성하기 전에 이러한 정보를 필드에 저장할 수 있다. 또한 다른 독자의 서평을 사용자에게 보여주기 위해 약간의 비즈니스 논리를 실행할 수도 있다. 그런데 일단 작업이 완료되면 이러한 값은 더 이상 필요 없다. 다음번 ISBN은 완전히 다른 작업이므로 서버 객체는 실수를 예방하기 위해 모든 기존 값을 지워서 초기화한다.

이제 특정 클라이언트 IP 주소에서 확인한 모든 ISBN을 추적하려고 한다고 가정해보자. 이 정보는 서버 객체에서 유지 관리하는 리스트에 넣을 수 있다. 그런데 이 리스트는 요청 간에 지속해야 하므로 상태 저장 서버 객체가 필요하다. 상태 비저장에서 상태 저장으로의 전환은 단순한 한 글자 차이 이상의 큰 의미가 있다. 많은 사람들이 상태 저장 서버를 재앙이나 다름 없는 것으로 받아들인다. 그 이유는 무엇일까?

가장 우선적인 문제는 서버 리소스에 대한 것이다. 모든 상태 저장 서버 객체는 사용자가 웹 페이지를 보는 동안 대기하면서 모든 상태를 유지해야 한다. 반면 상태 비저장 서버 객체는 다른 세션의 다른 요청을 처리할 수 있다. 현실성은 떨어지지만 이해하는 데 도움이 되는 예가 있다. 책에 대해 알아보려면 사용자가 백 명이 있고, 책 한 권에 대한 요청을 처리하는 데는 1초가 걸린다. 각 사용자는 10초마다 한 번씩 요청을 하며 모든 요청은 거의 완벽하게 균형이 맞는다. 상태 저장 서버 객체로 사용자의 요청을 추적하려면 서버 객체가 사용자 1명당 하나씩 총 100개가 있어야 한다. 그런데 사실 이러한 객체는 90%의 시간 동안 아무 일도 하지 않는다. ISBN 추적 기능을 포기하고 상태 비저장 서버 객체로 요청에 응답하면 서버 객체 10개로 모든 요청을 처리할 수 있다.

요점은 메서드 호출 간에 상태를 저장할 필요가 없으면 어떤 객체로 요청을 처리해도 관계없지만, 상태를 저장하려면 항상 같은 객체가 필요하다는 것이다. 상태 비저장은 객체를 풀링해 훨씬 적은 수의 객체로 더 많은 사용자를 처리할 수 있게 해준다. 유휴 사용자가 많을수록 상태 비저장 서버의 가치는 높아진다. 짐작할 수 있겠지만, 상태 비저장 서버는 트래픽이 많은 웹 사이트에 아주 유용하다. 또한 HTTP가 상태 비저장 프로토콜이므로 웹과도 잘 맞는다.

그러면 모든 것이 상태 비저장이어야 하지 않을까? 그렇다면 간단하겠지만, 클라이언트 상호작용 중에는 근본적으로 상태 저장인 것이 많다. 전자상거래 애플리케이션의 핵심 원동력인 장바구니의 예를 생각해보자. 사용자 상호작용에는 여러 권의 책을 둘러보고 구매하고 싶은 책을 선택하는 것이 포함된다. 장바구니는 사용자의 전체 세션 동안 유지돼야 한다. 즉, 상태 저장 비즈니스 트랜잭션을 수행해야 하므로 세션도 상태 저장이어야 한다. 책을 둘러보기만 하고 사지는 않는다면 상태 비저장 세션으로 충분하지만, 책을 사려면 상태 저장이어야 한다. 즉, 돈을 벌려면 상태를 저장해야 한다. 선택은 여러분의 몫이다. 다행스러운 소식은 상태 비저장 서버를 사용해 상태 저장 세션을 구현할 수 있다는 것이고, 흥미로운 소식은 이를 원하지 않을 수 있다는 것이다.

세션 상태

장바구니의 세부 사항은 **세션 상태**이므로 장바구니 안의 데이터는 특정 세션에만 해당된다. 이 상태는 한 비즈니스 트랜잭션에 포함되며, 다른 세션이나 비즈니스 트랜잭션과는 분리된다(여기서는 각 비즈니스 트랜잭션이 한 세션 안에서만 실행되며 이 세션이 한 번에 한 비즈니스 트랜잭션만 수행한다고 간주한다). 세션 상태는 필자가 **레코드 데이터**(record data)라고 부르는 것과는 구분된다. 레코드 데이터는 데이터베이스에 저장되는 장기 보존 데이터이며, 모든 세션에서 볼 수 있다. 세션 상태는 커밋을 거쳐야 레코드 데이터가 된다.

세션 상태는 한 비즈니스 트랜잭션에 포함되므로 ACID(원자성, 일관성, 격리성, 지속성)와 같이 여러 사람들이 트랜잭션의 속성이라고 생각하는 속성을 가진다. 그런데 그에 따르는 영향에 대해서는 잘 모르는 경우가 많다.

한 가지 흥미로운 영향은 동시성이다. 고객이 보험증서를 편집하는 동안 이 보험증서의 현재 상태는 유효하지 않을 수 있다. 고객이 값을 변경하고, 요청을 통해 값을 시스템으로 전송하면, 시스템은 잘못된 값임을 알려줄 수 있다. 이러한 값은 세션 상태의 일부지만 유효하지는 않다. 세션 상태는 이와 같이 작업 중인 동안에는 유효성 검사 규칙과 맞지 않는 경우가 많다. 비즈니스 트랜잭션이 커밋할 때만 유효성 검사 규칙과 맞게 된다.

세션 상태와 관련된 가장 중요한 문제는 격리성이다. 관여하는 대상이 많기 때문에 고객이 보험증서를 편집하는 동안 다양한 상황이 발생할 수 있다. 예를 들어, 두 명이 동시에 보험증서를 편집하는 전형적인 경우에서, 직접적인 변경만 문제가 되지는 않는다. 예를 들어, 보험증서와 고객 레코드라는 두 가지 레코드가 있을 때 이 보험증서에 고객 레코드의 우편번호를 반영해 값이 결정되는 위험이라는 값이 있다고 가정해보자. 고객이 보험증서를 편집하기 시작하고 조금 뒤에 자신의 고객 레코드를 열어 우편번호를 본다. 그동안 다른 사용자가 우편번호와 위험 값을 변경하면 일관성 없는 읽기가 발생한다. 이 문제에 대한 조언은 83쪽을 참고한다.

세션이 저장하는 모든 데이터가 세션 상태인 것은 아니다. 세션은 요청 간에 꼭 저장할 필요가 없는 데이터도 성능 향상을 위해 캐싱할 수 있다. 세션 상태는 올바른 동작을 위해 요청 간에 저장해야 하지만 캐시는 손실되더라도 올바른 동작에 방해되지 않는다.

세션 상태를 저장하는 방법

그럼 세션 상태를 저장하려면 어떻게 해야 할까? 세 가지 방법을 간단하게 소개하면 다음과 같다.

클라이언트 세션 상태(482)는 데이터를 클라이언트에 저장한다. 이를 위한 방법에는 웹 프리젠테이션을 위한 URL 안에 데이터 인코딩하기, 쿠키 이용, 웹 양식의 숨겨진 필드로 데이터 직렬화, 그리고 리치 클라이언트의 객체에 데이터 저장 등 몇 가지가 있다.

서버 세션 상태(485)는 요청 간에 데이터를 메모리에 저장하는 간단한 방법일 수 있다. 그러나 일반적으로는 세션 상태를 직렬화된 객체와 같이 더 안정적으로 저장할 수 있는 메커니즘이 사용된다. 객체는 애플리케이션 서버의 로컬 파일 시스템이나 공유된 데이터 원본에 저장할 수 있으며, 세션 ID와 직렬화된 객체가 각각 키와 값인 간단한 데이터베이스 테이블일 수 있다.

데이터베이스 세션 상태(489)도 역시 서버 쪽 저장소지만 오랫동안 보관할 데이터를 저장하듯이 데이터를 테이블과 필드로 분리하고 데이터베이스에 저장하는 방식이다.

방법을 선택하기 전에 알아야 할 여러 사항이 있다. 먼저 클라이언트와 서버 간에 필요한 대역폭을 고려해야 한다. 클라이언트 세션 상태(482)를 사용하는 경우 각 요청과 함께 세션 데이터를 전송해야 한다는 의미다. 작은 몇 개 정도의 필드라면 별문제가 없을 수 있지만 데이터가 크면 당연히 전송해야 하는 데이터 양도 늘어난다. 이 데이터는 한 애플리케이션에서 거의 메가바이트 수준까지 커질 수 있는데, 우리 팀원 중 한 명은 이를 세익스피어 극본 몇 개 분량이라고 표현하기도 했다. 당시에는 데이터 전송 형식으로는 그리 효율이 좋지는 않은 XML을 사용했었지만, 그래도 데이터가 상당히 커질 수 있다는 것을 체험한 사례였다.

물론 프레젠테이션에서 표시하기 위해 꼭 전송해야 하는 데이터도 있다. 그러나 클라이언트 세션 상태(482)를 사용하려면 클라이언트에서 표시하는 데 필요 없더라도 서버에 필요한 모든 데이터를 요청과 함께 전송해야 한다. 정리하자면, 저장해야 하는 세션 상태의 양이 아주 적지 않으면 클라이언트 세션 상태(482)는 사용하지 않는 것이 좋다. 보안과 무결성도 고려해야 한다. 데이터를 제대로 암호화하지 않으면 악성 사용자가 세션 데이터를 편집해 심각한 범죄를 일으킬 수 있다.

세션 데이터는 격리해야 한다. 대부분의 경우 한 세션에서 일어나는 일은 다른 세션에서 일어나는 일에 영향을 미치지 않아야 한다. 항공권을 예약하는 경우를 예로 들면 실제 항공권을 예약하기 전까지는 다른 사용자의 예약에 영향을 주지 않아야 한다. 실제로 세션 데이터의 의미에는 세션 밖에서는 전혀 볼 수 없다는 의미가 포함돼 있다. 이 사실은 **데이터베이스 세션 상태(489)**를 사용할 때는 데이터베이스에 저장된 레코드 데이터로부터 세션 데이터를 격리하기 위해 까다로운 작업이 필요할 수 있다는 의미다.

사용자 수가 많은 경우 처리량을 향상하기 위해 클러스터링을 도입하는 것을 고려할 수 있다. 이 경우 **세션 마이그레이션(session migration)**이 필요한지 생각해야 한다. 세션 마이그레이션은 세션을 한 서버에서 다른 서버로 이동해 한 서버가 요청을 처리하고 있으면 다른 서버가 요청을 처리하게 해준다. 이와 반대되는 개념은 한 서버가 특정 세션의 모든 요청을 처리하게 하는 서버 선호도(server affinity)다. 세션 마이그레이션을 사용하면 특히 세션이 길게 유지되는 경우 서버가 처리하는 부하를 균형 있게 배분할 수 있다. 그런데 **서버 세션 상태(485)**를 사용할 때는 세션을 처리하는 시스템만 해당 상태를 쉽게 찾을 수 있는 경우가 많기 때문에 불편한 상황에 처할 수 있다. 이를 해결하는 몇 가지 방법이 있는데, 이러한 방법을 사용하면 **데이터베이스 세션 상태(489)**와 **서버 세션 상태(485)** 간의 구분이 흐려진다.

서버 선호도는 생각보다 심각한 문제를 유발할 수 있다. 클러스터링 시스템은 서버 선호도를 보장하기 위해 호출이 어떤 세션에 포함되는지 조사해야 하지만 항상 조사할 수 있는 것은 아니다. 따라서 선호도를 높이기 위해 한 클라이언트의 모든 호출을 동일한 애플리케이션 서버로 전달한다. 그리고 그 기준으로 클라이언트의 IP 주소를 사용하는 경우가 많다. 그런데 클라이언트가 프락시를 사용하는 경우 여러 클라이언트가 동일한 IP 주소를 사용하는 것으로 나타나며, 결과적으로 모두 특정한 서버로 연결된다. 이것은 대형 인터넷 서비스 업체의 IP 주소 때문에 트래픽의 상당수가 한 서버로 집중될 수 있다는 의미다.

서버가 세션 상태를 사용하려면 이를 신속하게 사용할 수 있는 형태로 만들어야 한다. **서버 세션 상태(485)**의 경우 세션 상태는 거의 바로 사용 가능하다. **클라이언트 세션 상태(482)**의 경우에도 바로 얻을 수는 있지만 원하는 형태로 만들어야 하는 경우가 많다. **데이터베이스 세션 상태(489)**의 경우 데이터베이스에서 세션 상태를 가져오고 원하는 형태로 만들어야 한다. 즉, 각 방식은 시스템의 응답성에 각기 다른 영향을 준다. 응답에 걸리는 시간은 데이터의 크기와 복잡성에 따라 결정된다.

인터넷 소매 사이트에서는 각 세션에서 사용하는 데이터의 양은 많지 않지만 유휴 사용자가 상당히 많을 수 있다. 따라서 **데이터베이스 세션 상태(489)**가 성능 면에서 적절할 수 있다. 반면 임대 시스템에서는 각 요청마다 많은 양의 데이터가 데이터베이스로 오갈 수 있다. 따라서 서버 세션 상태(485)를 선택하면 더 나은 성능을 얻을 수 있다.

여러 시스템에서 숨은 문제점 중 하나는 사용자가 세션을 취소하고 다시 돌아오지 않을 수 있다는 것이다. 특히 B2C 애플리케이션에서는 사용자가 정상적으로 취소하지 않고 그냥 잊어버리는 경우가 많다. 클라이언트 세션 상태(482)는 사용자에 대해 크게 신경 쓸 필요가 없기 때문에 이런 상황에 적합하다. 다른 패턴을 사용할 때는 사용자가 세션 상태를 취소했다고 판단되는 경우 세션 상태를 지워야 하며, 일정 시간 제한이 지나면 취소하는 시스템을 마련해야 한다. 잘 개발된 서버 세션 상태(485)의 구현에서는 이를 고려한 자동 시간 제한을 지원한다.

사용자 취소만이 아니라 시스템의 문제도 고려해야 하는데, 이러한 문제에는 클라이언트 강제 종료, 서버 오류, 그리고 네트워크 연결 실패가 있다. 데이터베이스 세션 상태(489)는 이 세 가지 상황에 잘 대처할 수 있다. 서버 세션 상태(485)는 세션 객체가 비휘발성 저장소에 백업됐는지 여부와 저장소 위치에 따라 대처 여부가 결정된다. 클라이언트 세션 상태(482)는 클라이언트 강제 종료에는 대처할 수 없지만 나머지 두 문제에는 대처할 수 있다.

이러한 패턴을 구현하기 위한 개발 작업의 어려움도 중요한 고려 사항이다. 서버 세션 상태(485)는 일반적으로 가장 쉽게 개발할 수 있으며, 요청 간에 세션 상태를 지속할 필요가 없는 경우 특히 더 쉽다. 데이터베이스 세션 상태(489)와 클라이언트 세션 상태(482)의 경우 일반적으로 데이터베이스에서 읽은 형식을 변환하거나 세션 객체가 사용할 형식을 변환하는 코드가 필요하다. 특히 데이터가 복잡하다면 서버 세션 상태(485)를 사용할 때만큼 신속하게 다른 여러 기능을 개발할 수 없다는 의미다. 데이터베이스 테이블에 대한 매핑을 이미 완료했다면 데이터베이스 세션 상태(489)가 그리 복잡하게 보이지 않을 수 있지만 추가적인 개발 작업이 필요하기 때문에 세션 데이터로부터 격리된 데이터베이스를 다른 용도로 사용하기가 부담스럽다.

세 방식은 상호배타적인 방식이 아니며, 두 방식 또는 세 방식을 혼합해 세션 상태의 다른 부분을 저장할 수 있다. 그러나 세션을 혼합하면 상태의 어느 부분이 시스템의 어느 부분으로 가는지 확신할 수 없기 때문에 일반적으로 작업이 복잡해지는 경향이 있다. 한편 클라이언트 세션 상태(482) 외의 다른 패턴을 사용하는 경우 상태의 나머지 부분은 다른 패턴으로 저장하더라도 세션 식별자는 클라이언트 세션 상태(482)에 저장해야 한다.

필자는 서버 세션 상태(485)를 선호하는 편인데, 특히 주요 정보를 원격에 저장하면 서버 오류가 발생하더라도 손상되지 않는다. 또한 세션 ID를 저장하거나 세션 데이터가 아주 적을 때는 클라이언트 세션 상태(482)도 자주 이용한다. 반면 데이터베이스 세션 상태(489)는 장애 조치와 클러스터링이 필요하고 원격에 주요 정보를 저장할 수 없거나 세션 간의 격리가 문제가 아닌 경우를 제외하면 잘 사용하지 않는다.

07장

분산 전략

객체가 만들어진 지는 이제 꽤 많은 시간이 흘렀고 객체가 처음 선보인 이후로 많은 사람들이 객체를 분산하려는 노력을 했다. 그러나 객체를 분산하는 작업에는 사람들이 생각하는 것 이상으로 많은 함정이 도사리고 있다. [Waldo et al.] 특히 공급업체에서 말하는 그럴듯한 선전 문구를 그대로 믿는다면 더 쉽게 이러한 함정에 빠질 수 있다. 이 단원은 필자와 필자의 여러 고객들이 힘든 체험을 통해 얻은 여러 가지 교훈을 담고 있다.

분산 객체의 매력

고객과 함께 설계 검토를 할 때면 매년 두어 번씩 꾸준하게 반복해서 보게 되는 비슷한 프레젠테이션이 있다. 새로운 OO 시스템의 시스템 설계자는 자신의 새 분산 객체 시스템을 자랑스럽게 소개한다. 여기서는 일종의 주문 시스템을 구축한다고 가정해보자. 이 설계자는 그림 7.1과 비슷한 설계를 보여준다. 이 설계에서는 고객, 주문, 제품, 배송을 위한 원격 객체가 각각 분리돼 있고, 각 객체는 별도의 프로세싱 노드에 배치할 수 있는 별도의 컴포넌트다.

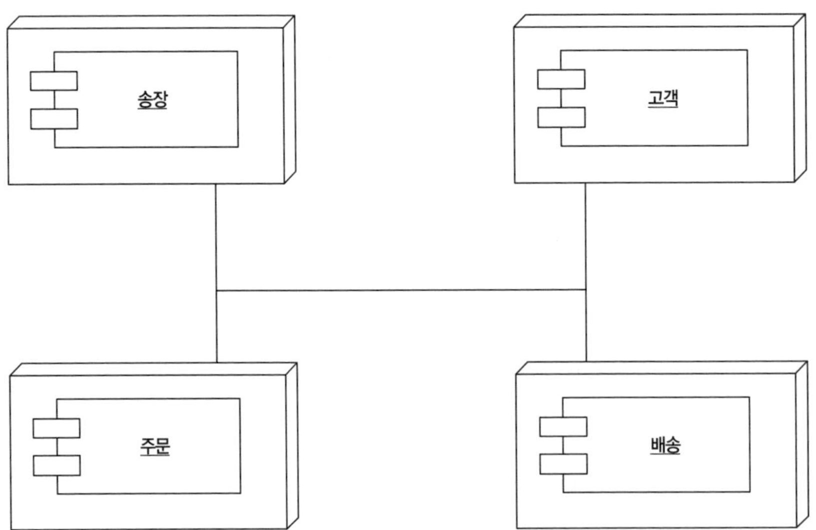

그림 7.1 다른 컴포넌트를 다른 노드에 배치하는 방법으로 애플리케이션을 분산(권장되지 않음!)

그러면 나는 이렇게 질문한다. “이렇게 하는 이유가 뭐죠?”

“당연히 성능이죠”, 설계자는 이렇게 대답하고 나를 의아하다는 듯이 쳐다본다. “각 컴포넌트는 별도의 시스템에서 실행할 수 있습니다. 한 컴포넌트의 작업량이 너무 많아지면 시스템을 추가해서 애플리케이션의 부하를 분산하는 겁니다.” 그러면서 그는 분산 개발도 제대로 모르는 개발자가 한심하다는 표정으로 나를 바라본다.

그러면 나는 아주 흥미로운 딜레마에 빠진다. 이 설계는 아주 형편없는 설계라고 대놓고 말하고 회의실 밖으로 걸어나갈 것인가? 아니면 나중에 시간을 내서 고객에게 천천히 설명할 것인가? 보통은 후자를 선택하는 것이 현명하지만 대부분의 고객은 이 아키텍처를 매우 마음에 들어하기 때문에 고객을 설득하는 것이 쉬운 일은 아니다.

그러면 필자는 이 분산 아키텍처가 왜 형편없는 설계라고 생각하는 것일까? 많은 툴 공급업체에서는 분산 객체의 주 목적은 다수의 객체를 필요에 따라 원하는 형태로 프로세싱 노드에 배치하기 위해서라고 설명한다. 또한 이들의 강력한 미들웨어가 투명성을 제공한다고 말한다. 투명성은 호출하려는 대상이 동일한 프로세스나 다른 프로세스 또는 다른 시스템에 있느냐와 관계없이 객체가 다른 객체를 한 프로세스 안이나 프로세스 간에 호출할 수 있게 해주는 개념이다.

투명성은 가치가 높고, 분산 객체의 여러 측면에 긍정적 영향을 주지만 일반적으로 성능에는 긍정적 영향을 주지 않는다. 설계자가 성능을 위해서라고 설명한 설계로 프로토타입 아키텍처를 구현하고 객체를 분산해도 실제로는 성능이 오히려 저하되며 시스템의 구축이나 배포도 훨씬 어려워진다.

원격 및 로컬 인터페이스

클래스 모델별 분산이 좋지 않은 생각이라고 말하는 주된 이유는 컴퓨터의 기본 작동 원리 때문이다. 한 프로세스 내의 프로시저 호출은 극도로 빠르지만 분리된 프로세스 간의 프로시저 호출은 이보다 수십 또는 수백 배 느리다. 게다가 다른 시스템에서 실행 중인 프로세스에 대한 프로시저 호출은 네트워크 토폴로지에 따라 다시 수십 또는 수백 배 느려진다.

따라서 원격으로 사용할 객체의 인터페이스는 같은 프로세스 내에서 로컬로 사용할 객체의 인터페이스와는 달라야 한다.

로컬 인터페이스는 가는 입자 인터페이스(fine-grained interface)일 때 가장 좋다. 예를 들어, 주소 클래스가 있다면 시 얻기, 도 얻기, 그리고 시 설정, 도 설정 등의 메서드가 모두 별도로 있는 것이 좋은 인터페이스다. 가는 입자 인터페이스가 바람직한 이유는 다양한 방법으로 재정의하고 결합해 향후에 설계를 확장할 수 있는 작은 조각으로 정의하는 객체지향의 일반적 규칙을 따르기 때문이다.

그런데 가는 입자 인터페이스는 원격 환경에는 잘 맞지 않는다. 메서드 호출이 느리기 때문에 시, 도, 우편번호를 한 번의 호출로 한꺼번에 얻거나 업데이트하고 싶을 것이기 때문이다. 결과적으로 인터페이스는 유연성이나 확장성이 아닌 호출 횟수 최소화를 위한 굵은 입자 인터페이스가 된다. 즉, 주소 세부 사항 얻기, 주소 세부 사항 업데이트 등의 메서드가 포함된 인터페이스가 만들어진다. 이런 인터페이스를 사용한 프로그래밍은 아주 불편하지만 성능을 위해서라면 어쩔 수가 없다.

물론 공급업체에서는 자신들의 미들웨어를 사용하면 원격 호출이든 로컬 호출이든 오버헤드가 발생하지 않는다고 말한다. 즉, 로컬 호출은 원래 로컬 호출의 속도로 실행되고 원격 호출만 더 느리게 실행된다는 것이다. 필요할 때만 원격 호출의 비용을 지불한다는 것이다. 공급업체의 이러한 주장은 어느 정도 사실이지만 원격으로 사용되지 않는 모든 객체는 가는 입자 인터페이스를 가져야 함에도 원격으로 사용될 수 있는 모든 객체가 굵은 입자 인터페이스를 갖게 된다는 결과는 피할 수 없다. 두 객체가 통신할 때마다 선택을 해야만 한다. 두 객체가 별도의 프로세스에서 통신할 가능성이 있다면 굵은 입자 인터페이스를 사용하고 어려운 프로그래밍 모델이라는 비용을 치뤄야 한다. 비용은 지불할 필요가 있을 때만 지불하는 것이 합리적이므로 결과적으로 프로세스 간 공동작업을 최소화할 필요가 있다.

이러한 이유로 원래부터 단일 프로세스의 세계에 맞게 설계한 클래스 그룹에는 단순히 코바 등의 기술을 적용한 후 분산 모델로 만들 수는 없다. 분산 설계는 이보다 복잡하다. 분산 전략을 바탕으로 클래스를 설계하면 원격 호출을 많이 수행하는 시스템이 만들어지며, 사용하기 불편한 굵은 입자 인터페이스가 필요하다. 그러나 결국에는 모든 원격 가능 클래스에 굵은 입자 인터페이스를 사용하더라도 원격 호출이 지나치게 많아지고 더불어 수정하기 불편한 시스템이 만들어진다.

그래서 필자는 **"객체를 분산하지 말라"**를 분산 객체 설계의 첫 번째 규칙으로 제시한다.

그러면 다중 프로세서를 효과적으로 활용하려면 어떻게 해야 할까? 일반적으로는 클러스터링이 가장 적합하다(그림 7.2). 모든 클래스를 단일 프로세스에 넣고 해당 프로세스의 여러 복사본을 다수의 노드에서 실행하는 것이다. 이렇게 하면 각 프로세스가 로컬 호출로 작업을 처리해 더 빠른 속도로 실행할 수 있다. 또한 프로세스 안에서 모든 클래스에 가는 입자 인터페이스를 사용할 수 있으므로 단순한 프로그래밍 모델을 바탕으로 관리 효율성을 높일 수 있다.

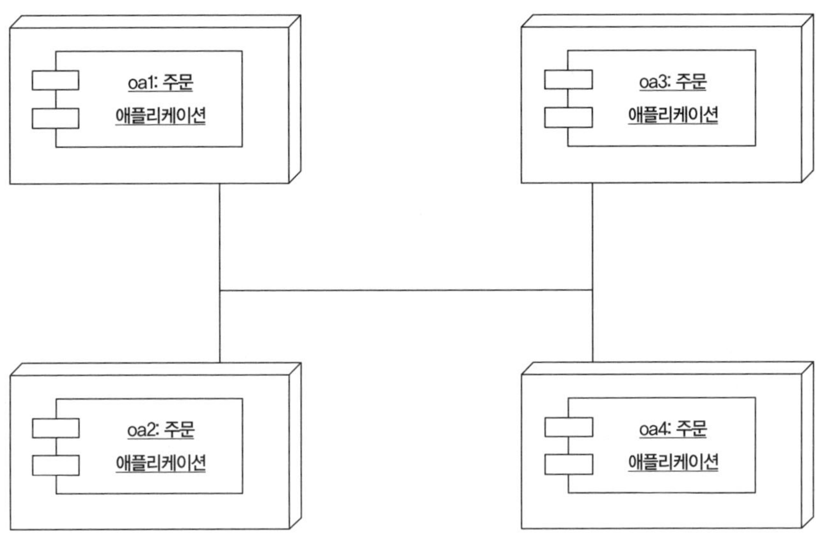

그림 7.2 동일한 애플리케이션의 여러 복사본을 다른 노드에 배치하는 클러스터링 방식

분산이 필요한 상황

지금까지 분산 경계를 최소화하고 가급적 클러스터링을 통해 노드를 활용해야 한다는 것을 확인했다. 문제는 이러한 노력에 한계가 있다는 것이다. 즉, 프로세스를 분리해야 하는 상황이 있다. 현명한 개발자라면 이러한 상황을 최대한 줄이려고 하겠지만 완전히 없앨 수는 없다.

- 한 가지 확실한 분리는 비즈니스 소프트웨어에서 전통적인 클라이언트와 서버 간의 분리다. 사용자의 PC는 데이터의 공유된 리포지토리와는 다른 노드다. 이들은 서로 다른 시스템이므로 통신하는 분리된 프로세스가 필요하다. 클라이언트-서버 분리는 일반적인 프로세스 간 분리다.
- 두 번째 분리는 서버 기반 애플리케이션 소프트웨어(애플리케이션 서버)와 데이터베이스 간에 자주 볼 수 있다. 물론 이 분리는 필수적인 것은 아니다. 저장 프로시저와 같은 기법을 활용해 모든 애플리케이션 소프트웨어를 데이터베이스 프로세스 안에서 실행할 수도 있다. 그러나 이 방식은 실용적이지 않은 경우가 많기 때문에 보통은 프로세스를 분리하게 된다. 애플리케이션 서버와 데이터베이스는 동일한 시스템에서 실행되는 경우도 있지만 프로세스를 분리하는 순간부터 원격 호출의 비용을 거의 대부분 지불해야 한다. 다행히 SQL은 원격 인터페이스로 설계됐으므로 비용을 최소화하도록 설정할 수 있다.
- 웹 시스템에서 웹 서버와 애플리케이션 서버 간에도 프로세스의 분리가 필요할 수 있다. 조건이 허락한다면 웹 서버와 애플리케이션 서버를 단일 프로세스로 실행하는 것이 좋지만 항상 이것이 가능한 것은 아니다.
- 공급업체 간의 차이 때문에 분리해야 할 수 있다. 소프트웨어 패키지는 일반적으로 자체 프로세스 안에서 실행되므로 이를 사용하는 경우에도 분산이 적용된다. 적어도 좋은 패키지는 굵은 입자 인터페이스를 가진다.

- 그리고 마지막은 애플리케이션 서버 소프트웨어를 분리해야 하는 합당한 이유가 있는 경우다. 가능한 모든 방법을 동원해 이런 경우를 예방해야 하겠지만 어쩔 수 없이 소프트웨어를 분리해야 하는 순간에는 마음을 굳게 먹고 원격의 굵은 입자 컴포넌트로 나눈다.

정리하면 객체 분산은 도무지 방법이 없을 때 사용하는 최후의 수단으로 미뤄야 한다.

분산 경계를 사용한 작업

시스템을 설계할 때는 가급적 분산 경계를 최소화하기 위해 노력해야 하지만 분산 경계를 사용할 때 알아야 할 사항이 있다. 모든 원격 호출은 추가 비용을 지불하고 실행된다. 따라서 원격 호출을 최소화하려면 시스템의 모든 부분이 달라져야 한다. 이 정도는 충분히 예상되는 비용이다.

그래도 여전히 단일 프로세스 안에서 가는 입자 객체를 사용해 설계할 수 있다. 그 핵심은 내부적으로는 가는 입자 객체를 사용하고 이에 대한 원격 인터페이스를 제공하는 굵은 입자 객체를 분산 경계에 배치하는 것이다. 굵은 입자 객체는 위임 외의 다른 일은 하지 않으므로 가는 입자 객체에 대한 파사드라고 할 수 있다. 이 파사드는 분산 용도로만 사용되므로 **원격 파사드(412)**라고 한다.

원격 파사드(412)를 이용하면 굵은 입자 인터페이스를 사용할 때의 어려움을 최소화하는 데 도움이 된다. 이 방법으로 원격 서비스가 정말 필요한 객체만 굵은 입자 메서드를 사용하게 하면 이러한 객체에서 발생하는 부가 비용을 합리적으로 이해할 수 있다. 투명성에는 분명히 장점이 있지만, 잠재적 원격 호출은 투명하게 처리할 사항이 아니다.

굵은 입자 인터페이스를 단순한 파사드로 유지함으로써 가는 입자 객체가 동일한 프로세스에서 실행되고 있다는 것을 아는 사람들에게 이 객체를 사용하도록 허용할 수 있다. 이런 식으로 전체 분산 정책을 훨씬 명시적으로 만들 수 있다. **데이터 전송 객체(427)**는 **원격 파사드(412)**와 밀접하게 연관되며 주로 함께 사용된다. 굵은 입자 메서드만 필요한 것이 아니라 굵은 입자 객체를 전송하는 기능도 필요하다. 예를 들어, 주소를 요청받으면 이 정보를 한 블록으로 전달해야 한다. 일반적으로 도메인 객체 자체를 전송할 수는 없다. 도메인 객체는 가는 입자의 로컬 객체 간 참조와 복잡한 구조와 밀접하게 연결돼 있기 때문이다. 따라서 클라이언트가 필요로 하는 모든 데이터를 가져와 전송하기에 적합한 객체, 즉 **데이터 전송 객체(427)**를 만들어야 한다(엔터프라이즈 자바 커뮤니티의 사람들은 같은 의미의 객체에 값 객체라는 용어를 사용하는 경우가 많은데, 그러면 값 객체(514)라는 다른 개념과 충돌이 생긴다). 데이터 전송 객체(427)는 전송 전후 양쪽에서 모두 사용되므로 양쪽에서 공유하지 않는 것을 참조하지 않아야 한다. 결국 데이터 전송 객체(427)는 일반적으로 다른 데이터 전송 객체(427)와 문자열 등의 기본 객체만 참조하게 된다.

브로커를 통해 객체를 프로세스 간에 마이그레이션해 분산을 구현하는 방법도 있다. 기본 개념은 데이터베이스에서 지연 읽기를 수행하는 대신 지연 로드(211) 체계를 사용해 객체를 전송하는 것이다. 이 기법에서는 원격 호출이 지나치게 많아지지 않게 조율하는 것이 어려운 부분이다. 실제 이 기법을 사용하는 애플리케이션은 본 적이 없지만 일부 O/R 매핑 툴(예: 탑링크)은 이 기능을 지원하며, 이에 대한 평판도 좋은 편이다.

분산을 위한 인터페이스

분산 컴포넌트의 인터페이스는 전통적으로 원격 프로시저 호출(전역 프로시저나 객체의 메서드)에 기반을 두는 경우가 많다. 그런데 XML over HTTP에 기반을 두는 인터페이스가 나타나기 시작했다. SOAP는 이러한 인터페이스 가운데 가장 흔한 형태이며, 이미 여러 해 동안 많은 사람들이 이 기술을 사용하는 실험을 했다.

XML 기반 HTTP 통신에는 여러 장점이 있다. 가장 큰 장점은 많은 양의 데이터를 구조화된 형식을 통해 단 한 번의 왕복으로 손쉽게 전송할 수 있다는 것이다. 이런 특성은 원격 호출을 최소화하는 데 도움이 된다. XML은 여러 플랫폼에서 지원되는 파서로 구문 분석이 가능한 공용 포맷이며, HTTP는 사실상 거의 어디서나 범용 표준으로 통용되므로 다양한 플랫폼에서 이 기법을 기반으로 한 시스템을 구축할 수 있다. 또한 XML은 기본적으로 텍스트 형식이므로 전송 중인 내용을 확인하기도 쉽다. 또한 HTTP는 보안이나 정치적 이유로 다른 포트를 열기 어려울 때 방화벽을 통과하기도 쉽다.

클래스와 메서드의 객체지향 인터페이스에도 나름대로 가치가 있다. 전송된 모든 데이터를 XML 구조와 문자열로 옮기는 과정은 원격 호출에 적지 않은 부담이 된다. 실제로 XML 기반 인터페이스를 원격 호출로 대체하면 애플리케이션에서 상당한 성능 향상을 얻을 수 있다. 양쪽에서 동일한 바이너리 메커니즘을 사용하는 경우 XML 인터페이스는 화려한 장식에 불과할 수 있다. 두 시스템이 동일한 플랫폼으로 구축된 경우 해당 플랫폼이 기본 제공하는 원격 호출 메커니즘을 사용하는 것이 좋다. 서로 다른 플랫폼 간에 통신을 수행하는 데는 웹 서비스가 유용하다. 필자는 더 직접적인 방법을 선택할 수 없는 경우에만 XML 웹 서비스를 사용한다.

물론 객체지향 인터페이스 위에 HTTP 인터페이스 계층을 추가해 양쪽 세계의 장점을 취하는 방법도 있다. 이 경우 추가된 계층에 의해 웹 서버에 대한 모든 호출이 기반 객체지향 인터페이스에 대한 호출로 변환된다. 이 방법으로 어느 정도 양쪽 환경의 장점을 활용할 수 있지만 원격 객체지향 인터페이스를 위한 장비와 웹 서버가 모두 필요하므로 더 복잡하다는 단점이 있다. 따라서 이 방식은 HTTP와 원격 객체지향 API가 모두 필요하거나 원격이 아닌 객체를 사용할 때보다 원격 객체지향 API로 보안과 트랜잭션을 처리할 때 문제 해결이 더 용이한 경우에만 사용해야 한다.

지금까지 설명한 내용에서 필자는 동기식 RPC 기반 인터페이스를 사용한다고 가정했다. 그런데 사실 필자는 동기식 RPC 기반 인터페이스가 분산 시스템을 운영하는 최상의 방법이라고 생각하지는 않는다. 이보다는 근본적으로 비동기적인 메시지 기반 방식이 더 좋다고 생각하고 있다. 다만 메시지 기반 작업에 적용할 수 있는 패턴은 그 자체만으로 많은 지면이 필요한 만만치 않은 주제여서 아쉽지만 이 책에서는 다루지 못했다. 이 주제를 전문적으로 다루는 책이 곧 나오기를 바라지만 현재로서는 비동기 메시지 기반 방식에 관심을 가지라고 조언할 수 있을 뿐이다. 지금까지 나온 예제는 대부분 동기 방식이었지만 필자는 비동기 메시지 기반 방식이 웹 서비스를 가장 잘 활용하는 방법이라고 생각한다.

08장

종합

지금까지 시스템의 한 측면을 차례로 살펴보고 이를 처리하는 다양한 방법을 알아봤다. 이제는 모든 요소를 전체적으로 살펴보고 엔터프라이즈 애플리케이션을 설계할 때 어떤 패턴을 사용해야 하는지에 대한 까다로운 질문에 대답할 때가 왔다.

이 단원에서 제시하는 조언은 모두 이전 단원에서 설명한 조언을 반복하는 것이다. 사실은 이 단원이 꼭 필요한지에 대해서도 약간 의문이 있었다. 그래도 이 책에서 다룰 모든 패턴을 전체적으로 아우르는 맥락에서 함께 설명할 필요가 있다고 생각했다.

이 책을 쓰는 동안 필자는 조언의 한계를 잘 인식하고 있다. 반지의 제왕에서 프로도는 "엘프들에게 조언을 구하지 마라, 그들은 예와 아니요를 동시에 말하니까"라는 이야기를 했다. 필자가 엘프처럼 불멸의 지식을 가지고 있는 것은 아니지만, 조언이 때로 위험한 선물이라는 사실은 잘 이해하고 있다. 현재 진행 중인 프로젝트에 대한 설계 결정을 내리기 위해 이 책을 읽고 있다면 각자의 설계에 대해서는 자신이 필자보다 훨씬 더 많이 알고 있다는 것을 명심해야 한다. 전문가가 겪는 가장 큰 어려움 중 하나는 컨퍼런스에서 만나는 사람들마다 설계상의 조언이나 프로세스상의 결정에 대해 묻는다는 것이다. 간단하게 주고받은 대화를 바탕으로 어떤 문제에 대한 구체적인 조언을 하기란 불가능하다. 여러분이 겪고 있는 문제에 대해서는 필자는 이보다 더 모르는 상태다.

따라서 이 단원은 있는 그대로 받아들이기 바란다. 필자가 모든 답을 아는 것은 아니며, 더욱이 여러분의 질문이 무엇인지는 알 수 없다. 필자의 조언을 아무 생각 없이 받아들이기보다 각자의 사고를 촉진하는 재료로 활용하자. 결국 결정을 내리고 그 결과를 책임지는 것은 여러분 자신이다.

한 가지 다행인 것은 영구적인 결정이란 없다는 것이다. 아키텍처 리팩터링은 힘들고 예기치 못한 비용이 많이 들지만 불가능한 것은 아니다. 이 경우 여러분에게 해줄 수 있는 가장 좋은 조언은 익스트림 프로그래밍 [Beck XP] 전체가 마음에 들지는 않더라도 지속적 통합 [Fowler CI], 테스트 주도 개발 [Beck TDD], 리팩터링 [Fowler Refactoring]이라는 세 가지 기술적 기법은 진지하게 고려해보라는 것이다. 이러한 기법이 만병통치약은 아니지만 마음을 바꿀 필요가 있을 때 해야 할 일을 훨씬 쉽게 만들어준다. 그리고 여러분이 필자가 만난 그 누구보다 운과 실력이 좋은 사람이 아니라면 이러한 기법이 반드시 필요할 것이다.

도메인 계층으로 시작하기

프로세스의 시작은 어떤 도메인 논리를 사용할지 선택하는 것이다. 여기에 고려할 수 있는 세 가지 패턴은 **트랜잭션 스크립트(115)**, **테이블 모듈(132)**, 그리고 **도메인 모델(122)**이다.

2장(34쪽)에서도 언급했듯이, 이 세 가지 패턴을 고려할 때 가장 중요한 요소는 도메인 논리의 복잡도지만, 사실 시작하는 단계에서는 도메인 논리가 앞으로 얼마나 복잡해질지 제대로 예측하기는 어려운 일이다. 이 결정에 영향을 미치는 다른 요소로 데이터베이스 연결의 난이도가 있다.

세 가지 패턴 중 **트랜잭션 스크립트(115)**는 가장 간단하다. 대부분의 사람들이 편안하게 사용할 수 있는 절차적 모델과 잘 맞고, 각 시스템 트랜잭션의 논리를 알아보기 쉬운 스크립트로 깔끔하게 캡슐화할 수 있다. 또한 관계형 데이터베이스를 기반으로 구축하기도 쉽다. 가장 큰 단점은 복잡한 비즈니스 논리에 대처하기 어렵고 특히 중복 코드가 늘어나는 문제에 취약하다는 것이다. 기본적인 가격 구조와 장바구니를 포함하는 간단한 카탈로그 애플리케이션을 제작한다면 **트랜잭션 스크립트(115)**가 가장 적합하다. 그러나 논리의 복잡도가 상승하면 작업에서 겪는 어려움도 기하급수적으로 증가할 수 있다.

정반대 성격의 패턴으로 **도메인 모델(122)**이 있다. 필자와 같은 객체 신봉자는 작업을 시작할 때 항상 도메인 모델을 먼저 고려한다. **트랜잭션 스크립트(115)**를 사용해 작성할 수 있을 만큼 간단한 애플리케이션이라면 우리 같은 위대한 지성인이 나설 필요가 없다. 또한 도메인 논리가 정말 복잡한 경우 **도메인 모델(122)**보다 효과적으로 어려운 문제를 해결할 수 있는 방법은 없다. **도메인 모델(122)**을 사용하는 방법에 익숙해지면 간단한 문제도 비교적 쉽게 해결할 수 있게 된다.

도메인 모델(122)에도 단점이 없는 것은 아니다. 특히 사용법을 배우기 어렵다는 점은 중요한 단점이다. 객체 신봉자들은 객체를 잘 이해하지 못하는 사람들을 얕잡아보는 경향이 있다. 도메인 모델(122)을 제대로 사용하려면 상당한 기술이 필요하며, 기술 부족으로 제대로 사용하지 못하면 재앙과 같은 상황이 발생할 수 있다. 도메인 모델(122)을 사용하면서 겪는 두 번째 중요한 어려움은 관계형 데이터베이스와의 연결이다. 물론 진정한 객체 신봉자라면 객체 데이터베이스를 사용해 이 문제를 간단히 해결하려고 하겠지만, 대부분의 엔터프라이즈 애플리케이션에서는 처음부터 객체 데이터베이스를 선택할 수 없는 경우가 많다. 결과적으로 관계형 데이터베이스와의 연결이 엉망이 된다. 객체 모델은 관계형 모델과 잘 어울리지 않는 것이 사실이다. 결과적으로 이 책에서 설명하는 여러 O/R 매핑 패턴이 복잡할 수밖에 없다.

테이블 모듈(132)은 앞의 두 극단적 방법의 중간에 해당하는 매력적인 대안이다. 트랜잭션 스크립트(115)보다는 도메인 논리를 원활하게 수행할 수 있고, 도메인 모델(122)만큼 복잡한 도메인 논리에 매끄럽게 대처할 수는 없지만, 관계형 데이터베이스를 활용하는 데 아주 적합하며 이 밖에도 여러 장점이 있다. 레코드 집합(538)과 관련된 툴이 많이 있는 .NET과 같은 환경을 사용하는 경우 테이블 모듈(132)을 선택하면 관계형 데이터베이스의 강력한 기능을 매끄럽게 활용할 수 있으며 도메인 논리의 팩터링도 합리적인 수준에서 가능하다.

여기서는 보유한 도구가 아키텍처에 영향을 미치는 예를 살펴봤다. 이론적으로는 아키텍처에 맞는 툴을 선택하는 것이 이상적이다. 그런데 실제로는 보유한 툴에 따라 아키텍처를 맞춰야 하는 상황도 흔하다. 세 패턴 중 테이블 모듈(132)은 적절한 툴을 보유한 경우 가장 매력적인 선택이다. 특히 .NET 환경의 경우 플랫폼 자체가 레코드 집합(538)을 활용하는 데 적합하게 설계돼 있기 때문에 테이블 모듈(132)과 아주 잘 어울린다.

2장의 도메인 논리를 읽었다면 이 내용이 아직 익숙하게 느껴질 것이다. 여기서 같은 내용을 반복하는 것은 그만큼 이 결정이 핵심적인 것이기 때문이다. 여기서부터 데이터베이스 계층으로 이어지지만 도메인 계층의 선택에 의해 이후의 컨텍스트가 영향을 받는다.

데이터 원본 계층

도메인 계층을 선택하고 나면 데이터 원본과 연결하는 방법을 알아내야 한다. 데이터 원본과 연결하는 방법은 도메인 계층의 선택에 따라 달라지므로 이 선택별로 각기 다른 절로 나눠 설명한다.

트랜잭션 스크립트(115)의 데이터 원본

가장 단순한 **트랜잭션 스크립트**(115)의 경우 자체 데이터베이스 논리를 포함할 수 있지만 필자는 아무리 간단한 애플리케이션에서도 데이터베이스를 분리하는 방법을 사용한다. 이 경우 선택할 수 있는 데이터베이스 패턴은 **행 데이터 게이트웨이**(160)와 **테이블 데이터 게이트웨이**(151)다.

둘 중 어떤 패턴을 선택할지는 구현 플랫폼의 기능과 향후 애플리케이션을 확장할 방향에 따라 달라진다. **행 데이터 게이트웨이**(160)를 사용할 때는 각 레코드를 확실하고 명시적 인터페이스가 있는 객체로 읽는다. **테이블 데이터 게이트웨이**(151)를 선택하면 데이터에 접근하는 접근자 코드가 필요 없기 때문에 작성해야 하는 코드의 양은 크게 줄지만 난해한 레코드 집합 구조에 접근하는 훨씬 암시적인 인터페이스를 사용해야 한다.

그런데 결정에 핵심적 영향을 미치는 요소는 플랫폼의 나머지 부분이다. 플랫폼에서 **레코드 집합**(538)과 잘 맞는 여러 가지 툴, 특히 UI 툴이나 트랜잭션 비연결 레코드 집합을 지원하는 경우 **테이블 데이터 게이트웨이**(151) 방향으로 확실히 마음이 기울어질 것이다.

이 맥락에서 다른 O/R 매핑 패턴은 거의 필요가 없다. 인메모리 구조가 데이터베이스 구조와 아주 잘 매핑되므로 구조적 매핑 문제는 거의 없다. **작업 단위**(193)를 사용하는 것을 고려해볼 수 있지만, 일반적으로 스크립트에서 변경된 것을 추적하기는 어렵지 않다. 스크립트는 시스템 트랜잭션과 거의 정확하게 일치하는 경우가 많으므로 대부분의 동시성 문제는 신경 쓰지 않아도 된다. 즉, 전체 스크립트를 단일 트랜잭션 안에 래핑할 수 있다. 단일 트랜잭션으로 해결되지 않는 일반적인 예외로는 한 요청으로 편집할 데이터를 가져오고 다음 요청으로 변경 내용을 저장하는 경우를 들 수 있다. 이 경우 거의 항상 **낙관적 오프라인 잠금**(441)이 최적의 선택이다. 이 패턴은 구현하기 쉬울 뿐 아니라 사용자의 기대와도 잘 맞고 유휴 세션 때문에 다른 모든 항목이 잠기는 문제도 예방할 수 있다.

테이블 모듈(132)의 데이터 원본

테이블 모듈(132)을 선택하는 주된 이유는 좋은 **레코드 집합**(538) 프레임워크가 있기 때문이다. 이 경우 **레코드 집합**(538)과 잘 맞는 데이터베이스 매핑 패턴이 필요하므로 **테이블 데이터 게이트웨이**(151)가 매력적인 선택이다. 이 두 패턴은 천생연분이라고 할 만큼 서로 잘 어울린다.

이 패턴을 사용할 때는 데이터 원본 쪽에 추가할 것이 거의 없다. **레코드 집합**(538)에 일종의 동시성 제어 메커니즘이 기본 제공된 경우 사실상 **작업 단위**(193)에 의존하게 되지만 그 이상은 불필요하다.

도메인 모델(122)의 데이터 원본

지금부터 흥미로워진다. 도메인 모델(122)의 가장 큰 약점은 데이터베이스에 대한 연결이 복잡하다는 것이다. 그리고 이 패턴의 복잡도에 따라 작업이 얼마나 어려워질지가 결정된다.

도메인 모델(122)이 아주 간단하다면, 예를 들어 데이터베이스와 아주 비슷한 20여 개의 클래스를 사용하는 경우 활성 레코드(168)를 선택하는 것이 합리적이다.

결합을 느슨하게 만들려면 테이블 데이터 게이트웨이(151)나 행 데이터 게이트웨이(160)를 사용하면 된다. 이러한 분리 여부는 그다지 중요하지 않다.

이보다 더 복잡한 경우에는 도메인 모델(122)을 다른 모든 계층으로부터 최대한 독립적으로 운영하기 위해 데이터 매퍼(174)를 사용하는 것을 고려해야 한다. 그러나 데이터 매퍼(174)는 구현하기가 가장 까다로운 패턴이기도 하다. 숙련된 팀을 보유하고 있거나 매핑을 쉽게 할 수 있는 단순화 방법이 있는 경우가 아니면 전문 매핑 툴을 사용하는 것이 좋다.

일단 데이터 매퍼(174)를 선택하면 O/R 매핑과 관련된 대부분의 패턴이 개입된다. 특히 필자는 동시성 제어의 구심적 역할을 하는 작업 단위(193)를 적극 추천한다.

프레젠테이션 계층

프레젠테이션 계층은 여러 측면에서 상대적으로 하위 계층에서 무엇을 선택하느냐와는 큰 관계가 없다. 첫 번째 질문은 리치 클라이언트 인터페이스와 HTML 브라우저 인터페이스 중 무엇을 선택하느냐다. 리치 클라이언트를 사용하면 리치 UI를 제공할 수 있지만 어느 정도 수준의 제어와 클라이언트 배포가 필요하다. 필자는 가급적이면 HTML 브라우저를 선택하고 이것이 불가능한 경우 리치 클라이언트를 선택한다. 리치 클라이언트는 일반적으로 프로그래밍에 더 많은 노력이 필요하지만 기술이 근본적으로 복잡하기 때문이 아니라 더 정교하기 때문이다.

이 책에서는 리치 클라이언트 패턴은 다루지 않기 때문에 이 방법을 선택한 경우 다른 곳에서 정보를 찾아보도록 하자.

HTML을 선택했다면 그다음으로는 애플리케이션의 기본 구조를 선택해야 한다. 필자는 애플리케이션의 기본 설계로 모델 뷰 컨트롤러(350)를 가장 우선적으로 추천한다. 그다음에는 컨트롤러와 뷰의 두 가지 선택이 남아있다.

이 두 가지 선택은 어떤 툴을 사용하느냐에 따라 자동으로 결정될 수 있다. 비주얼 스튜디오를 사용하는 경우 가장 쉬운 방법은 **페이지 컨트롤러**(353)와 **템플릿 뷰**(372)를 선택하는 것이다. 자바를 사용하는 경우 웹 프레임워크를 고려해볼 수 있다. 현재 인기 있는 기술로 스트럿츠(Struts)가 있으며, 이를 선택했다면 **프런트 컨트롤러**(366)와 **템플릿 뷰**(372)를 선택하면 적합하다.

좀 더 자유롭게 선택할 수 있다면 사이트가 문서 기반이고 특히 정적 문서와 동적 문서가 혼재된 경우 **페이지 컨트롤러**(353)를 추천한다. 그리고 복잡한 탐색과 UI가 필요한 경우 **프런트 컨트롤러**(366)가 적합하다.

뷰에 **템플릿 뷰**(372)와 **변환 뷰**(384) 중 무엇을 선택할지는 팀에서 프로그래밍에 서버 페이지와 XSLT 중 무엇을 사용하느냐에 따라 달라진다. 현재는 **템플릿 뷰**(372)가 약간 더 인기 있지만, 필자는 테스트하기가 수월한 **변환 뷰**(384)를 좀 더 선호한다. 공용 사이트를 여러 다른 외형과 느낌으로 표시해야 하는 경우 **2단계 뷰**(388)를 고려해야 한다.

하위 계층과 통신하는 방법은 하위 계층의 종류와 하위 계층이 항상 동일한 프로세스에 있느냐에 따라 달라진다. 필자는 가능하면 모든 항목을 한 프로세스에서 실행하는 방식을 신호하는데, 이렇게 하면 속도가 느린 프로세스 간 호출을 사용할 필요가 없기 때문이다. 이렇게 할 수 없을 때는 도메인 계층을 **원격 파사드**(412)로 래핑하고 **데이터 전송 객체**(427)를 사용해 웹 서버와 통신하면 된다.

몇 가지 기술 관련 조언

이 책에서는 가급적 여러 다양한 플랫폼에서 프로젝트를 수행할 수 있는 공통적인 경험을 제공하기 위해 노력했다. 포르테, 코바, 스몰토크로 개발하면서 얻은 경험은 자바와 .NET 기반의 개발에도 아주 효과적으로 적용할 수 있다. 이 책에서 필자가 자바와 .NET 환경만 다룬 이유는 이러한 플랫폼이 앞으로 엔터프라이즈 애플리케이션을 개발하는 가장 일반적인 플랫폼이 될 것으로 예상하기 때문이다. 그러나 개인적으로는 파이썬과 루비와 같은 동적 형식 스크립트 언어도 이 분야에서 좋은 경쟁 상대가 되기를 바란다.

이번 절에서는 앞에서 소개한 조언을 이러한 두 플랫폼에 적용해 설명한다. 다만 기술은 패턴보다 훨씬 빠른 속도로 발전하기 때문에 경우에 따라서는 설명하는 내용이 구식이 될 수 있다는 문제가 있음을 미리 알아두자.

자바와 J2EE

현재 자바 세계에서 큰 논쟁거리는 엔터프라이즈 자바 빈즈가 얼마나 가치가 있느냐에 관한 것이다. 여러 차례 최종 초안을 거친 끝에 EJB 2.0 사양이 선보였다. 그러나 EJB 공급업체에서 주장하는 것과는 달리 훌륭한 J2EE 애플리케이션을 구축하기 위해 EJB가 필요한 것은 아니다. POJO(plain old Java object)와 JDBC로도 상당히 많은 일들을 할 수 있다.

J2EE를 위한 설계 대안은 여러분이 사용할 패턴에 따라 다양하게 달라지며, 마찬가지로 도메인 논리에 따라 더 분화된다.

트랜잭션 스크립트(115)를 일종의 **게이트웨이(492)** 위에서 사용하는 경우, EJB를 선택했을 때 현재의 일반적인 방법은 세션 빈을 **트랜잭션 스크립트(115)**로, 그리고 엔터티 빈을 **행 데이터 게이트웨이(160)**로 사용하는 것이다. 도메인 논리가 아주 복잡하지 않다면 이 정도면 충분히 합리적인 아키텍처다.

그런데 이러한 빈 기반 방식의 문제는 EJB 서버가 필요 없게 됐을 때 라이선스 비용을 절감하기 위해 EJB 서버를 제거하기가 어렵다는 것이다. 비EJB 방식은 **행 데이터 게이트웨이(160)**나 **테이블 데이터 게이트웨이(151)** 위에 **트랜잭션 스크립트(115)**로 POJO를 사용하는 것이다. JDBC 2.0 행 집합(row set)이 더 널리 보급되면 이를 **레코드 집합(538)**으로 사용하고 이와 함께 **테이블 데이터 게이트웨이(151)**를 사용하면 적절할 것이다.

도메인 모델(122)을 사용하려면 현재는 엔터티 빈을 사용하는 것이 일반적이다. **도메인 모델(122)**이 아주 간단하고 데이터베이스와 잘 부합된다면 아주 적절한 선택이며, 엔터티 빈은 **활성 레코드(168)**가 된다. 이때도 엔터티 빈을 **원격 파사드(412)** 역할을 하는 세션 빈으로 래핑하는 것이 좋다(CMP(Container Managed Persistence)를 **데이터 매퍼(174)**로 간주하는 것도 일리가 있음). 그런데 **도메인 모델(122)**이 어느 수준 이상으로 복잡할 때는 도메인 논리를 EJB 컨테이너의 변덕에 영향받지 않고 작성, 실행, 테스트할 수 있도록 EJB 구조로부터 완전히 독립할 필요가 있다. 이러한 모델에서는 POJO를 **도메인 모델(122)**로 사용하고 **원격 파사드(412)** 역할을 하는 세션 빈으로 이를 래핑할 수 있다. EJB를 사용하지 않기로 한 경우에는 전체 앱을 웹 서버에서 실행하고 프레젠테이션과 도메인 간의 원격 호출을 피하는 것이 좋다. 또한 POJO **도메인 모델(122)**을 사용할 때는 O/R 매핑 툴을 활용하거나 경우에 따라 직접 만든 **데이터 매퍼(174)**에도 POJO를 사용하는 것이 바람직하다.

어떤 상황에서든 엔터티 빈을 사용할 때는 원격 인터페이스를 적용하지 않도록 주의하자. 엔터티 빈과 원격 인터페이스는 처음부터 전혀 맞지 않는다. 엔터티 빈은 주로 **도메인 모델(122)**이나 **행 데이터 게이트웨이(160)**로 사용된다. 두 경우 모두 제 역할을 하려면 가는 입자 인터페이스가 필요하다. 원격 인터페이스는 항상 굵은 입자여야 하므로 엔터티 빈은 로컬 전용으로 유지해야 한다는 것을 확실하게 기억하자. 이에 대한 예외로 엔터티 빈을 사용하는 다른 방법인 복합 엔터티 패턴[Alur et al.]이 있지만 필자는 이를 그다지 유용하다고 생각하지 않는다.

테이블 모듈(132)은 아직 자바 세계에서는 흔하지 않다. JDBC 행 집합과 관련된 툴이 더 선보인다면 이 패턴도 선택 가능한 방안이 될 수 있다. 이 경우 POJO 방식이 가장 적합하겠지만, 테이블 모듈(132)을 원격 파사드(412) 역할을 하며 레코드 집합(538)을 반환하는 세션 빈으로 래핑하는 것도 가능하다.

.NET

.NET과 비주얼 스튜디오, 그리고 마이크로소프트 환경에서 애플리케이션 개발의 역사를 봤을 때 주된 패턴은 테이블 모듈(132)이다. 이를 두고 일부는 마이크로소프트 개발자들이 객체를 제대로 활용하지 않는다고 이야기하는 경우도 있지만, 테이블 모듈(132)은 분명 트랜잭션 스크립트(115)와 도메인 모델(122)의 중간 성격을 지닌 유용한 대안이며, 레코드 집합(538) 역할을 하는 범용적인 데이터 집합을 활용한 광범위한 툴을 보유하고 있다.

따라서 이 플랫폼에서는 테이블 모듈(132)이 자연스러운 기본 선택이다. 실제로 이 플랫폼에서는 기본적으로 데이터 집합을 이용하고 반환하는 것이 보편적이므로 극히 간단한 경우를 제외하고는 테이블 모듈(132) 대신 트랜잭션 스크립트(115)를 사용할 이유가 거의 없다.

그러나 도메인 모델(122)을 사용할 수 없다는 의미는 아니다. 다른 객체지향 환경에서와 마찬가지로 .NET에서도 손쉽게 도메인 모델(122)을 구축할 수 있다. 그러나 테이블 모듈(132)에 제공되는 것과 같은 추가적인 툴의 도움을 받을 수 없으므로 약간의 불편함이 있더라도 감수하는 것이 현명하다.

현재 .NET에서는 웹 서비스에 대한 반응이 뜨겁지만 애플리케이션 안에서 웹 서비스를 사용하는 것은 권장하지 않는다. 이보다는 자바에서와 같이 프레젠테이션으로서 애플리케이션을 통합하는 데 활용하는 것이 바람직하다. 그리고 하나의 .NET 애플리케이션에서 웹 서버와 도메인 논리를 별도의 프로세스로 만들 이유가 없으므로 원격 파사드(412)도 유용성이 떨어진다.

저장 프로시저

저장 프로시저는 종종 논쟁거리가 된다. 저장 프로시저는 데이터베이스와 동일한 프로세스에서 실행되며, 느린 원격 호출을 줄일 수 있기 때문에 작업을 가장 빠르게 실행하는 방법일 수 있다.

그러나 대부분의 저장 프로시저 환경은 저장 프로시저를 구조화하는 좋은 메커니즘을 제공하지 않으며, 저장 프로시저를 사용하면 특정 데이터베이스 공급업체로 고착되는 문제가 있다(오라클은 자바 애플리케이션을 데이터베이스 프로세스 안에서 실행하는 방식을 지원한다. 이 방식은 전체 도메인 논리를 데이터베이스 안에 넣는 것이라고 할 수 있다. 이 경우에도 공급업체 고착은 여전히 발생하지만 적어도 이식 비용은 줄일 수 있다).

모듈성과 이식성을 이유로 비즈니스 논리에 저장 프로시저를 기피하는 사람들이 많다. 필자도 성능 이익이 아주 큰 경우가 아니면 이러한 관점에 동의하는 편이지만, 성능이 크게 향상되는 경우가 사실 상당히 흔하다. 이 경우에는 망설이지 않고 도메인 계층의 메서드를 가져다가 저장 프로시저로 옮긴다. 물론 명확한 성능상 문제가 있을 때만 이 방법을 사용하며, 아키텍처 원칙이라기보다는 최적화 단계 중 하나로 생각한다([Nilsson]에서는 저장 프로시저를 더 광범위하게 사용해야 한다는 설득력 있는 주장을 했다).

저장 프로시저의 일반적인 용도는 **테이블 데이터 게이트웨이**(151)와 함께 데이터베이스에 대한 접근을 제어하는 것이다. 필자는 데이터베이스 접근에 저장 프로시저를 사용하든, 아니면 더 일반적인 SQL을 사용하든 관계없이 동일한 패턴으로 데이터베이스 접근을 격리하는 것을 선호한다.

웹 서비스

이 책을 집필할 당시에 많은 전문가들은 웹 서비스를 통해 소프트웨어 재사용이 현실화되고 시스템 통합 업체가 위기를 맞을 거라고 입을 모아 이야기했지만, 필자는 평가를 유보하고 있다. 웹 서비스는 애플리케이션 구축보다는 통합을 위한 것이기 때문에 전체 패턴에서 차지하는 비중이 그리 높지는 않다. 중요한 것은 꼭 필요한 경우가 아니면 한 애플리케이션을 서로 통신하는 웹 서비스로 분할하지 않아야 한다는 것이다. 이보다는 애플리케이션을 구축하고 여러 부분을 웹 서비스로 노출하고 웹 서비스를 **원격 파사드**(412)로 취급하는 것이 좋다. 무엇보다, 아주 쉽게 웹 서비스를 만들 수 있다는 말에 현혹되어 분산 객체 설계의 첫 번째 규칙(96쪽)을 잊는 일이 없어야 한다.

필자가 접한 대부분의 웹 서비스 예제에서는 웹 서비스를 XML RPC 호출과 비슷하게 동기식으로 활용했지만 이보다는 비동기식 메시지 기반 방식이 더 유용하다고 생각한다. 이 책에서 이를 위한 패턴을 준비하지는 못했지만 몇 년 안에 비동기 메시징을 위한 패턴들이 선보일 것이다.

다른 계층화 체계

이 책에서는 지금까지 세 가지 주요 계층을 중심으로 내용을 진행했지만 필자의 계층화 체계가 유일한 체계는 아니다. 다른 훌륭한 아키텍처 책에서도 각기 장점이 있는 계층화 체계를 소개하고 있다. 여기서는 다른 책에 나오는 체계와 필자의 체계를 비교하는 기회를 마련했다. 각자의 애플리케이션에 맞는 체계를 찾아볼 수도 있을 것이다.

먼저 [Brown et al.]에 소개된 브라운 모델에 대해 알아보자(표 8.1 참고). 이 모델은 프레젠테이션, 컨트롤러/중재자, 도메인, 데이터 매핑, 데이터 원본의 다섯 개 계층으로 이뤄지며, 기본적인 세 계층 사이에 두 중재 계층이 추가된 형식이다. 컨트롤러/중재자는 프레젠테이션과 도메인 계층을 중재하며, 데이터 매핑 계층은 도메인과 데이터 원본 계층을 중재한다.

그런데 중재 계층은 유용한 경우도 있지만, 항상 유용한 것은 아니므로 필자는 이 중재 계층의 개념을 패턴의 관점으로 다뤘었다. 애플리케이션 컨트롤러(404)는 프레젠테이션과 도메인 간의 중재자이며, 데이터 매퍼(174)는 데이터 원본과 도메인 간의 중재자다. 이 책의 구성상 애플리케이션 컨트롤러(404)는 프레젠테이션 부분(14장)에서 설명했고, 데이터 매퍼(174)는 데이터 원본 부분(10장)에서 설명했다.

표 8.1 브라운의 계층

브라운	파울러
프레젠테이션	프레젠테이션
컨트롤러/중재자	프레젠테이션(**애플리케이션 컨트롤러(404)**)
도메인	도메인
데이터 매핑	데이터 원본(**데이터 매퍼(174)**)
데이터 원본	데이터 원본

추가된 중재 계층은 유용한 경우가 많지만 필수 요소는 아니며, 설계상의 추가 옵션에 가깝다. 필자는 항상 세 기본 계층을 먼저 고려하고 너무 복잡한 계층이 있는지 확인한 후, 너무 복잡한 계층이 있는 경우 중재 계층을 추가해 기능을 분리한다.

[Alur et al.]에서는 J2EE에 적합한 코어 J2EE라는 계층을 소개했다(표 8.2 참조). 이 모델은 클라이언트, 프레젠테이션, 비즈니스, 통합, 리소스의 다섯 계층으로 이뤄진다. 비즈니스 계층은 도메인 계층과, 통합 계층은 데이터 원본 계층과 간단하게 대응된다. 리소스 계층은 통합 계층이 연결하는 외부 서비스로 구성된다. 필자의 계층화와 가장 큰 차이는 프레젠테이션 계층을 클

라이언트에서 실행되는 계층(클라이언트)과 서버에서 실행되는 계층(프레젠테이션)으로 분리했다는 것이다. 이러한 분리는 유용한 경우가 많지만 역시 필수는 아니다.

표 8.2 코어 J2EE 계층

코어 J2EE	파울러
클라이언트	클라이언트에서 실행되는 프레젠테이션(예: 리치 클라이언트 시스템)
프레젠테이션	서버에서 실행되는 프레젠테이션(예: HTTP 처리기, 서버 페이지)
비즈니스	도메인
통합	데이터 원본
리소스	데이터 원본과 통신하는 외부 리소스

마이크로소프트 DNA 설계자인 [Kirtland]는 필자의 세 계층과 거의 그대로 일치하는 프레젠테이션, 비즈니스, 데이터 접근으로 구성된 세 계층 체계를 정의했다(표 8.3 참고). 필자의 계층과 가장 큰 차이점은 데이터 접근 계층에서 데이터가 전달되는 방법이다. 마이크로소프트 DNA의 모든 계층은 데이터 접근 계층에서 수행한 SQL 쿼리를 통해 생성된 레코드 집합을 이용해 작업한다. 이 때문에 비즈니스와 프레젠테이션 계층이 데이터베이스에 대한 정보를 포함하는 명백한 결합(coupling)이 발생한다.

표 8.3 마이크로소프트 DNA 계층

마이크로소프트 DNA	파울러
프레젠테이션	프레젠테이션
비즈니스	도메인
데이터 접근	데이터 원본

DNA에서 레코드 집합은 계층 간의 데이터 전송 객체(427)의 역할을 한다. 비즈니스 계층이 프레젠테이션 연결 단계에서 레코드 집합을 수정하거나 심지어 레코드 집합을 생성(흔치 않음)할 수도 있다. 이러한 형식의 통신은 여러 측면에서 다루기 까다롭지만, 프레젠테이션에서 비즈니스 계층에서 수정된 데이터를 비롯한 데이터 인식 GUI 컨트롤을 사용할 수 있다는 큰 장점이 있다.

이 경우 도메인 계층은 테이블 모듈(132)의 형태로 구성되며 데이터 원본 계층은 테이블 데이터 게이트웨이(151)를 사용한다.

[Marinescu]는 다섯 계층으로 이뤄진 모델을 제시했다(표 8.4 참고). 이 모델에서는 **애플리케이션 컨트롤러**(404)를 분리해 프레젠테이션을 두 개의 계층으로 나눴다. 도메인 역시 도메인 계층을 두 부분으로 나누는 일반적인 아이디어를 반영해 **도메인 모델**(122)과 이에 기반을 두는 **서비스 계층**(141)으로 나눴다. 이 방식은 EJB를 **도메인 모델**(122)로 사용할 때 적용되는 제한을 고려한 일반적인 방식이다(124쪽 참고).

표 8.4 마리네스쿠 계층

마리네스쿠	파울러
프레젠테이션	프레젠테이션
애플리케이션	프레젠테이션(**애플리케이션 컨트롤러**(404))
서비스	도메인(**서비스 계층**(141))
도메인	도메인(**도메인 모델**(122))
지속성	데이터 원본

도메인 계층에서 서비스 계층을 분리하는 아이디어는 순수 도메인 논리에서 워크플로 논리를 분리하는 아이디어에 바탕을 두는 것이다. 서비스 계층은 일반적으로 단일 유스 케이스에 해당하는 논리나 메시징과 같은 다른 인프라와 통신하는 코드를 포함한다. 서비스 계층과 도메인 계층을 분리하는 것이 좋은지에 대해서는 논란의 여지가 있다. 필자는 이러한 분리가 경우에 따라 유용하며 필수는 아니라고 생각하지만, 필자가 존경하는 설계자들은 필자와는 의견을 달리한다.

[Nilsson]은 좀 더 복잡한 계층화 체계를 선보였다(표 8.5 참고). 닐슨은 저장 프로시저를 광범위하게 사용했고 성능상의 이유로 저장 프로시저 안에 도메인 논리를 넣는 것을 장려했기 때문에 닐슨의 체계와 매핑하는 작업은 다소 복잡하다. 필자는 애플리케이션을 유지 관리하기가 훨씬 어렵기 때문에 도메인 논리를 저장 프로시저 안에 넣는 것을 좋아하지 않지만 경우에 따라서는 유용한 최적화 기법이다. 닐슨의 저장 프로시저 계층은 데이터 원본과 도메인 논리를 모두 포함한다.

[Marinescu]와 마찬가지로 닐슨은 도메인 논리에 분리된 애플리케이션과 도메인 계층을 사용했다. 닐슨은 소규모 시스템에서는 도메인 계층을 생략할 수 있다고 했는데, 필자 역시 소규모 시스템에서는 **도메인 모델**(122)의 중요성이 낮다고 보고 있다.

표 8.5 닐슨의 계층

닐슨	**파울러**
소비자	프레젠테이션
소비자 도우미	프레젠테이션(**애플리케이션 컨트롤러**(404))
애플리케이션	도메인(**서비스 계층**(141))
도메인	도메인(**도메인 모델**(122))
지속성 접근	데이터 원본
공용 저장 프로시저	데이터 원본(도메인 일부를 포함할 수 있음)
전용 저장 프로시저	데이터 원본(도메인 일부를 포함할 수 있음)

02부

패턴

09장

도메인 논리 패턴

트랜잭션 스크립트

비즈니스 논리를 프로시저별로 구성해 각 프로시저가 프레젠테이션의 단일 요청을 처리하게 한다.

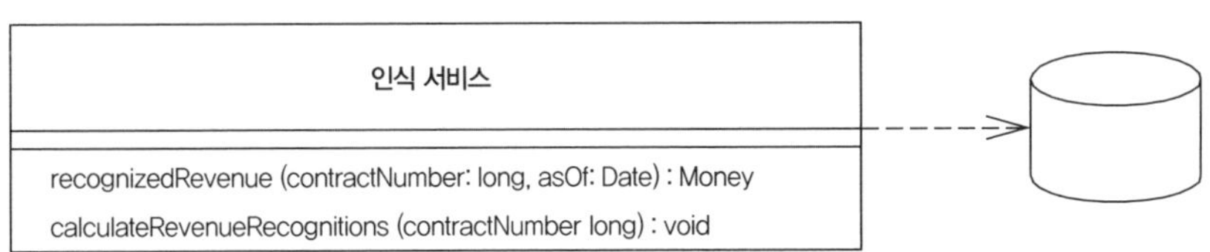

대부분의 비즈니스 애플리케이션은 일련의 트랜잭션으로 이뤄진다. 트랜잭션으로 정보를 특정한 방법으로 정리해서 보여주거나 정보를 변경하는 등의 작업을 할 수 있다. 클라이언트 시스템과 서버 시스템 간의 각 상호작용에는 일정한 양의 논리가 포함된다. 이러한 논리는 데이터베이스에서 가져온 정보를 표시하는 간단한 것일 수도 있고 유효성 검사와 계산을 포함한 여러 단계의 작업일 수도 있다.

트랜잭션 스크립트(Transaction Script)는 이 모든 논리를 단일 프로시저로 구성하고 데이터베이스를 직접 또는 씬 데이터베이스 래퍼를 통해 호출한다. 각 트랜잭션은 자체 **트랜잭션 스크립트**로 실행되지만, 공통적인 하위 작업은 하위 프로시저로 분할할 수 있다.

작동 원리

트랜잭션 스크립트를 사용하는 경우 도메인 논리는 주로 시스템에 대해 수행하는 트랜잭션으로 구성된다. 예를 들어, 호텔 객실을 예약하는 경우 빈 객실 확인, 요금 계산, 데이터베이스 업데이트 등을 수행하는 논리는 호텔 객실 예약이라는 프로젝트로 안에 포함된다.

간단한 경우의 구성 방법에 대해서는 사실 더 설명할 필요가 없을 정도다. 물론 다른 프로그램을 작성할 때와 마찬가지로 합리적인 방식으로 코드를 모듈화해야 한다. 트랜잭션이 특별히 복잡한 경우가 아니면 그리 어려운 일은 아니다. 이 방식의 장점 중 하나는 다른 트랜잭션에서 하는 일에 대해 신경 쓸 필요가 없다는 것이다. 입력을 받고, 데이터베이스에서 정보를 얻고, 필요한 작업을 한 후, 결과를 데이터베이스에 저장하면 된다.

트랜잭션 스크립트를 넣는 위치는 계층을 구성하는 방법에 따라 다른데, 서버 페이지, CGI 스크립트 또는 분산된 세션 객체에 넣을 수 있다. 트랜잭션 스크립트는 최대한 분리하는 것이 바람직하다. 적어도 별도의 서브루틴에 넣어야 하며, 프레젠테이션과 데이터 원본을 처리하는 클래스와는 다른 클래스에 넣는 것이 좋다. 또한 트랜잭션 스크립트에는 프레젠테이션 논리에 대한 호출을 전혀 포함하지 말아야 한다. 이렇게 하면 트랜잭션 스크립트 코드를 수정하고 테스트하기가 수월해진다.

트랜잭션 스크립트를 클래스로 구성하는 방법은 두 가지다. 가장 일반적인 방법은 여러 트랜잭션 스크립트를 한 클래스에 넣고 각 클래스에서 연관된 트랜잭션 스크립트의 주제 영역을 정의하는 것이다. 이 방법은 직관적이고 대부분의 경우에 잘 어울린다. 다른 방법은 명령 패턴[Gang of Four]을 활용해 각 트랜잭션 스크립트를 자체 클래스에 넣는 것이다(그림 9.1). 이 경우 명령의 상위 형식을 정의하고 여기서 트랜잭션 스크립트 논리가 포함될 일종의 실행 메서드를 지정하면 된다. 이렇게 할 때의 장점은 스크립트의 인스턴스를 런타임에 객체로서 조작할 수 있다는 것이다. 다만 트랜잭션 스크립트로 도메인 논리를 구성하는 시스템에서 이러한 기능이 필요한 경우는 거의 없다. 물론 여러 언어에서 클래스를 완전히 무시하고 전역 함수를 사용해도 된다. 그러나 새로운 객체를 인스턴스화하면 데이터를 격리하기가 좀 더 수월하므로 스레딩 문제를 해결하는 데 도움되는 경우가 많다.

이 패턴을 트랜잭션 스크립트라고 하는 이유는 대부분의 경우 각 데이터베이스 트랜잭션마다 트랜잭션 스크립트 하나가 있기 때문이다. 항상 그런 것은 아니지만 대부분의 경우에 해당된다.

사용 시점

트랜잭션 스크립트의 가장 큰 장점은 단순함이다. 작은 규모의 논리가 포함된 애플리케이션에서 자연스럽게 논리를 구성할 수 있는 방법이며, 코드를 실행할 때 발생하는 오버헤드가 적고 코드를 이해하기도 쉽다.

그러나 비즈니스 논리가 복잡해지면 좋은 설계 상태를 유지하기가 점차 어려워진다. 특히 문제가 되는 것은 트랜잭션 간의 코드 중복이다. **트랜잭션 스크립트**의 주 목적이 트랜잭션 하나를 처리하는 것이므로 공통적인 코드가 중복되는 경향이 있다.

트랜잭션 스크립트

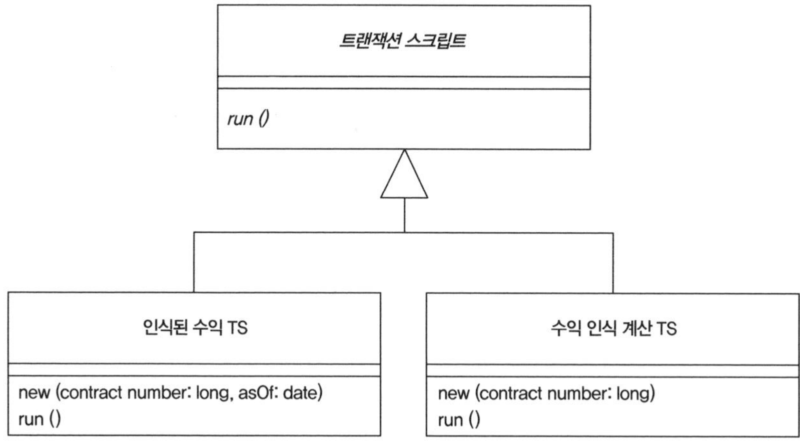

그림 9.1 트랜잭션 스크립트에 명령 사용

세심한 팩터링으로 이러한 여러 문제를 완화할 수 있지만 더 복잡한 비즈니스 도메인을 제대로 구현하려면 도메인 모델(122)을 이용해야 한다. 도메인 모델(122)은 코드를 구성하면서 가독성을 높이고 중복을 줄이기 위한 더 다양한 수단을 제공한다.

논리의 복잡도가 어느 수준 이상일 때 도메인 모델(122)이 적합하다고 정확하게 말하기는 어렵다. 특히 둘 중 한 패턴에 익숙하다면 더 미묘하다. **트랜잭션 스크립트** 설계를 도메인 모델(122) 설계로 리팩터링하는 것도 가능하지만, 필요 이상으로 어렵다. 따라서 리팩터링보다는 처음부터 도메인 모델(122)로 설계하는 것이 유리하다.

그러나 객체 신봉자라도 **트랜잭션 스크립트**를 처음부터 배제하는 것은 현명하지 않다. 우리가 해결해야 하는 문제 중에는 단순한 문제도 상당히 많으며, 단순한 문제는 단순한 해결책으로 훨씬 빨리 해결할 수 있다.

수익 인식 문제

이 패턴을 비롯해 도메인 논리에 대한 이후 설명에서는 동일한 문제를 예제로 활용한다. 똑같은 문제를 여러 번 반복해서 설명하지 않기 위해 여기서 그 문제를 소개한다.

수익 인식은 비즈니스 시스템의 공통적인 문제다. 기본적으로 이 문제는 수익을 어떤 시점에 실제로 수익으로 인정할 수 있느냐에 대한 것이다. 예를 들어, 커피를 파는 경우에는 이 문제가 아주 간단한다. 손님에게 커피를 건네고 돈을 받으면 바로 그 순간 커피 값을 수익으로 계산할 수 있다. 그런데 이보다 상황이 복잡한 경우가 많다. 예를 들어, 내년 한 해 동안 컨설팅을 위한 상담료를 지불한다고 가정해보자. 상당히 많은 액수의 상담료가 바로 오늘 지불되지만 일 년 동안 꾸준하게 서비스를 제공해야 하므로 전체 상담료를 당장 수익으로 기록할 수는 없다. 한 가지 방법은 매월 상담료의 1/12에 해당하는 금액을 수익으로 계산하는 것이다. 이렇게 하면 한 달 뒤 상담 서비스가 마음에 들지 않은 고객이 나머지 계약을 취소하더라도 수익을 계산하기 쉽다.

수익 인식의 규칙은 매우 다양하고 변형이 많다. 법률이나 분야별 표준에 따라 정해지기도 하고 회사 정책에 따라 정해지기도 한다. 결과적으로 수익 관리는 아주 복잡한 문제가 된다.

여기서는 복잡한 내용을 글로 설명하기보다는 세 가지 상품(워드프로세서, 데이터베이스, 스프레드시트)을 판매하는 가상의 회사를 예로 알아보자. 이 회사에서는 워드프로세서를 판매하면 모든 수익을 즉시 계산한다. 스프레드시트를 판매하면 수익의 1/3을 즉시, 1/3을 60일 후, 그리고 남은 1/3을 90일 후 계산한다. 그리고 데이터베이스를 판매하면 1/3을 즉시, 1/3을 30일 후, 그리고 남은 1/3을 60일 후 계산한다. 이러한 규칙은 당연히 실제 규칙은 아니며 필자가 마음대로 만든 것이다. 물론 실제 기업에서도 이러한 예와 같이 아주 다양한 규칙이 사용된다.

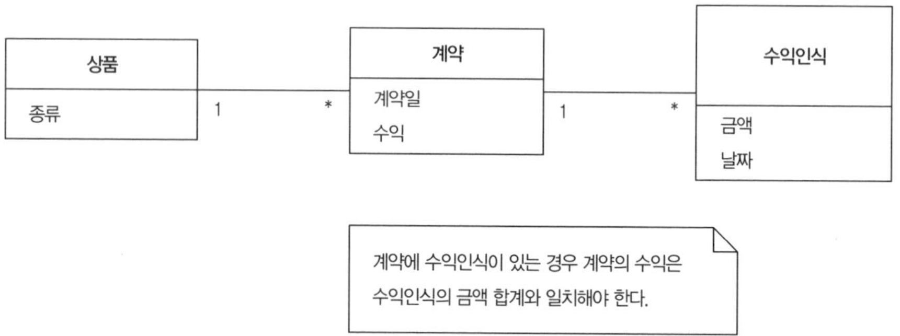

그림 9.2 단순화된 수익 인식의 개념 모델. 각 계약에는 수익의 일부가 계산되는 시기를 나타내는 여러 수익 인식이 포함돼 있음

예제: 수익 인식(자바)

이 예제에서는 트랜잭션 스크립트 두 개를 사용한다. 하나는 특정 계약의 수익 인식을 계산하며, 다른 하나는 특정 계약에서 특정 날짜까지 인식되는 수익을 알려준다. 데이터베이스 구조는 상품, 계약, 수익 인식을 각각 저장하는 테이블 세 개로 구성돼 있다.

```
CREATE TABLE products (ID int primary key, name varchar, type varchar)
CREATE TABLE contracts (ID int primary key, product int, revenue decimal, dateSigned date)
CREATE TABLE revenueRecognitions (contract int, amount decimal, recognizedOn date,
                                  PRIMARY KEY (contract, recognizedOn))
```

첫 번째 스크립트는 특정 날짜까지 인식된 총액을 계산한다. 이 작업은 수익 인식 테이블에서 해당하는 행을 선택한 다음 금액을 합하는 두 단계로 수행할 수 있다.

트랜잭션 스크립트를 설계할 때는 SQL 코드를 프로시저에 넣어 데이터베이스에 대해 직접 작업하는 경우가 많다. 여기서는 간단한 테이블 데이터 게이트웨이(151)를 사용해 SQL 쿼리를 래핑했다. 이 예제는 아주 간단하므로 게이트웨이를 테이블당 하나가 아니라 전체에서 하나만 사용했다. 그리고 적절한 검색 메서드를 게이트웨이에 정의할 수 있다.

```
class Gateway...

    public ResultSet findRecognitionsFor(long contractID, MfDate asof) throws SQLException{
        PreparedStatement stmt = db.prepareStatement(findRecognitionsStatement);
        stmt.setLong(1, contractID);
        stmt.setDate(2, asof.toSqlDate());
        ResultSet result = stmt.executeQuery();
        return result;
    }

    private static final String findRecognitionsStatement =
        "SELECT amount " +
        " FROM revenueRecognitions " +
        " WHERE contract = ? AND recognizedOn <= ?";
    private Connection db;
```

그런 다음 게이트웨이에서 반환된 결과 집합을 바탕으로 합계를 구하는 코드를 작성한다.

```
class RecognitionService...

    public Money recognizedRevenue(long contractNumber, MfDate asOf) {
        Money result = Money.dollars(0);
        try {
            ResultSet rs = db.findRecognitionsFor(contractNumber, asOf);
            while (rs.next()) {
                result = result.add(Money.dollars(rs.getBigDecimal("amount")));
            }
            return result;
        } catch (SQLException e) {throw new ApplicationException (e);
        }
    }
```

계산은 이와 같이 간단하며, 인메모리 스크립트를 집계 함수로 총액을 얻는 SQL 문 호출로 대체할 수 있다.

기존 계약의 수익 인식을 계산하는 데도 비슷한 분할 방법을 사용했다. 서비스의 스크립트는 비즈니스 논리를 수행한다.

```
class RecognitionService...
    public void calculateRevenueRecognitions(long contractNumber) {
        try {
            ResultSet contracts = db.findContract(contractNumber);
            contracts.next();
            Money totalRevenue = Money.dollars(contracts.getBigDecimal("revenue"));
            MfDate recognitionDate = new MfDate(contracts.getDate("dateSigned"));
            String type = contracts.getString("type");
            if (type.equals("S")){
                Money[] allocation = totalRevenue.allocate(3);
                db.insertRecognition
                    (contractNumber, allocation[0], recognitionDate);
                db.insertRecognition
                    (contractNumber, allocation[1], recognitionDate.addDays(60));
                db.insertRecognition
                    (contractNumber, allocation[2], recognitionDate.addDays(90));
            } else if (type.equals("W")){
                db.insertRecognition(contractNumber, totalRevenue, recognitionDate);
            } else if (type.equals("D")) {
                Money[] allocation = totalRevenue.allocate(3);
                db.insertRecognition
                    (contractNumber, allocation[0], recognitionDate);
                db.insertRecognition
                    (contractNumber, allocation[1], recognitionDate.addDays(30));
                db.insertRecognition
                    (contractNumber, allocation[2], recognitionDate.addDays(60));
            }
        } catch (SQLException e) {throw new ApplicationException (e);
        }
    }
```

할당하는 데 금액(516)을 사용했다는 데 주의하자. 금액을 여러 개로 분할하다 보면 잔돈을 잃어버리기 쉽다.

테이블 데이터 게이트웨이(151)는 SQL에 대한 지원 기능을 제공한다. 먼저 계약을 검색하는 메서드다.

```
class Gateway...

    public ResultSet findContract (long contractID) throws SQLException{
        PreparedStatement stmt = db.prepareStatement(findContractStatement);
        stmt.setLong(1, contractID);
        ResultSet result = stmt.executeQuery();
        return result;
    }

    private static final String findContractStatement =
        "SELECT * " +
        " FROM contracts c, products p " +
        " WHERE ID = ? AND c.product = p.ID";
```

두 번째는 삽입을 위한 래퍼다.

```
class Gateway...

    public void insertRecognition (long contractID, Money amount, MfDate asof) throws
SQLException {
        PreparedStatement stmt = db.prepareStatement(insertRecognitionStatement);
        stmt.setLong(1, contractID);
        stmt.setBigDecimal(2, amount.amount());
        stmt.setDate(3, asof.toSqlDate());
        stmt.executeUpdate();
    }

    private static final String insertRecognitionStatement =
        "INSERT INTO revenueRecognitions VALUES (?, ?, ?)";
```

자바 시스템에서 인식 서비스는 일반 클래스나 세션 빈일 수 있다.

이 예제를 도메인 모델(122)의 예제와 비교해보면 사고방식이 아주 특이하지 않은 이상 이 예제가 훨씬 간단하다는 데 동의할 것이다. 트랜잭션 스크립트의 문제는 규칙이 더 복잡해지면 해결하는 방법을 찾기 어렵다는 것이다. 일반적인 수익 인식 규칙은 매우 복잡해서 상품의 종류만이 아니라 날짜에 따라서도 달라질 수 있다(예: 4월 15일 이전 계약에 … 규칙을 적용). 이렇게 규칙이 복잡해지면 트랜잭션 스크립트로는 일관된 설계를 유지하기가 어렵다. 필자를 비롯한 객체 신봉자가 이런 상황에 도메인 모델(122)을 선호하는 것은 이 때문이다.

도메인 모델

동작과 데이터를 모두 포함하는 도메인의 객체 모델

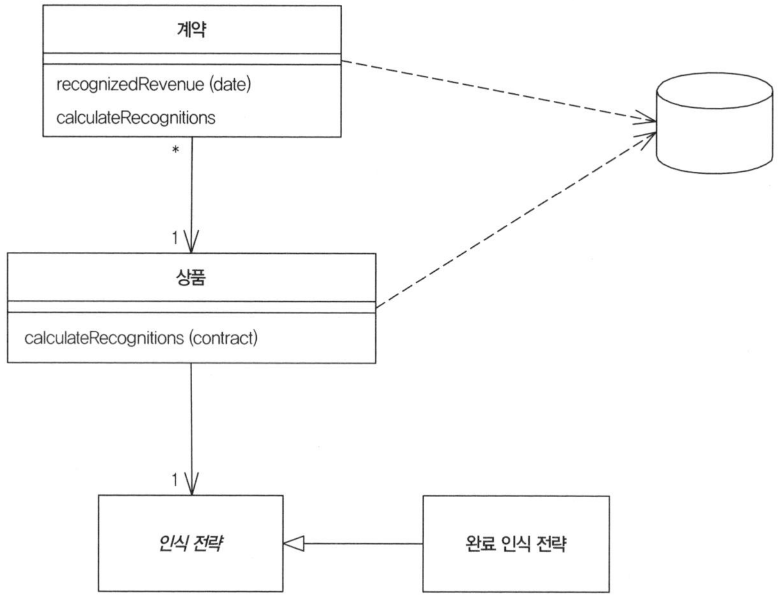

비즈니스 논리는 경우에 따라 아주 복잡할 수 있다. 규칙과 논리는 매우 다양한 사례와 동작의 변형을 나타내며, 객체는 이러한 복잡성을 처리하기 위해 고안됐다. 도메인 모델(Domain Model)은 각 객체가 하나의 기업과 같이 복잡하거나 주문서의 내용 한 줄과 같이 간단한, 의미 있는 하나의 대상을 나타내는 상호 연결된 객체의 연결망으로 이뤄진다.

작동 원리

애플리케이션에서 도메인 모델을 구현하는 과정은 비즈니스 영역을 모델링하는 객체로 구성된 계층을 구성하는 과정이다. 이러한 객체 중에는 일상적인 업무에 사용되는 비즈니스 데이터를 나타내는 객체도 있고 비즈니스 규칙을 나타내는 객체도 있다. 이러한 데이터와 프로세스는 프로세스와 작업 대상 데이터를 가깝게 배치하기 위한 클러스터를 형성한다.

객체지향 도메인 모델은 종종 데이터베이스 모델과 비슷해 보이기도 하지만 실제로 둘 사이에는 차이점이 많다. 도메인 모델은 데이터와 프로세스가 혼합된 구조이고, 다중 값 속성과 복잡한 연결망을 가지며, 상속을 사용한다.

이 때문에 주로 두 가지 형식의 도메인 모델이 사용된다. 단순 도메인 모델은 대부분의 도메인 객체가 각 데이터베이스 테이블과 일치하므로 외형상 데이터베이스 설계와 거의 비슷해 보인다. 반면 리치 도메인 모델은 상속, 전략, 다양한 [Gang of Four] 패턴, 그리고 복잡하게 상호 연결된 객체의 연결망을 포함하므로 데이터베이스 설계와는 상당히 다르게 보일 수 있다. 리치 도메인 모델은 복잡한 논리를 나타내는 데 적합하지만 데이터베이스에 매핑하기는 더 어렵다. 단순 도메인 모델에는 활성 레코드(168)를 사용할 수 있지만 리치 도메인 모델에는 데이터 매퍼(174)가 필요하다.

비즈니스의 동작은 자주 변경해야 하므로 이 계층을 손쉽게 수정, 구축, 테스트할 수 있게 만드는 일이 아주 중요하다. 이를 위해서는 도메인 모델과 시스템의 다른 계층 간의 결합을 최소화해야 한다. 다른 여러 계층화 패턴에서도 도메인 모델과 시스템의 다른 부분 간의 의존성을 최소화하기 위한 방법들이 많이 사용된다.

도메인 모델에는 여러 다양한 범위를 사용할 수 있다. 가장 단순한 경우는 파일에서 전체 객체 그래프를 읽어 메모리에 저장하는 단일 사용자 애플리케이션이다. 데스크톱 애플리케이션은 이런 방식으로 작동할 수 있지만 다중 계층 IS 애플리케이션에는 객체가 너무 많기 때문에 이러한 방식을 그대로 도입하기 어렵다. 모든 객체를 메모리에 저장하려면 메모리가 너무 많이 필요하고 시간도 많이 걸린다. 객체지향 데이터베이스의 장점은 실제로는 메모리와 디스크 사이에서 객체를 이동하면서 모든 객체가 메모리에 있는 것처럼 사용할 수 있게 해준다는 것이다.

객체지향 데이터베이스를 사용할 수 없으면 필요한 일을 직접 해야 한다. 이 경우 보통은 한 세션이 연관된 모든 객체의 객체 그래프를 가져오는 일을 한다. 여기에는 당연히 모든 객체가 포함되는 것은 아니며 보통은 모든 클래스가 포함되지도 않는다. 예를 들어, 특정한 계약서 집합을 찾아보려는 경우 작업 범위 내의 계약서에서 참조된 상품만 가져올 수 있다. 그리고 단순히 계약과 수익 인식에 대한 계산만 할 때는 상품 객체는 아예 가져오지 않는 경우도 있다. 정확히 어떤 객체를 메모리로 가져오는지는 데이터베이스 매핑 객체에 의해 좌우된다.

서버에 대한 여러 호출에 동일한 객체 그래프가 필요한 경우 서버 상태를 저장해야 하는데, 서버 상태 저장(88쪽) 절에서 이 내용을 설명했다.

도메인 논리와 관련해서 흔히 하는 고민은 도메인 객체가 과하게 비대해지는 것이다. 예를 들어, 주문을 처리하는 화면을 만들 때 일부 주문의 동작은 특정 주문에만 필요할 수 있다. 이러한 동작을 모든 주문에 추가하면 주문 클래스가 특정 사례에 한 번만 사용되는 동작으로 가득 차서 지나치게 커질 수 있다. 이러한 문제를 예방하기 위해 사람들은 어떤 동작이 일반적인지 여부를 먼저 고려한 후, 일반적인 동작은 주문 클래스에 넣고, 특정한 동작은 일종의 사례별 클래스(트랜잭션 스크립트(115)나 프레젠테이션 자체에 해당하는)에 넣는 방법을 생각했다.

그런데 이처럼 특정 사례의 동작을 분리하면 중복이 발생할 우려가 있다. 주문에서 분리된 동작은 찾기 어렵기 때문에 비슷한 동작이 필요할 때 이를 찾아보지 않고 간단하게 중복하는 경우가 많다. 중복은 곧바로 복잡성과 일관성 문제를 일으키지만 객체가 비대해지는 문제는 우려하는 것만큼 자주 발생하지 않는다. 그리고 비대한 객체는 눈에 쉽게 띄며 수정하기도 쉽다. 따라서 특정 사례의 동작을 분리하지 말고 가장 적당한 객체에 모두 넣는 것이 좋다. 그리고 객체가 비대해지고 이것이 문제가 되면 해결하면 된다.

자바 구현

J2EE 상에서 도메인 모델을 개발하는 것에 대한 이야기는 항상 열띤 논쟁으로 이어진다. 여러 학습 자료나 초보자용 J2EE 책에서는 엔터티 빈을 사용해 도메인 모델을 개발하도록 권장하고 있지만, 적어도 J2EE 2.0 사양에서 이 방식에는 몇 가지 심각한 문제가 있다.

엔터티 빈은 CMP(컨테이너 관리 지속성)를 사용할 때 가장 유용하다. 사실 CMP가 없으면 엔터티 빈을 사용하는 이유가 거의 없다고 할 수 있을 정도다. 실제로 CMP는 제한된 형식의 객체-관계형 매핑이라고 할 수 있는데, 리치 도메인 모델에서 필요한 여러 패턴을 지원할 수 없다.

엔터티 빈은 재진입이 불가능하다. 예를 들어, 한 엔터티 빈이 다른 엔터티 빈을 호출한 경우 호출된 엔터티 빈은 (또는 여기서 호출하는 다른 객체는) 처음 엔터티 빈을 호출할 수 없다. 리치 도메인 모델은 재진입을 자주 사용하므로 이는 중요한 장애요인이다. 게다가 재진입 동작은 찾아내기가 어렵기 때문에 문제가 더 심각하다. 결과적으로 엔터티 빈은 다른 엔터티 빈을 호출하지 말아야 한다고 말하는 사람도 생겼다. 물론 이렇게 하면 재진입은 예방할 수 있지만 도메인 모델을 사용하는 장점이 크게 퇴색한다.

도메인 모델은 가는 입자 인터페이스를 가진 입자 객체를 사용해야 한다. 엔터티 빈은 원격 객체로 만들 수 있다(2.0 버전 이전에는 필수 요건이었음). 가는 입자 인터페이스를 가진 원격 객체를 사용하면 성능이 크게 저하된다. 도메인 모델 안에서 엔터티 빈에 로컬 인터페이스만 사용하면 이 문제를 상당히 쉽게 해결할 수 있다.

엔터티 빈을 포함해 실행하려면 컨테이너가 있어야 하고 데이터베이스 연결이 필요하다. 이 때문에 빌드 시간이 길어지며, 테스트에도 데이터베이스 연결이 필요하므로 테스트 실행에 걸리는 시간도 길어진다. 엔터티 빈은 디버그하기도 까다롭다.

대안은 간단하게 일반 자바 객체를 사용하는 것이지만, EJB 컨테이너에서는 일반 자바 객체를 실행할 수 없다고 생각하는 사람들이 많기 때문에 이 방법을 설명하면 종종 예상 외의 반응을 경험할 수 있었다. 아무래도 필자는 일반 자바 객체에 환상적인 이름이 없기 때문에 사람들이 관심을 가지지 않는다는 결론을 내리게 됐고, 그래서 2000년 레베카 파슨즈, 조쉬 매켄지와 함께 강연을 준비하면서 POJO(plain old Java objects)라는 멋진 이름을 지어주었다. POJO 도메인 모델은 이해하기 쉽고, 빠르게 만들 수 있으며, EJB 컨테이너 외부에서 실행 및 테스트할 수 있고, 무엇보다 EJB에 대해 독립적이다. 아마도 EJB 공급업체에서 POJO 도메인 모델을 권장하지 않는 이유는 이런 이유 때문일 것이다.

필자가 내린 결론은 도메인 논리가 그리 복잡하지 않으면 엔터티 빈을 도메인 모델로 사용해도 좋다는 것이다. 즉, 각 엔터티 빈이 데이터베이스 테이블 하나와 매핑되는 간단한 관계를 바탕으로 도메인 모델을 구축할 수 있다. 반면 상속, 전략, 그밖의 다른 정교한 패턴 등이 포함된 복잡한 도메인 논리를 구축하려면 상업용 툴이나 직접 제작한 계층을 활용해 POJO 도메인 모델과 데이터 매퍼(174)를 만드는 것이 좋다.

EJB에서 리치 도메인 모델을 구현할 때는 도메인 모델 자체만으로도 충분히 복잡하고 어렵기 때문에 가급적 구현 환경의 세부 사항과는 독립된 방법으로 구현하기를 원한다. 문제는 EJB의 영향을 감안하지 않을 수가 없기 때문에 도메인 모델과 EJB 환경을 함께 고려해야 하는 어려움이 있다는 것이다.

사용 시점

도메인 모델이 방대한 주제이기 때문에 사용하는 방법을 설명하기 어려웠다면, 도메인 모델을 사용하는 시기는 조언의 모호함과 단순함 때문에 설명하기 어렵다. 가장 중요한 것은 시스템이 수행하는 동작의 복잡도다. 유효성 검사, 계산, 파생 등이 포함된 복잡하고 끊임없이 변하는 비즈니스 규칙을 구현해야 한다면 객체 모델을 사용해 비즈니스 규칙을 처리하는 것이 현명하다. 반면 간단한 null 검사, 두어 가지 합계 계산 등이 전부라면 트랜잭션 스크립트(115)가 더 나은 선택이다.

개발 팀이 도메인 객체를 이용하는 데 얼마나 익숙한지에 대해서도 고려해봐야 한다. 도메인 모델을 설계하고 사용하는 방법을 배우는 것은 상당히 쉽지 않은 과정이며 "패러다임의 전환"이라는 주제의 수많은 글이 쓰여진 배경이 됐다. 도메인 모델을 익숙하게 사용하려면 적지 않은 연습과 교육이 필요하지만 일단 익숙해진 후에는 정말 간단한 문제가 아니고서는 트랜잭션 스크립트(115)로 돌아가고 싶지 않을 것이다.

도메인 모델을 사용하는 경우 데이터베이스 상호작용에 데이터 매퍼(174)를 사용하는 것이 좋다. 그러면 도메인 모델을 데이터베이스에 대해 독립적으로 유지할 수 있으며, 도메인 모델과 데이터베이스 스키마가 분화되는 경우에 대처하는 데도 가장 좋은 방법이다.

도메인 모델을 사용할 때 도메인 모델에 더 고유한 API를 적용하려면 서비스 계층(141)을 사용하는 것을 고려할 수 있다.

참고 자료

도메인 모델은 대부분의 사람들이 객체지향 개발을 이야기할 때 핵심 주제이므로 객체지향 설계를 다루는 책이라면 거의 대부분 도메인 모델을 다룬다.

객체지향 설계에 대한 안내서를 찾고 있다면 현재 필자는 [Larman]을 가장 먼저 추천한다. 도메인 모델에 대한 예제를 찾고 있다면 [Fowler AP]를 추천한다.

[Hay]에는 관계형 환경과 관련된 좋은 예제가 많이 있다. 훌륭한 도메인 모델을 구축하려면 객체에 대한 개념적 사고방식을 이해해야 한다. 이에 대해서는 [Martin-Odell]이 큰 도움이 될 것이다. 리치 도메인 모델이나 다른 객체지향 시스템에서 사용할 패턴을 이해하려면 [Gang of Four]를 꼭 읽어보자.

에릭 에반스는 도메인 모델 구축에 대한 책 [Evans]을 집필하고 있다. 필자는 초기 원고만 읽어봤지만 아주 좋은 내용을 담고 있었다.

예제: 수익 인식(자바)

도메인 모델을 설명할 때 한 가지 아이러니한 점은 이해하기 쉽게 하려면 예제를 간단하게 만들어야 하지만 간단한 예제로는 도메인 모델의 강력함을 제대로 보여줄 수 없다는 점이다. 이러한 강력함은 아주 복잡한 도메인을 다룰 때만 체감할 수 있다.

그러나 도메인 모델을 사용하는 이유를 보여줄 수는 없어도 도메인 모델을 어떻게 만드는지는 보여줄 수 있다. 그래서 트랜잭션 스크립트(115)를 설명할 때와 동일하게 수익 인식 예제(117쪽)를 사용해 도메인 모델을 만들었다.

곧바로 알 수 있는 것은 이 작은 예제(그림 9.3)의 모든 클래스에 동작과 데이터가 포함된다는 것이다. 심지어 아주 간단한 수익 인식 클래스에도 특정한 날짜까지 해당 객체의 가치를 인식할 수 있는지를 알아내는 간단한 메서드가 포함돼 있다.

```
class RevenueRecognition...

    private Money amount;
    private MfDate date;

    public RevenueRecognition(Money amount, MfDate date) {
        this.amount = amount;
        this.date = date;
    }

    public Money getAmount() {
        return amount;
    }

    boolean isRecognizableBy(MfDate asOf) {
        return asOf.after(date) || asOf.equals(date);
    }
```

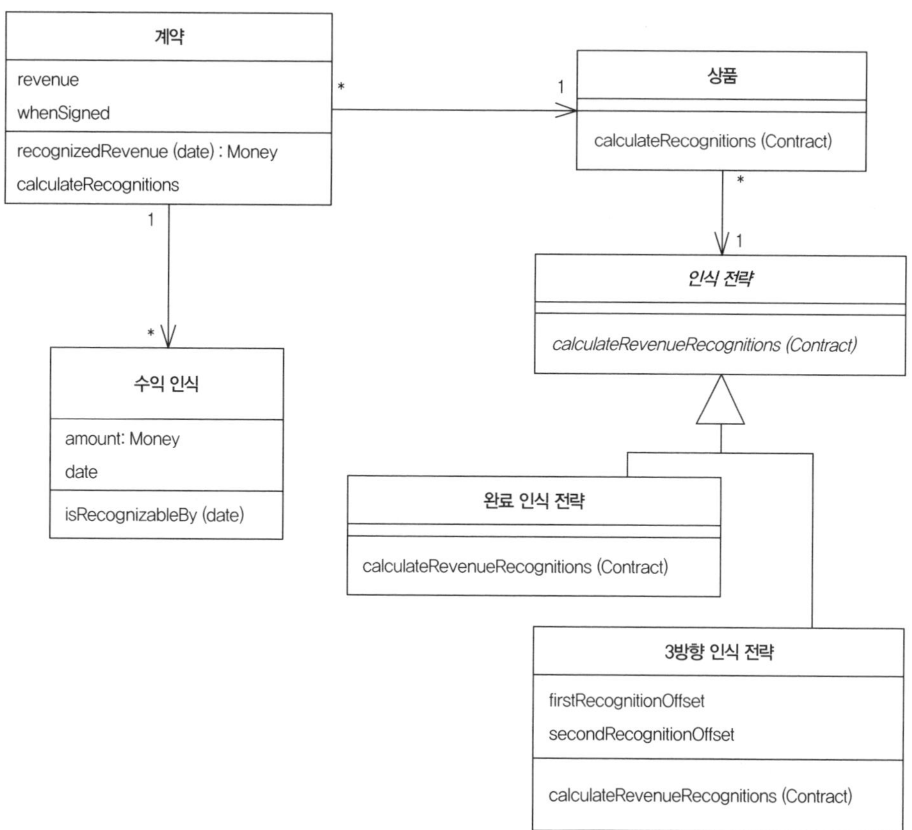

그림 9.3 도메인 모델의 예제 클래스에 대한 클래스 다이어그램

특정 날짜까지 인식된 수익을 계산하려면 다음과 같이 계약 클래스와 수익 인식 클래스를 모두 사용해야 한다.

```
class Contract...

    private List revenueRecognitions = new ArrayList();

    public Money recognizedRevenue(MfDate asOf) {
        Money result = Money.dollars(0);
        Iterator it = revenueRecognitions.iterator();
        while (it.hasNext()) {
            RevenueRecognition r = (RevenueRecognition) it.next();
            if (r.isRecognizableBy(asOf))
                result = result.add(r.getAmount());
        }
        return result;
    }
```

도메인 모델을 보고 쉽게 알 수 있는 사실은 간단한 작업을 할 때도 여러 클래스가 상호작용한다는 것이다. 그래서 객체지향 프로그램에서는 특정 클래스를 찾느라 클래스 사이를 돌아다니는 데 시간이 많이 걸린다고 불평하는 사람들도 많다. 그러나 단점만 있는 것은 아니다. 어떤 항목이 특정 날짜까지 인식되는지 여부를 판단하는 것이 더 복잡해질 때, 그리고 다른 객체들도 이를 알아야 할 때 도메인 모델의 장점이 드러난다. 알아야 할 동작을 해당 객체 안에 유지하는 방법으로 중복을 방지하고 다른 객체 간의 결합을 줄일 수 있다.

이러한 수익 인식 객체의 생성과 계산 과정을 살펴보면 여러 작은 객체의 개념을 더 잘 알 수 있다. 이 예에서 생성과 계산은 고객과 함께 시작되어 상품을 통해 전략 계층으로 전달된다. 전략 패턴[Gang of Four]은 잘 알려진 객체지향 패턴으로서, 이를 이용해 작업의 그룹을 작은 클래스 계층으로 결합할 수 있다. 상품의 각 인스턴스는 인식 전략의 단일 인스턴스에 연결되며, 여기서 어떤 알고리즘을 사용해 수익 인식을 계산할지 결정한다. 이 예에서는 두 가지 다른 수익 인식 방법에 대한 인식 전략의 하위 클래스 두 개가 있다. 코드의 구조는 다음과 같다.

```
class Contract...

    private Product product;
    private Money revenue;
    private MfDate whenSigned;
    private Long id;
```

```
    public Contract(Product product, Money revenue, MfDate whenSigned) {
        this.product = product;
        this.revenue = revenue;
        this.whenSigned = whenSigned;
    }

class Product...

    private String name;
    private RecognitionStrategy recognitionStrategy;

    public Product(String name, RecognitionStrategy recognitionStrategy) {
        this.name = name;
        this.recognitionStrategy = recognitionStrategy;
    }

    public static Product newWordProcessor(String name) {
        return new Product(name, new CompleteRecognitionStrategy());
    }

    public static Product newSpreadsheet(String name) {
        return new Product(name, new ThreeWayRecognitionStrategy(60, 90));
    }

    public static Product newDatabase(String name) {
        return new Product(name, new ThreeWayRecognitionStrategy(30, 60));
    }

class RecognitionStrategy...

    abstract void calculateRevenueRecognitions(Contract contract);

class CompleteRecognitionStrategy...
    void calculateRevenueRecognitions(Contract contract) {
        contract.addRevenueRecognition(new RevenueRecognition(contract.getRevenue(),
                                                              contract.getWhenSigned()));
}

class ThreeWayRecognitionStrategy...

    private int firstRecognitionOffset;
    private int secondRecognitionOffset;
```

```
public ThreeWayRecognitionStrategy(int firstRecognitionOffset,
                                   int secondRecognitionOffset)
{
    this.firstRecognitionOffset = firstRecognitionOffset;
    this.secondRecognitionOffset = secondRecognitionOffset;
}

void calculateRevenueRecognitions(Contract contract) {
    Money[] allocation = contract.getRevenue().allocate(3);
    contract.addRevenueRecognition(new RevenueRecognition
        (allocation[0], contract.getWhenSigned()));
    contract.addRevenueRecognition(new RevenueRecognition
        (allocation[1], contract.getWhenSigned().addDays(firstRecognitionOffset)));
    contract.addRevenueRecognition(new RevenueRecognition
        (allocation[2], contract.getWhenSigned().addDays(secondRecognitionOffset)));
}
```

전략의 가장 큰 가치는 애플리케이션을 확장할 수 있는 잘 조직화된 연결점을 제공한다는 것이다. 새 수익 인식 알고리즘을 추가하려면 새 하위 클래스를 만들고 calculateRevenueRecognitions 메서드를 오버라이드하면 된다. 이와 같이 손쉽게 애플리케이션의 알고리즘 동작을 확장할 수 있다.

새 상품을 만든 경우 상품을 적절한 전략 객체와 연결하면 된다. 테스트 코드에서는 다음과 같이 할 수 있다.

```
class Tester...

    private Product word = Product.newWordProcessor("Thinking Word");
    private Product calc = Product.newSpreadsheet("Thinking Calc");
    private Product db = Product.newDatabase("Thinking DB");
```

준비를 모두 완료하면 전략 하위 클래스에 대한 정보 없이도 수익 인식을 계산할 수 있다.

```
class Contract...

    public void calculateRecognitions() {
        product.calculateRevenueRecognitions(this);
    }
```

```
class Product...

    void calculateRevenueRecognitions(Contract contract) {
        recognitionStrategy.calculateRevenueRecognitions(contract);
    }
```

객체에서 객체로 전달하는 객체지향의 습관은 동작을 처리하기에 가장 적절한 객체로 이동할 뿐 아니라 조건부 동작도 대부분 해결한다. 이 계산에 조건이 없다는 것을 알 수 있다. 결정 경로는 상품을 만들 때 해당하는 전략으로 이미 설정했다. 이처럼 모든 것이 서로 연결된 후에는 알고리즘이 정해진 경로를 따라가기만 하면 된다. 도메인 모델은 비슷한 조건을 가지고 있을 때 아주 잘 작동하는데, 비슷한 조건은 팩터링을 거쳐 객체 구조 자체로 만들 수 있기 때문이다. 이처럼 복잡성을 알고리즘에서 분리하고 객체 간의 관계로 만들 수 있다. 논리가 비슷할수록 시스템의 다른 부분에서 동일한 관계의 네트워크가 사용되는 것을 더 많이 발견할 수 있다. 일종의 인식 계산을 이용하는 다른 모든 알고리즘에서도 이러한 객체의 특정 네트워크를 그대로 따를 수 있다.

이 예제에서는 객체를 데이터베이스에서 가져오고 저장하는 방법은 전혀 보여주지 않았다. 여기에는 두 가지 이유가 있다. 첫째, 도메인 모델과 데이터베이스를 매핑하는 것은 힘든 작업이기 때문에 굳이 예제로 만들지 않았다. 둘째, 도메인 모델을 사용하는 중요한 이유 중 하나는 상위 계층에서, 그리고 도메인 모델을 사용하는 사람들에게서 데이터베이스를 숨기는 것이다. 따라서 여기서 데이터베이스를 숨김으로써 실제 환경의 프로그램이 어떤지를 보여줄 수 있다.

테이블 모듈

데이터베이스 테이블이나 뷰의 모든 행에 대한 비즈니스 논리를 처리하는 단일 인스턴스

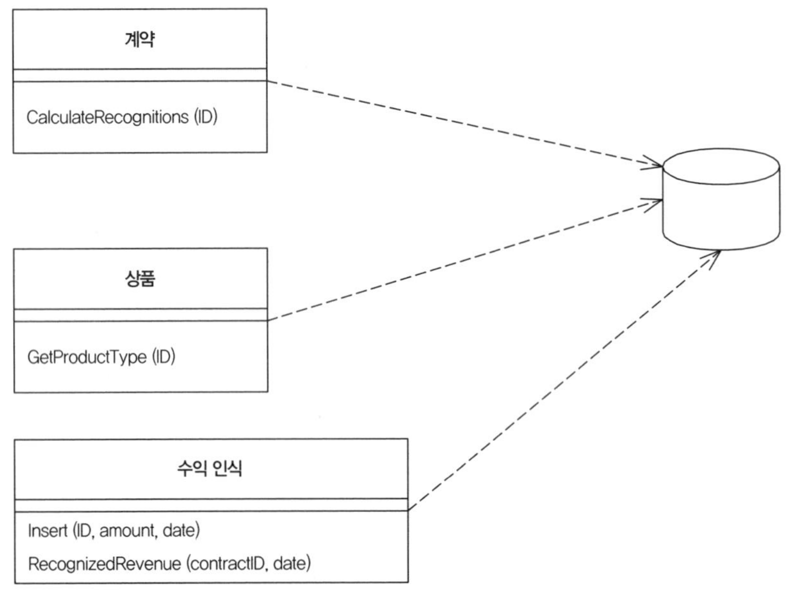

객체지향의 핵심 개념 중 하나는 데이터, 그리고 이를 사용하는 동작을 하나로 묶는 것이다. 기존의 객체지향 방식은 도메인 모델(122)과 비슷한 맥락으로 식별자가 있는 객체에 기반을 두고 있다. 예를 들어, 직원이라는 클래스가 있을 때 이 클래스의 한 인스턴스는 특정한 직원에 해당한다. 이 체계는 한 직원에 대한 참조가 있으면 이 직원을 대상으로 작업 실행, 관계 확인, 데이터 수집 등을 수행할 수 있으므로 이해하기 쉽고 잘 작동한다.

도메인 모델(122)의 문제점 중 하나는 관계형 데이터베이스와의 인터페이스가 까다롭다는 것이다. 이 방식은 어떻게 보면 관계형 데이터베이스를 다락방에 혼자 지내며 아무하고도 대화하지 않는 미친 숙모처럼 취급한다고 할 수 있다. 이 때문에 데이터베이스와 데이터를 주고받는 작업이나, 데이터의 두 가지 다른 표현 사이를 변환하는 기본적인 작업에도 적지 않은 프로그래밍 노력이 필요하다.

테이블 모듈(Table Module)은 데이터베이스의 테이블당 클래스 하나로 도메인 논리를 구성하며, 클래스의 한 인스턴스가 해당 데이터에 대해 수행하는 여러 프로시저를 포함한다. 도메인 모델(122)과의 가장 큰 차이점은 주문이 여러 개인 경우 도메인 모델(122)은 주문의 수만큼 객체를 사용하지만, 테이블 모듈은 모든 주문을 객체 하나가 처리한다는 것이다.

작동 원리

테이블 모듈의 장점은 데이터와 동작을 하나로 묶으면서도 동시에 관계형 데이터베이스의 강력함을 그대로 활용할 수 있다는 것이다. 테이블 모듈은 표면적으로 보통 객체와 아주 비슷하다. 핵심적인 차이는 작업 대상 객체의 식별자 개념이 없다는 것이다. 따라서 직원의 주소를 얻으려면 `anEmployeeModule.getAddress(long employeeID)`와 비슷한 메서드를 사용해야 한다. 특정 직원에 대한 어떤 작업을 할 때마다 항상 일종의 식별자 참조를 전달해야 한다. 이 식별자는 데이터베이스에 사용되는 기본 키인 경우가 많다.

테이블 모듈은 테이블 기반의 기본 자료구조와 함께 사용하는 것이 일반적이다. 이 테이블 형식 데이터는 일반적으로 SQL 호출의 결과이며, SQL 테이블을 흉내 내는 레코드 집합(538)에 저장된다. 테이블 모듈은 이 데이터를 대상으로 작업하는 명시적인 메서드 기반 인터페이스를 제공한다. 동작을 테이블과 함께 그룹화함으로써 동작과 이 동작의 대상이 되는 데이터를 하나로 묶는 캡슐화의 여러 장점을 제공할 수 있게 됐다.

유용한 작업을 하려면 여러 테이블 모듈의 동작이 필요한 경우가 많다. 그림 9.4와 같이 여러 테이블 모듈이 동일한 레코드 집합(538)을 대상으로 작업하는 경우를 자주 볼 수 있다.

테이블 모듈의 가장 전형적인 예는 데이터베이스의 각 테이블당 하나씩 테이블 모듈을 사용하는 것이다. 그러나 데이터베이스에 흥미로운 쿼리와 뷰가 있는 경우 이에 대한 테이블 모듈도 사용할 수 있다.

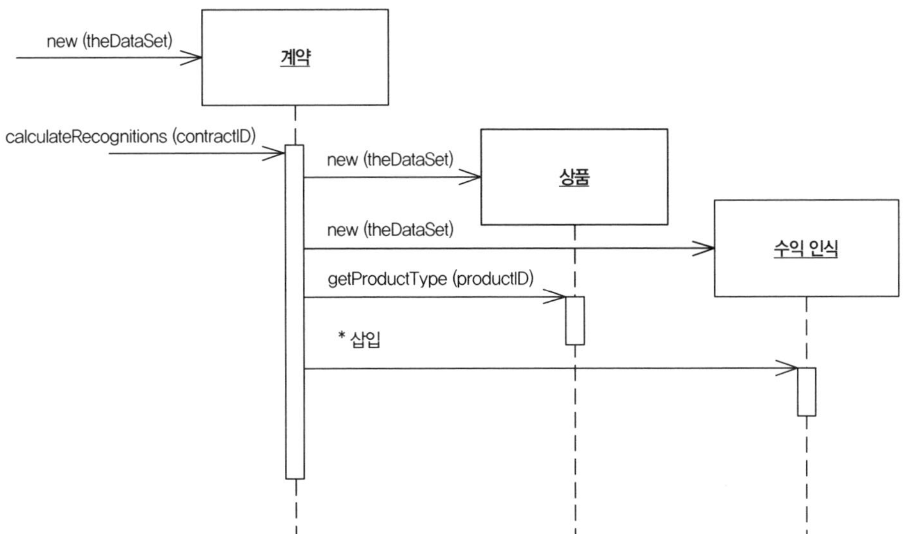

그림 9.4 여러 **테이블 모듈**이 단일 **레코드 집합**(538)과 공동 작업하는 경우

테이블 모듈은 인스턴스 하나이거나 정적 메서드의 컬렉션일 수 있다. 테이블 모듈이 인스턴스 하나인 경우 기존의 레코드 집합(쿼리의 결과일 수 있음)으로 테이블 모듈을 초기화할 수 있다는 장점이 있다. 그런 다음 이 인스턴스를 사용해 레코드 집합의 행을 조작할 수 있다. 또한 인스턴스일 때는 상속을 적용할 수 있으므로, 예를 들어 일반 계약에 추가 동작을 더해 긴급 계약 모듈을 작성하는 등의 작업이 가능하다.

테이블 모듈은 쿼리를 팩터리 메서드로서 포함할 수 있다. 다른 방법은 테이블 데이터 게이트웨이(151)를 사용하는 것이지만, 이 경우 설계 안에 추가적인 테이블 데이터 게이트웨이(151) 클래스와 메커니즘이 포함된다는 것이 단점이다. 장점은 각 데이터 원본에 다른 테이블 데이터 게이트웨이(151)를 사용하므로 테이블 모듈 하나를 다른 데이터 원본의 데이터에 사용할 수 있다는 것이다.

테이블 데이터 게이트웨이(151)를 사용하는 경우 애플리케이션은 먼저 테이블 데이터 게이트웨이(151)를 사용해 데이터로 레코드 집합(538)을 조립한다. 그런 다음 레코드 집합(538)을 인수로 이용해 테이블 모듈을 만든다. 여러 테이블 모듈의 동작이 필요한 경우 동일한 레코드 집합(538)을 사용해 테이블 모듈을 만들 수 있다. 그런 다음 테이블 모듈은 레코드 집합(538)을 대상으로 비즈니스 논리를 수행한 다음 수정된 레코드 집합(538)을 표시하고 테이블 인식 위젯을 사용해 편집할 수 있게 프레젠테이션으로 전달한다. 위젯은 레코드 집합이 관계형 데이터베이스에서 곧바로 가져온 것인지, 아니면 테이블 모듈이 중간에 데이터를 조작한 것인지 구분할 수 없다. GUI에서 수정된 데이터는 다시 테이블 모듈로 전달된 후 유효성 검사를 거쳐 데이터베이스에 저장된다. 이 방식의 장점은 메모리에 레코드 집합(538)을 생성해 데이터베이스를 거치지 않고도 테이블 모듈을 테스트할 수 있다는 것이다.

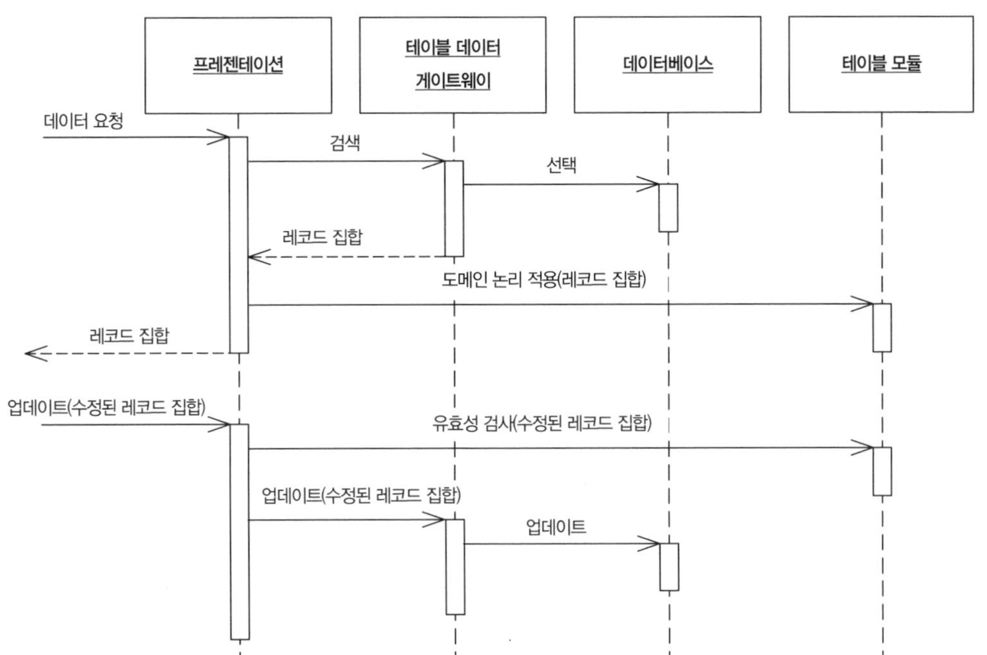

그림 9.5 테이블 모듈 주변의 계층에서 이뤄지는 일반적인 상호작용

테이블 모듈이라는 이름에서 "테이블"은 데이터베이스의 테이블당 테이블 모듈이 하나씩 사용된다는 의미가 있다. 어느 정도는 사실이지만 항상 그렇지만은 않다. 일반적으로 사용되는 뷰나 다른 쿼리에 대한 **테이블 모듈**을 만들어도 유용하다. 실제로 **테이블 모듈**의 구조는 데이터베이스의 테이블 구조보다는 애플리케이션이 인식하는 뷰와 쿼리를 포함한 가상의 테이블에 더 가깝다.

사용 시점

테이블 모듈은 그 이름이 나타내는 것처럼 **레코드 집합(538)**을 사용해 테이블 형식의 데이터에 접근할 때 가장 적합한 패턴이다. 또한 자료구조를 코드에서 가장 중요한 요소로 다루므로 자료구조에 직관적으로 접근할 수 있다.

그러나 **테이블 모듈**은 복잡한 논리를 구성하는 객체의 강력함을 완전하게 활용하지는 못한다. 직접적인 인스턴스-인스턴스 관계를 만들 수 없고, 다형성이 제대로 작동하지 않는다. 따라서 복잡한 도메인 논리를 처리해야 한다면 **도메인 모델(122)**을 선택하는 것이 좋다. 말하자면 **테이블 모듈**은 복잡한 논리를 처리하는 **도메인 모델(122)**의 능력 대신 테이블 기반 자료구조와의 손쉬운 통합 능력을 맞바꾼 패턴이다.

도메인 모델(122)의 객체와 데이터베이스 테이블이 상대적으로 비슷하다면 활성 레코드(168)를 사용하는 도메인 모델을 사용하는 것이 나을 수 있다. 또한 애플리케이션의 다른 부분이 일반적인 테이블 기반 자료구조에 바탕을 두고 있다면 도메인 모델(122)과 활성 레코드(168)의 조합보다 테이블 모듈이 더 잘 어울린다. 자바 환경에서 테이블 모듈을 자주 볼 수 없는 것은 바로 이 때문이다. 물론 행 집합이 널리 보급되면 이런 상황은 달라질 수 있다.

이 패턴을 활용하는 데 가장 적합한 환경으로 마이크로소프트 .NET 환경이 있다. .NET(그리고 COM) 환경에서는 레코드 집합(538)이 애플리케이션의 주요 데이터 리포지토리로 사용된다. 레코드 집합을 UI로 전달하면 데이터 인식 위젯으로 정보를 표시할 수 있다. 또한 마이크로소프트 ADO 라이브러리는 관계형 데이터를 레코드 집합으로 접근할 수 있는 훌륭한 메커니즘을 제공한다. 이러한 환경이라면 애플리케이션에서 테이블 모듈을 사용해 비즈니스 논리를 체계적인 방법으로 구현하고 테이블 형식 데이터에서 작동하는 다양한 요소의 기능을 최대한 활용할 수 있다.

예제: 테이블 모듈을 이용한 수익 인식(C#)

다른 도메인 모델링 패턴에서 사용했던 수익 인식 예제(117쪽)에 이번에는 테이블 모듈을 적용해 보겠다. 기억을 되살리자면, 이 예제의 목표는 상품의 종류에 따라 다양한 규칙에 적용되는 주문의 수익을 인식하는 것이다. 이 예제에서는 세 가지 상품(워드프로세서, 스프레드시트, 데이터베이스)에 각기 다른 규칙을 적용한다.

테이블 모듈은 일반적으로 관계형 데이터 모델인 일종의 데이터 스키마에 기반을 둔다(향후에는 XML 모델을 비슷한 방법으로 사용할 수 있다). 이 예에서는 그림 9.6의 관계형 스키마를 사용한다.

이 데이터를 조작하는 클래스는 거의 같은 형태이며, 각 테이블당 테이블 모듈 클래스가 하나씩 사용된다. .NET 아키텍처의 데이터 집합 객체는 데이터베이스 구조의 인메모리 표현을 제공한다. 따라서 이 데이터 집합을 이용하도록 클래스를 구축하는 것이 합리적이다. 각 테이블 모듈 클래스에는 데이터 집합 내의 테이블 하나에 해당하는 .NET 시스템 클래스인 데이터 테이블 형식의 데이터 멤버가 포함된다. 테이블을 읽는 이 같은 능력은 모든 테이블 모듈에 공통적이므로 계층 상위 형식(502)에 나올 수 있다.

```
class TableModule...

    protected DataTable table;
```

```
    protected TableModule(DataSet ds, String tableName) {
        table = ds.Tables[tableName];
    }
```

하위 클래스 생성자는 올바른 테이블 이름과 함께 상위 클래스 생성자를 호출한다.

```
class Contract...
    public Contract (DataSet ds) : base (ds, "Contracts") {}
```

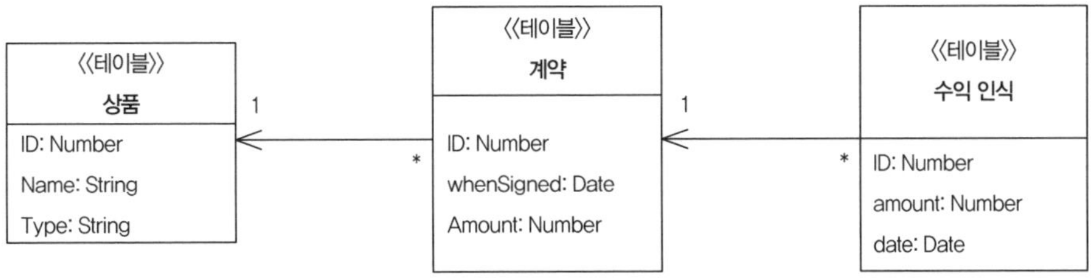

그림 9.6 수익 인식을 위한 데이터베이스 스키마

이렇게 하면 데이터 집합 하나를 테이블 모듈의 생성자로 전달하는 방법으로 새 테이블 모듈을 생성할 수 있다.

```
contract = new Contract(dataset);
```

이것은 ADO.NET의 가이드라인에 따라 데이터 집합을 생성하는 코드를 테이블 모듈로부터 분리하기 위한 것이다.

C# 인덱서는 데이터 테이블에서 기본 키로 지정한 특정 행을 가져오는 유용한 기능이다.

```
class Contract...

    public DataRow this [long key] {
        get {
            String filter = String.Format("ID = {0}", key);
            return table.Select(filter)[0];
        }
    }
```

예제의 앞부분에서는 먼저 계약의 수익 인식을 계산하고 수익 인식 테이블을 적절하게 업데이트한다. 인식된 총액은 상품의 종류에 따라 달라진다. 이 동작은 계약 테이블의 데이터를 주로 사용하므로 이 메서드는 계약 클래스에 추가했다.

```
class Contract...

    public void CalculateRecognitions (long contractID) {
        DataRow contractRow = this[contractID];
        Decimal amount = (Decimal)contractRow["amount"];
        RevenueRecognition rr = new RevenueRecognition (table.DataSet);
        Product prod = new Product(table.DataSet);
        long prodID = GetProductId(contractID);
        if (prod.GetProductType(prodID) == ProductType.WP) {
            rr.Insert(contractID, amount, (DateTime) GetWhenSigned(contractID));
        } else if (prod.GetProductType(prodID) == ProductType.SS) {
            Decimal[] allocation = allocate(amount,3);
            rr.Insert(contractID, allocation[0], (DateTime) GetWhenSigned(contractID));
            rr.Insert(contractID, allocation[1], (DateTime)
                GetWhenSigned(contractID).AddDays(60));
            rr.Insert(contractID, allocation[2], (DateTime)
                GetWhenSigned(contractID).AddDays(90));
        } else if (prod.GetProductType(prodID) == ProductType.DB) {
            Decimal[] allocation = allocate(amount,3);
            rr.Insert(contractID, allocation[0], (DateTime) GetWhenSigned(contractID));
            rr.Insert(contractID, allocation[1], (DateTime)
                GetWhenSigned(contractID).AddDays(30));
            rr.Insert(contractID, allocation[2], (DateTime)
                GetWhenSigned(contractID).AddDays(60));
        } else throw new Exception("invalid product id");
    }

    private Decimal[] allocate(Decimal amount, int by) {
        Decimal lowResult = amount / by;
        lowResult = Decimal.Round(lowResult,2);
        Decimal highResult = lowResult + 0.01m;
        Decimal[] results = new Decimal[by];
        int remainder = (int) amount % by;
        for (int i = 0; i < remainder; i++) results[i] = highResult;
        for (int i = remainder; i < by; i++) results[i] = lowResult;
        return results;
    }
```

이러한 경우 일반적으로 필자는 금액(516)을 사용하지만 여기서는 다양한 방법을 보여주기 위해 decimal을 사용했다. 그리고 금액(516)에 사용하는 것과 비슷한 할당 메서드를 사용했다.

이 작업을 하려면 다른 클래스에 정의된 동작이 필요하다. 우선 상품은 자신이 어떤 종류인지 알려줄 수 있어야 한다. 이를 위해 상품 종류를 나타내는 열거형과 조회 메서드를 만든다.

```
    public enum ProductType {WP, SS, DB};

class Product...

    public ProductType GetProductType (long id) {
        String typeCode = (String) this[id]["type"];
        return (ProductType) Enum.Parse(typeof(ProductType), typeCode);
    }
```

GetProductType은 이 정보를 데이터 테이블에 캡슐화한다. 앞서 계약 클래스에서는 총액에 직접 접근했지만, 이번에는 데이터의 모든 열에 대해 이 작업을 할 수 있도록 인수를 받았다. 캡슐화는 일반적으로는 좋은 것이지만, 시스템의 다른 부분이 데이터 집합에 직접 접근하는 환경이라는 가정에는 맞지 않으므로 여기서는 캡슐화하지 않았다. 데이터 집합이 UI로 전달될 때는 캡슐화가 적용되지 않으므로 열 접근 함수는 문자열을 상품의 종류로 변환하는 등의 추가 기능을 수행해야 할 때만 의미가 있다.

필자는 여러 플랫폼에서 좀 더 일반적인, 형식 없는 데이터 집합을 사용했지만 .NET에서는 엄격한 형식의 데이터 집합을 사용해야 한다는 주장(539쪽)에도 설득력이 있다는 것도 알아두자.

다른 추가 동작은 새로운 수익 인식 레코드의 삽입이다.

```
class RevenueRecognition...

    public long Insert (long contractID, Decimal amount, DateTime date) {
        DataRow newRow = table.NewRow();
        long id = GetNextID();
        newRow["ID"] = id;
        newRow["contractID"] = contractID;
        newRow["amount"] = amount;
        newRow["date"]= String.Format("{0:s}", date);
        table.Rows.Add(newRow);
        return id;
    }
```

이 메서드 역시 데이터 행의 캡슐화가 목적이 아니라 여러 행의 코드 반복 대신 메서드를 사용하기 위한 것이다.

예제의 뒷부분에서는 계약에서 지정한 날짜까지 인식된 모든 수익의 합계를 얻는다. 이 코드에서는 수익 인식 테이블을 사용하므로 여기에 메서드를 정의하는 것이 합리적이다.

```
class RevenueRecognition...

    public Decimal RecognizedRevenue (long contractID, DateTime asOf) {
        String filter = String.Format("ContractID = {0} AND date <= #{1:d}#",
contractID,asOf);
        DataRow[] rows = table.Select(filter);
        Decimal result = 0m;
        foreach (DataRow row in rows) {
            result += (Decimal)row["amount"];
        }
        return result;
    }
```

이 코드에서는 where 절을 정의해 조작할 데이터 테이블의 부분 집합을 선택하는 ADO.NET의 아주 유용한 기능을 활용하고 있다. 여기서 더 나아가 집계 함수를 사용할 수도 있다.

```
class RevenueRecognition...

    public Decimal RecognizedRevenue2 (long contractID, DateTime asOf) {
        String filter = String.Format("ContractID = {0} AND date <= #{1:d}#",
contractID,asOf);
        String computeExpression = "sum(amount)";
        Object sum = table.Compute(computeExpression, filter);
        return (sum is System.DBNull) ? 0 : (Decimal) sum;
    }
```

서비스 계층

랜디 스태퍼드

사용 가능한 작업의 집합을 설정하고 각 작업에 대한 애플리케이션의 반응을 조율하는 서비스의 계층으로 애플리케이션의 경계를 정의한다.

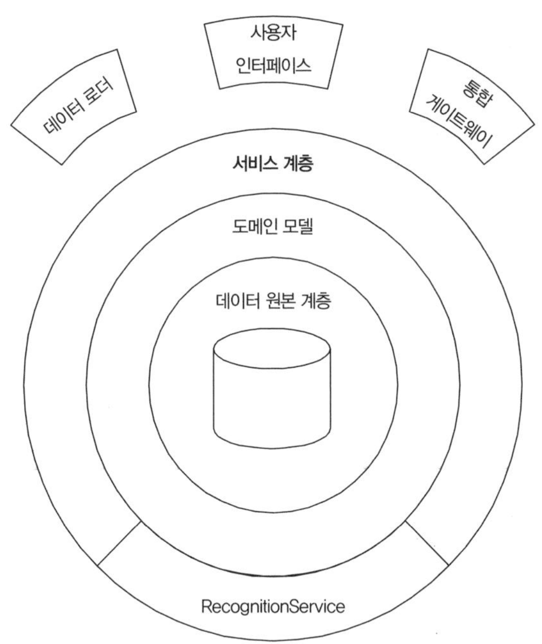

일반적으로 엔터프라이즈 애플리케이션은 저장하는 데이터와 구현하는 논리에 대한 다양한 인터페이스를 필요로 한다. 이러한 인터페이스에는 데이터 로더, 사용자 인터페이스, 통합 게이트웨이 등이 있다. 이러한 인터페이스는 용도는 서로 다르지만 데이터에 접근 및 조작하고 비즈니스 논리를 호출하기 위해 애플리케이션과의 상호작용을 공통으로 필요로 한다. 상호작용은 여러 리소스에 걸친 트랜잭션과 수행할 여러 응답의 조율을 포함하는 복잡한 작업일 수 있다. 상호작용의 논리를 각 인터페이스에서 별도로 인코딩하면 중복이 많이 발생한다.

서비스 계층(Service Layer)은 클라이언트 계층을 인터페이스하는 관점에서 애플리케이션의 경계[Cockburn PloP]와 사용 가능한 작업의 집합을 정의한다. 서비스 계층은 작업을 구현할 때 트랜잭션을 제어하며 응답을 조율하면서 애플리케이션의 비즈니스 논리를 캡슐화한다.

작동 원리

서비스 계층은 앞서 언급한 특성을 위반하지 않으면서 몇 가지 다른 방법으로 구현할 수 있다. 차이점은 서비스 계층 인터페이스 배후의 역할 할당에서 나타난다. 구현의 다양한 가능성을 설명하기 전에 몇 가지 기본 사항을 정리해보자.

일종의 "비즈니스 논리": 서비스 계층은 **트랜잭션 스크립트**(115)나 **도메인 모델**(122)과 마찬가지로 비즈니스 논리를 구성하기 위한 패턴이다. 필자를 비롯한 다수의 설계자는 "비즈니스 논리"를 "도메인 논리"와 "애플리케이션 논리"로 나누기를 좋아한다. 도메인 논리는 순수하게 문제 도메인(예: 계약의 수익 인식을 계산하는 전략)을 집중적으로 처리하며, 애플리케이션 논리는 애플리케이션 역할[Cockburn UC](예: 계산된 수익 인식을 계약 관리자와 통합된 애플리케이션에 알림)을 처리한다. 애플리케이션 논리는 종종 "워크플로 논리"라고도 하는데, "워크플로"를 다른 의미로 해석하는 사람들도 있다.

도메인 모델(122)은 전통적인 디자인 패턴을 사용해 복잡성을 관리하고 도메인 논리 중복을 예방한다는 면에서 **트랜잭션 스크립트**(115)보다 나은 방법이다. 그런데 애플리케이션 논리를 순수 도메인 객체 클래스에 넣으면 두 가지 부작용이 있다. 첫째, 도메인 객체 클래스가 특정 애플리케이션 논리를 구현하고 특정 애플리케이션 패키지를 사용하면 도메인 객체 클래스를 다른 애플리케이션에서 재사용하기 어려워진다. 둘째, 두 가지 종류의 논리를 동일한 클래스에 넣으면, 예를 들어 나중에 애플리케이션 논리를 워크플로 툴로 분리할 필요가 있을 때 다시 구현하기 어렵다. 이러한 이유로 서비스 계층은 각 유형의 비즈니스 논리를 별도의 계층으로 분리함으로써 계층화의 일반적인 장점을 제공하고 순수 도메인 객체 클래스를 애플리케이션 간에 재사용하기 쉽게 만들어준다.

구현의 변형: 구현의 기본적인 두 가지 변형으로 도메인 파사드(domain facade) 방식과 작업 스크립트(operation script) 방식이 있다. 도메인 파사드 방식에서는 **서비스 계층**을 **도메인 모델**(122) 위에서 씬 파사드의 집합으로 구현한다. 파사드를 구현하는 클래스는 비즈니스 논리를 전혀 구현하지 않으며, **도메인 모델**(122)이 모든 비즈니스 논리를 구현한다. 씬 파사드는 클라이언트 계층이 애플리케이션과 상호작용하기 위한 작업 집합과 경계를 형성하며 서비스 계층의 근본적 특성을 나타낸다.

작업 스크립트 방식에서는 서비스 계층을 리치 클래스 집합으로 구현한다. 이러한 클래스 집합은 애플리케이션 논리는 직접 구현하지만, 도메인 논리는 캡슐화된 도메인 객체 클래스로 위임한다. 서비스 계층의 클라이언트에 제공되는 작업은 여러 스크립트로 구현되며, 이러한 스크립트는 연관된 논리의 특정 주제 영역을 정의하는 한 클래스에 포함된다. 이러한 각 클래스는 애플리케이션 "서비스"를 형성하며 서비스 형식의 이름이 "서비스"로 끝나는 경우도 흔하다. 서비스 계층은 이러한 여러 애플리케이션 서비스 클래스로 이뤄지며, 이러한 서비스 클래스는 각자의 역할과 공통 동작을 추상화하고 계층 상위 형식(502)을 확장해야 한다.

원격 호출에 대한 고려: 서비스 계층 클래스의 인터페이스는 클라이언트 계층에 제공되는 애플리케이션 작업의 집합을 선언하므로 기본 정의상 거의 굵은 입자 인터페이스다. 따라서 서비스 계층 클래스는 인터페이스 세분성(interface granularity)의 관점에서 보면 원격 호출에 적합하다.

그러나 원격 호출은 먼저 객체 분산이라는 비용을 치러야 사용할 수 있다. 서비스 계층 메서드 시그니처를 데이터 전송 객체(427)를 받게 변경하려면 상당히 부담스러운 추가 작업을 해야 할 수 있다. 특히 도메인 모델(122)이 복잡하고 복잡한 업데이트를 위한 리치 편집 UI를 사용하는 경우에는 이 추가 작업을 절대 과소평가해서는 안 된다. 상당히 힘들고 고통스러운 과정이며 아마도 객체–관계형 매핑 다음으로 힘든 작업일 것이다. 분산 객체 설계의 첫 번째 규칙(96쪽)을 기억하자.

우선은 로컬로 호출할 수 있고 도메인 객체를 받는 메서드 시그니처를 사용하는 서비스 계층으로 시작하는 것이 좋다. 원격이 꼭 필요할 때는 서비스 계층에 원격 파사드(412)를 넣거나 아니면 서비스 계층 객체에서 원격 인터페이스를 구현하면 된다. 애플리케이션에 웹 기반 UI나 웹 서비스 기반 통합 게이트웨이가 있는 경우, 비즈니스 논리를 서버 페이지나 웹 서비스와 별도의 프로세스로 실행해야 한다는 법은 없다. 실제로 같은 장소에 배치하는 방식으로도 확장성을 저해하지 않고 상당한 수준의 개발 시간을 줄이고 런타임 응답 시간을 개선할 수 있다.

서비스 및 작업 식별: 서비스 계층 경계에 필요한 작업을 식별하는 과정은 아주 간단하다. 이러한 작업은 서비스 계층 클라이언트의 필요성에 의해 결정되는데, 가장 중요하고 우선적인 서비스 계층 클라이언트는 일반적으로 사용자 인터페이스다. 사용자 인터페이스는 사용자가 애플리케이션으로 수행하려는 유스 케이스를 지원하도록 설계되므로 서비스 계층 작업을 식별하는 시작점은 애플리케이션의 유스 케이스 모델과 사용자 인터페이스 설계다.

엔터프라이즈 애플리케이션의 유스 케이스는 도메인 객체를 대상으로 하는 조금 지루한 "CRUD"(생성, 읽기, 갱신, 삭제) 유스 케이스인 경우가 많다. 즉, 도메인 객체를 만들고 이러한 객체의 컬렉션을 읽거나 업데이트하는 작업이다. 필자의 경험에 비춰보면 CRUD 유스 케이스와 서비스 계층 작업 간에는 거의 항상 일대일 대응 관계가 있다.

반면 이러한 유스 케이스를 실행해야 하는 애플리케이션의 역할은 전혀 지루하지 않다. 유효성 검사는 물론이고, 애플리케이션에서 도메인 객체를 생성, 업데이트, 삭제할 때 다른 사람이나 다른 통합된 애플리케이션에 알려야 하는 경우가 증가했다. 이러한 응답은 서비스 계층 작업에 의해 조율되고 트랜잭션을 통해 원자성을 유지해야 한다.

서비스 계층 추상화를 식별해 관련 작업을 그룹화하는 것을 직관적으로 할 수 있으면 정말 좋겠지만 이 영역에 대해서는 체험적 조언만 있을 뿐 확실한 처방전은 없다. 아주 간단한 애플리케이션인 경우에는 애플리케이션의 이름을 그대로 딴 추상화 하나를 사용해도 충분할 것이다. 필자의 경험에 비춰보면 대규모 애플리케이션은 각각 아키텍처 계층의 스택을 가로지르는 완전한 수직 슬라이스를 포함하는 여러 "하위 시스템"으로 분할된다. 이 경우 필자는 하위 시스템당 하나씩 하위 시스템의 이름을 딴 추상화를 선호한다. 다른 방식으로는 도메인 모델의 주요 분할을 반영하는 추상화가 있다. 예를 들어, 하위 시스템 분할과 다른 경우(예: ContractsService, ProductsService), 그리고 추상화의 이름이 애플리케이션 동작을 반영하는 경우(예: RecognitionService)가 있다.

자바 구현

서비스 계층 클래스는 도메인 파사드 방식과 작업 스크립트 방식에서 모두 POJO나 상태 비저장 세션 빈으로 구현할 수 있다. 두 방법은 각각 테스트하기 쉽다는 장점과 트랜잭션 제어가 용이하다는 장점이 있다. POJO는 EJB 컨테이너에 배포하지 않아도 실행할 수 있으므로 테스트하기는 쉬울 수 있다. 대신 POJO 서비스 계층은 분산된 컨테이너 관리 트랜잭션 서비스에 연결하기 어려울 수 있으며, 특히 서비스 간 호출이 필요할 때는 더 어렵다. 반면 EJB는 컨테이너 관리 분산 트랜잭션이 기본적으로 제공되지만 테스트와 실행을 위해 컨테이너에 배포해야 한다. 각자 상황에 더 적절한 방법을 선택하면 된다.

필자가 J2EE 상에서 **서비스 계층**을 만들 때 선호하는 방법은 EJB 2.0 상태 비저장 세션 빈과 로컬 인터페이스를 사용하고 작업 스크립트 방식으로 POJO 도메인 객체 클래스에 위임하는 것이다. EJB가 분산된 컨테이너 관리 트랜잭션을 제공하기 때문에 상티 비저장 세션 빈으로 서비스 계층을 구현하면 아주 편리하다. 또한 EJB 2.0에 추가된 로컬 인터페이스를 사용하면 까다로운 객체 분산 문제를 예방하면서 유용한 트랜잭션 서비스를 마음껏 활용할 수 있다.

또한 자바 관련 내용으로서, 서비스 계층과 J2EE 패턴 서적[Alur et al.] 및 [Marinescu]에 나온 세션 파사드 패턴과의 차이를 명확하게 해둘 필요가 있다. 세션 파사드는 엔터티 빈에 원격 호출이 너무 많을 때 성능 저하를 방지하는 방법으로 고안됐다. 따라서 세션 빈을 엔터티 빈의 파사드로 사용하는 처방을 내렸다. 반면 서비스 계층은 역할을 팩터링으로 분리해 중복을 방지하고 재사용성을 향상하기 위해 만들어졌으며, 특정 기술에 얽매이지 않는 아키텍처 패턴이다. 실제로 서비스 계층에 영감을 제공한 애플리케이션 경계 패턴[Cockburn PloP]은 EJB보다 3년 전에 나왔다. 세션 파사드는 서비스 계층과 비슷하다고 할 수 있지만, 현재의 명칭이나 범위, 그리고 사용하는 용도를 감안하면 둘은 분명 다르다.

사용 시점

서비스 계층의 장점은 여러 종류의 클라이언트에 제공하는 애플리케이션 작업의 공통적인 집합을 정의하고 각 작업에 대한 애플리케이션의 응답을 조율한다는 것이다. 이러한 응답에는 여러 트랜잭션 리소스에 걸쳐 원자성을 유지해야 하는 애플리케이션 논리가 포함될 수 있다. 따라서 애플리케이션에 비즈니스 논리를 사용하는 클라이언트 종류가 둘 이상이고, 유스 케이스의 복잡한 응답에 여러 트랜잭션 리소스가 포함되는 경우, 분산되지 않는 아키텍처라도 컨테이너 관리 트랜잭션과 함께 서비스 계층을 활용하는 것이 합리적이다.

사용할 필요가 없는 경우를 묻는 질문에는 대답하기가 좀 더 쉽다. 애플리케이션에 비즈니스 논리를 사용하는 클라이언트가 한 종류(예: 사용자 인터페이스)밖에 없고 이 유스 케이스 응답에 여러 트랜잭션 리소스가 포함되지 않는 경우에는 서비스 계층이 필요 없을 것이다. 이 경우 페이지 컨트롤러를 사용해 트랜잭션을 수동으로 제어하고, 필요한 응답을 조율하며, 필요에 따라 데이터 원본 계층으로 직접 위임할 수 있다.

그러나 나중에라도 두 번째 종류의 클라이언트를 구상하거나 유스 케이스 응답에 두 번째 트랜잭션 리소스를 추가하는 경우를 감안하면 처음부터 서비스 계층을 설계하는 것이 좋을 수 있다.

참고 자료

서비스 계층에 영감을 준 패턴은 알리스테어 콕번(Alistair Cockburn)의 애플리케이션 경계 패턴[Cockburn PloP]이며, 이에 해당하는 선행 기술은 그리 많지 않다. 원격 서비스라는 맥락[Alpert, et al.]에서는 분산 시스템에서 파사드의 역할을 설명한다. 이 내용과 세션 파사드에 대한 [Alur et al.]과 [Marinescu]의 다양한 프레젠테이션을 비교 및 대조하면 큰 도움이 될 것이다. 서비스 계층 작업 내에서 조율해야 하는 애플리케이션 역할이라는 주제에 관해서는 동작의 계약[Cockburn UC]이라는 유스 케이스에 대한 콕번의 설명이 아주 유용하다. "시스템 작업"[Coleman et al.]에 대한 퓨전 방법론(Fusion methodology)의 관점도 알아두자.

예제: 수익 인식(자바)

이 예제는 트랜잭션 스크립트(115)와 도메인 모델(122) 패턴의 수익 인식 예제에 이어서 서비스 계층을 이용해 애플리케이션 논리를 스크립팅하는 방법과 서비스 계층 작업에서 도메인 논리를 위임하는 방법을 알아본다. 이 예제는 작업 스크립트 방식으로 서비스 계층을 구현하며, 먼저 POJO를 사용하고 그다음 EJB를 사용한다.

설명을 위해 약간의 애플리케이션 논리를 포함하도록 시나리오를 확장했다. 애플리케이션에 추가된 유스 케이스 요건에서는 이제 계약의 수익 인식이 계산되면 이벤트에 대한 이메일 알림을 지정된 계약 관리자에게 전송하고 메시지 기반 미들웨어를 사용해 다른 통합된 애플리케이션에 메시지를 게시해야 한다고 가정하자.

먼저 트랜잭션 스크립트(115) 예제에 나온 RecognitionService 클래스를 수정해 계층 상위 형식(502)을 확장하고 게이트웨이(492) 두 개를 사용해 애플리케이션 논리를 수행하게 한다. 그러면 클래스 구조가 그림 9.7의 클래스 다이어그램과 같아진다. RecognitionService는 서비스 계층 애플리케이션 서비스의 POJO 구현이며 여기에 포함된 메서드는 애플리케이션의 경계에서 사용 가능한 작업 두 개를 나타낸다.

RecognitionService 클래스의 메서드는 작업의 애플리케이션 논리를 스크립팅하고 도메인 논리는 도메인 객체 클래스(도메인 모델(122)의 예제 참고)로 위임한다.

```
public class ApplicationService {
    protected EmailGateway getEmailGateway() {
        //EmailGateway의 인스턴스를 반환
    }

    protected IntegrationGateway getIntegrationGateway() {
        //IntegrationGateway의 인스턴스를 반환
    }
}

public interface EmailGateway {
    void sendEmailMessage(String toAddress, String subject, String body);
}

public interface IntegrationGateway {
    void publishRevenueRecognitionCalculation(Contract contract);
}

public class RecognitionService extends ApplicationService {
```

서비스 계층

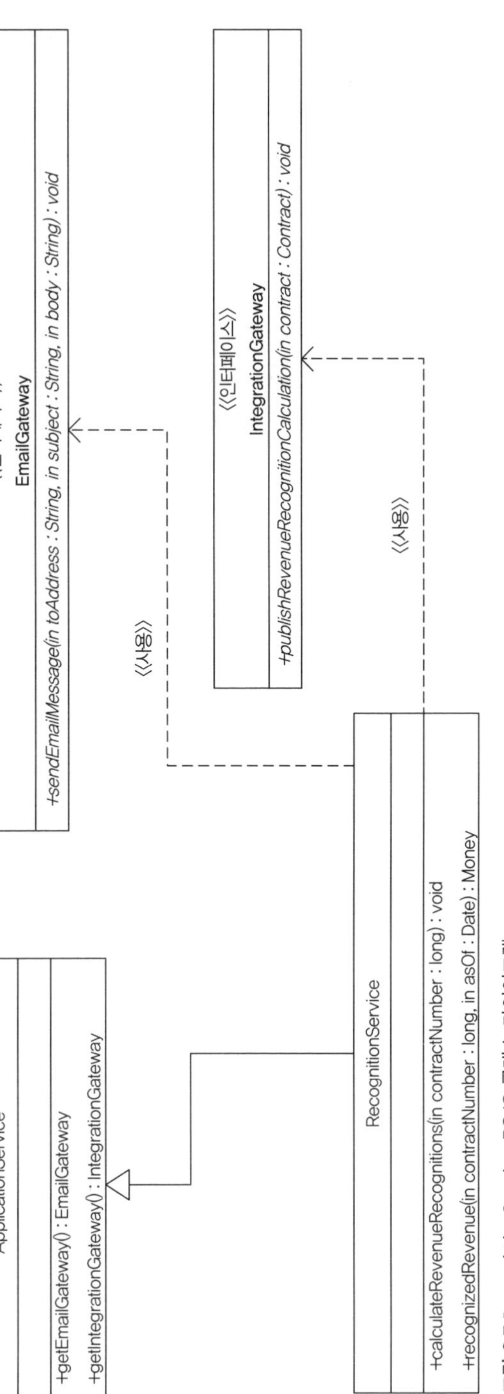

그림 9.7 RecognitionService POJO 클래스 다이어그램

```
    public void calculateRevenueRecognitions(long contractNumber) {
        Contract contract = Contract.readForUpdate(contractNumber);
        contract.calculateRecognitions();
        getEmailGateway().sendEmailMessage(
            contract.getAdministratorEmailAddress(),
            "RE: Contract #" + contractNumber,
            contract + " has had revenue recognitions calculated.");
        getIntegrationGateway().publishRevenueRecognitionCalculation(contract);
    }

    public Money recognizedRevenue(long contractNumber, Date asOf) {
        return Contract.read(contractNumber).recognizedRevenue(asOf);
    }
}
```

지속성과 관련된 세부 사항은 예제에서 다루지 않았다. Contract 클래스가 데이터 원본 계층에서 번호를 기준으로 계약서를 읽는 정적 메서드를 구현한다고 알아두면 충분하다. 이 메서드 중 하나에는 읽은 계약을 업데이트하려는 의도가 이름에 나타난다. 읽은 객체는 데이터 매퍼(174)가 작업 단위(193) 같은 것을 이용해 등록할 수 있다.

트랜잭션과 관련된 세부 사항도 예제에서 다루지 않았다. calculateRevenueRecognitions() 메서드는 실행하는 동안 수익 인식을 추가해 지속적 계약 객체를 수정하고, 메시지를 메시지 기반 미들웨어의 대기열에 추가하며, 이메일도 전송하므로 근본적으로 트랜잭션으로 처리돼야 한다. 계약에 대한 변경 사항을 저장하지 못한 경우에는 이메일을 전송하거나 메시지를 게시하지 않아야 하므로 이러한 모든 응답은 트랜잭션을 통해 원자성을 유지해야 한다.

J2EE 플랫폼에서는 애플리케이션 서비스(및 게이트웨이(492))를 트랜잭션 리소스를 사용하는 상태 비저장 세션 빈으로 구현해 EJB 컨테이너가 분산 트랜잭션을 관리하게 할 수 있다. 그림 9.8에는 EJB 2.0 로컬 인터페이스와 "비즈니스 인터페이스" 관용구를 사용하는 RecognitionService 구현의 클래스 다이어그램이 나온다. 이 구현에서도 계층 상위 형식(502)이 여전히 사용되며, EJB가 요구하는 빈 구현 클래스 메서드의 기본 구현과 특정 애플리케이션 메서드를 제공한다. EmailGateway와 IntegrationGateway 인터페이스도 그에 해당하는 상태 비저장 세션 빈의 "비즈니스 인터페이스"라고 가정하면 분산된 트랜잭션의 제어는 calculateRevenueRecognitions, sendEmailMessage, publishRevenueRecognitionCalculation 메서드에 트랜잭션을 적용한다고 선언하는 방법으로 해결할 수 있다. POJO 예제에 있던 RecognitionService 메서드는 수정되지 않고 RecognitionServiceBeanImpl로 옮겼다.

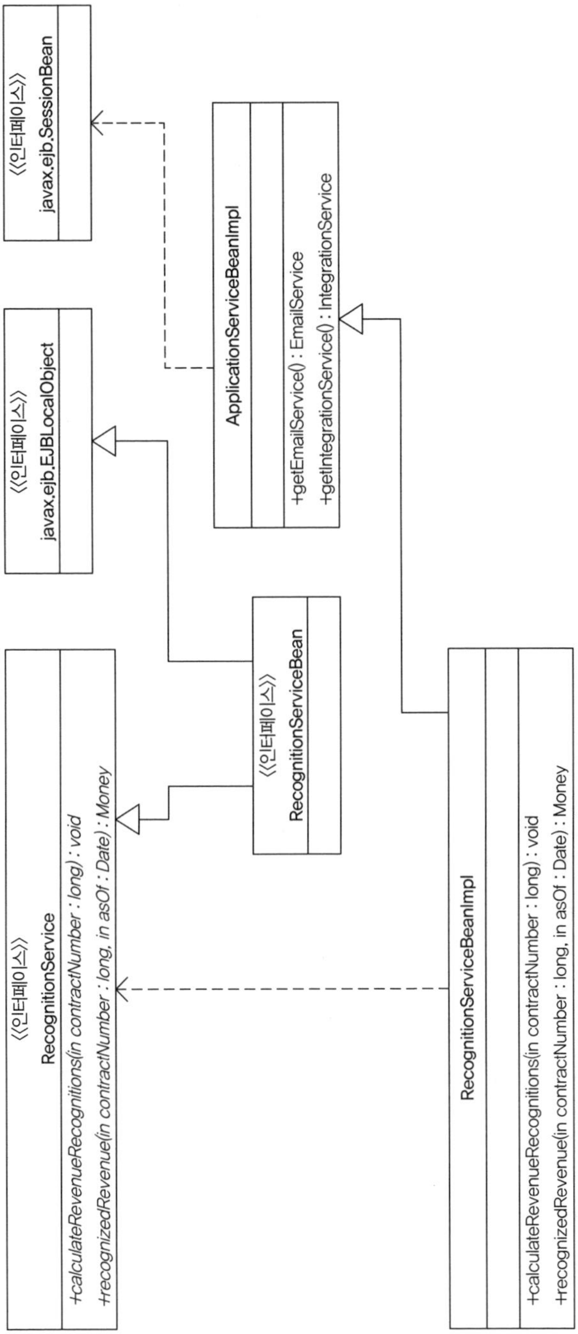

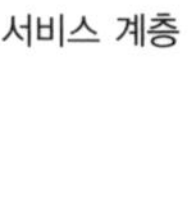

《인터페이스》
javax.ejb.SessionBean

《인터페이스》
javax.ejb.EJBLocalObject

ApplicationServiceBeanImpl

+getEmailService() : EmailService
+getIntegrationService() : IntegrationService

《인터페이스》
RecognitionService

+calculateRevenueRecognitions(in contractNumber : long) : void
+recognizedRevenue(in contractNumber : long, in asOf : Date) : Money

《인터페이스》
RecognitionServiceBean

RecognitionServiceBeanImpl

+calculateRevenueRecognitions(in contractNumber : long) : void
+recognizedRevenue(in contractNumber : long, in asOf : Date) : Money

그림 9.8 RecognitionService EJB 클래스 다이어그램

이 예제에서 중요한 점은 서비스 계층이 작업의 트랜잭션 응답을 조율하는 데 작업 스크립팅과 도메인 객체 클래스를 모두 사용한다는 것이다. calculateRevenueRecognitions 메서드는 애플리케이션의 유스 케이스에서 요구되는 응답의 애플리케이션 논리를 스크립팅하지만 도메인 논리는 도메인 객체 클래스로 위임한다. 또한 서비스 계층의 작업 스크립트 내에서 논리가 중복되지 않게 방지하는 두 가지 기법을 보여준다. 역할은 위임을 통해 재사용할 수 있게 팩터링을 거쳐 다른 객체(예: **게이트웨이**(492))로 분리됐다. **계층 상위 형식**(502)은 이러한 다른 객체에 편리하게 접근할 수 있게 해준다.

관찰자[Gang of Four] 패턴을 사용하면 작업 스크립트를 더 세련되게 구현할 수 있다고 주장하는 사람들도 있지만, 관찰자는 상태 비저장 다중 스레드 서비스 계층에서는 구현하기 어렵다. 필자는 작업 스크립트를 통한 개방적인 코드가 더 명확하고 간단하다고 생각한다.

어떤 사람들은 애플리케이션 논리 역할을 도메인 객체 메서드에 구현(예: Contract.calculateRevenueRecognitions())하거나 심지어 데이터 원본 계층에 구현하면 별도의 서비스 계층을 만들 필요가 없다고 주장하기도 한다. 그러나 역할을 이와 같이 할당하는 방법은 몇 가지 이유로 권장되지 않는다. 첫째, 도메인 객체 클래스가 특정 애플리케이션의 논리를 구현하면 여러 애플리케이션에서 재사용하기 어려워진다(특정 애플리케이션의 **게이트웨이**(492)를 사용하는 경우도 마찬가지). 도메인 객체 클래스는 애플리케이션의 유스 케이스 역할을 모두 다루는 것이 아니라 애플리케이션의 관심사에 해당하는 문제 도메인의 일부를 모델링해야 한다. 둘째, 애플리케이션 논리를 전용 목적의 "상위" 계층(물론, 데이터 원본 계층은 아님)에 캡슐화하면 해당 계층의 구현을 변경하기가 용이하다(예: 워크플로 엔진을 사용하도록 변경).

서비스 계층은 엔터프라이즈 애플리케이션의 논리 계층을 체계화하기 위한 패턴으로서, 스크립팅과 도메인 객체 클래스를 결합하고 둘의 장점을 활용하게 해준다. 서비스 계층 구현에는 도메인 파사드나 작업 스크립트, POJO나 세션 빈 또는 둘의 조합과 같은 여러 변형이 있다. 또한 서비스 계층은 로컬 호출이나 원격 호출 또는 두 가지가 모두 가능하게 설계할 수 있다. 이 패턴의 핵심은 어떠한 변형을 사용하든지 관계없이 애플리케이션의 비즈니스 논리의 구현을 캡슐화하고 이러한 논리를 다양한 클라이언트가 일관성 있게 호출할 수 있게 기반을 마련한다는 것이다.

10장

데이터 원본 아키텍처 패턴

테이블 데이터 게이트웨이

*데이터베이스 테이블에 대한 **게이트웨이(492)**의 역할을 하는 객체.*

한 인스턴스가 테이블의 모든 행을 처리한다.

인물 게이트웨이
find (id) : RecordSet findWithLastName(String) : RecordSet update (id, lastname, firstname, numberOfDependents) insert (lastname, firstname, numberOfDependents) delete (id)

SQL을 애플리케이션 논리와 혼합하면 심각한 문제가 유발될 수 있다. SQL을 불편하게 생각하는 개발자가 많으며 불편하게 생각하지 않더라도 잘 작성하지 못하는 개발자도 많다. 데이터베이스 개발자는 데이터베이스를 세부 조정하고 발전시키기 위해 SQL을 쉽게 찾을 수 있어야 한다.

테이블 데이터 게이트웨이(Table Data Gateway)는 단일 테이블이나 뷰에 접근(선택, 삽입, 갱신, 삭제)하는 모든 SQL을 포함한다. 다른 코드는 테이블 데이터 게이트웨이의 메서드를 호출해 데이터베이스와의 모든 상호작용을 수행할 수 있다.

작동 원리

테이블 데이터 게이트웨이는 일반적으로 데이터베이스에서 데이터를 얻는 여러 검색 메서드와 갱신, 삽입, 삭제 메서드로 구성된 간단한 인터페이스를 가진다. 각 메서드는 입력 매개변수를

SQL 호출로 매핑하고 데이터베이스 연결에 대해 SQL을 실행한다. 테이블 데이터 게이트웨이는 데이터를 주고받는 역할을 하므로 일반적으로 상태 비저장이다.

테이블 데이터 게이트웨이

테이블 데이터 게이트웨이에서 가장 어려운 부분은 쿼리로부터 정보를 반환하는 방법이다. 간단한 ID 기준 검색 쿼리도 여러 데이터 항목을 반환한다. 여러 항목을 반환할 수 있는 환경에서는 단일 행에 이 기능을 사용할 수 있지만, 여러 언어에서는 단일 값만 반환할 수 있으며 쿼리 중에는 여러 행을 반환하는 것이 많다.

한 가지 대안은 맵과 같은 간단한 자료구조를 반환하는 것이다. 그런데 맵을 사용하려면 데이터베이스에서 얻은 레코드 집합의 데이터를 맵으로 복사하는 과정을 거쳐야 한다. 맵을 사용하는 방법은 컴파일 타임 검사가 작동하지 않고 인터페이스가 명시적이지 않게 되어 맵에 있는 항목의 이름을 잘못 입력하는 버그가 발생할 수 있기 때문에 권장하지 않는다. 이보다는 데이터 전송 객체(427)를 사용하는 것이 나은 방법이다. 데이터 전송 객체(427)도 생성해야 하는 부담은 있지만 다른 여러 곳에서 사용할 수 있다.

SQL 쿼리에서 얻은 레코드 집합(538)을 반환하는 방법도 있다. 인메모리 객체는 SQL 인터페이스에 대해 아무것도 몰라야 하므로 이 방법을 사용하면 개념상 엉망이 된다. 또한 코드 안에서 레코드 집합을 쉽게 만들 수 없는 경우 데이터베이스를 파일로 대체하기도 어려워진다. 그러나 레코드 집합(538)이 널리 사용되는 .NET과 같은 환경에는 아주 효과적인 방식이다. 테이블 데이터 게이트웨이는 테이블 모듈(132)과 함께 사용하기에 적합하다. 모든 업데이트가 테이블 데이터 게이트웨이를 통해 이뤄지는 경우 반환된 데이터가 실제 테이블이 아닌 뷰에 바탕을 둘 수 있으며, 이 경우 코드와 데이터베이스 간의 결합이 줄어든다.

도메인 모델(122)을 사용하는 경우 테이블 데이터 게이트웨이가 적절한 도메인 객체를 반환하게 할 수 있다. 다만 이렇게 하면 도메인 객체와 게이트웨이 간의 양방향 의존성이 생기는 문제가 있다. 이 둘은 밀접하게 연관되므로 심각한 문제라고는 할 수 없지만, 필자는 가급적 이러한 경우를 피하려고 한다.

테이블 데이터 게이트웨이는 데이터베이스 테이블당 하나씩 사용하는 경우가 많다. 아주 간단한 경우에는 테이블 데이터 게이트웨이 하나로 모든 테이블의 모든 메서드를 처리하게 할 수도 있다. 또한 뷰에 대해, 또는 데이터베이스에 뷰로 저장되지 않는 흥미로운 쿼리에 대해서도 테이블 데이터 게이트웨이를 사용할 수 있다. 뷰 기반 테이블 데이터 게이트웨이는 업데이트할 수 없는 경우가 많으므로 업데이트 동작을 갖지 않는다. 그러나 기반 테이블을 업데이트할 수 있을 때는 테이블 데이터 게이트웨이의 업데이트 작업 배후에서 업데이트를 캡슐화하는 것이 아주 바람직한 기법이다.

사용 시점

행 데이터 게이트웨이(160)와 마찬가지로 테이블 데이터 게이트웨이를 사용할 때는 먼저 게이트웨이(492)를 사용할지 여부를 결정한 다음 어떤 방식을 사용할지 결정해야 한다.

테이블 데이터 게이트웨이는 데이터베이스 테이블이나 레코드 형식에 잘 매핑되므로 가장 간단하게 사용할 수 있는 데이터베이스 인터페이스 패턴이다. 또한 데이터 원본의 접근 논리를 캡슐화하는 데 적합한 위치이기도 하다. 필자의 경우 적어도 도메인 모델(122)을 사용할 때는 테이블 데이터 게이트웨이를 함께 사용하는데, 데이터 매퍼(174)로 도메인 모델(122)과 데이터베이스를 더 깔끔하게 격리할 수 있기 때문이다.

테이블 데이터 게이트웨이는 특히 테이블 모듈(132)과 잘 어울리며, 테이블 모듈(132)이 작업할 레코드 집합 자료구조를 생성할 수 있다. 솔직하게 말하면 테이블 모듈(132)에 다른 데이터베이스 매핑 방식을 사용하는 것은 생각할 수 없을 정도다.

테이블 데이터 게이트웨이는 행 데이터 게이트웨이(160)와 마찬가지로 트랜잭션 스크립트(115)와 함께 사용하는 데 아주 적합하다. 둘 중 무엇을 선택할지는 여러 데이터 행을 처리하는 방법에 따라 달라진다. 데이터 전송 객체(427)를 선호하는 사람도 많지만, 동일한 데이터 전송 객체(427)를 다른 곳에서도 사용하는 경우가 아니면 필요 이상으로 많은 작업을 해야 한다. 필자는 결과 집합 표현이 트랜잭션 스크립트(115)에서 작업하기에 적절한 경우 테이블 데이터 게이트웨이를 선호한다.

흥미롭게도, 데이터 매퍼(174)가 테이블 데이터 게이트웨이를 통해 데이터베이스와 상호작용하게 하면 유용한 경우가 있다. 모든 코드를 직접 작성할 때는 유용하지 않지만 테이블 데이터 게이트웨이에는 메타데이터를 사용하면서 도메인 객체에 대한 실제 매핑은 직접 작성하려면 이 방법이 상당히 효과적이다.

테이블 데이터 게이트웨이로 데이터베이스 접근을 캡슐화하면 SQL을 사용해 데이터베이스를 조작할 때와 저장 프로시저를 사용할 때 동일한 인터페이스를 사용할 수 있다는 장점이 있다. 실제로 저장 프로시저 자체가 테이블 데이터 게이트웨이로 구성된 경우도 많다. 이 방식으로 삽입 및 업데이트 저장 프로시저로 실제 테이블 구조를 캡슐화할 수 있다. 이 경우 검색 프로시저는 뷰를 반환하므로 기반 자료구조를 숨기는 데 도움이 된다.

참고 자료

[Alur et al.]에서는 사실상 테이블 데이터 게이트웨이와 동일한 개념인 데이터 접근 패턴에 대해 논의하며, 쿼리 메서드에서 데이터 전송 객체(427)의 컬렉션을 반환하는 방법을 보여준다. 이 책의 저자들이 이 패턴이 항상 테이블 기반이라고 봤는지는 확실하지 않지만, 설명의 의도와 내용은 테이블 데이터 게이트웨이나 행 데이터 게이트웨이(160)를 생각하는 것으로 보인다.

테이블 데이터 게이트웨이

필자는 이 패턴이 일반적인 게이트웨이(492) 개념을 특수하게 활용하는 것으로 봤고, 패턴의 이름이 이러한 의미를 반영하는 것이 좋다고 판단해서 이러한 패턴 이름을 사용했다. 게다가 비슷한 의미라고 생각할 수 있는 데이터 접근 객체(Data Access Object)나 그 약자인 DAO는 마이크로소프트 환경에서 이미 다른 의미로 사용되고 있다.

예제: 인물 게이트웨이(C#)

테이블 데이터 게이트웨이는 윈도우 환경에서 데이터베이스에 접근하는 일반적인 방식이므로 이 예제는 C#으로 작성하는 것이 이치에 맞다. 미리 알아둘 것은 이 예제의 테이블 데이터 게이트웨이는 전통적 형식이며, ADO.NET 데이터 집합을 이용하지 않고 데이터베이스 레코드에 대한 커서와 비슷한 인터페이스인 데이터 리더를 이용하므로 .NET 환경에 적합하지는 않다는 것이다. 데이터 리더는 모든 것을 한 번에 메모리로 가져올 필요 없이 많은 양의 정보를 조작하려고 할 때 최적의 선택이다.

이 예제에서는 데이터베이스의 인물 테이블에 연결하는 인물 게이트웨이 클래스를 이용했다. 인물 게이트웨이의 검색 코드는 반환된 데이터에 접근하는 ADO.NET의 데이터 리더를 반환한다.

```
class PersonGateway...

    public IDataReader FindAll() {
        String sql = "select * from person";
        return new OleDbCommand(sql, DB.Connection).ExecuteReader();
    }

    public IDataReader FindWithLastName(String lastName) {
        String sql = "SELECT * FROM person WHERE lastname = ?";
        IDbCommand comm = new OleDbCommand(sql, DB.Connection);
        comm.Parameters.Add(new OleDbParameter("lastname", lastName));
        return comm.ExecuteReader();
    }
```

```
    public IDataReader FindWhere(String whereClause) {
        String sql = String.Format("select * from person where {0}", whereClause);
        return new OleDbCommand(sql, DB.Connection).ExecuteReader();
    }
```


리더를 이용할 때는 거의 대부분의 경우 한 번에 여러 행을 가져온다. 그리고 드물지만 다음과 비슷한 메서드 코드로 개별 데이터 행을 가져올 수 있다.

```
class PersonGateway...

    public Object[] FindRow (long key) {
        String sql = "SELECT * FROM person WHERE id = ?";
        IDbCommand comm = new OleDbCommand(sql, DB.Connection);
        comm.Parameters.Add(new OleDbParameter("key",key));
        IDataReader reader = comm.ExecuteReader();
        reader.Read();
        Object [] result = new Object[reader.FieldCount];
        reader.GetValues(result);
        reader.Close();
        return result;
    }
```

업데이트 및 삽입 메서드에서는 필요한 데이터를 인수로 받고 적절한 SQL 루틴을 호출한다.

```
class PersonGateway...

    public void Update (long key, String lastname, String firstname, long numberOfDependents){
        String sql = @"
            UPDATE person
                SET lastname = ?, firstname = ?, numberOfDependents = ?
                WHERE id = ?";
        IDbCommand comm = new OleDbCommand(sql, DB.Connection);
        comm.Parameters.Add(new OleDbParameter ("last", lastname));
        comm.Parameters.Add(new OleDbParameter ("first", firstname));
        comm.Parameters.Add(new OleDbParameter ("numDep", numberOfDependents));
        comm.Parameters.Add(new OleDbParameter ("key", key));
        comm.ExecuteNonQuery();
    }

class PersonGateway...

    public long Insert(String lastName, String firstName, long numberOfDependents) {
```

```
        String sql = "INSERT INTO person VALUES (?,?,?,?)";
        long key = GetNextID();
        IDbCommand comm = new OleDbCommand(sql, DB.Connection);
        comm.Parameters.Add(new OleDbParameter ("key", key));
        comm.Parameters.Add(new OleDbParameter ("last", lastName));
        comm.Parameters.Add(new OleDbParameter ("first", firstName));
        comm.Parameters.Add(new OleDbParameter ("numDep", numberOfDependents));
        comm.ExecuteNonQuery();
        return key;
    }
```

삭제 메서드에는 키만 있으면 된다.

```
class PersonGateway...
    public void Delete (long key) {
        String sql = "DELETE FROM person WHERE id = ?";
        IDbCommand comm = new OleDbCommand(sql, DB.Connection);
        comm.Parameters.Add(new OleDbParameter ("key", key));
        comm.ExecuteNonQuery();
    }
```

예제: ADO.NET 데이터 집합 사용(C#)

일반 테이블 데이터 게이트웨이는 SQL 문의 래퍼나 다름이 없기 때문에 거의 모든 플랫폼에서 이용할 수 있다. .NET에서는 데이터 집합을 더 자주 사용하지만 테이블 데이터 게이트웨이 역시 사용되는 형태만 다를 뿐 여전히 유용하다.

데이터 집합에 데이터를 로드하고 업데이트하려면 데이터 어댑터가 필요하다. 데이터 집합과 어댑터를 위한 홀더를 정의하면 유용하다. 게이트웨이는 홀더를 이용해 데이터 집합을 저장할 수 있다. 이 동작은 대부분 보편적이므로 상위 클래스를 사용해 수행할 수 있다.

홀더는 테이블의 이름을 기준으로 데이터 집합과 어댑터를 인덱싱한다.

```
class DataSetHolder...

    public DataSet Data = new DataSet();
    private Hashtable DataAdapters = new Hashtable();
```

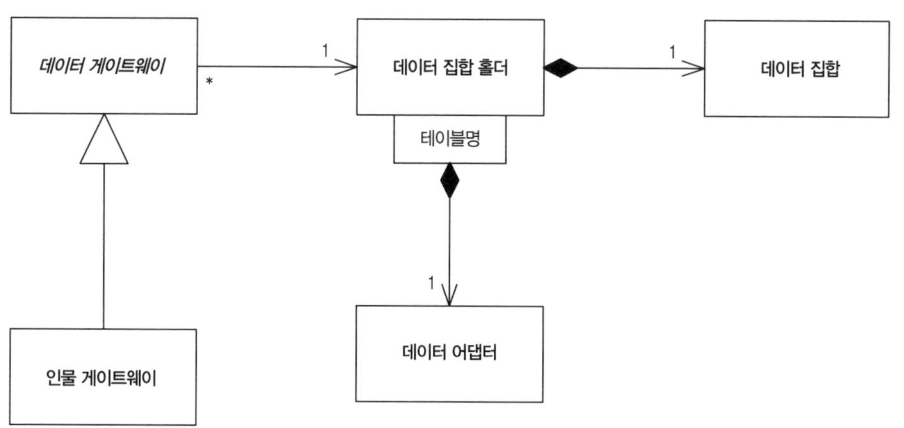

그림 10.1 데이터 집합 기반 게이트웨이와 지원 데이터 홀더의 클래스 다이어그램

게이트웨이는 홀더를 저장하고 데이터 집합을 클라이언트에 노출한다.

```
class DataGateway...

    public DataSetHolder Holder;

    public DataSet Data {
        get {return Holder.Data;}
    }
```

게이트웨이는 기존 홀더로 작업하거나 새 홀더를 만들 수 있다.

```
class DataGateway...

    protected DataGateway() {
        Holder = new DataSetHolder();
    }

    protected DataGateway(DataSetHolder holder) {
        this.Holder = holder;
    }
```

검색 동작은 약간 다르게 작동할 수 있다. 데이터 집합은 테이블 기반 데이터의 컨테이너이며 여러 테이블에서 가져온 데이터를 저장할 수 있다. 따라서 데이터 집합에 데이터를 로드하는 것이 더 좋다.

```
class DataGateway...

    public void LoadAll() {
        String commandString = String.Format("select * from {0}", TableName);
        Holder.FillData(commandString, TableName);
    }

    public void LoadWhere(String whereClause) {
        String commandString =
        String.Format("select * from {0} where {1}", TableName,whereClause);
        Holder.FillData(commandString, TableName);
    }

    abstract public String TableName {get;}

class PersonGateway...

    public override String TableName {
        get {return "Person";}
    }

class DataSetHolder...

    public void FillData(String query, String tableName) {
        if (DataAdapters.Contains(tableName)) throw new MutlipleLoadException();
        OleDbDataAdapter da = new OleDbDataAdapter(query, DB.Connection);
        OleDbCommandBuilder builder = new OleDbCommandBuilder(da);
        da.Fill(Data, tableName);
        DataAdapters.Add(tableName, da);
    }
```

데이터를 업데이트하려면 클라이언트 코드에서 데이터 집합을 직접 조작하면 된다.

```
person.LoadAll();
person[key]["lastname"] = "Odell";
person.Holder.Update();
```

게이트웨이는 특정 행에 쉽게 접근하기 위한 인덱서를 가질 수 있다.

```
class DataGateway...

    public DataRow this[long key] {
        get {
```

```
            String filter = String.Format("id = {0}", key);
            return Table.Select(filter)[0];
        }
    }

    public override DataTable Table {
        get { return Data.Tables[TableName];}
    }
```

업데이트에서는 홀더의 업데이트 동작을 트리거한다.

```
class DataSetHolder...

    public void Update() {
        foreach (String table in DataAdapters.Keys)
            ((OleDbDataAdapter)DataAdapters[table]).Update(Data, table);
    }

    public DataTable this[String tableName] {
        get {return Data.Tables[tableName];}
    }
```

삽입도 거의 같은 방법으로 할 수 있다. 데이터 집합을 얻고, 데이터 테이블에 새 행을 삽입하고, 각 열을 채우면 된다. 하지만 업데이트 메서드는 한 번의 호출로 삽입할 수 있다.

```
class DataGateway...

    public long Insert(String lastName, String firstname, int numberOfDependents) {
        long key = new PersonGatewayDS().GetNextID();
        DataRow newRow = Table.NewRow();
        newRow["id"] = key;
        newRow["lastName"] = lastName;
        newRow["firstName"] = firstname;
        newRow["numberOfDependents"] = numberOfDependents;
        Table.Rows.Add(newRow);
        return key;
    }
```

행 데이터 게이트웨이

*데이터 원본의 단일 레코드에 대한 **게이트웨이(492)** 역할을 하는 객체. 행마다 인스턴스 하나가 사용된다.*

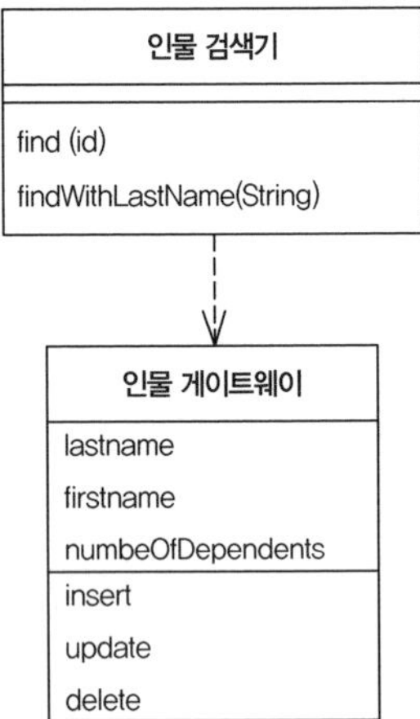

데이터베이스 접근 코드를 인메모리 객체에 넣는 방법에는 몇 가지 단점이 있다. 우선, 자체 비즈니스 논리가 있는 인메모리 객체에 데이터베이스 조작 코드를 넣으면 객체가 더 복잡해진다. 인메모리 객체가 데이터베이스와 결합되면 모든 데이터베이스 접근 때문에 테스트 실행이 느려지므로 테스트하기도 불편해진다. 여러 데이터베이스에서 SQL의 성가신 작은 차이점을 모두 고려하면서 데이터베이스에 접근해야 할 수 있다.

행 데이터 게이트웨이(Row Data Gateway)는 레코드 구조의 레코드와 완전히 동일하게 생겼지만 사용하는 프로그래밍 언어의 일반적인 메커니즘으로 접근할 수 있는 객체를 제공한다. 데이터 원본 접근에 대한 모든 세부 사항은 이 인터페이스 너머로 숨겨진다.

작동 원리

행 데이터 게이트웨이는 데이터베이스 행 하나와 같이 정확하게 단일 레코드의 흉내를 내는 객체다. 데이터베이스의 각 열은 한 필드가 된다. 행 데이터 게이트웨이는 일반적으로 데이터 원본 형식에서 인메모리 형식으로의 모든 형변환을 수행하지만 이러한 형변환은 상당히 간단하다. 이 패턴은 클라이언트가 행 데이터 게이트웨이에 직접 접근할 수 있게 한 행에 대한 데이터를 저장한다. 게이트웨이는 데이터의 각 행에 대한 인터페이스 역할을 한다. 이 방식은 **트랜잭션 스크립트(115)**에서 특히 잘 작동한다.

행 데이터 게이트웨이를 사용할 때는 이 패턴을 생성하는 검색 작업을 어디서 해야 할지 결정해야 한다. 정적 검색기 메서드를 사용해도 되지만, 그러면 다른 데이터 원본이 필요할 때 다형성을 활용해 검색기 메서드를 대체할 수 없게 된다. 적절한 방법 중 하나는 별도의 검색기 객체를 만들어 관계형 데이터베이스의 테이블마다 검색기 클래스 하나와 결과에 대한 게이트웨이 클래스 하나를 사용하는 것이다(그림 10.2).

행 데이터 게이트웨이

행 데이터 게이트웨이와 활성 레코드(168) 간의 차이를 구분하기 어려운 경우가 많다. 핵심적인 차이는 도메인 논리가 있는지 여부이며, 도메인 논리가 있으면 활성 레코드(168)다. 행 데이터 게이트웨이는 데이터베이스 접근 논리만 포함하고 도메인 논리는 포함하지 않아야 한다.

행 데이터 게이트웨이는 다른 형태의 테이블 형식 캡슐화와 마찬가지로 테이블은 물론 뷰나 쿼리에도 사용할 수 있다. 이러한 방식으로 업데이트할 때는 기반 테이블을 업데이트해야 하므로 작업이 더 복잡하다. 또한 동일한 기본 테이블에서 작동하는 행 데이터 게이트웨이가 두 개인 경우, 두 번째 행 데이터 게이트웨이를 업데이트하면 첫 번째 행 데이터 게이트웨이에 대한 변경 내용이 취소된다. 이 문제를 방지하는 일반적인 방법은 없으며, 가상 행 데이터 게이트웨이가 만들어지는 방법을 인식하고 있어야 한다. 업데이트 가능 뷰에서도 같은 현상이 일어날 수 있다. 물론 업데이트 작업을 지원하지 않을 수 있다.

행 데이터 게이트웨이의 코드를 직접 작성하기는 다소 지루한 편이지만 메타데이터 매핑(325)을 활용해 코드를 자동으로 생성할 수 있다. 즉, 자동화된 빌드 프로세스 중에 모든 데이터베이스 접근 코드를 자동으로 생성할 수 있다.

사용 시점

행 데이터 게이트웨이를 사용할지 결정할 때는 먼저 게이트웨이가 필요한지 여부를 결정하고 행 데이터 게이트웨이와 테이블 데이터 게이트웨이(151) 중 무엇을 사용할지 결정해야 한다.

필자는 트랜잭션 스크립트(115)를 사용할 때 행 데이터 게이트웨이를 가장 많이 사용한다. 이렇게 하면 데이터베이스 접근 코드를 깔끔하게 분리하고 다른 트랜잭션 스크립트(115)에서 손쉽게 재사용할 수 있다.

반면 도메인 모델(122)을 사용할 때는 행 데이터 게이트웨이를 사용하지 않는다. 매핑이 간단할 때는 활성 레코드(168)로 추가적인 코드 계층 없이 동일한 일을 할 수 있다. 매핑이 복잡할 때는 자료구조와 도메인 객체 간의 결합을 느슨하게 만들 수 있는 데이터 매퍼(174)가 더 좋은 선택이다. 결합이 느슨해지는 이유는 도메인 객체가 데이터베이스의 레이아웃을 알 필요가 없기 때문이다. 물론 도메인 객체를 데이터베이스 구조로부터 보호하는 데도 행 데이터 게이트웨이를 활용할 수 있다. 이렇게 하면 행 데이터 게이트웨이를 사용하면서 자료구조를 변경해도 도메인 논리를 변경할 필요가 없으므로 도움이 된다. 그런데 대규모 환경에서는 데이터 표현이 비즈니스 논리, 행 데이터 게이트웨이, 그리고 데이터베이스에 각기 하나씩 세 가지가 되는 문제가 있다. 그래서 필자는 일반적으로 데이터베이스와 구조가 같은 행 데이터 게이트웨이를 사용한다.

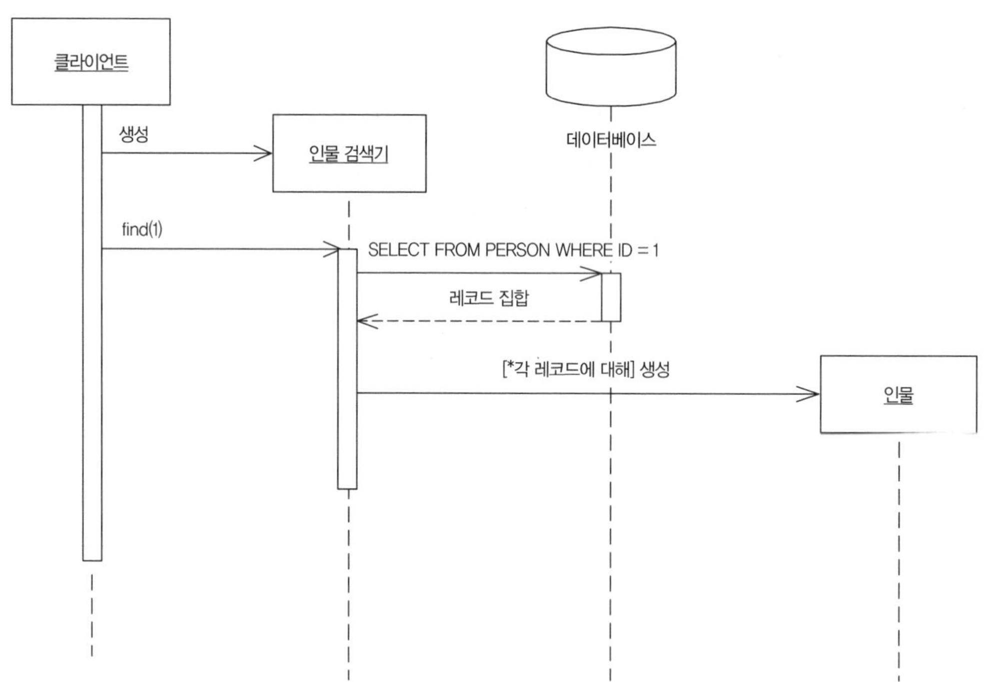

그림 10.2 행 기반 **행 데이터 게이트웨이**에서 검색의 상호작용

흥미롭게도, 행 데이터 게이트웨이를 데이터 매퍼(174)와 아주 잘 어울리게 사용하는 예를 본 적이 있다. 작업이 늘어날 것 같지만, 메타데이터를 활용해 행 데이터 게이트웨이를 자동으로 생성하고 데이터 매퍼(174)만 직접 작성하면 상당히 효과적인 방법일 수 있다.

트랜잭션 스크립트(115)와 행 데이터 게이트웨이를 함께 사용할 때는 행 데이터 게이트웨이에 적합해 보이는 비즈니스 논리가 여러 스크립트에서 반복된 것을 볼 수 있는 경우가 있다. 이 논리를 옮기다 보면 행 데이터 게이트웨이가 점차 활성 레코드(168)로 변하는데, 비즈니스 논리의 중복을 줄일 수 있기 때문에 바람직한 방향이다.

예제: 인물 레코드(자바)

다음은 간단한 인물 테이블을 사용하는 행 데이터 게이트웨이의 예다.

```
create table people (ID int primary key, lastname varchar,
                     firstname varchar, number_of_dependents int)
```

PersonGateway는 테이블에 대한 게이트웨이이며, 데이터 필드와 접근자로 시작한다.

```
class PersonGateway...

    private String lastName;
    private String firstName;
    private int numberOfDependents;

    public String getLastName() {
        return lastName;
    }

    public void setLastName(String lastName) {
        this.lastName = lastName;
    }

    public String getFirstName() {
        return firstName;
    }

    public void setFirstName(String firstName) {
        this.firstName = firstName;
    }

    public int getNumberOfDependents() {
        return numberOfDependents;
    }

    public void setNumberOfDependents(int numberOfDependents) {
        this.numberOfDependents = numberOfDependents;
    }
```

게이트웨이 클래스는 업데이트와 삽입을 자체적으로 처리할 수 있다.

```
class PersonGateway...

    private static final String updateStatementString =
            "UPDATE people " +
            " set lastname = ?, firstname = ?, number_of_dependents = ? " +
            " where id = ?";

    public void update() {
        PreparedStatement updateStatement = null;
        try {
            updateStatement = DB.prepare(updateStatementString);
            updateStatement.setString(1, lastName);
            updateStatement.setString(2, firstName);
            updateStatement.setInt(3, numberOfDependents);
            updateStatement.setInt(4, getID().intValue());
            updateStatement.execute();
        } catch (Exception e) {
            throw new ApplicationException(e);
        } finally {
            DB.cleanUp(updateStatement);
        }
    }
    private static final String insertStatementString =
            "INSERT INTO people VALUES (?, ?, ?, ?)";
    public Long insert() {
        PreparedStatement insertStatement = null;
        try {
            insertStatement = DB.prepare(insertStatementString);
            setID(findNextDatabaseId());
            insertStatement.setInt(1, getID().intValue());
            insertStatement.setString(2, lastName);
            insertStatement.setString(3, firstName);
            insertStatement.setInt(4, numberOfDependents);
            insertStatement.execute();
            Registry.addPerson(this);
            return getID();
        } catch (SQLException e) {
            throw new ApplicationException(e);
        } finally {
            DB.cleanUp(insertStatement);
        }
    }
```

데이터베이스에서 인물을 가져오기 위한 별도의 PersonFinder가 있다. 이 클래스는 게이트웨이와 함께 작업해 새로운 게이트웨이 객체를 만든다.


```
class PersonFinder...

    private final static String findStatementString =
            "SELECT id, lastname, firstname, number_of_dependents " +
            " from people " +
            " WHERE id = ?";

    public PersonGateway find(Long id) {
        PersonGateway result = (PersonGateway) Registry.getPerson(id);
        if (result != null) return result;
        PreparedStatement findStatement = null;
        ResultSet rs = null;
        try {
            findStatement = DB.prepare(findStatementString);
            findStatement.setLong(1, id.longValue());
            rs = findStatement.executeQuery();
            rs.next();
            result = PersonGateway.load(rs);
            return result;
        } catch (SQLException e) {
            throw new ApplicationException(e);
        } finally {
            DB.cleanUp(findStatement, rs);
        }
    }
    public PersonGateway find(long id) {
        return find(new Long(id));
    }

class PersonGateway...

    public static PersonGateway load(ResultSet rs) throws SQLException {
            Long id = new Long(rs.getLong(1));
            PersonGateway result = (PersonGateway) Registry.getPerson(id);
            if (result != null) return result;
            String lastNameArg = rs.getString(2);
            String firstNameArg = rs.getString(3);
            int numDependentsArg = rs.getInt(4);
            result = new PersonGateway(id, lastNameArg, firstNameArg, numDependentsArg);
```

```
        Registry.addPerson(result);
        return result;
    }
```


조건에 따라 두 명 이상의 인물을 검색할 수 있도록 적절한 검색기 메서드를 제공할 수 있다.

```
class PersonFinder...

    private static final String findResponsibleStatement =
            "SELECT id, lastname, firstname, number_of_dependents " +
            " from people " +
            " WHERE number_of_dependents > 0";

    public List findResponsibles() {
        List result = new ArrayList();
        PreparedStatement stmt = null;
        ResultSet rs = null;
        try {
            stmt = DB.prepare(findResponsibleStatement);
            rs = stmt.executeQuery();
            while (rs.next()) {
                result.add(PersonGateway.load(rs));
            }
            return result;
        } catch (SQLException e) {
            throw new ApplicationException(e);
        } finally {
            DB.cleanUp(stmt, rs);
        }
    }
```

검색기는 식별자 맵(206)을 저장하기 위해 레지스트리(507)를 사용한다. 이제 트랜잭션 스크립트(115)에서 게이트웨이를 사용할 수 있다.

```
PersonFinder finder = new PersonFinder();
Iterator people = finder.findResponsibles().iterator();
StringBuffer result = new StringBuffer();
while (people.hasNext()) {
    PersonGateway each = (PersonGateway) people.next();
    result.append(each.getLastName());
    result.append("");
```

```
        result.append(each.getFirstName());
        result.append("");
        result.append(String.valueOf(each.getNumberOfDependents()));
        result.append("\n");
    }
    return result.toString();
```


예제: 도메인 객체를 위한 데이터 홀더(자바)

필자는 행 데이터 게이트웨이를 주로 트랜잭션 스크립트(115)와 함께 사용한다. 도메인 모델(122)에서 행 데이터 게이트웨이를 사용하려면 도메인 객체가 게이트웨이에서 데이터를 가져와야 한다. 데이터를 도메인 객체로 복사하는 대신 행 데이터 게이트웨이를 도메인 객체에 대한 데이터 홀더로 사용할 수 있다.

```
class Person...

    private PersonGateway data;

    public Person(PersonGateway data) {
        this.data = data;
    }
```

도메인 논리의 접근자는 데이터에 대한 게이트웨이로 위임할 수 있다.

```
class Person...

    public int getNumberOfDependents() {
        return data.getNumberOfDependents();
    }
```

도메인 논리에서는 접근자 메서드를 사용해 게이트웨이에서 데이터를 가져온다.

```
class Person...

    public Money getExemption() {
        Money baseExemption = Money.dollars(1500);
        Money dependentExemption = Money.dollars(750);
        return baseExemption.add(dependentExemption.multiply(this.getNumberOfDependents()));
    }
```

활성 레코드

데이터베이스 테이블이나 뷰의 행을 래핑하고, 데이터베이스 접근을 캡슐화하며, 해당 데이터에 대한 도메인 논리를 추가하는 객체

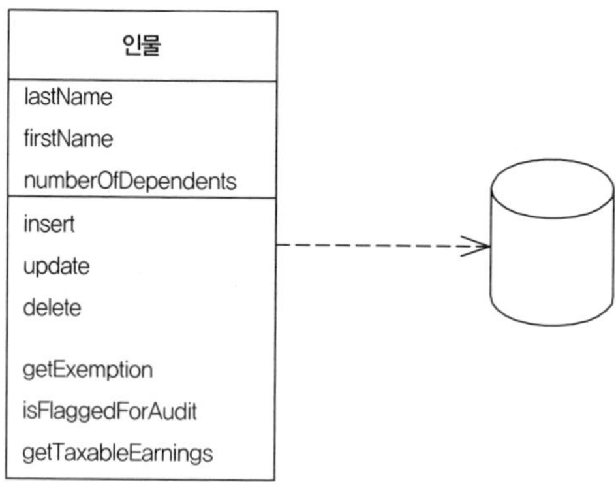

객체에는 데이터와 동작이 모두 포함된다. 이 데이터는 대부분 지속적이며 데이터베이스에 저장해야 한다. 활성 레코드는 데이터 접근 논리를 도메인 객체에 넣는 가장 합리적인 방식을 사용한다. 이 방법으로 누구든지 해당 데이터를 데이터베이스에서 읽고 저장하는 방법을 알 수 있다.

작동 원리

활성 레코드(Active Record)의 핵심은 **도메인 모델**(122)이며 이 안에서 클래스는 기반 데이터베이스의 레코드 구조와 거의 일치하게 된다. 각 **활성 레코드**는 데이터베이스에 데이터를 저장 및 로드하고 해당 데이터를 대상으로 하는 모든 도메인 논리를 담당한다. **활성 레코드**가 애플리케이션의 모든 도메인 논리를 포함할 수도 있지만, 일부 도메인 논리는 **트랜잭션 스크립트**(115)에 포함되고 공용 및 데이터 기반 코드는 **활성 레코드**에 포함될 수도 있다.

활성 레코드의 자료구조는 데이터베이스의 구조와 정확하게 일치해야 한다. 즉, 테이블의 각 열이 클래스의 필드와 대응해야 한다. SQL 인터페이스에서 데이터를 제공하는 방식 그대로 필드의 형식을 지정하며, 이 단계에서는 어떤 변환도 하지 않는다. **외래 키 매핑**(251)을 고려할 수 있지만 외래 키 역시 원래대로 유지해야 한다. 뷰나 테이블을 **활성 레코드**와 함께 사용할 수 있지만 뷰를 통해 업데이트하기는 확실히 힘들다. 뷰는 업데이트보다는 정보를 보고하는 용도로 유용하다.

활성 레코드 클래스에는 일반적으로 다음과 같은 일을 하는 메서드가 있다.

- SQL 결과 집합 행을 이용해 **활성 레코드**의 인스턴스를 생성
- 테이블에 삽입할 새로운 인스턴스 생성
- 자주 사용되는 SQL 쿼리를 래핑하고 **활성 레코드** 객체를 반환하는 정적 검색기 메서드
- 데이터베이스를 업데이트하고 **활성 레코드**의 데이터를 삽입
- 필드 얻기 및 설정
- 비즈니스 논리의 일부를 구현

얻기와 설정 메서드는 SQL 기반 형식을 좀 더 적절한 인메모리 형식으로 변환하는 등의 유용한 다른 작업도 할 수 있다. 또한 관련 테이블을 얻을 때는 자료구조에 식별자 필드(227)를 사용하지 않더라도 얻기 메서드가 (조회를 통해) 적절한 활성 레코드를 반환할 수 있다.

이 패턴에서 클래스는 편의를 제공하지만, 관계형 데이터베이스가 있다는 사실을 감출 수는 없다. 따라서 활성 레코드를 사용할 때는 그렇지 않을 때보다 일반적으로 다른 객체-관계형 매핑 패턴이 적게 사용된다.

활성 레코드는 행 데이터 게이트웨이(160)와 아주 비슷하다. 가장 큰 차이는 행 데이터 게이트웨이(160)는 데이터베이스 접근만 포함하지만, 활성 레코드는 데이터 원본과 도메인 논리를 모두 포함한다는 것이다. 소프트웨어에서 다른 대부분의 경계와 마찬가지로 이 구분은 절대적인 것은 아니지만 유용하다.

활성 레코드와 데이터베이스 간의 밀접한 결합 때문에 이 패턴에는 정적 검색 메서드가 사용되는 경우를 자주 보게 된다. 그러나 검색 메서드를 별도의 클래스로 분리하지 못할 이유는 없으며, 행 데이터 게이트웨이(160)에서도 설명했지만, 이렇게 하는 편이 테스트하는 데 편리하다.

다른 테이블 형식 패턴과 마찬가지로, 활성 레코드는 테이블은 물론 뷰나 쿼리에도 사용할 수 있다.

사용 시점

활성 레코드는 생성, 읽기, 갱신, 삭제와 같은 기본적인 도메인 논리를 처리하는 데 적합하다. 단일 레코드 기반의 파생과 유효성 검사는 이 구조에서 아주 잘 작동한다.

도메인 모델(122)을 설계하는 초기 단계에는 활성 레코드와 데이터 매퍼(174) 중 하나를 선택하는 것이 중요한 관건이다. 활성 레코드의 핵심 장점은 단순성이다. 활성 레코드는 작성하기 쉽

고, 이해하기도 쉽다. 활성 레코드의 주된 문제는 활성 레코드 객체가 데이터베이스 테이블과 일대일로 대응되는 동형(isomorphic) 스키마일 때만 잘 작동한다는 것이다. 비즈니스 논리가 복잡한 경우 객체의 직접 관계, 컬렉션, 상속 등을 사용하고 싶어진다. 이러한 개념은 활성 레코드에 어울리지 않으며, 억지로 적용하다 보면 엉망진창이 될 수 있다. 이 경우 데이터 매퍼(174)로 방향을 바꿀 필요가 있다.

활성 레코드를 반대하는 의견 중 하나는 활성 레코드가 객체 설계를 데이터베이스 설계와 결합한다는 것이다. 이 때문에 프로젝트가 진행되는 동안 두 가지 설계를 리팩터링하기가 더 어려워진다.

활성 레코드는 트랜잭션 스크립트(115)를 사용하면서 코드 중복의 불편함과 더불어 스크립트와 테이블을 업데이트하는 데 어려움을 느끼기 시작할 때 사용하는 것을 고려해볼 수 있다. 이 경우 점차적으로 활성 레코드를 만들기 시작하고 조금씩 동작을 활성 레코드로 리팩터링하면 된다. 먼저 테이블을 게이트웨이(492)로 래핑하고 동작을 옮기기 시작해서 점차 활성 레코드로 발전시키는 방법도 도움이 된다.

예제: 간단한 인물 클래스(자바)

활성 레코드의 핵심 구조가 작동하는 방법을 보여주는 아주 간단한 예를 살펴보자. 먼저 기본 인물 클래스로 시작한다.

```
class Person...

    private String lastName;
    private String firstName;
    private int numberOfDependents;
```

상위 클래스에는 ID 필드도 있다.

데이터베이스도 동일한 구조로 설정된다.

```
create table people (ID int primary key, lastname varchar,
                      firstname varchar, number_of_dependents int)
```

인물 클래스는 객체를 로드하기 위한 검색기 역할을 하며 직접 로드하기도 한다. 여기서는 인물 클래스 상의 정적 메서드를 사용한다.

```
class Person...

    private final static String findStatementString =
        "SELECT id, lastname, firstname, number_of_dependents" +
        " FROM people" +
        " WHERE id = ?";

    public static Person find(Long id) {
        Person result = (Person) Registry.getPerson(id);
        if (result != null) return result;
        PreparedStatement findStatement = null;
        ResultSet rs = null;
        try {
            findStatement = DB.prepare(findStatementString);
            findStatement.setLong(1, id.longValue());
            rs = findStatement.executeQuery();
            rs.next();
            result = load(rs);
            return result;
        } catch (SQLException e) {
            throw new ApplicationException(e);
        } finally {
            DB.cleanUp(findStatement, rs);
        }
    }

    public static Person find(long id) {
        return find(new Long(id));
    }

    public static Person load(ResultSet rs) throws SQLException {
        Long id = new Long(rs.getLong(1));
        Person result = (Person) Registry.getPerson(id);
        if (result != null) return result;
        String lastNameArg = rs.getString(2);
        String firstNameArg = rs.getString(3);
        int numDependentsArg = rs.getInt(4);
        result = new Person(id, lastNameArg, firstNameArg, numDependentsArg);
        Registry.addPerson(result);
        return result;
    }
```

객체를 업데이트하는 데는 간단한 인스턴스 메서드를 이용한다.

```
class Person...

    private final static String updateStatementString =
            "UPDATE people" +
            " set lastname = ?, firstname = ?, number_of_dependents = ?" +
            " where id = ?";

    public void update() {
        PreparedStatement updateStatement = null;
        try {
            updateStatement = DB.prepare(updateStatementString);
            updateStatement.setString(1, lastName);
            updateStatement.setString(2, firstName);
            updateStatement.setInt(3, numberOfDependents);
            updateStatement.setInt(4, getID().intValue());
            updateStatement.execute();
        } catch (Exception e) {
            throw new ApplicationException(e);
        } finally {
            DB.cleanUp(updateStatement);
        }
    }
```

삽입도 마찬가지로 아주 간단하다.

```
class Person...

    private final static String insertStatementString =
            "INSERT INTO people VALUES (?, ?, ?, ?)";

    public Long insert() {
        PreparedStatement insertStatement = null;
        try {
            insertStatement = DB.prepare(insertStatementString);
            setID(findNextDatabaseId());
            insertStatement.setInt(1, getID().intValue());
            insertStatement.setString(2, lastName);
            insertStatement.setString(3, firstName);
            insertStatement.setInt(4, numberOfDependents);
            insertStatement.execute();
```

```
            Registry.addPerson(this);
            return getID();
        } catch (Exception e) {
            throw new ApplicationException(e);
        } finally {
            DB.cleanUp(insertStatement);
        }
    }
```


모든 비즈니스 논리(예: 공제액 계산)는 인물 클래스 자체에 포함된다.

```
class Person...

    public Money getExemption() {
        Money baseExemption = Money.dollars(1500);
        Money dependentExemption = Money.dollars(750);
        return baseExemption.add(dependentExemption.multiply(this.getNumberOfDependents()));
    }
```

데이터 매퍼

*객체와 데이터베이스 사이에서 둘 사이는 물론 매퍼 자체에 대한 독립성을 유지하면서 데이터를 옮기는 **매퍼(500)**의 한 계층*

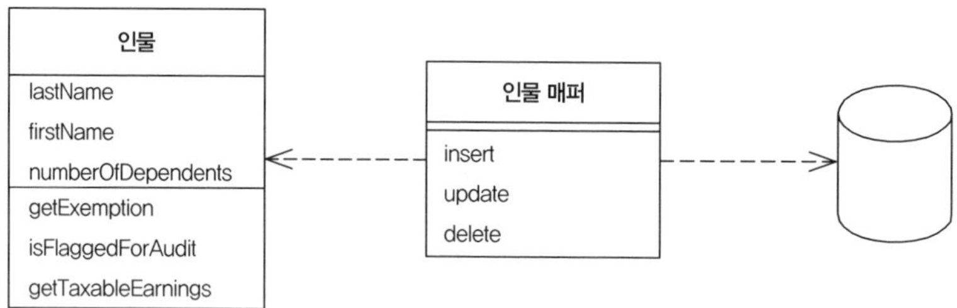

객체와 관계형 데이터베이스가 데이터를 구성하는 메커니즘은 서로 다르다. 관계형 데이터베이스에서는 컬렉션이나 상속과 같은 객체의 중요한 개념을 지원하지 않는다. 여러 비즈니스 논리를 포함하는 객체 모델을 구축할 때는 데이터와 동작을 좀 더 잘 구성하기 위해 이러한 메커니즘을 적절하게 사용하는 것이 중요하지만, 이처럼 객체에서만 지원되는 메커니즘을 활용할 경우 객체 스키마와 관계형 스키마가 일치하지 않는 이형(variant) 스키마가 만들어진다.

그러나 여전히 두 스키마 사이에서 데이터를 전송해야 하며, 이러한 이형 스키마 간의 데이터 전송은 본질적으로 아주 복잡하다. 인메모리 객체가 관계형 데이터베이스 구조에 대해 알고 있으면 한쪽의 변화가 다른 쪽에 영향을 미치게 된다.

데이터 매퍼(Data Mapper)는 인메모리 객체를 데이터베이스로부터 분리하는 소프트웨어 계층이다. 데이터 매퍼의 역할은 인메모리 객체와 데이터베이스 사이에서 데이터를 전송하고 동시에 둘을 서로 격리하는 것이다. 데이터 매퍼가 있으면 인메모리 객체는 심지어 데이터베이스가 있다는 것조차 알 필요가 없다. SQL 인터페이스 코드가 불필요한 것은 물론 데이터베이스 스키마에 대해서도 알 필요가 없다(물론 데이터베이스 스키마는 항상 자신을 사용하는 객체에 대해 모른다). 데이터 매퍼는 매퍼(500)의 한 형태이므로 도메인 계층에도 알려지지 않는다.

작동 원리

데이터 매퍼의 주 기능은 도메인과 데이터 원본과의 분리지만, 이러한 분리를 실현하려면 아주 복잡한 세부 과정이 필요하다. 또한 이러한 매핑 계층은 만드는 방법도 다양하다. 여기서 설명하는 내용은 근본적으로 복잡한 내용을 전체적으로 보여주기 위해 광범위한 것이 많다.

아주 기본적인 데이터 매퍼 예제로 시작해보자. 이 예는 가장 간단한 형식의 데이터 매퍼이며 실제로 사용할 가치는 없어 보일 수도 있다. 간단한 데이터베이스 매핑 예에서는 다른 패턴이 일반적으로 더 간단하므로 사용하기에 더 적합하다. 실제로 데이터 매퍼를 사용하려면 일반적으로 이보다는 복잡한 사례가 필요하지만, 개념을 설명하는 데는 아주 기본적인 예제가 더 좋다.

이번에 보여줄 간단한 예제에서는 인물과 인물 매퍼 클래스를 사용한다. 클라이언트는 데이터베이스에서 인물을 로드하기 위해 매퍼의 검색 메서드를 호출한다(그림 10.3). 매퍼는 식별자 맵(206)을 사용해 해당 인물이 이미 로드됐는지 확인하고 그렇지 않은 경우 로드한다.

업데이트는 그림 10.4에 나온다. 클라이언트가 도메인 객체를 저장하도록 매퍼에 요청한다. 매퍼는 도메인 객체에서 데이터를 받고 이를 데이터베이스로 전달한다.

데이터 매퍼의 전체 계층은 테스트 용도 또는 단일 도메인 계층이 다른 데이터베이스와 동작할 수 있도록 대체될 수 있다.

간단한 데이터 매퍼는 데이터베이스 테이블을 이에 해당하는 인메모리 클래스에 필드-대-필드 방식으로 매핑할 수 있다. 물론 일반적으로는 이렇게 간단하지 않다. 매퍼는 여러 필드와 연결되는 클래스, 여러 테이블을 포함하는 클래스, 상속을 사용하는 클래스, 그리고 모든 정리를 수행한 다음 객체를 연결하는 작업을 처리하기 위해 다양한 전략을 활용해야 한다. 이 책에 나오는 다양한 객체-관계형 매핑 패턴이 이러한 작업을 위한 것이다. 이러한 패턴은 일반적으로 다른 대안을 사용하는 것보다 데이터 매퍼를 사용해 배포하는 것이 더 쉽다.

삽입과 업데이트를 처리하려면 데이터베이스 매핑 계층은 어떤 객체가 변경, 생성, 삭제됐는지 알아내야 한다. 이 기능은 전체 작업량을 하나의 트랜잭션 프레임워크에 넣는 데도 필요하다. 작업 단위(193) 패턴은 이를 구성하는 좋은 패턴이다.

그림 10.3에서는 검색 메서드 요청 하나가 SQL 쿼리 하나로 실행된다고 암시하고 있지만 항상 그런 것은 아니다. 예를 들어, 여러 주문 항목을 포함하는 일반적인 주문 하나를 로드하려면 다른 주문 항목까지 로드해야 한다. 클라이언트의 요청을 처리하려면 일반적으로 객체의 그래프를 로드해야 하며, 매퍼 설계자가 한 번에 얼마나 많은 데이터를 가져올지 결정해야 한다. 여기서는 데이터베이스 쿼리를 최소화하는 것이 중요하므로 검색기는 데이터를 가져올 때 최선의 선택을 하기 위해 클라이언트가 객체를 사용하는 방법을 어느 정도 알아야 한다.

이 예제는 자연스럽게 단일 쿼리로 도메인 객체의 여러 클래스를 로드하는 경우를 보여준다. 여러 주문과 주문 항목을 로드하려면 주문과 주문 항목 테이블을 조인하는 단일 쿼리를 실행하는 것이 효율적이다. 그런 다음 결과 집합을 사용해 주문과 주문 항목 인스턴스를 로드할 수 있다 (258쪽).

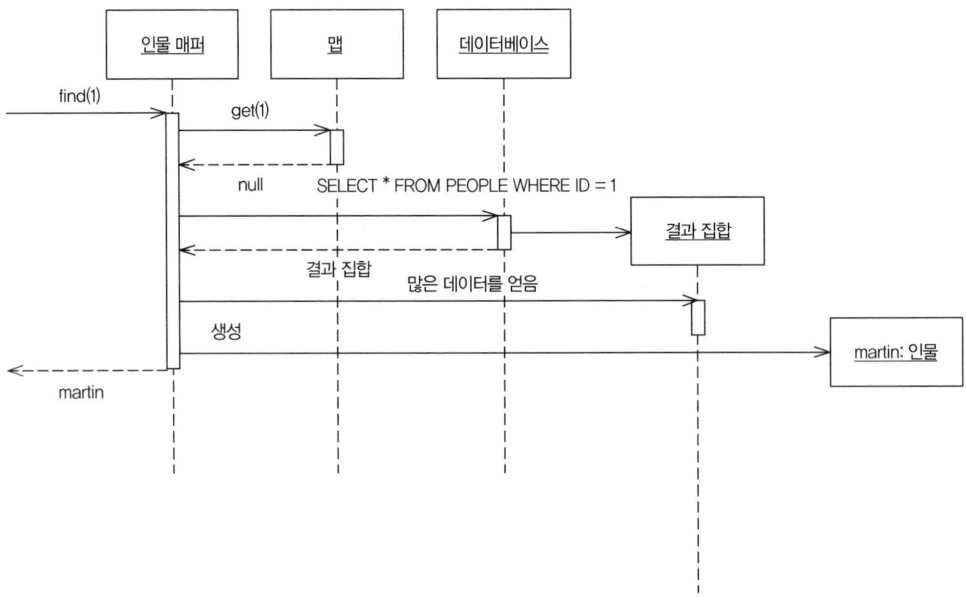

그림 10.3 데이터베이스에서의 데이터 검색

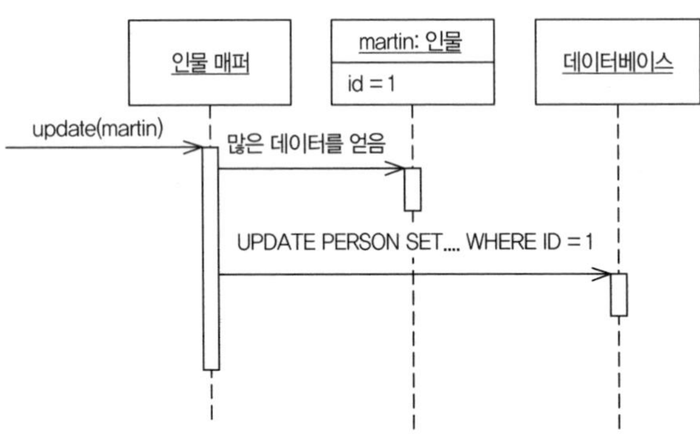

그림 10.4 데이터 업데이트

객체는 복잡하게 상호연결되므로 어떤 지점에서는 데이터 읽기를 중단해야 한다. 그렇지 않으면 요청 하나를 처리하기 위해 전체 데이터베이스를 읽게 될 수 있다. 매핑 계층은 지연 로드(211)라는 기법을 사용해 인메모리 객체에 미치는 영향을 최소화하면서 이 작업을 처리할 수 있다. 따라서 인메모리 객체는 매핑 계층을 완전히 몰라도 되는 것은 아니며, 검색기나 몇 가지 다른 메커니즘에 대해 알아야 할 수 있다.

한 애플리케이션은 데이터 매퍼를 하나 또는 여러 개 가질 수 있다. 매퍼를 직접 코딩할 때는 각 도메인 클래스나 도메인 계층의 루트마다 하나씩 만드는 것이 좋다. 반면 메타데이터 매핑(325)을 사용할 때는 단일 매퍼 클래스를 사용해도 된다. 후자의 경우 검색 메서드가 문제가 될 수 있다. 규모가 큰 애플리케이션에서는 검색 메서드가 여러 개 포함된 단일 매퍼를 사용하기는 어려울 수 있기 때문에 이러한 메서드를 각 도메인 클래스나 도메인 계층의 루트마다 분할하는 것이 합리적이다. 여러 개의 작은 검색기 클래스를 만들어야 하지만 개발자가 필요한 검색기를 찾기는 더 쉬워진다.

검색기는 다른 데이터베이스 검색 동작과 마찬가지로 데이터베이스에서 읽은 객체의 식별자를 유지하기 위해 식별자 맵(206)을 사용한다. 이를 위해 레지스트리(507)나 식별자 맵(206)을 사용하거나 각 검색기가 식별자 맵(206)을 갖게 할 수 있다(세션별로 클래스당 검색기가 하나인 경우만 가능).

검색기 처리: 객체를 사용하는 작업을 하려면 데이터베이스에서 객체를 로드해야 한다. 일반적으로 이 작업은 프레젠테이션 계층이 일종의 초기 객체를 로드하면서 시작한다. 그런 다음 제어가 도메인 계층으로 전달되며, 이제부터는 객체 간의 연결을 통해 한 객체에서 다른 객체로 코드가 실행된다. 이 방식은 도메인 계층이 필요로 하는 모든 객체를 메모리로 로드했거나 지연 로드(211)를 사용해 필요할 때 추가 객체를 로드하는 경우 효과적으로 작동한다.

경우에 따라 도메인 객체가 데이터 매퍼의 검색 메서드를 호출해야 할 수 있는데, 지연 로드(211)를 잘 설계하면 이를 완전히 예방할 수 있다. 간단한 애플리케이션이라면 연결과 지연 로드(211)로 모든 것을 관리하려고 노력할 필요는 없을 수 있지만, 그래도 도메인 객체에 데이터 매퍼에 대한 의존성을 추가하는 것은 바람직하지 않다.

분리 인터페이스(504)를 이용하면 이 딜레마를 해결할 수 있다. 도메인 코드에 필요한 모든 검색 메서드를 한 인터페이스 클래스에 넣은 후 이를 도메인 패키지에 넣으면 된다.

데이터를 도메인 필드로 매핑: 매퍼는 도메인 객체의 필드에 접근할 수 있어야 한다. 그런데 매퍼를 지원하려면 도메인 논리에는 필요가 없는 공용 메서드를 사용해야 하기 때문에 문제가 될 수 있다(물론 필드를 공용으로 만드는 심각한 실수를 경계해야 한다). 이 문제는 쉽게 해결할 수 없다. 매퍼를 도메인 객체와 가까운 위치(예: 자바에서 동일한 패키지)에 패키징해서 낮은 수준의 가시성을 활용하는 방법이 있지만, 도메인 객체에 대해 아는 시스템의 다른 부분도 매퍼에 대해 알게 되므로 의존성의 큰 그림에 혼란이 생길 수 있다. 언어의 가시성 규칙을 종종 우회하는 리플렉션을 사용할 수도 있다. 이 방법은 속도는 느리지만 SQL 호출에 걸리는 시간과 비교하면 사소한 오류 정도로 생각해도 좋은 수준이다. 아니면 공용 메서드를 사용하되 이를 상태 필드로 보호해서 데이터베이스 로드 컨텍스트 외에 사용되면 예외를 던지는 방법이 있다. 이러한 경우 일반적인 접근자 및 설정자 메서드와 혼동하지 않게 이름을 잘 지정해야 한다.

이와 관련된 문제로 객체를 언제 생성할지도 결정해야 한다. 여기에는 기본적으로 두 가지 방법이 있다. 한 방법은 **리치 생성자**(rich constructor)를 사용해 객체를 모든 필수 데이터가 포함된 상태로 생성하는 것이다. 다른 방법은 비어 있는 객체를 생성한 다음 나중에 필수 데이터로 채우는 방법이다. 필자는 일반적으로 처음부터 올바른 형식의 객체로 시작하는 전자의 방법을 선호한다. 즉, 변경 불가능한(immutable) 필드가 있다면 필드 값을 변경하는 메서드를 제공하지 않음으로써 이러한 규칙을 적용할 수 있다는 의미다.

리치 생성자를 사용할 때는 순환 참조 문제를 알고 있어야 한다. 두 객체가 서로를 참조할 때 둘 중 하나를 로드하려고 하면 한 객체가 다른 객체를 로드하려고 하는 순환이 스택 공간이 모두 소비되기 전까지 반복된다. 이 문제를 방지하려면 지연 로드(211) 등을 이용해 특수 사례 코드를 작성해야 한다. 다만 이러한 특수 사례 코드를 작성하기는 쉽지 않기 때문에 다른 방법도 알아두는 것이 좋다. 한 가지 방법은 **비어 있는 객체**(empty object)를 사용하는 것이다. 인수 없는 생성자를 이용해 비어 있는 객체를 생성하고 이를 곧바로 식별자 맵(206)에 삽입한다. 순환이 있으면 식별자 맵(206)에서 비어 있는 객체가 반환되며, 이를 확인하면 순환 로딩을 중단할 수 있다.

이처럼 비어 있는 객체를 사용하려면 객체를 로드할 때 읽기 전용 값에 대한 설정자 메서드가 필요하다. 이와 같이 메서드의 명명 규칙과 약간의 상태 검사 방법으로 이 문제를 예방할 수 있다. 또한 데이터 로딩에도 리플렉션을 사용할 수 있다.

메타데이터 기반 매핑: 도메인 객체의 필드와 데이터베이스의 열이 어떻게 매핑되는지를 저장하는 방법도 결정해야 한다. 가장 간단하면서 종종 가장 좋은 방법은 명시적 코드를 사용하는 방법으로서 도메인 객체별로 매퍼 클래스 하나가 필요하다. 매퍼는 할당을 통해 매핑하며, 데이터베이스 접근을 위한 SQL을 저장하는 필드(주로 문자열 상수)를 포함한다. 다른 방법은 메타데이터를 클래스나 별도 파일을 통해 데이터로 저장하는 메타데이터 매핑(325)을 사용하는 것이다. 메타데이터의 가장 큰 장점은 매퍼의 모든 변형을 코드 생성이나 리플렉션 프로그래밍을 활용해 소스코드를 추가로 작성하지 않고도 데이터를 통해 처리할 수 있다는 것이다.

사용 시점

데이터 매퍼를 사용하는 주된 이유는 데이터베이스 스키마와 객체 모델을 분리해서 발전시킬 수 있기 때문이다. 가장 일반적인 경우가 **도메인 모델(122)**과 함께 사용하는 경우다. 도메인 모델과 함께 데이터 매퍼를 사용하면 설계와 구축, 그리고 테스트 프로세스에서 데이터베이스를 고려할 필요가 없다. 매퍼가 모든 대응 작업을 처리하므로 도메인 객체는 데이터베이스 구조에 대해 알 필요가 없다.

데이터베이스에 저장되는 방법에는 신경 쓰지 않고 도메인 객체를 이용할 수 있으므로 코드를 편리하게 작성할 수 있다. 또한 **도메인 모델(122)**이나 데이터베이스를 독립적으로 변경할 수 있다. 특히 기존 데이터베이스를 사용하는 복잡한 매핑의 경우 이러한 독립성이 작업하는 데 큰 도움이 된다.

하지만 이 패턴을 사용할 경우 **활성 레코드(168)**를 사용할 때는 필요 없는 계층 하나를 추가로 만들어야 한다. 따라서 이 패턴이 가치가 있는지는 비즈니스 논리가 얼마나 복잡하느냐에 따라 달라진다. 비즈니스 논리가 아주 간단하다면 **도메인 모델(122)**이나 **데이터 매퍼**가 필요 없을 것이다. 논리가 복잡한 경우 **도메인 모델(122)**이 필요하며, 따라서 데이터 매퍼도 필요하다.

필자라면 **도메인 모델(122)**을 사용하지 않는다면 **데이터 매퍼**도 선택하지 않을 것이다. 그렇다면 **데이터 매퍼** 없이 **도메인 모델(122)**을 사용하는 것은 가능할까? 도메인 모델이 아주 간단하고 도메인 모델 개발자가 데이터베이스도 관리하고 있다면, 도메인 객체가 **활성 레코드(168)**를 사용해 직접 데이터베이스에 접근하는 것이 합리적이다. 이것은 지금까지 설명한 매퍼의 동작을 도메인 객체에 넣는 것과 사실상 같은 결과다. 그리고 이후에 논리가 더 복잡해지면 데이터베이스 동작을 별도의 계층으로 리팩터링하는 것이 바람직하다.

모든 기능이 포함된 데이터베이스 매핑 계층을 직접 만들 필요는 없다는 것을 기억하자. 데이터 매퍼를 만드는 일은 여간 복잡하지 않으며 이 일을 대신 해줄 수 있는 소프트웨어가 많이 있다. 필자는 일반적으로 직접 매퍼를 작성하기보다는 데이터베이스 매핑 툴을 구매해서 이용하기를 권장한다.

예제: 간단한 데이터베이스 매퍼(자바)

여기서는 기본적인 구조를 알아볼 수 있도록 아주 간단한 데이터 매퍼의 예를 살펴본다. 이 예제는 인물 테이블과 구조가 같은 인물 클래스다.

```
class Person...

    private String lastName;
    private String firstName;
    private int numberOfDependents;
```

데이터베이스 스키마는 다음과 같다.

```
create table people (ID int primary key, lastname varchar,
                    firstname varchar, number_of_dependents int)
```

이 간단한 예에서는 인물 매퍼 클래스가 검색기와 식별자 맵(206)도 구현한다. 그리고 몇 가지 공통 동작을 가져올 수 있는 위치를 나타내는 추상 매퍼 계층 상위 형식(502)을 하나 추가했다. 로딩 작업에는 객체가 식별자 맵(206)에 이미 있는지 확인한 다음 데이터베이스에서 데이터를 가져오는 과정이 포함된다.

검색 동작은 추상 검색 메서드에 대한 호출을 래핑해 ID를 기준으로 검색하는 인물 매퍼에서 시작한다.

```
class PersonMapper...

    protected String findStatement() {
        return "SELECT " + COLUMNS +
            " FROM people" +
            " WHERE id = ?";
    }

    public static final String COLUMNS = " id, lastname, firstname, number_of_dependents ";

    public Person find(Long id) {
        return (Person) abstractFind(id);
    }

    public Person find(long id) {
        return find(new Long(id));
    }

class AbstractMapper...

    protected Map loadedMap = new HashMap();
    abstract protected String findStatement();
```

```
    protected DomainObject abstractFind(Long id) {
        DomainObject result = (DomainObject) loadedMap.get(id);
        if (result != null) return result;
        PreparedStatement findStatement = null;
        try {
            findStatement = DB.prepare(findStatement());
            findStatement.setLong(1, id.longValue());
            ResultSet rs = findStatement.executeQuery();
            rs.next();
            result = load(rs);
            return result;
        } catch (SQLException e) {
            throw new ApplicationException(e);
        } finally {
            DB.cleanUp(findStatement);
        }
    }
```

검색 메서드에서는 추상과 인물 매퍼로 분할되는 load 메서드를 호출한다. 추상 매퍼는 ID를 확인하고 데이터에서 ID를 가져온 다음 새로운 객체를 식별자 맵(206)에 등록한다.

```
class AbstractMapper...

    protected DomainObject load(ResultSet rs) throws SQLException {
        Long id = new Long(rs.getLong(1));
        if (loadedMap.containsKey(id)) return (DomainObject) loadedMap.get(id);
        DomainObject result = doLoad(id, rs);
        loadedMap.put(id, result);
        return result;
    }

    abstract protected DomainObject doLoad(Long id, ResultSet rs) throws SQLException;

class PersonMapper...

    protected DomainObject doLoad(Long id, ResultSet rs) throws SQLException {
        String lastNameArg = rs.getString(2);
        String firstNameArg = rs.getString(3);
        int numDependentsArg = rs.getInt(4);
        return new Person(id, lastNameArg, firstNameArg, numDependentsArg);
    }
```

식별자 맵(206)은 abstractFind와 load에서 각각 한 번씩 두 번 확인했다. 이상해 보이지만 이렇게 하는 데는 이유가 있다.

검색기에서 맵을 확인한 이유는 객체가 이미 있는 경우 부담스러운 데이터베이스 작업을 하지 않아도 되기 때문이다. load에서 다시 확인한 이유는 식별자 맵(206)에 확인되지 않은 쿼리가 있을 수 있기 때문이다. 지정한 검색 패턴과 성이 일치하는 모든 인물을 찾으려 한다고 가정해보자. 이러한 인물이 이미 모두 로드됐는지 알 수 없기 때문에 데이터베이스에 대해 쿼리를 실행해야 한다.

```
class PersonMapper...

    private static String findLastNameStatement =
            "SELECT " + COLUMNS +
            " FROM people " +
            " WHERE UPPER(lastname) like UPPER(?)" +
            " ORDER BY lastname";

    public List findByLastName(String name) {
        PreparedStatement stmt = null;
        ResultSet rs = null;
        try {
            stmt = DB.prepare(findLastNameStatement);
            stmt.setString(1, name);
            rs = stmt.executeQuery();
            return loadAll(rs);
        } catch (SQLException e) {
            throw new ApplicationException(e);
        } finally {
            DB.cleanUp(stmt, rs);
        }
    }

class AbstractMapper...

    protected List loadAll(ResultSet rs) throws SQLException {
        List result = new ArrayList();
        while (rs.next())
            result.add(load(rs));
        return result;
    }
```

이 작업을 할 때는 이미 로드한 인물에 해당하는 일부 행까지 다시 결과 집합으로 가져오게 될 수 있다. 따라서 중복이 발생하지 않도록 식별자 맵(206)을 확인해야 한다.

이런 식으로 검색 메서드가 필요한 각 하위 클래스에 검색기 메서드를 작성할 때는 공용 메서드를 제공해 반복적인 코드 작성을 줄일 수 있다.


```
class AbstractMapper...

    public List findMany(StatementSource source) {
        PreparedStatement stmt = null;
        ResultSet rs = null;
        try {
            stmt = DB.prepare(source.sql());
            for (int i = 0; i < source.parameters().length; i++)
                stmt.setObject(i+1, source.parameters()[i]);
            rs = stmt.executeQuery();
            return loadAll(rs);
        } catch (SQLException e) {
            throw new ApplicationException(e);
        } finally {
            DB.cleanUp(stmt, rs);
        }
    }
```

이 기법을 활용하려면 SQL 문자열을 래핑하고 매개변수를 준비된 문(prepared statement)으로 로드하는 인터페이스가 있어야 한다.

```
interface StatementSource...

    String sql();
    Object[] parameters();
```

이제 내부 클래스로 적절한 구현을 제공해 이 기능을 사용할 수 있다.

```
class PersonMapper...

    public List findByLastName2(String pattern) {
        return findMany(new FindByLastName(pattern));
    }

    static class FindByLastName implements StatementSource {
        private String lastName;
```

```
        public FindByLastName(String lastName) {
            this.lastName = lastName;
        }
        public String sql() {
            return
                "SELECT " + COLUMNS +
                "  FROM people " +
                "  WHERE UPPER(lastname) like UPPER(?)" +
                "  ORDER BY lastname";
        }
        public Object[] parameters() {
            Object[] result = {lastName};
            return result;
        }
    }
```

이 기법은 문을 호출하는 코드가 반복되는 곳이면 어디서든 활용할 수 있다. 예제에서는 따라하기 쉽게 가급적 간단하게 코드를 구성했다. 반복적인 코드를 많이 작성해야 한다면 이와 비슷한 기법을 사용하는 것을 고려해보는 것이 좋다.

업데이트 작업을 위해 다음과 같은 JDBC 코드를 이 하위 형식에 연결했다.

```
class PersonMapper...

    private static final String updateStatementString =
            "UPDATE people " +
            " SET lastname = ?, firstname = ?, number_of_dependents = ? " +
            " WHERE id = ?";

    public void update(Person subject) {
        PreparedStatement updateStatement = null;
        try {
            updateStatement = DB.prepare(updateStatementString);
            updateStatement.setString(1, subject.getLastName());
            updateStatement.setString(2, subject.getFirstName());
            updateStatement.setInt(3, subject.getNumberOfDependents());
            updateStatement.setInt(4, subject.getID().intValue());
            updateStatement.execute();
        } catch (Exception e) {
            throw new ApplicationException(e);
        } finally {
            DB.cleanUp(updateStatement);
```

```
        }
    }
```

삽입 작업의 코드 일부는 계층 상위 형식(502)으로 분리할 수 있다.

데이터 매퍼

```
class AbstractMapper...

    public Long insert(DomainObject subject) {
        PreparedStatement insertStatement = null;
        try {
            insertStatement = DB.prepare(insertStatement());
            subject.setID(findNextDatabaseId());
            insertStatement.setInt(1, subject.getID().intValue());
            doInsert(subject, insertStatement);
            insertStatement.execute();
            loadedMap.put(subject.getID(), subject);
            return subject.getID();
        } catch (SQLException e) {
            throw new ApplicationException(e);
        } finally {
            DB.cleanUp(insertStatement);
        }
    }

    abstract protected String insertStatement();
    abstract protected void doInsert(DomainObject subject, PreparedStatement
insertStatement)
            throws SQLException;

class PersonMapper...

    protected String insertStatement() {
        return "INSERT INTO people VALUES (?, ?, ?, ?)";

    }

    protected void doInsert(
            DomainObject abstractSubject,
            PreparedStatement stmt)
            throws SQLException
    {
        Person subject = (Person) abstractSubject;
        stmt.setString(2, subject.getLastName());
```

```
        stmt.setString(3, subject.getFirstName());
        stmt.setInt(4, subject.getNumberOfDependents());
    }
```


예제: 검색기 분리(자바)

도메인 객체가 검색기 동작을 호출할 수 있게 하려면 분리 인터페이스(504)를 이용해 매퍼에서 검색기 인터페이스를 분리하면 된다(그림 10.5). 이러한 검색기 인터페이스는 도메인 계층이 볼 수 있는 별도의 패키지에 넣거나 이 경우와 같이 아예 도메인 계층 자체에 넣을 수 있다.

가장 흔한 검색으로 특정 대리 ID를 기준으로 객체를 찾는 것이 있다. 이 작업 과정의 대부분은 아주 일반적이므로 적절한 계층 상위 형식(502)에서 처리할 수 있다. 이 작업에는 ID에 대해 아는 도메인 객체의 계층 상위 형식(502)이 필요하다.

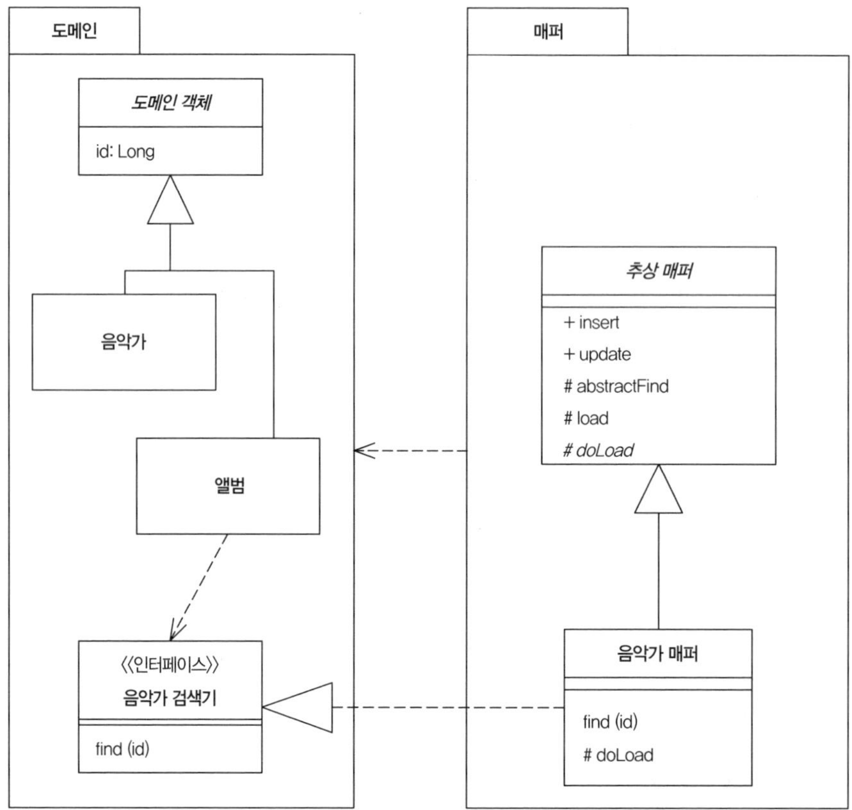

그림 10.5 도메인 패키지에 검색기 인터페이스를 정의

검색을 위한 인터페이스는 검색기 인터페이스에 있다. 반환 형식이 무엇인지 알아야 하므로 일반적으로는 범용적으로 만들지 않는 것이 좋다.

```
interface ArtistFinder...

    Artist find(Long id);
    Artist find(long id);
```

검색기 인터페이스는 도메인 패키지에 선언하고 검색기는 레지스트리(507)에 포함되게 하는 것이 가장 좋다. 이 경우 매퍼 클래스가 검색기 인터페이스를 구현하게 했다.

```
class ArtistMapper implements ArtistFinder...

    public Artist find(Long id) {
        return (Artist) abstractFind(id);
    }

    public Artist find(long id) {
        return find(new Long(id));
    }
```

검색 메서드의 주요 부분이 매퍼의 계층 상위 형식(502)에 의해 수행되며, 이 부분에서 식별자 맵(206)을 검사해 객체가 이미 메모리에 있는지 확인한다. 객체가 메모리에 없는 것이 확인되면 음악가 매퍼에 의해 로드된 준비된 문을 완성한 다음 실행한다.

```
class AbstractMapper...

    abstract protected String findStatement();
    protected Map loadedMap = new HashMap();

    protected DomainObject abstractFind(Long id) {
        DomainObject result = (DomainObject) loadedMap.get(id);
        if (result != null) return result;
        PreparedStatement stmt = null;
        ResultSet rs = null;
        try {
            stmt = DB.prepare(findStatement());
            stmt.setLong(1, id.longValue());
            rs = stmt.executeQuery();
            rs.next();
            result = load(rs);
            return result;
```

```
        } catch (SQLException e) {
            throw new ApplicationException(e);
        } finally {
            cleanUp(stmt, rs);
        }
    }
```

```
class ArtistMapper...

    protected String findStatement() {
        return "select " + COLUMN_LIST + " from artists art where ID = ?";
    }

    public static String COLUMN_LIST = "art.ID, art.name";
```

동작의 검색 부분에서는 기존 객체나 새로운 객체를 얻는 일을 한다. 로드 부분은 데이터베이스에서 가져온 데이터를 새로운 객체에 넣는 일을 한다.

```
class AbstractMapper...

    protected DomainObject load(ResultSet rs) throws SQLException {
        Long id = new Long(rs.getLong("id"));
        if (loadedMap.containsKey(id)) return (DomainObject) loadedMap.get(id);
        DomainObject result = doLoad(id, rs);
        loadedMap.put(id, result);
        return result;
    }

    abstract protected DomainObject doLoad(Long id, ResultSet rs) throws SQLException;
```

```
class ArtistMapper...

    protected DomainObject doLoad(Long id, ResultSet rs) throws SQLException {
        String name = rs.getString("name");
        Artist result = new Artist(id, name);
        return result;
    }
```

load 메서드도 식별자 맵(206)을 검사한다. 이 예에서는 중복 검사가 되지만 이 검사를 하지 않는 다른 검색기가 load를 호출할 수도 있다는 점을 고려한 것이다. 이 체계의 하위 클래스에서는 필요한 실제 데이터를 로드하는 doLoad 메서드를 작성하고 findStatement 메서드에서 적합한 준비된 문을 반환하면 된다.

쿼리를 바탕으로 검색할 수도 있다. 예를 들어, 트랙과 앨범이 저장된 데이터베이스가 있고, 지정된 앨범의 모든 트랙을 찾는 검색기가 필요하다고 가정해보자. 이번에도 인터페이스에 검색기를 선언한다.


```
interface TrackFinder...

    Track find(Long id);
    Track find(long id);
    List findForAlbum(Long albumID);
```

이번에는 이 클래스의 특정 검색 메서드이므로, 계층 상위 형식(502)이 아니라 트랙 매퍼 클래스와 같은 특정 클래스에 구현한다. 다른 검색기처럼 구현에 메서드 두 개가 있다. 하나는 준비된 문을 설정하고, 다른 하나는 준비된 문에 대한 호출을 래핑하고 결과를 해석한다.

```
class TrackMapper...

    public static final String findForAlbumStatement =
            "SELECT ID, seq, albumID, title " +
            "FROM tracks " +
            "WHERE albumID = ? ORDER BY seq";

    public List findForAlbum(Long albumID) {
        PreparedStatement stmt = null;
        ResultSet rs = null;
        try {
            stmt = DB.prepare(findForAlbumStatement);
            stmt.setLong(1, albumID.longValue());
            rs = stmt.executeQuery();
            List result = new ArrayList();
            while (rs.next())
                result.add(load(rs));
            return result;
        } catch (SQLException e) {
            throw new ApplicationException(e);
        } finally {
            cleanUp(stmt, rs);
        }
    }
```

검색기는 결과 집합의 각 행에 대해 로드 메서드를 호출한다. 이 메서드는 인메모리 객체를 생성하고 여기에 데이터를 로드하는 역할을 한다. 이전 예제와 마찬가지로 이미 로드된 객체가 있는지 식별자 맵(206)을 검사하는 것을 포함해 이 작업의 일부는 **계층 상위 형식**(502)에서 처리할 수 있다.

예제: 비어 있는 객체 만들기(자바)

객체를 로드하는 두 가지 기본 방식이 있다. 하나는 생성자를 이용해 처음부터 유효한 객체를 만드는 방식이며, 위의 예제에서도 이 방식을 사용했다. 이 방식에는 다음과 같은 로딩 코드가 필요하다.

```
class AbstractMapper...

    protected DomainObject load(ResultSet rs) throws SQLException {
        Long id = new Long(rs.getLong(1));
        if (loadedMap.containsKey(id)) return (DomainObject) loadedMap.get(id);
        DomainObject result = doLoad(id, rs);
        loadedMap.put(id, result);
        return result;
    }

    abstract protected DomainObject doLoad(Long id, ResultSet rs) throws SQLException;

class PersonMapper...

    protected DomainObject doLoad(Long id, ResultSet rs) throws SQLException {
        String lastNameArg = rs.getString(2);
        String firstNameArg = rs.getString(3);
        int numDependentsArg = rs.getInt(4);
        return new Person(id, lastNameArg, firstNameArg, numDependentsArg);
    }
```

다른 하나는 비어 있는 객체를 만든 다음 나중에 설정자 메서드로 객체를 로드하는 방식이다.

```
class AbstractMapper...

    protected DomainObjectEL load(ResultSet rs) throws SQLException {
        Long id = new Long(rs.getLong(1));
        if (loadedMap.containsKey(id)) return (DomainObjectEL) loadedMap.get(id);
        DomainObjectEL result = createDomainObject();
```

```
        result.setID(id);
        loadedMap.put(id, result);
        doLoad (result, rs);
        return result;
    }

    abstract protected DomainObjectEL createDomainObject();
    abstract protected void doLoad(DomainObjectEL obj, ResultSet rs) throws SQLException;

class PersonMapper...

    protected DomainObjectEL createDomainObject() {
        return new Person();
    }

    protected void doLoad(DomainObjectEL obj, ResultSet rs) throws SQLException {
        Person person = (Person) obj;
        person.dbLoadLastName(rs.getString(2));
        person.setFirstName(rs.getString(3));
        person.setNumberOfDependents(rs.getInt(4));
    }
```

여기서는 설정자 메서드의 사용을 제어하기 위해 다른 종류의 도메인 객체 계층 상위 형식(502)을 사용하고 있다. 예를 들어, 인물의 성을 읽기 전용 필드로 만들려고 한다고 가정해보자. 이 경우 필드가 로드된 후에는 값을 변경하지 않아야 하므로 상태 필드 하나를 도메인 객체에 추가한다.

```
class DomainObjectEL...

    private int state = LOADING;
    private static final int LOADING = 0;
    private static final int ACTIVE = 1;

    public void beActive() {
        state = ACTIVE;
    }
```

그런 다음 로드 중에 이 값을 확인할 수 있다.

```
class Person...

    public void dbLoadLastName(String lastName) {
```

```
        assertStateIsLoading();
        this.lastName = lastName;
    }

class DomainObjectEL...

    void assertStateIsLoading() {
        Assert.isTrue(state == LOADING);
    }
```

이 방식에서 한 가지 마음에 걸리는 점은 인터페이스에 인물 클래스의 클라이언트 대다수가 사용할 수 없는 메서드가 추가된다는 것이다. 매퍼에서 리플렉션을 활용해 필드를 설정하는 방법이 있지만 이 방법은 자바의 보호 메커니즘을 완전히 무시하는 것이다.

이러한 상태 기반 보호 기법을 사용할 가치가 있을까? 필자도 확신은 못한다. 한편으로는 업데이트 메서드를 잘못 호출해서 생기는 버그를 포착하는 효과가 있다. 다른 한편으로는 이 버그가 메커니즘을 사용해서 방지할 만큼 심각한 것이냐다. 아직은 필자도 확실한 의견이 없다.

11장

객체-관계형 동작 패턴

작업 단위

비즈니스 트랜잭션의 영향을 받은 객체의 리스트를 유지 관리하고, 변경 내용을 기록하는 일과 동시성 문제를 해결하는 일을 조율한다.

작업 단위
registerNew(object) registerDirty (object) registerClean(object) registerDeleted(object) commit()

데이터베이스에서 데이터를 가져오고 다시 저장하려면 변경 내용을 추적하는 일이 중요하며, 그렇지 않으면 작업한 내용이 손실될 수 있다. 마찬가지로 새로 만든 객체는 데이터베이스로 삽입하고 삭제한 객체는 데이터베이스에서 제거해야 한다.

객체 모델이 변경될 때마다 데이터베이스를 변경해도 되지만 이렇게 하면 아주 많은 소규모 데이터베이스 호출을 해야 하고 결과적으로 상당히 느려진다. 또한 상호작용이 수행되는 동안 트랜잭션을 열어야 하므로 한 비즈니스 트랜잭션이 여러 요청에 걸쳐 수행되는 경우 실용적이지 않다. 일관성 없는 읽기를 방지하기 위해 읽은 객체를 추적해야 하는 경우에는 문제가 더 어려워진다.

작업 단위(Unit of Work)는 한 비즈니스 트랜잭션 중에 데이터베이스에 영향을 미치는 모든 변경 내용을 추적한다. 그리고 작업이 완료되면 작업 결과를 데이터베이스에 기록하기 위해 해야 하는 모든 일을 알아낸다.

작동 원리

새로운 객체를 만들거나 기존 객체를 업데이트 또는 삭제하면 이러한 변경 내용을 데이터베이스에 기록해야 한다. **작업 단위**는 이러한 변경 내용을 추적하는 객체다. 데이터베이스에 영향을 미칠 수 있는 작업을 시작하면 **작업 단위**를 만들고 이러한 변경 내용을 추적해야 하며, 객체를 생성, 변경, 삭제할 때마다 이를 **작업 단위**에 알려야 한다. 또한 일관성 없는 읽기를 검사하려면 읽은 객체에 대해서도 알려서 비즈니스 트랜잭션 중에 데이터베이스에 변경된 객체가 없는지 확인하게 할 수 있다.

작업 단위

작업 단위에서 가장 중요한 점은 커밋할 시점이 되면 무엇을 해야 하는지 **작업 단위**가 직접 결정한다는 것이다. 트랜잭션을 열고 동시성 검사(**비관적 오프라인 잠금**(452)이나 **낙관적 오프라인 잠금**(441)을 이용)를 한 다음 변경 내용을 데이터베이스에 기록한다. 애플리케이션 프로그래머는 데이터베이스를 업데이트하는 메서드를 직접 실행할 필요가 없다. 이처럼 **작업 단위**를 사용하면 프로그래머가 변경 내용을 직접 추적하거나 참조 무결성을 고려해 작업 순서를 조정할 필요가 없다.

물론 이를 위해서는 어떤 객체를 추적해야 하는지 **작업 단위**에 알려줘야 한다. **작업 단위**에 추적할 객체를 알리는 역할은 객체의 호출자가 하거나 객체가 직접 할 수 있다.

호출자 등록(그림 11.1)은 객체의 호출자가 객체를 **작업 단위**에 등록하는 방식이다. 등록하지 않은 객체의 변경 내용은 커밋할 때 기록되지 않는다. 객체를 잊어버리고 등록하지 않으면 변경 내용이 손실되지만, 인메모리 상의 변경을 필요에 따라 기록하지 않을 수 있는 유연성도 있다. 물론 필자는 장점보다 혼란을 비롯한 단점이 더 많다고 생각한다. 변경 내용을 기록하지 않으려면 복사본을 이용하는 편이 더 합리적이다.

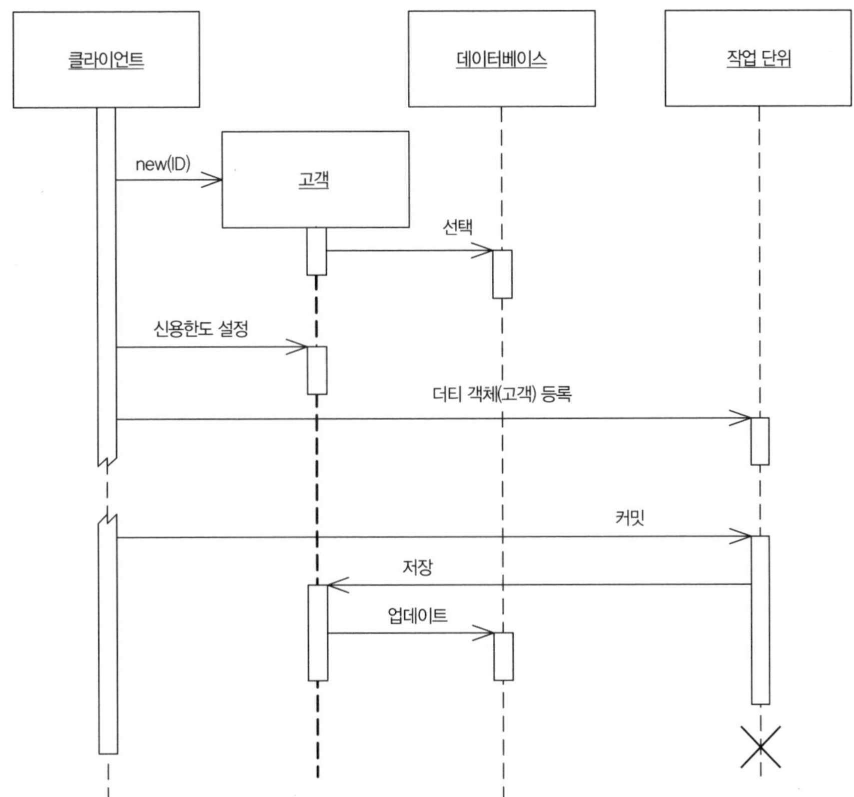

그림 11.1 호출자가 변경된 객체를 등록

작업 단위

객체 등록(그림 11.2) 방식에서는 호출자가 객체를 등록하는 책임을 면제받는다. 객체 등록 방식에서 일반적인 요령은 등록 메서드를 객체 메서드에 넣는 것이다. 데이터베이스에서 객체를 로드하면 클린 객체(clean object)로 등록하고 설정 메서드는 더티 객체(dirty object)로 등록한다. 이 체계가 작동하려면 작업 단위를 각 객체로 전달하거나 잘 알려진 위치에 작업 단위를 유지해야 한다. 작업 단위를 여기저기 전달하기는 불편하지만 일종의 세션 객체에 유지해도 일반적으로 문제가 되지는 않는다.

작업 단위

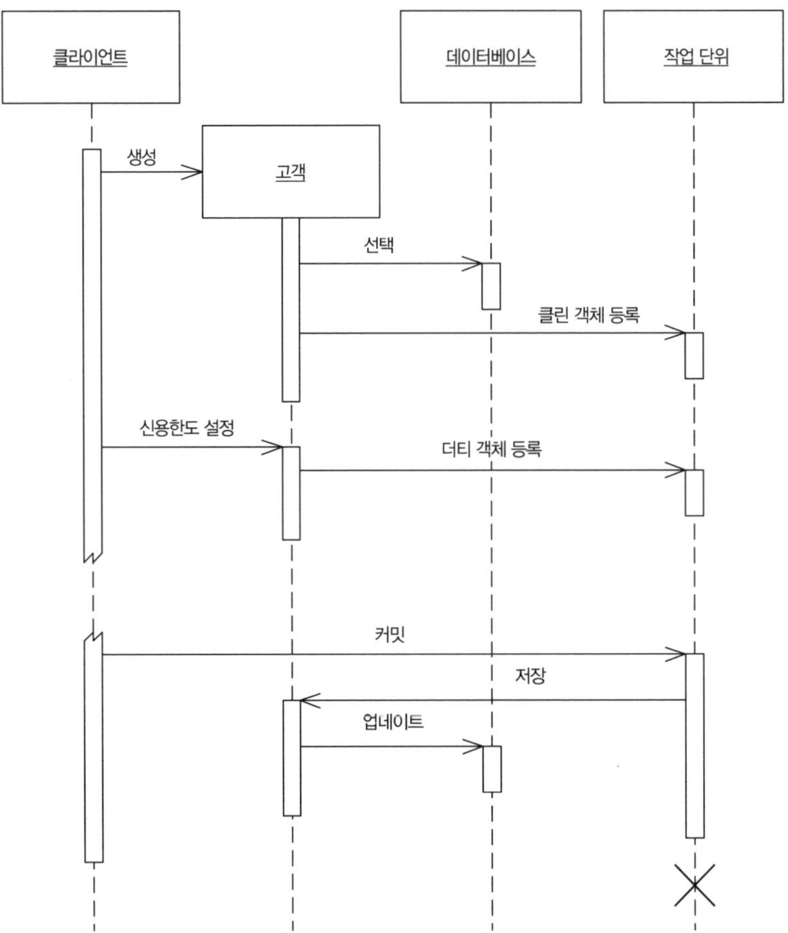

그림 11.2 객체가 직접 등록

객체 등록 방식을 사용하는 경우 객체 개발자는 잊지 말고 적절한 위치에서 등록 메서드를 호출해야 한다. 이 작업은 반복적이므로 실수하는 경우가 별로 없을 것 같지만 놓치는 부분이 있으면 당연히 버그가 발생한다.

코드 생성을 활용하면 등록 메서드를 호출하는 코드를 자동으로 생성할 수 있지만 이 기법은 생성된 코드와 생성되지 않는 코드를 명확하게 분리할 수 있는 경우에만 사용할 수 있다. 이 문제는 특히 관점 지향 프로그래밍(aspect-oriented programming)으로 매끄럽게 해결할 수 있다. 또한 목적 파일을 후처리하는 방법도 있는데, 후처리기가 모든 자바 .class 파일을 검사하고, 해당하는 메서드를 찾은 다음, 등록 호출을 바이트 코드에 삽입하게 하는 것이다. 이러한 기법은 변칙적인 방법이지만 데이터베이스 코드를 일반 코드로부터 분리하는 목적을 달성할 수 있다. 관점 지향 프로그래밍을 사용하면 소스코드 수준에서 더 깔끔하게 문제를 해결할 수 있으므로 관련 툴이 보급되면 이 전략이 널리 사용될 것이다.

작업 단위

필자가 접해본 다른 기법으로는 탑링크(TOPLink) 제품에서 사용하는 작업 단위 컨트롤러(그림 11.3)가 있다. 이 기법에서는 작업 단위가 모든 데이터베이스 읽기를 처리하고 객체를 읽을 때마다 클린 객체를 등록한다. 그리고 객체를 더티 객체로 표시하지 않고 읽을 때 복사본을 만들고 커밋할 때 복사본과 객체를 비교한다. 커밋 과정에 처리해야 하는 작업은 늘어나지만 실제 변경된 필드만 선택적으로 업데이트하는 것이 가능하며 도메인 객체에서 등록 호출을 할 필요도 없어진다. 혼합 방식은 변경된 객체의 복사본만 만드는 방식이다. 이 방식에는 등록이 필요하지만 선택적 업데이트를 지원하며 업데이트보다 읽기 횟수가 훨씬 많은 경우 복사 작업의 부담을 줄일 수 있다.

호출자 등록을 고려할 수 있는 특수한 상황으로 객체 생성이 있다. 임시로 사용할 객체를 생성하는 일은 아주 흔하다. 예를 들어, 데이터베이스 기록을 거치지 않고 빠르게 테스트를 완료하는 도메인 객체 테스트가 있다. 이때는 호출자 등록을 사용하면 간단하게 해결이 가능하다. 객체를 작업 단위에 등록하지 않는 임시 생성자를 이용해도 되지만, 이보다는 커밋 한 번으로는 아무 일도 하지 않는 특수 사례(525) 작업 단위를 이용하는 것이 더 좋은 방법이다.

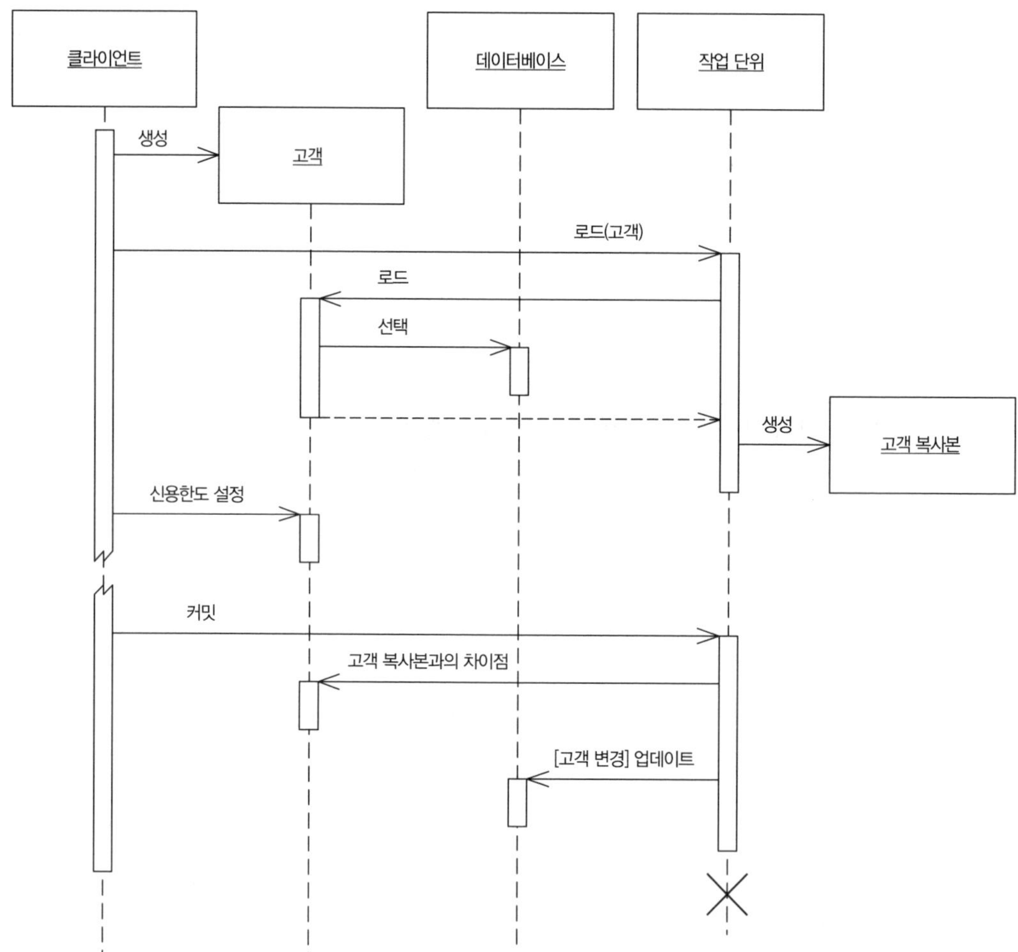

그림 11.3 작업 단위를 데이터베이스 접근용 컨트롤러로 이용

작업 단위를 유용하게 활용할 수 있는 다른 영역으로 데이터베이스가 참조 무결성을 사용할 때 업데이트 순서를 조율하는 작업이 있다. 이 문제는 데이터베이스가 각 SQL 호출을 수행할 때가 아니라 트랜잭션을 커밋할 때만 참조 무결성을 검사하게 하면 거의 대부분 해결할 수 있다. 대부분의 데이터베이스는 확실한 이유가 없으면 이렇게 하도록 허용하지만, 이 방법이 불가능할 때는 작업 단위를 이용해 업데이트 순서를 정리할 수 있다. 소규모 시스템에서는 외래 키 의존성을 바탕으로 먼저 기록할 테이블의 세부 사항을 지정한 명시적 코드를 작성하면 된다. 대규모 애플리케이션에서는 메타데이터를 사용해 데이터베이스에 기록할 순서를 결정하는 것이 좋다. 구체적인 방법은 이 책의 범위를 벗어나며 상용 툴을 활용하는 것도 좋은 방법이다. 이 문제를 직접 해결하려는 경우 위상 정렬(topological sort)이 퍼즐의 열쇠라는 것을 기억하자.

비슷한 기법을 교착 상태(deadlock)를 최소화하는 데도 활용할 수 있다. 모든 트랜잭션이 편집할 테이블을 동일한 순서로 사용하면 교착 상태의 위험을 크게 줄일 수 있다. 작업 단위는 테이블을 항상 동일한 순서로 기록하도록 테이블을 기록하는 고정된 순서를 저장하는 데 최적의 위치다.

객체는 자신의 현재 작업 단위를 찾을 수 있어야 한다. 스레드 범위의 레지스트리(507)는 좋은 방법 중 하나다. 다른 방법은 작업 단위를 필요로 하는 객체에 메서드 호출이나 객체를 생성할 때 작업 단위를 전달하는 것이다. 두 경우 모두 두 개 이상의 스레드가 하나의 작업 단위에 접근하지 못하게 해야 한다. 그렇지 않으면 심각한 문제가 발생할 수 있다.

작업 단위

작업 단위는 일괄 업데이트를 처리하는 데도 적합한 위치다. **일괄 업데이트**(batch update)는 여러 SQL 명령을 한 단위로 전송해 단 하나의 원격 호출로 처리할 수 있게 하는 것이 기본 개념이다. 일괄 업데이트는 특히 다수의 업데이트, 삽입, 삭제가 연속으로 수행되는 경우 중요하다. 환경에 따라 일괄 업데이트를 지원하는 수준은 다를 수 있다. JDBC에는 개별 문장을 일괄 처리하는 기능이 있다. 이 기능이 지원되지 않는 환경에서는 여러 SQL 문이 포함된 문자열을 구성한 다음, 하나의 문장으로 제출하는 기능을 만들 수 있다. [Nilsson]에서는 마이크로소프트 플랫폼에 맞게 이 기능을 구현하는 방법을 설명했다. 그런데 실제로 이 기능을 구현하려면 이 기능이 문장에 대한 사전 컴파일을 방해하지 않는지 확인해야 한다.

작업 단위는 데이터베이스만이 아니라 다른 모든 트랜잭션 리소스에 적용할 수 있으므로 메시지 대기열과 트랜잭션 모니터도 조율할 수 있다.

.NET 구현

.NET 환경에서는 비연결 데이터 집합을 사용해 데이터 집합을 처리하므로 기존의 패턴과는 약간은 다른 성격의 패턴을 사용한다. 필자가 경험한 .NET 환경의 작업 단위는 대부분 변경 내용을 객체에 등록하고 추적하는 방식이었다. .NET은 데이터베이스에서 읽은 데이터를 데이터베이스의 테이블, 행, 열과 비슷하게 구성되는 일련의 객체인 데이터 집합에 저장한다. 기본적으로 데이터 집합은 하나 이상의 SQL 쿼리 결과를 저장하는 인메모리 미러 이미지다. 데이터 집합은 데이터베이스 구조를 그대로 표현할 수 있으며, 각 데이터 행은 버전(현재, 원본, 제안)과 상태(변경 없음, 추가, 삭제, 수정)의 개념을 지원하므로 변경 내용을 데이터베이스에 기록하는 데 적합하다.

사용 시점

작업 단위는 우리가 조작한 다양한 객체를 추적해서 나중에 어떤 객체를 데이터베이스와 동기화해야 하는지 알 수 있게 해주며, 이것이 작업 단위의 가장 중요한 역할이다. 하나의 시스템 트랜잭션 안에서 필요한 작업을 모두 할 수 있다면, 수정하는 객체에 대해서만 신경 쓰면 된다. 작업 단위는 일반적으로 이를 위한 가장 좋은 방법이지만 다른 방법도 있다.

작업 단위

가장 간단한 대안은 변경하는 모든 객체를 명시적으로 저장하는 것이다. 이 방법의 문제는 필요 이상으로 데이터베이스 호출을 많이 하게 될 수 있다는 것이다. 예를 들어, 작업을 하는 동안 한 객체를 세 번 변경하는 경우 마지막 상태를 한 번 저장하는 것이 아니라 변경하는 동안 세 번 저장하게 된다.

모든 업데이트를 마지막으로 연기하면 과도한 데이터베이스 호출을 방지할 수 있다. 이렇게 하려면 변경된 모든 객체를 추적해야 한다. 이를 위해 코드 안에서 이러한 용도의 변수를 사용해도 되지만 변수가 늘어나면 금방 관리하기 어려워진다. 변수를 사용하는 방법은 트랜잭션 스크립트(115)에 잘 어울리지만 도메인 모델(122)에는 적용하기가 아주 까다로울 수 있다.

객체를 변수에 저장하는 방법 외에도 객체가 변경될 때 설정하는 더티 플래그(dirty flag)를 각 객체에 지정하고 트랜잭션이 끝날 때 모든 더티 객체를 확인하고 기록하는 방법이 있다. 이 기법의 가치는 더티 객체를 찾기가 얼마나 쉬운지에 달렸다. 객체가 모두 단일 계층에 있는 경우 계층을 순회하고 변경된 객체를 모두 기록할 수 있다. 그러나 도메인 모델(122)과 같은 더 범용적인 객체 네트워크에서는 순회하기가 까다롭다.

작업 단위의 가장 중요한 장점은 작업 단위가 모든 정보를 한곳에 모은다는 것이다. 작업 단위가 작동할 수 있게 준비를 완료한 후에는 별다른 일을 하지 않아도 변경 내용을 추적할 수 있다. 또한 작업 단위는 낙관적 오프라인 잠금(441)과 비관적 오프라인 잠금(452)을 사용해 여러 시스템 트랜잭션에 걸친 비즈니스 트랜잭션을 처리하는 것과 같은 더 복잡한 상황을 관리하기 위한 안정적인 플랫폼이다.

예제: 객체 등록을 사용하는 작업 단위(자바)

데이비드 라이스

이 작업 단위는 지정된 비즈니스 트랜잭션의 모든 변경 내용을 추적하며, 지시를 받으면 변경 내용을 데이터베이스로 커밋할 수 있다. 예제의 도메인 객체에는 작업 단위가 상호작용하는 계층 상위 형식(502)인 DomainObject가 있다. 변경 내용을 저장하기 위해 신규, 더티, 제거된 도메인 객체의 세 리스트를 설정한다.

```
class UnitOfWork...

    private List newObjects = new ArrayList();
    private List dirtyObjects = new ArrayList();
    private List removedObjects = new ArrayList();
```


등록 메서드는 이러한 리스트의 상태를 유지 관리한다. 등록 메서드는 ID가 null이 아닌지 확인하고 더티 객체가 신규 객체로 등록되지 않게 하는 등의 몇 가지 어설션(assertion)을 수행한다.

```
class UnitOfWork...

    public void registerNew(DomainObject obj) {
        Assert.notNull("id not null", obj.getId());
        Assert.isTrue("object not dirty", !dirtyObjects.contains(obj));
        Assert.isTrue("object not removed", !removedObjects.contains(obj));
        Assert.isTrue("object not already registered new", !newObjects.contains(obj));
        newObjects.add(obj);
    }

    public void registerDirty(DomainObject obj) {
        Assert.notNull("id not null", obj.getId());
        Assert.isTrue("object not removed", !removedObjects.contains(obj));
        if (!dirtyObjects.contains(obj) && !newObjects.contains(obj)) {
            dirtyObjects.add(obj);
        }
    }

    public void registerRemoved(DomainObject obj) {
        Assert.notNull("id not null", obj.getId());
        if (newObjects.remove(obj)) return;
        dirtyObjects.remove(obj);
        if (!removedObjects.contains(obj)) {
            removedObjects.add(obj);
        }
    }

    public void registerClean(DomainObject obj) {
        Assert.notNull("id not null", obj.getId());
    }
```

registerClean()은 아무 일도 하지 않는다는 데 주의하자. 작업 단위 안에 식별자 맵(206)을 넣는 경우가 많다. 동일한 객체의 여러 복사본이 있으면 예기치 못한 동작이 발생하므로 이를 예방하기 위해 도메인 객체의 상태를 메모리에 저장할 때는 거의 대부분 식별자 맵(206)이 필요하다. 식별자 맵(206)이 준비된 경우 registerClean()은 등록된 객체를 여기에 넣는다. 비슷하게 registerNew()는 새로운 객체를 맵에 넣고 registerRemoved()는 삭제된 객체를 맵에서 제거한다. 식별자 맵(206)을 사용하지 않는 경우 작업 단위에 registerClean()을 포함하지 않는 방법이 있다. 더티 리스트에서 변경된 객체를 제거하는 이 메서드의 구현도 본 적이 있지만 변경 내용을 부분적으로 롤백하기는 상당히 까다롭다. 변경 집합의 상태를 되돌릴 때는 주의해야 한다.

commit()은 각 객체의 데이터 매퍼(174)를 찾은 다음 해당하는 매핑 메서드를 호출한다. updateDirty()와 deleteRemoved()의 코드는 나오지 않았지만, 예상대로 insertNew()와 거의 비슷하게 작동한다.

```
class UnitOfWork...

    public void commit() {
        insertNew();
        updateDirty();
        deleteRemoved();
    }

    private void insertNew() {
        for (Iterator objects = newObjects.iterator(); objects.hasNext();) {
            DomainObject obj = (DomainObject) objects.next();
            MapperRegistry.getMapper(obj.getClass()).insert(obj);
        }
    }
```

이 작업 단위에는 읽은 객체를 추적하는 기능과 커밋 중에 일관성 없는 읽기를 검사하는 기능은 없다. 이 기능은 낙관적 오프라인 잠금(441)에서 다룬다.

다음으로 객체 등록을 처리해야 한다. 우선은 각 도메인 객체가 현재 비즈니스 트랜잭션에 사용되는 작업 단위를 찾을 수 있게 해야 한다. 작업 단위는 전체 도메인 모델에 필요하므로 작업 단위를 매개변수로서 전달하는 방법은 부적절하다. 각 비즈니스 트랜잭션은 단일 스레드 안에서 실행되므로 java.lang.ThreadLocal 클래스를 사용해 작업 단위와 현재 실행 중인 스레드를 연결할 수 있다. 이 예제에서는 구현을 간단하게 유지하기 위해 작업 단위 클래스에서 정적 메서드를 통해 이 기능을 추가한다. 그리고 비즈니스 트랜잭션 실행 스레드와 연결된 세션 객체가 이미 있는 경우에는 다른 스레드 매핑을 만들어 관리 부담을 추가하기보다는 이미 있는 세션 객체에 현재 작업 단위를 배치하는 것이 좋다. 작업 단위는 논리적으로 이 세션에 속하므로 이렇게 하는 것이 자연스럽다.


```
class UnitOfWork...

    private static ThreadLocal current = new ThreadLocal();

    public static void newCurrent() {
        setCurrent(new UnitOfWork());
    }

    public static void setCurrent(UnitOfWork uow) {
        current.set(uow);
    }

    public static UnitOfWork getCurrent() {
        return (UnitOfWork) current.get();
    }
```

이제 객체를 표시하는 메서드를 추상 도메인 객체에 추가해 현재 작업 단위에 자신을 등록하게 할 수 있다.

```
class DomainObject...

    protected void markNew() {
        UnitOfWork.getCurrent().registerNew(this);
    }

    protected void markClean() {
        UnitOfWork.getCurrent().registerClean(this);
    }

    protected void markDirty() {
        UnitOfWork.getCurrent().registerDirty(this);
    }

    protected void markRemoved() {
        UnitOfWork.getCurrent().registerRemoved(this);
    }
```

구현 도메인 객체는 적절한 위치에서 신규 객체 또는 더티 객체로 자신을 표시해야 한다.

```
class Album...

    public static Album create(String name) {
        Album obj = new Album(IdGenerator.nextId(), name);
        obj.markNew();
        return obj;
    }

    public void setTitle(String title) {
        this.title = title;
        markDirty();
    }
```

삭제된 객체의 등록은 추상 도메인 객체의 remove() 메서드로 처리할 수 있지만 이 예제에는 나오지 않았다. 또한 registerClean()을 구현한 경우 데이터 매퍼(174)는 새로 로드된 객체를 클린 객체로 등록해야 한다.

마지막 부분은 적절한 위치에서 작업 단위를 등록하고 커밋하는 것이다. 이 작업은 명시적 또는 암시적으로 할 수 있다. 다음 코드는 작업 단위를 명시적으로 관리하는 방법을 보여준다.

```
class EditAlbumScript...

    public static void updateTitle(Long albumId, String title) {
        UnitOfWork.newCurrent();
        Mapper mapper = MapperRegistry.getMapper(Album.class);
        Album album = (Album) mapper.find(albumId);
        album.setTitle(title);
        UnitOfWork.getCurrent().commit();
    }
```

아주 단순한 애플리케이션이 아니라면 반복적이고 지루한 코딩을 줄일 수 있는 암시적 작업 단위 관리를 사용하는 것이 좋다. 다음은 자체적인 구현 하위 형식(concrete subtype)에 대해 작업 단위를 등록하고 커밋하는 서블릿 계층 상위 형식(502)이다. 하위 형식에서는 doGet()을 재정의하지 않고 handleGet()을 구현한다. handleGet() 안에 포함되는 모든 코드는 작업 단위를 사용해 작업할 수 있다.

```
class UnitOfWorkServlet...

    final protected void doGet(HttpServletRequest request, HttpServletResponse response)
            throws ServletException, IOException {
        try {
            UnitOfWork.newCurrent();
            handleGet(request, response);
            UnitOfWork.getCurrent().commit();
        } finally {
            UnitOfWork.setCurrent(null);
        }
    }

    abstract void handleGet(HttpServletRequest request, HttpServletResponse response)
        throws ServletException, IOException;
```

이 서블릿 예제는 시스템 트랜잭션의 제어를 생략했으므로 약간은 단순화돼 있다. 프런트 컨트롤러(366)를 사용했다면 작업 단위를 doGet()보다는 명령 주위로 래핑했을 것이다. 거의 모든 실행 컨텍스트에 이와 비슷한 래핑을 할 수 있다.

식별자 맵

모든 객체를 한 맵에 로드해 각 객체가 한 번씩만 로드되게 한다. 객체를 참조할 때는 맵을 이용해 객체를 조회한다.

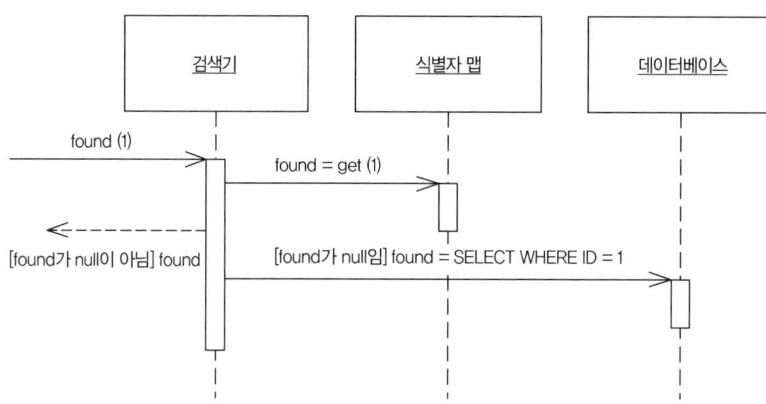

시계가 두 개 있는 사람은 시간을 알 수 없다는 말이 있다. 시간을 보는 것보다 데이터베이스에서 객체를 로드하는 것은 더 어려운 문제다. 조심하지 않으면 동일한 데이터베이스 레코드에서 두 개의 다른 객체로 데이터를 로드할 수 있다. 그런 다음 두 객체를 모두 업데이트하면 변경 내용을 올바르게 데이터베이스에 기록하는 데 큰 어려움을 겪게 된다.

또한 성능 면에서도 확실히 문제가 된다. 동일한 데이터를 두 번 이상 로드하면 부담스러운 원격 호출을 추가로 실행해야 한다. 즉, 동일한 데이터를 두 번 로드하지 않는 것은 정확성만 향상하는 것이 아니라 애플리케이션의 성능 향상에도 도움이 된다.

식별자 맵(Identity Map)은 단일 비즈니스 트랜잭션이 데이터베이스에서 읽은 모든 객체에 대한 기록을 보관한다. 객체가 필요할 때마다 먼저 객체가 이미 있는지 여부를 식별자 맵에서 확인한다.

작동 원리

식별자 맵의 기본 개념은 데이터베이스에서 읽은 객체를 포함하는 일련의 맵을 유지 관리하는 것이다. 동형 스키마(isomorphic schema)와 같이 간단한 사례에서는 데이터베이스 테이블당 맵 하나를 사용할 수 있다. 데이터베이스에서 객체를 로드할 때는 먼저 맵을 확인하고 로드하려는 객체와 일치하는 객체가 맵에 있으면 일치하는 객체를 반환한다. 일치하는 객체가 맵에 없으면 객체를 데이터베이스에서 읽고 향후 참조할 수 있게 맵에 저장한다.

식별자 맵을 구현할 때 고려해야 하는 몇 가지 사항이 있다. 또한 식별자 맵은 동시성 관리와 상호작용하므로 낙관적 오프라인 잠금(441)도 고려해야 한다.

키의 선택: 가장 먼저 맵의 키에 무엇을 사용할지 고려해야 한다. 확실한 선택은 해당 데이터베이스 테이블의 기본 키를 사용하는 것인데, 키가 단일 열이고 읽기 전용인 경우 적합하다. 대리 기본 키(surrogate primary key)는 맵의 키로 사용할 수 있으므로 이 방식과 아주 잘 어울린다. 키는 일반적으로 단순 데이터 형식이므로 비교 동작도 잘 작동한다.

식별자 맵

명시적 또는 범용: 식별자 맵을 명시적으로 만들지 또는 범용으로 만들지 선택해야 한다. 명시적 식별자 맵은 필요한 각 종류의 객체에 대해 고유한 메서드(예: `findPerson(1)`)를 통해 접근한다. 범용 맵은 필요한 객체의 종류를 매개변수 등을 통해 지정하고 단일 메서드(예: `find("Person", 1)`)를 통해 모든 종류의 객체에 접근한다. 이 방식의 확실한 장점은 재사용 가능한 범용 객체로 범용 맵을 지원할 수 있다는 것이다. 모든 종류의 객체를 지원하고 새로운 맵을 추가할 때 업데이트할 필요가 없는 재사용 가능 레지스트리(507)를 쉽게 만들 수 있다.

그러나 필자는 명시적 식별자 맵을 선호한다. 우선 명시적 식별자 맵을 사용하면 엄격한 형식의 언어에서 컴파일 타임 검사가 지원된다. 그러나 이보다 중요한 점은 명시적 식별자 맵이 명시적 인터페이스의 다른 모든 장점을 고스란히 가지고 있다는 것이다. 즉, 어떤 맵을 어떻게 사용해야 하는지 알기 쉽다. 이것은 새로운 맵을 추가할 때마다 메서드를 추가해야 한다는 것을 의미하지만, 이는 명시성의 장점을 취하기 위한 약간의 비용에 해당한다.

어떤 유형의 식별자 맵을 사용할지 선택할 때는 키의 형식을 고려해야 한다. 범용 맵은 모든 객체가 동일한 형식의 키를 가질 때만 사용할 수 있다. 다양한 종류의 데이터베이스 키를 단일 키 객체로 캡슐화하는 것을 고려해볼 수 있다(자세한 내용은 식별자 필드(227) 참고).

식별자 맵의 수: 맵을 클래스당 하나씩 사용할지, 아니면 전체 세션에 하나만 사용할지 결정할 수 있다. 세션당 단일 맵은 데이터베이스 고유 키가 있을 때만 선택할 수 있다(이에 대한 장단점은 식별자 필드(227) 참고). 식별자 맵이 하나뿐이면 한곳만 찾아보면 되며 상속과 관련된 불편한 선택을 할 필요가 없다는 장점이 있다.

맵이 여러 개인 경우 맵을 클래스당 또는 테이블당 하나씩 사용할 수 있는데, 이 방법은 데이터베이스 스키마와 객체 모델이 동일한 경우 적절하다. 둘이 서로 다른 경우 일반적으로 테이블보다는 객체를 바탕으로 맵을 만드는 것이 쉽다. 객체는 매핑의 복잡한 세부 사항을 알 필요가 없기 때문이다.

이제부터는 상속이 까다로운 본모습을 드러내기 시작한다. 운송수단의 하위 형식으로 자동차가 있다면 맵이 하나여야 할까? 아니면 별도의 맵이 필요할까? 별도의 맵을 만들면 조회할 때마다 모든 맵을 찾아봐야 하므로 다형성 참조가 훨씬 까다로워진다. 이 때문에 필자는 각 상속 트리에 단일 맵을 사용하는 방법을 선호한다. 이를 위해서는 전체 상속 트리에서 고유한 키를 사용해야 하는데, 구현 테이블 상속(313)을 사용하는 경우에는 곤란한 상황이 발생할 수 있다.

단일 맵의 장점은 데이터베이스 테이블을 추가할 때 맵을 추가하지 않아도 된다는 것이다. 그러나 맵을 데이터 매퍼(174)에 연결해도 부담이 더해지지는 않는다(아래 참고).

식별자 맵의 위치: 식별자 맵은 쉽게 찾을 수 있는 곳에 있어야 한다. 또한 식별자 맵은 현재 작업 중인 프로세스 컨텍스트와 연결되는데, 각 세션은 다른 세션 인스턴스로부터 격리된 각자의 인스턴스를 가져야 한다. 즉, 식별자 맵은 세션별 객체에 배치해야 한다. 작업 단위(193)가 있다면 이곳이 식별자 맵을 저장할 수 있는 최적의 위치다. 작업 단위(193)는 데이터베이스와 주고받는 데이터를 추적하는 주요 위치이기 때문이다. 작업 단위(193)를 사용하지 않는다면 세션과 연결된 레지스트리(507)가 가장 적합하다.

앞의 설명으로 짐작할 수 있겠지만, 식별자 맵은 세션당 하나씩 사용하는 것이 일반적이며, 그렇지 않으면 맵을 트랜잭션으로부터 보호하는 어려운 일을 해야 한다. 그런데 식별자 맵을 세션당 하나씩 사용하지 않는 두 가지 예외가 있다. 첫 번째 예외는 관계형 데이터베이스를 레코드 데이터에 사용하더라도, 객체 데이터베이스를 트랜잭션 캐시로 사용하는 경우다. 아직은 필자도 성능 연구 사례를 접해보지는 못했지만 살펴볼 가치는 충분하다고 생각한다. 필자 주변에도 성능 향상을 위한 방법으로 트랜잭션 캐시를 높게 평가하는 동료가 많다.

다른 예외는 객체가 항상 읽기 전용인 경우다. 객체가 수정되지 않는다면 세션 간에 공유하는 것을 걱정할 필요가 없다. 성능이 중요한 시스템에서는 모든 읽기 전용 데이터를 한 번만 로드하고 전체 프로세스에서 사용하는 것이 큰 도움이 될 수 있다. 이 경우 읽기 전용 식별자 맵을 프로세스 컨텍스트에 보관하고, 업데이트 가능 식별자 맵을 세션 컨텍스트에 보관할 수 있다. 이 방식은 완전히 읽기 전용은 아니지만 아주 드물게 업데이트되므로 필요할 때 서버와 데이터를 주고받아서 프로세스 수준 식별자 맵을 새로 고칠 수 있는 객체에도 적용된다.

식별자 맵을 하나만 사용하려는 경우에도 한 식별자 맵을 내부적으로 읽기 전용과 업데이트 가능으로 분할할 수 있다. 그리고 두 맵을 확인하는 인터페이스를 제공하면 클라이언트가 맵을 이용할 때 구분할 필요가 없다.

사용 시점

일반적으로 식별자 맵은 데이터베이스에서 가져오고 수정하는 객체를 관리하는 데 사용한다. 객체를 관리하는 이유는 인메모리 객체 두 개가 동일한 데이터베이스 레코드와 연결되는 상황을 방지하기 위해서다. 이러한 상황에서는 두 레코드가 일관성 없이 수정되고 데이터베이스 매핑에 혼란이 발생할 수 있다.

또한 식별자 맵은 데이터베이스 읽기 캐시로 작동해 동일한 데이터를 매번 데이터베이스에서 읽을 필요가 없게 해준다.

읽기 전용 객체에 대해서는 식별자 맵이 필요 없을 수 있다. 객체를 변경할 수 없으면 객체 수정에 의한 문제를 걱정할 필요가 없기 때문이다. 값 객체(514)는 읽기 전용이므로 당연히 식별자 맵을 사용할 필요가 없다. 그러나 이 경우에도 식별자 맵을 사용하면 장점이 있는데, 가장 중요한 장점은 캐시를 통한 성능상 이익을 얻을 수 있다는 것이고, 다른 장점은 ==를 오버라이드할 수 없을 때 자바에서 흔히 발생하는 잘못된 형식의 동등 검사(equality test) 사용을 예방할 수 있다는 것이다.

의존 매핑(280)에는 식별자 맵이 필요 없다. 의존 객체는 부모가 지속성을 제어하므로 맵으로 식별자를 유지 관리할 필요가 없다. 맵이 필요 없기는 하지만 데이터베이스 키를 통해 객체에 접근해야 하는 경우 맵을 제공할 수 있다. 이 경우 맵은 단순히 인덱스 역할을 하므로 이것을 맵이라고 할 수 있는지는 논란의 여지가 있다.

식별자 맵은 단일 세션 내에서의 업데이트 충돌을 방지하지만 여러 세션 간의 충돌에 대해서는 아무 역할도 하지 못한다. 이 문제는 나중에 낙관적 오프라인 잠금(441)과 비관적 오프라인 잠금(452)에서 설명할 복잡한 내용이다.

예제: 식별자 맵의 메서드(자바)

각 식별자 맵에는 맵 필드와 접근자가 있다.

```
private Map people = new HashMap();

public static void addPerson(Person arg) {
    soleInstance.people.put(arg.getID(), arg);
}
```

```
public static Person getPerson(Long key) {
    return (Person) soleInstance.people.get(key);
}

public static Person getPerson(long key) {
    return getPerson(new Long(key));
}
```

식별자 맵

자바에서 long은 객체가 아니므로 맵의 인덱스로 사용할 수 없다. 다만 인덱스에 산술 연산을 하지는 않으므로 이것이 생각만큼 불편하지는 않을 수 있다. 불편하게 느껴질 때는 리터럴로 객체를 검색하려는 경우다. 실무 코드에서는 이런 경우가 거의 없지만, 테스트 코드에서는 자주 있으므로 테스트를 용이하게 하는 의미에서 long을 받는 가져오기 메서드를 포함했다.

지연 로드

필요한 데이터를 모두 포함하지는 않지만 데이터가 필요할 때 가져오는 방법을 아는 객체

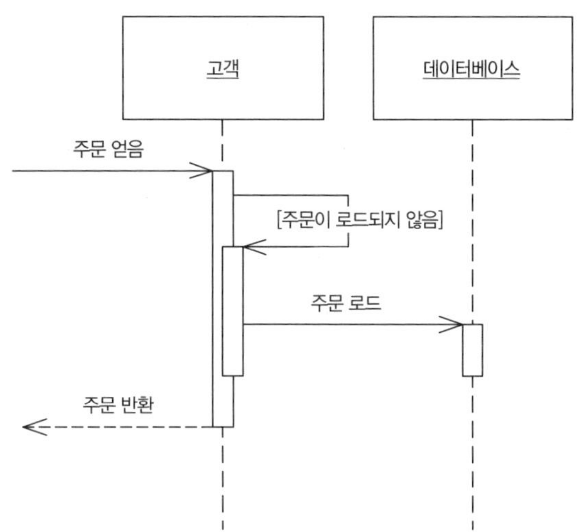

데이터베이스에서 메모리로 데이터를 로드하는 기능을 만들 때는 원하는 객체를 로드하면서 연관된 객체를 함께 로드하도록 설계하는 것이 좋다. 이렇게 하면 객체를 사용하는 개발자가 직접 필요한 객체를 모두 로드할 필요 없이 로드 기능을 더 편리하게 사용할 수 있다.

그런데 이 기능을 논리적으로 생각해보면, 한 객체를 로드할 때 연관된 객체가 지나치게 많이 로드되고 실제로는 소수의 객체만 필요한 상황에서 오히려 성능이 저하되는 경우가 발생할 수 있다는 것을 알 수 있다.

지연 로드(Lazy Load)는 이 로딩 프로세스를 일시적으로 중단하고 객체 구조에 표시를 남겨서 나중에 데이터가 필요할 때 로드할 수 있게 한다. 실제 생활에서와 마찬가지로, 어떤 일을 지연했을 때 나중에 그 일이 실제로는 필요 없는 일이라는 것이 밝혀지면 시간을 절약할 수 있다.

작동 원리

지연 로드를 구현하는 주요 방법으로는 지연 초기화, 가상 프락시, 값 홀더, 고스트의 네 가지가 있다.

지연 초기화(lazy initialization)[Beck Patterns]는 가장 간단한 방법이다. 기본 개념은 필드에 접근할 때 먼저 필드가 null인지 확인하는 것이다. 필드가 null이면 필드의 값을 계산한 후 반환한다. 이를 위해서는 필드를 자체 캡슐화해야 한다. 즉, 클래스 내부를 포함해 필드에 대한 모든 접근을 가져오기 메서드를 통해 처리해야 한다.

필드가 아직 로드되지 않았음을 null로 표시하는 방법은 null이 필드 값의 유효한 값이 아닌 경우 잘 작동한다. null을 사용할 수 없을 때는 필드가 로드되지 않았음을 표시하는 다른 값을 사용하거나 null 값에 대한 **특수 사례**(525)를 사용해야 한다.

지연 로드

지연 초기화는 사용하기는 간단하지만 객체와 데이터베이스 간의 의존성을 강제하는 경향이 있다. 이러한 이유로 지연 초기화는 **활성 레코드**(168), **테이블 데이터 게이트웨이**(151), **행 데이터 게이트웨이**(160)에서 가장 잘 작동한다. **데이터 매퍼**(174)를 사용한다면 가상 프락시[Gang of Four]라는 간접 계층을 추가해야 한다. **가상 프락시**(virtual proxy)는 원래 객체처럼 생겼지만 실제로는 아무것도 포함하지 않으며, 해당 메서드 중 하나가 호출돼야 데이터베이스에서 올바른 객체를 로드한다.

가상 프락시는 원래 위치에 사용되는 객체처럼 보인다는 것이 장점이지만, 실제 원래 객체는 아니므로 까다로운 식별자 문제가 발생할 수 있다. 게다가 동일한 실제 객체에 대한 가상 프락시를 두 개 이상 만드는 것도 가능하다. 이러한 둘 이상의 프락시는 서로 다른 객체 식별자를 가지면서도 개념상 동일한 객체를 가리킨다. 적어도 동등 메서드를 재정의하고 이를 식별자 메서드 대신 사용해야 한다는 것을 기억해야 한다. 이러한 준비 단계와 충분한 연습이 선행되지 않으면 찾아내기 어려운 버그가 발생한다.

일부 환경에서는 프락시로 연결하려는 각 클래스마다 하나씩 너무 많은 가상 프락시를 만들어야 하는 문제가 있다. 일반적으로 동적 타입 언어에서는 이 문제를 예방할 수 있지만, 정적 타입 언어에서는 까다로운 상황에 처할 수 있다. 자바의 프락시와 같이 플랫폼에서 유용한 기능을 제공하는 경우에도 다른 불편 사항이 발생할 수 있다.

리스트 같은 컬렉션 클래스에만 가상 프락시를 사용할 때는 이러한 문제가 잘 드러나지 않는다. 컬렉션은 **값 객체**(514)이므로 식별자가 중요하지 않다. 게다가 가상 컬렉션을 작성해야 하는 컬렉션 클래스는 많지가 않다.

도메인 클래스의 경우 **값 홀더**(value holder)를 사용해 이 문제를 해결할 수 있다. 값 홀더는 필자가 스몰토크에서 처음 접한 개념으로서, 기본적으로 다른 객체를 래핑하는 객체다. 기반 객체를 얻으려면 값 홀더에 값을 요구하면 되며, 값 홀더는 처음 접근할 때만 데이터베이스에서 데이터를 가져와서 전달한다. 값 홀더의 단점은 클래스가 값 홀더가 있다는 것을 알아야 하며, 엄격한 형식의 명시성이 손실된다는 점이다. 식별자 문제는 값 홀더가 이를 소유하는 클래스 바깥으로 전달되지 않게 하면 예방할 수 있다.

고스트(ghost)는 미완성 상태의 실제 객체다. 데이터베이스에서 처음 로드한 객체에는 ID만 포함돼 있지만, 필드에 접근하려고 하면 전체 상태가 로드된다. 고스트는 모든 필드가 한 번에 지연 초기화되는 객체이거나, 아니면 객체가 자신에 대한 가상 프락시인 가상 프락시라고 생각할 수 있다. 물론 모든 데이터를 한 번에 로드해야 하는 것은 아니며, 일반적으로 함께 사용되는 데이터를 그룹으로 만들 수 있다. 고스트를 사용하는 경우 이를 곧바로 해당 식별자 맵(206)에 넣을 수 있다. 이렇게 식별자를 유지 관리하고 데이터를 읽을 때 순환 참조로 인한 모든 문제를 예방할 수 있다.

지연 로드

가상 프락시/고스트라도 완전히 빈 상태로 시작해야 하는 것은 아니다. 간단하게 가져올 수 있고 일반적으로 많이 사용되는 일부 데이터가 있다면 프락시나 고스트를 로드할 때 이 데이터를 가져오는 것이 합리적이다(이러한 객체를 종종 "라이트 객체(light object)"라고 한다).

지연 로드에서 상속이 문제를 일으키는 경우가 많다. 고스트를 사용하려면 어떤 형식의 고스트를 만들어야 하는지 알아야 하지만, 충분히 로드하기 전에는 올바르게 알 수 없는 경우가 많다. 가상 프락시를 사용할 때도 정적 타입 언어에서는 동일한 문제를 겪을 수 있다.

지연 로드의 다른 위험성은 데이터베이스 접근이 필요 이상으로 늘어날 수 있다는 것이다. 이 현상을 물결 로딩(ripple loading)이라고 하는데, 컬렉션을 지연 로드로 채우고 한 번에 하나씩 살펴보려고 할 때 이러한 현상이 발생한다. 이 경우 모든 객체를 한 번에 읽지 않고 각 객체를 하나씩 데이터베이스에서 읽는다. 실제로 물결 로딩 때문에 애플리케이션의 성능이 저하되는 것을 본 적이 있다. 이를 방지하는 한 가지 방법은 지연 로드되는 객체의 컬렉션을 만들지 않는 것이지만, 컬렉션 자체를 지연 로드로 지정하고 로드할 때 모든 내용을 로드하는 방법도 있다. 다만 이 전략은 컬렉션이 아주 방대한 경우(예: 전 세계의 IP 주소) 한계가 드러난다. 이러한 컬렉션은 일반적으로 객체 모델의 연관 관계를 통해 서로 연결되지 않으므로 자주 사용되지는 않지만 이러한 컬렉션이 필요할 때는 값 리스트 처리기(value list handler)[Alur et al.]를 사용해야 한다.

지연 로드는 관점 지향 프로그래밍과 잘 어울린다. 지연 로드 동작을 별도의 관점으로 만들면 지연 로드 전략을 개별적으로 변경할 수 있으며, 도메인 개발자를 지연 로드 문제로부터 해방시킬 수 있다. 또한 필자는 자바 바이트코드를 후처리하는 방법으로 지연 로드를 구현하는 프로젝트도 본 적이 있다.

유스 케이스별로 각기 다른 지연 전략이 필요한 경우도 종종 경험할 수 있다. 예를 들어, 한 유스 케이스에는 객체 그래프의 한 부분이 필요하지만, 다른 유스 케이스에서는 다른 부분이 필요할 수 있다. 효율을 극대화하려면 올바른 유스 케이스에 맞게 하위 그래프를 적절하게 로드해야 한다.

이를 해결하는 방법은 다른 유스 케이스에 대한 별도의 데이터베이스 상호작용 객체를 활용하는 것이다. 예를 들어, 데이터 매퍼(174)를 사용할 때 주문 매퍼 객체를 두 개로 만들고 하나는 품목을 즉시 로드하고, 다른 하나는 품목을 지연 로드하게 할 수 있다. 애플리케이션 코드는 유스 케이스에 맞게 적절한 매퍼를 선택하면 된다. 변형된 전략으로는 동일한 기본 로더 객체를 사용하지만 로딩 패턴을 결정하는 역할을 전략 객체로 위임하는 방식이 있다. 조금 더 복잡하기는 하지만 동작을 팩터링하는 데 더 좋은 방법이다.

이론상으로는 다양한 범위의 지연성이 필요할 것 같지만, 실제로는 완전 로드와 리스트 안에서 식별 용도로 충분한 만큼의 두 가지 로드만 있으면 된다. 더 추가하면 편리해지기보다 더 복잡해지기만 하는 경우가 많다.

사용 시점

언제 지연 로드를 사용할지 결정하려면 데이터베이스에서 객체를 로드할 때 데이터를 얼마나 많이 가져올지, 그리고 데이터베이스 호출이 얼마나 많이 필요한지 먼저 알아야 한다. 일반적으로 객체의 나머지 행과 동일한 행에 저장되는 필드에는 지연 로드를 사용하더라도 의미가 없다. 이 경우에는 데이터 필드가 직렬화 LOB(290)와 같이 아주 크더라도 한 호출에서 추가 데이터를 가져오는 데 비용이 거의 추가되지 않는다. 즉, 일반적으로 지연 로드는 필드에 접근하는 데 추가 데이터베이스 호출이 필요한 경우에만 의미가 있다.

성능 관점에서 지연 로드는 데이터를 가져오는 비용을 언제 지불할지 결정하는 것에 해당한다. 한 번의 호출로 필요한 모든 것을 미리 가져오고 준비하는 것이 좋은 경우도 많다. 특히 UI에서 한 번의 상호작용으로 수행하는 작업이 그러한 예에 해당한다. 지연 로드를 사용하는 데 가장 적합한 경우는 데이터를 가져오려면 추가 호출이 필요하지만 이 데이터가 주 객체와 함께 사용되지 않는 경우다.

지연 로드는 프로그램을 약간 더 복잡하게 만들기 때문에 필자는 확실히 필요하다고 생각하기 전에는 지연 로드를 사용하지 않는 편이다.

예제: 지연 초기화(자바)

지연 초기화의 핵심은 다음과 같은 코드다.

```
class Supplier...
```

```
    public List getProducts() {
        if (products == null) products = Product.findForSupplier(getID());
        return products;
    }
```

이 방법으로 상품 필드에 처음 접근할 때 데이터베이스에서 데이터를 로드하게 할 수 있다.

예제: 가상 프락시(자바)

가상 클래스의 핵심은 보통 사용하는 실제 클래스처럼 보이지만 사실은 실제 클래스에 대한 간단한 래퍼를 포함하는 클래스를 제공하는 것이다. 즉, 한 공급업체의 상품 리스트는 일반 리스트 필드를 포함한다.

```
class SupplierVL...

    private List products;
```

이러한 리스트 프락시를 만들 때 가장 복잡한 부분은 접근할 때 생성되는 기반 리스트를 제공할 수 있게 설정하는 것이다. 이를 위해서는 가상 리스트가 인스턴스화될 때 해당 리스트를 생성하는 데 필요한 코드를 전달해야 한다. 자바에서 이를 위한 가장 좋은 방법은 로딩 동작에 대한 인터페이스를 정의하는 것이다.

```
public interface VirtualListLoader {
    List load();
}
```

그런 다음 적절한 매퍼 메서드를 호출하는 로더를 사용해 가상 리스트를 인스턴스화할 수 있다.

```
class SupplierMapper...

    public static class ProductLoader implements VirtualListLoader {
        private Long id;

        public ProductLoader(Long id) {
            this.id = id;
        }

        public List load() {
            return ProductMapper.create().findForSupplier(id);
        }
}
```

로드 메서드에서는 상품 로더를 리스트 필드에 할당한다.

```
class SupplierMapper...

    protected DomainObject doLoad(Long id, ResultSet rs) throws SQLException {
        String nameArg = rs.getString(2);
        SupplierVL result = new SupplierVL(id, nameArg);
        result.setProducts(new VirtualList(new ProductLoader(id)));
        return result;
    }
```

가상 리스트의 원본 리스트는 자체 캡슐화되며, 처음 참조할 때 로더를 평가한다.

```
class VirtualList...

    private List source;
    private VirtualListLoader loader;

    public VirtualList(VirtualListLoader loader) {
        this.loader = loader;
    }

    private List getSource() {
        if (source == null) source = loader.load();
        return source;
    }
```

다음은 위임할 일반 리스트 메서드를 원본 리스트에 구현한다.

```
class VirtualList...

    public int size() {
        return getSource().size();
    }

    public boolean isEmpty() {
        return getSource().isEmpty();
    }

    // ... 리스트 메서드의 나머지 부분
```

이 방법으로 도메인 클래스는 매퍼 클래스가 지연 로드하는 방법에 대해 아무것도 모를 수 있다. 실제로 도메인 클래스는 지연 로드가 있다는 것도 인식하지 못한다.

예제: 값 홀더 사용(자바)

값 홀더는 범용 지연 로드로 사용할 수 있다. 이 경우 상품 필드가 값 홀더 형식을 가지므로 도메인 형식은 뭔가가 진행 중임을 인식할 수 있다. 가져오기 메서드를 사용하면 공급자의 클라이언트로부터 이 사실을 숨길 수 있다.

```
class SupplierVH...

    private ValueHolder products;

    public List getProducts() {
        return (List) products.getValue();
    }
```

지연 로드 작업은 값 홀더 자체가 수행한다. 이를 위해서는 값 홀더에 접근했을 때 값을 로드하는 데 필요한 코드를 전달받아야 하며, 먼저 로더 인터페이스를 정의해야 한다.

```
class ValueHolder...

    private Object value;
    private ValueLoader loader;

    public ValueHolder(ValueLoader loader) {
        this.loader = loader;
    }

    public Object getValue() {
        if (value == null) value = loader.load();
        return value;
    }

public interface ValueLoader {
    Object load();
}
```

매퍼는 로더의 구현을 생성하고 이를 공급자 객체에 넣는 방법으로 값 홀더를 설정할 수 있다.

```
class SupplierMapper...

    protected DomainObject doLoad(Long id, ResultSet rs) throws SQLException {
        String nameArg = rs.getString(2);
        SupplierVH result = new SupplierVH(id, nameArg);
```

```
        result.setProducts(new ValueHolder(new ProductLoader(id)));
        return result;
    }

    public static class ProductLoader implements ValueLoader {
        private Long id;

        public ProductLoader(Long id) {
            this.id = id;
        }

        public Object load() {
            return ProductMapper.create().findForSupplier(id);
        }
    }
```


예제: 고스트 사용(C#)

객체를 고스트로 만드는 논리는 대부분 계층 상위 형식(502)에 넣을 수 있다. 결과적으로 고스트를 사용할 때는 거의 모든 곳에서 사용되는 경우가 많다. 고스트에 대한 설명은 도메인 객체 계층 상위 형식(502)을 살펴보는 것부터 시작해보자. 각 도메인 객체는 고스트인지 여부를 알 수 있다.

```
class Domain Object...

    LoadStatus Status;

    public DomainObject (long key) {
        this.Key = key;
    }

    public Boolean IsGhost {
        get {return Status == LoadStatus.GHOST;}
    }

    public Boolean IsLoaded {
        get {return Status == LoadStatus.LOADED;}
    }

    public void MarkLoading() {
```

```
        Debug.Assert(IsGhost);
        Status = LoadStatus.LOADING;
    }

    public void MarkLoaded() {
        Debug.Assert(Status == LoadStatus.LOADING);
        Status = LoadStatus.LOADED;
    }

enum LoadStatus {GHOST, LOADING, LOADED};
```


도메인 객체의 상태는 고스트, 로드 중, 로드됨의 세 가지 중 하나일 수 있다. 필자는 상태 정보를 읽기 전용 속성과 명시적 상태 변경 메서드로 래핑하는 것을 선호한다.

고스트의 모든 접근자는 객체가 고스트인 경우 로드를 트리거하도록 수정해야 한다.

```
class Employee...

    public String Name {
        get {
            Load();
            return _name;
        }
        set {
            Load();
            _name = value;
        }
    }

    String _name;

class Domain Object...

    protected void Load() {
        if (IsGhost)
            DataSource.Load(this);
    }
```

이처럼 기억하기 귀찮은 요건은 바이트코드를 후처리하는 방식의 관점 지향 프로그래밍을 적용하는 데 적합하다.

로드 과정이 정상적으로 진행되려면 도메인 객체가 올바른 매퍼를 호출해야 한다. 그런데 필자가 생각하는 가시성 규칙에서는 도메인 코드가 매퍼 코드를 볼 수 없어야 한다. 의존성을 예방하기 위해 그림 11.4에 나오는 것과 같이 레지스트리(507)와 분리 인터페이스(504)의 흥미로운 조합을 사용할 수 있다. 데이터 원본 작업의 도메인에 대해 레지스트리(507)를 정의한다.


```
class DataSource...

    public static void Load (DomainObject obj) {
        instance.Load(obj);
    }
```

데이터 원본의 인스턴스는 인터페이스를 사용해 정의된다.

```
class DataSource...

    public interface IDataSource {
        void Load (DomainObject obj);
    }
```

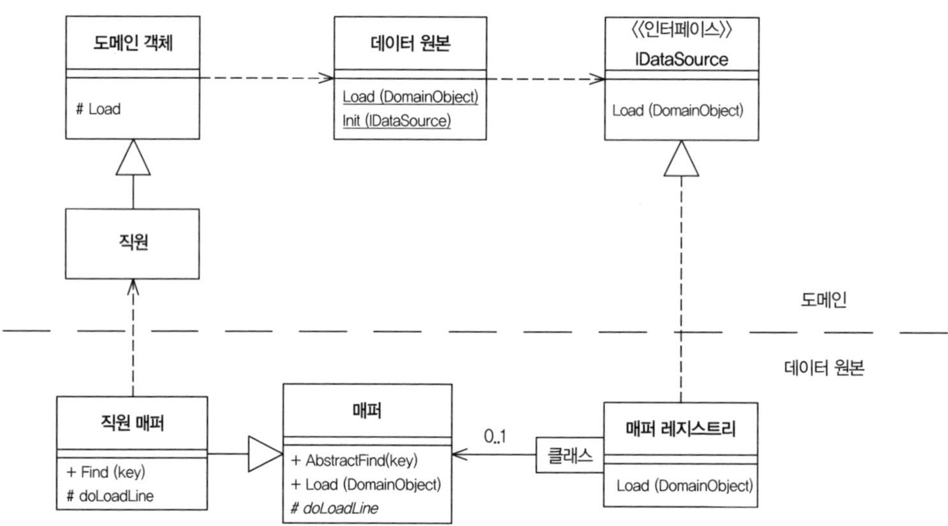

그림 11.4 고스트를 로드하는 데 관여하는 클래스

데이터 원본 계층에 정의되는 매퍼의 레지스트리는 데이터 원본 인터페이스를 구현한다. 이 예제에서는 매퍼를 도메인 형식별로 인덱싱되는 딕셔너리에 넣었다. 로드 메서드는 올바른 매퍼를 찾고 적절한 도메인 객체를 로드하도록 지시한다.

```
class MapperRegistry : IDataSource...

    public void Load (DomainObject obj) {
        Mapper(obj.GetType()).Load (obj);
    }

    public static Mapper Mapper(Type type) {
        return (Mapper) instance.mappers[type];
    }

    IDictionary mappers = new Hashtable();
```


이전 코드는 도메인 객체가 데이터 원본과 상호작용하는 방법을 보여준다. 데이터 원본 논리에서는 데이터 매퍼(174)를 사용한다. 매퍼에 있는 업데이트 논리는 고스트가 없을 때의 논리와 동일하다. 이 예제에서 흥미로운 동작은 검색과 로딩 동작에 있다.

구현 매퍼 클래스에는 추상 메서드를 사용하며 결과를 하향 형변환(downcast)하는 자체 검색 메서드를 포함한다.

```
class EmployeeMapper...

    public Employee Find (long key) {
        return (Employee) AbstractFind(key);
    }

class Mapper...

    public DomainObject AbstractFind (long key) {
        DomainObject result;
        result = (DomainObject) loadedMap[key];
        if (result == null) {
            result = CreateGhost(key);
            loadedMap.Add(key, result);
        }
        return result;
    }

    IDictionary loadedMap = new Hashtable();
    public abstract DomainObject CreateGhost(long key);

class EmployeeMapper...
```

```
    public override DomainObject CreateGhost(long key) {
        return new Employee(key);
    }
```

여기서 볼 수 있듯이 검색 메서드는 고스트 상태의 객체를 반환한다. 도메인 객체의 속성에 접근해 로드를 트리거하기 전에는 실제 데이터를 데이터베이스에서 가져오지 않는다.


```
class Mapper...

    public void Load (DomainObject obj) {
        if (! obj.IsGhost) return;
        IDbCommand comm = new OleDbCommand(findStatement(), DB.connection);
        comm.Parameters.Add(new OleDbParameter("key",obj.Key));
        IDataReader reader = comm.ExecuteReader();
        reader.Read();
        LoadLine (reader, obj);
        reader.Close();
    }

    protected abstract String findStatement();

    public void LoadLine (IDataReader reader, DomainObject obj) {
        if (obj.IsGhost) {
            obj.MarkLoading();
            doLoadLine (reader, obj);
            obj.MarkLoaded();
        }
    }

    protected abstract void doLoadLine (IDataReader reader, DomainObject obj);
```

이러한 예제에서는 공통적으로 계층 상위 형식(502)으로 모든 추상 동작을 처리한 다음, 특정 하위 클래스의 추상 메서드를 호출해 해당하는 작업을 하게 했다. 이 예제에서는 데이터 리더를 사용했고 현재 다양한 플랫폼에서 좀 더 일반적인 커서 기반 방식을 적용했다. 이 예제를 .NET 환경에 적합한 데이터 집합에 맞게 확장하는 작업은 각자 해보도록 하자.

이 직원 객체에는 간단한 값인 이름, 다른 객체를 참조하는 부서, 그리고 컬렉션을 사용하는 예를 보여주는 근무 시간표 레코드의 리스트라는 세 가지 프로퍼티가 있다. 이러한 프로퍼티는 후크 메서드(hook method)의 하위 클래스 구현에서 함께 로드된다.

```
class EmployeeMapper...

    protected override void doLoadLine (IDataReader reader, DomainObject obj) {
        Employee employee = (Employee) obj;
        employee.Name = (String) reader["name"];
        DepartmentMapper depMapper =
            (DepartmentMapper) MapperRegistry.Mapper(typeof(Department));
        employee.Department = depMapper.Find((int) reader["departmentID"]);
        loadTimeRecords(employee);
    }
```


이름의 값은 데이터 리더의 현재 커서에서 해당하는 열을 읽으면 로드된다. 부서는 부서의 매퍼 객체에서 검색 메서드를 사용해 읽는다. 이렇게 하면 결국에는 부서 고스트에 대해 프로퍼티를 설정하게 된다. 부서 데이터는 부서 객체 자체에 접근할 때만 읽는다.

컬렉션은 가장 복잡하다. 물결 로딩을 방지하려면 단 하나의 쿼리로 모든 시간 레코드를 로드하는 것이 중요하다. 이를 위해서는 고스트 리스트 역할을 하는 특별한 리스트 구현이 필요하다. 이 구현은 실제 리스트 객체를 래핑하는 씬 래퍼(thin wrapper)이며, 모든 실제 동작을 실제 리스트 객체로 위임한다. 고스트가 하는 유일한 일은 실제 리스트에 접근할 때마다 로드를 트리거하는 것이다.

```
class DomainList...
    IList data {
        get {
            Load();
            return _data;
        }
        set {_data = value;}
    }

    IList _data = new ArrayList();

    public int Count {
        get {return data.Count;}
    }
```

도메인 리스트 클래스는 도메인 객체에서 사용되며 도메인 계층의 일부다. 실제 로딩을 위해서는 SQL 명령에 대한 접근이 필요하므로 매핑 계층에서 제공할 수 있는 것 대신 위임을 사용해 로딩 함수를 정의했다.

```
class DomainList...

    public void Load () {
        if (IsGhost) {
            MarkLoading();
            RunLoader(this);
            MarkLoaded();
        }
    }

    public delegate void Loader(DomainList list);
    public Loader RunLoader;
```


위임은 단일 함수에 대한 특수한 종류의 분리 인터페이스(504)라고 생각할 수 있다. 실제로 함수 하나만 포함된 인터페이스를 선언하는 것은 이렇게 하는 현실적인 대안이다.

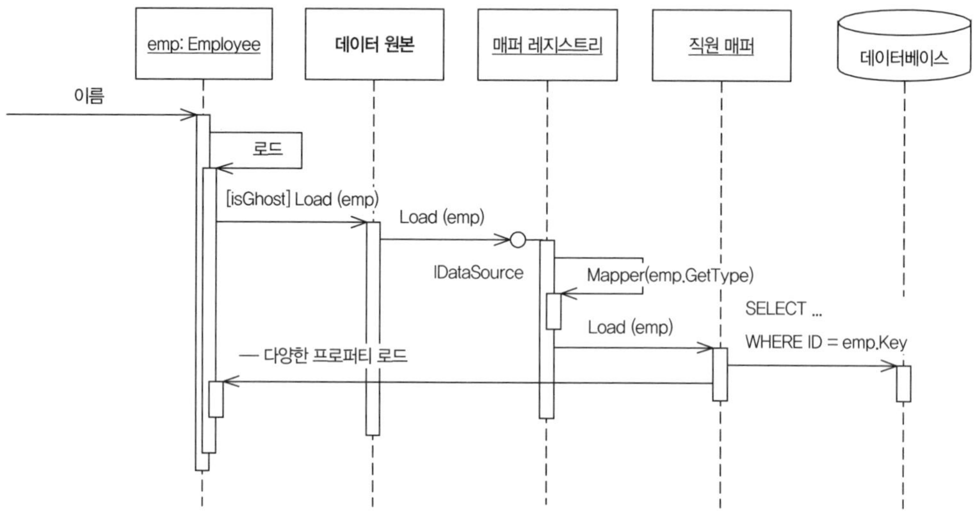

그림 11.5 고스트를 로드하는 순서

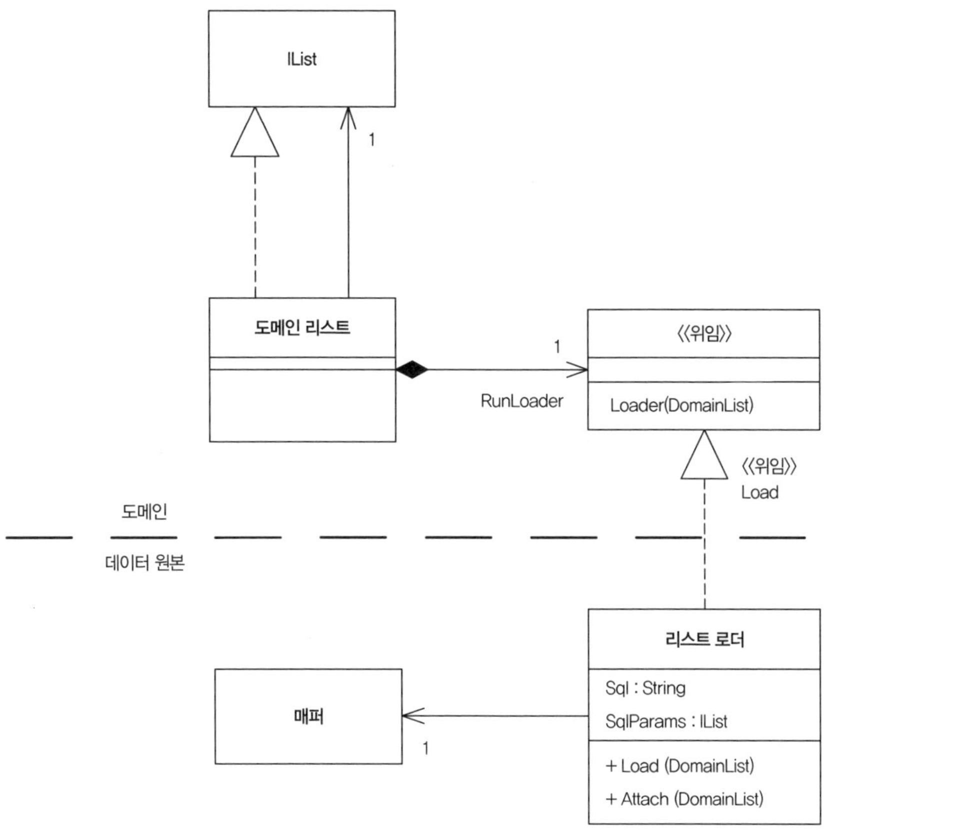

그림 11.6 고스트 리스트의 클래스. 아직 UML 모델에서 위임을 표시하는 정식 표준은 없으며, 이것이 현재 필자가 사용하는 방법이다.

로더에는 로드에 사용할 SQL을 지정하는 프로퍼티와 시간 레코드를 매핑하는 매퍼를 지정하는 프로퍼티가 있다. 직원 매퍼는 직원 객체를 로드할 때 로더를 설정한다.

```
class EmployeeMapper...

    void loadTimeRecords(Employee employee) {
        ListLoader loader = new ListLoader();
        loader.Sql = TimeRecordMapper.FIND_FOR_EMPLOYEE_SQL;
        loader.SqlParams.Add(employee.Key);
        loader.Mapper = MapperRegistry.Mapper(typeof(TimeRecord));
        loader.Attach((DomainList) employee.TimeRecords);
    }

class ListLoader...
```

```
    public String Sql;
    public IList SqlParams = new ArrayList();
    public Mapper Mapper;
```

위임을 할당하는 구문은 약간 복잡하기 때문에 로더에 연결 메서드를 추가했다.


```
class ListLoader...

    public void Attach (DomainList list) {
        list.RunLoader = new DomainList.Loader(Load);
    }
```

직원이 로드될 때 시간 레코드 컬렉션은 해당 접근 메서드 중 하나가 로더를 트리거할 때까지 고스트 상태로 유지된다. 로더는 쿼리를 실행하고 리스트를 채운다.

```
class ListLoader...

    public void Load (DomainList list) {
        list.IsLoaded = true;
        IDbCommand comm = new OleDbCommand(Sql, DB.connection);
        foreach (Object param in SqlParams)
            comm.Parameters.Add(new OleDbParameter(param.ToString(),param));
        IDataReader reader = comm.ExecuteReader();
        while (reader.Read()) {
            DomainObject obj = GhostForLine(reader);
            Mapper.LoadLine(reader, obj);
            list.Add (obj);
        }
        reader.Close();
    }

    private DomainObject GhostForLine(IDataReader reader) {
        return Mapper.AbstractFind((System.Int32)reader[Mapper.KeyColumnName]);
    }
```

이 같은 고스트 리스트 사용은 물결 로딩을 줄이는 데 중요하다. 그러나 물결 로딩은 다른 상황에서도 발생하므로 완전히 방지할 수는 없다. 이 예제에서도 더 정교한 매핑을 이용하면 단일 쿼리에서 직원의 부서 데이터를 로드할 수 있다. 한 컬렉션의 모든 요소를 한 번에 로드하면 최악의 상황은 예방할 수 있다.

12장

객체-관계형 구조 패턴

식별자 필드

인메모리 객체와 데이터베이스 행 간의 식별자를 유지 관리하기 위해 데이터베이스 ID 필드를 저장하는 객체

인물
id : long

관계형 데이터베이스는 행을 다른 행과 구분하기 위해 기본 키라고 하는 키를 사용한다. 그러나 객체 시스템은 내부적으로 올바른 식별자를 보장하므로 인메모리 객체에는 이러한 키가 필요 없다(C++의 경우 원시 메모리 위치를 활용함). 데이터베이스에서 데이터를 읽는 것은 간단하지만 데이터를 다시 기록하려면 데이터베이스와 인메모리 객체 시스템을 연결해야 한다.

식별자 필드(Identity Field)는 기본적으로 놀라울 만큼 단순하다. 관계형 데이터베이스의 기본 키를 객체의 필드에 저장하는 것이 전부다.

작동 원리

식별자 필드의 기본 개념은 아주 간단하지만 상당히 많은 복잡한 사항이 연관돼 있다.

키 선택: 첫 번째 문제는 데이터베이스에 있는 어떤 종류의 키를 선택하느냐다. 물론 이미 키 구조를 가지고 있는 기존의 데이터베이스를 사용해야 하는 경우에는 선택의 여지가 없을 수 있다. 이 주제에 대해서는 데이터베이스 커뮤니티 내에서도 많은 토론이 이뤄지고 있고 관련 자료도 많다. 객체에 대한 매핑을 위해서는 몇 가지 고려할 사항이 있다.

첫 번째 고려 사항은 의미 있는 키와 의미 없는 키 중 어떤 것을 사용할 것이냐다. 의미 있는 키(meaningful key)는 사람을 식별할 때 사용하는 주민등록번호와 비슷한 것이다. 의미 없는 키(meaningless key)는 근본적으로 데이터베이스에서 생성한 임의의 숫자이며, 사람이 보기 위한 값은 아니다. 의미 있는 키의 위험성은 이론상으로는 좋은 키지만 실제로는 그렇지 않다는 것이다. 일단 키 용도로 사용 가능하려면 고유해야 하며, 키 역할을 잘 하려면 읽기 전용이어야 한다. 할당된 숫자는 고유하고 읽기 전용이어야 하지만 사람의 실수 때문에 종종 두 요건을 모두 충족하지 못하는 경우가 있다. 예를 들어, 아내의 주민등록번호 대신 본인의 주민등록번호를 입력하면 결과 레코드는 고유하지 않으며, 이 실수를 수정하려고 하면 읽기 전용도 아니다. 데이터베이스에서 당연히 고유성 문제를 감지해야 하지만 문제 감지는 올바른 레코드가 시스템으로 전달된 후에만 가능하므로 실수를 사전에 막지는 못한다. 따라서 의미 있는 키는 신뢰할 수 없다. 소규모 및/또는 아주 안정적인 시스템에서는 의미 있는 키가 가능할 수 있지만 일반적으로는 의미 없는 키를 선택해야 한다.

식별자 필드

두 번째 고려 사항은 단순 키와 복합 키 중 어떤 것을 사용할 것이냐다. 단순 키(simple key)는 데이터베이스 필드를 하나만 사용하지만 복합 키(compound key)는 필드를 두 개 이상 사용한다. 복합 키의 장점은 한 테이블이 다른 테이블의 컨텍스트에서 의미가 있는 경우 사용하기 쉬운 경우가 많다는 것이다. 좋은 예로 주문과 품목이 있는데, 품목의 키에는 주문 번호와 품목의 시퀀스 번호를 결합한 복합 키가 적합하다. 복합 키가 적절한 경우가 많지만 단순 키의 순수한 균일성도 중요한 고려 사항이다. 모든 곳에서 단순 키를 사용한다면 모든 키 조작에 동일한 코드를 사용할 수 있다. 복합 키를 사용하려면 구현 클래스에서 특별한 처리가 필요하다(코드 생성을 이용하면 문제가 되지는 않는다). 또한 복합 키는 약간의 의미를 포함하므로 고유성과 함께 특히 불변성 규칙에 주의해야 한다.

키의 형식도 선택해야 한다. 키를 사용하는 가장 일반적인 연산은 동등 검사이므로 동등 연산이 빠른 형식을 선택하는 것이 좋다. 다음으로 중요한 연산은 다음 키를 얻는 것이다. 따라서 정수(long) 형식을 선택하는 경우가 많다. 문자열도 사용 가능하지만 동등 검사가 약간 느리며 문자열을 증가시키기가 힘들 수 있다. DBA가 무엇을 선호하느냐에 따라 결정될 수도 있다.

(키에 날짜나 시간을 사용하는 것은 피해야 한다. 이러한 키는 의미가 있을 뿐 아니라 이식성과 일관성을 저해할 수 있다. 특히 날짜는 동기화되지 않아 식별자 문제를 유발하기 쉬운 분수형 초 정밀도로 저장되는 경우가 많으므로 이러한 문제에 취약하다.)

테이블 수준 또는 데이터베이스 수준의 고유 키를 사용할 수 있다. 테이블 고유 키(table-unique key)는 특정 테이블 안에서 고유한 키이며, 이것이 키의 기본 요건이다. 데이터베이스 고유 키(database-unique key)는 데이터베이스의 모든 테이블의 모든 행에서 고유한 키다. 일반적으로는 테이블 고유 키를 사용하면 충분하지만 데이터베이스 고유 키가 더 사용하기 쉬울 수 있으며, 이 경우 단일 식별자 맵(206)을 사용할 수 있다. 현재 일반적으로 사용되는 값에서는 새로운 키를 위한 값이 부족한 경우가 거의 없다. 꼭 필요하다고 생각하면 간단한 데이터베이스 스크립트로 삭제된 객체에서 키를 회수하고 키 공간을 압축할 수 있지만 이 스크립트를 실행하려면 애플리케이션을 오프라인으로 전환해야 한다. 그러나 보편적인 64비트 키를 사용한다면 이런 기능이 필요한 경우는 거의 없다.

테이블 고유 키를 사용할 때는 상속에 신경 써야 한다. 구현 테이블 상속(313)이나 클래스 테이블 상속(304)을 사용하는 경우 각 테이블이 아니라 계층에서 고유한 키를 사용하면 작업하기가 한결 편리하다. 이 경우 엄밀하게 말하면 "상속 그래프 고유"와 같은 용어를 사용해야 하지만 그래도 "테이블 상속"이라는 용어를 사용한다.

식별자 필드

키의 크기는 성능에 영향을 줄 수 있으며, 특히 인덱스를 사용할 때는 더 많은 영향을 준다. 성능에 대한 영향은 데이터베이스 시스템 및/또는 행의 규모에 따라 달라지지만 결정을 내리기 전에 간단하게라도 성능을 검사해보는 것이 좋다.

객체에서 식별자 필드 나타내기: 가장 간단한 식별자 필드는 데이터베이스의 키와 형식이 일치하는 필드다. 예를 들어, 간단한 정수 키를 사용하는 경우 식별자 필드에는 정수 필드를 사용하면 적당하다.

복합 키는 문제가 조금 더 복잡하다. 가장 적절한 방법은 키 클래스를 만드는 것이다. 범용 키 클래스는 키의 요소 역할을 하는 객체의 시퀀스를 저장할 수 있다. 키 객체의 핵심 동작은 동등 비교다. 또한 데이터베이스로 매핑하는 경우에는 키의 일부를 얻는 동작도 유용하다.

모든 키에 동일한 기본 구조를 사용하는 경우 모든 키 처리를 계층 상위 형식(502)에서 할 수 있다. 일반적인 상황에 적용되는 기본 동작을 계층 상위 형식(502)에 넣고 이를 확장해 특정 하위 형식의 예외적 상황을 처리하면 된다.

키 객체의 범용 리스트를 받는 단일 키 클래스를 만들거나 키의 각 부분에 대한 명시적 필드를 포함하는 키 클래스를 각 도메인 클래스별로 만들 수 있다. 필자는 일반적으로 명시적인 방식을 선호하지만 사실 이점이 많지 않고, 별다른 작업을 수행하지 않는 작은 클래스가 많이 생성된다. 주요 장점은 사용자가 키의 요소를 잘못된 순서로 넣는 오류를 방지할 수 있다는 것이지만 실제 상황에서 이것이 큰 문제가 되지는 않는다.

다른 데이터베이스 인스턴스 간에 데이터를 가져오는 일이 많다면 다른 데이터베이스 간에 키를 분리하는 체계를 마련하지 않으면 키 충돌이 발생할 가능성이 높다. 가져오기 중에 일종의 키 마이그레이션을 수행하면 이 문제를 해결할 수 있지만 이 방식도 나름대로 문제의 소지가 많다.

새로운 키 얻기: 객체를 생성하려면 새로운 키가 필요하다. 간단한 문제처럼 보이지만 해결하기 까다로운 문제가 될 수 있다. 새로운 키를 생성하는 기본적인 방법으로는 데이터베이스의 자동 생성, GUID 이용, 직접 생성이라는 세 가지 방법이 있다.

식별자 필드

자동 생성은 가장 쉬운 방법이다. 데이터를 삽입할 때마다 데이터베이스는 별도의 준비 없이 사용할 수 있는 고유한 기본 키를 자동으로 생성한다. 아쉽지만 모든 데이터베이스가 이 기능을 같은 방법으로 지원하는 것은 아니며, 자동 생성된 키는 객체-관계형 매핑에 적합하지 않은 경우가 많다.

가장 일반적인 자동 생성 방법은 행을 삽입할 때마다 값이 증가하는 **자동 생성 필드**(auto-generated field)를 선언하는 것이다. 이 방식의 한 가지 문제는 자동 생성되는 키의 값을 알아내기가 어렵다는 것이다. 예를 들어, 주문 하나와 여러 품목을 데이터베이스에 삽입하는 경우 새로운 주문의 키를 품목의 외래 키로 삽입해야 한다. 또한 트랜잭션 안에서 모든 것을 저장하기 위해 트랜잭션을 커밋하기 전에도 이 키가 필요하다. 아쉽지만 일반적으로 데이터베이스는 이 정보를 제공하지 않으므로 연결된 객체를 삽입해야 하는 테이블에는 이러한 유형의 자동 생성 기능을 사용할 수 없다.

자동 생성의 대안으로 오라클이 시퀀스와 함께 사용하는 **데이터베이스 카운터**(database counter)가 있다. 오라클의 시퀀스를 참조하는 select 문을 전달하면 데이터베이스는 다음 시퀀스 값을 포함하는 SQL 레코드 집합을 반환한다. 시퀀스를 원하는 수만큼 증가하도록 설정할 수 있으므로 여러 키를 한 번에 얻을 수 있다. 시퀀스 쿼리는 분리된 트랜잭션으로 자동으로 수행되므로 시퀀스에 접근하더라도 동시에 삽입을 수행하는 다른 트랜잭션을 차단하지 않는다. 데이터베이스 카운터는 현재의 요건에 아주 적합하지만 표준이 아니며 일부 데이터베이스에서만 지원된다.

GUID(Globally Unique IDentifier)는 컴퓨터에서 생성되는 숫자이며 현존하는 모든 컴퓨터에서 고유성이 보장된다. 플랫폼에서 GUID를 생성하는 API를 제공하기도 하는데, 이러한 API는 이더넷 카드 주소, 현재 시간(나노초), 칩 ID 번호 등의 다양한 정보를 활용하는 흥미로운 알고리즘으로 GUID를 생성한다. 무엇보다 중요한 것은 결과로 얻은 숫자는 완벽하게 고유하므로 안전하게 사용 가능한 키라는 것이다. GUID의 유일한 단점은 키 문자열이 길다는 것이다. 입력란이나 SQL 식에 키를 입력해야 하는 상황이 있을 수 있으며, 키가 너무 길면 당연히 읽거나 입력하기 힘들다. 또한 성능 문제를 유발할 수 있으며, 인덱스를 사용할 때는 더 많은 영향을 준다.

마지막 방법은 직접 키를 생성하는 것이다. 소규모 시스템에서는 SQL max 함수를 사용해 테이블 검색(table scan)을 수행하고 테이블에서 가장 큰 키를 찾은 다음 여기에 1을 더해 새로운 키로 사용할 수 있다. 아쉽게도 이 작업을 하는 동안 전체 테이블에 읽기 잠금이 걸린다. 즉, 삽입이 자주 수행되지 않는다면 괜찮지만 동일한 테이블에서 삽입과 동시에 업데이트가 이뤄지고 있다면 성능이 크게 저하된다. 또한 트랜잭션을 완전하게 격리해야 하며, 그렇지 않으면 여러 트랜잭션에서 동일한 ID 값을 얻는다.

식별자 필드

이보다는 별도의 키 테이블(key table)을 사용하는 것이 좋다. 이 테이블에는 일반적으로 이름과 다음 사용 가능한 값을 나타내는 두 열이 포함된다. 데이터베이스 고유 키를 사용하는 경우 이 테이블에는 한 행만 있으면 되며, 테이블 고유 키를 사용하는 경우 데이터베이스의 각 테이블에 대해 한 행이 있으면 된다. 키 테이블을 사용하려면 한 행을 읽고, 숫자를 기억한 다음, 숫자를 증가시키고, 행에 기록하면 된다. 키 테이블을 업데이트할 때 적절한 수만큼 더하면 여러 키를 한 번에 얻을 수도 있다. 이 방법으로 데이터베이스 호출 횟수와 키 테이블에 대한 경쟁을 함께 줄일 수 있다.

키 테이블을 사용할 때는 삽입하는 테이블을 업데이트하는 트랜잭션과 분리된 트랜잭션에서 키 테이블에 접근하도록 설계하는 것이 좋다. 예를 들어, 주문을 주문 테이블에 삽입한다고 가정하려면 키 테이블의 주문 행에 업데이트를 위한 쓰기 잠금을 걸어야 한다. 이 잠금은 현재 작업 중인 트랜잭션 기간만큼 유지되며 그동안 다른 곳에서는 키를 얻을 수 없다. 즉, 테이블 고유 키의 경우 주문 테이블에 삽입하는 사용자가 차단되며, 데이터베이스 고유 키의 경우 데이터베이스 전체에서 삽입하는 사용자가 차단된다.

키 테이블에 대한 접근을 별도의 트랜잭션으로 분리하면 행 잠금을 훨씬 짧은 트랜잭션 동안만 유지하면 된다. 이 방법의 한 가지 단점은, 예를 들어 주문 테이블에 대한 삽입을 롤백하면 키 테이블에서 얻은 키가 쓸모없게 된다는 것이지만, 이것은 그리 문제가 되지는 않는다. 또한 별도의 트랜잭션을 사용하면 인메모리 객체를 생성하는 즉시 ID를 얻을 수 있는데, 이 시점은 비즈니스 트랜잭션을 커밋하는 트랜잭션을 여는 시점보다 약간 이전인 경우가 많다.

키 테이블을 사용하는 경우 데이터베이스 고유 키와 테이블 고유 키를 선택할 때 고려할 사항이 있다. 테이블 고유 키를 사용하면 데이터베이스에 테이블을 추가할 때마다 키 테이블에 행 하나를 추가해야 한다. 해야 할 일은 늘어났지만, 이렇게 하면 이 행에 대한 경쟁은 줄어든다. 별도의 트랜잭션에서 키 테이블에 접근하는 경우, 특히 단 한 번의 호출로 여러 키를 얻을 때는 경쟁이 그리 문제가 되지 않는다. 그러나 키 테이블 업데이트를 별도의 트랜잭션으로 분리할 수 없다면 데이터베이스 고유 키를 선택하지 않는 것이 현명하다.

새로운 키를 얻는 코드를 자체 클래스로 분리하면 테스트 용도의 서비스 스텁(533)을 쉽게 만들 수 있다.

사용 시점

식별자 필드

식별자 필드는 인메모리 객체와 데이터베이스 행 간의 매핑이 있을 때 사용한다. 일반적으로는 도메인 모델(122)이나 행 데이터 게이트웨이(160)를 사용하는 경우에 해당한다. 트랜잭션 스크립트(115)나 테이블 모듈(132), 테이블 데이터 게이트웨이(151)를 사용할 때는 이 매핑이 필요 없다.

금액이나 날짜 범위 객체와 같이 값에 의미가 있고 자체 테이블을 사용하지 않는 작은 객체의 경우 포함 값(286)을 사용하는 것이 좋다. 관계형 데이터베이스 내에서 쿼리할 필요가 없는 복잡한 객체 그래프의 경우 직렬화 LOB(290)를 사용하면 기록하기 쉽고 성능도 우수하다.

식별자 필드의 대안 중 하나로 식별자 맵(206)을 확장해 대응(correspondence)을 유지 관리하는 방법이 있다. 이 방법은 인메모리 식별자 필드를 객체에 저장하길 원치 않는 시스템에서 사용할 수 있다. 식별자 맵은 객체에 해당하는 키를 찾거나 키에 해당하는 객체를 찾는 두 가지 방법으로 조회해야 한다. 일반적으로 객체에 키를 저장하는 편이 더 쉽기 때문에 이 방법은 그리 자주 사용되지는 않는다.

참고 자료

[Marinescu]에서는 키를 생성하는 여러 기법을 소개한다.

예제: 정수 키(C#)

가장 간단한 형식의 식별자 필드는 인메모리 객체의 정수 필드와 매핑되는 데이터베이스의 정수 필드다.

```
class DomainObject...

    public const long PLACEHOLDER_ID = -1;
```

```
    public long Id = PLACEHOLDER_ID;
    public Boolean isNew() {return Id == PLACEHOLDER_ID;}
```

메모리에 생성됐지만 아직 데이터베이스에 저장되지 않은 객체는 아직 키에 값을 가지지 않는다. .NET 값은 null일 수 없으므로 .NET 값 객체에서는 이것이 문제가 될 수 있다. 따라서 자리표시자 값이 사용된다.

키는 검색과 삽입의 두 가지 작업에 중요하다. 검색을 위해서는 where 절에 키를 사용해 쿼리를 구성해야 한다. .NET에서는 여러 행을 한 데이터 집합에 로드한 다음 검색 한 번으로 특정 행을 선택할 수 있다.


```
class CricketerMapper...

    public Cricketer Find(long id) {
        return (Cricketer) AbstractFind(id);
    }

class Mapper...

    protected DomainObject AbstractFind(long id) {
        DataRow row = FindRow(id);
        return (row == null) ? null : Find(row);
    }

    protected DataRow FindRow(long id) {
        String filter = String.Format("id = {0}", id);
        DataRow[] results = table.Select(filter);
        return (results.Length == 0) ? null : results[0];
    }

    public DomainObject Find (DataRow row) {
        DomainObject result = CreateDomainObject();
        Load(result, row);
        return result;
    }

    abstract protected DomainObject CreateDomainObject();
```

이 동작은 대부분 계층 상위 형식(502)에 넣을 수 있지만 검색은 하향 형변환을 캡슐화하기 위해 구현 클래스에 정의해야 하는 경우가 많다. 물론 컴파일 타임 형식 지정을 사용하지 않는 언어에서는 이러한 불편함이 없다.

간단한 정수 식별자 필드를 사용할 때는 삽입 동작도 계층 상위 형식(502)에 넣을 수 있다.

```
class Mapper...

    public virtual long Insert (DomainObject arg) {
        DataRow row = table.NewRow();
        arg.Id = GetNextID();
        row["id"] = arg.Id;
        Save (arg, row);
        table.Rows.Add(row);
        return arg.Id;
    }
```


근본적으로 삽입은 새로운 행을 만들고 여기에 다음 키를 사용하는 것이다. 새로운 행을 만든 다음에는 여기에 인메모리 객체의 데이터를 저장할 수 있다.

예제: 키 테이블 사용(자바)

매트 폼멜, 마틴 파울러

데이터베이스에서 데이터베이스 카운터를 지원하며 데이터베이스 전용 SQL을 사용해도 괜찮다면 카운터를 사용하는 것이 좋다. 데이터베이스 전용 SQL을 사용하는 것이 걱정스러워도 사용을 고려해야 한다. 키 생성 코드를 깔끔하게 캡슐화하면 나중에 언제든지 이식 가능한 알고리즘으로 변경할 수 있다. 환경에서 카운터를 지원할 때는 카운터를 사용하고, 없을 때는 직접 구현하는 전략[Gang of Four]을 마련할 수도 있다.

여기서는 어려운 방법을 선택했다고 가정해보자. 가장 먼저 데이터베이스에 키 테이블이 필요하다.

```
CREATE TABLE keys (name varchar primary key, nextID int)
INSERT INTO keys VALUES ('orders', 1)
```

이 테이블은 데이터베이스의 카운터당 행 하나를 포함한다. 여기서는 키를 1로 초기화했지만, 데이터베이스에 데이터를 미리 로드하는 경우 카운터를 해당하는 수로 설정해야 한다. 데이터베이스 고유 키를 사용하려면 한 행만 있으면 되지만 테이블 고유 키를 사용하려면 테이블당 한 행이 필요하다.

키 생성 코드를 모두 자체 클래스로 래핑할 수 있다. 이렇게 하면 여러 애플리케이션에서 손쉽게 이 코드를 다시 사용할 수 있고, 키 예약을 자체 트랜잭션에 넣기도 쉽다.

자체적인 데이터베이스 연결을 사용하도록 키 생성기를 구성했으며, 데이터베이스에서 한 번에 가져올 키의 수를 지정할 수 있게 했다.

```
class KeyGenerator...

    private Connection conn;
    private String keyName;
    private long nextId;
    private long maxId;
    private int incrementBy;

    public KeyGenerator(Connection conn, String keyName, int incrementBy) {
        this.conn = conn;
        this.keyName = keyName;
        this.incrementBy = incrementBy;
        nextId = maxId = 0;
        try {
            conn.setAutoCommit(false);
        } catch(SQLException exc) {
            throw new ApplicationException("Unable to turn off autocommit", exc);
        }
    }
```

식별자 필드

반드시 한 트랜잭션에서 선택과 업데이트를 해야 하므로 자동 커밋이 수행되지 않게 해야 한다.

새로운 키에 대한 요청을 받으면 생성기는 데이터베이스에서 가져오기 전에 먼저 캐시에 저장된 키가 있는지 확인한다.

```
class KeyGenerator...

    public synchronized Long nextKey() {
        if (nextId == maxId) {
            reserveIds();
        }
        return new Long(nextId++);
    }
```

생성기가 캐시에서 키를 가져올 수 없으면 데이터베이스에서 가져와야 한다.

```
class KeyGenerator...

    private void reserveIds() {
        PreparedStatement stmt = null;
        ResultSet rs = null;
        long newNextId;
        try {
            stmt = conn.prepareStatement("SELECT nextID FROM keys WHERE name = ? FOR
UPDATE");
            stmt.setString(1, keyName);
            rs = stmt.executeQuery();
            rs.next();
            newNextId = rs.getLong(1);
        }
        catch (SQLException exc) {
            throw new ApplicationException("Unable to generate ids", exc);
        }
        finally {
            DB.cleanUp(stmt, rs);
        }
        long newMaxId = newNextId + incrementBy;
        stmt = null;
        try {
            stmt = conn.prepareStatement("UPDATE keys SET nextID = ? WHERE name = ?");
            stmt.setLong(1, newMaxId);
            stmt.setString(2, keyName);
            stmt.executeUpdate();
            conn.commit();
            nextId = newNextId;
            maxId = newMaxId;
        }
        catch (SQLException exc) {
            throw new ApplicationException("Unable to generate ids", exc);
        }
        finally {
            DB.cleanUp(stmt);
        }
    }
```


이 예제에서는 SELECT... FOR UPDATE를 사용해 데이터베이스에 키 테이블에 쓰기 잠금을 걸도록 지시했다. 이 구문은 오라클 전용 구문이므로 다른 데이터베이스를 사용할 때는 세부 사항이 달라질 수 있다. select 문에 쓰기 잠금을 걸지 못하면 먼저 실행된 다른 트랜잭션 때문에 트랜잭션이 실패할 수 있다. 이 경우 올바른 키를 얻을 때까지 안전하게 reserveIds를 다시 실행할 수 있다.

예제: 복합 키 사용(자바)

간단한 정수 키를 사용하는 방법도 좋은 해결책이지만, 다른 형식이나 복합 키가 필요한 경우도 많다.

키 클래스: 정수 키 외에 다른 키가 필요할 때 가장 먼저 고려할 수 있는 것이 키 클래스다. 키 클래스는 키의 여러 요소를 저장할 수 있어야 하며, 두 키를 비교하고 동일한지 여부를 알려줄 수 있어야 한다.

식별자 필드

```
class Key...

    private Object[] fields;

    public boolean equals(Object obj) {
        if (!(obj instanceof Key)) return false;
        Key otherKey = (Key) obj;
        if (this.fields.length != otherKey.fields.length) return false;
        for (int i = 0; i < fields.length; i++)
            if (!this.fields[i].equals(otherKey.fields[i])) return false;
        return true;
    }
```

가장 기본적인 키 생성 방법은 배열 매개변수를 이용해 키를 만드는 것이다.

```
class Key...

    public Key(Object[] fields) {
        checkKeyNotNull(fields);
        this.fields = fields;
    }

    private void checkKeyNotNull(Object[] fields) {
        if (fields == null) throw new IllegalArgumentException("Cannot have a null key");
        for (int i = 0; i < fields.length; i++)
            if (fields[i] == null)
                throw new IllegalArgumentException("Cannot have a null element of key");
    }
```

특정한 요소로 키를 만드는 경우가 많다면 편의 생성자를 추가할 수 있다. 생성자 코드는 애플리케이션에서 사용하는 키의 종류에 따라 달라진다.

```
class Key...

    public Key(long arg) {
        this.fields = new Object[1];
        this.fields[0] = new Long(arg);
    }

    public Key(Object field) {
        if (field == null) throw new IllegalArgumentException("Cannot have a null key");
        this.fields = new Object[1];
        this.fields[0] = field;
    }

    public Key(Object arg1, Object arg2) {
        this.fields = new Object[2];
        this.fields[0] = arg1;
        this.fields[1] = arg2;
        checkKeyNotNull(fields);
    }
```


이러한 편의 메서드를 추가하는 것을 망설일 필요는 없다. 편의성은 키를 사용하는 모든 사용자에게 중요하다.

이와 비슷하게 키의 일부를 가져오는 접근자 함수를 추가할 수 있다. 이 함수는 애플리케이션에서 매핑에 사용된다.

```
class Key...

    public Object value(int i) {
        return fields[i];
    }

    public Object value() {
        checkSingleKey();
        return fields[0];
    }

    private void checkSingleKey() {
        if (fields.length > 1)
```

```
            throw new IllegalStateException("Cannot take value on composite key");
    }

    public long longValue() {
        checkSingleKey();
        return longValue(0);
    }

    public long longValue(int i) {
        if (!(fields[i] instanceof Long))
            throw new IllegalStateException("Cannot take longValue on non long key");
        return ((Long) fields[i]).longValue();
    }
```


이 예제에서는 주문과 품목 테이블을 대상으로 매핑한다. 주문 테이블은 간단한 정수 기본 키를 사용하며, 품목 테이블은 주문의 기본 키와 시퀀스 번호로 만든 복합 키를 사용한다.

```
CREATE TABLE orders (ID int primary key, customer varchar)
CREATE TABLE line_items (orderID int, seq int, amount int, product varchar,
                         primary key (orderID, seq))
```

도메인 객체의 계층 상위 형식(502)에는 키 필드가 필요하다.

```
class DomainObjectWithKey...

    private Key key;

    protected DomainObjectWithKey(Key ID) {
        this.key = ID;
    }

    protected DomainObjectWithKey() {
    }

    public Key getKey() {
        return key;
    }

    public void setKey(Key key) {
        this.key = key;
    }
```

읽기: 이 책의 다른 예제와 마찬가지로 이 예제에서도 동작을 검색(데이터베이스에서 올바른 행을 찾음)과 로드(올바른 행에서 데이터를 도메인 객체로 로드함)로 분리했다. 키 객체를 사용하면 두 역할도 영향을 받는다.

간단한 정수 키를 사용하는 이전의 다른 예제와 이 예제의 가장 큰 차이는 이 예제에서는 더 복잡한 키를 사용하는 클래스에서 재정의하는 동작의 특정 부분을 분리해야 한다는 것이다. 이 예제에서는 대부분의 테이블이 간단한 정수 키를 사용한다고 가정한다. 그러나 다른 키를 사용하는 테이블도 있으므로 간단한 정수 키를 기본 사례로 지정하고 이 동작을 매퍼 계층 상위 형식(502)에 추가했다. 주문 클래스에서는 간단한 정수 키를 사용한다. 검색 동작의 코드는 다음과 같다.

식별자 필드

```
class OrderMapper...

    public Order find(Key key) {
        return (Order) abstractFind(key);
    }

    public Order find(Long id) {
        return find(new Key(id));
    }

    protected String findStatementString() {
        return "SELECT id, customer from orders WHERE id = ?";
    }

class AbstractMapper...

    abstract protected String findStatementString();
    protected Map loadedMap = new HashMap();

    public DomainObjectWithKey abstractFind(Key key) {
        DomainObjectWithKey result = (DomainObjectWithKey) loadedMap.get(key);
        if (result != null) return result;
        ResultSet rs = null;
        PreparedStatement findStatement = null;
        try {
            findStatement = DB.prepare(findStatementString());
            loadFindStatement(key, findStatement);
            rs = findStatement.executeQuery();
            rs.next();
            if (rs.isAfterLast()) return null;
```

```
            result = load(rs);
            return result;
        } catch (SQLException e) {
            throw new ApplicationException(e);
        } finally {
            DB.cleanUp(findStatement, rs);
        }
    }

    // 간단한 정수가 아닌 키를 위한 후크 메서드
    protected void loadFindStatement(Key key, PreparedStatement finder) throws SQLException {
        finder.setLong(1, key.longValue());
    }
```

식별자 필드

검색 문을 구성하는 코드는 준비된 문장에 각기 다른 매개변수를 전달해야 하므로 분리했다. 품목에는 복합 키가 사용되므로 이 메서드를 재정의해야 한다.

```
class LineItemMapper...

    public LineItem find(long orderID, long seq) {
        Key key = new Key(new Long(orderID), new Long(seq));
        return (LineItem) abstractFind(key);
    }

    public LineItem find(Key key) {
        return (LineItem) abstractFind(key);
    }

    protected String findStatementString() {
        return
            "SELECT orderID, seq, amount, product " +
            " FROM line_items " +
            " WHERE (orderID = ?) AND (seq = ?)";
    }

    // 복합 키를 처리하기 위해 재정의하는 후크 메서드
    protected void loadFindStatement(Key key, PreparedStatement finder) throws SQLException {
        finder.setLong(1, orderID(key));
        finder.setLong(2, sequenceNumber(key));
    }

    // 품목의 키에서 적절한 값을 추출하는 도우미
    private static long orderID(Key key) {
```

```
        return key.longValue(0);
    }

    private static long sequenceNumber(Key key) {
        return key.longValue(1);
    }
```

하위 클래스는 검색 메서드에 대한 인터페이스를 정의하고 검색 문을 위한 SQL 문자열을 제공하는 일 외에도 SQL 문으로 매개변수 두 개를 전달할 수 있게 후크 메서드를 재정의해야 한다. 키 정보에서 일부 정보를 추출하는 도우미 메서드 두 개도 작성했다. 이렇게 하면 키에 숫자 인덱스를 지정하는 명시적 접근자를 사용할 때보다 코드를 깔끔하게 만들 수 있다. 그러한 리터럴 인덱스는 코드를 알아보기 어렵게 만든다.

식별자 필드

로드 동작도 비슷한 구조를 보여준다. 계층 상위 형식(502)에 있는 간단한 정수 키에 대한 기본 동작은 대부분의 복잡한 사례에서 재정의된다. 이 경우 주문을 로드하는 동작은 다음과 같다.

```
class AbstractMapper...

    protected DomainObjectWithKey load(ResultSet rs) throws SQLException {
        Key key = createKey(rs);
        if (loadedMap.containsKey(key)) return (DomainObjectWithKey) loadedMap.get(key);
        DomainObjectWithKey result = doLoad(key, rs);
        loadedMap.put(key, result);
        return result;
    }

    abstract protected DomainObjectWithKey doLoad(Key id, ResultSet rs) throws SQLException;

    // 간단한 정수가 아닌 키에 대한 후크 메서드
    protected Key createKey(ResultSet rs) throws SQLException {
        return new Key(rs.getLong(1));
    }

class OrderMapper...

    protected DomainObjectWithKey doLoad(Key key, ResultSet rs) throws SQLException {
        String customer = rs.getString("customer");
        Order result = new Order(key, customer);
        MapperRegistry.lineItem().loadAllLineItemsFor(result);
        return result;
    }
```

품목에서는 두 필드를 바탕으로 키를 생성하기 위해 후크를 재정의해야 한다.

```
class LineItemMapper...

    protected DomainObjectWithKey doLoad(Key key, ResultSet rs) throws SQLException {
        Order theOrder = MapperRegistry.order().find(orderID(key));
        return doLoad(key, rs, theOrder);
    }

    protected DomainObjectWithKey doLoad(Key key, ResultSet rs, Order order)
        throws SQLException
    {
        LineItem result;
        int amount = rs.getInt("amount");
        String product = rs.getString("product");
        result = new LineItem(key, amount, product);
        order.addLineItem(result);//links to the order
        return result;
    }

    // 기본 사례를 재정의함
    protected Key createKey(ResultSet rs) throws SQLException {
        Key key = new Key(new Long(rs.getLong("orderID")), new Long(rs.getLong("seq")));
        return key;
    }
```


품목에도 특정 주문의 모든 품목을 로드할 때 사용하는 별도의 로드 메서드가 있다.

```
class LineItemMapper...

    public void loadAllLineItemsFor(Order arg) {
        PreparedStatement stmt = null;
        ResultSet rs = null;
        try {
            stmt = DB.prepare(findForOrderString);
            stmt.setLong(1, arg.getKey().longValue());
            rs = stmt.executeQuery();
            while (rs.next())
                load(rs, arg);
        } catch (SQLException e) {
            throw new ApplicationException(e);
        } finally {
            DB.cleanUp(stmt, rs);
```

```
        }
    }

    private final static String findForOrderString =
            "SELECT orderID, seq, amount, product " +
                    "FROM line_items " +
                    "WHERE orderID = ?";

    protected DomainObjectWithKey load(ResultSet rs, Order order) throws SQLException {
        Key key = createKey(rs);
        if (loadedMap.containsKey(key)) return (DomainObjectWithKey) loadedMap.get(key);
        DomainObjectWithKey result = doLoad(key, rs, order);
        loadedMap.put(key, result);
        return result;
    }
```


주문 객체는 생성되고 나서야 객체의 식별자 맵(206)에 넣을 수 있으므로 특별한 처리가 필요하다. 비어 있는 객체를 만들고 이를 곧바로 **식별자 필드**로 삽입하면 특별한 처리를 생략할 수 있다(178쪽 참고).

삽입: 읽기와 마찬가지로 삽입 역시 간단한 정수 키에 대한 기본 동작과 복잡한 키에 대해 재정의하는 후크가 있다. 매퍼 상위 형식에서는 인터페이스 역할을 하는 작업과 삽입을 수행하는 템플릿 메서드를 제공했다.

```
class AbstractMapper...

    public Key insert(DomainObjectWithKey subject) {
        try {
            return performInsert(subject, findNextDatabaseKeyObject());
        } catch (SQLException e) {
            throw new ApplicationException(e);
        }
    }

    protected Key performInsert(DomainObjectWithKey subject, Key key) throws SQLException {
        subject.setKey(key);
        PreparedStatement stmt = DB.prepare(insertStatementString());
        insertKey(subject, stmt);
        insertData(subject, stmt);
        stmt.execute();
        loadedMap.put(subject.getKey(), subject);
```

```
        return subject.getKey();
    }

    abstract protected String insertStatementString();

class OrderMapper...

    protected String insertStatementString() {
        return "INSERT INTO orders VALUES(?,?)";
    }
```

객체에서 오는 데이터는 키의 데이터를 객체의 기본 데이터에서 분리하는 메서드 두 개를 통해 insert 문으로 전달된다. 이렇게 하면 주문과 같이 기본 정수 키를 사용하는 모든 클래스에 사용 가능한 키의 기본 구현을 제공할 수 있다.


```
class AbstractMapper...

    protected void insertKey(DomainObjectWithKey subject, PreparedStatement stmt)
        throws SQLException
    {
        stmt.setLong(1, subject.getKey().longValue());
    }
```

삽입 문장을 위한 나머지 데이터는 특정 하위 클래스에 따라 다르므로 이 동작은 상위 클래스에서 추상 메서드의 형태로 정의된다.

```
class AbstractMapper...

    abstract protected void insertData(DomainObjectWithKey subject, PreparedStatement stmt)
            throws SQLException;

class OrderMapper...

    protected void insertData(DomainObjectWithKey abstractSubject, PreparedStatement stmt) {
        try {
            Order subject = (Order) abstractSubject;
            stmt.setString(2, subject.getCustomer());
        } catch (SQLException e) {
            throw new ApplicationException(e);
        }
    }
```

품목에서는 이러한 메서드를 모두 재정의한다. 또한 키의 두 값을 가져온다.

```
class LineItemMapper...

    protected String insertStatementString() {
        return "INSERT INTO line_items VALUES (?, ?, ?, ?)";
    }

    protected void insertKey(DomainObjectWithKey subject, PreparedStatement stmt)
            throws SQLException
    {
        stmt.setLong(1, orderID(subject.getKey()));
        stmt.setLong(2, sequenceNumber(subject.getKey()));
    }
```

식별자 필드

또한 나머지 데이터에 대한 insert 문의 자체 구현도 제공한다.

```
class LineItemMapper...

    protected void insertData(DomainObjectWithKey subject, PreparedStatement stmt)
            throws SQLException
    {
        LineItem item = (LineItem) subject;
        stmt.setInt(3, item.getAmount());
        stmt.setString(4, item.getProduct());
    }
```

데이터 로딩을 이러한 insert 문에 넣는 방법은 대부분의 클래스에서 키에 동일한 단일 필드를 사용할 때만 유용하다. 키를 처리하는 방법이 더 다양할 때는 정보를 삽입하는 명령을 하나만 사용하는 방법이 더 쉬울 수 있다.

다음 데이터베이스 키를 찾아내는 것 역시 기본 사례와 재정의되는 사례로 분리할 수 있다. 기본 사례에서는 앞서 설명한 키 테이블 체계를 적용할 수 있다. 그런데 품목에서는 문제가 발생한다. 품목의 키는 주문의 키를 일부분으로 사용하는 복합 키다. 그러나 품목 클래스에는 주문 클래스에 대한 참조가 없으므로 품목에 올바른 주문을 함께 전달하지 않고는 품목이 자신을 데이터베이스에 삽입하도록 지시하는 것이 불가능하다. 이 때문에 지원되지 않는 작업 예외(unsupported operation exception)를 이용해 상위 클래스 메서드를 구현하는 문제가 많은 방식을 사용하게 된다.

```
class LineItemMapper...

    public Key insert(DomainObjectWithKey subject) {
        throw new UnsupportedOperationException
                ("Must supply an order when inserting a line item");
    }

    public Key insert(LineItem item, Order order) {
        try {
            Key key = new Key(order.getKey().value(), getNextSequenceNumber(order));
            return performInsert(item, key);
        } catch (SQLException e) {
            throw new ApplicationException(e);
        }
}
```

물론 품목에서 주문을 연결하는 역참조를 이용해 둘 간의 연결을 양방향으로 만드는 방법으로 이 문제를 해결할 수 있다. 여기서는 이러한 역참조를 사용할 수 없을 때의 해결 방법을 알아본다. 주문을 제공하면 키의 주문 부분을 얻기는 쉽다. 다음 문제는 주문 항목의 시퀀스 번호를 알아내는 것이다. 이 번호를 알아내려면 주문에 대한 사용 가능한 다음 시퀀스 번호를 확인해야 한다. 이를 위해서는 SQL의 max 쿼리를 수행하거나 메모리에서 주문의 품목을 살펴봐야 한다. 이 예제에서는 후자의 방법을 사용한다.

```
class LineItemMapper...

    private Long getNextSequenceNumber(Order order) {
        loadAllLineItemsFor(order);
        Iterator it = order.getItems().iterator();
        LineItem candidate = (LineItem) it.next();
        while (it.hasNext()) {
            LineItem thisItem = (LineItem) it.next();
            if (thisItem.getKey() == null) continue;
            if (sequenceNumber(thisItem) > sequenceNumber(candidate)) candidate = thisItem;
        }
        return new Long(sequenceNumber(candidate) + 1);
    }

    private static long sequenceNumber(LineItem li) {
        return sequenceNumber(li.getKey());
    }
```

```
// 비교 연산자는 저장되지 않은 null 키 때문에 여기서는 제대로 작동하지 않음
protected String keyTableRow() {
    throw new UnsupportedOperationException();
}
```

Collections.max 메서드를 사용했다면 이 알고리즘이 훨씬 깔끔하겠지만, null 키가 하나 이상 있을 가능성이 높기 때문에 제대로 작동하지 않는다.

업데이트와 삭제: 업데이트와 삭제에는 특별한 내용은 없다. 이번에도 마찬가지로 기본 사례를 위한 추상 메서드와 특수 사례를 위한 재정의를 사용한다.

식별자 필드

업데이트는 다음과 같은 코드로 수행한다.

```
class AbstractMapper...

    public void update(DomainObjectWithKey subject) {
        PreparedStatement stmt = null;
        try {
            stmt = DB.prepare(updateStatementString());
            loadUpdateStatement(subject, stmt);
            stmt.execute();
        } catch (SQLException e) {
            throw new ApplicationException(e);
        } finally {
            DB.cleanUp(stmt);
        }
    }

    abstract protected String updateStatementString();
    abstract protected void loadUpdateStatement(DomainObjectWithKey subject,
                    PreparedStatement stmt)
            throws SQLException;

class OrderMapper...

    protected void loadUpdateStatement(DomainObjectWithKey subject, PreparedStatement stmt)
            throws SQLException
    {
        Order order = (Order) subject;
        stmt.setString(1, order.getCustomer());
        stmt.setLong(2, order.getKey().longValue());
    }
```

```
    protected String updateStatementString() {
        return "UPDATE orders SET customer = ? WHERE id = ?";
    }

class LineItemMapper...

    protected String updateStatementString() {
        return
            "UPDATE line_items " +
                " SET amount = ?, product = ? " +
                " WHERE orderId = ? AND seq = ?";
    }

    protected void loadUpdateStatement(DomainObjectWithKey subject, PreparedStatement stmt)
            throws SQLException
    {
        stmt.setLong(3, orderID(subject.getKey()));
        stmt.setLong(4, sequenceNumber(subject.getKey()));
        LineItem li = (LineItem) subject;
        stmt.setInt(1, li.getAmount());
        stmt.setString(2, li.getProduct());
    }
```


삭제는 다음과 같은 코드로 수행한다.

```
class AbstractMapper...

    public void delete(DomainObjectWithKey subject) {
        PreparedStatement stmt = null;
        try {
            stmt = DB.prepare(deleteStatementString());
            loadDeleteStatement(subject, stmt);
            stmt.execute();
        } catch (SQLException e) {
            throw new ApplicationException(e);
        } finally {
            DB.cleanUp(stmt);
        }
    }

    abstract protected String deleteStatementString();
```

```
    protected void loadDeleteStatement(DomainObjectWithKey subject, PreparedStatement stmt)
            throws SQLException
    {
        stmt.setLong(1, subject.getKey().longValue());
    }

class OrderMapper...

    protected String deleteStatementString() {
        return "DELETE FROM orders WHERE id = ?";
    }
```

식별자 필드

```
class LineItemMapper...

    protected String deleteStatementString() {
        return "DELETE FROM line_items WHERE orderid = ? AND seq = ?";
    }

    protected void loadDeleteStatement(DomainObjectWithKey subject, PreparedStatement stmt)
            throws SQLException
    {
        stmt.setLong(1, orderID(subject.getKey()));
        stmt.setLong(2, sequenceNumber(subject.getKey()));
    }
```

외래 키 매핑

객체 간 연결과 테이블 간 외래 키 참조의 매핑

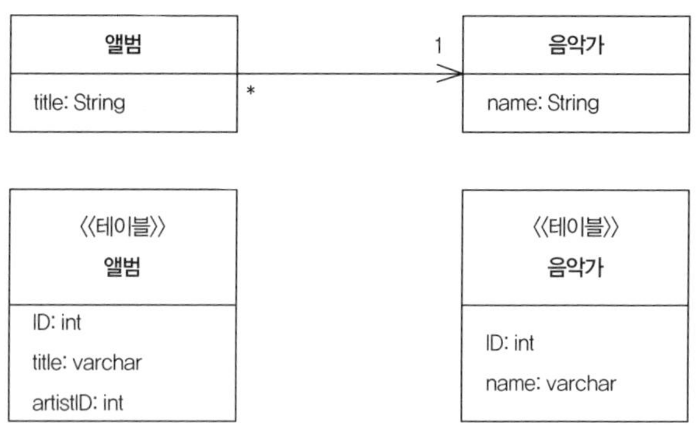

객체는 객체 참조를 통해 다른 객체를 직접 참조할 수 있다. 아무리 단순한 객체지향 시스템이라도 온갖 종류의 흥미로운 방법으로 상호 연결된 객체가 많이 포함돼 있다. 이러한 객체를 데이터베이스에 저장하려면 이러한 참조를 저장하는 것이 아주 중요하다. 그러나 객체에 있는 데이터는 실행 중인 프로그램의 특정 인스턴스에 한정되므로 원시 데이터 값을 그대로 저장할 수는 없다. 또한 객체가 다른 객체 참조의 컬렉션을 가진 경우에는 문제가 더 어려워진다. 이러한 구조는 관계형 데이터베이스의 제1정규형을 위반하는 것이다.

외래 키 매핑(Foreign Key Mapping)은 객체 참조를 데이터베이스의 외래 키와 매핑한다.

작동 원리

이 문제를 해결하는 확실한 방법은 식별자 필드(227)를 사용하는 것이다. 각 객체는 해당 데이터베이스 테이블의 데이터베이스 키를 포함한다. 두 객체가 서로 연관 관계를 통해 연결된 경우 이 연관 관계를 데이터베이스의 외래 키로 대체할 수 있다. 간단히 말해, 앨범을 데이터베이스에 저장할 때는 그림 12.1과 같이 앨범과 연결된 음악가의 ID를 앨범 레코드에 저장한다.

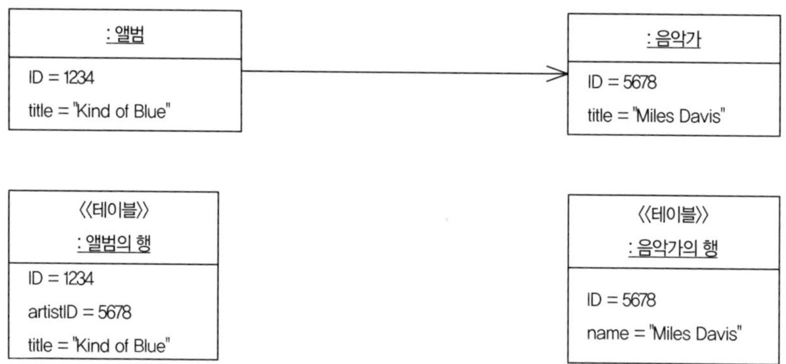

그림 12.1 컬렉션을 외래 키에 매핑

외래 키 매핑

이것은 간단한 경우였지만, 객체의 컬렉션을 처리해야 할 때는 문제가 복잡하다. 컬렉션은 데이터베이스에 저장할 수 없으므로 참조의 방향을 반대로 바꿔야 한다. 따라서 앨범에 트랙의 컬렉션이 포함된다면 그림 12.2와 12.3에 나오는 것처럼 앨범의 외래 키를 트랙 레코드에 넣어야 한다. 그런데 업데이트해야 할 때는 문제가 생긴다. 업데이트는 앨범의 컬렉션에 트랙이 추가 또는 제거될 수 있다는 의미다. 이러한 변경 사항을 데이터베이스에 저장하는 데는 (1) 삭제 및 삽입, (2) 역참조 추가, (3) 컬렉션 차이 비교라는 세 가지 기본적인 방법이 있다.

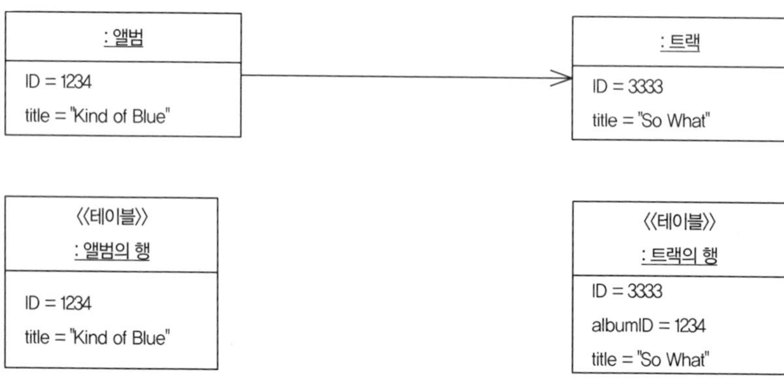

그림 12.2 컬렉션을 외래 키에 매핑

그림 12.3 다중 값 참조를 위한 테이블과 클래스

삭제 및 삽입은 데이터베이스에서 해당 앨범과 연결된 트랙을 모두 삭제한 후 현재 앨범에 있는 트랙을 모두 다시 삽입하는 방법이다. 언뜻 보기에는 상당히 부담스러운 작업처럼 보이는데, 특히 트랙을 전혀 변경하지 않았다면 더 그렇게 보인다. 그러나 이 논리는 구현하기 쉬울뿐 아니라 대안과 비교해도 상당히 잘 작동한다. 이 방법의 단점은 트랙이 의존 매핑(280)을 지원해야 한다는 것이다. 즉, 앨범이 트랙을 소유해야 하며 외부에서는 참조할 수 없다.

역참조는 트랙에서 앨범을 연결하는 링크 역할을 하며, 연결을 사실상 양방향으로 만든다. 이렇게 하면 객체 모델이 변경되지만, 이제 다른 쪽에서 단일 값 필드를 위한 간단한 기법을 활용해 업데이트를 처리할 수 있다.

이 두 방법이 모두 마음에 들지 않는다면 차이를 비교하는 방법을 사용할 수 있다. 여기에는 다시 데이터베이스의 현재 내용과 비교하거나 처음 읽은 내용과 비교하는 두 가지 방법이 있다. 데이터베이스와 차이를 비교하려면 데이터베이스에서 컬렉션을 읽고 이를 앨범의 컬렉션과 비교해야 한다. 데이터베이스에는 있지만 앨범에 없는 항목은 제거된 항목이며, 앨범에는 있지만 디스크에 없는 항목은 추가된 새로운 항목이다. 그다음에는 애플리케이션의 논리를 기준으로 각 항목을 처리하는 방법을 결정할 수 있다.

처음 읽은 내용과 차이를 비교하려면 읽은 내용을 보관해야 하며, 이렇게 하면 데이터베이스 읽기를 줄일 수 있어 바람직하다. 낙관적 오프라인 잠금(441)을 사용할 때도 데이터베이스와 차이를 비교해야 할 수 있다.

일반적으로 컬렉션에 뭔가를 추가하려면 먼저 이것이 새로운 객체인지 확인해야 한다. 그러려면 추가할 항목에 키가 있는지 확인하면 된다. 키가 없으면 새로운 객체라는 뜻이므로 데이터베이스에 추가해야 한다. 작업 단위(193)를 사용하면 새로운 객체가 일단 자동으로 삽입되므로 이 단계가 훨씬 수월하다. 두 경우 모두 데이터베이스에서 연결된 행을 찾고 이 행의 외래 키를 현재 앨범을 가리키도록 업데이트할 수 있다.

삭제의 경우 트랙이 다른 앨범으로 옮겨졌는지, 앨범이 없는지, 또는 완전히 삭제됐는지 알아야 한다. 트랙이 다른 앨범으로 옮겨진 경우 이 트랙은 해당 앨범을 업데이트할 때 함께 업데이트 해야 한다. 트랙에 앨범이 없는 경우 외래 키를 null로 설정해야 한다. 트랙이 삭제된 경우 항목이 삭제될 때 함께 삭제돼야 한다. 이 예에서처럼 역참조가 필수이면 모든 트랙이 앨범에 있어야 하므로 삭제를 처리하기가 훨씬 수월하다. 이렇게 하면 트랙이 추가된 앨범을 처리할 때 트랙이 함께 업데이트되므로 제거된 항목을 검색할 필요가 없다.

링크가 불변인 경우 트랙의 앨범을 변경할 수 없다는 의미이므로 추가하려면 삽입해야 하며, 제거하려면 삭제해야 한다. 이 경우 작업은 확실히 단순하다.

링크가 순환되지 않게 주의해야 한다. 예를 들어, 주문을 로드하려고 할 때 여기에 고객에 대한 링크가 있다고 가정해보자. 고객은 지불의 집합과 연결돼 있고, 각 지불은 지불 대상인 주문과 연결돼 있다. 그런데 이러한 주문에 처음 로드하려고 했던 원래 주문이 포함돼 있을 수 있다. 그러면 이 원래 주문을 다시 로드하는 순환이 시작된다.

순환을 제대로 처리하려면 결국 객체를 생성하는 두 가지 방법 중 하나를 선택해야 한다. 일반적으로 객체를 생성하는 메서드는 완전한 형식의 객체를 얻을 수 있게 데이터를 포함하는 것이 좋다. 이 방법을 선택하는 경우 적절한 지점에 지연 로드(211)를 배치해 순환을 끊어야 한다. 이를 적절하게 처리하지 못하면 스택 오버플로가 발생하지만, 적절하게 하면 순환 링크의 부담을 감당할 수 있다.

다른 방법은 비어 있는 객체를 만들고 이를 즉시 식별자 맵(206)에 넣는 것이다. 그러면 한 차례 순환하고 객체가 이미 로드되면 순환을 끝낼 수 있다. 생성하는 객체는 완전한 형식이 아니지만, 로드 절차가 완료되면 완전한 형식을 갖추게 된다. 이렇게 하면 단순히 로드를 올바르게 수행하기 위해 지연 로드(211)를 사용하는 특수 사례를 고려할 필요가 없다.

사용 시점

외래 키 매핑은 대부분의 클래스 간 연결에 사용할 수 있다. 외래 키 매핑을 적용할 수 없는 가장 일반적인 경우는 다대다 연결이다. 외래 키는 단일 값이지만, 제1정규형에서는 단일 필드에 여러 외래 키를 저장할 수 없다고 규정하기 때문이다. 다대다 연결에는 연관 테이블 매핑(264)을 사용해야 한다.

역참조가 없는 컬렉션 필드가 있다면 다수 항목이 있는 쪽에 의존 매핑(280)을 사용할지 고려해야 하며, 이를 사용한다면 컬렉션을 간소하게 처리할 수 있다.

연관된 객체가 값 객체(514)인 경우 포함 값(286)을 사용해야 한다.

예제: 단일 값 참조(자바)

이 예제는 한 앨범이 음악가의 단일 참조를 갖는 가장 간단한 경우다.

```
class Artist...

    private String name;

    public Artist(Long ID, String name) {
        super(ID);
        this.name = name;
    }

    public String getName() {
        return name;
    }

    public void setName(String name) {
        this.name = name;
    }

class Album...

    private String title;
    private Artist artist;

    public Album(Long ID, String title, Artist artist) {
        super(ID);
        this.title = title;
        this.artist = artist;
    }

    public String getTitle() {
        return title;
    }
```

```
public void setTitle(String title) {
    this.title = title;
}

public Artist getArtist() {
    return artist;
}

public void setArtist(Artist artist) {
    this.artist = artist;
}
```

외래 키 매핑

그림 12.4에는 앨범 하나를 로드하는 방법이 나온다. 앨범 매퍼는 특정 앨범을 로드하라는 명령을 받으면 데이터베이스에 앨범을 쿼리하고 이에 해당하는 결과 집합을 가져온다. 그런 다음 각 외래 키에 대한 결과 집합을 쿼리하고 해당 객체를 찾는다. 이제 찾은 객체로 앨범을 만들 수 있다. 음악가 객체는 이미 메모리에 있으면 캐시에서 가져오며, 그렇지 않으면 같은 방법으로 데이터베이스에서 로드한다.

검색 작업은 추상 동작을 이용해 식별자 맵(206)을 조작한다.

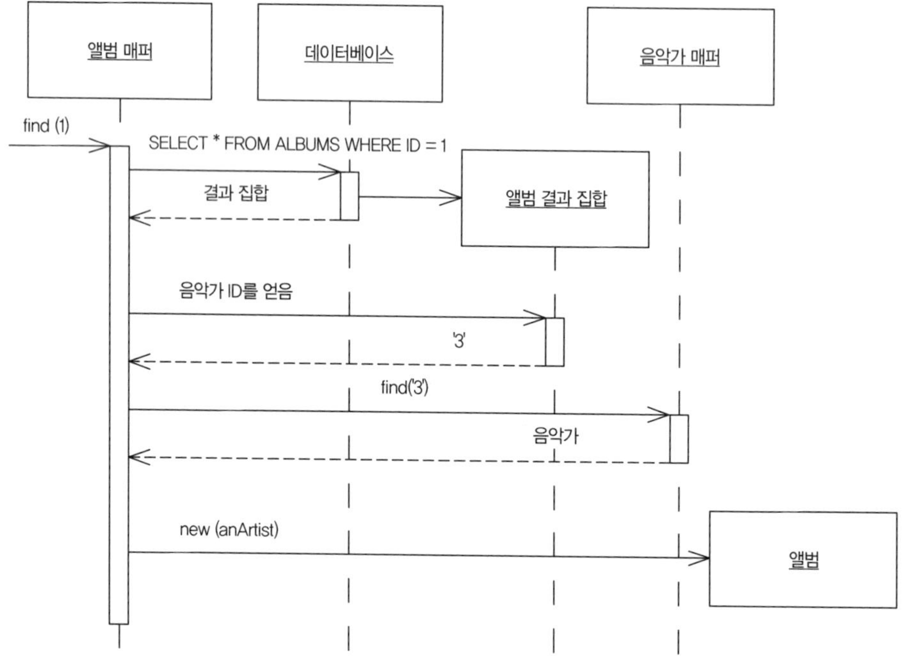

그림 12.4 단일 값 필드를 로드하기 위한 시퀀스

```
class AlbumMapper...

    public Album find(Long id) {
        return (Album) abstractFind(id);
    }

    protected String findStatement() {
        return "SELECT ID, title, artistID FROM albums WHERE ID = ?";
    }

class AbstractMapper...

    abstract protected String findStatement();

    protected DomainObject abstractFind(Long id) {
        DomainObject result = (DomainObject) loadedMap.get(id);
        if (result != null) return result;
        PreparedStatement stmt = null;
        ResultSet rs = null;
        try {
            stmt = DB.prepare(findStatement());
            stmt.setLong(1, id.longValue());
            rs = stmt.executeQuery();
            rs.next();
            result = load(rs);
            return result;
        } catch (SQLException e) {
            throw new ApplicationException(e);
        } finally {
            cleanUp(stmt, rs);
        }
    }

    private Map loadedMap = new HashMap();
```

검색 작업은 실제로 데이터를 앨범으로 로드하기 위해 로드 작업을 호출한다.

```
class AbstractMapper...

    protected DomainObject load(ResultSet rs) throws SQLException {
        Long id = new Long(rs.getLong(1));
        if (loadedMap.containsKey(id)) return (DomainObject) loadedMap.get(id);
        DomainObject result = doLoad(id, rs);
        doRegister(id, result);
```

```
        return result;
    }

    protected void doRegister(Long id, DomainObject result) {
        Assert.isFalse(loadedMap.containsKey(id));
        loadedMap.put(id, result);
    }

    abstract protected DomainObject doLoad(Long id, ResultSet rs) throws SQLException;

class AlbumMapper...

    protected DomainObject doLoad(Long id, ResultSet rs) throws SQLException {
        String title = rs.getString(2);
        long artistID = rs.getLong(3);
        Artist artist = MapperRegistry.artist().find(artistID);
        Album result = new Album(id, title, artist);
        return result;
    }
```

앨범을 업데이트하기 위해 연결된 음악가 객체에서 외래 키 값을 가져온다.

```
class AbstractMapper...

    abstract public void update(DomainObject arg);

class AlbumMapper...

    public void update(DomainObject arg) {
        PreparedStatement statement = null;
        try {
            statement = DB.prepare(
                    "UPDATE albums SET title = ?, artistID = ? WHERE id = ?");
            statement.setLong(3, arg.getID().longValue());
            Album album = (Album) arg;
            statement.setString(1, album.getTitle());
            statement.setLong(2, album.getArtist().getID().longValue());
            statement.execute();
        } catch (SQLException e) {
            throw new ApplicationException(e);
        } finally {
            cleanUp(statement);
        }
    }
```

예제: 다중 테이블 검색(자바)

개념상으로 쿼리는 테이블당 하나씩 수행하는 것이 깔끔하지만 SQL은 처리 속도가 느린 원격 호출로 이뤄지므로 이렇게 하면 효율이 떨어질 수 있다. 따라서 단일 쿼리로 여러 테이블에서 정보를 가져오는 방법을 찾는 것이 도움되는 경우가 많다. 위 예제를 수정해서 단일 쿼리를 사용해 단일 SQL 호출로 앨범과 음악가 정보를 함께 가져오게 할 수 있다. 가장 먼저 수정할 부분은 검색 문에 대한 SQL이다.

```
class AlbumMapper...

    public Album find(Long id) {
        return (Album) abstractFind(id);
    }

    protected String findStatement() {
        return "SELECT a.ID, a.title, a.artistID, r.name " +
                " from albums a, artists r " +
                " WHERE ID = ? and a.artistID = r.ID";
    }
```

그다음에는 앨범과 음악가 정보를 함께 로드하는 다른 로드 메서드를 사용한다.

```
class AlbumMapper...

    protected DomainObject doLoad(Long id, ResultSet rs) throws SQLException {
        String title = rs.getString(2);
        long artistID = rs.getLong(3);
        ArtistMapper artistMapper = MapperRegistry.artist();
        Artist artist;
        if (artistMapper.isLoaded(artistID))
            artist = artistMapper.find(artistID);
        else
            artist = loadArtist(artistID, rs);
        Album result = new Album(id, title, artist);
        return result;
    }

    private Artist loadArtist(long id, ResultSet rs) throws SQLException {
        String name = rs.getString(4);
        Artist result = new Artist(new Long(id), name);
        MapperRegistry.artist().register(result.getID(), result);
        return result;
    }
```

SQL 결과를 음악가 객체로 매핑하는 메서드를 넣을 위치에 대해서는 몇 가지 고려할 사항이 있다. 한편으로, 음악가를 로드하는 클래스인 음악가의 매퍼에 넣는 것이 바람직할 수 있다. 그러나 다른 한편으로, 로드 메서드는 SQL과 밀접하게 연관되므로 SQL 쿼리와 함께 있어야 한다. 이 경우 필자는 후자가 더 설득력이 있다고 생각했다.

예제: 참조의 컬렉션(C#)

참조의 컬렉션은 필드 하나가 컬렉션 하나를 구성하는 경우다. 이 예제에서는 팀과 선수를 나타내며 선수에 의존 매핑(280)을 사용할 수 없는 경우를 살펴본다(그림 12.5).

외래 키 매핑

```
class Team...

    public String Name;

    public IList Players {
        get {return ArrayList.ReadOnly(playersData);}
        set {playersData = new ArrayList(value);}
    }

    public void AddPlayer(Player arg) {
        playersData.Add(arg);
    }

    private IList playersData = new ArrayList();
```

이 데이터베이스에서는 이 관계를 나타내기 위해 선수 레코드가 팀에 대한 외래 키를 포함한다(그림 12.6).

```
class TeamMapper...

    public Team Find(long id) {
        return (Team) AbstractFind(id);
    }
```

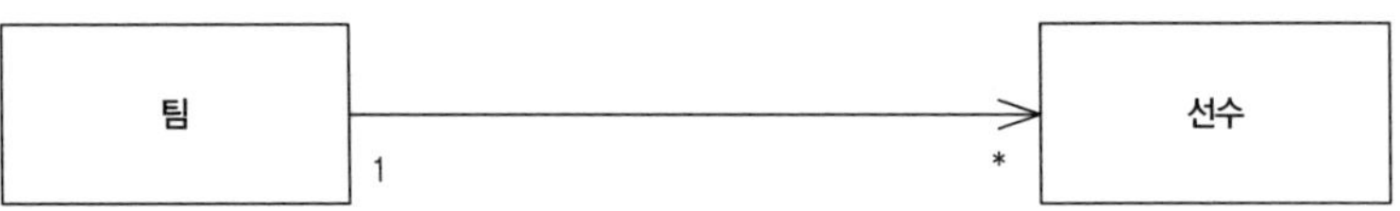

그림 12.5 여러 선수를 포함하는 팀

《테이블》 **팀**
ID : long

《테이블》 **선수**
ID : long teamID : long

그림 12.6 여러 선수를 포함하는 팀의 데이터베이스 구조

```
class AbstractMapper...

    protected DomainObject AbstractFind(long id) {
        Assert.True (id != DomainObject.PLACEHOLDER_ID);
        DataRow row = FindRow(id);
        return (row == null) ? null : Load(row);
    }

    protected DataRow FindRow(long id) {
        String filter = String.Format("id = {0}", id);
        DataRow[] results = table.Select(filter);
        return (results.Length == 0) ? null : results[0];
    }

    protected DataTable table {
        get {return dsh.Data.Tables[TableName];}
    }

    public DataSetHolder dsh;
    abstract protected String TableName {get;}

class TeamMapper...

    protected override String TableName {
        get {return "Teams";}
    }
```

데이터 집합 홀더는 사용되는 데이터와 함께 이를 데이터베이스에 업데이트하는 데 필요한 어댑터를 포함하는 클래스다.

```
class DataSetHolder...

    public DataSet Data = new DataSet();
    private Hashtable DataAdapters = new Hashtable();
```

이 예제에서는 이미 적절한 쿼리를 사용해 데이터를 얻었다고 가정한다.

검색 메서드는 로드를 호출해 데이터를 새로운 객체로 로드한다.


```
class AbstractMapper...

    protected DomainObject Load (DataRow row) {
        long id = (int) row ["id"];
        if (identityMap[id] != null) return (DomainObject) identityMap[id];
        else {
            DomainObject result = CreateDomainObject();
            result.Id = id;
            identityMap.Add(result.Id, result);
            doLoad(result,row);
            return result;
        }
    }

    abstract protected DomainObject CreateDomainObject();
    private IDictionary identityMap = new Hashtable();
    abstract protected void doLoad (DomainObject obj, DataRow row);

class TeamMapper...

    protected override void doLoad (DomainObject obj, DataRow row) {
        Team team = (Team) obj;
        team.Name = (String) row["name"];
        team.Players = MapperRegistry.Player.FindForTeam(team.Id);
    }
```

선수를 가져오기 위해 선수 매퍼의 특화된 검색기를 실행했다.

```
class PlayerMapper...

    public IList FindForTeam(long id) {
        String filter = String.Format("teamID = {0}", id);
        DataRow[] rows = table.Select(filter);
        IList result = new ArrayList();
        foreach (DataRow row in rows) {
            result.Add(Load (row));
        }
        return result;
    }
```

업데이트하려면 팀은 자신의 데이터를 저장하고 선수 매퍼에게 데이터를 선수 테이블에 저장하도록 위임한다.

```
class AbstractMapper...

    public virtual void Update (DomainObject arg) {
        Save (arg, FindRow(arg.Id));
    }

    abstract protected void Save (DomainObject arg, DataRow row);

class TeamMapper...

    protected override void Save (DomainObject obj, DataRow row){
        Team team = (Team) obj;
        row["name"] = team.Name;
        savePlayers(team);
    }

    private void savePlayers(Team team){
        foreach (Player p in team.Players) {
            MapperRegistry.Player.LinkTeam(p, team.Id);
        }
    }

class PlayerMapper...

    public void LinkTeam (Player player, long teamID) {
        DataRow row = FindRow(player.Id);
        row["teamID"] = teamID;
    }
```

업데이트 코드는 선수에서 팀으로의 연관 관계가 필수라는 점 때문에 크게 간단해졌다. 선수를 한 팀에서 다른 팀으로 옮기는 경우에도 두 팀을 모두 업데이트하면 선수를 정리하기 위해 복잡한 차이 비교를 할 필요가 없다. 선수를 옮기는 작업은 독자를 위한 연습문제로 남겨둔다.

연관 테이블 매핑

연관된 테이블에 대한 외래 키를 포함하는 테이블에 연관 관계를 저장한다.

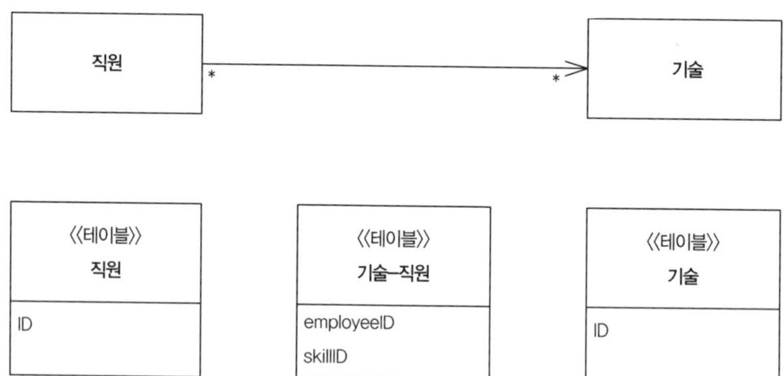

객체는 컬렉션을 필드 값으로 사용해 다중 값 필드를 상당히 손쉽게 처리할 수 있다. 반면 관계형 데이터베이스에는 이 기능이 없기 때문에 단일 값 필드만 사용할 수 있다. 일대다 연관 관계를 매핑하는 경우에는 외래 키 매핑(251)을 활용해 연관 관계의 단일 값 쪽에서 외래 키를 통해 매핑을 처리할 수 있다. 그러나 다대다 연관 관계의 경우 외래 키를 포함할 단일 값 쪽이 없기 때문에 이 방법을 적용할 수 없다.

이 문제는 지난 수십년간 관계형 데이터 커뮤니티에서 사용된 전통적 해결책으로 해결할 수 있다. 즉, 관계를 기록하는 추가 테이블을 만드는 것이다. 그런 다음 **연관 테이블 매핑**(Association Table Mapping)을 사용해 다중 값을 이 링크 테이블로 매핑하면 된다.

작동 원리

연관 테이블 매핑의 기본 개념은 링크 테이블을 사용해 연관 관계를 저장한다는 것이다. 이 테이블은 서로 연결된 두 테이블의 외래 키 ID만 포함하며, 연관된 객체 한 쌍당 한 행을 가진다.

링크 테이블은 해당하는 인메모리 객체가 없다. 결과적으로 ID가 없으며, 링크 테이블의 기본 키는 연관된 테이블의 두 기본 키를 합성한 것이다.

간단하게 말해, 링크 테이블에서 데이터를 로드하려면 쿼리를 두 번 해야 한다. 직원의 기술을 로딩하는 경우를 생각해보자. 이 경우 적어도 개념상으로는 두 단계로 쿼리를 수행해야 한다. 첫 번째 단계에서는 기술-직원 테이블을 쿼리해 원하는 직원을 링크하는 모든 행을 찾는다. 두 번째 단계에서는 링크 테이블의 각 행과 연관된 ID에 대한 기술 객체를 찾는다.

이 체계는 모든 정보가 이미 메모리에 있을 때는 아주 잘 작동한다. 그러나 정보가 메모리에 없으면 링크 테이블에 있는 스킬의 수만큼 쿼리를 해야 하는 부담이 있다. 이러한 쿼리의 부담을 덜기 위해서는 매핑 작업이 약간 더 복잡해지는 것을 감수하고 기술 테이블을 링크 테이블과 조인해 단일 쿼리로 모든 데이터를 가져올 수 있게 만들면 된다.

링크 데이터를 업데이트하려면 다중 값 필드의 업데이트와 관련된 여러 문제를 해결해야 한다. 다행스러운 점은 링크 테이블은 여러 측면에서 의존 매핑(280)처럼 취급할 수 있기 때문에 작업하기가 훨씬 수월하다는 점이다. 다른 테이블은 링크 테이블을 참조할 수 없으므로 필요에 따라 자유롭게 링크를 만들고 삭제할 수 있다.

사용 시점

연관 테이블 매핑의 가장 표준적인 용도는 사실상 다른 대안이 없는 다대다 연관 관계를 나타내는 것이다.

연관 테이블 매핑은 다른 모든 형식의 연관 관계에도 사용할 수 있다. 그러나 연관 테이블 매핑은 외래 키 매핑(251)보다 복잡하고 추가적인 조인이 필요하므로 일반적으로 올바른 선택이 아니다. 그러나 연관 관계가 간단하더라도 **연관 테이블 매핑**을 사용하는 것이 적당한 두 가지 상황이 있는데, 두 가지 모두 스키마를 마음대로 제어할 수 없는 데이터베이스를 사용하는 경우다. 기존 테이블 두 개를 연결해야 하지만, 이러한 테이블에 열을 추가하기는 곤란한 상황이 있다. 이 경우 새로운 테이블을 만들고 **연관 테이블 매핑**을 사용할 수 있다. 또한 기존 스키마에 꼭 필요하지 않은 연관 테이블이 사용되는 경우가 있다. 이 경우 데이터베이스 스키마를 간소화하기보다 **연관 테이블 매핑**을 사용하는 것이 더 쉽다.

관계형 데이터베이스 설계에서는 관계에 대한 정보를 전달하는 연관 테이블이 포함되는 경우가 많다. 예를 들어 회사에서 한 인물의 고용 상태에 대한 정보를 포함하는 인물/회사 연관 테이블이 있을 수 있다. 이 경우 인물/회사 테이블은 실제 도메인 객체에 대응한다.

예제: 직원과 기술(C#)

다음은 앞서 그림으로 살펴본 모델을 구현하는 간단한 예다. 다음은 기술의 컬렉션을 포함하는 직원 클래스이며, 각 기술은 한 직원보다 훨씬 자주 나타날 수 있다.

```
class Employee...

    public IList Skills {
```

```
        get {return ArrayList.ReadOnly(skillsData);}
        set {skillsData = new ArrayList(value);}
    }

    public void AddSkill (Skill arg) {
        skillsData.Add(arg);
    }

    public void RemoveSkill (Skill arg) {
        skillsData.Remove(arg);
    }

    private IList skillsData = new ArrayList();
```

연관 테이블 매핑

데이터베이스에서 직원을 로드하려면 직원 매퍼를 사용해 기술을 가져와야 한다. 각 직원 매퍼 클래스에는 직원 객체를 생성하는 검색 메서드 하나가 있다. 모든 매퍼는 매퍼의 공통 서비스를 제공하는 추상 매퍼 클래스의 하위 클래스다.

```
class EmployeeMapper...

    public Employee Find(long id) {
        return (Employee) AbstractFind(id);
    }

class AbstractMapper...

    protected DomainObject AbstractFind(long id) {
        Assert.True (id != DomainObject.PLACEHOLDER_ID);
        DataRow row = FindRow(id);
        return (row == null) ? null : Load(row);
    }

    protected DataRow FindRow(long id) {
        String filter = String.Format("id = {0}", id);
        DataRow[] results = table.Select(filter);
        return (results.Length == 0) ? null : results[0];
    }

    protected DataTable table {
        get {return dsh.Data.Tables[TableName];}
    }

    public DataSetHolder dsh;
```

```
    abstract protected String TableName {get;}

class EmployeeMapper...

    protected override String TableName {
        get {return "Employees";}
    }
```

데이터 집합 홀더는 ADO.NET 데이터 집합과 이를 데이터베이스로 저장하기 위한 어댑터를 포함하는 간단한 객체다.


```
class DataSetHolder...
    public DataSet Data = new DataSet();
    private Hashtable DataAdapters = new Hashtable();
```

이 예제에서는 간단하게 설명하기 위해 필요한 모든 데이터가 이 데이터 집합에 이미 로드됐다고 가정한다.

검색 메서드는 직원의 데이터를 로드하기 위해 로드 메서드를 호출한다.

```
class AbstractMapper...

    protected DomainObject Load (DataRow row) {
        long id = (int) row ["id"];
        if (identityMap[id] != null) return (DomainObject) identityMap[id];
        else {
            DomainObject result = CreateDomainObject();
            result.Id = id;
            identityMap.Add(result.Id, result);
            doLoad(result,row);
            return result;
        }
    }

    abstract protected DomainObject CreateDomainObject();
    private IDictionary identityMap = new Hashtable();
    abstract protected void doLoad (DomainObject obj, DataRow row);

class EmployeeMapper...

    protected override void doLoad (DomainObject obj, DataRow row) {
        Employee emp = (Employee) obj;
```

```
        emp.Name = (String) row["name"];
        loadSkills(emp);
    }
```

직원을 로드하는 작업도 깔끔하게 수행하기 위해 별도의 메서드가 필요하다.

```
class EmployeeMapper...

    private IList loadSkills (Employee emp) {
        DataRow[] rows = skillLinkRows(emp);
        IList result = new ArrayList();
        foreach (DataRow row in rows) {
            long skillID = (int)row["skillID"];
            emp.AddSkill(MapperRegistry.Skill.Find(skillID));
        }
        return result;
    }

    private DataRow[] skillLinkRows(Employee emp) {
        String filter = String.Format("employeeID = {0}", emp.Id);
        return skillLinkTable.Select(filter);
    }

    private DataTable skillLinkTable {
        get {return dsh.Data.Tables["skillEmployees"];}
    }
```


기술 정보에 대한 변경 내용은 추상 매퍼의 업데이트 메서드를 사용해 처리한다.

```
class AbstractMapper...

    public virtual void Update (DomainObject arg) {
        Save(arg, FindRow(arg.Id));
    }

    abstract protected void Save (DomainObject arg, DataRow row);
```

업데이트 메서드는 하위 클래스의 저장 메서드를 호출한다.

```
class EmployeeMapper...

    protected override void Save (DomainObject obj, DataRow row) {
```

```
            Employee emp = (Employee) obj;
            row["name"] = emp.Name;
            saveSkills(emp);
        }
```

이번에도 마찬가지로 기술을 저장하는 메서드는 별도로 작성했다.

```
class EmployeeMapper...
    private void saveSkills(Employee emp) {
        deleteSkills(emp);
        foreach (Skill s in emp.Skills) {
            DataRow row = skillLinkTable.NewRow();
            row["employeeID"] = emp.Id;
            row["skillID"] = s.Id;
            skillLinkTable.Rows.Add(row);
        }
    }

    private void deleteSkills(Employee emp) {
        DataRow[] skillRows = skillLinkRows(emp);
        foreach (DataRow r in skillRows) r.Delete();
    }
```


이 코드에서는 기존의 링크 테이블 행을 모두 삭제하고 새로운 행을 생성하는 간단한 작업을 한다. 이렇게 하면 굳이 추가된 항목과 삭제된 항목을 알아낼 필요가 없다.

예제: 직접 SQL 사용(자바)

ADO.NET의 장점 중 하나는 쿼리를 최소화하기 위한 불편한 세부 사항에 신경 쓸 필요 없이 객체-관계형 매핑의 기본 사항을 논의할 수 있다는 점이다. 다른 관계형 매핑 방식은 SQL과 밀접한 연관이 있기 때문에 이를 중요하게 고려해야 한다.

데이터베이스와 직접 상호작용할 때는 쿼리를 최소화하는 것이 중요하다. 첫 번째 예제 버전에서는 쿼리 두 개를 사용해 직원과 해당 직원의 기술을 가져온다. 물론 최적화된 구조는 아니지만 따라하기는 쉽다.

테이블의 DDL은 다음과 같다.

```
create table employees (ID int primary key, firstname varchar, lastname varchar)
create table skills (ID int primary key, name varchar)
create table employeeSkills (employeeID int, skillID int, primary key (employeeID, skillID))
```

이번에는 앞에서 했던 것과 비슷한 방법으로 직원 한 명의 데이터를 로드한다. 직원 매퍼에서는 계층 상위 형식(502)에 추상 검색 메서드를 위한 간단한 래퍼를 정의한다.


```
class EmployeeMapper...

    public Employee find(long key) {
        return find (new Long (key));
    }

    public Employee find (Long key) {
        return (Employee) abstractFind(key);
    }

    protected String findStatement() {
        return
            "SELECT " + COLUMN_LIST +
            " FROM employees" +
            " WHERE ID = ?";
    }

    public static final String COLUMN_LIST = " ID, lastname, firstname ";

class AbstractMapper...

    protected DomainObject abstractFind(Long id) {
        DomainObject result = (DomainObject) loadedMap.get(id);
        if (result != null) return result;
        PreparedStatement stmt = null;
        ResultSet rs = null;
        try {
            stmt = DB.prepare(findStatement());
            stmt.setLong(1, id.longValue());
            rs = stmt.executeQuery();
            rs.next();
            result = load(rs);
            return result;
        } catch (SQLException e) {
            throw new ApplicationException(e);
        } finally {
            DB.cleanUp(stmt, rs);
        }
    }
```

```
    abstract protected String findStatement();
    protected Map loadedMap = new HashMap();
```

검색 메서드는 로드 메서드를 호출한다. 추상 로드 메서드는 ID 로딩을 처리하며 직원의 실제 데이터는 직원의 매퍼에서 로드한다.

```
class AbstractMapper...

    protected DomainObject load(ResultSet rs) throws SQLException {
        Long id = new Long(rs.getLong(1));
        return load(id, rs);
    }

    public DomainObject load(Long id, ResultSet rs) throws SQLException {
        if (hasLoaded(id)) return (DomainObject) loadedMap.get(id);
        DomainObject result = doLoad(id, rs);
        loadedMap.put(id, result);
        return result;
    }

    abstract protected DomainObject doLoad(Long id, ResultSet rs) throws SQLException;

class EmployeeMapper...

    protected DomainObject doLoad(Long id, ResultSet rs) throws SQLException {
        Employee result = new Employee(id);
        result.setFirstName(rs.getString("firstname"));
        result.setLastName(rs.getString("lastname"));
        result.setSkills(loadSkills(id));
        return result;
    }
```


직원은 기술을 로드하기 위해 다른 쿼리를 실행해야 하지만, 쿼리 하나로 모든 기술을 손쉽게 로드할 수 있다. 이를 위해 기술 매퍼를 호출해 특정 기술에 대한 데이터를 로드한다.

```
class EmployeeMapper...

    protected List loadSkills(Long employeeID) {
        PreparedStatement stmt = null;
        ResultSet rs = null;
        try {
            List result = new ArrayList();
```

```
            stmt = DB.prepare(findSkillsStatement);
            stmt.setObject(1, employeeID);
            rs = stmt.executeQuery();
            while (rs.next()) {
                Long skillId = new Long (rs.getLong(1));
                result.add((Skill) MapperRegistry.skill().loadRow(skillId, rs));
            }
            return result;
        } catch (SQLException e) {
            throw new ApplicationException(e);
        } finally {
            DB.cleanUp(stmt, rs);
        }
    }

    private static final String findSkillsStatement =
        "SELECT skill.ID, " + SkillMapper.COLUMN_LIST +
        " FROM skills skill, employeeSkills es " +
        " WHERE es.employeeID = ? AND skill.ID = es.skillID";
```



```
class SkillMapper...

    public static final String COLUMN_LIST = " skill.name skillName ";

class AbstractMapper...

    protected DomainObject loadRow (Long id, ResultSet rs) throws SQLException {
        return load (id, rs);
    }

class SkillMapper...

    protected DomainObject doLoad(Long id, ResultSet rs) throws SQLException {
        Skill result = new Skill (id);
        result.setName(rs.getString("skillName"));
        return result;
    }
```

추상 매퍼는 직원을 검색하는 것도 도울 수 있다.

```
class EmployeeMapper...

    public List findAll() {
```

```
        return findAll(findAllStatement);
    }

    private static final String findAllStatement =
            "SELECT " + COLUMN_LIST +
            " FROM employees employee" +
            " ORDER BY employee.lastname";

class AbstractMapper...

    protected List findAll(String sql) {
        PreparedStatement stmt = null;
        ResultSet rs = null;
        try {
            List result = new ArrayList();
            stmt = DB.prepare(sql);
            rs = stmt.executeQuery();
            while (rs.next())
                result.add(load(rs));
            return result;
        } catch (SQLException e) {
            throw new ApplicationException(e);
        } finally {
            DB.cleanUp(stmt, rs);
        }
    }
```


이 방식은 아주 잘 작동하며 따라하기도 간단하다. 그러나 아직 직원 한 명의 정보를 로드하려면 쿼리를 두 번씩 실행해야 한다는 문제가 있다. 여러 직원에 대한 기본 직원 데이터를 쿼리 하나로 로드할 수 있지만, 이 경우에도 기술에 대한 정보를 로드하려면 직원 한 명당 쿼리 하나가 필요하다. 따라서 직원 100명의 정보를 로드하려면 쿼리를 101번 실행해야 한다.

예제: 여러 직원을 쿼리 하나로 처리(자바)

쿼리 하나로 여러 직원과 해당 직원의 기술 정보를 함께 로드할 수 있다. 이 과정은 다중 테이블 쿼리 최적화를 보여주는 좋은 예라고 할 수 있지만, 확실히 더 불편하다. 따라서 이 기법은 항상 사용하기보다 필요할 때만 사용해야 한다. 즉, 중요도가 낮은 여러 쿼리보다는 속도가 느린 쿼리를 개선하는 데 노력을 집중하는 것이 좋다.

가장 먼저 기본 데이터를 가져오는 쿼리에서 한 직원의 모든 기술을 가져오는 간단한 방법을 알아본다. 이를 위해서는 세 테이블에 걸쳐 조인하는 복잡한 SQL 문을 사용해야 한다.

```
class EmployeeMapper...

    protected String findStatement() {
        return
            "SELECT " + COLUMN_LIST +
            " FROM employees employee, skills skill, employeeSkills es" +
            " WHERE employee.ID = es.employeeID AND skill.ID = es.skillID AND employee.ID = ?";
    }

    public static final String COLUMN_LIST =
            " employee.ID, employee.lastname, employee.firstname, " +
            " es.skillID, es.employeeID, skill.ID skillID, " +
            SkillMapper.COLUMN_LIST;
```


상위 클래스의 abstractFind와 로드 메서드는 이전 예제와 동일하므로 여기서 반복하지 않는다. 직원 매퍼는 여러 데이터 행을 활용하기 위해 다른 방법으로 데이터를 로드한다.

```
class EmployeeMapper...

    protected DomainObject doLoad(Long id, ResultSet rs) throws SQLException {
        Employee result = (Employee) loadRow(id, rs);
        loadSkillData(result, rs);
        while (rs.next()){
            Assert.isTrue(rowIsForSameEmployee(id, rs));
            loadSkillData(result, rs);
        }
        return result;
    }

    protected DomainObject loadRow(Long id, ResultSet rs) throws SQLException {
        Employee result = new Employee(id);
        result.setFirstName(rs.getString("firstname"));
        result.setLastName(rs.getString("lastname"));
        return result;
    }

    private boolean rowIsForSameEmployee(Long id, ResultSet rs) throws SQLException {
        return id.equals(new Long(rs.getLong(1)));
    }
```

```
    private void loadSkillData(Employee person, ResultSet rs) throws SQLException {
        Long skillID = new Long(rs.getLong("skillID"));
        person.addSkill ((Skill)MapperRegistry.skill().loadRow(skillID, rs));
    }
```

여기서 직원 매퍼의 로드 메서드는 결과 집합의 나머지 부분에 대해 반복을 수행하면서 모든 데이터를 로드한다.

한 직원의 데이터를 로드하는 경우에는 모든 것이 단순하다. 그러나 이 다중 테이블 쿼리의 진정한 장점은 여러 직원의 데이터를 로드할 때 드러난다. 읽기를 올바르게 처리하기는 쉽지가 않은데, 특히 결과 집합이 직원별로 그룹화되는 것을 원하지 않는다면 더 어려울 수 있다. 이 시점에는 연관 테이블 자체에 집중하면서 결과 집합을 순회하는 동안 직원과 기술을 로드하는 도우미 클래스를 사용하면 편리하다.

SQL과 특수 로더 클래스에 대한 호출에 대해 먼저 알아보자.

```
class EmployeeMapper...

    public List findAll() {
        return findAll(findAllStatement);
    }

    private static final String findAllStatement =
            "SELECT " + COLUMN_LIST +
            " FROM employees employee, skills skill, employeeSkills es" +
            " WHERE employee.ID = es.employeeID AND skill.ID = es.skillID" +
            " ORDER BY employee.lastname";

    protected List findAll(String sql) {
        AssociationTableLoader loader = new AssociationTableLoader(this, new SkillAdder());
        return loader.run(findAllStatement);
    }

class AssociationTableLoader...

    private AbstractMapper sourceMapper;
    private Adder targetAdder;

    public AssociationTableLoader(AbstractMapper primaryMapper, Adder targetAdder) {
        this.sourceMapper = primaryMapper;
        this.targetAdder = targetAdder;
    }
```

skillAdder에 대해서는 조금 뒤에 알아볼 것이므로 신경 쓰지 않아도 된다. 일단 여기서는 매퍼에 대한 참조로 로더를 구성하고 이 로더에 적절한 쿼리를 사용해 로드를 수행하도록 지시한다는 것을 확인하자. 이것은 메서드 객체의 전형적인 구조다. **메서드 객체**(method object) [Beck Patterns]는 복잡한 메서드를 자체적인 객체로 바꾸는 방법이다. 메서드 객체의 가장 큰 장점은 값을 매개변수로 전달하는 대신 필드에 저장할 수 있다는 점이다. 메서드 객체를 사용하는 일반적인 방법은 객체를 생성하고, 작업을 수행한 다음, 작업이 완료되면 알아서 정리하도록 내버려두는 것이다.

로드 동작은 세 단계로 수행된다.


```
class AssociationTableLoader...

    protected List run(String sql) {
        loadData(sql);
        addAllNewObjectsToIdentityMap();
        return formResult();
    }
```

loadData 메서드는 SQL을 구성하고, 실행한 다음, 결과 집합을 순회한다. 이것은 메서드 객체이므로 결과 집합을 전달할 필요 없이 필드에 저장하면 된다.

```
class AssociationTableLoader...

    private ResultSet rs = null;

    private void loadData(String sql) {
        PreparedStatement stmt = null;
        try {
            stmt = DB.prepare(sql);
            rs = stmt.executeQuery();
            while (rs.next())
                loadRow();
        } catch (SQLException e) {
            throw new ApplicationException(e);
        } finally {
            DB.cleanUp(stmt, rs);
        }
    }
```

loadRow 메서드는 단일 행에서 결과 집합으로 데이터를 로드하는데, 이 부분은 약간 복잡하다.

```
class AssociationTableLoader...

    private List resultIds = new ArrayList();
    private Map inProgress = new HashMap();

    private void loadRow() throws SQLException {
        Long ID = new Long(rs.getLong(1));
        if (!resultIds.contains(ID)) resultIds.add(ID);
        if (!sourceMapper.hasLoaded(ID)) {
            if (!inProgress.keySet().contains(ID))
                inProgress.put(ID, sourceMapper.loadRow(ID, rs));
            targetAdder.add((DomainObject) inProgress.get(ID), rs);
        }
    }
```



```
class AbstractMapper...

    boolean hasLoaded(Long id) {
        return loadedMap.containsKey(id);
    }
```

로더는 결과 집합에서 모든 순서를 보존하므로 직원의 출력 목록은 직원이 나오는 순서와 동일한 순서로 나온다. 따라서 나오는 순서대로 ID의 리스트에 저장했다. 다음에는 ID를 받으면 매퍼에 이미 완전하게 로드된 항목인지(일반적으로 이전의 쿼리를 통해) 확인한다. 로드된 항목이 아닌 경우 데이터를 로드하고 진행 중인 리스트에 저장한다. 이러한 리스트가 필요한 이유는 직원으로부터 모든 정보를 모으기 위해 여러 행을 결합해야 하는데 이러한 행이 연속적이지 않을 수 있기 때문이다.

이 코드에서 가장 까다로운 부분은 기술을 로드하고 직원의 기술 목록을 추가할 수 있게 하면서도, 로더가 직원과 기술에 의존하지 않게 범용적으로 유지하는 것이다. 이를 위해 내부 인터페이스인 Adder를 찾아야 한다

```
class AssociationTableLoader...

    public static interface Adder {
        void add(DomainObject host, ResultSet rs) throws SQLException ;
    }
```

원래 호출자는 인터페이스의 구현을 제공해 직원과 기술의 특정 요건에 바인딩해야 한다.

```
class EmployeeMapper...

    private static class SkillAdder implements AssociationTableLoader.Adder {
        public void add(DomainObject host, ResultSet rs) throws SQLException {
            Employee emp = (Employee) host;
            Long skillId = new Long (rs.getLong("skillId"));
            emp.addSkill((Skill) MapperRegistry.skill().loadRow(skillId, rs));
        }
    }
```


이 작업은 함수 포인터나 클로저가 있는 언어에서 더 자연스럽게 처리할 수 있지만, 클래스와 인터페이스로도 충분히 해결할 수 있다(이 경우 내부 인터페이스일 필요는 없었지만, 좁은 범위를 확실하게 드러내는 데 도움이 됐다).

상위 클래스에 load와 loadRow 메서드를 정의했고 loadRow의 구현에서 로드를 호출하는 것을 볼 수 있다. 이렇게 하는 이유는 로드하더라도 결과 집합을 처리하고 싶지 않은 경우가 있기 때문이다. 로드는 객체를 로드하는 데 필요한 모든 일을 하지만, loadRow는 커서의 위치를 변경하지 않고 행에서 데이터를 로드한다. 대부분의 경우 이 두 작업은 동일한 것이지만, 이 직원 매퍼의 경우에는 차이가 있다.

이제 결과 집합에서 모든 데이터를 가져왔다. 현재는 두 개의 컬렉션이 있다. 하나는 결과 집합에서 처음 나온 순서와 동일한 모든 직원 ID의 리스트이고, 다른 하나는 직원 매퍼의 식별자 맵(206)에 아직 추가하지 않은 새로운 객체의 리스트다.

다음 단계는 모든 새로운 객체를 식별자 맵(206)에 넣는 것이다.

```
class AssociationTableLoader...

    private void addAllNewObjectsToIdentityMap() {
        for (Iterator it = inProgress.values().iterator(); it.hasNext();)
            sourceMapper.putAsLoaded((DomainObject)it.next());
    }

class AbstractMapper...

    void putAsLoaded (DomainObject obj) {
        loadedMap.put (obj.getID(), obj);
    }
```

마지막 단계는 매퍼에서 ID를 조회해 결과 리스트를 구성하는 것이다.

```
class AssociationTableLoader...

    private List formResult() {
        List result = new ArrayList();
        for (Iterator it = resultIds.iterator(); it.hasNext();) {
            Long id = (Long)it.next();
            result.add(sourceMapper.lookUp(id));
        }
        return result;
    }
```



```
class AbstractMapper...

    protected DomainObject lookUp (Long id) {
        return (DomainObject) loadedMap.get(id);
    }
```

평균적인 로딩 코드보다 더 복잡하지만, 이 기법으로 쿼리의 수를 줄일 수 있다. 다만 복잡하기 때문에 데이터베이스 상호작용이 느린 경우에 한해 필요할 때만 사용해야 한다. 또한 이 예제는 도메인 계층이 복잡한 내용에 관여할 필요 없이, 데이터 매퍼(174)에서 좋은 쿼리를 제공하는 방법을 보여준다.

의존 매핑

한 클래스가 자식 클래스의 데이터베이스 매핑을 수행하게 한다.

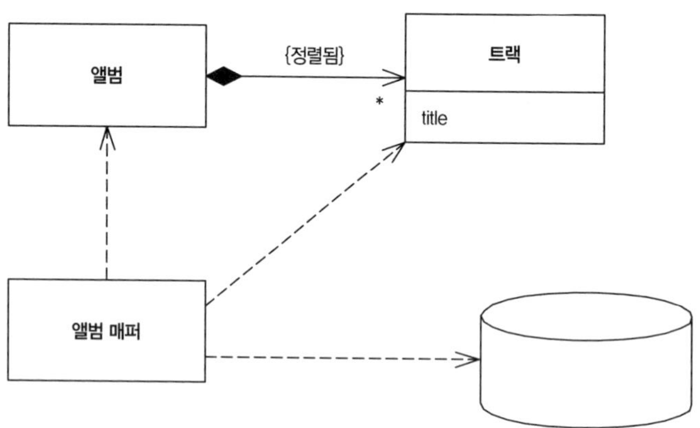

어떤 객체는 다른 객체의 컨텍스트에 자연스럽게 나타나기도 한다. 예를 들어, 앨범의 트랙은 해당 트랙이 속한 앨범이 로드되거나 저장될 때마다 함께 로드되거나 저장될 수 있다. 데이터베이스의 다른 테이블에서 참조되지 않는 경우, 앨범 매퍼가 트랙에 대한 매핑까지 처리하게 하면 매핑 절차를 간소화할 수 있다. 이 매핑을 **의존 매핑**(Dependent Mapping)이라고 한다.

작동 원리

의존 매핑의 기본 개념은 한 클래스(**의존자**)가 자신의 데이터베이스 지속성을 위해 다른 클래스(소유자)에 의존한다는 것이다. 각 의존자의 소유자는 반드시 하나여야 한다.

이 개념은 매핑을 하는 클래스에서 잘 드러난다. 활성 레코드(168)와 행 데이터 게이트웨이(160)의 경우 의존 클래스는 데이터베이스 매핑 코드를 전혀 포함하지 않으며 해당 매핑 코드는 소유자에 배치된다. 데이터 매퍼(174)의 경우 의존자에 대한 매퍼가 없고 해당 매핑 코드는 소유자의 매퍼에 배치된다. 테이블 데이터 게이트웨이의 경우 일반적으로 의존 클래스 자체가 없고 의존자에 대한 모든 처리가 소유자에서 수행된다.

거의 대부분의 경우에는 소유자를 로드하면 의존자도 함께 로드된다. 의존자를 로드하는 부담이 크고 자주 사용되지 않는다면 지연 로드(211)를 사용해 필요할 때까지 의존자를 로드하는 것을 지연할 수 있다.

의존자의 중요한 특성은 식별자 필드(227)를 갖지 않는다는 것이며, 따라서 의존자는 식별자 맵(206)에 저장되지 않는다. 결과적으로 ID를 조회하는 검색 메서드가 의존자를 로드할 수 없다. 실제로 모든 검색은 소유자가 수행하므로 의존자를 위한 검색기는 없다.

의존자가 다른 의존자의 소유자일 수 있다. 이 경우 첫 번째 의존자의 소유자는 두 번째 의존자의 지속성을 담당한다. 여러 의존자로 이뤄진 계층 전체를 주요 소유자 하나가 제어하게 할 수 있다.

일반적으로 데이터베이스에서 기본 키에는 소유자의 기본 키를 포함하는 복합 키를 사용하면 편리하다. 해당 객체가 동일한 소유자를 가지는 경우를 제외하고, 다른 테이블에서는 의존자의 테이블에 대한 외래 키를 가질 수 없다. 결과적으로 소유자나 해당 의존자를 제외한 다른 인메모리 객체는 의존자에 대한 참조를 가질 수 없다. 엄밀하게 말하면 이 참조가 데이터베이스에 지속되지 않는다면 이 규칙을 엄격하게 적용할 필요가 없지만 지속되지 않는 참조가 있으면 그 자체만으로 혼란의 여지가 된다.

의존 매핑

UML 모델에서 소유자와 해당 의존자 간의 관계는 합성(composition)으로 표시하는 것이 적합하다.

의존자의 기록과 저장은 소유자가 담당하며, 다른 외부 참조는 없으므로 의존자에 대한 업데이트를 삭제와 삽입으로 해결할 수 있다. 즉, 의존자의 컬렉션을 업데이트하려면 소유자로 연결된 모든 행을 안전하게 삭제한 후 모든 의존자를 다시 삽입하면 된다. 이렇게 하면 소유자의 컬렉션에 추가 또는 제거된 객체를 분석하는 작업을 할 필요가 없다.

의존자는 여러 측면에서 값 객체(514)와 비슷하지만, 어떤 대상을 값 객체(514)로 만드는 데 필요한 모든 메커니즘(예: 동등성 재정의)이 필요 없는 경우가 많다. 사실 순수한 메모리의 관점에서 보면 특별한 사항은 전혀 없으며, 객체의 의존적 특성은 데이터베이스 매핑 동작에 의해서만 나타난다.

의존 매핑을 사용하면 소유자에 대한 변경 여부를 추적하는 작업은 복잡해진다. 우선 의존자가 변경될 때마다 소유자가 변경된 것으로 표시해서 소유자가 변경 내용을 데이터베이스에 기록하게 해야 한다. 의존자를 불변으로 만들면 변경할 때마다 삭제하고 새로 추가해야 하므로 이 작업을 상당히 간소화할 수 있다. 이렇게 하면 인메모리 모델을 사용하기는 어려워지지만 데이터베이스 매핑은 확실히 간소화된다. 데이터 매퍼(174)를 사용하는 경우 이론상으로 인메모리와 데이터베이스 매핑은 독립적이어야 하지만, 실제로는 종종 절충안을 사용할 수 있다.

사용 시점

의존 매핑은 객체를 참조하는 객체가 하나일 때만 사용하며, 보통은 한 객체가 의존자의 컬렉션을 가지는 경우가 많다. 의존 매핑은 소유자가 의존자 참조의 컬렉션을 가지지만 역참조가 없는 불편한 상황을 해결하기에 좋은 방법이다. 여러 객체가 자신의 ID를 가질 필요가 없는 상황에 의존 매핑을 사용하면 이러한 객체의 의존성을 쉽게 관리할 수 있다.

의존 매핑을 사용하려면 몇 가지 요건이 충족돼야 한다.

- 의존자의 소유자는 정확히 하나여야 한다.
- 의존자의 소유자를 제외하고는 다른 객체로부터의 참조가 없어야 한다.

도메인 모델(122)을 설계할 때 엔터티 객체와 의존 객체의 개념을 활용하는 객체지향 설계 이론이 있다. 필자는 의존 매핑을 근본적인 객체지향 설계라기보다 데이터베이스 매핑을 간소화하는 기법이라고 생각한다. 특히 필자는 의존자 그래프가 아주 커지지 않게 주의한다. 이러한 규모가 큰 의존자 그래프가 문제가 되는 이유는 그래프 외부에서 의존자를 참조하는 것이 불가능하기 때문에 루트 소유자 주변에서 복잡한 조회 체계를 만들어야 하는 경우가 많기 때문이다.

작업 단위(193)를 사용할 때는 의존 매핑을 권장하지 않는다. 모든 변경 내용을 추적하는 작업 단위(193)가 있으면 삭제하고 다시 삽입하는 의존 매핑의 전략이 전혀 도움이 되지 않는다. 또한 작업 단위(193)는 의존자를 제어하지 않으므로 문제가 발생할 수 있다. 필자의 동료인 마이크 레티그(Mike Rettig)는 애플리케이션을 테스트하기 위해 삽입한 행을 추적하고 테스트가 끝난 후에 이러한 행을 모두 제거하는 데 작업 단위(193)를 활용한 사례를 설명해줬다. 이 경우 작업 단위(193)는 의존자를 추적하지 않기 때문에 연결이 끊어진 행(orphan row)이 발생하고 테스트 실행에 실패했다고 한다.

예제: 앨범과 트랙(자바)

이 도메인 모델(그림 12.7)에서 앨범에는 트랙의 컬렉션이 포함된다. 이처럼 과도하게 단순한 애플리케이션에서는 트랙을 참조하는 다른 객체가 없으므로 의존 매핑을 사용하기에 좋은 후보다(이 예제는 패턴에 맞게 의도적으로 구성됐음을 쉽게 알 수 있다).

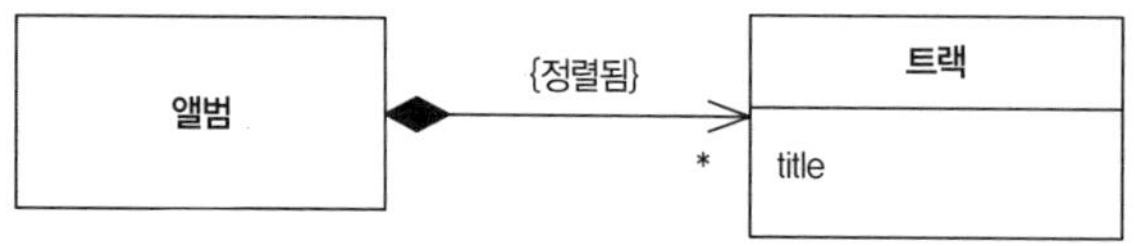

그림 12.7 의존 매핑을 사용해 처리할 수 있는 트랙을 포함하는 앨범

이 트랙에는 제목만 포함돼 있다. 여기서는 트랙을 불변 클래스로 정의했다.

```
class Track...

    private final String title;

    public Track(String title) {
        this.title = title;
    }

    public String getTitle() {
        return title;
    }
```


트랙은 앨범 클래스에 포함된다.

```
class Album...

    private List tracks = new ArrayList();

    public void addTrack(Track arg) {
        tracks.add(arg);
    }

    public void removeTrack(Track arg) {
        tracks.remove(arg);
    };

    public void removeTrack(int i) {
        tracks.remove(i);
    }

    public Track[] getTracks() {
        return (Track[]) tracks.toArray(new Track[tracks.size()]);
    }
```

앨범 매퍼 클래스는 트랙의 모든 SQL을 처리하므로 트랙 테이블에 접근하는 SQL 문을 정의한다.

```
class AlbumMapper...

    protected String findStatement() {
        return
```

```
            "SELECT ID, a.title, t.title as trackTitle" +
            " FROM albums a, tracks t" +
            " WHERE a.ID = ? AND t.albumID = a.ID" +
            " ORDER BY t.seq";
    }
```

트랙은 앨범이 로드될 때마다 앨범으로 로드된다.

```
class AlbumMapper...

    protected DomainObject doLoad(Long id, ResultSet rs) throws SQLException {
        String title = rs.getString(2);
        Album result = new Album(id, title);
        loadTracks(result, rs);
        return result;
    }

    public void loadTracks(Album arg, ResultSet rs) throws SQLException {
        arg.addTrack(newTrack(rs));
        while (rs.next()) {
            arg.addTrack(newTrack(rs));
        }
    }

    private Track newTrack(ResultSet rs) throws SQLException {
        String title = rs.getString(3);
        Track newTrack = new Track (title);
        return newTrack;
    }
```


확실하게 볼 수 있게 별도의 쿼리에서 트랙을 로드했다. 성능을 위해서는 259쪽과 같은 코드를 활용해 동일한 쿼리에서 로드하는 것을 고려할 수 있다.

앨범이 업데이트되면 모든 트랙이 삭제되고 다시 삽입된다.

```
class AlbumMapper...

    public void update(DomainObject arg) {
        PreparedStatement updateStatement = null;
        try {
```

```
            updateStatement = DB.prepare("UPDATE albums SET title = ? WHERE id = ?");
            updateStatement.setLong(2, arg.getID().longValue());
            Album album = (Album) arg;
            updateStatement.setString(1, album.getTitle());
            updateStatement.execute();
            updateTracks(album);
        } catch (SQLException e) {
            throw new ApplicationException(e);
        } finally {
            DB.cleanUp(updateStatement);
        }
    }

    public void updateTracks(Album arg) throws SQLException {
        PreparedStatement deleteTracksStatement = null;
        try {
            deleteTracksStatement = DB.prepare("DELETE from tracks WHERE albumID = ?");
            deleteTracksStatement.setLong(1, arg.getID().longValue());
            deleteTracksStatement.execute();
            for (int i = 0; i < arg.getTracks().length; i++) {
                Track track = arg.getTracks()[i];
                insertTrack(track, i + 1, arg);
            }
        } finally {
            DB.cleanUp(deleteTracksStatement);
        }
    }

    public void insertTrack(Track track, int seq, Album album) throws SQLException {
        PreparedStatement insertTracksStatement = null;
        try {
            insertTracksStatement =
                    DB.prepare("INSERT INTO tracks (seq, albumID, title) VALUES (?, ?, ?)");
            insertTracksStatement.setInt(1, seq);
            insertTracksStatement.setLong(2, album.getID().longValue());
            insertTracksStatement.setString(3, track.getTitle());
            insertTracksStatement.execute();
        } finally {
            DB.cleanUp(insertTracksStatement);
        }
    }
```

포함 값

한 객체를 다른 객체의 테이블에 있는 여러 필드로 매핑한다.

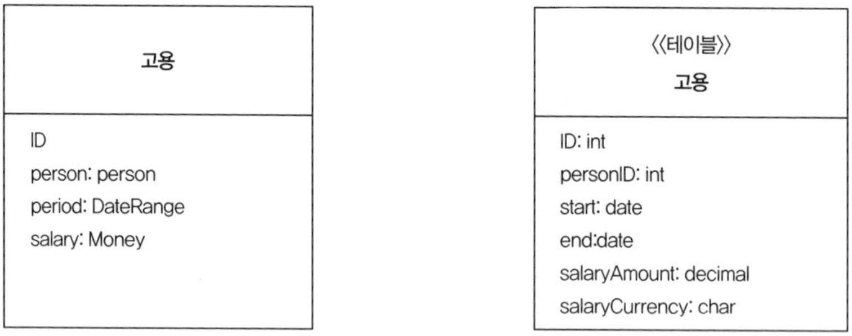

고용
ID person: person period: DateRange salary: Money

《테이블》 고용
ID: int personID: int start: date end:date salaryAmount: decimal salaryCurrency: char

객체지향 시스템에서는 여러 작은 객체를 사용하는 것이 합리적이지만, 데이터베이스 테이블은 여러 작은 객체를 저장하는 데 적합하지 않다. 이러한 예로 통화 인식 금액 객체와 날짜 범위가 있다. 기본적인 생각은 객체 하나를 테이블 하나에 저장하는 것이지만 금액 값이 들어있는 테이블을 원할 사람은 없을 것이다.

포함 값(Embedded Value)은 객체의 값을 객체 소유자의 레코드에 있는 필드로 매핑한다. 그림에 나오는 고용 객체에는 날짜 범위 객체와 금액 객체에 대한 링크가 포함돼 있다. 결과 테이블에서는 이러한 객체의 필드마다 새로운 레코드가 생성되지 않고 고용 테이블의 필드로 매핑된다.

작동 원리

포함 값을 사용하는 방법은 사실 상당히 간단하다. 소유자 객체(고용)를 로드하거나 저장할 때마다 의존 객체(날짜 범위와 금액)를 동시에 로드하거나 저장한다. 지속성은 모두 소유자에 의해 처리되므로 의존 클래스는 자체 지속성 메서드를 포함하지 않는다. 포함 값은 값이 단일 의존 객체인 의존 매핑(280)의 특수 사례라고 보면 된다.

사용 시점

포함 값을 사용하는 방법은 아주 간단하지만, 언제 사용해야 하는지는 조금 복잡한 주제일 수 있다.

포함 값은 금액이나 날짜 범위와 같은 간단한 값 객체(514)에 대해 가장 적절하게 사용할 수 있다. 값 객체(514)는 식별자를 가지지 않으므로 동기화를 유지하기 위한 식별자 맵(206)과 같은 사항에 신경 쓰지 않고 손쉽게 만들고 삭제할 수 있다. 실제로 값 객체(514)를 저장할 테이블을 따로 만드는 것은 적절하지 않으므로 포함 값을 이용해 저장해야 한다.

주문이나 배송 객체와 같은 참조 객체를 포함 값으로 저장할 가치가 있는지는 생각할 여지가 있는 애매한 영역이다. 이 경우 배송 데이터가 주문의 범위 외에서도 사용되는지 여부가 중요하다. 한 가지 쟁점은 로드와 저장이다. 주문을 로드할 때만 배송 데이터가 메모리로 로드된다면 두 객체를 동일한 테이블에 저장하는 것이 합리적인 선택일 수 있다. 또 한 가지 고려사항은 SQL을 통해 별도로 배송 데이터에 접근해야 하는 경우가 있는지 여부다. 이 사항은 SQL을 통해 보고해야 하며 별도의 보고용 데이터베이스가 없는 경우 중요할 수 있다.

포함 값

기존 스키마로 매핑하는 경우 포함 값을 사용해 테이블에 포함된 데이터를 메모리에서 하나 이상의 객체로 분할할 수 있다. 객체 모델의 일부 동작을 별도의 객체로 분리하고 싶지만, 데이터베이스에서는 여전히 한 엔터티로 유지하려는 경우일 수 있다. 이 경우 의존자에 대해 어떠한 변경이 수행되더라도 소유자를 더티로 표시해야 한다는 데 주의해야 한다. 이러한 점은 소유자에서 대체되는 값 객체(514)의 경우에는 문제가 되지 않는다.

일반적으로 포함 값은 참조 객체 간의 연관 관계에서 양쪽 끝이 모두 단일 값(일대일 연관)일 때만 사용한다. 경우에 따라서는 후보 의존자가 여러 개지만 그 수가 적고 고정된 상황에도 사용할 수 있다. 이때는 각 값에 번호를 지정한 필드를 할당할 수 있다. 이것은 지저분한 테이블 설계이고 SQL로 쿼리하기도 불편하지만 성능상의 장점이 있다. 그러나 이런 상황에는 일반적으로 직렬화 LOB(290)가 더 나은 선택이다.

포함 값을 언제 사용할지 결정하는 논리는 상당 부분 직렬화 LOB(290)와 동일하므로 둘 중 어떤 것을 선택할지도 충분히 고려해야 한다. 포함 값의 가장 큰 장점은 의존 객체에 있는 값에 대해 SQL 쿼리를 실행할 수 있게 해준다는 것이다. 이 영역에서도 향후에는 XML을 직렬화에 사용하고 더불어 SQL에 대한 XML 기반 쿼리 추가 기능을 사용하는 변화가 예상되지만, 현재로서는 쿼리에서 의존 값을 사용하려면 포함 값이 반드시 필요하다. 이것은 데이터베이스 상의 별도의 보고 메커니즘에 중요할 수 있다.

포함 값은 아주 간단한 의존자에만 사용할 수 있다. 특히, 단독 의존자나 소수의 분리된 의존자에 사용하면 잘 작동한다. 반면 직렬화 LOB(290)은 대규모 객체 하위 그래프를 포함한 더 복잡한 구조에 적용 가능하다.

참고 자료

포함 값은 지금까지 몇 가지 다른 이름으로 알려졌다. 탑링크에서는 이를 **집계 매핑**(aggregate mapping)이라고 부르며, 비주얼 에이지에서는 **컴포저**(composer)라고 부른다.

예제: 간단한 값 객체(자바)

이 예제는 포함 값으로 값 객체를 매핑하는 전형적인 예다. 다음과 같은 필드가 포함된 간단한 취급 상품 클래스가 있다고 가정해보자.

포함 값

```
class ProductOffering...

    private Product product;
    private Money baseCost;
    private Integer ID;
```

이 필드 중 ID는 식별자 필드(227)이며, product는 일반 레코드 매핑이다. baseCost는 포함 값을 사용해 매핑할 것이며, 전체적으로 간단하게 유지하기 위해 활성 레코드(168)를 사용해 매핑할 것이다.

활성 레코드(168)를 사용하므로 저장과 로드 루틴이 필요하다. 이 두 루틴은 소유자인 취급 상품 클래스에 있으며, 금액 클래스에는 지속성과 관련된 동작이 전혀 없다. 로드 메서드는 다음과 같다.

```
class ProductOffering...

    public static ProductOffering load(ResultSet rs) {
        try {
            Integer id = (Integer) rs.getObject("ID");
            BigDecimal baseCostAmount = rs.getBigDecimal("base_cost_amount");
            Currency baseCostCurrency = Registry.getCurrency(rs.getString("base_cost_
currency"));
            Money baseCost = new Money(baseCostAmount, baseCostCurrency);
            Integer productID = (Integer) rs.getObject("product");
            Product product = Product.find((Integer) rs.getObject("product"));
            return new ProductOffering(id, product, baseCost);
        } catch (SQLException e) {
            throw new ApplicationException(e);
        }
    }
```

업데이트 동작은 다음과 같다. 이번에도 역시 업데이트에 약간의 변형이 있다.

```
class ProductOffering...

    public void update() {
        PreparedStatement stmt = null;
        try {
            stmt = DB.prepare(updateStatementString);
            stmt.setBigDecimal(1, baseCost.amount());
            stmt.setString(2, baseCost.currency().code());
            stmt.setInt(3, ID.intValue());
            stmt.execute();
        } catch (Exception e) {
            throw new ApplicationException(e);
        } finally {
            DB.cleanUp(stmt);
        }
    }

    private String updateStatementString =
            "UPDATE product_offerings" +
            " SET base_cost_amount = ?, base_cost_currency = ? " +
            " WHERE id = ?";
```

직렬화 LOB

객체 그래프를 데이터베이스 필드에 기록할 수 있는 하나의 큰 객체(LOB)로 직렬화해 저장한다.

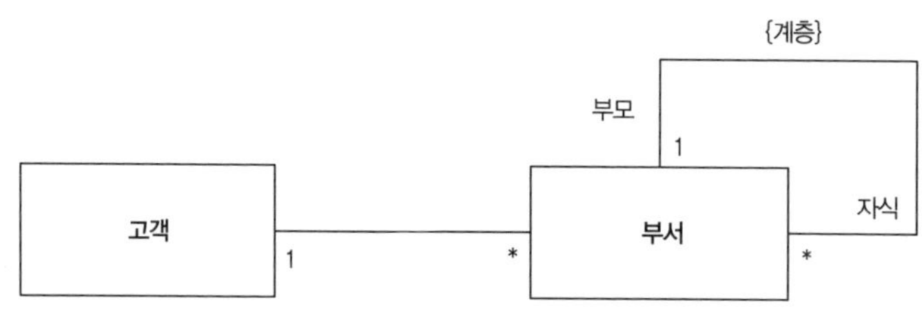

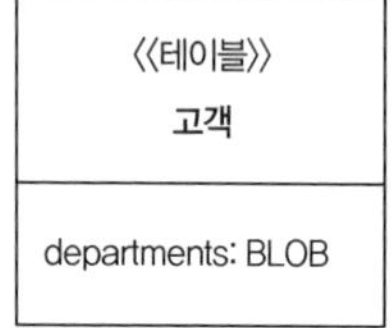

객체 모델은 작은 객체로 구성된 복잡한 그래프를 포함하는 경우가 많다. 이러한 구조에 대한 정보에는 객체 자체의 내용만이 아니라 객체 간의 연결도 중요한 부분을 차지한다. 예를 들어, 전체 고객의 조직 계층을 저장하는 예를 생각해 볼 수 있다. 객체 모델을 사용하면 조직 계층을 나타내는 구성 요소 패턴을 아주 자연스럽게 보여줄 수 있으며, 조상, 형제, 자손 및 다른 일반적인 관계의 객체를 얻는 메서드도 손쉽게 추가할 수 있다.

반면 관계형 스키마로는 이러한 구조를 표현하기 어렵다. 기본 스키마는 부모 외래 키를 포함하는 간단한 조직 테이블로 나타낼 수 있지만, 이 스키마를 조작하려면 느리고 불편한 다수의 조인이 필요하다.

객체를 지속하는 방법에 서로 연관된 테이블 행만 있는 것은 아니다. 객체를 지속하는 다른 방법으로 객체 그래프 전체를 한 테이블의 큰 객체(LOB) 하나에 기록하는 직렬화(serialization)가 있다. 이 직렬화 LOB(Serialized LOB)는 메멘토[Gang of Four] 패턴의 한 형태다.

작동 원리

직렬화에는 이진(BLOB)이나 텍스트 문자(CLOB)의 두 가지 형식이 있다. 객체 그래프를 자동으로 직렬화하는 기능을 제공하는 플랫폼이 많으며, 이러한 플랫폼에서는 BLOB을 간단하게 생성할 수 있다. 그래프를 저장하려면 버퍼에 직렬화를 적용한 다음 이 버퍼를 해당하는 필드에 저장하면 된다.

BLOB의 장점은 플랫폼이 지원하는 경우 프로그래밍하기 쉽고 최소한의 공간을 사용한다는 점이다. 단점은 데이터베이스가 BLOB을 위한 이진 데이터 형식을 지원해야 하며, 객체가 없으면 그래프를 재구성할 수 없으므로 일반적인 조회 방법으로는 필드를 볼 수 없다. 가장 심각한 문제는 버전 관리다. 예를 들어, 부서 클래스를 변경하는 경우 이전의 모든 직렬화를 읽지 못하게 될 수 있다. 데이터는 데이터베이스에 오래 유지될 수 있으므로 이것은 사소한 문제가 아니다.

직렬화 LOB

대안은 CLOB을 사용하는 것이다. CLOB을 사용하면 부서 그래프를 필요한 모든 정보가 포함된 텍스트 문자열로 직렬화할 수 있다. 텍스트 문자열은 육안으로도 쉽게 행을 식별할 수 있으므로 간단한 방법으로 데이터베이스를 조회할 수 있다. 그러나 텍스트 방식은 일반적으로 공간이 더 많이 필요하며 사용하는 텍스트 형식에 맞는 파서를 직접 만들어야 한다. 또한 이진 직렬화(binary serialization)보다 느릴 가능성이 높다.

XML을 사용하면 CLOB의 여러 단점을 극복할 수 있다. XML 파서는 쉽게 구할 수 있으므로 직접 작성할 필요가 없다. 또한 XML은 널리 보급된 표준이므로 다양한 툴을 활용해 더 세부적으로 조작할 수 있다. 다만 사용 공간이 많다는 CLOB의 단점은 XML로 해결되지 않는다. 실제로 XML은 아주 자세한 형식이므로 공간 문제는 오히려 더 악화된다. 한 가지 해결 방법은 압축한 XML 형식을 BLOB으로 저장하는 것이다. 가독성은 손실되지만 사용 공간이 아주 중요한 경우 고려해볼 수 있는 방법이다.

직렬화 LOB를 사용할 때는 식별자 문제를 알고 있어야 한다. 예를 들어, 주문에서 고객 세부 정보에 직렬화 LOB를 사용한다고 가정해보자. 그러나 고객 LOB를 주문 테이블에 넣는 방법은 좋지 않다. 이렇게 하면 고객 데이터가 모든 주문에 복사되므로 업데이트가 문제가 될 수 있다. 반면 주문할 당시의 고객 데이터의 스냅샷을 저장하려는 경우 오히려 좋은 방법일 수 있다. 이렇게 하면 임시 관계(temporal relationship) 문제가 방지된다. 전형적인 관계형 개념에 맞게 각 주문마다 고객 데이터가 업데이트되게 하려면 고객 테이블에 LOB를 배치해 여러 주문에서 이를 연결할 수 있게 해야 한다. ID와 데이터의 단일 LOB 필드만 포함하는 테이블을 사용하는 것은 전혀 문제가 되지 않는다.

이 패턴을 사용할 때는 데이터 복제 문제에 주의해야 한다. 직렬화 LOB 전체가 복제되는 경우보다는 다른 항목과 겹치는 부분이 복제되는 경우가 많다. 직렬화 LOB에 저장되는 데이터를 주의해서 확인해야 하며, 직렬화 LOB의 소유자 역할을 하는 한 객체 외의 다른 곳에서는 해당 직렬화 LOB에 접근하지 않게 해야 한다.

사용 시점

직렬화 LOB는 유용성에 비해 그리 자주 고려되지 않는 편이다. 여기에 XML을 적용하면 손쉬운 텍스트 접근을 구현할 수 있으므로 더욱 매력적이다. 그러나 SQL을 사용해 구조를 쿼리할 수 없다는 점은 가장 큰 단점이다. 필드 내의 XML 데이터를 사용하기 위한 SQL 확장이 있지만, 우리가 필요한 것과는 다르며 이식성도 없다.

이 패턴은 객체 모델의 한 부분을 떼어내고 LOB를 나타내는 데 사용할 수 있을 때 가장 적합하다. LOB는 SQL로 쿼리할 가능성이 거의 없는 객체를 애플리케이션 바깥으로 분리하는 방법이라고 보면 된다. 그런 다음 이 그래프를 SQL 스키마로 연결할 수 있다.

직렬화 LOB는 LOB 바깥의 객체가 LOB에 포함된 객체를 참조하는 경우 효율이 떨어진다. 이러한 상황을 해결하려면 LOB 내부의 객체에 대한 참조를 지원하는 일종의 참조 체계를 만들어야 한다. 이러한 작업은 불가능하지는 않지만 상당히 어렵고 불편하며 보통은 이러한 불편함을 감수할 가치가 없는 경우가 많다. 다만 XML이나 XPath를 활용하면 이러한 불편함을 약간이나마 줄일 수 있다.

별도의 보고용 데이터베이스를 사용하고 다른 모든 SQL이 이 데이터베이스에 대해 수행되는 경우 LOB를 적절한 테이블 구조로 변환할 수 있다. 보고 데이터베이스가 일반적으로 비정규화된다는 사실은 직렬화 LOB에 적합한 구조는 별도의 보고 데이터베이스에도 적합하다는 의미다.

예제: 부서 계층을 XML로 직렬화(자바)

이 예제에서는 앞서 그림에 나온 고객과 부서의 개념을 활용해 모든 부서를 XML CLOB으로 직렬화하는 방법을 알아본다. 이 내용을 집필하는 시점에는 자바의 XML 처리가 다소 기초적이고 불안한 면이 있었다. 따라서 여러분이 작업할 때는 코드가 다소 달라질 수 있다. 또한 여기서는 초기 버전의 JDOM을 사용했다.

그림에 나온 객체 모델은 다음과 같은 클래스 구조로 만들 수 있다.

```
class Customer...

    private String name;
    private List departments = new ArrayList();

class Department...
```

```
    private String name;
    private List subsidiaries = new ArrayList();
```

이 구조를 위한 데이터베이스에는 다음과 같이 테이블 하나가 포함된다.

```
create table customers (ID int primary key, name varchar, departments varchar)
```

여기서는 고객을 활성 레코드(168)로 취급하고 삽입 동작으로 데이터를 기록하는 방법을 보여준다.


```
class Customer...

    public Long insert() {
        PreparedStatement insertStatement = null;
        try {
            insertStatement = DB.prepare(insertStatementString);
            setID(findNextDatabaseId());
            insertStatement.setInt(1, getID().intValue());
            insertStatement.setString(2, name);
            insertStatement.setString(3, XmlStringer.write(departmentsToXmlElement()));
            insertStatement.execute();
            Registry.addCustomer(this);
            return getID();
        } catch (SQLException e) {
            throw new ApplicationException(e);
        } finally {
            DB.cleanUp(insertStatement);
        }
    }

    public Element departmentsToXmlElement() {
        Element root = new Element("departmentList");
        Iterator i = departments.iterator();
        while (i.hasNext()) {
            Department dep = (Department) i.next();
            root.addContent(dep.toXmlElement());
        }
        return root;
    }

class Department...
```

```
    Element toXmlElement() {
        Element root = new Element("department");
        root.setAttribute("name", name);
        Iterator i = subsidiaries.iterator();
        while (i.hasNext()) {
            Department dep = (Department) i.next();
            root.addContent(dep.toXmlElement());
        }
        return root;
    }
```

직렬화 LOB

고객에는 해당 부서 필드를 단일 XML DOM으로 직렬화하는 메서드가 있다. 각 부서에도 마찬가지로 자신을 (그리고 하위 부서를 재귀적으로) DOM으로 직렬화하는 메서드가 있다. 삽입 메서드는 부서의 DOM을 받고 이를 (유틸리티 클래스를 통해) 문자열로 변환한 다음 데이터베이스에 저장한다. 문자열의 구조에 대해서는 자세하게 살펴보지 않는다. 문자열은 사람이 읽을 수 있지만 사실 읽어볼 일이 많지는 않다.

```
<?xml version="1.0" encoding="UTF-8"?>
<departmentList>
    <department name="US">
        <department name="New England">
            <department name="Boston" />
            <department name="Vermont" />
        </department>
        <department name="California" />
        <department name="Mid-West" />
    </department>
    <department name="Europe" />
</departmentList>
```

읽기는 간단히 삽입 절차를 반대로 수행하면 된다.

```
class Customer...

    public static Customer load(ResultSet rs) throws SQLException {
        Long id = new Long(rs.getLong("id"));
        Customer result = (Customer) Registry.getCustomer(id);
        if (result != null) return result;
        String name = rs.getString("name");
        String departmentLob = rs.getString("departments");
        result = new Customer(name);
```

```
        result.readDepartments(XmlStringer.read(departmentLob));
        return result;
    }

    void readDepartments(Element source) {
        List result = new ArrayList();
        Iterator it = source.getChildren("department").iterator();
        while (it.hasNext())
            addDepartment(Department.readXml((Element) it.next()));
    }

class Department...

    static Department readXml(Element source) {
        String name = source.getAttributeValue("name");
        Department result = new Department(name);
        Iterator it = source.getChildren("department").iterator();
        while (it.hasNext())
            result.addSubsidiary(readXml((Element) it.next()));
        return result;
    }
```


로드 코드는 삽입 코드를 반대로 수행한 것과 같다. 부서는 XML 요소를 가져오고 자신을 (그리고 부속 부서를) 생성할 수 있으며, 고객을 XML 요소를 가져오고 부서의 리스트를 생성할 수 있다. 로드 메서드는 유틸리티 클래스를 사용해 데이터베이스에서 얻은 문자열을 유틸리티 요소로 변환한다.

한 가지 주의할 점은 데이터베이스의 XML을 직접 편집하다가 XML이 손상되면 로드 루틴에서 이를 읽지 못하게 될 수 있다는 것이다. 필드에 DTD나 XML 스키마를 추가해 유효성 검사를 수행하는 정교한 툴을 사용하면 이러한 문제를 예방하는 데 도움이 된다.

단일 테이블 상속

여러 클래스로 이뤄진 상속 계층을 다양한 클래스의 모든 필드에 대한 열을 포함하는 단일 테이블로 나타낸다.

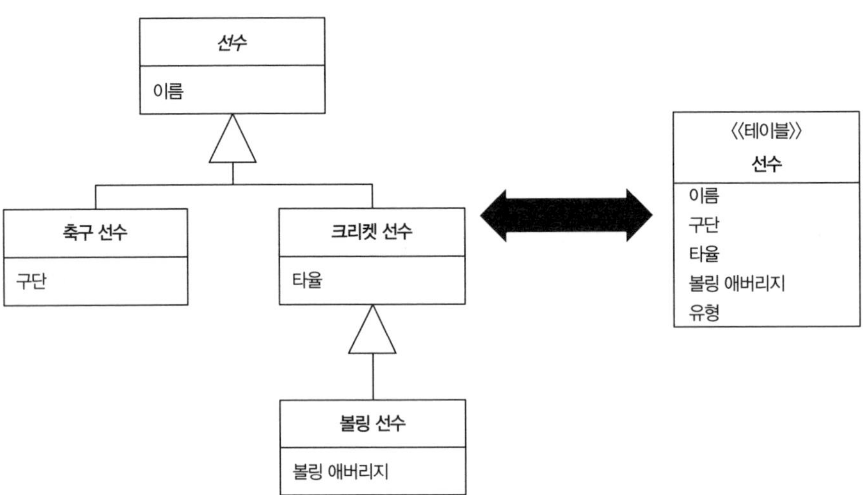

관계형 데이터베이스는 상속을 지원하지 않으므로 객체를 데이터베이스로 매핑할 때는 상속 구조를 관계형 테이블에서 나타내는 방법을 고려해야 한다. 관계형 데이터베이스로의 매핑 작업을 할 경우 여러 테이블에서 상속 구조를 처리할 때 빠른 속도로 증가하는 조인을 최소화하기 위해 노력한다. 단일 테이블 상속(Single Table Inheritance)은 상속 구조에서 모든 클래스의 모든 필드를 단일 테이블로 매핑한다.

작동 원리

이 상속 매핑 체계에서는 상속 계층에 속한 모든 클래스의 데이터를 모두 한 테이블에 저장한다. 각 클래스는 연관된 데이터를 한 테이블 행에 저장한다. 데이터베이스에서 연관 사항이 없는 열은 비어 있게 된다. 기본 매핑 동작은 상속 매퍼(323)의 기본 체계를 따른다.

객체를 메모리로 로딩할 때는 어떤 클래스를 인스턴스화할지 알아야 한다. 이를 위해 어떤 클래스를 사용할지 표시하는 필드 하나가 테이블에 포함된다. 이 필드는 코드 필드나 클래스의 이름일 수 있다. 코드 필드의 경우 연관 클래스로 매핑하기 위해 코드에서 해석을 거쳐야 한다. 이 코드는 클래스를 계층에 추가할 때 확장돼야 한다. 테이블에 클래스 이름이 포함된 경우 이를 곧바로 사용해 인스턴스를 생성할 수 있다. 한편 클래스 이름은 공간을 더 차지하며 데이터베이스 테이블 구조를 직접 사용해 클래스 이름별로 처리하는 작업이 좀 더 어려울 수 있다. 또한 클래스 구조를 데이터베이스 스키마와 밀접하게 결합하는 부작용도 있다.

데이터를 로드할 때는 인스턴스화할 하위 클래스를 결정하기 위해 코드를 먼저 읽는다. 데이터를 저장할 때는 계층의 상위 클래스가 코드를 기록해야 한다.

사용 시점

단일 테이블 상속은 상속 계층의 필드를 관계형 데이터베이스로 매핑하는 여러 방법 중 하나다. 대안으로는 클래스 테이블 상속(304)과 구현 테이블 상속(313)이 있다.

단일 테이블 상속에는 다음과 같은 장점이 있다.

- 데이터베이스에서 한 테이블만 사용하면 된다.
- 데이터를 가져올 때 조인할 필요가 없다.
- 필드를 계층에서 위아래로 이동하는 리팩터링을 하더라도 데이터베이스를 변경할 필요가 없다.

단점은 다음과 같다.

- 필드에 연관성이 있을 수도 있지만 없을 수도 있다. 이 때문에 테이블을 직접 사용하는 경우 혼란스러울 수 있다.
- 일부 하위 클래스에만 사용되는 열이 있으면 데이터베이스의 공간이 낭비된다. 공간이 얼마나 많이 낭비될지는 구체적인 데이터 특성과 데이터베이스가 빈 열을 압축하는 성능에 따라 달라진다. 오라클은 낭비되는 공간을 아주 효율적으로 잘라내며, 특히 선택적인 열을 데이터베이스 테이블의 오른쪽에 배치하면 더 잘 잘라낸다. 데이터베이스마다 공간을 압축하는 방법이 다르다.
- 단일 테이블이 여러 인덱스를 포함해 지나치게 커지고 잠김이 빈번하게 발생할 수 있으며 성능이 저하될 수 있다. 이 문제를 예방하려면 특정 속성을 가진 행의 키를 나열하거나 인덱스와 연관된 필드의 부분 집합을 복사하는 별도의 인덱스 테이블을 사용하면 된다.
- 필드에 단일 네임스페이스가 사용되므로 서로 다른 필드에 동일한 이름을 사용하지 않아야 한다. 클래스의 이름을 접두사 또는 접미사로 붙이는 복합적인 이름을 사용하면 도움이 된다.

전체 계층에 한 가지 형식의 상속 매핑을 사용해야 하는 것은 아니다. 세부 데이터가 많이 포함된 클래스에 구현 테이블 상속(313)을 사용한다면 여러 비슷한 클래스를 단일 테이블로 매핑해도 아무 문제가 없다.

단일 테이블 상속

예제: 선수 정보를 단일 테이블로 매핑(C#)

이 예제도 다른 상속 예제와 마찬가지로 상속 매퍼(323)에 바탕을 두고 그림 12.8에 나오는 클래스를 사용해 작성했다. 각 매퍼는 ADO.NET 데이터 집합의 데이터 테이블과 연결해야 하며, 매퍼 상위 클래스에서 이 연결을 범용적으로 만들 수 있다. 게이트웨이의 데이터 프로퍼티는 쿼리를 통해 로드할 수 있는 데이터 집합이다.

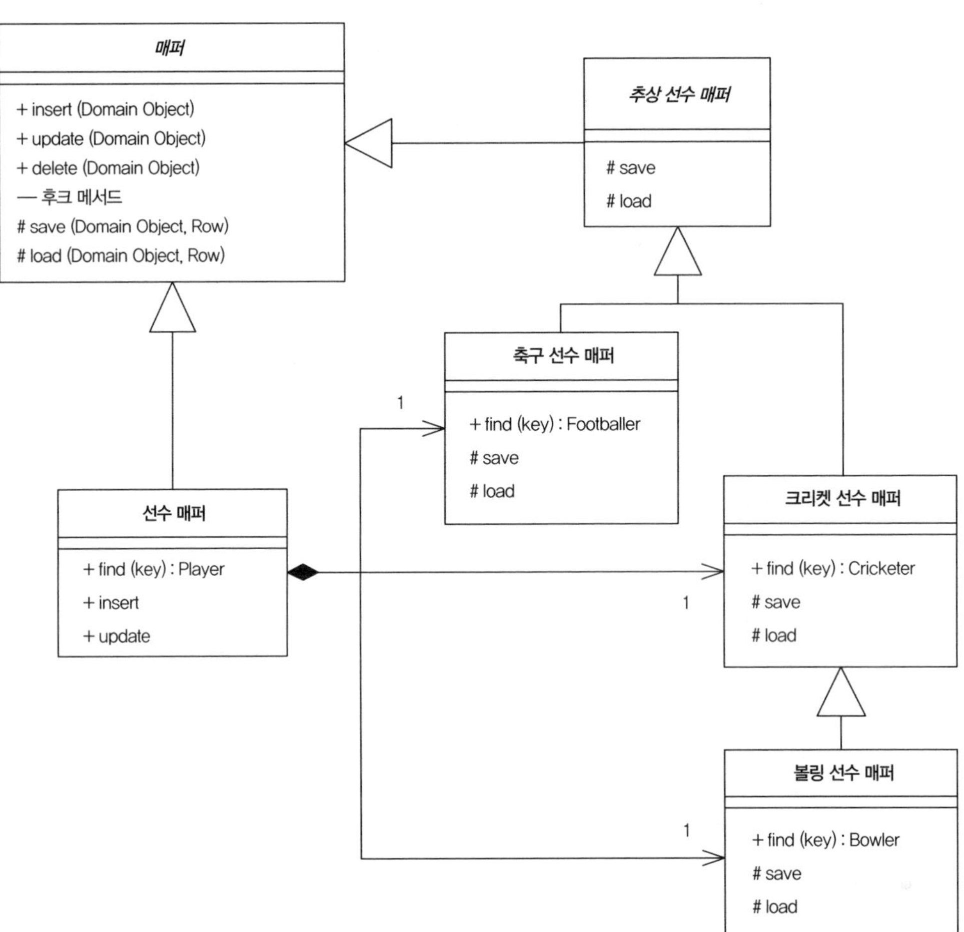

그림 12.8 상속 매퍼(323)의 범용 클래스 다이어그램

```
class Mapper...

    protected DataTable table {
        get {return Gateway.Data.Tables[TableName];}
    }
```

```
    protected Gateway Gateway;
    abstract protected String TableName {get;}
```

테이블은 하나뿐이므로 추상 선수 매퍼로 정의할 수 있다.

```
class AbstractPlayerMapper...

    protected override String TableName {
        get {return "Players";}
    }
```


각 클래스에는 매퍼 코드가 선수의 유형을 식별하는 데 도움이 되는 유형 코드가 필요하다. 유형 코드는 상위 클래스에 정의되며, 하위 클래스에 구현된다.

```
class AbstractPlayerMapper...

    abstract public String TypeCode {get;}

class CricketerMapper...

    public const String TYPE_CODE = "C";

    public override String TypeCode {
        get {return TYPE_CODE;}
    }
```

선수 매퍼에는 세 가지 각 구현 매퍼 클래스에 해당하는 필드가 있다.

```
class PlayerMapper...

    private BowlerMapper bmapper;
    private CricketerMapper cmapper;
    private FootballerMapper fmapper;

    public PlayerMapper (Gateway gateway) : base (gateway) {
        bmapper = new BowlerMapper(Gateway);
        cmapper = new CricketerMapper(Gateway);
        fmapper = new FootballerMapper(Gateway);
    }
```

데이터베이스에서 객체 로드

각 구현 매퍼 클래스에는 데이터로부터 객체를 얻는 검색 메서드가 하나씩 있다.

```
class CricketerMapper...

    public Cricketer Find(long id) {
        return (Cricketer) AbstractFind(id);
    }
```

이 메서드는 객체를 찾는 범용적인 동작을 호출한다.

단일 테이블 상속

```
class Mapper...

    protected DomainObject AbstractFind(long id) {
        DataRow row = FindRow(id);
        return (row == null) ? null : Find(row);
    }

    protected DataRow FindRow(long id) {
        String filter = String.Format("id = {0}", id);
        DataRow[] results = table.Select(filter);
        return (results.Length == 0) ? null : results[0];
    }

    public DomainObject Find (DataRow row) {
        DomainObject result = CreateDomainObject();
        Load(result, row);
        return result;
    }

    abstract protected DomainObject CreateDomainObject();

class CricketerMapper...

    protected override DomainObject CreateDomainObject() {
        return new Cricketer();
    }
```

계층의 각 클래스에 하나씩 있는 일련의 로드 메서드를 사용해 데이터를 새로운 객체로 로드한다.

```
class CricketerMapper...

   protected override void Load(DomainObject obj, DataRow row) {
      base.Load(obj,row);
      Cricketer cricketer = (Cricketer) obj;
      cricketer.battingAverage = (double)row["battingAverage"];
   }

class AbstractPlayerMapper...

   protected override void Load(DomainObject obj, DataRow row) {
      base.Load(obj, row);
      Player player = (Player) obj;
      player.name = (String)row["name"];
   }

class Mapper...

   protected virtual void Load(DomainObject obj, DataRow row) {
      obj.Id = (int) row ["id"];
   }
```


선수 매퍼를 통해 선수를 로드할 수도 있다. 선수 매퍼에서는 데이터를 읽고 유형 코드를 바탕으로 사용할 구현 매퍼를 식별한다.

```
class PlayerMapper...

   public Player Find (long key) {
      DataRow row = FindRow(key);
      if (row == null) return null; else {
      String typecode = (String) row["type"];
         switch (typecode){
         case BowlerMapper.TYPE_CODE:
            return (Player) bmapper.Find(row);
         case CricketerMapper.TYPE_CODE:
            return (Player) cmapper.Find(row);
         case FootballerMapper.TYPE_CODE:
            return (Player) fmapper.Find(row);
         default:
            throw new Exception("unknown type");
         }
      }
   }
```

객체 업데이트: 업데이트를 위한 기본 동작은 모든 객체에서 동일하므로 매퍼 상위 클래스에서 동작을 정의할 수 있다.

```
class Mapper...

    public virtual void Update (DomainObject arg) {
        Save (arg, FindRow(arg.Id));
    }
```

저장 메서드는 로드 메서드와 비슷하다. 클래스마다 포함된 데이터를 저장하기 위한 저장 메서드를 각각 정의한다.


```
class CricketerMapper...

    protected override void Save(DomainObject obj, DataRow row) {
        base.Save(obj, row);
        Cricketer cricketer = (Cricketer) obj;
        row["battingAverage"] = cricketer.battingAverage;
    }

class AbstractPlayerMapper...

    protected override void Save(DomainObject obj, DataRow row) {
        Player player = (Player) obj;
        row["name"] = player.name;
        row["type"] = TypeCode;
    }
```

선수 매퍼는 적절한 구현 매퍼로 작업을 위임한다.

```
class PlayerMapper...

    public override void Update (DomainObject obj) {
        MapperFor(obj).Update(obj);
    }

    private Mapper MapperFor(DomainObject obj) {
        if (obj is Footballer)
            return fmapper;
        if (obj is Bowler)
            return bmapper;
```

```
        if (obj is Cricketer)
            return cmapper;
        throw new Exception("No mapper available");
    }
```

객체 삽입: 삽입은 업데이트와 비슷하다. 실제로 업데이트와 유일하게 다른 점은 새로운 행 하나를 만든 다음 저장해야 한다는 것이다.

```
class Mapper...

    public virtual long Insert (DomainObject arg) {
        DataRow row = table.NewRow();
        arg.Id = GetNextID();
        row["id"] = arg.Id;
        Save (arg, row);
        table.Rows.Add(row);
        return arg.Id;
    }

class PlayerMapper...

    public override long Insert (DomainObject obj) {
        return MapperFor(obj).Insert(obj);
    }
```


객체 삭제: 삭제는 아주 간단하다. 삭제 메서드는 추상 매퍼 수준이나 선수 래퍼에 정의된다.

```
class Mapper...

    public virtual void Delete(DomainObject obj) {
        DataRow row = FindRow(obj.Id);
        row.Delete();
    }

class PlayerMapper...

    public override void Delete (DomainObject obj) {
        MapperFor(obj).Delete(obj);
    }
```

클래스 테이블 상속

각 클래스당 테이블 하나를 사용해 클래스의 상속 계층을 나타낸다.

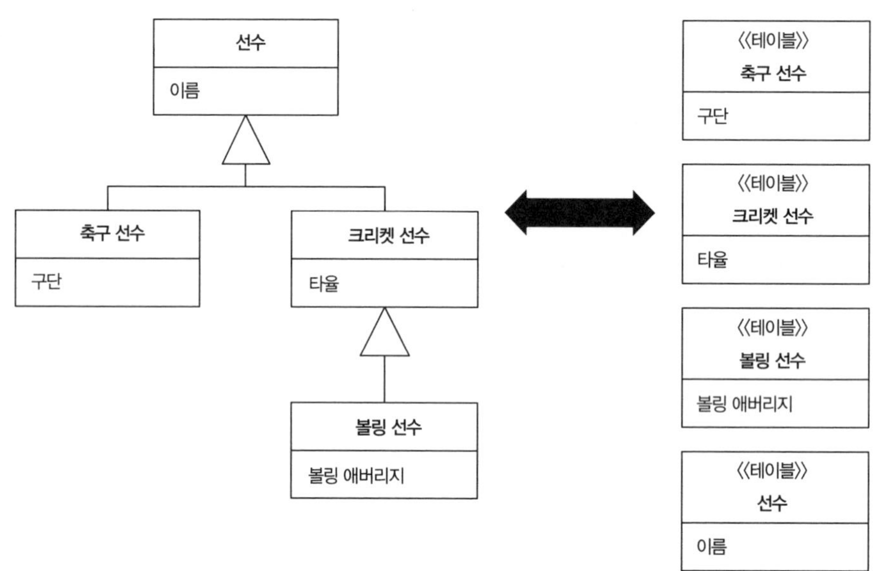

객체-관계형에서 가장 현저하게 드러나는 불일치는 관계형 데이터베이스가 상속을 지원하지 않는다는 점이다. 알아보기 쉽게 객체와 매핑되며 상속 구조의 어떤 위치로든 연결할 수 있는 데이터베이스 구조가 필요할 때는 상속 구조의 클래스마다 데이터베이스 테이블 하나를 사용하는 클래스 테이블 상속(Class Table Inheritance)을 사용하면 된다.

작동 원리

클래스 테이블 상속은 도메인 모델의 클래스당 테이블 하나를 사용하는 명확한 구조를 가지고 있다. 도메인 클래스의 각 필드는 해당 테이블의 필드와 일대일로 대응된다. 그리고 다른 상속 매핑과 마찬가지로 상속 매퍼(323) 방식이 기본적으로 적용된다.

한 가지 중요한 사항은 데이터베이스 테이블의 해당하는 행을 서로 연결하는 방법이다. 한 가지 방법은 공용 기본 키 값을 사용하는 것이다. 이를테면, 축구 선수 테이블에서 키가 101인 행과 선수 테이블에서 키가 101인 행을 동일한 도메인 객체와 연결하는 것이다. 상위 클래스 테이블에는 다른 테이블의 각 행에 해당하는 행이 포함되므로 이 체계를 사용하는 경우 기본 키는 전체 테이블에서 고유하다. 대안으로는 각 테이블이 자체적인 기본 키를 갖게 하고 상위 클래스 테이블에 대한 외래 키를 사용해 행을 서로 연결하는 방법이 있다.

클래스 테이블 상속을 구현할 때 가장 중요한 점은 여러 테이블의 데이터를 효율적인 방법으로 가져와야 한다는 것이다. 각 테이블을 호출하면 데이터베이스를 여러 번 호출해야 하므로 분명 좋은 방법이 아니다. 전체 컴포넌트 테이블에 걸쳐 조인하면 이 문제를 예방할 수 있지만 데이터베이스가 최적화를 수행하는 방법에는 제한이 있기 때문에 테이블을 3~4개 이상 조인하면 처리 속도가 느려지는 경향이 있다.

클래스 테이블 상속

게다가 쿼리에서 정확하게 어떤 테이블을 조인해야 하는지 모른다는 문제가 있다. 축구 선수를 찾는다면 축구 선수 테이블을 사용해야 한다는 것을 알 수 있지만, 선수의 그룹을 찾는다면 어떤 테이블을 사용해야 할까? 일부 테이블에 데이터가 없는 상황에서 효과적으로 조인하려면 외부 조인을 해야 하지만, 이는 비표준이며 느린 경우가 많다. 루트 테이블을 먼저 읽은 다음, 코드를 사용해 다음으로 읽을 테이블을 결정하는 방법이 있지만 이 방법은 쿼리를 여러 번 수행해야 한다.

사용 시점

클래스 테이블 상속, 단일 테이블 상속(296), 구현 테이블 상속(313)은 상속 매핑을 고려할 때 사용 가능한 세 가지 대안이다.

클래스 테이블 상속에는 다음과 같은 장점이 있다.

- 각 행의 모든 열에 의미가 있으므로 테이블의 구조를 이해하기 쉽고 공간이 낭비되지 않는다.
- 도메인 모델과 데이터베이스 간의 관계가 아주 직관적이다.

단점은 다음과 같다.

- 객체 하나를 로드하기 위해 여러 테이블에서 데이터를 읽어야 한다. 즉, 조인이나 여러 번의 쿼리로 읽은 데이터를 메모리에서 결합해야 한다.
- 필드를 계층에서 위아래로 이동하는 리팩터링을 할 경우 데이터베이스도 변경해야 한다.
- 자주 접근해야 하는 상위 형식 테이블에서 병목현상이 발생할 수 있다.
- 정규화 수준이 높아서 임시 쿼리(ad hoc query)가 이해하기 어려워질 수 있다.

한 클래스 계층에 한 상속 매핑 패턴만 선택해야 하는 것은 아니다. 예를 들어, 계층 최상위에는 클래스 테이블 상속을 사용하고 그 아래에는 여러 구현 테이블 상속을 사용할 수 있다.

참고 자료

IBM에서 출간한 다수의 자료에서는 이 패턴을 루트-리프 매핑[Brown et al.]이라고 한다.

예제: 선수의 상속 구조 매핑(C#)

클래스 테이블 상속

이 예제에서는 그림에 나온 체계를 구현한다. 약간 지루하지만 이번에도 그림 12.9에 나오는 상속 매퍼(323)를 사용해 다양한 선수의 체계를 구현한다.

각 클래스는 데이터와 유형 코드를 포함할 테이블을 정의해야 한다.

```
class AbstractPlayerMapper...

    abstract public String TypeCode {get;}
    protected static String TABLENAME = "Players";

class FootballerMapper...

    public override String TypeCode {
        get {return "F";}
    }

    protected new static String TABLENAME = "Footballers";
```

다른 상속 예제와는 다르게 이 예제의 클래스에는 인스턴스가 하위 클래스의 인스턴스일 때도 테이블 이름이 있어야 하므로 재정의되는 테이블 이름을 사용하지 않는다.

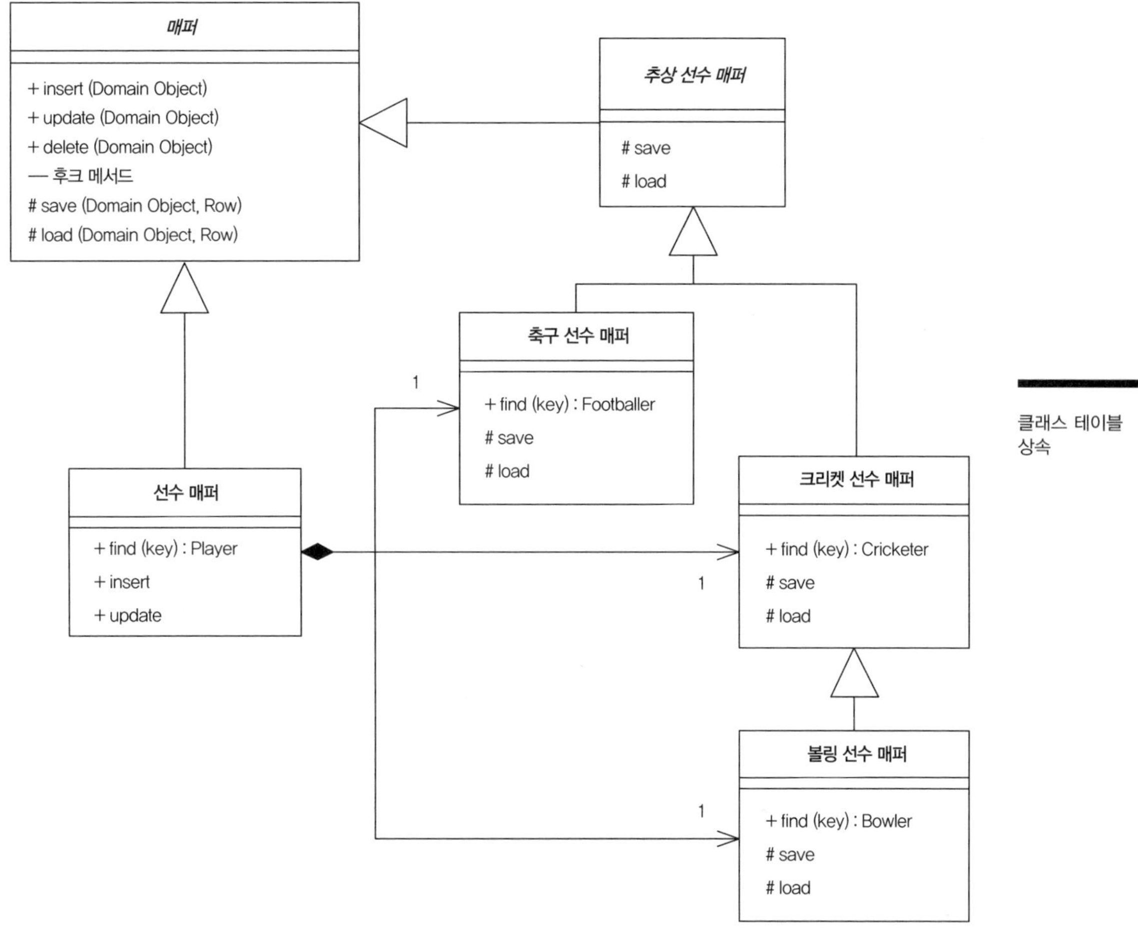

클래스 테이블 상속

그림 12.9 상속 매퍼(323)의 범용 클래스 다이어그램

객체 로드: 다른 매핑에 대한 내용을 읽었다면 알 수 있겠지만 첫 번째 단계는 구현 매퍼에서 검색 메서드를 만드는 것이다.

```
class FootballerMapper...

    public Footballer Find(long id) {
        return (Footballer) AbstractFind (id, TABLENAME);
    }
```

추상 검색 메서드는 키와 일치하는 행을 검색하며, 행을 찾은 경우 도메인 객체를 생성하고 이 객체의 로드 메서드를 호출한다.

```
class Mapper...

    public DomainObject AbstractFind(long id, String tablename) {
        DataRow row = FindRow (id, tableFor(tablename));
        if (row == null) return null;
        else {
            DomainObject result = CreateDomainObject();
            result.Id = id;
            Load(result);
            return result;
        }
    }

    protected DataTable tableFor(String name) {
        return Gateway.Data.Tables[name];
    }

    protected DataRow FindRow(long id, DataTable table) {
        String filter = String.Format("id = {0}", id);
        DataRow[] results = table.Select(filter);
        return (results.Length == 0) ? null : results[0];
    }

    protected DataRow FindRow (long id, String tablename) {
        return FindRow(id, tableFor(tablename));
    }

    protected abstract DomainObject CreateDomainObject();

class FootballerMapper...

    protected override DomainObject CreateDomainObject(){
        return new Footballer();
    }
```


각 클래스에는 해당 클래스에서 정의된 데이터를 로드하는 로드 메서드가 있다.

```
class FootballerMapper...

    protected override void Load(DomainObject obj) {
        base.Load(obj);
        DataRow row = FindRow (obj.Id, tableFor(TABLENAME));
        Footballer footballer = (Footballer) obj;
```

```
        footballer.club = (String)row["club"];
    }
```

```
class AbstractPlayerMapper...

    protected override void Load(DomainObject obj) {
        DataRow row = FindRow (obj.Id, tableFor(TABLENAME));
        Player player = (Player) obj;
        player.name = (String)row["name"];
    }
```

다른 예제 코드에서도 마찬가지였지만, 이 예제에서는 특히 ADO.NET 데이터 집합이 데이터베이스에서 가져온 데이터를 메모리에 캐시한다는 점을 활용하고 있다. 이 캐시를 활용해 성능 저하의 부담 없이 테이블 기반 자료구조에 여러 번 접근할 수 있다. 데이터베이스와 직접 상호작용할 때는 작업 부하를 줄여야 한다. 이 예제의 경우 전체 테이블에 대한 조인을 만들고 이를 조작해 작업 부하를 줄일 수 있다.

클래스 테이블 상속

선수 매퍼는 검색하려는 선수 유형을 확인한 다음 해당하는 구현 매퍼로 작업을 위임한다.

```
class PlayerMapper...

    public Player Find (long key) {
        DataRow row = FindRow(key, tableFor(TABLENAME));
        if (row == null) return null;
        else {
            String typecode = (String) row["type"];
            if (typecode == bmapper.TypeCode)
                return bmapper.Find(key);
            if (typecode == cmapper.TypeCode)
                return cmapper.Find(key);
            if (typecode == fmapper.TypeCode)
                return fmapper.Find(key);
            throw new Exception("unknown type");
        }
    }

    protected static String TABLENAME = "Players";
```

객체 업데이트: 업데이트 메서드는 매퍼 상위 클래스에 있다.

```
class Mapper...

    public virtual void Update (DomainObject arg) {
        Save (arg);
    }
```

이 메서드는 계층의 각 클래스에 있는 각 저장 메서드를 통해 구현된다.

```
class FootballerMapper...

    protected override void Save(DomainObject obj) {
        base.Save(obj);
        DataRow row = FindRow (obj.Id, tableFor(TABLENAME));
        Footballer footballer = (Footballer) obj;
        row["club"] = footballer.club;
    }

class AbstractPlayerMapper...

    protected override void Save(DomainObject obj) {
        DataRow row = FindRow (obj.Id, tableFor(TABLENAME));
        Player player = (Player) obj;
        row["name"] = player.name;
        row["type"] = TypeCode;
    }
```

선수 매퍼의 업데이트 메서드에서는 범용 메서드를 재정의해 올바른 구현 매퍼로 전달한다.

```
class PlayerMapper...

    public override void Update (DomainObject obj) {
        MapperFor(obj).Update(obj);
    }

    private Mapper MapperFor(DomainObject obj) {
        if (obj is Footballer)
            return fmapper;
        if (obj is Bowler)
            return bmapper;
        if (obj is Cricketer)
            return cmapper;
        throw new Exception("No mapper available");
    }
```

객체 삽입: 객체를 삽입하는 메서드는 매퍼에서 선언된다. 이 메서드는 새로운 데이터베이스 행을 만들고 저장 메서드를 사용해 이러한 비어 있는 행을 해당하는 데이터로 업데이트하는 두 단계로 작업을 수행한다.

```
class Mapper...

    public virtual long Insert (DomainObject obj) {
        obj.Id = GetNextID();
        AddRow(obj);
        Save(obj);
        return obj.Id;
    }
```


각 클래스에서는 행을 해당 테이블에 삽입한다.

```
class FootballerMapper...

    protected override void AddRow (DomainObject obj) {
        base.AddRow(obj);
        InsertRow (obj, tableFor(TABLENAME));
    }

class AbstractPlayerMapper...

    protected override void AddRow (DomainObject obj) {
        InsertRow (obj, tableFor(TABLENAME));
    }

class Mapper...

    abstract protected void AddRow (DomainObject obj);

    protected virtual void InsertRow (DomainObject arg, DataTable table) {
        DataRow row = table.NewRow();
        row["id"] = arg.Id;
        table.Rows.Add(row);
    }
```

선수 매퍼는 적절한 구현 매퍼로 작업을 위임한다.

```
class PlayerMapper...

    public override long Insert (DomainObject obj) {
        return MapperFor(obj).Insert(obj);
    }
```

객체 삭제: 객체를 삭제하려면 각 클래스는 데이터베이스의 해당하는 테이블에서 행 하나를 삭제해야 한다.


```
class FootballerMapper...

    public override void Delete(DomainObject obj) {
        base.Delete(obj);
        DataRow row = FindRow(obj.Id, TABLENAME);
        row.Delete();
    }

class AbstractPlayerMapper...

    public override void Delete(DomainObject obj) {
        DataRow row = FindRow(obj.Id, tableFor(TABLENAME));
        row.Delete();
    }

class Mapper...

    public abstract void Delete(DomainObject obj);
```

선수 매퍼는 이번에도 힘든 작업을 직접 하지 않고 구현 매퍼로 위임한다.

```
class PlayerMapper...

    override public void Delete(DomainObject obj) {
        MapperFor(obj).Delete(obj);
    }
```

구현 테이블 상속

클래스의 상속 계층을 계층의 구현 클래스당 테이블 하나를 사용해 나타낸다.

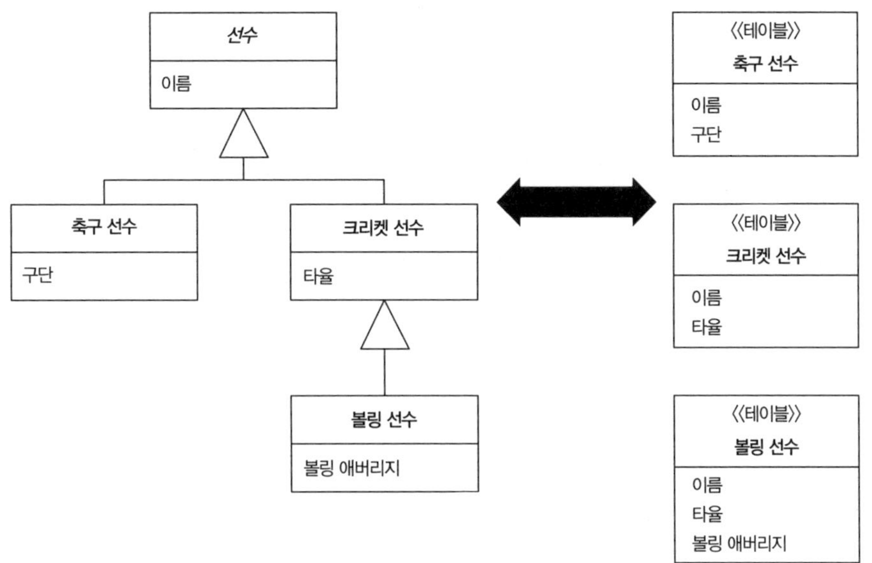

관계형 데이터베이스가 상속을 지원하지 않는다는 것은 잘 알려진 사실이며, 이 때문에 객체-관계형 매핑이 더 어려워진다. 테이블을 객체 인스턴스의 관점에서 고려한 합리적 해결 방법 중 하나는 메모리에 있는 각 객체를 데이터베이스 행 하나로 매핑하는 것이다. 즉, 구현 테이블 상속(Concrete Table Inheritance)은 상속 계층에 포함된 각 구현 클래스마다 테이블 하나를 사용해 구성된다.

사실 이 패턴의 이름을 정하는 데는 약간 어려움이 있었다. 일반적으로 계층의 리프 클래스마다 테이블 하나를 사용하기 때문에 이 패턴을 리프 기반 패턴이라고 생각하는 사람이 많다. 이 논리를 따른다면 이 패턴을 리프 테이블 상속이라고 부를 수 있으며, 실제로 이 패턴에 "리프"라는 용어가 자주 사용된다. 그러나 엄격히 말해, 리프가 아닌 구현 클래스에도 테이블이 할당되므로 좀 더 정확한 용어를 사용하기로 했다.

작동 원리

구현 테이블 상속은 계층의 각 구현 클래스당 데이터베이스 테이블 하나를 사용한다. 각 테이블에는 구현 클래스와 해당하는 모든 조상의 열이 포함되므로 상위 클래스의 모든 필드는 하위 클래스의 전체 테이블에 복제된다. 지금까지의 다른 상속 체계와 마찬가지로 기본 동작은 상속 매퍼(323)를 사용한다.

이 패턴을 사용할 때는 키에 주의해야 한다. 가장 중요한 것은 키가 해당 테이블은 물론이고 계층의 전체 테이블에서 고유해야 한다는 것이다. 전체 테이블에서 고유한 키가 필요한 전형적인 예로 선수의 컬렉션이 있고 테이블 수준 키를 활용하는 식별자 필드(227)를 적용하는 경우를 들 수 있다. 구현 클래스를 매핑하는 테이블 간에 키가 복제되면 특정 키 값 하나가 여러 행과 연결될 수 있다. 따라서 전체 테이블에서 사용되는 키를 추적하는 키 할당 시스템이 필요하며, 데이터베이스에 있는 기본 키 고유성 메커니즘에 의존할 수는 없다.

구현 테이블 상속

이 조건은 다른 시스템에 사용되는 데이터베이스에 연결하는 경우 특히 문제가 될 수 있다. 다른 시스템에 사용되는 데이터베이스에서는 테이블 간의 키 고유성이 보장되지 않는 경우가 많기 때문이다. 이 경우 상위 클래스 필드를 사용하지 않거나 테이블 식별자를 포함하는 복합 키를 사용해야 한다.

상위 클래스 형식의 필드를 사용하지 않으면 이 문제를 어느 정도 완화할 수 있지만, 이렇게 하면 당연히 객체 모델을 표현하는 데 제약이 생긴다. 대안으로 인터페이스에는 상위 형식에 대한 접근자를 넣고, 구현에는 각 구현 형식을 위한 여러 전용 필드를 사용하는 방법이 있다. 그러면 인터페이스는 전용 필드의 값을 결합한다. 공용 인터페이스가 단일 값이면 전용 값 중에서 null이 아닌 값을 선택한다. 공용 인터페이스가 컬렉션 값이면 구현 필드에서 얻은 값의 공용체로 응답한다.

복합 키를 선택한 경우 특수한 키 객체를 식별자 필드(227)의 ID 필드로 사용할 수 있다. 이 키는 고유성을 위해 테이블의 기본 키와 테이블 이름을 모두 사용한다.

이와 관련된 다른 문제로 데이터베이스 내의 참조 무결성이 있다. 그림 12.10과 같은 객체 모델이 있다고 가정해보자. 이 경우 참조 무결성을 구현하려면 자선 행사와 선수에 대한 외래 키 열이 담긴 링크 테이블이 필요하다. 그러나 선수에 대한 테이블은 없으므로, 축구 선수나 크리켓 선수를 받는 외래 키 필드에 대한 참조 무결성 제약 조건은 만들 수 없다. 선택 가능한 방법은 참조 무결성을 무시하거나 데이터베이스의 각 테이블마다 하나씩 여러 링크 테이블을 사용하는 것이다. 키 고유성을 보장할 수 없으면 이 밖에도 다른 문제가 있다.

select 문으로 선수를 검색하려면 해당하는 값이 들어 있는 테이블을 찾기 위해 모든 테이블을 조회해야 한다. 즉, 쿼리를 여러 번 하거나 외부 조인을 해야 하는데, 두 방법 모두 성능을 저하시킨다. 필요한 클래스를 알면 성능 저하는 발생하지 않지만 성능을 향상하려면 구현 클래스를 사용해야 한다.

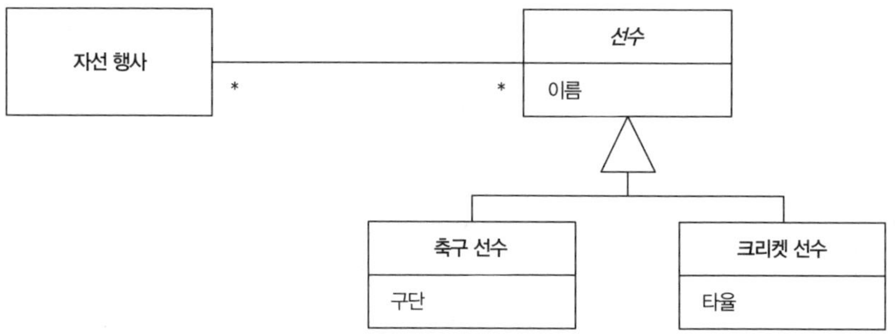

그림 12.10 구현 테이블 상속에서 참조 무결성 문제를 유발하는 모델

이 패턴은 리프 테이블 상속과 함께 논의되는 경우가 많다. 또한 구현 클래스당 테이블 하나가 아니라 리프 클래스당 테이블 하나를 사용하는 변형된 패턴을 선호하는 사람도 있다. 계층에 구현 상위 클래스가 없는 경우 두 가지는 사실상 동일한 것이며, 구현 상위 클래스가 없더라도 차이는 미미하다.

구현 테이블 상속

사용 시점

상속을 매핑할 때는 **구현 테이블 상속**, **클래스 테이블 상속**(304), **단일 테이블 상속**(296) 중 하나를 사용할 수 있다.

구현 테이블 상속의 장점은 다음과 같다.

- 각 테이블이 독립적이며 무의미한 필드가 없다. 따라서 객체를 사용하지 않는 다른 애플리케이션에서 사용하는 데 적합하다.
- 구현 매퍼에서 데이터를 읽을 때 조인을 할 필요가 없다.
- 해당 클래스에 접근할 때만 각 테이블에 접근하며 접근 부하를 분산할 수 있다.

단점은 다음과 같다.

- 기본 키를 처리하기 어려울 수 있다.
- 추상 클래스에 대한 데이터베이스 관계를 강제할 수 없다.
- 도메인 클래스의 필드를 계층에서 위아래로 이동할 경우 테이블 정의를 변경해야 한다. **클래스 테이블 상속**(304)의 경우만큼 변경 사항이 많지는 않지만 **단일 테이블 상속**(296)의 경우보다는 변경 사항이 많다.
- 상위 클래스 필드가 전체 테이블에 복제되므로 상위 클래스 필드가 변경되면 이 필드가 있는 테이블을 모두 변경해야 한다.
- 상위 클래스에서 검색하려면 모든 테이블을 확인해야 하므로 데이터베이스에 여러 번 접근하거나 불편한 조인을 해야 한다.

단일 계층 안에 이 세 가지 상속 패턴이 공존할 수 있다는 것을 기억하자. 예를 들어, 하위 클래스 한두 개에는 구현 테이블 상속을 사용하고 나머지에는 단일 테이블 상속(296)을 사용할 수 있다.

예제: 구현 테이블 상속(C#)

이 예제에서는 앞서 그림에서 살펴본 구조를 구현한다. 이 단원의 모든 상속 예제와 마찬가지로 이 예제에서도 그림 12.11에 나온 상속 매퍼(323)의 기본 클래스 설계를 사용한다.

구현 테이블 상속

각 매퍼는 데이터의 원본인 데이터베이스 테이블과 연결된다. ADO.NET에서 데이터 집합은 데이터 테이블을 저장한다.

```
class Mapper...

   public Gateway Gateway;
   private IDictionary identityMap = new Hashtable();

   public Mapper (Gateway gateway) {
       this.Gateway = gateway;
   }

   private DataTable table {
       get {return Gateway.Data.Tables[TableName];}
   }

   abstract public String TableName {get;}
```

게이트웨이 클래스는 자체 데이터 프로퍼티 안에 데이터를 저장한다. 데이터는 적절한 쿼리를 제공해 로드할 수 있다.

```
class Gateway...

   public DataSet Data = new DataSet();
```

각 구현 매퍼는 해당 데이터를 포함하는 테이블의 이름을 정의해야 한다.

```
class CricketerMapper...
   public override String TableName {
       get {return "Cricketers";}
   }
```

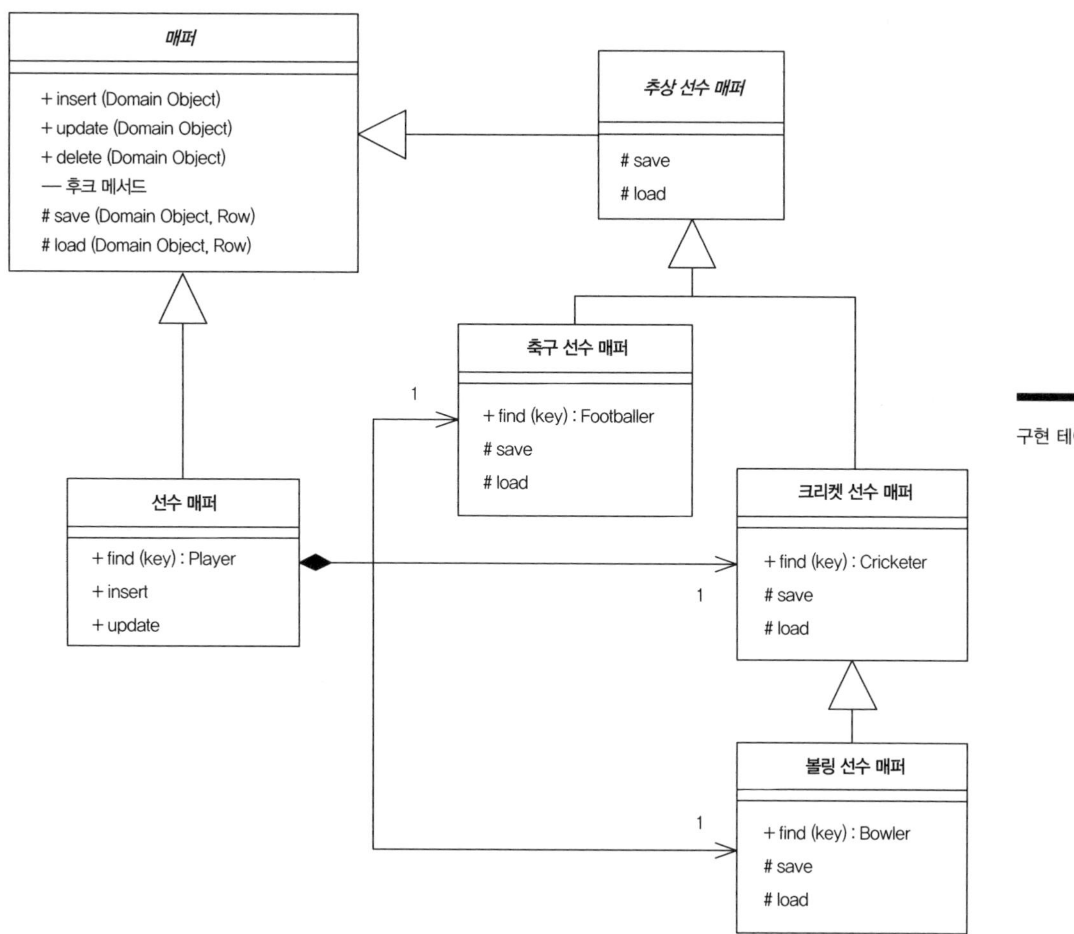

그림 12.11 상속 매퍼(323)의 범용 클래스 다이어그램

구현 테이블 상속

선수 매퍼에는 구현 매퍼별 필드가 있다.

```
class PlayerMapper...

    private BowlerMapper bmapper;
    private CricketerMapper cmapper;
    private FootballerMapper fmapper;

    public PlayerMapper (Gateway gateway) : base (gateway) {
        bmapper = new BowlerMapper(Gateway);
        cmapper = new CricketerMapper(Gateway);
        fmapper = new FootballerMapper(Gateway);
    }
```

데이터베이스에서 객체 로드: 각 구현 매퍼 클래스에 있는 검색 메서드는 키 값을 지정하면 이에 해당하는 객체를 반환한다.

```
class CricketerMapper...

    public Cricketer Find(long id) {
        return (Cricketer) AbstractFind(id);
    }
```

구현 테이블 상속

상위 클래스의 추상 동작은 지정한 ID에 해당하는 데이터베이스 행을 찾고, 올바른 형식의 도메인 객체를 새로 생성한 다음, 로드 메서드를 사용해 데이터를 로드한다(자세한 내용은 조금 뒤에 설명함).

```
class Mapper...

    public DomainObject AbstractFind(long id) {
        DataRow row = FindRow(id);
        if (row == null) return null;
        else {
            DomainObject result = CreateDomainObject();
            Load(result, row);
            return result;
        }
    }

    private DataRow FindRow(long id) {
        String filter = String.Format("id = {0}", id);
        DataRow[] results = table.Select(filter);
        if (results.Length == 0) return null;
        else return results[0];
    }

    protected abstract DomainObject CreateDomainObject();

class CricketerMapper...

    protected override DomainObject CreateDomainObject(){
        return new Cricketer();
    }
```

데이터베이스에서 실제로 데이터를 로드하는 작업은 특정 로드 메서드에서 처리되거나 매퍼 클래스와 해당 상위 클래스에 있는 여러 로드 메서드에 의해 처리된다.

```
class CricketerMapper...

    protected override void Load(DomainObject obj, DataRow row) {
        base.Load(obj,row);
        Cricketer cricketer = (Cricketer) obj;
        cricketer.battingAverage = (double)row["battingAverage"];
    }

class AbstractPlayerMapper...

    protected override void Load(DomainObject obj, DataRow row) {
        base.Load(obj, row);
        Player player = (Player) obj;
        player.name = (String)row["name"];

class Mapper...

    protected virtual void Load(DomainObject obj, DataRow row) {
        obj.Id = (int) row ["id"];
    }
```

이것이 구현 클래스의 매퍼를 통해 객체를 찾는 논리다. 또한 상위 클래스의 매퍼인 선수 매퍼를 사용할 수 있으며, 이 매퍼에서는 객체가 저장된 테이블에서 객체를 찾아야 한다. 모든 데이터가 이미 메모리 상의 데이터 집합에 있으므로 다음과 같이 할 수 있다.

```
class PlayerMapper...

    public Player Find (long key) {
        Player result;
        result = fmapper.Find(key);
        if (result != null) return result;
        result = bmapper.Find(key);
        if (result != null) return result;
        result = cmapper.Find(key);
        if (result != null) return result;
        return null;
    }
```

이렇게 할 수 있는 이유는 데이터가 이미 메모리에 있기 때문이다. 데이터베이스에 세 번(하위 클래스가 더 있으면 더 많이) 접근해야 한다면 당연히 느려진다. 전체 구현 테이블에 걸쳐 조인하면 한 번의 데이터베이스 호출로 데이터에 접근할 수 있으므로 도움이 된다. 그러나 복잡한 조인은 그 자체만으로도 느리기 때문에 각자의 애플리케이션에서 약간의 벤치마크를 해서 적절한 수준을 찾아야 한다. 또한 이 조인은 실행이 느리고 구문을 이식할 수 없으며 복잡한 외부 조인이 된다.

객체 업데이트: 업데이트 메서드는 매퍼 상위 클래스에 정의할 수 있다.


```
class Mapper...

    public virtual void Update (DomainObject arg) {
        Save (arg, FindRow(arg.Id));
    }
```

로드와 비슷하게, 각 매퍼 클래스에 있는 일련의 저장 메서드를 이용한다.

```
class CricketerMapper...

    protected override void Save(DomainObject obj, DataRow row) {
        base.Save(obj, row);
        Cricketer cricketer = (Cricketer) obj;
        row["battingAverage"] = cricketer.battingAverage;
    }

class AbstractPlayerMapper...

    protected override void Save(DomainObject obj, DataRow row) {
        Player player = (Player) obj;
        row["name"] = player.name;
    }
```

선수 매퍼는 사용할 올바른 구현 매퍼를 찾은 다음 업데이트 호출을 위임해야 한다.

```
class PlayerMapper...

    public override void Update (DomainObject obj) {
        MapperFor(obj).Update(obj);
    }

    private Mapper MapperFor(DomainObject obj) {
        if (obj is Footballer)
            return fmapper;
        if (obj is Bowler)
```

```
            return bmapper;
        if (obj is Cricketer)
            return cmapper;
        throw new Exception("No mapper available");
    }
```

객체 삽입: 삽입은 업데이트와 거의 비슷하지만, 행을 새로 만드는 동작이 추가된다. 이 동작은 상위 클래스에서 수행할 수 있다.

```
class Mapper...

    public virtual long Insert (DomainObject arg) {
        DataRow row = table.NewRow();
        arg.Id = GetNextID();
        row["id"] = arg.Id;
        Save (arg, row);
        table.Rows.Add(row);
        return arg.Id;
    }
```


이번에도 마찬가지로, 선수 클래스는 해당 매퍼로 위임한다.

```
class PlayerMapper...

    public override long Insert (DomainObject obj) {
        return MapperFor(obj).Insert(obj);
    }
```

객체 삭제: 삭제는 아주 간단하다. 이전과 마찬가지로 상위 클래스에 메서드가 정의돼 있다.

```
class Mapper...

    public virtual void Delete(DomainObject obj) {
        DataRow row = FindRow(obj.Id);
        row.Delete();
    }
```

그리고 선수 매퍼에 위임하는 메서드가 있다.

```
class PlayerMapper...

    public override void Delete (DomainObject obj) {
        MapperFor(obj).Delete(obj);
    }
```

상속 매퍼

상속 계층을 처리하는 데이터베이스 매퍼를 구성하는 구조

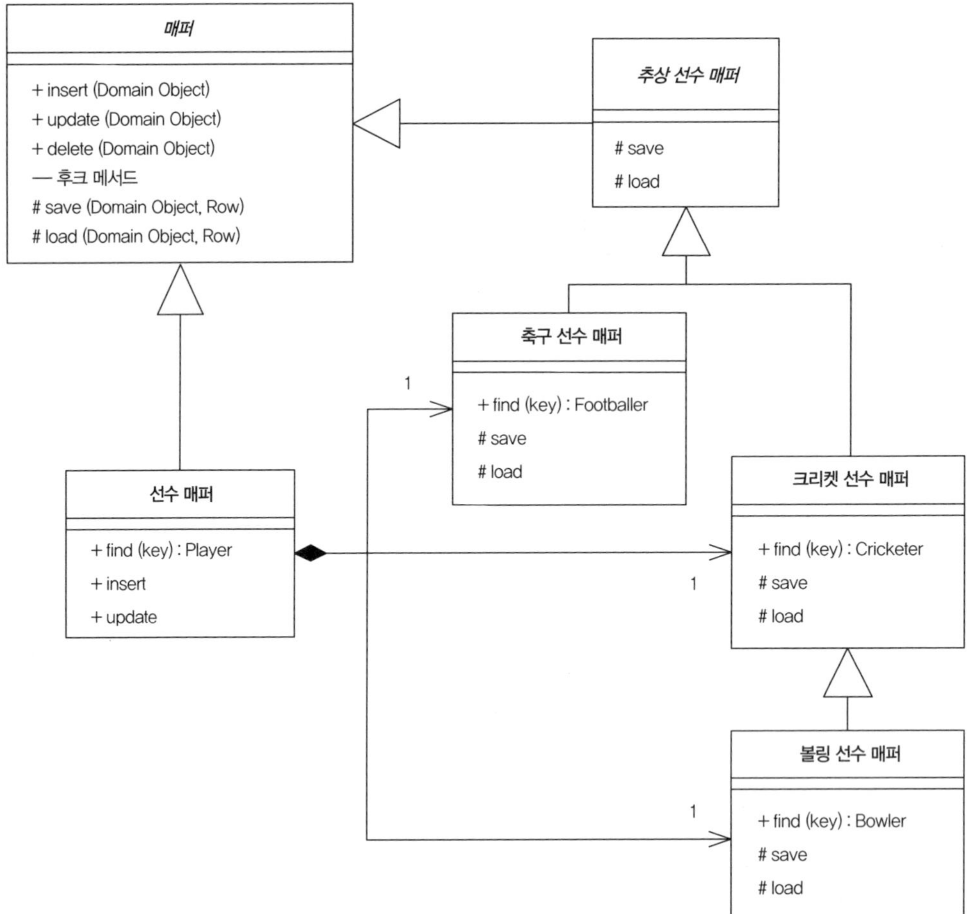

메모리 상의 객체지향 상속 계층을 관계형 데이터베이스로 매핑할 때는 데이터를 데이터베이스에 저장하고 로드하는 코드의 양을 최소화해야 한다. 또한 상위 클래스나 하위 클래스를 저장하거나 로드할 수 있는 추상 및 구현 매핑 동작을 모두 제공하는 것이 좋다.

이러한 동작의 세부 사항은 상속 매핑 체계(**단일 테이블 상속**(296), **클래스 테이블 상속**(304), **구현 테이블 상속**(313))마다 다르지만 전반적인 구조는 모든 체계에서 동일하게 적용된다.

작동 원리

계층과 함께 매퍼를 구성해 도메인 클래스별 매퍼를 통해 해당 도메인 클래스의 데이터를 저장하고 로드할 수 있다. 이렇게 하면 매핑을 한 지점에서 변경할 수 있다. 이 방식은 계층에서 구현 객체를 매핑하는 방법을 아는 구현 매퍼에서 잘 작동하지만, 경우에 따라 추상 클래스에 대한 매퍼가 필요할 수도 있다. 실제 계층 외부에 있는 매퍼에서 적절한 구현 매퍼로 위임하도록 구현하면 된다.

먼저 구현 매퍼부터 작동하는 방법을 살펴보자. 그림에서 구현 매퍼는 축구 선수, 크리켓 선수, 볼링 선수의 매퍼다. 이러한 매퍼의 기본 동작에는 검색, 삽입, 업데이트, 삭제 작업이 포함된다.

상속 매퍼

검색 메서드는 구현 클래스를 반환하므로 구현 하위 클래스에서 선언된다. 즉, 볼링 선수 매퍼의 검색 메서드는 추상 클래스가 아닌 볼링 선수를 반환한다. 일반적인 객체지향 언어에서는 선언된 메서드의 반환 형식을 바꿀 수 없으므로 각각의 특정 반환 형식을 선언하는 검색 작업을 상속할 수는 없다. 물론 추상 형식을 반환할 수는 있지만 이 경우 클래스의 사용자가 하향 형변환해야 하므로 이 방법은 사용하지 않는 것이 좋다(동적 형식을 지원하는 언어에서는 이 문제가 발생하지 않는다).

검색 메서드의 기본 동작은 데이터베이스에서 해당하는 행을 찾고, 올바른 형식(이 결정은 하위 클래스에서 내림)의 객체를 인스턴스화한 다음, 데이터베이스에서 얻은 데이터를 객체로 로드하는 것이다. 로드 메서드는 계층 구조의 각 매퍼에 의해 구현되며 해당하는 도메인 객체의 동작을 로드한다. 즉, 볼링[1] 선수 매퍼의 로드 메서드는 볼링 선수의 해당 데이터를 로드하고 상위 클래스 메서드를 호출해 크리켓 선수의 해당 데이터를 로드하며 이 메서드는 다시 상위 클래스 메서드를 호출하는 식으로 작업을 계속한다.

삽입과 업데이트 메서드는 저장 메서드를 사용해 비슷한 방법으로 작동한다. 이곳에서는 상위 클래스, 즉 계층 상위 형식(502)에 인터페이스를 정의할 수 있다. 삽입 메서드는 새로운 행을 만든 다음, 저장 후크 메서드를 통해 도메인 객체의 데이터를 저장한다. 업데이트 메서드도 마찬가지로 저장 후크 메서드를 통해 데이터를 저장한다. 이러한 메서드는 로드 후크 메서드와 비슷하게 작동하며, 각 클래스가 세부적인 자체 데이터를 가지며 상위 클래스 저장 메서드를 호출한다.

1 크리켓에서 투수를 의미한다.

이 체계를 사용하면 계층 구조의 특정 부분에 필요한 정보를 저장하는 매퍼를 손쉽게 작성할 수 있다. 다음 단계는 추상 클래스, 이 예제의 경우 선수의 로드와 저장을 지원하는 것이다. 해당하는 메서드를 상위 클래스 매퍼에 넣는 방법을 생각하기 쉽지만, 실제로 이러한 구조는 사용하기 아주 불편하다. 구현 매퍼 클래스에서는 간단하게 추상 매퍼의 삽입과 업데이트 메서드를 사용해도 되지만, 선수 매퍼의 삽입과 업데이트는 이러한 메서드를 재정의해 구현 매퍼를 호출해야 한다. 이러한 일반화와 구성의 복잡한 조합은 실제로 사용하기가 아주 어렵다.

상속 매퍼

필자는 이보다는 매퍼를 두 클래스로 분리하는 방법을 선호한다. 추상 선수 매퍼는 세부 선수 데이터를 데이터베이스로 저장하고 로드하는 역할을 하며, 구현 매퍼 객체에서만 동작을 사용하는 추상 클래스다. 선수 단계의 작업을 위한 인터페이스에는 별도의 선수 매퍼 클래스가 사용된다. 선수 매퍼는 검색 메서드 하나를 제공하고 삽입과 업데이트 메서드를 재정의한다. 선수 매퍼의 역할은 이러한 모든 작업을 처리할 구현 매퍼를 결정하고 이러한 구현 매퍼로 작업을 위임하는 것이다.

이러한 광범위한 체계는 각 유형의 상속 매핑에 모두 적용할 수 있지만 세부 사항에는 각기 차이가 있으므로 이 패턴에 대한 코드 예제는 따로 제공하지 않는다. 단일 테이블 상속(296), 클래스 테이블 상속(304),구현 테이블 상속(313)의 각 상속 매핑 패턴을 다루는 절에 좋은 예제가 포함돼 있다.

사용 시점

이러한 일반적 체계는 모든 상속 기반 데이터베이스 매핑에 적용할 수 있다. 다른 방법으로는 상위 클래스 매핑 코드를 구현 매퍼로 복제하는 방법과 선수의 인터페이스를 추상 선수 매퍼 클래스로 끼워 넣는 방법이 있다. 전자는 반드시 피해야 하는 잘못된 방법이며, 후자는 가능은 하지만 선수 매퍼 코드가 복잡하고 혼란스러워진다. 종합하면, 사실상 이 패턴을 대체할 수 있는 패턴 중 권장할 만한 것은 없다.

13장

객체-관계형 메타데이터 매핑 패턴

메타데이터 매핑

객체-관계형 매핑의 세부 정보를 메타데이터로 저장한다.

객체 관계형 매핑을 다루는 코드는 대부분 데이터베이스의 필드가 인메모리 객체의 필드에 어떻게 대응하는지를 다룬다. 이러한 코드는 대부분 지루하고 반복적이다. 메타데이터 매핑(Metadata Mapping)은 매핑을 간단한 표 형식으로 정의하고 범용 코드를 통해 이를 처리함으로써 데이터 읽기, 삽입, 업데이트를 수행하는 방식이다.

작동 원리

메타데이터 매핑을 사용할 때 가장 중요한 결정은 메타데이터에 있는 정보를 실행 코드로 제공하는 방법이다. 여기에는 코드 생성과 리플렉션 프로그래밍이라는 두 가지 주요 방식이 있다.

코드 생성(code generation) 방식에서는 메타데이터를 입력으로 받고 매핑을 수행하는 클래스의 소스코드를 출력하는 프로그램을 작성한다. 이러한 클래스는 직접 작성한 것과 거의 차이가 없으며, 일반적으로 컴파일 전에 빌드 프로세스 중 완전하게 생성된다. 결과 매퍼 클래스는 서버 코드와 함께 배포된다.

코드 생성을 선택한 경우 현재 사용 중인 빌드 스크립트를 빌드 프로세스에 완전하게 통합하는 것이 중요하다. 또한 생성되는 클래스는 직접 편집하는 용도가 아니므로 소스코드 제어로 관리할 필요가 없다.

리플렉션 프로그램(reflective program) 방식에서는 어떤 객체에 `setName`이라는 메서드를 요청한 다음, 적절한 인수를 전달하고 `setName` 메서드의 호출 메서드를 실행한다. 리플렉션 프로그램은 메서드와 필드를 데이터로 취급해 메타데이터 파일에서 필드와 메서드 이름을 읽고 이 정보를 기준으로 매핑한다. 일반적으로 필자는 리플렉션을 권장하지 않는다. 실행 속도가 느린 것도 이유지만, 이보다 디버그하기가 어렵기 때문이다. 그러나 리플렉션이 데이터베이스 매핑에 아주 적합한 방식이라는 점은 분명하다. 필드와 메서드의 이름을 파일에서 읽기 때문에 리플렉션의 유연성을 최대한 활용할 수 있다.

메타데이터 매핑

코드 생성은 매핑을 조금이라도 변경하면 적어도 소프트웨어의 일부를 다시 컴파일하고 배포해야 하므로 유연성이 낮다. 반면 리플렉션 방식에서는 매핑 데이터 파일만 변경하면 기존 클래스가 새로운 메타데이터를 사용한다. 심지어 런타임에도 특정한 요건이 있으면 메타데이터를 다시 읽게 할 수 있다. 그러나 매핑을 변경한다는 것은 데이터베이스나 코드도 변경한다는 의미이므로 그리 자주 발생하는 상황은 아니다. 또한 최신 환경에서는 애플리케이션의 일부를 다시 배포하기도 어렵지 않다.

리플렉션 프로그래밍은 속도가 느린 경우가 많다. 실제 성능 저하 정도는 사용하는 환경에 따라 크게 달라지지만 일부 리플렉션 호출은 일반 호출의 수십 배까지 느릴 수 있다. 그러나 이러한 리플렉션 작업은 기본적으로 느린 SQL 호출이 포함된 환경에서 수행되므로 훨씬 느린 원격 호출의 속도를 감안하면 결과적으로 큰 차이가 없을 수도 있다. 다른 성능 문제와 마찬가지로 각자의 환경에서 직접 측정해서 적절한 수준을 확인할 필요가 있다.

두 방식 모두 디버그하기는 불편하다. 어느 방식이 더 불편한지는 개발자가 생성된 코드와 리플렉션 코드 중 어떤 방식에 더 익숙한가에 따라 다르다. 생성된 코드는 좀 더 알아보기 쉬운 경향이 많으며 디버거에서 어떤 일이 일어나는지 확인하기도 쉽다. 따라서 리플렉션보다는 코드 생성을 권장하며, 필자와 같이 단순한 방식을 좋아하는 개발자에게 적합하다.

대부분의 경우 메타데이터는 별도의 파일 형식으로 저장한다. XML은 계층 구조를 제공하며 직접 파서나 다른 툴을 만들지 않고도 이용할 수 있기 때문에 가장 인기 있는 방법이다. 로딩 단계에서는 XML로 기록된 메타데이터를 읽고 이를 코드 생성 출력이나 리플렉션 매핑에 활용할 프로그래밍 언어 구조로 변환한다.

아주 간단한 경우에는 외부 파일 형식을 사용하지 않고 직접 소스코드로 메타데이터 표현을 만들 수 있다. 이렇게 하면 구문 분석을 거칠 필요가 없지만 메타데이터를 편집하기는 다소 어려워진다.

이 밖에도 매핑 정보를 데이터베이스 자체에 저장해 데이터와 매핑 정보를 함께 관리하게 하는 방법이 있다. 데이터베이스 체계가 변경되면 데이터베이스에서 즉시 매핑 정보를 처리할 수 있다.

메타데이터 정보를 저장하는 방법을 결정할 때 이를 읽고 구문 분석할 때의 실행 성능은 거의 고려할 필요가 없다. 코드 생성 방식에서는 읽고 구문 분석하는 작업이 실행 중이 아닌 빌드 중에 수행된다. 리플렉션 프로그래밍 방식에서는 읽고 구문 분석하는 작업이 주로 실행 중 수행되지만 시스템 시작 시 한 번만 수행되며 이후에는 메모리에 저장된 표현을 사용한다.

메타데이터 매핑

메타데이터를 얼마나 정교하게 만들지 결정하는 것도 중요하다. 관계형 매핑의 문제를 처리하기 위해 메타데이터에 저장해야 하는 요소는 아주 다양하지만, 대부분의 프로젝트는 완전한 기능의 범용 체계보다 훨씬 단순한 체계로도 운영이 가능하다. 메타데이터 기반 소프트웨어에 새로운 기능을 추가하기는 어렵지 않으므로 프로젝트를 진행하면서 요건에 맞게 설계를 개선하는 것도 좋은 작업 방법이다.

메타데이터 방식의 까다로운 점 중 하나는 간단한 메타데이터 체계로 거의 대부분의 작업을 처리할 수 있지만 간혹 특수한 처리가 필요한 상황이 있다는 것이다. 이러한 소수의 상황을 처리하기 위해 메타데이터에 여러 복잡한 사항을 추가해야 하는 경우가 많다. 한 가지 방법은 특수한 코드를 직접 작성한 하위 클래스를 통해 범용 코드를 재정의하는 것이다. 이러한 특수 사례 하위 클래스는 생성된 코드나 리플렉션 루틴의 하위 클래스가 된다. 이러한 특수 사례는 말 그대로 특수하기 때문에 재정의를 지원하기 위해 어떻게 준비해야 할지 일반화해서 설명하기는 어렵다. 즉, 사례별로 대처하는 수밖에 없다. 재정의가 필요할 때는 생성된/리플렉션 코드를 변경해 재정의할 메서드를 격리한 다음 특수 사례에서 메서드를 재정의한다.

사용 시점

메타데이터 매핑을 사용하면 데이터베이스 매핑 작업을 크게 간소화할 수 있다. 대신 메타데이터 매핑 프레임워크를 준비하는 작업이 필요하다. 또한 앞에서 간단히 언급한 것처럼 거의 모든 상황을 메타데이터 매핑으로 처리할 수 있지만 메타데이터를 아주 복잡하게 만드는 예외 상황이 있다.

메타데이터 매핑에 기반을 두는 상용 객체-관계형 매핑 툴이 많이 나와 있다. 정교한 메타데이터 매핑이 필요한 프로젝트에서는 이러한 툴을 활용하는 것이 좋다.

필요한 시스템을 직접 구축하는 경우 장단점을 신중하게 평가해야 한다. 새로운 매핑을 추가할 때 직접 작성한 코드와 메타데이터 매핑을 사용하는 경우를 비교한다. 리플렉션을 사용하는 경우에는 성능에 대한 영향을 조사한다. 성능 저하 수준은 심각할 수도 있고 사소할 수도 있다. 성능이 문제가 될지 여부는 각자의 환경에 따라 다르다.

계층 상위 형식(502)을 만들고 공통적인 동작을 모두 처리하게 하면 작성해야 하는 코드의 양을 크게 줄일 수 있다. 그다음에는 적은 수의 후크 메서드를 작성하고 각 매핑에 추가하면 된다. 일반적으로 메타데이터 매핑을 사용하면 추가로 작성할 후크 메서드의 수도 더 줄어든다.

메타데이터 매핑을 사용하면 리팩터링이 어려울 수 있으며, 특히 자동화된 툴을 사용하는 경우 문제가 더 복잡하다. 예를 들어, 전용 필드의 이름을 변경하면 애플리케이션이 제대로 작동하지 않을 수 있다. 자동화된 리팩터링 툴도 XML 데이터 파일 맵에 들어 있는 필드명을 찾아내지는 못한다. 코드 생성을 이용하면 검색 메커니즘으로 사용 예를 찾을 수 있으므로 좀 더 편리하다. 그러나 코드를 다시 생성할 때는 자동화된 업데이트가 제대로 작동하지 않는다. 툴이 문제를 보고할 수는 있지만 메타데이터를 수정해 문제를 해결하는 것은 개발자의 몫이다. 리플렉션을 사용할 때는 경고 보고도 받을 수 없다.

반면 메타데이터 매핑을 사용하면 메타데이터가 데이터베이스 스키마의 인터페이스를 나타내므로 데이터베이스 리팩터링이 더 쉬워질 수 있다. 즉, 데이터베이스에 대한 변경 사항을 메타데이터 매핑을 편집해 해결할 수 있다.

예제: 메타데이터와 리플렉션 사용(자바)

이 책에서는 이해하기 쉬운 명시적 코드를 주로 사용한다. 그러나 명시적 코드는 지루한 프로그래밍으로 이어질 수 있고, 지루한 프로그래밍은 뭔가 문제가 있다는 신호일 수 있다. 메타데이터를 사용하면 지루한 프로그래밍 작업을 크게 줄일 수 있다.

메타데이터 저장: 메타데이터를 사용할 때 가장 먼저 할 일은 메타데이터를 저장하는 방법을 결정하는 것이다. 이 예제에서는 클래스 두 개에 메타데이터를 저장한다. 다음의 데이터 맵은 한 클래스와 한 테이블 간의 매핑을 나타낸다. 아주 간단한 매핑이지만 예제를 설명하는 데는 충분하다.

```
class DataMap...

    private Class domainClass;
    private String tableName;
    private List columnMaps = new ArrayList();
```

그리고 데이터 맵은 테이블의 열을 필드로 매핑하는 다음과 같은 열 맵의 컬렉션을 포함한다.

```
class ColumnMap...

    private String columnName;
    private String fieldName;
    private Field field;
    private DataMap dataMap;
```


이 정도면 비교적 단순한 매핑이다. 기본 자바 형식 매핑만 사용하므로 필드와 열 간의 형변환은 하지 않아도 된다. 또한 테이블과 클래스 간에는 일대일 관계를 적용했다.

이러한 구조는 매핑을 저장한다. 다음은 이러한 구조에 데이터를 채우는 방법을 결정해야 한다. 이 예제에서는 특정 매퍼 클래스에서 자바 코드를 통해 데이터를 채운다. 조금 이상해 보일 수는 있지만 메타데이터의 장점을 최대한 활용해 코드 반복을 예방할 수 있다.

```
class PersonMapper...

    protected void loadDataMap(){
        dataMap = new DataMap (Person.class, "people");
        dataMap.addColumn ("lastname", "varchar", "lastName");
        dataMap.addColumn ("firstname", "varchar", "firstName");
        dataMap.addColumn ("number_of_dependents", "int", "numberOfDependents");
    }
```

열 매퍼를 생성하는 동안 필드를 연결하는 링크를 만들었다. 이 작업은 정확하게 말하면 필드에 접근할 때 부가적인 단계를 생략하는 최적화 단계다. 필자의 노트북에서는 이 최적화를 거친 후 접근 속도가 훨씬 빨라졌다.

```
class ColumnMap...

    public ColumnMap(String columnName, String fieldName, DataMap dataMap) {
        this.columnName = columnName;
        this.fieldName = fieldName;
        this.dataMap = dataMap;
```

```
        initField();
    }

    private void initField() {
        try {
            field = dataMap.getDomainClass().getDeclaredField(getFieldName());
            field.setAccessible(true);
        } catch (Exception e) {
            throw new ApplicationException ("unable to set up field: " + fieldName, e);
        }
    }
```

XML 파일이나 메타데이터 데이터베이스에서 맵을 로드하는 루틴은 아주 쉽게 작성할 수 있으므로 이 작업은 여러분이 직접 처리해보자.

메타데이터 매핑

이제 이렇게 정의된 매핑을 사용할 차례다. 메타데이터 방식의 장점은 실제로 정보를 조작하는 코드가 모두 상위 클래스에 있으므로 명시적 사례에 해당하는 매핑 코드를 작성할 필요가 없다는 것이다.

ID 기준 검색: 먼저 ID 기준 검색 메서드부터 시작해보자.

```
class Mapper...

    public Object findObject (Long key) {
        if (uow.isLoaded(key)) return uow.getObject(key);
        String sql = "SELECT" + dataMap.columnList() + " FROM " + dataMap.getTableName() +
             " WHERE ID = ?";
        PreparedStatement stmt = null;
        ResultSet rs = null;
        DomainObject result = null;
        try {
            stmt = DB.prepare(sql);
            stmt.setLong(1, key.longValue());
            rs = stmt.executeQuery();
            rs.next();
            result = load(rs);
        } catch (Exception e) {throw new ApplicationException (e);
        } finally {
            DB.cleanUp(stmt, rs);
        }
        return result;
    }
```

```
    private UnitOfWork uow;
    protected DataMap dataMap;

class DataMap...

    public String columnList() {
        StringBuffer result = new StringBuffer(" ID");
        for (Iterator it = columnMaps.iterator(); it.hasNext();) {
            result.append(",");
            ColumnMap columnMap = (ColumnMap)it.next();
            result.append(columnMap.getColumnName());
        }
        return result.toString();
    }

    public String getTableName() {
        return tableName;
    }
```


이 예제는 다른 예제보다 더 동적으로 select 문을 구성하지만, 그래도 데이터베이스 세션이 이 문을 올바르게 캐시하도록 준비하는 것이 좋다. 캐시가 효과적으로 작동하게 하려면 데이터 맵의 수명 기간 동안에는 열을 업데이트하는 호출이 없으므로 열 목록을 생성할 때 계산을 수행해 이를 캐시에 저장하게 할 수 있다. 이 예제에서는 데이터베이스 세션을 처리하기 위해 작업 단위(193)를 사용한다.

이 책의 다른 예제와 마찬가지로 로드를 검색에서 분리해 다른 검색 메서드에서도 동일한 로드 메서드를 사용할 수 있게 했다.

```
class Mapper...

    public DomainObject load(ResultSet rs)
        throwsInstantiationException, IllegalAccessException, SQLException
    {
        Long key = new Long(rs.getLong("ID"));
        if (uow.isLoaded(key)) return uow.getObject(key);
        DomainObject result = (DomainObject) dataMap.getDomainClass().newInstance();
        result.setID(key);
        uow.registerClean(result);
        loadFields(rs, result);
        return result;
    }
```

```
    private void loadFields(ResultSet rs, DomainObject result) throws SQLException {
        for (Iterator it = dataMap.getColumns(); it.hasNext();) {
            ColumnMap columnMap = (ColumnMap)it.next();
            Object columnValue = rs.getObject(columnMap.getColumnName());
            columnMap.setField(result, columnValue);
        }
    }

class ColumnMap...

    public void setField(Object result, Object columnValue) {
        try {
            field.set(result, columnValue);
        } catch (Exception e) {
            throw new ApplicationException ("Error in setting " + fieldName, e);
        }
    }
```


이 코드는 전형적인 리플렉션 프로그램이다. 이 코드에서는 각 열 맵을 대상으로 순회하고 이를 통해 필드를 도메인 객체로 로드한다. 여기서는 더 복잡한 기능이 필요할 때 확장하는 방법을 보여주기 위해 loadFields 메서드를 분리했다. 클래스와 테이블에 메타데이터를 적용할 수 없는 특이한 경우에는 하위 클래스 매퍼에서 loadFields를 재정의하고 여기에 필요한 코드를 넣으면 된다. 이와 같이 특이한 경우에 대비한 재정의용 후크를 제공하는 방법은 메타데이터를 사용하는 체계에서는 아주 보편적인 기법이다. 일반적으로 메타데이터를 정교하게 만들어 여러 특수 사례를 처리하는 것보다 하위 클래스를 재정의해 특이한 경우를 처리하기가 훨씬 쉽다.

하위 클래스가 있을 때는 이를 이용해 하향 형변환을 예방하는 것이 좋다.

```
class PersonMapper...

    public Person find(Long key) {
        return (Person) findObject(key);
    }
```

데이터베이스로 저장: 업데이트는 업데이트 루틴 하나로 처리한다.

```
class Mapper...

    public void update (DomainObject obj) {
        String sql = "UPDATE " + dataMap.getTableName() + dataMap.updateList() + " WHERE ID
= ?";
```

```
        PreparedStatement stmt = null;
        try {
            stmt = DB.prepare(sql);
            int argCount = 1;
            for (Iterator it = dataMap.getColumns(); it.hasNext();) {
                ColumnMap col = (ColumnMap) it.next();
                stmt.setObject(argCount++, col.getValue(obj));
            }
            stmt.setLong(argCount, obj.getID().longValue());
            stmt.executeUpdate();
        } catch (SQLException e) {throw new ApplicationException (e);
        } finally {
            DB.cleanUp(stmt);
        }
    }

class DataMap...

    public String updateList() {
        StringBuffer result = new StringBuffer(" SET ");
        for (Iterator it = columnMaps.iterator(); it.hasNext();) {
            ColumnMap columnMap = (ColumnMap)it.next();
            result.append(columnMap.getColumnName());
            result.append("=?,");
        }
        result.setLength(result.length() - 1);
        return result.toString();
    }

    public Iterator getColumns() {
        return Collections.unmodifiableCollection(columnMaps).iterator();
    }

class ColumnMap...

    public Object getValue (Object subject) {
        try {
            return field.get(subject);
        } catch (Exception e) {
            throw new ApplicationException (e);
        }
    }
```

삽입도 비슷한 체계로 처리한다.

```
class Mapper...

    public Long insert (DomainObject obj) {
        String sql = "INSERT INTO " + dataMap.getTableName() + " VALUES (?" + dataMap.
insertList() + ")";
        PreparedStatement stmt = null;
        try {
            stmt = DB.prepare(sql);
            stmt.setObject(1, obj.getID());
            int argCount = 2;
            for (Iterator it = dataMap.getColumns(); it.hasNext();) {
                ColumnMap col = (ColumnMap) it.next();
                stmt.setObject(argCount++, col.getValue(obj));
            }
            stmt.executeUpdate();
        } catch (SQLException e) {throw new ApplicationException (e);
        } finally {
            DB.cleanUp(stmt);
        }
        return obj.getID();
    }

class DataMap...

    public String insertList() {
        StringBuffer result = new StringBuffer();
        for (int i = 0; i < columnMaps.size(); i++) {
            result.append(",");
            result.append("?");
        }
        return result.toString();
    }
```


다중 객체 검색: 한 쿼리에서 여러 객체를 얻는 데는 몇 가지 방법이 있다. 범용 매퍼에서 범용 쿼리 기능이 필요하다면 SQL where 절을 인수로 받는 쿼리를 만들 수 있다.

```
class Mapper...

    public Set findObjectsWhere (String whereClause) {
        Stringsql="SELECT"+dataMap.columnList()+"FROM"+dataMap.getTableName()+"WHERE" +
whereClause;
```

```
        PreparedStatement stmt = null;
        ResultSet rs = null;
        Set result = new HashSet();
        try {
            stmt = DB.prepare(sql);
            rs = stmt.executeQuery();
            result = loadAll(rs);
        } catch (Exception e) {
            throw new ApplicationException (e);
        } finally {
            DB.cleanUp(stmt, rs);
        }
        return result;
    }

    public Set loadAll(ResultSet rs) throws SQLException, InstantiationException,
        IllegalAccessException {
        Set result = new HashSet();
        while (rs.next()) {
            DomainObject newObj = (DomainObject) dataMap.getDomainClass().newInstance();
            newObj = load (rs);
            result.add(newObj);
        }
        return result;
    }
```


여러 객체를 얻는 다른 방법으로 특수 사례 검사기를 매퍼 하위 형식에 제공하는 방법이 있다.

```
class PersonMapper...

    public Set findLastNamesLike (String pattern) {
        String sql =
                "SELECT" + dataMap.columnList() +
                " FROM " + dataMap.getTableName() +
                " WHERE UPPER(lastName) like UPPER(?)";
        PreparedStatement stmt = null; ResultSet rs = null;
        try {
            stmt = DB.prepare(sql);
            stmt.setString(1, pattern);
            rs = stmt.executeQuery();
            return loadAll(rs);
        } catch (Exception e) {
            throw new ApplicationException (e);
```

```
        } finally {
            DB.cleanUp(stmt, rs);
        }
    }
```

여러 객체를 얻는 또 다른 방법으로는 쿼리 객체(337)를 사용하는 방법이 있다.

메타데이터 방식의 가장 큰 장점은 이 예제에서 살펴본 것처럼 이후에 데이터 매핑에 새로운 테이블과 클래스를 추가할 때 loadMap 메서드를 제공하고 필요한 경우 특수한 검색기만 추가하면 된다는 것이다.

쿼리 객체

데이터베이스 쿼리를 나타내는 객체

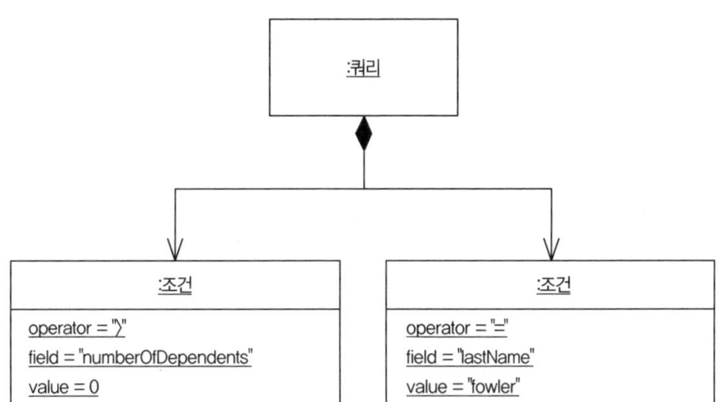

SQL은 상당히 복잡한 언어이며 아쉽게도 SQL에 익숙하지 않은 개발자들이 많다. 또한 쿼리를 작성하려면 데이터베이스 스키마가 어떻게 구성돼 있는지 알아야 한다. 특수한 검색 메서드를 만드는 방법을 통해 매개변수를 사용하는 메서드 안에 SQL을 감추면 문제가 어느 정도 해결되지만 이렇게 하면 임시 쿼리를 구성하기가 어려워진다. 또한 데이터베이스 스키마가 변경될 경우 SQL 문에서 중복이 발생할 수 있다.

쿼리 객체(Query Object)는 인터프리터[Gang of Four] 역할을 한다. 간단하게 말해, 객체의 구조를 바탕으로 SQL 쿼리를 구성할 수 있게 해준다. 이러한 쿼리를 생성할 때는 테이블과 열이 아닌 클래스와 필드를 참조한다. 이 방식으로 데이터베이스 스키마에 의존하지 않고 쿼리를 작성할 수 있으며, 스키마에 대한 변경 사항을 한곳에서 처리할 수 있다.

작동 원리

쿼리 객체는 SQL 쿼리를 표현하기 위해 설계된 인터프리터 패턴을 활용한 것이다. 쿼리 객체의 주된 역할은 클라이언트가 객체 구조를 활용해 다양한 종류의 쿼리를 구성하면 이러한 구조를 해당하는 SQL 문자열로 변환하는 것이다.

모든 종류의 쿼리를 표현하려면 아주 유연한 쿼리 객체가 필요하다. 그런데 애플리케이션에는 SQL의 모든 기능이 필요하지 않은 경우가 많기 때문에 쿼리 객체를 간단하게 만들 수 있다. 모든 쿼리를 표현하지는 못하겠지만 특정한 요건을 충족하는 데는 충분하다. 게다가 나중에 필요할 때 기능을 추가하는 것이나 처음부터 완벽한 기능의 쿼리 객체를 만드는 것이나 필요한 작업의 양은 동일하다. 따라서 현재 요건에 맞는 최소 기능의 쿼리 객체를 만들고 요건이 추가되면 이를 개선하는 것이 좋다.

쿼리 객체의 기본 기능은 데이터베이스 스키마가 아니라 인메모리 객체를 기준으로 쿼리를 표현하는 것이다. 즉, 테이블과 열 이름이 아닌 객체와 필드 이름을 사용해 쿼리를 표현한다. 객체와 데이터베이스가 동일한 구조인 경우 그리 중요한 기능이 아닐 수 있지만 구조가 서로 다른 경우 상당히 유용한 기능이다. 이러한 관점의 변화를 위해 쿼리 객체는 데이터베이스 구조가 객체 구조에 어떻게 매핑되는지 알아야 하며 이 기능을 위해 메타데이터 매핑(325)이 필요하다.

여러 데이터베이스를 사용할 때는 쿼리를 실행하는 데이터베이스에 따라 다른 SQL을 생성하도록 쿼리 객체를 설계할 수 있다. 기본 수준에서는 자주 문제가 되는 SQL 구문상의 차이를 적절하게 처리할 수 있으며, 고급 수준에서는 다른 데이터베이스 스키마에 저장된 동일한 클래스를 처리하기 위해 각기 다른 매핑을 활용할 수 있다.

쿼리 객체를 정교하게 활용하면 데이터베이스에 대한 중복 쿼리를 없앨 수 있다. 한 세션 안에서 이전에 동일한 쿼리를 실행한 경우 식별자 맵(206)에서 객체를 선택해 데이터베이스에 대한 작업을 줄일 수 있다. 이밖에도 기본적으로 동일하지만 추가 절을 AND로 연결한 쿼리와 같이 이전 쿼리의 특정한 사례에 해당하는 쿼리를 감지하는 더 정교한 활용 방법이 있다.

이러한 더 정교한 기능을 구현하는 정확한 방법은 이 책의 범위를 벗어나지만 O/R 매핑 툴에서도 이러한 기능을 제공할 수 있다.

쿼리 객체를 변형해서 예제 도메인 객체를 통해 쿼리를 지정할 수 있게 하는 방법이 있다. 예를 들어, 인물 객체의 성을 Fowler로 설정하고 나머지 모든 속성은 null로 설정할 수 있다. 이러한 방법은 인터프리터 형식의 쿼리 객체와 같이 처리되는 예제를 이용한 쿼리(query by example)로 취급할 수 있다. 이 예에서는 데이터베이스에서 성이 Fowler인 모든 사람이 반환된다. 아주 간단하고 사용하기 편리하지만 복잡한 쿼리에는 적용할 수 없다.

사용 시점

쿼리 객체는 구현하기가 상당히 복잡한 패턴이므로 직접 작성한 데이터 원본 계층이 있는 프로젝트에서는 대부분 쿼리 객체를 사용하지 않는다. 쿼리 객체는 도메인 모델(122)과 데이터 매퍼(174)를 사용할 때만 필요하며, 제대로 활용하려면 메타데이터 매핑(325)도 함께 사용해야 한다.

이러한 조건에 해당되더라도 SQL에 익숙한 개발자라면 쿼리 객체를 굳이 사용할 필요가 없다. 데이터베이스 스키마의 여러 세부 사항은 특정 검색 메서드에 감출 수 있다.

쿼리 객체의 진정한 장점은 데이터베이스 스키마 캡슐화, 다중 데이터베이스 지원, 다중 스키마 지원, 중복 쿼리 방지 등과 같은 복잡한 요건을 충족할 수 있다는 점이다. 아주 정교한 데이터 원본이 필요한 프로젝트를 진행할 때는 이러한 기능을 직접 구축하는 것을 고려할 수 있지만, 일반적으로는 상용 툴에 포함된 기능을 사용하는 경우가 많다. 필자는 가급적 상용 툴을 구매하는 것을 권장한다.

그러나 대부분의 프로젝트에서는 모든 기능이 필요하지 않으므로 구축하기가 그리 어렵지 않은 제한된 쿼리 객체로도 프로젝트의 요건을 충족할 수 있다. 중요한 점은 기능을 필요한 수준만 구현하는 것이다.

참고 자료

[Alpert et al.]에 나오는 인터프리터에 대한 설명에서 쿼리 객체의 예를 찾아볼 수 있다. 쿼리 객체는 [Evans and Fowler] 및 [Evans]에 나오는 사양(Specification) 패턴과도 밀접하게 연관돼 있다.

예제: 간단한 쿼리 객체(자바)

이 예제는 실무에 활용하기에는 너무 단순하지만 쿼리 객체의 개념을 설명하기에는 충분하다. 이 예제에서 쿼리 객체는 "AND"로 연결한 조건 집합을 기준으로 단일 테이블을 반환한다. 좀 더 기술적인 용어로 말하면 기본적인 조건자(predicate)의 결합을 처리한다.

쿼리 객체는 테이블 구조의 언어가 아닌 도메인 객체의 언어로 설정된다. 따라서 쿼리는 대상 클래스에 대한 정보와 where 절에 포함된 절에 해당하는 조건의 컬렉션에 대한 정보를 포함한다.

```
class QueryObject...

    private Class klass;
    private List criteria = new ArrayList();
```

간단한 조건은 필드 하나와 값 하나, 그리고 이 둘을 비교할 SQL 연산자 하나를 받는다.

```
class Criteria...

    private String sqlOperator;
    protected String field;
    protected Object value;
```

올바른 조건을 쉽게 만들기 위해 적절한 생성 메서드를 제공할 수 있다.


```
class Criteria...
    public static Criteria greaterThan(String fieldName, int value) {
        return Criteria.greaterThan(fieldName, new Integer(value));
    }

    public static Criteria greaterThan(String fieldName, Object value) {
        return new Criteria(" > ", fieldName, value);
    }

    private Criteria(String sql, String field, Object value) {
        this.sqlOperator = sql;
        this.field = field;
        this.value = value;
    }
```

이제 다음과 같이 쿼리를 구성해서 의존자가 있는 모든 항목을 찾을 수 있다.

```
class Criteria...

    QueryObject query = new QueryObject(Person.class);
    query.addCriteria(Criteria.greaterThan("numberOfDependents", 0));
```

예를 들어, 다음과 같은 인물 객체가 있다고 가정해보자.

```
class Person...

    private String lastName;
    private String firstName;
    private int numberOfDependents;
```

이 경우 인물에 대한 쿼리를 만들고 조건을 추가해 해당 의존자가 있는 모든 인물을 찾을 수 있다.

```
QueryObject query = new QueryObject(Person.class);
query.addCriteria(Criteria.greaterThan("numberOfDependents", 0));
```

이 정도면 쿼리를 나타내는 데 충분하다. 다음은 쿼리를 SQL select 문으로 변환해 실행해야 한다. 여기서는 매퍼 클래스에서 where 절 역할을 하는 문자열을 바탕으로 객체를 검색하는 메서드를 지원한다고 가정한다.

```
class QueryObject...

    public Set execute(UnitOfWork uow) {
        this.uow = uow;
        return uow.getMapper(klass).findObjectsWhere(generateWhereClause());
    }

class Mapper...

    public Set findObjectsWhere (String whereClause) {
        Stringsql="SELECT"+dataMap.columnList()+"FROM"+dataMap.getTableName()+"WHERE"
            + whereClause;
        PreparedStatement stmt = null;
        ResultSet rs = null;
        Set result = new HashSet();
        try {
            stmt = DB.prepare(sql);
            rs = stmt.executeQuery();
            result = loadAll(rs);
        } catch (Exception e) {
            throw new ApplicationException (e);
        } finally {
            DB.cleanUp(stmt, rs);
        }
        return result;
    }
```


여기서는 클래스에 의해 인덱싱되는 매퍼를 포함하는 작업 단위(193)와 메타데이터 매핑(325)을 사용하는 매퍼 하나를 사용한다. 코드는 메타데이터 매핑(325)에 나온 예제 코드와 동일하며, 여기서는 지면을 절약하기 위해 반복하지 않았다.

쿼리는 where 절을 생성하기 위해 각 조건을 순회해 조건의 내용을 출력하고 AND로 연결한다.

```
class QueryObject...

    private String generateWhereClause() {
        StringBuffer result = new StringBuffer();
        for (Iterator it = criteria.iterator(); it.hasNext();) {
            Criteria c = (Criteria)it.next();
            if (result.length() != 0)
                result.append(" AND ");
            result.append(c.generateSql(uow.getMapper(klass).getDataMap()));
        }
        return result.toString();
    }

class Criteria...

    public String generateSql(DataMap dataMap) {
        return dataMap.getColumnForField(field) + sqlOperator + value;
    }

class DataMap...

    public String getColumnForField (String fieldName) {
        for (Iterator it = getColumns(); it.hasNext();) {
            ColumnMap columnMap = (ColumnMap)it.next();
            if (columnMap.getFieldName().equals(fieldName))
                return columnMap.getColumnName();
        }
        throw new ApplicationException ("Unable to find column for " + fieldName);
    }
```


간단한 SQL 연산자를 사용하는 조건 외에도 더 복잡한 작업을 위한 정교한 조건 클래스도 만들 수 있다. 대/소문자를 구분하지 않고 성이 F로 시작하는 모든 인물을 찾는 패턴 일치 쿼리를 작성한다고 가정해보자. 이러한 의존자를 갖는 모든 인물을 찾는 쿼리 객체를 다음과 같이 구성할 수 있다.

```
QueryObject query = new QueryObject(Person.class);
query.addCriteria(Criteria.greaterThan("numberOfDependents", 0));
query.addCriteria(Criteria.matches("lastName", "f%"));
```

여기서는 where 문에 더 복잡한 절을 구성하는 다른 조건 클래스를 사용한다.

```
class Criteria...

    public static Criteria matches(String fieldName, String pattern){
        return new MatchCriteria(fieldName, pattern);
    }

class MatchCriteria extends Criteria...

    public String generateSql(DataMap dataMap) {
        return "UPPER(" + dataMap.getColumnForField(field) + ") LIKE UPPER('" + value +
"')";
    }
```

리포지토리

에드워드 하얏트, 롭 미

도메인 객체에 접근하는 컬렉션과 비슷한 인터페이스를 사용해 도메인과 데이터 매핑 계층 사이를 중재한다.

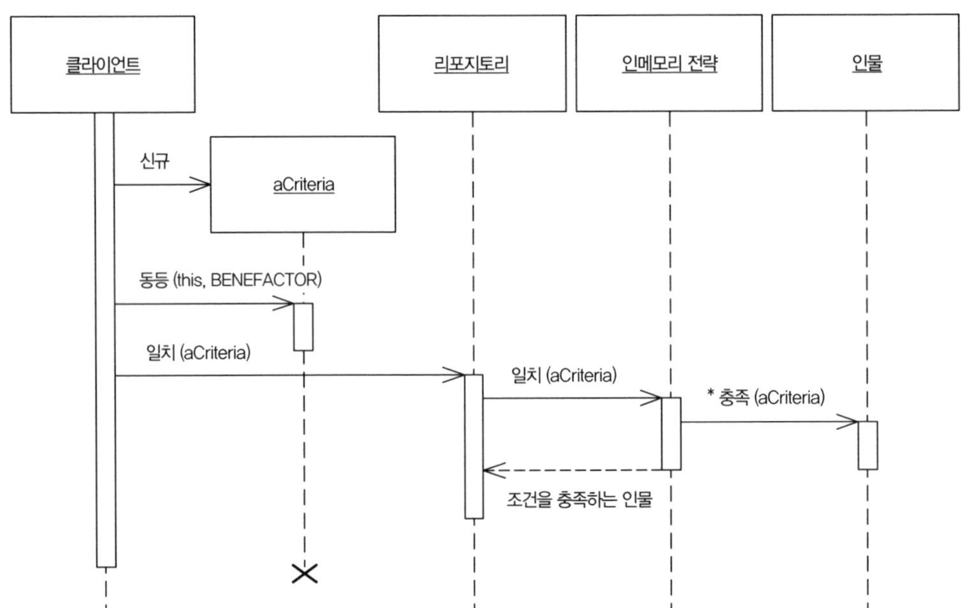

복잡한 도메인 모델이 포함된 시스템에서는 도메인 객체를 데이터베이스 접근 코드의 세부 사항으로부터 격리하기 위해 데이터 매퍼(174)가 제공하는 것과 같은 계층을 활용하면 크게 도움된다. 이러한 시스템에서는 쿼리 구성 코드가 집중되는 매핑 계층을 기반으로 다른 추상 계층을 만드는 것을 고려할 수 있다. 도메인 클래스의 수가 많거나 쿼리가 집중적으로 수행되는 경우 이러한 계층의 역할이 더 중요하며, 이러한 계층을 활용해 중복된 쿼리 논리를 최소화할 수 있다.

리포지토리(Repository)는 도메인과 데이터 매핑 계층 사이를 중재해 인메모리 도메인 객체 컬렉션과 비슷하게 작동한다. 클라이언트 객체는 쿼리 사양을 선언적으로 구성한 다음 이를 리포지토리로 제출해 요건을 충족하는지 확인할 수 있다. 객체의 간단한 컬렉션과 마찬가지로 리포지토리에도 객체를 추가하거나 제거할 수 있으며, 리포지토리에 의해 캡슐화되는 매핑 코드가 적절한 작업을 내부적으로 처리한다. 리포지토리는 데이터 저장소에 저장된 객체의 집합과 이를 대상으로 수행하는 작업을 개념상으로 캡슐화해 지속성 계층에 대한 좀 더 객체지향적 관점을 제공한다. 또한 리포지토리는 도메인과 데이터 매핑 계층 간의 깔끔한 분리와 단방향 의존성의 목표를 달성하도록 지원한다.

작동 원리

리포지토리는 이 책에서 소개되는 여러 다른 패턴을 사용하는 정교한 패턴이다. 실제로 이 패턴은 간단한 객체지향형 데이터베이스처럼 보이기도 하며, 보통 개발 팀에서는 이 패턴을 직접 구축하기보다 객체-관계형 매핑 툴에 포함된 기능을 사용할 때가 많다는 점에서 쿼리 객체(337)와 비슷하다. 다만 팀에서 쿼리 객체(337)를 직접 구축하기로 결정한 경우 여기에 리포지토리 기능을 추가하기는 그리 어렵지 않다. 리포지토리는 쿼리 객체(337)와 함께 활용할 경우 객체-관계형 매핑 계층의 사용성을 비교적 손쉽게 상당한 수준으로 향상시킬 수 있다.

리포지토리는 내부적으로는 상당히 복잡하고 정교하지만 겉으로는 간단한 인터페이스다. 먼저, 클라이언트는 쿼리에서 반환받으려는 객체의 특성을 지정하는 조건 객체를 만들어야 한다. 예를 들어, 이름을 기준으로 인물 객체를 검색하려면 `criteria.equals(Person.LAST_NAME, "Fowler")` 및 `criteria.like(Person.FIRST_NAME, "M")`과 같은 방식으로 개별 조건을 설정한다. 그런 다음 `repository.matching(criteria)`를 호출해 성이 Fowler이고 이름이 M으로 시작하는 인물을 나타내는 도메인 객체의 리스트를 반환할 수 있다. 추상 리포지토리에는 `matching(criteria)`와 비슷한 다양한 편의 메서드를 정의할 수 있다. 예를 들어, 일치 항목이 하나만 예상되는 경우 컬렉션이 아닌 발견된 객체를 반환하는 `soleMatch(criteria)`를 사용할 수 있다. 다른 일반적인 메서드로 `byObjectId(id)`가 있으며, 이 메서드는 `soleMatch`를 사용해 간단하게 구현할 수 있다.

리포지토리를 사용하는 코드는 도메인 객체로 이뤄진 간단한 인메모리 컬렉션을 사용하는 코드와 비슷해 보인다. 도메인 객체는 일반적으로 리포지토리 안에 직접 저장되지 않으므로 클라이언트 코드로 노출되지 않는다. 리포지토리는 겉으로는 객체의 컬렉션처럼 보일 수 있지만, 코드를 작성할 때는 리포지토리가 수십 만 개의 레코드를 포함하는 상품 테이블과 매핑될 수 있다는 사실을 잘 알고 있어야 한다. 따라서 카탈로그 시스템의 `ProductRepository`에서 `all()`을 호출하는 것은 좋지 않은 생각일 수 있다.

리포지토리는 데이터 매퍼(174)의 특화된 검색기 메서드를 사양 기반 방식의 객체 선택[Evans and Fowler]으로 대체한다. 쿼리 객체(337)를 직접 사용할 때는 클라이언트 코드가 조건 객체(사양 패턴의 간단한 예)를 구성하고, 이를 직접 쿼리 객체(337)에 추가한 다음, 쿼리를 실행해야 한다. 반면 리포지토리를 사용할 때는 클라이언트 코드가 조건을 구성하고 리포지토리에 전달해 조건과 일치하는 객체를 선택하도록 요청하면 된다. 리포지토리를 사용할 때는 클라이언트 코드의 관점에서 쿼리 "실행"이라는 개념이 없으며, 쿼리 사양을 "충족"하는 객체가 선택된다. 약간은 학술적 구분이지만 이러한 차이는 리포지토리의 선언식 객체 상호작용을 잘 나타내며 리포지토리의 강력한 개념을 어느 정도 보여준다.

내부적으로 리포지토리는 **메타데이터 매핑**(325)과 **쿼리 객체**(337)를 결합해 자동으로 조건을 기준으로 SQL 코드를 생성한다. 조건이 자신을 쿼리로 추가할 수 있는지 여부, **쿼리 객체**(337)가 조건 객체를 통합하는 방법, **메타데이터 매핑**(325)이 상호작용을 제어하는 방법 등은 모두 구현 세부 사항에 속하는 내용이다.

리포지토리의 객체 원본은 관계형 데이터베이스가 아닐 수도 있지만, 리포지토리는 특화된 전략 객체를 통해 데이터 매핑 컴포넌트를 즉시 대체할 수 있도록 지원하므로 다른 객체 원본을 사용하더라도 전혀 문제가 되지 않는다. 따라서 여러 데이터베이스 스키마나 도메인 객체의 원본을 사용하는 시스템은 물론, 테스트 중에 속도를 높이기 위해 인메모리 객체만 사용하는 경우에도 리포지토리는 많은 도움이 된다.

리포지토리는 쿼리를 집중적으로 사용하는 코드의 가독성과 명확성을 개선하는 좋은 메커니즘이다. 예를 들어, 쿼리 페이지가 많이 포함된 브라우저 기반 시스템에는 `HttpRequest` 객체를 깔끔하게 처리해 쿼리 결과를 생성할 수 있는 메커니즘이 필요하다. 요청을 처리하는 처리기 코드는 일반적으로 `HttpRequest`를 간단하게 또는 자동으로 기준 객체로 변환할 수 있으며, 적절한 리포지토리로 기준을 제출하는 작업은 한두 줄의 코드로 간단하게 처리할 수 있다.

사용 시점

다양한 유형의 도메인 객체와 다수의 쿼리가 사용되는 대규모 시스템에서 리포지토리를 사용하면 모든 쿼리를 처리하는 데 필요한 코드의 양을 줄일 수 있다. 리포지토리는 쿼리를 순수한 객체지향 방식으로 수행할 수 있게 캡슐화하는 사양 패턴(여기에 나오는 조건 객체의 형태로)을 촉진한다. 즉, 리포지토리를 사용하면 특정한 사례에 맞게 쿼리 객체를 설정하는 코드를 모두 제거할 수 있다. 또한 클라이언트는 SQL을 직접 다루지 않고 순수한 객체의 관점에서 코드를 작성할 수 있다.

그러나 여러 데이터 원본을 사용하는 상황에서는 리포지토리가 확실한 역할을 할 수 있다. 가령 단위 테스트 집합을 실행할 때 성능을 위해 완전히 메모리 안에서 실행할 때와 같이 간단한 인메모리 데이터 저장소를 사용하려는 경우가 있다. 이렇게 하면 데이터베이스에 접근하지 않으므로 오래 걸리는 여러 테스트를 훨씬 빨리 실행할 수 있다. 또한 단위 테스트에 사용할 환경을 준비하는 과정이 훨씬 간소해진다. 데이터베이스에 테스트 데이터를 저장하고 테스트가 끝나면 삭제하는 것보다 여러 도메인 객체를 구성하고 컬렉션에 넣는 것이 훨씬 간단하다.

또한 다양한 용도로 활용할 수 있다. 애플리케이션이 정상적으로 실행될 때 특정한 유형의 도메인 객체는 항상 메모리에 있어야 한다. 이러한 객체의 예로 읽기 전용 도메인 객체(사용자가 변경할 수 없는 객체)가 있다. 이러한 객체는 일단 메모리로 가져온 후 상태를 유지하며 다시 쿼리하지 않아야 한다. 이번 장의 뒷부분에서 살펴보겠지만 리포지토리 패턴에 대한 간단한 확장을 통해 상황에 맞는 다양한 전략을 적용할 수 있다.

리포지토리를 유용하게 활용하는 다른 예로 데이터 피드(data feed)를 도메인 객체의 원본으로 사용하는 경우가 있다. 예를 들어, 인터넷을 통해 전송되는 XML 스트림을 SOAP 등을 통해 원본으로 사용할 수 있다. 이 경우 피드를 읽고 XML을 바탕으로 도메인 객체를 생성하는 `XMLFeedRepositoryStrategy`를 구현할 수 있다.

리포지토리

참고 자료

사양 패턴에 대한 자료는 아직 많이 나오지 않은 상태다. 현재 나온 서적 중에서는 [Evans and Fowler]에서 가장 자세한 설명을 볼 수 있다. 현재 집필 중인 [Evans]에서는 더 나은 내용을 볼 수 있다.

예제: 인물의 의존자 검색(자바)

클라이언트 객체의 관점에서 리포지토리를 사용하는 방법은 간단하다. 인물 객체는 데이터베이스에서 해당하는 의존자를 가져오기 위해 비교에 사용할 검색 조건을 나타내는 조건 객체를 만들고 적절한 리포지토리로 전달한다.

```
public class Person {
    public List dependents() {
        Repository repository = Registry.personRepository();
        Criteria criteria = new Criteria();
        criteria.equal(Person.BENEFACTOR, this);
        return repository.matching(criteria);
    }
}
```

일반적인 쿼리는 리포지토리의 특수한 하위 클래스를 통해 수행할 수 있다. 이전 예제의 경우 리포지토리의 PersonRepository 하위 클래스를 만들고 검색 조건을 생성하는 기능을 리포지토리 자체로 옮길 수 있다.

```
public class PersonRepository extends Repository {
    public List list dependentsOf(Person aPerson) {
        Criteria criteria = new Criteria();
        criteria.equal(Person.BENEFACTOR, aPerson);
        return matching(criteria);
    }
}
```

이제 인물 객체는 해당 리포지토리에서 곧바로 dependents() 메서드를 호출할 수 있다.


```
public class Person {
    public List dependents() {
        return Registry.personRepository().dependentsOf(this);
    }
}
```

예제: 리포지토리 전략의 교체(자바)

리포지토리의 인터페이스는 도메인 계층이 데이터 원본을 인식하지 않고도 작업할 수 있게 해주므로 클라이언트에서 호출하는 코드를 변경하지 않고도 리포지토리 내부의 쿼리 코드 구현을 리팩터링할 수 있다. 실제로 도메인 코드는 도메인 객체의 원본이나 대상에 신경 쓸 필요가 없다. 인메모리 저장소의 경우 matching() 메서드를 수정해 조건을 충족하는 도메인 객체의 컬렉션에서 선택하게 하면 된다. 다만 여기서 원하는 것은 데이터 저장소를 영구적으로 변경하는 것이 아니라 필요에 따라 데이터 저장소를 전환할 수 있게 하는 것이다. 이를 위해서는 matching() 메서드의 구현을 변경해 쿼리를 수행하는 전략 객체로 위임하게 해야 한다. 이러한 방식의 장점은 여러 전략을 활용할 수 있고 필요에 따라 원하는 전략을 설정할 수 있다는 점이다. 이 예제의 경우 데이터베이스를 쿼리하는 RelationalStrategy와 인메모리 도메인 객체의 컬렉션을 쿼리하는 InMemoryStrategy라는 두 가지 구현을 만들면 된다. 각 전략은 matching() 메서드를 노출하는 RepositoryStrategy 인터페이스를 구현하므로 리포지토리 클래스의 다음과 같은 구현을 사용할 수 있다.

```
abstract class Repository {
    private RepositoryStrategy strategy;

    protected List matching(Criteria aCriteria) {
        return strategy.matching(aCriteria);
    }
}
```

RelationalStrategy는 조건을 기준으로 쿼리 객체를 생성하도록 matching()을 구현하고 이를 사용해 데이터베이스를 쿼리한다. 쿼리 객체가 조건을 기준으로 자체 항목을 채울 수 있다면 조건에 의해 정의된 해당 필드와 값을 사용해 다음과 같이 준비할 수 있다.

```
public class RelationalStrategy implements RepositoryStrategy {
    protected List matching(Criteria criteria) {
        Query query = new Query(myDomainObjectClass())
        query.addCriteria(criteria);
        return query.execute(unitOfWork());
    }
}
```


InMemoryStrategy는 도메인 객체의 컬렉션을 순회해 각 도메인 객체가 기준을 충족하는지 확인하도록 matching()을 구현한다. 조건에서 기준을 충족하는지 검사하는 코드에서는 리플렉션을 사용해 도메인 객체의 특정 필드의 값을 조사한다. 이러한 작업을 하는 코드는 다음과 비슷하게 작성할 수 있다.

```
public class InMemoryStrategy implements RepositoryStrategy {
    private Set domainObjects;

    protected List matching(Criteria criteria) {
        List results = new ArrayList();
        Iterator it = domainObjects.iterator();
        while (it.hasNext()) {
            DomainObject each = (DomainObject) it.next();
            if (criteria.isSatisfiedBy(each))
                results.add(each);
        }
        return results;
    }
}
```

14장

웹 프레젠테이션 패턴

모델 뷰 컨트롤러

사용자 인터페이스 상호작용을 세 가지 독립적인 역할로 분할한다.

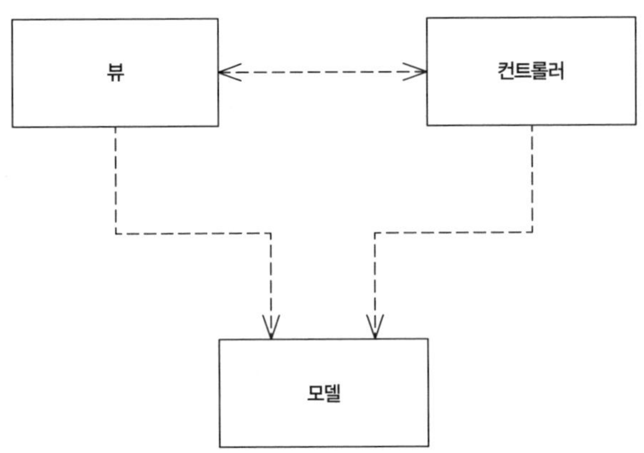

모델 뷰 컨트롤러(MVC, Model View Controller)는 가장 많이 언급되고 동시에 오해하는 경우도 가장 많은 패턴 중 하나다. 이 패턴은 1970년대 후반 트뤼그베 레엔스케우(Trygve Reenskaug)가 스몰토크 플랫폼용 프레임워크로 처음 개발했다. 그후로 이 패턴은 대부분의 UI 프레임워크와 UI 설계에서 중요한 역할을 했다.

작동 원리

MVC에서는 세 가지 역할을 구분한다. 모델(model)은 도메인에 대한 정보를 나타내며, UI에 직접 사용되지 않는 모든 데이터와 동작을 포함하는 비시각적인 객체다. 순수 객체지향 형식에서 모델은 **도메인 모델(122)** 안에 위치하는 객체다. 또한 UI 관련 기능을 포함하지 않는 **트랜잭션 스크립트(115)**도 모델이라고 간주할 수 있다. 이러한 정의는 모델의 개념을 다소 벗어나지만 MVC의 역할 구분에는 잘 맞는다.

뷰(view)는 UI에서 모델을 표시하는 역할을 한다. 예를 들어, 모델이 고객 객체라면 뷰는 UI 컴포넌트가 포함된 웹 페이지 프레임이나 모델의 정보를 표시하는 HTML 페이지일 수 있다. 뷰는 정보를 표시하는 역할만 한다. 정보에 대한 모든 변경 사항은 MVC의 세 번째 요소인 컨트롤러가 처리한다. 컨트롤러(controller)는 사용자로부터 입력을 받고, 모델을 조작하며, 뷰를 적절하게 업데이트한다. 이와 같이 UI는 뷰와 컨트롤러의 조합으로 작동한다.

필자가 생각하는 MVC의 핵심 개념은 프레젠테이션을 모델에서 분리하고 컨트롤러를 뷰에서 분리하는 두 가지 분리다.

이러한 두 가지 분리 중에서 **프레젠테이션을 모델로부터 분리하는** 것은 바람직한 소프트웨어 설계에서 가장 기본적인 개념이다. 이 분리가 중요한 이유는 다음과 같다.

모델 뷰 컨트롤러

- 프레젠테이션과 모델은 기본적으로 서로 다른 관심사다. 뷰를 개발할 때는 UI의 메커니즘을 주로 고려하며 사용자 인터페이스를 적절하게 배치하는 데 집중한다. 반면 모델을 개발할 때는 비즈니스 정책이나 데이터베이스 상호작용 등을 고려한다. 모델과 뷰를 개발할 때는 당연히 서로 상당히 다른 라이브러리를 사용한다. 개발자가 둘 중 한 분야를 선호하고 전문화하는 경우도 흔히 볼 수 있다.
- 기본적으로 동일한 모델 정보를 상황에 따라 다른 방식으로 보고 싶을 수 있다. 프레젠테이션과 뷰를 분리하면 동일한 모델 코드를 사용하면서도 프레젠테이션을 여러 개의 전혀 다른 인터페이스로 개발할 수 있다. 이를 통해 동일한 모델을 기반으로 리치 클라이언트, 웹 브라우저, 원격 API, 명령줄 인터페이스 등을 모두 제공할 수 있다. 예를 들어, 단일 웹 인터페이스 안에서도 애플리케이션의 부분에 따라 다른 고객 페이지를 사용하는 경우가 있다.
- 시각적이지 않는 객체는 시각적인 객체보다 테스트하기 쉬운 경우가 많다. 프레젠테이션과 모델을 분리하면 GUI 스크립팅 툴과 같은 불편한 방법을 사용하지 않고도 모든 도메인 논리를 쉽게 테스트할 수 있다.

이 분리에서 가장 중요한 것은 한 방향으로만 의존한다는 것이다. 즉, 프레젠테이션은 모델에 의존하지만 모델은 프레젠테이션에 의존하지 않는다. 모델을 프로그래밍하는 개발자는 프레젠테이션이 사용되고 있다는 것을 전혀 알 필요가 없어야 한다. 이렇게 하면 개발자의 작업이 간소화되고 나중에 새로운 프레젠테이션을 추가하기도 쉽다. 또한 프레젠테이션을 수정할 때 모델을 함께 수정할 필요가 없다.

이 원칙을 지키려면 한 가지 문제를 해결해야 한다. 창을 여러 개 포함하는 리치 클라이언트 인터페이스에는 한 화면에 한 모델의 여러 프레젠테이션이 동시에 표시되는 경우가 많다. 사용자가 한 프레젠테이션에서 모델을 변경하는 작업을 할 경우 다른 프레젠테이션도 변경 사항을 반영해야 한다. 의존성을 추가하지 않으면서 다른 프레젠테이션이 변경 사항을 감지할 수 있게 하려면 이벤트 전파나 수신기와 같은 관찰자 패턴[Gang of Four]을 구현해야 한다. 프레젠테이션은 모델의 관찰자 역할을 한다. 모델은 변경될 때마다 이벤트를 전송하며 프레젠테이션이 이벤트를 감지하고 정보를 새로 고친다.

두 번째 분리인 뷰와 컨트롤러의 분리는 중요도가 약간 낮다. 흥미롭게도 스몰토크의 거의 모든 버전에서는 실제로 뷰/컨트롤러를 분리하지 않는다. 이러한 분리가 필요한 전형적인 예로 편집 가능/불가능 동작을 지원하려는 경우가 있다. 이때는 두 가지 경우를 위한 뷰 하나와 컨트롤러 두 개를 사용하며 컨트롤러가 뷰에 대한 전략[Gang of Four]의 역할을 한다. 실제로는 대부분의 시스템에 뷰 하나당 컨트롤러 하나가 사용되므로 일반적으로는 이렇게 분리하지 않는다. 웹 인터페이스가 확산되면서 컨트롤러와 뷰의 분리가 다시 관심을 얻고 있다.

대부분의 GUI 프레임워크에서는 뷰와 컨트롤러가 결합돼 있기 때문에 MVC에 대한 오해를 많이 불러일으켰다. 모델과 뷰는 쉽게 배치할 수 있지만 컨트롤러는 어디에 배치해야 할까? 일반적인 생각은 애플리케이션 컨트롤러(404)와 마찬가지로 모델과 뷰 사이에 배치하는 것이지만, 양쪽에 모두 "컨트롤러"라는 용어를 사용하기 때문에 혼란의 여지가 있다. 애플리케이션 컨트롤러(404)에도 분명히 나름대로의 장점이 있지만 MVC 컨트롤러와는 서로 상당히 다르다.

모델 뷰 컨트롤러

이 패턴 집합에 대해서는 이러한 원칙만 알고 있으면 된다. MVC에 대해 더 자세하게 배우려는 독자에게는 [POSA]를 추천한다.

사용 시점

앞에서 설명한 대로 MVC의 핵심 가치는 두 가지 분리다. 이러한 분리에서 프레젠테이션과 모델의 분리는 가장 중요한 소프트웨어 설계 원칙 중 하나이며, 이를 따르지 않아도 되는 유일한 경우는 모델에 실질적인 동작이 거의 없는 아주 단순한 시스템을 구축하는 경우뿐이다. 시각적이 아닌 논리를 추가하려면 곧바로 분리를 적용해야 한다. 아쉽게도 이러한 분리가 어려운 UI 프레임워크가 많은 데다, 분리가 어렵지 않은 프레임워크에서도 분리 방법을 제대로 알려주지 않는 경우가 많다.

뷰와 컨트롤러의 분리는 중요도가 떨어지므로 확실하게 도움이 되는 경우에만 분리하는 것이 좋다. 웹 프런트엔드의 경우 컨트롤러가 분리되는 경우가 일반적이지만, 리치 클라이언트 시스템에서는 분리되는 경우가 거의 없다. 웹을 설계하는 패턴은 대부분 이 원칙에 기반을 두고 있다.

페이지 컨트롤러

웹 사이트에서 특정 페이지나 동작에 대한 요청을 처리하는 객체

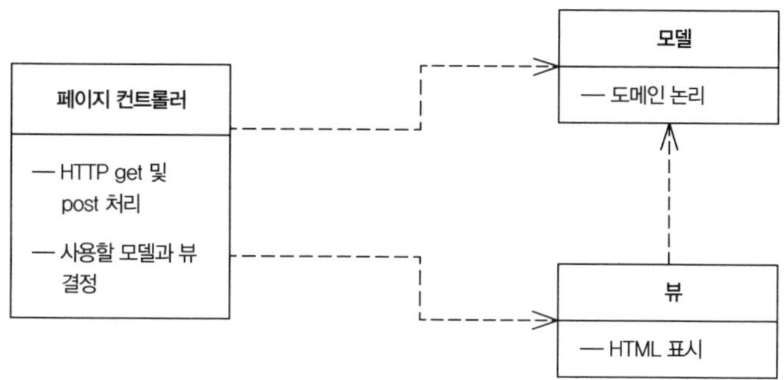

가장 기본적인 웹 환경은 정적 HTML 페이지로 구성된다. 정적 HTML을 요청하면 웹 서버에 HTML 문서의 이름과 경로가 전달된다. 여기서 핵심 개념은 웹 사이트의 각 페이지가 서버에서 별개의 문서라는 것이다. 동적 페이지의 경우 경로 이름과 이에 응답하는 파일 간의 관계가 훨씬 복잡하므로 작업 과정이 흥미롭게 진행된다. 그러나 한 경로가 요청을 처리하는 한 파일로 연결되는 방식은 이해하기 쉬운 모델이다.

따라서 페이지 컨트롤러(Page Controller)는 웹 사이트의 각 논리적 페이지당 입력 컨트롤러 하나를 포함한다. 이 컨트롤러는 서버 페이지 환경에서는 페이지 자체인 경우가 많으며 해당 페이지에 대응하는 별도의 객체일 수 있다.

작동 원리

페이지 컨트롤러의 기본 개념은 웹 서버 상의 한 모듈이 웹 사이트의 각 페이지에 대한 컨트롤러 역할을 하는 것이다. 그러나 실제로는 한 링크를 선택해도 동적인 정보에 따라 다른 페이지를 얻을 수 있으므로 페이지당 정확히 한 모듈로 작동하지는 않는다. 엄격하게 말해 컨트롤러는 링크나 버튼을 클릭하는 것과 같은 각 작업과 연결된다.

페이지 컨트롤러는 스크립트(CGI 스크립트, 서블릿 등)나 서버 페이지(ASP, PHP, JSP 등)로 구성할 수 있다. 서버 페이지를 사용할 때는 일반적으로 동일한 파일 안에 페이지 컨트롤러와 템플릿 뷰(372)를 결합한다. 이 방식에서 템플릿 뷰(372)는 잘 작동하지만, 모듈을 올바르게 구성하기 어려우므로 페이지 컨트롤러가 작동하는 데는 제한이 있다. 페이지가 간단한 내용일 때는 문제가 되지 않는다. 그러나 요청에서 정보를 얻거나 표시할 실제 뷰를 결정하기 위한 논리가 필요할 때는 서버 페이지 안에 스크립트릿 코드를 넣는 불편한 방법을 사용해야 한다.

스크립트릿 코드를 다루는 방법 중 하나는 도우미 객체를 사용하는 것이다. 이 경우 서버 페이지가 가장 먼저 하는 일은 도우미 객체를 호출해 모든 논리를 처리하는 것이다. 도우미는 원래 서버 페이지로 제어를 반환하거나 뷰처럼 작동해 다른 서버 페이지로 제어를 전달할 수 있으며 이 경우 서버 페이지가 요청 처리기(request handler)지만, 사실상 대부분의 제어기(controller) 논리가 도우미에서 실행된다.

처리기와 제어기 역할을 하는 스크립트를 사용하는 다른 방법도 있다. 웹 서버는 제어를 스크립트로 전달한다. 스크립트는 컨트롤러의 역할을 수행한 후 마지막으로 적절한 뷰로 전달해 결과를 표시한다.

페이지 컨트롤러의 기본 역할은 다음과 같다.

페이지 컨트롤러

- URL을 디코드하고 폼 데이터를 추출해 작업에 필요한 모든 데이터를 얻는다.
- 데이터를 처리하는 데 필요한 모델 객체를 생성하고 호출한다. HTML 요청과 관련된 모든 데이터를 모델로 전달해 모델 객체가 HTML 요청에 대한 연결 없이 작업할 수 있게 해야 한다.
- 결과 페이지를 표시할 뷰를 결정한 다음 모델 정보를 이 뷰로 전달한다.

페이지 컨트롤러는 단일 클래스일 필요는 없으며 도우미 객체를 호출할 수 있다. 도우미 처리기는 여러 처리기가 비슷한 작업을 해야 할 경우 특히 유용하며, 비슷한 작업에 필요한 공통적인 코드를 넣을 수 있는 좋은 위치가 된다.

성격에 따라 일부 URL은 서버 페이지로 처리하고 나머지 URL은 스크립트로 처리하는 것도 좋은 방법이다. 제어기 논리가 필요 없거나 간단한 논리로 충분한 URL은 메커니즘이 간단하고 이해하고 수정하기 쉬운 서버 페이지로 처리하는 것이 좋다. 반면 복잡한 논리가 필요한 URL은 스크립트로 처리한다. 필자는 모든 URL을 동일한 방법(서버 페이지 또는 스크립트)으로 처리하려는 팀을 본 적이 있다. 그런데 이와 같이 애플리케이션에서 한 가지 방법으로 통일해서 얻은 일관성의 장점보다는 스크립트릿으로 가득 찬 서버 페이지나 다수의 단순한 전달 스크립트의 단점이 더 크게 나타나게 된다.

사용 시점

먼저 페이지 컨트롤러와 프런트 컨트롤러(366) 중 어떤 것을 사용할지 결정해야 한다. 두 패턴 중 페이지 컨트롤러는 특정 작업을 특정 서버 페이지나 스크립트 클래스가 처리하는 자연스럽고 사용하기 쉬운 구조화 메커니즘이다. 반면 프런트 컨트롤러(366)는 더 복잡하다는 특성은 있지만 복잡한 탐색 구조를 사용하는 웹 사이트에서 진가를 발휘할 수 있다.

페이지 컨트롤러는 대부분의 컨트롤러 논리가 아주 간단한 사이트에서 잘 작동한다. 이 경우 대부분의 URL은 서버 페이지로 처리하고 복잡한 URL은 도우미를 사용해 처리하면 된다. 컨트롤러 논리가 간단할 때 프런트 컨트롤러(366)를 사용하면 불필요한 부담이 많이 늘어난다.

한 사이트 안에서도 일부 요청은 페이지 컨트롤러로 처리되고 나머지 요청은 프런트 컨트롤러(366)로 처리되는 경우도 흔히 볼 수 있으며, 특히 한 패턴에서 다른 패턴으로 리팩터링하는 동안 이런 경우가 많다. 실제로 두 패턴은 별다른 부작용 없이 혼합할 수 있다.

예제: 서블릿 컨트롤러와 JSP 뷰를 사용한 간단한 표시(자바)

페이지 컨트롤러

여기서는 약간의 정보를 표시하는 페이지 컨트롤러에 대한 예제를 간단하게 작성한다. 이 예제는 음악가에 대한 몇 가지 정보를 표시한다. 사용되는 URL은 `http://www.thingy.com/recordingApp/artist?name=danielaMercury` 형식이다.

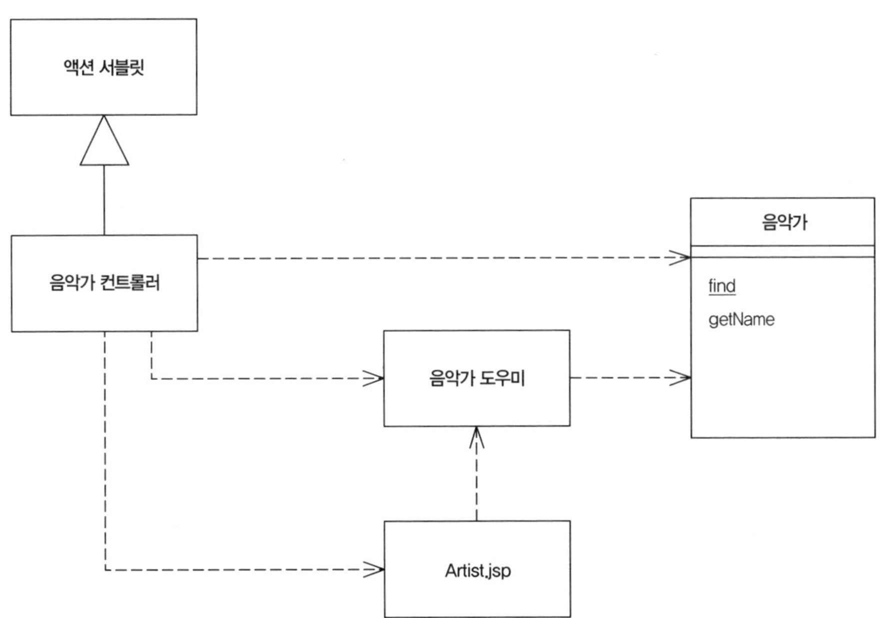

그림 14.1 페이지 컨트롤러 서블릿과 JSP 뷰를 활용하는 표시 기능에 사용되는 클래스

/artist를 호출하면 Artist-Controller에 대한 호출로 인식하도록 웹 서버를 구성해야 한다. 톰캣을 사용하는 경우 web.xml 파일에 다음과 같은 내용을 추가하면 된다.

```
<servlet>
    <servlet-name>artist</servlet-name>
    <servlet-class>actionController.ArtistController</servlet-class>
</servlet>
<servlet-mapping>
    <servlet-name>artist</servlet-name>
    <url-pattern>/artist</url-pattern>
</servlet-mapping>
```

음악가 컨트롤러는 요청을 처리하는 메서드를 구현해야 한다.


```
class ArtistController...

    public void doGet(HttpServletRequest request, HttpServletResponse response)
                     throws IOException, ServletException {
        Artist artist = Artist.findNamed(request.getParameter("name"));
        if (artist == null)
            forward("/MissingArtistError.jsp", request, response);
        else {
            request.setAttribute("helper", new ArtistHelper(artist));
            forward("/artist.jsp", request, response);
        }
    }
```

코드는 아주 간단하지만 주요 요점을 잘 나타내고 있다. 첫째, 컨트롤러는 필요한 작업을 할 모델 객체를 만들어야 하는데, 여기서는 표시할 올바른 모델 객체를 찾는 일만 한다. 둘째, 올바른 정보를 HTTP 요청에 넣어 JSP가 이 정보를 표시할 수 있게 한다. 이 예제에서는 도우미 하나를 생성하고 이를 요청에 넣는다. 마지막으로 이를 템플릿 뷰(372)로 전달해 표시하게 한다. 전달은 공통적인 동작이므로 모든 페이지 컨트롤러에 대한 상위 클래스에 넣으면 자연스럽다.

```
class ActionServlet...

    protected void forward(String target,
                   HttpServletRequest request,
                   HttpServletResponse response)
            throws IOException, ServletException
    {
```

```
        RequestDispatcher dispatcher = getServletContext().getRequestDispatcher(target);
        dispatcher.forward(request, response);
    }
```

JSP에 필요한 모든 객체에 전달하는 요청의 매개변수 이름은 템플릿 뷰(372)와 페이지 컨트롤러가 결합되는 주요 지점이 된다.

여기서는 컨트롤러 논리가 아주 간단하지만 더 복잡한 경우에도 서블릿을 컨트롤러로 사용할 수 있다. 앨범에도 비슷한 동작을 사용할 수 있는데, 두 클래식 앨범이 다른 모델 객체를 갖게 하고 다른 JSP로 렌더링하게 조금 변경할 수 있다. 이 동작을 수행하는 데도 다시 컨트롤러 클래스를 사용할 수 있다.

```
class AlbumController...

    public void doGet(HttpServletRequest request, HttpServletResponse response)
            throws IOException, ServletException
    {
        Album album = Album.find(request.getParameter("id"));
        if (album == null) {
            forward("/missingAlbumError.jsp", request, response);
            return;
        }
        request.setAttribute("helper", album);
        if (album instanceof ClassicalAlbum)
            forward("/classicalAlbum.jsp", request, response);
        else
            forward("/album.jsp", request, response);
    }
```


이 예제에는 도우미 클래스를 별도로 만들지 않고 모델 객체를 도우미로 사용했다. 도우미 클래스가 모델 클래스로 전달만 하는 더미 전달자인 경우 이렇게 하는 것이 좋다. 다만 이 경우 모델 클래스에 서블릿 의존 코드가 전혀 포함되지 않게 해야 한다. 모든 서블릿 의존 코드는 별도의 도우미 클래스에 있어야 한다.

예제: JSP를 처리기로 사용(자바)

서블릿을 컨트롤러로 이용하는 것도 한 가지 방법이지만, 이보다는 서버 페이지 자체를 컨트롤러로 이용하는 방법이 더 일반적이다. 그런데 이 방식을 사용하려면 스크립트릿 코드를 서버 페이지가 시작되는 부분에 포함해야 한다. 지금쯤이면 여러분도 공감하겠지만, 스크립트릿 코드는 바람직한 소프트웨어 설계 기법이 아니다.

그러나 서버 페이지를 요청 처리기로 사용하면서 제어를 도우미로 위임해 실제 컨트롤러 기능을 수행하게 할 수 있다. 이렇게 하면 서버 페이지로 URL을 나타내게 하는 특성을 유지할 수 있다. 이 예에서는 앨범을 표시하는 데 이 방식을 적용해 `http://localhost:8080/isa/album.jsp?id=zero` 형식의 URL을 사용할 것이다. 대부분의 앨범은 앨범 JSP를 통해 직접 표시되지만 클래식 앨범은 클래식 앨범 JSP를 통해 표시해야 한다.

이 컨트롤러의 동작은 JSP에 대한 도우미 클래스에서 나타내며, 도우미는 앨범 JSP 자체에서 설정된다.

```
album.jsp...

<jsp:useBean id="helper" class="actionController.AlbumConHelper"/>
<%helper.init(request, response);%>
```


init를 호출하면 도우미가 컨트롤러 동작을 수행하게 된다.

```
class AlbumConHelper extends HelperController...

    public void init(HttpServletRequest request, HttpServletResponse response) {
        super.init(request, response);
        if (getAlbum() == null) forward("missingAlbumError.jsp", request, response);
        if (getAlbum() instanceof ClassicalAlbum) {
            request.setAttribute("helper", getAlbum());
            forward("/classicalAlbum.jsp", request, response);
        }
    }
```

공통적인 도우미 동작은 도우미 상위 클래스에 넣으면 자연스럽다.

```
class HelperController...

    public void init(HttpServletRequest request, HttpServletResponse response) {
        this.request = request;
        this.response = response;
    }

    protected void forward(String target,
            HttpServletRequest request,
```

```
        HttpServletResponse response)
{
    try {
        RequestDispatcher dispatcher = request.getRequestDispatcher(target);
        if (dispatcher == null) response.sendError(response.SC_NO_CONTENT);
        else dispatcher.forward(request, response);
    } catch (IOException e) {
        throw new ApplicationException(e);
    } catch (ServletException e) {
        throw new ApplicationException(e);
    }
}
```

여기에 나오는 컨트롤러 동작과 서블릿을 사용할 때의 동작에서 생기는 중요한 차이는 처리기 JSP가 기본 뷰이기도 하므로 컨트롤러가 제어를 다른 JSP로 전달하지 않는 경우 제어가 원래 처리기로 반환된다는 점이다. JSP가 거의 대부분 직접 뷰 역할을 해서 제어를 전달할 필요가 없는 경우에는 이것이 이점이 될 수 있다. 도우미를 초기화하면 모든 모델 동작이 시작되고 이후 뷰에 대한 사항이 모두 설정된다. 이는 웹 페이지 하나를 뷰 역할을 하는 서버 페이지와 연결하는 것이 일반적이므로 따라하기 쉬운 모델이며, 웹 서버 구성과도 자연스럽게 잘 맞는 경우가 많다.

페이지 컨트롤러

처리기를 초기화하기 위한 호출은 약간 부자연스러워 보인다. JSP 환경에서는 커스텀 태그로 이러한 부자연스러움을 다소 완화할 수 있다. 이러한 태그는 해당 객체를 자동으로 생성한 후 이를 요청에 넣은 다음 초기화할 수 있다. 커스텀 태그를 사용할 때는 JSP 페이지에 간단한 태그를 넣으면 된다.

```
<helper:init name = "actionController.AlbumConHelper"/>
```

그러면 실제 작업은 커스텀 태그의 구현이 수행한다.

```
class HelperInitTag extends HelperTag...

    private String helperClassName;

    public void setName(String helperClassName) {
        this.helperClassName = helperClassName;
    }

    public int doStartTag() throws JspException {
```

```
        HelperController helper = null;
        try {
            helper = (HelperController) Class.forName(helperClassName).newInstance();
        } catch (Exception e) {
            throw new ApplicationException("Unable to instantiate " + helperClassName, e);
        }
        initHelper(helper);
        pageContext.setAttribute(HELPER, helper);
        return SKIP_BODY;
    }

    private void initHelper(HelperController helper) {
        HttpServletRequest request = (HttpServletRequest) pageContext.getRequest();
        HttpServletResponse response = (HttpServletResponse) pageContext.getResponse();
        helper.init(request, response);
    }

class HelperTag...

    public static final String HELPER = "helper";
```


이와 같이 커스텀 태그를 사용하려면 프로퍼티 접근도 가능하게 만드는 것이 좋다.

```
class HelperGetTag extends HelperTag...

    private String propertyName;

    public void setProperty(String propertyName) {
        this.propertyName = propertyName;
    }

    public int doStartTag() throws JspException {
        try {
            pageContext.getOut().print(getProperty(propertyName));
        } catch (IOException e) {
            throw new JspException("unable to print to writer");
        }
        return SKIP_BODY;
    }

class HelperTag...
```

```
    protected Object getProperty(String property) throws JspException {
        Object helper = getHelper();
        try {
            final Method getter = helper.getClass().getMethod(gettingMethod(property),
null);
            return getter.invoke(helper, null);
        } catch (Exception e) {
            throw new JspException
                ("Unable to invoke " + gettingMethod(property) + " - " + e.getMessage());
        }
    }

    private Object getHelper() throws JspException {
        Object helper = pageContext.getAttribute(HELPER);
        if (helper == null) throw new JspException("Helper not found.");
        return helper;
    }

    private String gettingMethod(String property) {
        String methodName = "get" + property.substring(0, 1).toUpperCase() +
                property.substring(1);
        return methodName;
    }
```


(리플렉션을 이용해 접근자 메서드를 호출하는 것보다는 자바 빈 메커니즘을 사용하는 편이 낫다고 생각할 수 있다. 메서드를 수정하는 작업은 여러분이 직접 해보자.)

가져오기 태그를 정의했으므로 이를 사용해 도우미에서 정보를 가져올 수 있다. 이 태그는 더 간단하고 "helper"를 잘못 입력할 가능성이 없다.

```
<B><helper:get property = "title"/></B>
```

예제: 코드 숨김을 이용한 페이지 처리기(C#)

.NET의 웹 시스템은 기본적으로 페이지 컨트롤러와 템플릿 뷰(372)를 사용하도록 설계됐지만 다른 방식으로도 웹 이벤트를 처리할 수 있다. 다음 예제에서는 테이블 모듈(132)을 사용해 도메인을 기준으로 프레젠테이션 계층을 구축하고, 데이터 집합을 계층 간의 정보를 전달하는 주요 수단으로 활용하는 .NET의 모범 스타일을 보여준다.

이 예제에서는 크리켓 경기에서 한 이닝의 런 스코어와 런 레이트를 표시하는 페이지를 작성한다. 크리켓 경기에 익숙하지 않은 독자를 위해 간단하게 소개하면, 런 스코어는 야구 경기의 타자와 비슷한 배트맨의 점수이며, 런 레이트는 배트맨의 득점을 받은 공의 수로 나눈 값이다. 런 스코어와 받은 공의 수는 데이터베이스에 있으며, 런 레이트는 애플리케이션에서 계산해야 한다. 아주 간단하지만 유용한 도메인 논리의 예를 보여준다.

이 설계에서 처리기의 역할은 .aspx 파일로 저장한 ASP.NET 웹 페이지가 수행한다. 다른 서버 페이지 구조와 마찬가지로 이 파일도 스크립트릿 형식의 프로그래밍 논리를 포함할 수 있다. 그러나 스크립트릿에 대한 필자의 생각을 안다면 여기에 스크립트릿을 사용할 가능성은 거의 없다는 것도 알 수 있을 것이다. 이 경우 스크립트릿을 대신할 수 있는 기법은 aspx 페이지의 헤더에 지정해 일반 파일과 클래스를 aspx 페이지에 연결하는 ASP.NET의 코드 숨김(code behind) 메커니즘이다.

```
<%@ Page language="c#" Codebehind="bat.aspx.cs" AutoEventWireup="false" trace="False"
    Inherits="batsmen.BattingPage" %>
```

페이지 컨트롤러

페이지는 코드 숨김 클래스의 하위 클래스로 구성되므로 코드 숨김 클래스의 모든 보호되는 프로퍼티와 메서드를 사용할 수 있다. 페이지 객체는 요청의 처리기이며, 코드 숨김은 Page_Load 메서드를 정의해 처리 방법을 정의할 수 있다. 대부분의 페이지에서 일반적인 흐름을 따른다면 템플릿 메서드[Gang of Four]를 포함하는 계층 상위 형식(502)을 정의할 수 있다.

```
class CricketPage...

   protected void Page_Load(object sender, System.EventArgs e) {
       db = new OleDbConnection(DB.ConnectionString);
       if (hasMissingParameters())
           errorTransfer (missingParameterMessage);
       DataSet ds = getData();
       if (hasNoData (ds))
           errorTransfer ("No data matches your request");
       applyDomainLogic (ds);
       DataBind();
       prepareUI(ds);
   }
```

템플릿 메서드는 요청을 처리하는 작업을 여러 공통적인 단계로 분리한다. 이 방법을 통해 웹 요청을 처리하는 하나의 공통적 흐름을 정의하면서 각 페이지 컨트롤러가 특정 단계에 대한 구현을 제공하도록 허용할 수 있다. 이 구조를 사용하는 경우 페이지 컨트롤러 몇 개를 작성해보면 템플릿 메서드의 공통적인 흐름을 알 수 있게 된다. 완전히 다른 작업을 해야 하는 페이지가 있는 경우 얼마든지 필요에 따라 페이지 로드 메서드를 재정의할 수 있다.

우선은 페이지로 들어오는 매개변수가 올바른지 확인해야 한다. 실제 애플리케이션에서 여러 폼 값에 대한 초기 온전성 검사(sanity check)를 해야 하지만 이 경우에는 간단하게 `http://localhost/batsmen/bat.aspx?team=England&innings=2&match=905` 형식으로 URL을 디코딩한다. 이 예제에서는 데이터베이스 쿼리에 필요한 다양한 매개변수가 있는지만 확인한다. 다른 예제와 마찬가지로 아직은 유효성 검사에 적합한 패턴이 없으므로 오류 처리에 대한 부분은 크게 간소화했다. 즉, 특정 페이지에서 필수 매개변수의 집합을 정의했고 이러한 매개변수 집합을 검사하는 논리가 포함된 계층 상위 형식(502)을 사용했다.


```
class CricketPage...

    abstract protected String[] mandatoryParameters();

    private Boolean hasMissingParameters() {
        foreach (String param in mandatoryParameters())
            if (Request.Params[param] == null) return true;
        return false;
    }

    private String missingParameterMessage {
        get {
            String result = "<P>This page is missing mandatory parameters:</P>";
            result += "<UL>";
            foreach (String param in mandatoryParameters())
                if (Request.Params[param] == null)
                    result += String.Format("<LI>{0}</LI>", param);
            result += "</UL>";
            return result;
        }
    }

    protected void errorTransfer (String message) {
        Context.Items.Add("errorMessage", message);
        Context.Server.Transfer("Error.aspx");
    }

class BattingPage...

    override protected String[] mandatoryParameters() {
```

```
        String[] result = {"team", "innings", "match"};
        return result;
    }
```

다음에는 데이터베이스에서 데이터를 읽고 이를 ADO.NET 비연결 데이터 집합 객체에 넣어야 한다. 다음 코드에서는 이를 위해 타율 테이블에 대한 쿼리 하나를 수행한다.

```
class CricketPage...

    abstract protected DataSet getData();

    protected Boolean hasNoData(DataSet ds) {
        foreach (DataTable table in ds.Tables)
            if (table.Rows.Count != 0) return false;
        return true;
    }

class BattingPage...

    override protected DataSet getData() {
        OleDbCommand command = new OleDbCommand(SQL, db);
        command.Parameters.Add(new OleDbParameter("team", team));
        command.Parameters.Add(new OleDbParameter("innings", innings));
        command.Parameters.Add(new OleDbParameter("match", match));
        OleDbDataAdapter da = new OleDbDataAdapter(command);
        DataSet result = new DataSet();
        da.Fill(result, Batting.TABLE_NAME);
        return result;
    }

    private const String SQL =
        @"SELECT * from batting
            WHERE team = ? AND innings = ? AND matchID = ?
            ORDER BY battingOrder";
```


이제 테이블 모듈(132)로 구성된 도메인 논리가 작동할 차례다. 컨트롤러는 가져온 데이터 집합을 테이블 모듈(132)로 전달해 처리하게 한다.

```
class CricketPage...

    protected virtual void applyDomainLogic (DataSet ds) {}
```

```
class BattingPage...

    override protected void applyDomainLogic (DataSet dataSet) {
        batting = new Batting(dataSet);
        batting.CalculateRates();
    }
```

이제 페이지 처리기의 컨트롤러 부분이 완성됐다. 즉, 모델 뷰 컨트롤러(350)의 관점으로 말하면 컨트롤러는 이제 표시하는 역할을 뷰에 위임한다. 이 설계에서 BattingPage는 컨트롤러와 뷰의 역할을 함께 수행하며 prepareUI에 대한 마지막 호출은 뷰 동작에 포함된다. 이제 이 패턴에 대한 예제는 끝났다고 할 수 있지만, 아직 남은 것이 있다고 생각하는 독자를 위해 뒷부분(372쪽)에서 예제를 계속 이어간다.

프런트 컨트롤러

웹 사이트의 모든 요청을 처리하는 컨트롤러

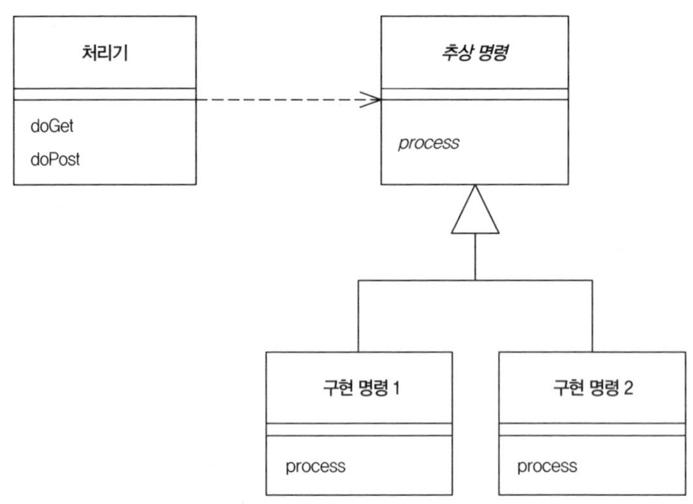

복잡한 웹 사이트에서 요청을 처리할 때는 비슷한 작업을 많이 해야 한다. 이렇게 웹 사이트에서 자주 수행하는 공통적인 작업에는 보안, 국제화, 특정 사용자에게 특정한 뷰 제공 등이 있다. 입력 컨트롤러 동작이 여러 객체에 흩어져 있는 경우 이러한 동작이 많이 중복될 수 있다. 또한 런타임에 동작을 바꾸기도 어렵다.

프런트 컨트롤러(Front Controller)는 모든 요청을 단일 처리기 객체로 집중하는 방법으로 요청을 통합 처리한다. 이 객체는 공통적인 동작을 수행하고 데코레이터(decorator)를 사용해 런타임에 수정할 수 있다. 처리기는 요청을 명령 객체로 전달해 특정한 동작을 수행하게 한다.

작동 원리

프런트 컨트롤러는 웹 사이트의 모든 호출을 처리하며 일반적으로 웹 처리기와 명령 계층의 두 부분으로 구성된다. 웹 처리기는 실제로 웹 서버로부터 POST나 GET 요청을 받는 객체다. 웹 처리기는 실행할 작업을 결정하는 데 필요한 정보를 URL과 요청에서 알아낸 다음 이 작업을 처리하도록 명령에 위임한다(그림 14.2).

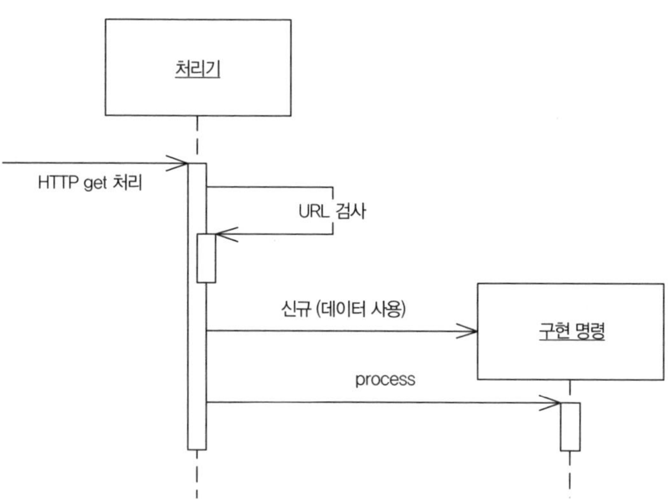

그림 14.2 프런트 컨트롤러의 동작 방식

웹 처리기는 응답을 생성하지 않으므로 거의 항상 서버 페이지가 아닌 클래스로 구현된다. 명령도 서버 페이지가 아닌 클래스이며, HTTP 정보를 전달받는 경우가 많지만 웹 환경에 대한 정보는 전혀 필요로 하지 않는다. 웹 처리기는 실행할 명령을 결정하는 것 외의 다른 작업은 하지 않는 일반적으로 아주 간단한 프로그램이다.

프런트 컨트롤러

웹 처리기는 처리할 명령을 정적으로 또는 동적으로 결정할 수 있다. 정적으로 결정할 때는 URL을 구문 분석하고 조건부 논리를 사용한다. 동적으로 결정할 때는 일반적으로 URL에서 표준에 해당하는 부분을 가져오고 동적 인스턴스화를 통해 명령 클래스를 생성한다.

정적 방식을 사용하는 경우 논리가 명시적이고, 컴파일 타임에 오류 검사가 가능하며, URL 형식을 유연하게 선택할 수 있다는 것이 장점이다. 동적 방식을 사용하는 경우 웹 처리기를 변경하지 않고 새 명령을 추가할 수 있다.

동적 호출을 사용할 때는 명령 클래스의 이름을 URL에 넣거나 URL을 명령 클래스 이름과 연결하는 프로퍼티 파일을 사용할 수 있다. 이 경우 프로퍼티 파일도 편집해야 하지만 클래스 이름을 변경할 때 여러 웹 페이지를 검색할 필요 없이 손쉽게 변경할 수 있다.

인터셉트 필터(intercepting filter)는 [Alur et al.]에 소개된 패턴으로서 프런트 컨트롤러와 함께 사용하면 아주 유용하다. 인터셉트 필터를 사용하면 프런트 컨트롤러의 처리기를 래핑해 인증, 로깅, 로캘 식별 등을 처리하기 위한 **필터 체인**(또는 필터의 파이프라인)을 만들 수 있다. 필터를 이용하면 구성 시 사용할 필터를 동적으로 설정할 수 있다.

이밖에도 롭 미가 알려준 방법으로 보조 웹 처리기와 디스패처로 분리된 2단계 웹 처리기를 사용하는 흥미로운 프런트 컨트롤러의 변형이 있다. 보조 웹 처리기는 HTTP 매개변수에서 기본 데이터를 가져와 디스패처로 전달함으로써 디스패처가 웹 서버 프레임워크에 대해 완전히 독립적으로 작동하게 한다. 이 구성을 사용하면 웹 서버에서 실행하지 않아도 디스패처를 직접 구동할 수 있기 때문에 테스트가 한결 수월해진다.

처리기와 명령은 모두 컨트롤러의 일부이므로 명령은 당연히 해당하는 응답에 사용할 뷰를 선택할 수 있다. 처리기의 유일한 역할은 실행할 명령을 선택하는 것이다. 명령을 선택한 후에는 해당 요청을 처리하는 다른 역할은 수행하지 않는다.

사용 시점

프런트 컨트롤러는 대응되는 패턴인 페이지 컨트롤러(353)보다 분명히 복잡한 설계이므로 이를 사용하는 장점이 있어야 한다.

프런트 컨트롤러는 웹 서버에 하나만 구성하면 되며, 웹 처리기가 나머지 디스패치 작업을 처리한다. 즉, 웹 서버의 구성이 간소화되는 장점이 있다. 동적 명령의 경우에는 다른 사항을 변경하지 않고도 새로운 명령을 추가할 수 있다. 또한 웹 서버별로 처리기를 등록하는 방법을 통해 간단하게 이식할 수 있다.

각 요청에 대해 명령 객체를 새로 생성하므로 명령 클래스를 스레드로부터 안전하게 만들 필요는 없다. 이러한 방식으로 다중 스레드 프로그래밍의 골치 아픈 문제로부터 벗어날 수 있다. 다만 모델 객체와 같은 다른 객체는 공유하지 않아야 한다.

프런트 컨트롤러에 대해 가장 자주 언급되는 장점 중 하나는 페이지 컨트롤러(353)에서 중복 코드를 분리할 수 있다는 점이다. 그러나 중복 코드를 분리하는 일은 상위 클래스 페이지 컨트롤러(353)를 사용해도 어느 정도 가능하다.

컨트롤러가 단 하나이므로 [Gang of Four]에서 소개하는 데코레이터를 사용해 런타임에 쉽게 컨트롤러의 동작을 향상시킬 수 있다. 데코레이터는 인증, 문자 인코딩, 국제화 등의 작업에도 활용할 수 있으며, 구성 파일을 통해 이러한 데코레이터를 추가하거나 심지어 서버가 실행 중일 때도 추가할 수 있다([Alur et al.]에서는 **인터셉트 필터**라는 이름으로 이 방식을 자세히 소개한다)

참고 자료

[Alur et al.]에서는 자바로 프런트 컨트롤러를 구현하는 방법이 자세하게 나온다. 또한 프런트 컨트롤러와 함께 사용하기에 적합한 인터셉트 필터에 대해서도 설명한다.

이 패턴은 여러 자바 웹 프레임워크에서 사용되며 [Struts]에서 좋은 예를 볼 수 있다.

예제: 간단한 디스플레이(자바)

다음은 음악가에 대한 정보를 표시하는 창의적이고 혁신적인 작업을 하는 프런트 컨트롤러를 사용하는 예다. 이 예에서는 `http://localhost:8080/isa/music?name=barelyWorks&command=Artist` 형식의 URL을 사용한다. `command` 매개변수는 웹 처리기에 사용할 명령을 알려준다.

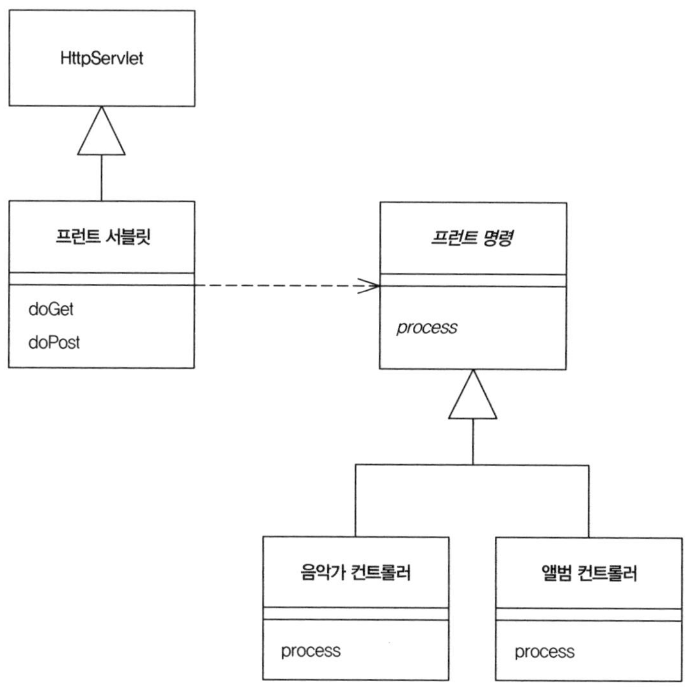

그림 14.3 프런트 컨트롤러를 구현하는 클래스

먼저 서블릿으로 구현한 처리기에 대해 알아본다.

```
class FrontServlet...

    public void doGet(HttpServletRequest request, HttpServletResponse response)
            throws IOException, ServletException {
```

```
        FrontCommand command = getCommand(request);
        command.init(getServletContext(), request, response);
        command.process();
    }

    private FrontCommand getCommand(HttpServletRequest request) {
        try {
            return (FrontCommand) getCommandClass(request).newInstance();
        } catch (Exception e) {
            throw new ApplicationException(e);
        }
    }

    private Class getCommandClass(HttpServletRequest request) {
        Class result;
        final String commandClassName =
            "frontController." + (String) request.getParameter("command") + "Command";
        try {
            result = Class.forName(commandClassName);
        } catch (ClassNotFoundException e) {
            result = UnknownCommand.class;
        }
        return result;
    }
```


논리는 간단하다. 처리기는 먼저 명령 이름과 "Command"를 결합한 이름의 클래스를 인스턴스화하고 새로 생성한 명령을 HTTP에서 얻은 필요한 정보를 기준으로 초기화한다. 이 예제에서는 간단한 필수 정보만 전달했지만 실제 사례에서는 HTTP 세션과 같은 부가 정보를 전달해야 한다. 명령을 찾지 못한 경우 **특수 사례(525)** 패턴을 사용해 알 수 없는 명령을 반환한다. 이처럼 **특수 사례(525)**를 사용해 오류 검사의 필요성을 많이 줄일 수 있다.

명령은 데이터와 동작을 상당히 많이 공유하며, 웹 서버에서 받은 정보를 사용해 초기화해야 한다.

```
class FrontCommand...

    protected ServletContext context;
    protected HttpServletRequest request;
    protected HttpServletResponse response;
```

```
    public void init(ServletContext context,
            HttpServletRequest request,
            HttpServletResponse response)
    {
        this.context = context;
        this.request = request;
        this.response = response;
    }
```

또한 전달 메서드와 같은 공통적인 동작을 제공할 수 있고 실제 명령이 재정의할 추상 처리 명령을 정의한다.

```
class FrontCommand...

    abstract public void process()throws ServletException, IOException;

    protected void forward(String target) throws ServletException, IOException
    {
        RequestDispatcher dispatcher = context.getRequestDispatcher(target);
        dispatcher.forward(request, response);
    }
```


이 예에서 명령 객체는 아주 간단하다. 이 명령 객체가 구현하는 처리 메서드는 모델 객체의 적절한 동작을 호출하고, 뷰에 필요한 정보를 요청에 추가한 다음, 템플릿 뷰(372)로 전달한다.

```
class ArtistCommand...

    public void process() throws ServletException, IOException {
        Artist artist = Artist.findNamed(request.getParameter("name"));
        request.setAttribute("helper", new ArtistHelper(artist));
        forward("/artist.jsp");
    }
```

알 수 없는 명령에 대해서는 오류 페이지를 보여준다.

```
class UnknownCommand...

    public void process() throws ServletException, IOException {
        forward("/unknown.jsp");
    }
```

템플릿 뷰

HTML 페이지에 표시자를 삽입해 정보를 HTML로 렌더링한다.

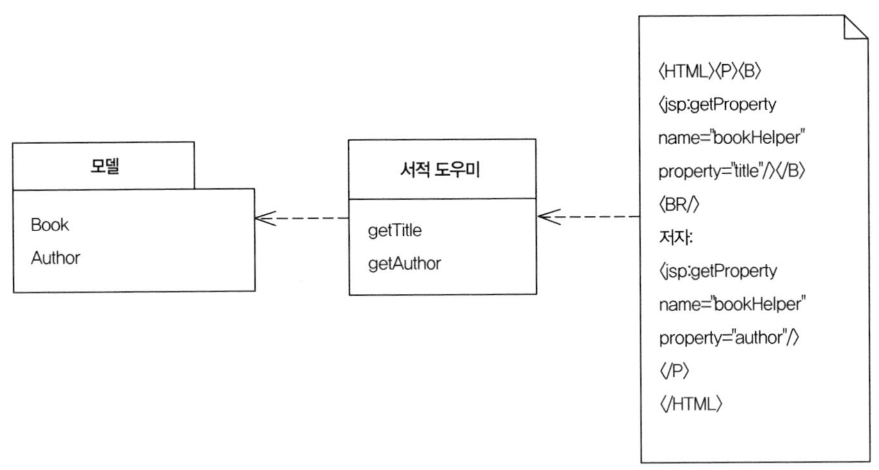

템플릿 뷰

HTML을 출력하는 프로그램을 작성하는 일은 생각보다 어려운 경우가 많다. 프로그래밍 언어로 텍스트를 다루는 작업은 이전보다는 분명 쉬워졌지만(포트란이나 파스칼에서 문자열 처리가 얼마나 어려웠는지 기억하는 독자도 있을 것이다) 문자열을 생성하고 연결하는 작업은 여전히 까다롭다. 다루려는 텍스트가 복잡하지 않다면 그리 어렵지 않겠지만 전체 HTML 페이지에는 많은 양의 텍스트가 포함된다.

정적 HTML 페이지는 요청에 따라 달라지지 않으므로 위지윅 HTML 편집 툴을 사용해 편리하게 작성할 수 있다. 심지어 단순한 텍스트 편집기에서 텍스트와 태그를 직접 입력하는 것이 프로그래밍 언어에서 문자열을 연결하는 것보다 쉽다.

문제는 데이터베이스 쿼리의 결과와 같은 정보를 HTML에 삽입하는 등의 방법을 사용해 동적 웹 페이지를 생성해야 하는 경우다. 이러한 페이지는 요청별로 서로 다르므로 일반적인 HTML 편집기로는 작성할 수 없다.

이러한 동적 웹 페이지를 생성하는 가장 좋은 방법은 정적 페이지를 작성하는 것과 비슷하게 동적 웹 페이지를 구성하고 여기에 동적 정보를 가져오기 위한 호출로 변환되는 표시자를 추가하는 것이다. 페이지의 정적 부분은 특정 응답을 위한 템플릿 역할을 하므로 이 패턴을 템플릿 뷰(Template View)라고 부른다.

작동 원리

템플릿 뷰의 기본 개념은 정적 HTML 페이지를 작성할 때 내용에 표시자를 삽입하는 것이다. 삽입한 표시자는 요청을 처리하기 위해 페이지를 사용할 때 데이터베이스 쿼리와 같은 특수한 작업의 결과로 대체된다. 따라서 템플릿 뷰를 사용하면 프로그래머가 아닌 사람도 위지윅 편집기를 사용해 일반적인 방법으로 페이지를 작성할 수 있다. 표시자는 실제 프로그램과 통신을 거쳐 결과로 바뀐다.

템플릿 뷰는 아주 다양한 툴에서 활용되고 있다. 따라서 이 패턴을 직접 구현하는 방법보다는 효과적으로 사용하는 방법과 대안을 알아보는 것이 더 유용하다.

표시자 삽입: HTML에 표시자를 삽입하는 방법은 다양하다. 그중 하나는 HTML과 비슷한 태그를 사용하는 것이다. 위지윅 편집기는 꺽쇠괄호(◇) 안에 포함된 항목이 특수한 의미라는 것을 이해하고 이를 무시하거나 다른 방법으로 처리하므로 HTML 편집기에서도 이러한 태그 방식을 사용할 수 있다. 태그가 올바른 형식의 XML 규칙을 준수하는 경우 결과 문서에 XML 툴을 사용할 수도 있다(물론 HTML이 XHTML이어야 함).

템플릿 뷰

다른 방법은 본문 텍스트 안에 특수한 텍스트 표시자를 사용하는 것이다. 위지윅 편집기는 이러한 텍스트 표시자를 일반 텍스트로 인식하고 무시하지만 맞춤법 검사 기능을 사용할 때는 약간 불편할 수 있다. 이 방법은 HTML/XML의 복잡한 구문보다는 구문이 간단하다는 장점이 있다.

사용할 수 있는 한정된 태그 집합을 제공하는 환경도 많지만 점차 많은 플랫폼에서 직접 태그와 표시자를 정의해 특정한 목적에 맞게 사용하는 기능을 지원하고 있다.

가장 널리 사용되는 템플릿 뷰의 형식으로는 ASP, JSP, PHP 같은 **서버 페이지**가 있다. 서버 페이지는 템플릿 뷰의 기본적인 형식을 초월해서 스크립트릿이라는 임의의 프로그래밍 논리를 페이지에 추가할 수 있도록 지원한다. 그러나 필자는 페이지에 스크립트릿을 넣는 것이 큰 문제의 원인이 될 수 있으며 서버 페이지 기술을 사용할 때는 기본적인 템플릿 뷰 기능만 사용해야 한다고 생각한다.

페이지에 스크립트릿을 많이 사용할 때 가장 먼저 생각할 수 있는 단점은 프로그래머가 아닌 사람이 페이지를 편집하기가 어렵다는 것이다. 그래픽 디자이너가 페이지를 디자인하는 경우에는 이것이 문제가 될 수 있다. 그러나 페이지에 스크립트릿을 삽입할 때 가장 큰 문제는 페이지가 프로그램의 모듈로 적합하지 않다는 사실이다. 페이지 구조에서는 객체지향 언어를 사용하더라도 객체지향이나 절차적 형식에서 가능한 모듈식 설계의 구조적 특징이 대부분 상실된다.

게다가 페이지에 스크립트릿을 많이 사용하면 엔터프라이즈 애플리케이션의 여러 다른 계층이 뒤섞일 우려가 있다. 서버 페이지에 도메인 논리를 넣기 시작하면 올바른 구조를 만들기 어렵고 도메인 논리가 여러 서버 페이지에 중복될 가능성이 높다. 무엇보다 필자가 최근 몇 년간 봐왔던 최악의 코드는 모두 서버 페이지 코드였다.

도우미 객체: 스크립트릿을 대체하는 가장 좋은 방법은 일반 객체를 도우미로서 각 페이지에 제공하는 것이다. 실제 프로그래밍 논리는 모두 이 도우미에 포함된다. 페이지는 도우미를 호출하면 된다. 이 방법으로 페이지를 단순화하고 템플릿 뷰를 원래 목적에 맞게 사용할 수 있다. 이에 따라 프로그래머가 아닌 작업자도 페이지를 편집할 수 있고 프로그래머는 도우미에 집중할 수 있다. 실제 사용하는 툴에 따라서는 페이지의 모든 템플릿을 HTML/XML 태그로 만들어 페이지의 일관성을 유지하고 툴 지원을 용이하게 할 수 있다.

템플릿 뷰

아주 간단하고 권장할 만한 원칙처럼 보이지만 실제로는 상황을 복잡하게 만드는 문제가 많이 있다. 가장 간단한 표시자는 시스템의 다른 부분에서 정보를 얻어 이를 페이지의 올바른 위치에 넣는 것이다. 이러한 표시자는 결과적으로 텍스트(또는 간단하게 텍스트로 바꿀 수 있는 다른 항목)가 되는 도우미에 대한 호출로 변환되며, 엔진이 이러한 텍스트를 페이지에 배치한다.

조건부 표시: 좀 더 복잡한 상황으로 조건부 페이지 동작이 있다. 가장 간단한 조건부 동작은 조건이 참인 경우에만 항목을 표시하는 것이다. 예를 들어, `<IF condition = "$pricedrop > 0.1"> ...정보 표시 </IF>`와 같은 형식의 조건부 태그를 사용할 수 있다. 문제는 이러한 조건부 태그를 사용하기 시작하면 템플릿을 일종의 프로그래밍 언어로 바꾸는 단계로 이어질 수 있다는 점이다. 그러면 페이지에 스크립트릿을 삽입할 때 생기는 모든 문제가 그대로 재현된다. 완전한 프로그래밍 언어가 필요하다면 스크립트릿을 사용하면 되지만 이에 대한 필자의 생각은 앞에서도 언급했다.

조건부 태그는 바람직하지 않으며, 가급적 사용하지 않는 것이 좋다. 어쩔 수 없이 사용해야 하는 경우가 있을 수 있지만 `<IF>` 태그 대신 먼저 다른 방안을 찾아보는 것이 바람직하다.

텍스트를 조건에 따라 표시하려고 할 때 한 가지 방법은 도우미에서 조건을 판단하는 것이다. 페이지에서는 도우미에 대한 호출 결과를 항상 포함하면 된다. 도우미는 조건이 참이 아닌 경우 간단하게 빈 문자열을 전송하면 된다. 이 방식으로 도우미가 모든 논리를 포함할 수 있다. 이 방식은 반환되는 텍스트에 태그가 포함되지 않거나 브라우저에서 무시되는 빈 태그를 반환해도 문제가 없을 때 잘 작동한다.

하지만 예를 들어 상품의 목록 중 인기 상품을 굵게 강조 표시하려는 경우에는 이 방식을 적용할 수 없다. 이 경우에는 이름을 항상 표시하고 조건에 따라 특수 태그를 추가해야 한다. 한 가지 방법은 도우미가 태그를 생성하게 하는 것이다. 이 방법을 사용하면 페이지 디자이너가 항목을 강조 표시할 수 없게 되며 프로그래밍 코드에서 강조 표시할 항목을 선택해야 한다.

HTML에 대한 선택을 페이지 디자인 단계로 유지하려면 일종의 조건 태그가 필요하다. 그러나 단순한 <IF> 이상의 방법이 필요하다. 한 가지 방법은 강조 태그를 사용하는 것이다. 즉, 다음과 같은 태그 구조를 사용하는 대신

```
<IF expression = "isHighSelling()"><B></IF>
<property name = "price"/>
<IF expression = "isHighSelling()"></B></IF>
```

다음과 같은 구조를 사용할 수 있다.

```
<highlight condition = "isHighSelling" style = "bold">
    <property name = "price"/>
</highlight>
```

템플릿 뷰

두 경우 모두 조건이 도우미의 단일 부울 프로퍼티를 바탕으로 처리되게 하는 것이 중요하다. 이보다 복잡한 식을 페이지에 추가하면 페이지에 사실상 논리를 추가하는 것이다.

다른 예로 시스템이 실행 중인 로캘을 기준으로 각기 다른 정보를 표시해야 하는 경우가 있다. 예를 들어, 미국이나 캐나다 지역에서만 특정 텍스트를 표시해야 한다면 다음과 같은 구조를 사용하는 대신

```
<IF expression = "locale = 'US' || 'CA'"> ...표시할 텍스트 </IF>
```

다음과 같은 구조를 사용할 수 있다.

```
<locale includes = "US, CA"> ...표시할 텍스트 </locale>
```

반복: 컬렉션을 대상으로 순회하는 작업도 비슷하다. 테이블의 각 행에 주문의 각 품목을 표시하려면 각 행에 손쉽게 정보를 표시할 수 있는 구조가 필요하다. 이 경우에는 컬렉션 태그와 함께 일반적인 반복 구조를 사용하는 것이 일반적이다.

물론 사용할 수 있는 태그의 유형이 작업 환경에 따라 제한되는 경우가 많다. 제한적인 템플릿 집합을 제공하는 일부 환경에서는 이러한 지침을 따르기 위해 선택의 폭이 제한된다. 사용할 수

있는 태그에 대해 더 많은 선택을 제공하는 환경도 있으며, 상당수는 직접 태그 라이브러리를 정의할 수 있도록 허용한다.

처리 시점: 템플릿 뷰라는 이름은 이 패턴의 주된 기능이 모델 뷰 컨트롤러(350)에서 뷰의 역할이라는 사실을 강조하는 것이다. 여러 시스템에서 템플릿 뷰는 뷰의 역할만 해야 한다. 단순한 시스템에서는 컨트롤러의 역할을 할 수 있으며, 모델의 역할까지 하는 경우가 있지만, 모델 처리는 가급적 분리하는 것이 바람직하다. 템플릿 뷰가 뷰 이상의 역할을 하는 경우 페이지가 아닌 도우미에서 이러한 역할을 수행하는 것이 중요하다. 컨트롤러와 모델 역할은 프로그램 논리를 포함하며 이러한 프로그램 논리는 도우미에 포함돼야 한다.

모든 템플릿 시스템은 웹 서버에서 부가적인 처리를 필요로 한다. 이를 위해 페이지를 생성한 후 컴파일하거나 처음 요청 시 페이지를 컴파일 또는 각 요청 시 페이지를 인터프리트 방식으로 처리할 수 있다. 물론 후자의 방식은 인터프리트 작업에 시간이 많이 걸리는 경우에는 적합하지 않다.

템플릿 뷰

템플릿 뷰를 사용할 때 주의할 사항 중 하나가 예외다. 예외가 웹 컨테이너까지 전달되는 경우 리디렉션되지 않고 페이지가 반만 완성되어 아주 이상해 보이는 결과가 브라우저로 반환될 수 있다. 따라서 웹 서버가 예외를 어떻게 처리하는지 알아볼 필요가 있다. 예외가 예상과 다르게 처리되는 경우 도우미 클래스에서 모든 예외를 직접 포착해야 한다(이것이 스크립트릿을 멀리해야 하는 또 한 가지 이유다).

스크립트 사용: 서버 페이지는 현재 템플릿 뷰의 가장 일반적인 형식이지만, 템플릿 뷰 형식으로도 스크립트를 작성할 수 있다. 실제로 펄을 이용해 이 같이 처리하는 예가 상당히 많다. 쉽게 볼 수 있는 예로는 CGI.pm이 있는데, 문자열을 직접 연결하는 대신 응답으로 적절한 태그를 출력하는 함수를 호출하는 것이 요령이다. 이 방법으로 자신의 프로그래밍 언어로 스크립트를 작성하면서 프로그래밍 논리와 문자열 출력이 뒤섞이는 문제를 예방할 수 있다.

사용 시점

모델 뷰 컨트롤러(350)에서 뷰를 구현할 때는 템플릿 뷰와 변환 뷰(384)를 주된 선택 사항으로 고려한다. 템플릿 뷰의 장점은 페이지 구조를 보면 페이지 내용을 구성할 수 있다는 점이다. 따라서 대부분의 사람들이 배우고 작업하기 수월하다. 특히 그래픽 디자이너가 페이지 레이아웃을 만들고 프로그래머가 도우미를 구현하는 개념과 아주 잘 맞는다.

템플릿 뷰에는 두 가지 중요한 단점이 있다. 첫째, 일반적인 구현에서 페이지에 복잡한 논리를 넣기가 너무 쉽기 때문에 특히 프로그래머가 아닌 사람이 페이지를 관리하기 어려워질 수 있다. 페이지는 단순한 표시 기능 위주로 만들고 논리는 도우미에 넣는 원칙을 따라야 한다. 둘째, 템플릿 뷰는 변환 뷰(384)에 비해 테스트하기가 어렵다. 대부분의 템플릿 뷰 구현은 웹 서버 내에서 작동하도록 설계됐으며 테스트하기가 매우 어렵거나 아예 불가능하다. 반면 변환 뷰(384) 구현은 테스트 툴과 연결해 웹 서버를 실행하지 않고도 쉽게 테스트할 수 있다.

뷰에 대해 알아볼 때는 2단계 뷰(388)에 대해서도 고려해야 한다. 템플릿 체계에 따라서는 특수한 태그를 사용해 이 패턴을 구현할 수 있지만, 변환 뷰(384)를 바탕으로 구현하는 편이 더 쉬울 수도 있다. 2단계 뷰(388)가 필요하게 될 수 있다면 이러한 사항을 염두에 둬야 한다.

예제: 별도의 컨트롤러와 함께 JSP를 뷰로 사용(자바)

템플릿 뷰

JSP는 뷰로만 사용되는 경우 서블릿 컨테이너에서 직접 호출되는 것이 아니라 컨트롤러에서 호출된다. 따라서 표시할 내용을 결정하는 데 필요한 정보가 있으면 이를 JSP에 전달해야 한다. 이를 위한 좋은 방법으로 컨트롤러가 도우미 객체를 만들고 HTTP 요청을 통해 이 객체를 JSP로 전달하는 방법이 있다. 페이지 컨트롤러(353)에서 사용했던 간단한 표시 예제를 사용해 이 방법을 확인해보자. 서블릿에 대한 웹 처리 메서드는 다음과 비슷하다.

```
class ArtistController...

    public void doGet(HttpServletRequest request, HttpServletResponse response)
            throws IOException, ServletException {
        Artist artist = Artist.findNamed(request.getParameter("name"));
        if (artist == null)
            forward("/MissingArtistError.jsp", request, response);
        else {
            request.setAttribute("helper", new ArtistHelper(artist));
            forward("/artist.jsp", request, response);
        }
    }
```

템플릿 뷰에서 중요한 동작은 도우미를 생성하고 이를 요청에 배치하는 것이다. 그러면 서버 페이지에서 useBean 태그를 통해 도우미에 접근할 수 있다.

```
<jsp:useBean id="helper" type="actionController.ArtistHelper" scope="request"/>
```

그다음에는 도우미를 이용해 표시하는 데 필요한 정보에 접근할 수 있다. 도우미에 필요한 모델 정보는 도우미가 생성될 때 전달된다.

```
class ArtistHelper...

    private Artist artist;

    public ArtistHelper(Artist artist) {
        this.artist = artist;
    }
```

도우미를 사용해 모델에서 적절한 정보를 가져올 수 있다. 가장 단순한 경우 음악가의 이름과 같은 간단한 데이터를 가져오는 메서드를 제공할 수 있다.

```
class ArtistHelper...

    public String getName() {
        return artist.getName();
    }
```


그러고 나면 자바 식을 사용해 이 정보에 접근할 수 있다.

```
<B> <%=helper.getName()%></B>
```

또는 프로퍼티를 사용해도 된다.

```
<B><jsp:getProperty name="helper" property="name"/></B>
```

프로퍼티와 식 중 어떤 것을 사용하는 것이 좋은지는 누가 JSP를 편집하느냐에 따라 다르다. 프로그래머는 대부분 식이 읽기 쉽고 간단하다고 생각하지만 HTML 편집자는 식을 다루지 못하는 경우가 많다. 프로그래머가 아닌 사람들은 일반적인 HTML 형식과 같고 실수할 우려가 적은 태그를 선호한다.

도우미를 사용하면 불편한 스크립트릿 코드를 제거할 수 있다. 예를 들어, 한 음악가의 앨범 목록을 표시하려면 루프를 실행해야 하는데, 다음과 같이 서버 페이지에서 스크립트릿을 사용할 수 있다.

```
<UL>
<%
    for (Iterator it = helper.getAlbums().iterator(); it.hasNext();) {
```

```
        Album album = (Album) it.next();%>
    <LI><%=album.getTitle()%></LI>
<% } %>
</UL>
```

그런데 사실 자바와 HTML을 섞어놓은 코드는 알아보기가 아주 어렵다. 대안은 for 루프를 도우미로 옮기는 것이다.

```
class ArtistHelper...

    public String getAlbumList() {
        StringBuffer result = new StringBuffer();
        result.append("<UL>");
        for (Iterator it = getAlbums().iterator(); it.hasNext();) {
            Album album = (Album) it.next();
            result.append("<LI>");
            result.append(album.getTitle());
            result.append("</LI>");
        }
        result.append("</UL>");
        return result.toString();
    }

    public List getAlbums() {
        return artist.getAlbums();
    }
```


HTML의 양이 상당히 적기 때문에 알아보기 어렵지 않다. 또한 프로퍼티를 사용해 리스트를 얻을 수도 있게 됐다. 도우미 안에 HTML 코드를 넣는 것을 싫어하는 사람이 많다. 필자 역시 그런 사람 중 한 명이지만 이 방법과 스크립트릿 중 하나를 선택하라면 당연히 HTML을 선택할 것이다.

가장 좋은 방법은 반복을 위한 특수한 태그를 사용하는 것이다.

```
<UL><tag:forEach host = "helper" collection = "albums" id = "each">
    <LI><jsp:getProperty name="each" property="title"/></LI>
</tag:forEach></UL>
```

이 방법을 사용하면 JSP에서는 스크립트를, 도우미에서는 HTML을 사용할 필요가 없다.

예제: ASP.NET 서버 페이지(C#)

이 예제는 페이지 컨트롤러(353)에서 시작한 예제를 확장한 것이다. 기억을 되살리자면 이 예제는 크리켓 경기의 한 이닝에서 배트맨의 점수를 표시한다. 크리켓이 얼마나 유명한 스포츠인지 구구절절 설명하는 것은 시간 낭비라고 할 수 있고, 이 예제 페이지에서는 세 가지 중요한 정보를 표시한다는 것만 알아두면 된다.

- 경기를 구분하는 ID 번호
- 점수가 표시되는 팀과 해당되는 이닝
- 배트맨의 이름, 점수, 런 레이트(배트맨의 득점을 받은 공의 수로 나눈 값)를 표시하는 테이블

이러한 통계가 어떤 의미인지 이해가 안 된다고 해도 걱정할 필요는 없다. 크리켓은 다양한 통계로 가득한 스포츠다. 크리켓이 인류에 가장 크게 기여한 부분은 아주 특이한 논문의 자료를 제공해 통계학이 발전하도록 도와줬다는 것이다.

템플릿 뷰

페이지 컨트롤러(353)에 대한 내용에서는 웹 요청이 처리되는 방법을 설명했다. 요약하면 컨트롤러와 뷰의 역할을 함께 수행하는 객체는 aspx ASP.NET 페이지다. 스크립트릿에 컨트롤러 코드가 포함되지 않도록 별도의 코드 숨김 클래스를 정의한다.

```
<%@ Page language="c#" Codebehind="bat.aspx.cs" AutoEventWireup="false" trace="False"
    Inherits="batsmen.BattingPage" %>
```

이 페이지는 코드 숨김 클래스의 메서드와 속성에 직접 접근할 수 있다. 또한 코드 숨김에서는 Page_Load 메서드를 정의해 요청을 처리할 수 있다. 이 예제에서는 Page_Load를 계층 상위 형식(502)의 템플릿 메서드[Gang of Four]로 정의했다.

```
class CricketPage...

    protected void Page_Load(object sender, System.EventArgs e) {
        db = new OleDbConnection(DB.ConnectionString);
        if (hasMissingParameters())
        errorTransfer (missingParameterMessage);
        DataSet ds = getData();
        if (hasNoData (ds))
            errorTransfer ("No data matches your request");
        applyDomainLogic (ds);
        DataBind();
        prepareUI(ds);
    }
```

템플릿 뷰의 용도에 집중하면 Page_Load에서 가장 중요한 부분은 마지막 두 행이다. DataBind 호출은 다양한 페이지 변수를 해당하는 데이터 원본과 올바르게 바인딩하기 위한 것이다. 간단한 경우에는 이 정도로 충분하지만 이보다 복잡한 경우에는 마지막 행이 특정 페이지의 코드 숨김에 있는 메서드를 호출해 사용하려는 객체를 준비할 수 있다.

경기 ID 번호, 팀, 이닝은 페이지에 대한 단일 값이며, 모두 HTTP 요청의 매개변수로서 페이지로 전달된다. 이러한 값은 코드 숨김 클래스에서 프로퍼티를 사용해 제공할 수 있다.

```
class BattingPage...

    protected String team {
        get {return Request.Params["team"];}
    }

    protected String match {
        get {return Request.Params["match"];}
    }

    protected String innings {
        get {return Request.Params["innings"];}
    }

    protected String ordinalInnings{
        get {return (innings == "1") ? "1st" : "2nd";}
    }
```

정의된 프로퍼티는 다음과 같이 페이지의 텍스트에서 사용할 수 있다.

```
<P>
    Match id:
    <asp:label id="matchLabel" Text="<%# match %>" runat="server" font-bold="True">
    </asp:label> 
</P>
<P>
    <asp:label id=teamLabel Text="<%# team %>" runat="server" font-bold="True">
    </asp:label> 
    <asp:Label id=inningsLabel Text="<%# ordinalInnings %>" runat="server">
    </asp:Label> innings</P>
<P>
```

테이블은 약간 더 복잡하지만 실제로는 비주얼 스튜디오의 그래픽 디자인 기능을 사용하면 쉽게 작업할 수 있다. 비주얼 스튜디오에는 데이터 집합의 단일 테이블과 바인딩할 수 있는 데이터 그리드 컨트롤이 있다. Page_Load 메서드가 호출하는 prepareUI 메서드에서 이러한 바인딩을 할 수 있다.

```
class BattingPage...

    override protected void prepareUI(DataSet ds) {
        DataGrid1.DataSource = ds;
        DataGrid1.DataBind();
    }
```

배팅 클래스는 데이터베이스의 배팅 테이블에 대한 도메인 논리를 제공하는 **테이블 모듈(132)**이며, 이 클래스의 데이터 프로퍼티는 **테이블 모듈(132)**의 도메인 논리를 통해 처리되는 테이블의 데이터다. 여기서 처리되는 데이터는 데이터베이스에 저장되지 않고 계산을 통해 얻는 런 레이트다.

템플릿 뷰

ASP.NET 데이터 그리드를 이용하면 웹 페이지에 표시하려는 테이블 열과 테이블의 모양을 선택할 수 있다. 이 예에서는 이름(Batsman), 런(Runs), 레이트(Rate) 열을 선택할 수 있다.

```
<asp:DataGrid id="DataGrid1" runat="server" Width="480px" Height="171px"
BorderColor="#336666"
        BorderStyle="Double" BorderWidth="3px" BackColor="White"
        CellPadding="4" GridLines="Horizontal" AutoGenerateColumns="False">
    <SelectedItemStyle Font-Bold="True" ForeColor="White" BackColor="#339966"></
        SelectedItemStyle>
    <ItemStyle ForeColor="#333333" BackColor="White"></ItemStyle>
    <HeaderStyle Font-Bold="True" ForeColor="White" BackColor="#336666"></HeaderStyle>
    <FooterStyle ForeColor="#333333" BackColor="White"></FooterStyle>
    <Columns>
        <asp:BoundColumn DataField="name" HeaderText="Batsman">
            <HeaderStyle Width="70px"></HeaderStyle>
        </asp:BoundColumn>
        <asp:BoundColumn DataField="runs" HeaderText="Runs">
            <HeaderStyle Width="30px"></HeaderStyle>
        </asp:BoundColumn>
        <asp:BoundColumn DataField="rateString" HeaderText="Rate">
            <HeaderStyle Width="30px"></HeaderStyle>
        </asp:BoundColumn>
    </Columns>
```

```
    <PagerStyle HorizontalAlign="Center" ForeColor="White" BackColor="#336666"
        Mode="NumericPages"></PagerStyle>
</asp:DataGrid></P>
```

이 데이터 그리드의 HTML을 들여다보면 아주 복잡하지만 비주얼 스튜디오를 사용하면 HTML을 직접 건드릴 필요 없이 개발 환경 내의 프로퍼티 대화상자를 통해 페이지의 나머지 부분과 마찬가지로 편리하게 설정할 수 있다.

데이터 테이블과 데이터 집합의 ADO.NET 추상화를 이해하는 웹 양식 컨트롤을 웹 페이지에서 사용할 수 있다는 점은 이 체계의 장점이자 단점이다. 장점은 비주얼 스튜디오가 제공하는 툴 덕분에 데이터 집합을 통해 정보를 전달할 수 있다는 점이다. 단점은 테이블 모듈(132)과 같은 패턴을 사용할 때만 이 체계가 매끄럽게 작동한다는 점이다. 아주 복잡한 도메인 논리가 필요한 경우 도메인 모델(122)이 유용하며, 툴의 장점을 활용하려면 도메인 모델(122)이 자체 데이터 집합을 생성해야 한다.

변환 뷰

도메인 데이터 요소를 요소별로 변환하고 HTML로 변환하는 뷰

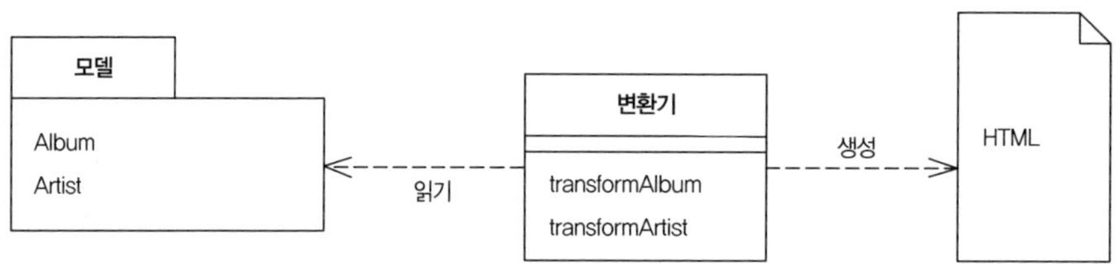

도메인과 데이터 원본 계층에 데이터를 요청하면 요청을 충족하는 모든 데이터를 받을 수 있지만 포매팅되지 않은 데이터로 웹 페이지를 만드는 과정이 필요하다. 모델 뷰 컨트롤러(350)에서 뷰의 역할은 이러한 데이터를 웹 페이지로 렌더링하는 것이다. 변환 뷰(Transform View)는 모델의 데이터를 받아 HTML을 출력하는 일종의 변환을 수행한다.

작동 원리

변환 뷰의 기본 개념은 도메인 기반 데이터를 받아 HTML로 변환하는 프로그램을 작성하는 것이다. 이 프로그램은 도메인 데이터의 구조를 단계별로 확인하면서 각 도메인 데이터의 형식을 인식하고 이에 해당하는 특정한 HTML을 출력한다. 예를 들어, 고객 객체를 받아 이를 HTML로 렌더링하는 `renderCustomer`라는 메서드를 만들 수 있다. 해당 고객 정보에 주문 항목이 많은 경우 이 메서드는 주문 항목을 대상으로 `renderOrder`를 반복 호출한다.

변환 뷰와 템플릿 뷰(372)의 가장 큰 차이는 뷰가 구성되는 방법에 있다. 템플릿 뷰(372)는 출력을 기준으로 구성된다. 반면 변환 뷰는 입력 요소의 각 유형별 변환을 기준으로 구성된다. 변환은 각 입력 요소를 검사하고 해당 요소에 적합한 변환을 결정한 후 해당 요소에 대해 변환을 호출하는 일종의 간단한 루프를 통해 제어된다. 일반적인 변환 뷰의 규칙은 어떤 순서로도 배치하더라도 결과 출력에 대한 영향을 미치지 않는다는 것이다.

변환 뷰는 어떤 언어로도 작성할 수 있지만 현재 가장 많이 선택되는 언어는 XSLT다. 흥미로운 점은 XSLT가 리스프(Lisp), 하스켈(Haskell) 등과 같이 IS의 주류로 자리 잡지 못한 다른 언어와 비슷한 함수형 프로그래밍 언어라는 사실이다. 따라서 XSLT는 색다른 유형의 구조를 가지고 있다. 예를 들어, XSLT는 명시적으로 루틴을 호출하는 대신 도메인 데이터 내의 요소를 인식하고 적절한 렌더링 변환을 호출한다.

XSLT 변환을 수행하려면 먼저 XML 데이터가 필요하다. 도메인 논리의 기본적인 반환 형식이 XML이나 자동으로 변환 가능한 형식(예: .NET)인 경우 작업하기가 수월하지만, 그렇지 않은 경우 자체적으로 XML로 직렬화할 수 있는 데이터 전송 객체(427)를 채우는 등의 방법으로 직접 XML을 생성해야 한다. 이렇게 하면 편리한 API를 활용해 데이터를 조립할 수 있다. 트랜잭션 스크립트(115)가 XML을 직접 반환할 수 있는 경우 과정이 더 간단하다.

통신 회선을 통해 문자열을 주고받아야 하는 경우가 아니라면 변환 뷰로 공급되는 XML이 문자열일 필요는 없다. 일반적으로 DOM을 생성하고 변환 뷰로 공급하는 것이 간단하고 빠르다.

XML이 준비된 다음에는 이를 XSLT 엔진으로 전달하면 된다. 최근에는 상용 XSLT 엔진이 점차 널리 사용되고 있다. 변환을 위한 논리는 XSLT 스타일시트에 포함되며 이것도 변환기로 전달한다. 변환기가 스타일시트를 입력 XML에 적용해 HTML을 생성하면 우리는 이를 곧바로 HTTP 응답으로 기록할 수 있다.

사용 시점

변환 뷰

변환 뷰와 템플릿 뷰(372) 중 무엇을 선택할지는 주로 뷰 소프트웨어를 개발하는 팀에서 어떤 환경을 선호하느냐에 따라 결정된다. 여기에는 툴이 있는지 여부가 굉장히 중요하다. 템플릿 뷰(372)를 작성하는 데 사용할 수 있는 HTML 편집기는 점차 늘고 있다. 반면 XSLT용 툴은 적어도 지금까지는 상당히 초보적인 단계다. 게다가 XSLT는 함수형 프로그래밍 스타일과 불편한 XML 구문을 함께 사용해야 하는 배우기 까다로운 언어다.

XSLT의 장점 중 하나는 거의 모든 웹 플랫폼으로 이식할 수 있다는 점이다. J2EE 또는 .NET으로 생성한 XML을 동일한 XSLT를 사용해 변환할 수 있다. 즉, 여러 다른 원본의 데이터에 공용 HTML 뷰를 활용할 수 있다.

또한 XSLT는 XML 문서 기반의 뷰를 개발할 때도 편리하다. 다른 환경에서는 일반적으로 이러한 문서를 객체로 변환하거나 복잡한 XML DOM을 사용해야 한다. XML 환경에서는 XSLT를 사용하는 것이 자연스럽다.

변환 뷰를 사용하면 템플릿 뷰(372)의 두 가지 큰 문제를 해결할 수 있다. 첫째, 변환에서 HTML을 렌더링하는 작업에만 집중하게 해서 뷰에 다른 논리가 많이 포함되지 않게 만들기 쉽다. 또한 테스트를 위해 변환 뷰를 실행하고 출력을 포착하기도 쉽다. 즉, 좀 더 쉽게 뷰를 테스트할 수 있고 웹 서버 없이도 테스트할 수 있다.

변환 뷰는 도메인 기반 XML을 HTML로 곧바로 변환한다. 따라서 웹 사이트의 전체적인 외형을 바꾸려면 여러 변환 프로그램을 변경해야 할 수 있다. XSLT에 포함되는 것과 같은 공용 변환을 활용하면 이 문제를 완화할 수 있다. 실제로 **템플릿 뷰**(372)를 사용하는 것보다는 **변환 뷰**를 사용해 공용 변환을 호출하는 편이 훨씬 쉽다. 전체적인 변경이 쉬워야 하거나 동일한 데이터를 여러 형태로 표시할 수 있어야 하는 경우 2단계 처리를 사용하는 **2단계 뷰**(388)를 고려할 수 있다.

예제: 간단한 변환(자바)

간단한 변환을 설정하려면 적절한 스타일시트를 호출해 응답을 생성하는 자바 코드를 작성해야 한다. 또한 응답의 형식을 지정하는 스타일시트도 준비해야 한다. 대부분 응답은 범용적이므로 프런트 컨트롤러(366)를 사용하는 것이 적절하다. 여기서는 명령에 대해서만 설명한다. 명령 객체가 요청-응답 처리의 나머지 부분에서 어떤 역할을 하는지는 프런트 컨트롤러(366)를 살펴보면 된다.

변환 뷰

명령 객체가 하는 일은 모델의 메서드를 호출해 XML 입력 문서를 얻은 다음 이를 XML 처리기를 통해 전달하는 것이다.

```
class AlbumCommand...

    public void process() {
        try {
            Album album = Album.findNamed(request.getParameter("name"));
            Assert.notNull(album);
            PrintWriter out = response.getWriter();
            XsltProcessor processor = new SingleStepXsltProcessor("album.xsl");
            out.print(processor.getTransformation(album.toXmlDocument()));
        } catch (Exception e) {
            throw new ApplicationException(e);
        }
    }
```

다음은 XML 문서의 예다.

```
<album>
    <title>Stormcock</title>
    <artist>Roy Harper</artist>
    <trackList>
        <track><title>Hors d'Oeuvres</title><time>8:37</time></track>
```

```
        <track><title>The Same Old Rock</title><time>12:24</time></track>
        <track><title>One Man Rock and Roll Band</title><time>7:23</time></track>
        <track><title>Me and My Woman</title><time>13:01</time></track>
    </trackList>
</album>
```

XML 문서를 변환하는 역할은 XSLT 프로그램이 수행한다. 각 템플릿은 XML의 특정 부분과 일치하며 페이지를 위한 적절한 HTML 출력을 생성한다. 이 예에서는 중요 사항을 강조하기 위해 형식을 아주 간소화했다. 다음 템플릿 절은 XML 파일의 기본 요소와 일치한다.

```
<xsl:template match="album">
    <HTML><BODY bgcolor="white">
    <xsl:apply-templates/>
    </BODY></HTML>
</xsl:template>
<xsl:template match="album/title">
    <h1><xsl:apply-templates/></h1>
</xsl:template>
<xsl:template match="artist">
        <P><B>Artist: </B><xsl:apply-templates/></P>
</xsl:template>
```

변환 뷰

여기서는 템플릿 일치를 활용해 테이블의 행을 번갈아 다른 색으로 강조 표시한다. 이것은 캐스케이딩 스타일시트로는 불가능하지만 XML로는 수월하게 할 수 있는 일의 예를 잘 보여준다.

```
<xsl:template match="trackList">
    <table><xsl:apply-templates/></table>
</xsl:template>
<xsl:template match="track">
    <xsl:variable name="bgcolor">
        <xsl:choose>
            <xsl:when test="(position() mod 2) = 1">linen</xsl:when>
            <xsl:otherwise>white</xsl:otherwise>
        </xsl:choose>
    </xsl:variable>
    <tr bgcolor="{$bgcolor}"><xsl:apply-templates/></tr>
</xsl:template>
<xsl:template match="track/title">
    <td><xsl:apply-templates/></td>
</xsl:template>
<xsl:template match="track/time">
    <td><xsl:apply-templates/></td>
</xsl:template>
```

2단계 뷰

도메인 데이터를 먼저 일종의 논리적 페이지로 변환한 다음 이를 다시 HTML로 변환하는 2단계 과정을 통해 HTML로 변환한다.

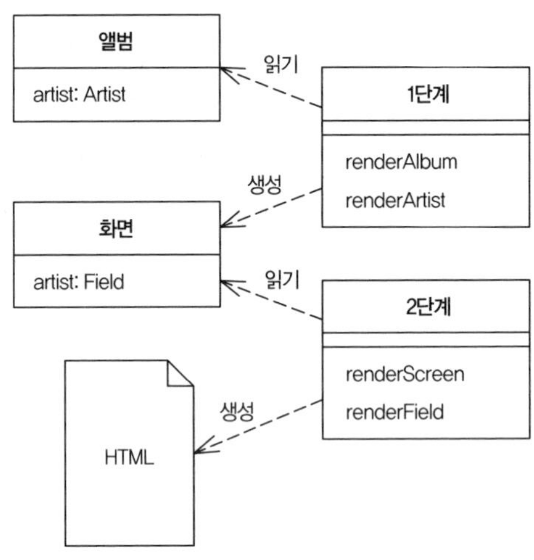

많은 페이지가 포함된 웹 애플리케이션을 개발할 때는 전체 사이트의 외형과 구조에 일관성을 원하는 경우가 많다. 페이지마다 서로 모양이 다르면 사이트 사용자가 혼란을 느낄 것이다. 또한 전체 외형을 쉽게 변경할 수 있으면 도움이 되지만 템플릿 뷰(372)나 변환 뷰(384)를 사용하는 일반적인 방식에서는 프레젠테이션의 결정이 여러 페이지나 변환 모듈에 중복되는 경우가 많기 때문에 일괄적으로 변경하기가 어려울 수 있다. 즉, 전체 외형을 변경하려면 여러 파일을 수정해야 한다.

2단계 뷰(Two Step View)는 이 문제를 해결하기 위해 변환을 두 가지 단계로 나눠서 수행한다. 첫 번째 변환은 데이터를 특정한 형식 지정 없이 논리적 프레젠테이션으로 모델링한다. 두 번째 변환은 논리적 프레젠테이션에 실제 필요한 형식으로 변환한다. 이 방식을 사용하면 두 번째 단계를 변경해 전체적인 변경을 적용하거나 원하는 외형과 느낌에 해당하는 두 번째 단계를 만들어 여러 외형과 느낌을 지원할 수 있다.

작동 원리

이 패턴의 핵심은 HTML로의 변환을 2단계 프로세스로 처리하는 것이다. 첫 번째 단계는 정보를 준비 단계의 표시용 요소를 포함하지만 아직 HTML은 포함하지 않는 논리적 화면 구조로 변환한다. 두 번째 단계에서는 프레젠테이션 기반 구조를 HTML로 렌더링한다.

이 중간 형식은 일종의 논리적 화면이다. 이 형식의 요소는 필드, 머리글, 꼬리글, 테이블, 옵션 등을 포함할 수 있다. 따라서 이 방식은 확실한 프레젠테이션 기반으로서 특정한 스타일을 일관되게 화면에 적용한다. 프레젠테이션 기반 모델은 다양한 위젯과 데이터를 포함하지만 HTML 외형을 지정하지 않는 모델이라고 생각하면 된다.

이 프레젠테이션 기반 구조는 각 화면을 위해 작성한 특정 코드에 의해 처리된다. 첫 번째 단계의 역할은 도메인 기반 모델(데이터베이스, 실제 도메인 모델 또는 도메인 기반 데이터 전송 객체(427))에 접근해 여기서 현재 화면에 필요한 정보를 추출한 다음 이 정보를 프레젠테이션 기반 구조로 변환하는 것이다.

2단계 뷰

두 번째 단계는 이 프레젠테이션 기반 구조를 HTML로 변환한다. 이 단계에는 프레젠테이션 기반 구조의 각 요소의 의미와 이를 HTML로 표시하는 방법에 대한 정보를 사용한다. 즉, 여러 화면을 포함하는 시스템에서는 하나의 두 번째 단계를 사용해 HTML로 렌더링해서 HTML 형식 지정에 대한 모든 결정을 한곳에서 하게 할 수 있다. 물론 이 체계에서는 결과 화면이 반드시 프레젠테이션 기반 구조에서 파생돼야 한다는 제약이 있다.

2단계 뷰를 만드는 방법은 여러 가지다. 그중 가장 쉬운 방법은 2단계 XSLT를 사용하는 것이다. 1단계 XSLT는 변환 뷰(384)의 방식을 따르며 각 페이지가 도메인 기반 XML을 HTML로 변환하는 단일 XSLT 스타일시트를 가진다. 2단계 방식에서는 XSLT 스타일시트 두 개를 사용한다. 첫 번째 단계의 스타일시트는 도메인 기반 XML을 프레젠테이션 기반 XML로 변환하며 두 번째 단계의 스타일시트는 XML을 HTML로 렌더링한다.

다른 방법은 클래스를 사용하는 것이다. 이 방식에서는 프레젠테이션 기반 구조를 클래스의 집합(테이블 클래스, 행 클래스 등)으로 정의한다. 첫 번째 단계는 도메인 정보를 받고 이러한 클래스를 인스턴스화해 논리 화면을 모델링하는 구조를 생성한다. 두 번째 단계는 각 프레젠테이션 기반 클래스가 직접 HTML을 생성하게 하거나 별도의 HTML 렌더러 클래스를 사용해 이러한 클래스를 HTML로 렌더링한다.

두 방식 모두 변환 뷰(384)에 기반을 둔다. 또한 템플릿 뷰(372) 기반 방식을 사용할 수도 있으며, 이 경우 논리적 화면이라는 개념을 바탕으로 템플릿을 선택한다. 예를 들면 다음과 같다.

```
<field label="Name" value="getName" />
```

그다음은 템플릿 시스템이 이러한 논리적 태그를 HTML로 변환한다. 이 체계에서 페이지 정의는 HTML을 포함하지 않고 이와 같은 논리적 화면 태그만 포함한다. 결과적으로 XML 문서가 많이 사용되며 이 경우 자연스럽게 위지윅(WYSIWYG) HTML 편집기는 사용할 수 없게 된다.

2단계 뷰

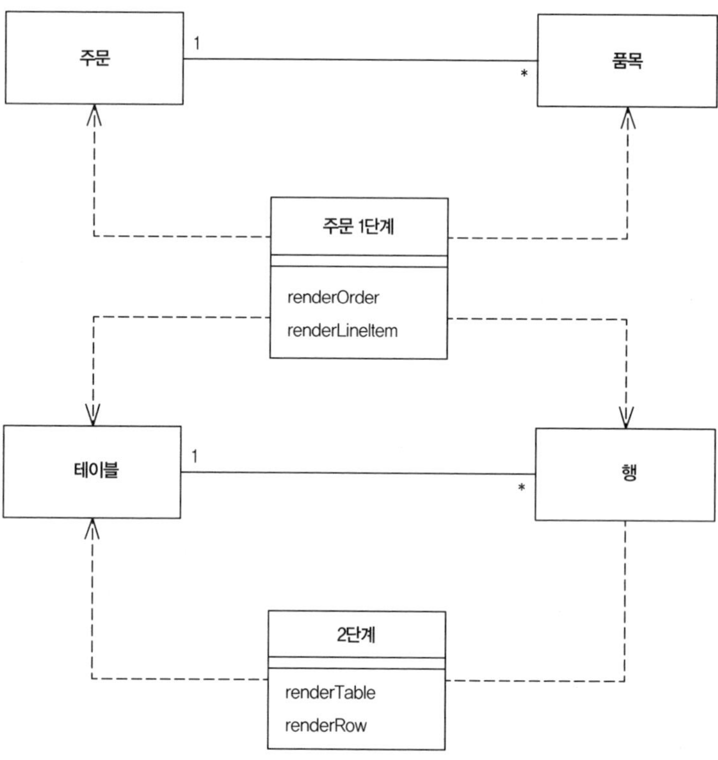

그림 14.4 2단계 렌더링을 수행하는 클래스 예제

사용 시점

2단계 뷰의 가장 중요한 장점은 첫 번째와 두 번째 변환 단계를 분리했기 때문에 전체적으로 변경하기가 더 쉽다는 점이다. 다중 외형 웹 애플리케이션과 단일 외형 웹 애플리케이션의 두 가지 상황을 고려하면 이해하는 데 도움이 된다. 다중 외형 앱(Multiappearance apps)은 약간 드물지만 점차 증가하는 추세다. 다중 외형 앱에서는 여러 조직에 동일한 기본 기능이 제공되지만 조직별로 고유한 외형을 가진다. 이러한 앱의 예로 항공 여행 사이트가 있는데, 이러한 사이트의 페이지 레이아웃과 디자인을 보면 모두 동일한 기본 사이트를 변형한 것임을 알 수 있다. 항공사에서는 일반적으로 동일한 기본 기능을 제공하면서도 각자의 독특한 개성을 표현하기를 원한다.

단일 외형 앱은 좀 더 흔히 볼 수 있으며, 전면에 내세우는 조직이 하나이고 사이트 전체에 일관된 외형을 원하는 경우다. 먼저 단일 외형 앱에 대해 알아보자.

1단계 뷰(템플릿 뷰(372) 또는 변환 뷰(384))에서는 웹 페이지당 뷰 모듈을 하나씩 만든다(그림 14.6). 반면 2단계 뷰에서는 페이지별로 하나씩 있는 첫 번째 단계 모듈과 전체 애플리케이션에 하나가 있는 두 번째 단계 모듈의 두 단계로 작업이 처리된다(그림 14.7). 2단계 뷰를 사용하는 경우 두 번째 단계 하나가 사이트 전체에 영향을 미치므로 두 번째 단계에서 사이트의 외형을 전체적으로 훨씬 쉽게 변경할 수 있다는 장점이 있다.

2단계 뷰

2단계 뷰

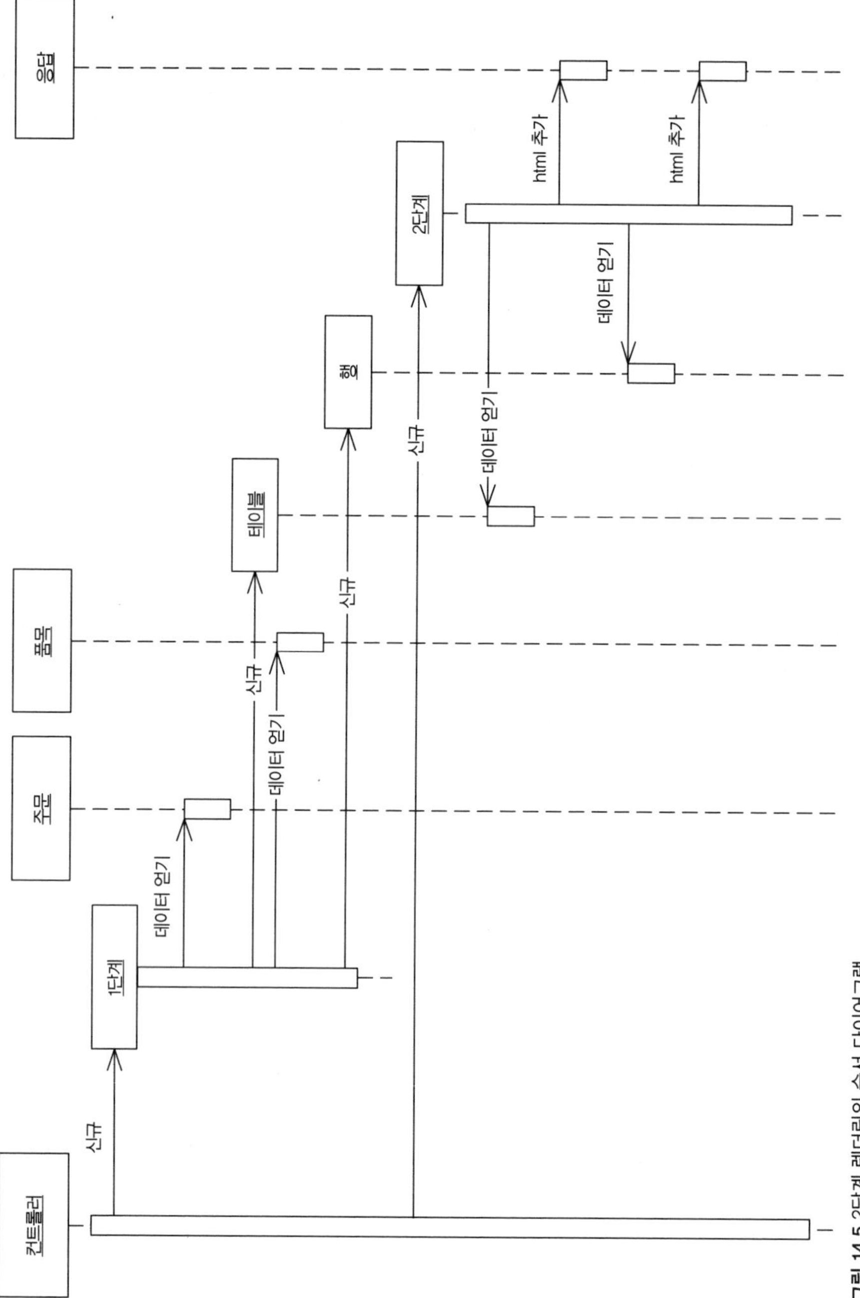

그림 14.5 2단계 렌더링의 순서 다이어그램

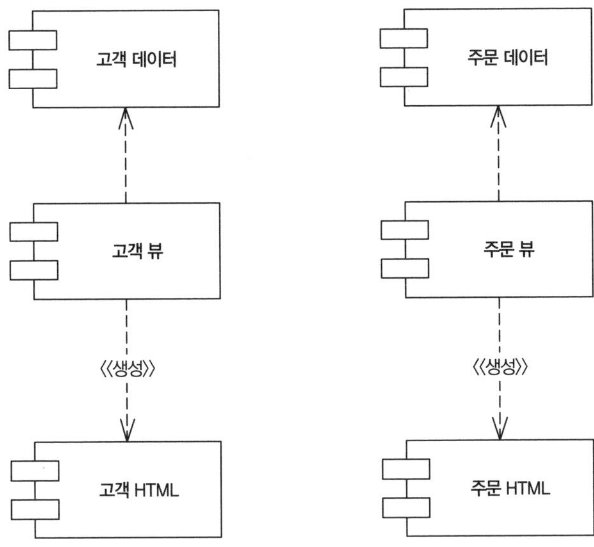

그림 14.6 외형이 하나인 1단계 뷰

2단계 뷰

다중 외형 앱의 경우 화면과 외형의 조합별로 단계 뷰 하나가 사용된다(그림 14.8). 즉, 화면 10개와 외형 3개가 있으면 단일 단계 뷰 모듈이 30개가 필요하다. 그러나 2단계 뷰를 사용하면 첫 번째 단계 10개와 두 번째 단계 3개로 해결할 수 있다(그림 14.9). 화면과 외형의 수가 증가할수록 이 장점은 더 커진다.

물론 이러한 장점을 실현하려면 무엇보다 프레젠테이션 기반 구조를 외형의 필요성에 맞게 생성할 수 있어야 한다. 페이지마다 모양이 크게 다른 디자인 중심 사이트의 경우 화면 간에 공통점이 많지 않으므로 간단한 프레젠테이션 기반 구조를 만들기 어려우므로 2단계 뷰를 효과적으로 적용하기 어렵다. 이 경우 사이트 디자인이 프레젠테이션 기반 구조에 의해 제한을 받는데, 이것은 대부분의 사이트에서 너무 심각한 제한이다.

2단계 뷰의 다른 단점은 별도의 툴을 사용해야 한다는 점이다. 템플릿 뷰(372)를 사용하는 경우 프로그래밍 기술이 없는 디자이너라도 HTML 페이지의 레이아웃을 제작하는 데 사용 가능한 툴이 많지만, 2단계 뷰의 경우 프로그래머가 렌더러와 컨트롤러 객체를 작성해야 한다. 따라서 디자인을 변경할 때마다 프로그래머가 관여해야 한다.

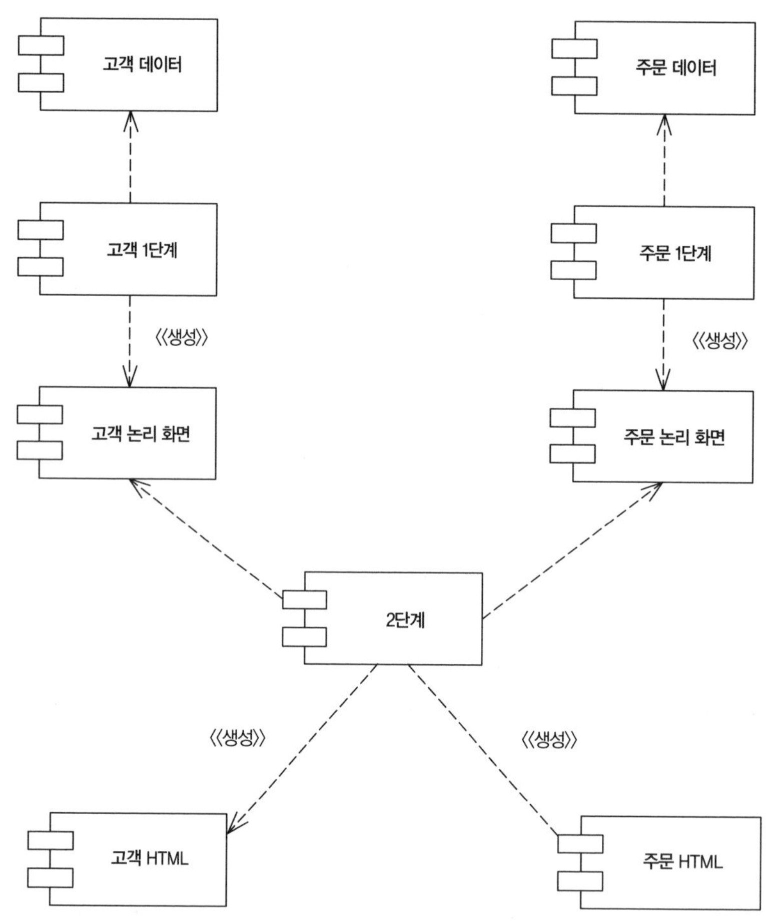

그림 14.7 외형이 하나인 2단계 뷰

또한 2단계 뷰는 다중 계층을 사용하므로 프로그래밍 모델을 배우기도 좀 더 어렵지만, 일단 익숙해진 후에는 그리 어렵지 않으며, 반복적인 보일러플레이트 코드(boilerplate code)를 줄이는 데 유리하다.

다중 외형의 개념을 활용한 다른 사례로 장치 유형별로 다른 두 번째 단계를 제공하는 예가 있다. 즉, 브라우저와 스마트폰에 대해 각기 다른 두 번째 단계를 제공할 수 있다. 이 경우 일반적인 제약은 두 외형이 동일한 논리적 화면을 따라야 한다는 것인데, 서로 완전히 다른 장치의 경우 이렇게 하기가 어려울 수 있다.

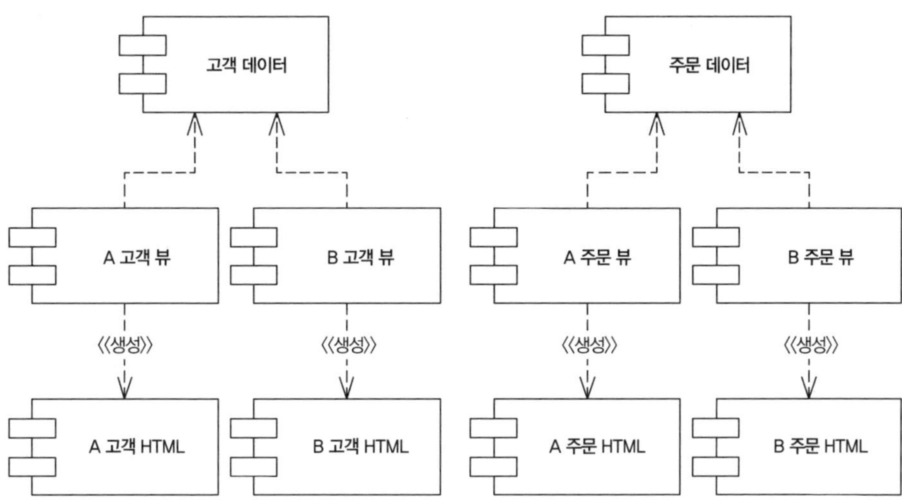

그림 14.8 외형이 두 개인 1단계 뷰

예제: 2단계 XSLT(XSLT)

2단계 뷰

지금 소개하는 2단계 뷰 방식에서는 2단계 XSLT 변환을 사용한다. 첫 번째 단계는 도메인별 XML을 논리적 화면 XML로 변환하며, 두 번째 단계는 논리적 화면 XML을 HTML로 변환한다.

다음은 원래의 도메인 기반 XML의 예다.

```
<album>
    <title>Zero Hour</title>
    <artist>Astor Piazzola</artist>
    <trackList>
        <track><title>Tanguedia III</title><time>4:39</time></track>
        <track><title>Milonga del Angel</title><time>6:30</time></track>
        <track><title>Concierto Para Quinteto</title><time>9:00</time></track>
        <track><title>Milonga Loca</title><time>3:05</time></track>
        <track><title>Michelangelo '70</title><time>2:50</time></track>
        <track><title>Contrabajisimo</title><time>10:18</time></track>
        <track><title>Mumuki</title><time>9:32</time></track>
    </trackList>
</album>
```

2단계 뷰

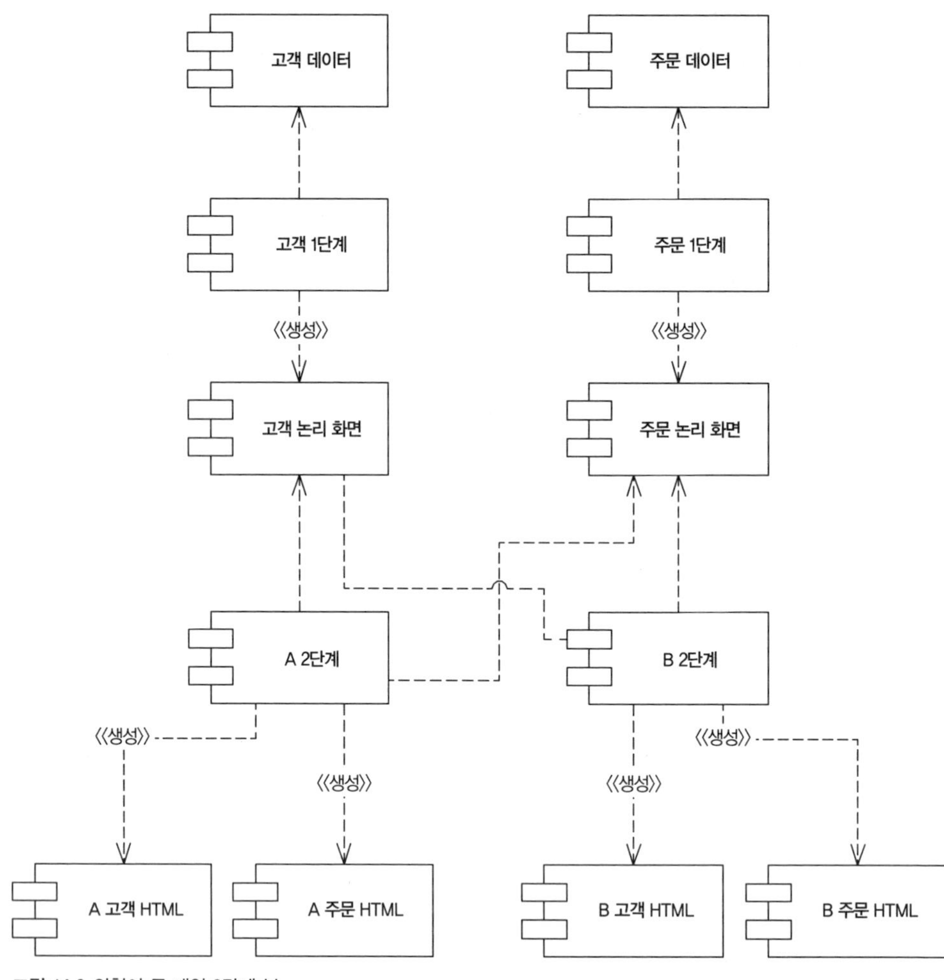

그림 14.9 외형이 두 개인 2단계 뷰

첫 번째 단계의 XSLT 프로세서는 이를 화면 기반 XML로 변환한다.

```
<screen>
    <title>Zero Hour</title>
    <field label="Artist">Astor Piazzola</field>
    <table>
        <row><cell>Tanguedia III</cell><cell>4:39</cell></row>
        <row><cell>Milonga del Angel</cell><cell>6:30</cell></row>
        <row><cell>Concierto Para Quinteto</cell><cell>9:00</cell></row>
        <row><cell>Milonga Loca</cell><cell>3:05</cell></row>
        <row><cell>Michelangelo '70</cell><cell>2:50</cell></row>
        <row><cell>Contrabajisimo</cell><cell>10:18</cell></row>
        <row><cell>Mumuki</cell><cell>9:32</cell></row>
```

```
    </table>
</screen>
```

이러한 변환을 위해서는 다음과 같은 XSLT 프로그램이 필요하다.

```
<xsl:template match="album">
    <screen><xsl:apply-templates/></screen>
</xsl:template>
<xsl:template match="album/title">
    <title><xsl:apply-templates/></title>
</xsl:template>
<xsl:template match="artist">
    <field label="Artist"><xsl:apply-templates/></field>
</xsl:template>
<xsl:template match="trackList">
    <table><xsl:apply-templates/></table>
</xsl:template>
<xsl:template match="track">
    <row><xsl:apply-templates/></row>
</xsl:template>
<xsl:template match="track/title">
    <cell><xsl:apply-templates/></cell>
</xsl:template>
<xsl:template match="track/time">
    <cell><xsl:apply-templates/></cell>
</xsl:template>
```

2단계 뷰

화면 기반 XML은 아주 평범하다. 이를 HTML로 변환하려면 두 번째 단계 XSLT 프로그램이 필요하다.

```
<xsl:template match="screen">
    <HTML><BODY bgcolor="white">
    <xsl:apply-templates/>
    </BODY></HTML>
</xsl:template>
<xsl:template match="title">
    <h1><xsl:apply-templates/></h1>
</xsl:template><xsl:template match="field">
    <P><B><xsl:value-of select = "@label"/>: </B><xsl:apply-templates/></P>
</xsl:template>
<xsl:template match="table">
    <table><xsl:apply-templates/></table>
```

```
</xsl:template>
<xsl:template match="table/row">
    <xsl:variable name="bgcolor">
        <xsl:choose>
            <xsl:when test="(position() mod 2) = 1">linen</xsl:when>
            <xsl:otherwise>white</xsl:otherwise>
        </xsl:choose>
    </xsl:variable>
    <tr bgcolor="{$bgcolor}"><xsl:apply-templates/></tr>
</xsl:template>
<xsl:template match="table/row/cell">
    <td><xsl:apply-templates/></td>
</xsl:template>
```

2단계를 조립하는 단계에서는 작업을 하는 코드를 분리하는 데 도움이 되도록 프런트 컨트롤러(366)를 사용했다.


```
class AlbumCommand...

    public void process() {
        try {
            Album album = Album.findNamed(request.getParameter("name"));
            album = Album.findNamed("1234");
            Assert.notNull(album);
            PrintWriter out = response.getWriter();
            XsltProcessor processor = new TwoStepXsltProcessor("album2.xsl", "second.xsl");
            out.print(processor.getTransformation(album.toXmlDocument()));
        } catch (Exception e) {
            throw new ApplicationException(e);
        }
    }
```

이 방식과 변환 뷰(384)의 1단계 방식과 비교하면 차이를 이해하기 쉽다. 행마다 교대로 색을 변경하려는 경우 변환 뷰(384)에서는 XSLT 프로그램을 모두 편집해야 했지만, 2단계 뷰에서는 2단계 XSLT 프로그램 하나만 수정하면 된다. 호출 가능한 템플릿을 사용해도 비슷한 기능을 구현할 수 있지만 XSLT 프로그래밍에 대한 지식이 많이 필요하다. 2단계 뷰의 단점은 최종 HTML이 화면 기반 XML에 의해 상당한 제약을 받는다는 점이다.

예제: JSP와 커스텀 태그(자바)

XSLT 방식은 2단계 뷰를 구현하는 개념상 가장 쉬운 방식이 분명하지만 다른 방법도 여러 가지가 있다. 여기서는 JSP와 커스텀 태그를 사용하는 예를 소개한다. 물론 두 가지 모두 XSLT보다는 다소 불편하고 덜 강력하지만 다른 방법으로도 패턴을 구현할 수 있다는 것을 확인하는 데는 충분하다. 다만 필자 개인적으로 실전에서 이 방식을 사용해보지는 않았다는 것을 미리 밝혀두며, 어떤 것이 가능한지 예상하는 데는 충분하리라고 생각한다.

2단계 뷰의 핵심 규칙은 표시할 내용을 결정하는 것과 이를 표시하는 HTML을 결정하는 것은 완전히 별개의 결정이라는 것이다. 이 예에서 첫째 단계는 JSP 페이지 하나와 도우미로 처리되며, 두 번째 단계는 여러 커스텀 태그로 처리된다.

첫째 단계에서 흥미로운 부분은 JSP 페이지다.

2단계 뷰

```
<%@ taglib uri="2step.tld" prefix = "2step" %>
<%@ page session="false"%>
<jsp:useBean id="helper" class="actionController.AlbumConHelper"/>
<%helper.init(request, response);%>
<2step:screen>
<2step:title><jsp:getProperty name = "helper" property = "title"/></2step:title>
<2step:field label = "Artist"><jsp:getProperty name = "helper" property =
"artist"/></2step:field>
<2step:table host = "helper" collection = "trackList" columns = "title, time"/>
</2step:screen>
```

여기서는 JSP 페이지에 대한 페이지 컨트롤러(353)와 함께 이에 대한 정보를 읽을 수 있는 도우미 객체를 사용한다. 먼저 2step 네임스페이스에 포함되는 태그를 살펴봐야 한다. 이러한 태그는 두 번째 단계를 호출하는 데 사용된다. JSP 페이지에 HTML이 전혀 없다는 점에도 주의해야 한다. JSP에 있는 태그는 도우미에서 값을 얻기 위한 빈 조작 태그와 두 번째 단계 태그 뿐이다.

각각의 두 번째 단계 태그에는 해당하는 논리 화면 요소를 위한 HTML을 출력하는 구현이 있다. 이 중에서는 타이틀과 관련된 태그가 가장 간단하다.

```
class TitleTag...

    public int doStartTag() throws JspException {
        try {
            pageContext.getOut().print("<H1>");
        } catch (IOException e) {
            throw new JspException("unable to print start");
```

```
        }
        return EVAL_BODY_INCLUDE;
    }

    public int doEndTag() throws JspException {
        try {
            pageContext.getOut().print("</H1>");
        } catch (IOException e) {
            throw new JspException("unable to print end");
        }
        return EVAL_PAGE;
    }
```

커스텀 태그에 아직 익숙하지 않은 독자를 위해 간단히 소개하면 커스텀 태그는 태그를 지정한 텍스트의 시작과 끝에서 호출되는 후크 메서드를 구현하는 방법으로 작동한다. 이 태그의 경우 <H1> 태그의 본문 내용을 둘러싼다. 더 복잡한 태그(예: 필드)의 경우 속성을 받을 수 있다. 속성은 설정 메서드를 사용해 태그 클래스에 연결된다.

2단계 뷰

```
class FieldTag...

    private String label;
    public void setLabel(String label) {
        this.label = label;
    }
```

값이 설정되면 이를 출력에 사용할 수 있다.

```
class FieldTag...

    public int doStartTag() throws JspException {
        try {
            pageContext.getOut().print("<P>" + label + ": <B>");
        } catch (IOException e) {
            throw new JspException("unable to print start");
        }
        return EVAL_BODY_INCLUDE;
    }

    public int doEndTag() throws JspException {
        try {
            pageContext.getOut().print("</B></P>");
```

```
        } catch (IOException e) {
            throw new JspException("how are checked exceptions helping me here?");
        }
        return EVAL_PAGE;
    }
```

Table은 가장 복잡한 태그다. 이 태그는 JSP 작성자가 테이블에 넣을 열을 선택할 수 있게 해주며 교대로 다른 색을 사용해 행을 강조 표시한다. 태그 구현은 두 번째 단계로서 작동하므로 강조 표시에 대한 변경은 시스템 전체에 일괄적으로 적용된다.

Table 태그는 컬렉션 프로퍼티의 이름, 컬렉션 프로퍼티가 있는 객체, 그리고 열 이름의 쉼표로 구분된 목록을 속성으로 받는다.

```
class TableTag...

    private String collectionName;
    private String hostName;
    private String columns;

    public void setCollection(String collectionName) {
        this.collectionName = collectionName;
    }

    public void setHost(String hostName) {
        this.hostName = hostName;
    }

    public void setColumns(String columns) {
        this.columns = columns;
    }
```


객체에서 프로퍼티를 가져오는 도우미 메서드를 만들었다. "getsomething"과 같은 스타일의 메서드를 호출하는 대신 자바 빈을 지원하는 여러 클래스를 사용하는 방식에 대해서는 논란의 여지가 있지만 이 예에서는 별 상관이 없다.

```
class TableTag...

    private Object getProperty(Object obj, String property) throws JspException {
        try {
            String methodName = "get" + property.substring(0, 1).toUpperCase() +
                property.substring(1);
```

```
            Object result = obj.getClass().getMethod(methodName, null).invoke(obj, null);
            return result;
        } catch (Exception e) {
            throw new JspException("Unable to get property " + property + " from " + obj);
        }
    }
```

이 태그에는 본문이 없다. 이 태그는 호출되면 요청 프로퍼티에서 명명된 컬렉션을 가져오고 컬렉션을 순회해 테이블의 행을 생성한다.

```
class TableTag...

    public int doStartTag() throws JspException {
        try {
            JspWriter out = pageContext.getOut();
            out.print("<table>");
            Collection coll = (Collection) getPropertyFromAttribute(hostName,
collectionName);
            Iterator rows = coll.iterator();
            int rowNumber = 0;
            while (rows.hasNext()) {
                out.print("<tr");
                if ((rowNumber++ % 2) == 0) out.print(" bgcolor = " + HIGHLIGHT_COLOR);
                out.print(">");
                printCells(rows.next());
                out.print("</tr>");
            }
            out.print("</table>");
        } catch (IOException e) {
            throw new JspException("unable to print out");
        }
        return SKIP_BODY;
    }

    private Object getPropertyFromAttribute(String attribute, String property)
            throws JspException
    {
        Object hostObject = pageContext.findAttribute(attribute);
        if (hostObject == null)
            throw new JspException("Attribute " + attribute + " not found.");
```

```
        return getProperty(hostObject, property);
    }
    public static final String HIGHLIGHT_COLOR = "'linen'";
```

컬렉션을 순회하면서 행의 배경색을 교대로 변경해 강조 표시한다.

각 행의 셀을 출력하기 위해 컬렉션에 있는 객체의 프로퍼티 값을 열 이름으로 사용한다.

```
class TableTag...

    private void printCells(Object obj) throws IOException, JspException {
        JspWriter out = pageContext.getOut();
        for (int i = 0; i < getColumnList().length; i++) {
            out.print("<td>");
            out.print(getProperty(obj, getColumnList()[i]));
            out.print("</td>");
        }
    }

    private String[] getColumnList() {
        StringTokenizer tk = new StringTokenizer(columns, ", ");
        String[] result = new String[tk.countTokens()];
        for (int i = 0; tk.hasMoreTokens(); i++)
            result[i] = tk.nextToken();
        return result;
    }
```


이 방법은 XSLT 구현과 비교하면 사이트 레이아웃에 대한 제약이 다소 적은 편이다. 즉, 페이지 제작자가 레이아웃을 벗어나는 HTML을 추가하려는 경우 그리 어렵지 않게 할 수 있다. 물론 이러한 특성은 디자인 중심의 페이지를 세부 조정하는 데는 도움이 되지만 내부 작동 방식을 잘 이해하지 못하는 사람이 부적절하게 사용할 우려도 있다. 경우에 따라서는 제약이 실수를 예방하는 효과도 있다. 이 점은 팀에서 결정을 내릴 때 고려해야 할 이 방식의 장단점이다.

애플리케이션 컨트롤러

화면 이동과 애플리케이션의 흐름을 처리하는 중심 지점

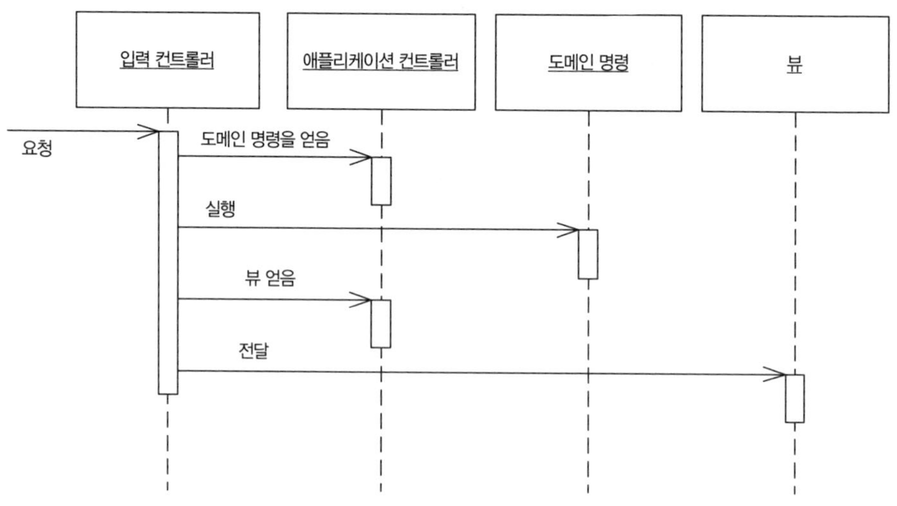

애플리케이션 컨트롤러

어떤 애플리케이션에는 특정 부분에 사용할 화면을 결정하고 특정 시점에 특정 화면을 호출하는 논리를 상당히 많이 포함하기도 한다. 이것은 마법사 스타일의 상호작용으로서 일련의 화면을 통해 특정한 순서로 사용자를 안내하는 방식이다. 이 경우 특정 조건에서만 어떤 화면이 표시되거나 이전 입력에 따라 다른 화면에 표시되는 경우를 볼 수 있다.

다양한 모델 뷰 컨트롤러(350) 입력 컨트롤러를 사용하면 어느 정도는 이러한 결정을 내릴 수 있지만 애플리케이션이 복잡해지면 다른 화면의 여러 컨트롤러가 특정 조건에서 해야 하는 일을 알아야 하므로 코드 중복이 발생한다.

필요한 모든 흐름 논리를 **애플리케이션 컨트롤러**(Application Controller)에 배치하면 이러한 코드 중복을 예방할 수 있다. 입력 컨트롤러는 애플리케이션 컨트롤러로부터 모델을 대상으로 실행할 명령과 애플리케이션의 상태에 따라 사용할 올바른 뷰에 대한 정보를 얻을 수 있다.

작동 원리

애플리케이션 컨트롤러는 실행할 도메인 논리를 결정하고 응답을 표시할 뷰를 결정하는 두 가지 역할을 한다. 이를 위해 애플리케이션 컨트롤러는 각각 도메인 계층에서 실행할 도메인 명령과 사용할 뷰를 위한 클래스 참조의 구조화된 컬렉션 두 개를 포함한다.

애플리케이션 컨트롤러는 도메인 명령과 뷰에 대해 호출하기 위해 무언가를 저장하는 방법이 필요하다. 여기에는 손쉽게 코드 블록을 얻고 실행할 수 있는 명령[Gang of Four]을 사용하는 것이 적절하다. 함수를 조작할 수 있는 언어에서는 함수에 대한 참조를 저장할 수 있다. 다른 방법은 리플렉션을 통해 메서드를 호출하는 데 사용할 수 있는 문자열을 저장하는 것이다.

도메인 명령은 애플리케이션 컨트롤러 계층의 일부인 명령 객체이거나 도메인 계층의 도메인 객체 메서드 또는 트랜잭션 스크립트(115)에 대한 참조일 수 있다.

서버 페이지를 뷰로 사용하는 경우 서버 페이지 이름을 사용할 수 있다. 클래스를 사용하는 경우 리플렉션 호출을 위한 문자열이나 명령을 사용하면 된다. XSLT 변환을 사용해도 되는데, 이 경우 애플리케이션 컨트롤러가 이에 대한 참조를 문자열로 저장할 수 있다.

우선은 애플리케이션 컨트롤러를 프레젠테이션의 나머지 부분에서 얼마나 분리할지 결정해야 한다. 이 결정에 따라 애플리케이션 컨트롤러가 UI 기능에 의존성을 갖는지 여부가 결정된다. HTTP 세션 데이터에 직접 접근하거나, 리치 클라이언트 클래스의 메서드를 호출하거나, 서버 페이지로 전달하는 등의 작업을 하는 경우 의존성을 갖게 된다.

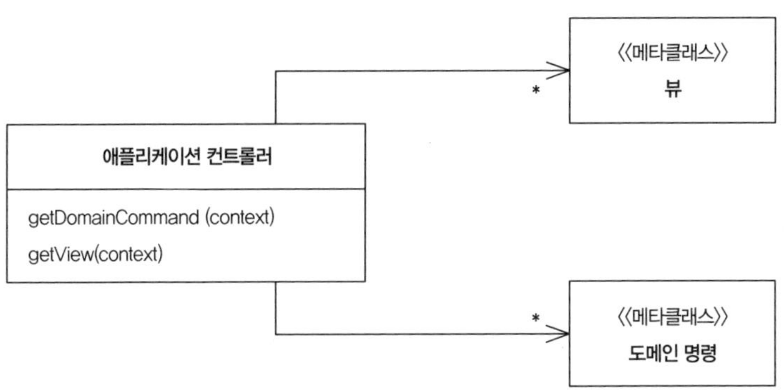

그림 14.10 애플리케이션 컨트롤러는 도메인 논리에 대한 컬렉션과 뷰에 대한 클래스 참조의 컬렉션을 가진다.

연결 방식의 애플리케이션 컨트롤러도 사용되기는 하지만, 필자는 애플리케이션 컨트롤러가 UI 기능에 직접 연결되지 않는 방식을 선호한다. 애플리케이션 컨트롤러가 UI 기능에 연결되지 않으면 UI 없이도 독립적으로 애플리케이션 컨트롤러를 테스트할 수 있으며 이것은 상당히 큰 장점이다. 또한 여러 프레젠테이션에서 동일한 애플리케이션 컨트롤러를 사용하려는 경우에도 이러한 분리가 중요하다. 이러한 이유로 애플리케이션 컨트롤러는 프레젠테이션과 도메인 사이의 중간 계층이라고 생각하는 경우도 많다.

한 애플리케이션에서 각기 다른 부분을 처리하는 여러 애플리케이션 컨트롤러를 사용할 수 있다. 이렇게 하면 복잡한 논리를 여러 클래스로 분할할 수 있다. 또한 작업이 광범위한 사용자 인터페이스로 분할되고 각 영역별로 별도의 애플리케이션 컨트롤러를 구축할 수 있게 된다. 단순한 애플리케이션에서는 애플리케이션 컨트롤러가 하나만 필요할 수도 있다.

웹 프런트엔드, 리치 클라이언트, 스마트폰과 같은 여러 프레젠테이션이 필요한 경우 각 프레젠테이션에 동일한 애플리케이션 컨트롤러를 사용할 수 있지만 너무 욕심을 부릴 필요는 없다. 사용자 인터페이스를 사용하기 편하게 만들려면 UI마다 다른 화면 흐름을 사용해야 할 수 있다. 그러나 한 애플리케이션 컨트롤러를 재사용하면 UI는 조금 불편해지지만 개발 기간은 확실히 단축할 수 있다.

UI를 설명하는 일반적인 방법 중 하나는 특정 이벤트가 애플리케이션의 특정 핵심 객체의 상태에 따라 다른 반응을 트리거하는 상태 시스템이라고 설명하는 것이다. 이 경우 애플리케이션 컨트롤러에서 상태 시스템의 제어 흐름을 나타내는 방법으로 메타데이터가 아주 적합하다. 메타데이터는 프로그래밍 언어 호출(가장 간단한 방법)로 설정하거나 별도의 구성 파일에 저장할 수 있다.

애플리케이션 컨트롤러

한 요청에 적용되는 도메인 논리가 애플리케이션 컨트롤러에 배치되는 경우도 있을 수 있다. 짐작할 수 있겠지만 필자는 이 개념에 상당히 반대하는 편이다. 그러나 도메인과 애플리케이션 논리 간의 경계는 매우 흐려지는 경우가 많다. 예를 들어, 보험 애플리케이션을 구축할 때 가입자가 흡연자인 경우에만 표시되는 질문을 별도의 화면으로 만들어야 한다고 가정해보자. 이 논리는 애플리케이션 논리일까? 아니면 도메인 논리일까? 이러한 경우가 소수라면 이러한 유형의 논리를 애플리케이션 컨트롤러(404)에 넣을 수 있겠지만 여러 곳에서 자주 필요하다면 도메인 모델(122)을 이에 맞게 설계할 필요가 있다.

사용 시점

애플리케이션의 흐름과 이동이 아주 단순해서 사용자가 순서에 관계없이 모든 화면에 접근할 수 있다면 애플리케이션 컨트롤러를 사용할 이유가 많지 않다. 애플리케이션 컨트롤러의 장점은 객체의 상태에 따라 다른 뷰를 표시하며 페이지를 표시하는 순서에 대한 명확한 규칙이 있을 때 발휘된다.

애플리케이션의 흐름이 변경될 때 여러 곳에서 비슷한 변경이 필요하다면 애플리케이션 컨트롤러가 필요하다는 신호일 수 있다.

참고 자료

이 패턴에 대한 글은 대부분 [Knight and Dai]에서 소개한 내용에 바탕을 두고 있다. 이러한 개념이 새로운 개념은 아니지만 아주 명확하고 이해하기 쉬운 방식으로 설명하고 있다.

예제: 상태 모델 애플리케이션 컨트롤러(자바)

상태 모델은 사용자 인터페이스를 설명하는 일반적인 방법이다. 상태 모델은 어떤 객체의 상태에 따라 이벤트에 다르게 반응해야 하는 경우 특히 적합하다. 이 예에서는 자산에 대한 몇 가지 명령을 처리하는 간단한 상태 모델을 소개한다(그림 14.11). 실무자가 이 모델을 본다면 너무 단순화했다고 화를 낼지 모르겠지만 상태 기반 애플리케이션 컨트롤러의 예제로는 아무 문제가 없다.

애플리케이션 컨트롤러

코드에서 구현하려는 규칙은 다음과 같다.

- 임대 상태일 때 반환 명령을 받으면 자산의 반환에 대한 정보를 얻는 페이지를 표시한다.
- 재고 상태일 때 반환 명령을 받으면 오류가 발생한 것이므로 잘못된 작업 페이지를 표시한다.
- 손상 명령을 받으면 상태가 재고 또는 임대인지 관계없이 다른 페이지를 표시한다.

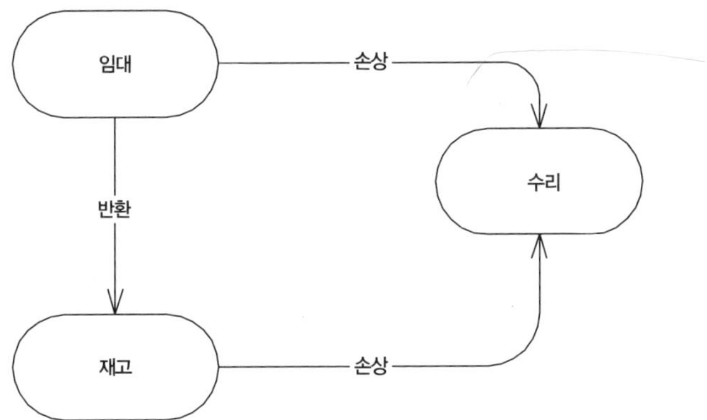

그림 14.11 자산에 대한 간단한 상태 다이어그램

입력 컨트롤러는 프런트 컨트롤러(366)이며, 다음과 같이 요청을 처리한다.

```
class FrontServlet...

    public void service(HttpServletRequest request, HttpServletResponse response)
            throws IOException, ServletException
```

```
    {
        ApplicationController appController = getApplicationController(request);
        String commandString = (String) request.getParameter("command");
        DomainCommand comm =
                appController.getDomainCommand(commandString, getParameterMap(request));
        comm.run(getParameterMap(request));
        String viewPage =
                "/" + appController.getView(commandString, getParameterMap(request)) +
".jsp";
        forward(viewPage, request, response);
    }
```

서비스 메서드의 흐름은 상당히 직관적이다. 특정 요청에 대한 올바른 애플리케이션 컨트롤러를 찾고, 애플리케이션 컨트롤러에 도메인 명령을 요청한 다음, 도메인 명령을 실행하고, 애플리케이션 컨트롤러에 뷰를 요청하며, 마지막으로 뷰를 전달한다.

이 체계에서는 애플리케이션 컨트롤러가 모두 동일한 인터페이스를 구현한다고 가정했다.

애플리케이션 컨트롤러

```
interface ApplicationController...

    DomainCommand getDomainCommand (String commandString, Map params);
    String getView (String commandString, Map params);
```

이 예에서 명령에 적합한 애플리케이션 컨트롤러는 자산 애플리케이션 컨트롤러다. 여기서는 응답 클래스를 사용해 도메인 명령과 뷰 참조를 저장한다. 도메인 명령에는 클래스에 대한 참조를 사용하고 뷰에는 프런트 컨트롤러가 JSP에 대한 URL로 변경할 문자열을 사용했다.

```
class Response...

    private Class domainCommand;
    private String viewUrl;

    public Response(Class domainCommand, String viewUrl) {
        this.domainCommand = domainCommand;
        this.viewUrl = viewUrl;
    }

    public DomainCommand getDomainCommand() {
        try {
            return (DomainCommand) domainCommand.newInstance();
        } catch (Exception e) {throw new ApplicationException (e);
```

```
        }
    }

    public String getViewUrl() {
        return viewUrl;
    }
```

애플리케이션 컨트롤러는 명령 문자열과 자산 상태를 통해 인덱싱하는 맵의 맵을 사용해 응답에 접근한다(그림 14.12).

```
class AssetApplicationController...

    private Response getResponse(String commandString, AssetStatus state) {
        return (Response) getResponseMap(commandString).get(state);
    }

    private Map getResponseMap (String key) {
        return (Map) events.get(key);
    }

    private Map events = new HashMap();
```


컨트롤러는 도메인 명령을 요청받으면 요청을 확인해 자산 ID를 알아내고, 도메인에서 자산의 상태를 확인한 다음, 해당하는 도메인 명령 클래스를 조회하고, 이 클래스를 인스턴스화한 후, 새로운 객체를 반환한다.

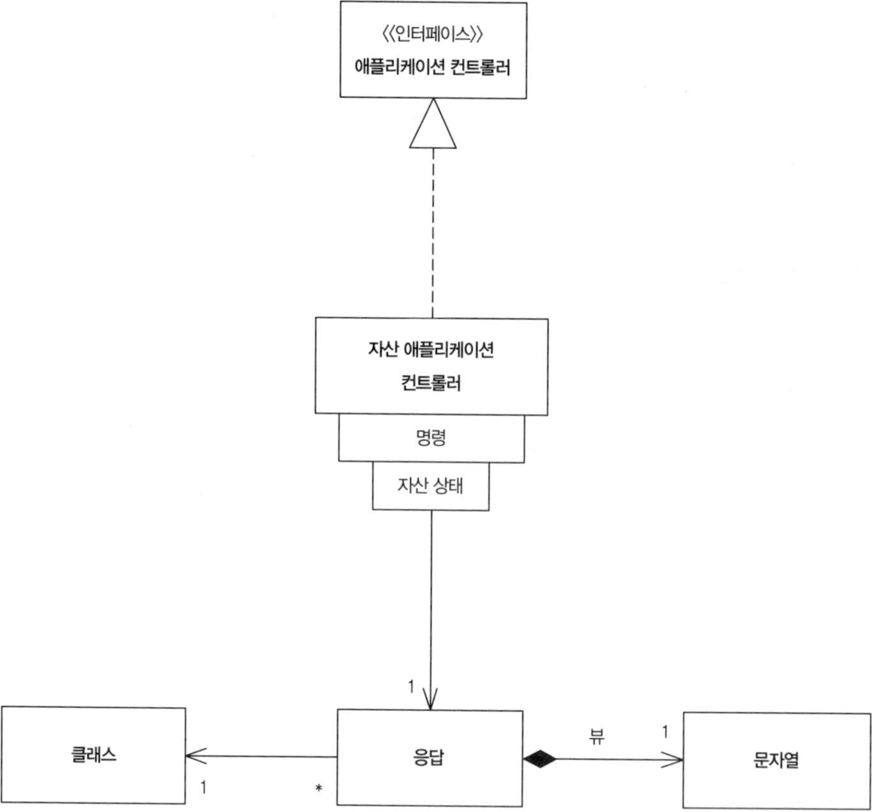

애플리케이션 컨트롤러

그림 14.12 자산 애플리케이션 컨트롤러가 도메인 명령과 뷰에 대한 참조를 저장하는 방법

```
class AssetApplicationController...

    public DomainCommand getDomainCommand (String commandString, Map params) {
        Response reponse = getResponse(commandString, getAssetStatus(params));
        return reponse.getDomainCommand();
    }

    private AssetStatus getAssetStatus(Map params) {
        String id = getParam("assetID", params);
        Asset asset = Asset.find(id);
        return asset.getStatus();
    }

    private String getParam(String key, Map params) {
        return ((String[]) params.get(key))[0];
    }
```

도메인 명령이 하는 일은 프런트 컨트롤러가 실행할 수 있게 간단한 인터페이스를 따르는 것이다.

```
interface DomainCommand...

    abstract public void run(Map params);
```

도메인 명령이 할 일을 완료하면 애플리케이션 컨트롤러가 뷰에 대한 요청을 받고 다시 작동을 시작한다.

```
class AssetApplicationController...

    public String getView (String commandString, Map params) {
        return getResponse(commandString, getAssetStatus(params)).getViewUrl();
    }
```

이 예에서 애플리케이션 컨트롤러는 JSP에 대한 전체 URL을 반환하지는 않는다. 여기서 반환한 문자열은 프런트 컨트롤러가 URL로 변환한다. 이렇게 한 이유는 응답에 URL 경로가 중복되는 것을 방지하기 위해서다. 이렇게 하면 나중에 필요할 때 간접 처리를 추가하기도 쉽다.

애플리케이션 컨트롤러

사용할 애플리케이션 컨트롤러는 코드를 통해 로드할 수 있다.

```
class AssetApplicationController...

    public void addResponse(String event, Object state, Class domainCommand, String view) {
        Response newResponse = new Response (domainCommand, view);
        if ( ! events.containsKey(event))
            events.put(event, new HashMap());
        getResponseMap(event).put(state, newResponse);
    }

    private static void loadApplicationController(AssetApplicationController appController) {
        appController = AssetApplicationController.getDefault();
        appController.addResponse("return", AssetStatus.ON_LEASE,
                GatherReturnDetailsCommand.class, "return");
        appController.addResponse("return", AssetStatus.IN_INVENTORY,
                NullAssetCommand.class, "illegalAction");
        appController.addResponse("damage", AssetStatus.ON_LEASE,
                InventoryDamageCommand.class, "leaseDamage");
        appController.addResponse("damage", AssetStatus.IN_INVENTORY,
                LeaseDamageCommand.class, "inventoryDamage");
    }
```

한 파일에서 이 작업을 하도록 수정하는 것은 별로 어렵지 않으므로 여러분의 몫으로 남긴다.

15장

분산 패턴

원격 파사드

가는 입자 객체에 대한 굵은 입자 파사드를 제공해 네트워크 상에서 효율을 향상시킨다.

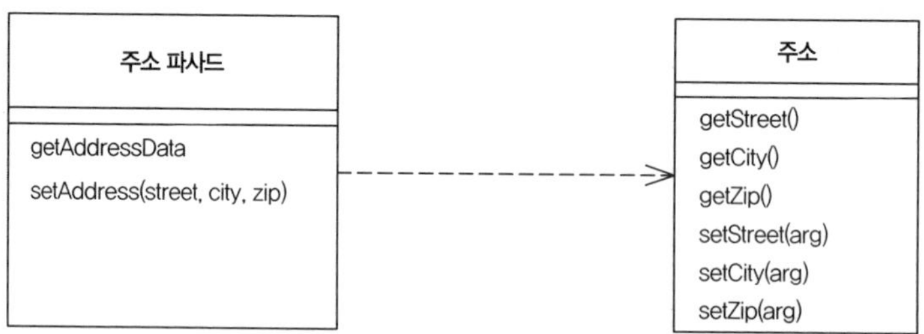

객체지향 모델은 작은 메서드를 포함하는 작은 객체를 사용할 때 가장 잘 작동한다. 이러한 가는 입자 체계는 동작의 제어 및 대체할 수 있는 기회를 많이 제공하고 의도를 잘 나타내는 이름을 통해 애플리케이션을 이해하기 쉽게 만드는 데 도움이 된다. 이러한 가는 입자 동작을 활용할 때의 결과 중 하나는 객체 간 상호작용이 많이 일어난다는 것인데, 이를 위해서는 일반적으로 메서드 호출이 많이 요구된다.

그런데 가는 입자 상호작용은 단일 주소 공간 내에서는 잘 작동하지만 프로세스 간 호출에서는 상황이 전혀 다르다. 원격 호출의 경우 데이터 마셜링, 보안 검사, 스위치를 통한 패킷 라우팅 등 해야 일이 많기 때문에 비용이 많이 든다. 두 프로세스가 지구 반대편에 있는 컴퓨터에서 실행되고 있다면 빛의 속도까지 계산에 넣어야 한다. 한 컴퓨터에서 실행 중인 프로세스 간 호출도 프로세스 내 호출과 비교하면 적어도 몇십 배는 더 느리다. 이러한 성능 저하는 지연 최적화를 적용하더라도 해결할 수 없는 심각한 수준이다.

따라서 원격 객체로 사용하려는 객체에는 작업 수행에 필요한 호출을 최소화할 수 있는 굵은 입자 인터페이스가 필요하다. 이렇게 하면 메서드 호출은 물론 객체에도 영향이 있다. 예를 들어, 주문과 주문 품목을 별도로 요청하는 것이 아니라 주문과 주문 품목을 한 호출로 접근하고 업데이트해야 한다. 즉, 전체 객체 구조가 바뀌어야 한다. 또한 작은 객체와 작은 메서드를 사용할 때 얻을 수 있었던 명확한 의도와 세부적인 제어의 장점을 포기해야 한다. 프로그래밍이 더 어렵고 생산성은 저하된다.

원격 파사드(Remote Facade)는 웹을 통해 가는 입자 객체를 연결하는 굵은 입자 파사드 [Gang of Four]다. 가는 입자 객체는 원격 인터페이스를 포함하지 않으며 원격 파사드는 도메인 논리를 포함하지 않는다. 원격 파사드가 하는 일은 굵은 입자 메서드를 가는 입자 객체로 변환하는 것이다.

작동 원리

원격 파사드는 제각기 구분되는 역할을 여러 다른 객체로 분리하는 표준적인 객체지향 접근법을 통해 분산 문제를 해결하는 이 문제에 대한 표준 패턴이다. 필자는 가는 입자 객체가 복잡한 논리를 해결하는 올바른 방법이라고 생각하므로 모든 복잡한 논리를 단일 프로세스 내에서 협력하도록 설계된 가는 입자 객체에 넣는다. 그리고 이에 대한 효율적인 원격 접근을 위해 원격 인터페이스 역할을 할 별도의 파사드 객체를 만든다. 이름이 의미하는 것처럼 파사드는 굵은 입자에서 가는 입자 인터페이스로 전환하는 포장에 불과하다.

주소 객체와 같은 간단한 경우 원격 파사드는 일반적인 주소 객체의 접근 및 설정 메서드 전체를 **대량 접근자**(bulk accessor)라고 하는 접근자 메서드와 설정자 메서드 하나로 대체한다. 클라이언트가 설정자 메서드를 호출하면 주소 파사드가 설정 메서드에서 데이터를 읽고 실제 주소 객체에서 각각의 접근자를 호출한다(그림 15.1). 이 방식으로 모든 유효성 검사와 계산 논리가 깔끔하게 구분 가능해지고 다른 가는 입자 객체가 사용할 수 있는 주소 객체에 그대로 유지된다.

이보다 복잡한 경우 원격 파사드 하나가 여러 가는 입자 객체의 원격 게이트웨이 역할을 할 수 있다. 예를 들어, 주문 파사드 하나로 한 주문과 해당 주문의 모든 주문 품목, 그리고 경우에 따라 약간의 고객 데이터까지 얻고 업데이트할 수 있다.

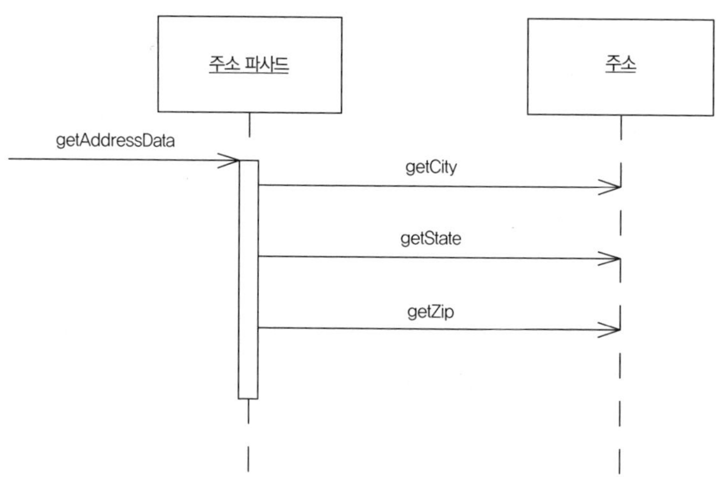

그림 15.1 파사드를 한 번 호출하면 파사드가 도메인 객체를 여러 번 호출할 수 있다.

이와 같이 정보를 대량으로 전송하려면 회선을 통해 쉽게 전송할 수 있는 형식이어야 한다. 해당하는 가는 입자 클래스가 연결의 양쪽에 있고, 직렬화가 가능한 경우 복사본을 만들어 직접 전송할 수 있다. 이 경우 `getAddressData` 메서드는 원래 주소 객체의 복사본을 생성한다. `setAddressData` 메서드는 주소 객체를 받고 이를 사용해 실제 주소 객체의 데이터를 업데이트한다(이 예에서는 원래 주소 객체가 ID를 유지해야 하므로 새 객체로 대체할 수 없다고 가정한다).

원격 파사드

그런데 이 방법이 불가능한 경우도 많다. 도메인 클래스를 여러 프로세스에서 복제하고 싶지 않거나 복잡한 관계 구조 때문에 도메인 모델의 일부를 직렬화하기 어려울 수 있다. 그리고 클라이언트가 전체 모델이 아닌 단순화된 부분 집합을 원하는 경우도 있다. 이 경우 데이터 전송 객체(427)를 기본 전송 방식으로 사용하는 것이 좋다.

앞서 그림에서는 원격 파사드 하나가 단일 도메인 객체에 대응된다. 물론 이 구조도 흔히 볼 수 있고 이해하기도 쉽지만 가장 일반적인 경우는 아니다. 원격 파사드 하나가 각각 여러 객체와 정보를 교환하도록 설계된 다수의 메서드를 가질 수 있다. 즉, `getAddressData` 및 `setAddressData`와 같은 메서드가 정의된 `CustomerService` 클래스에는 `getPurchasingHistory` 및 `updateCreditData`와 같은 메서드도 포함될 수 있다.

세분성(granularity)은 원격 파사드와 관련된 가장 까다로운 문제 중 하나다. 예를 들어, 원격 파사드를 유스 케이스당 하나씩 아주 작게 만드는 방법을 선호하는 사람들이 있다. 필자는 이보다 적은 수의 원격 파사드를 사용하는 굵은 입자 구조를 선호한다. 중간 규모의 애플리케이션에서 원격 파사드를 하나만 사용하거나 심지어 대규모 애플리케이션에서도 대여섯 개 정도만 사용하는 경우가 많다. 이것은 각 원격 파사드에 많은 수의 메서드가 포함된다는 의미지만 이러한 메서드는 작은 규모이므로 문제가 되지 않는다.

원격 파사드는 특정 클라이언트에서의 요건(일반적으로 사용자 인터페이스를 통해 정보 확인 및 업데이트)에 맞게 설계한다. 이 경우 여러 화면에 대한 단일 원격 파사드를 사용할 수 있으며, 각 화면에 대한 대량 접근자 메서드로 데이터를 읽고 저장할 수 있다. 화면의 버튼을 누르면 주문의 상태를 변경하도록 요청하고 파사드의 명령 메서드를 호출할 수 있다. 원격 파사드에는 기반 객체에 대해 사실상 동일한 일을 하는 여러 다른 메서드가 포함되는 경우가 많다. 이것은 일반적이고 합리적인 현상이다. 파사드는 내부 시스템이 아닌 외부 사용자의 편의를 위해 설계된다. 따라서 클라이언트 프로세스가 이러한 명령이 다른 명령이라고 판단한다면 내부적으로 동일한 명령이라도 다른 명령으로 취급된다.

원격 파사드는 상태 저장 또는 상태 비저장일 수 있다. 상태 비저장 원격 파사드는 풀링을 통해 특히 B2C 환경의 경우 리소스를 절약하고 효율을 높일 수 있다. 그러나 상호작용에 세션 간 상태 저장이 필요한 경우에는 클라이언트 세션 상태(482)나 데이터베이스 세션 상태(489), 서버 세션 상태(485)의 구현을 활용해 세션을 저장해야 한다. 상태 저장 원격 파사드는 자체 상태를 저장할 수 있으므로 서버 세션 상태(485)를 구현하기 쉽지만 동시 사용자가 수천 명일 경우 성능 문제가 발생할 수 있다.

원격 파사드는 굵은 입자 인터페이스를 제공하는 것 외에도 몇 가지 다른 역할을 담당할 수 있다. 예를 들어, 원격 파사드의 메서드는 보안을 적용하기에 최적의 위치다. 접근 제어 목록(access control list)을 활용해 어떤 사용자가 어떤 메서드를 호출할 수 있는지 결정할 수 있다. 원격 파사드 메서드는 트랜잭션 제어를 적용하는 데도 적합한 위치다. 원격 파사드 메서드는 트랜잭션을 시작하고 모든 내부 작업을 처리한 다음 마지막으로 트랜잭션을 커밋할 수 있다. 클라이언트로 반환될 때 트랜잭션이 열려 있으면 안 되므로 각 호출이 정상 트랜잭션으로 처리돼야 한다. 트랜잭션은 장기간 실행되는 경우 효율적이지 않다.

원격 파사드를 사용할 때 가장 큰 실수는 원격 파사드에 도메인 논리를 넣는 것이다. 세 번만 반복해서 읽어보자. "원격 파사드는 도메인 논리가 아니다." 파사드는 최소한의 역할만 포함하는 얇은 포장이어야 한다. 워크플로나 조율을 위한 도메인 논리가 필요하면 가는 입자 객체에 넣거나 이를 포함할 별도의 원격이 아닌 트랜잭션 스크립트(115)를 만들어야 한다. 즉, 원격 파사드를 빼더라도 코드 중복 없이 전체 애플리케이션을 그대로 실행할 수 있어야 한다.

원격 파사드와 세션 파사드: 최근 J2EE 커뮤니티에 세션 파사드[Alur et al.] 패턴이 선보였다. 이 책의 초안에서는 원격 파사드와 세션 파사드가 동일한 패턴이라고 생각하고 세션 파사드라는 이름을 사용했었다. 그런데 사실 둘 사이에는 중요한 차이점이 있다. 원격 파사드는 순전히 간단한 원격 포장을 만들기 위한 것이다. 여기에 도메인 논리를 넣는 것을 반대하는 것도 이러한 기본 개념 때문이다. 반면 세션 파사드에 대한 설명을 보면 일반적으로 여기에는 주로 워크플로와 관련된 논리를 넣는다고 이야기한다. 여기에는 J2EE 세션 빈을 사용해 엔터티 빈을 래핑하는 일반적인 방법이 영향을 많이 미쳤다. 엔터티 빈은 재진입이 되지 않기 때문에 다른 객체를 사용해 조율해야 한다.

결과적으로 필자는 원격 인터페이스에 여러 **트랜잭션 스크립트**(115)를 넣은 것이 바로 세션 파사드라고 생각한다. 물론 이것도 합리적인 접근법이지만 원격 파사드와는 다른 것이다. 게다가 세션 파사드는 도메인 논리를 포함하므로 애초에 이를 파사드라고 부를 수 없다고 생각한다!

서비스 계층: 파사드와 비슷한 개념으로 **서비스 계층**(141)이 있다. 둘의 가장 중요한 차이점은 서비스 계층은 원격이 아니어도 되므로 가는 입자 메서드만 가질 필요도 없다는 것이다. **도메인 모델**(122)을 단순화하는 과정에서 최종적으로 굵은 입자 메서드를 사용하게 되는 경우가 많은데, 이것은 네트워크 효율을 위한 것이라기보다 명확성을 위한 것이다. 게다가 서비스 계층에서 굳이 **데이터 전송 객체**(427)를 사용할 필요는 없다. 일반적으로 서비스 계층은 아무 문제없이 실제 도메인 객체를 클라이언트로 반환할 수 있다.

원격 파사드

도메인 모델(122)을 프로세스 내부와 원격에서 모두 사용하려는 경우 **서비스 계층**(141)과 함께 이를 바탕으로 별도의 원격 파사드를 사용할 수 있다. 프로세스가 원격으로만 사용되고 **서비스 계층**(141)에 애플리케이션 논리가 없는 경우 **서비스 계층**(141)을 원격 파사드로 만드는 것이 더 쉬운 방법일 수 있다. 애플리케이션 논리가 포함되는 경우에는 원격 파사드를 별도의 객체로 만들면 된다.

사용 시점

원격 파사드는 가는 입자 객체 모델에 대한 원격 접근이 필요할 때마다 사용한다. 원격 파사드를 사용하면 가는 입자 객체의 장점을 그대로 유지하면서 굵은 입자 인터페이스의 혜택까지 누릴 수 있다.

이 패턴은 프레젠테이션과 **도메인 모델**(122)이 서로 다른 프로세스로 실행되고 있을 때 둘을 연결하는 데 가장 일반적으로 사용된다. 스윙 UI와 서버 도메인 모델 간, 그리고 애플리케이션과 웹 서버가 각기 다른 프로세스일 때 서블릿과 서버 객체 모델 간에 이 패턴의 사용예를 볼 수 있다.

이 패턴은 다른 시스템에서 실행 중인 다른 프로세스를 다룰 때 흔히 사용되지만 동일한 시스템 상에서 프로세스 간 호출의 비용도 상당히 크기 때문에 사실은 프로세스가 실행되는 위치에 관계없이 모든 프로세스 간 통신에 굵은 입자 인터페이스가 필요하다.

모든 접근이 단일 프로세스 내에서 이뤄질 때는 이러한 유형의 통신이 필요하지 않다. 즉, 클라이언트 도메인 모델(122)과 해당 프레젠테이션이나 한 웹 서버에서 실행 중인 CGI 스크립트와 도메인 모델(122) 간에는 이 패턴을 사용하지 않아도 된다. 트랜잭션 스크립트(115)는 근본적으로 굵은 입자이므로 트랜잭션 스크립트(115)에는 원격 파사드가 항상 사용되지는 않는다.

원격 파사드는 원격 프로시저 호출을 사용하는 동기식 분산 형식을 암시한다. 비동기식 메시지 기반 원격 통신을 활용하면 애플리케이션의 응답성을 크게 개선할 수 있는 경우가 많다. 사실 비동기 방식에는 장점이 많지만, 아쉽게도 비동기 패턴에 대한 논의는 이 책의 범위를 벗어난다.

예제: 자바 세션 빈을 원격 파사드로 사용(자바)

엔터프라이즈 자바 플랫폼에서 작업하는 경우 원격 객체이자 상태 저장 또는 상태 비저장을 선택할 수 있는 세션 빈을 분산 파사드로 사용하는 것이 좋다. 이 예제에서는 EJB 컨테이너 안에서 다수의 POJO를 실행하고 원격 파사드로서 설계된 세션 빈을 통해 여기에 접근하는 방법을 알아본다. 세션 빈은 별로 복잡하지 않기 때문에 이전에 사용해본 경험이 없더라도 이해하는 데는 무리가 없을 것이다.

여기서 간단하게 언급할 사항이 있다. 첫째, 놀랍게도 아주 많은 사람들이 자바의 EJB 컨테이너에서는 보통 객체를 실행할 수 없다고 생각한다. "도메인 객체가 엔터티 빈입니까?"라는 질문을 종종 받는데, 이에 대한 대답은 그럴 수도 있지만 그럴 필요는 없다는 것이다. 이 예에서와 같은 단순 자바 객체도 아주 잘 작동한다.

두 번째는 이 예제에서 보여주는 방법이 세션 빈을 사용하는 유일한 방법은 아니라는 것이다. 세션 빈은 트랜잭션 스크립트(115)를 운영하는 데도 사용할 수 있다.

이 예제에서는 음악 앨범에 대한 정보에 접근하는 원격 인터페이스를 살펴본다. 도메인 모델(122)은 음악가, 앨범, 그리고 트랙을 나타내는 가는 입자 객체로 구성된다. 그리고 그 주변에는 애플리케이션에 데이터 원본을 제공하는 여러 다른 패키지가 있다(그림 15.2).

그림에서 dto 패키지에는 네트워크를 통해 데이터를 클라이언트로 전송하도록 도와주는 **데이터 전송 객체(427)**가 포함돼 있다. 여기에는 간단한 접근자 동작과 이진 또는 XML 텍스트 형식으로 직렬화하는 기능이 포함돼 있다. 원격 패키지에는 도메인 객체와 데이터 전송 객체 간에 데이터를 전송하는 어셈블러 객체가 있다. 이 작업이 어떻게 이뤄지는지 관심이 있다면 **데이터 전송 객체(427)**에 대한 내용을 읽어보자.

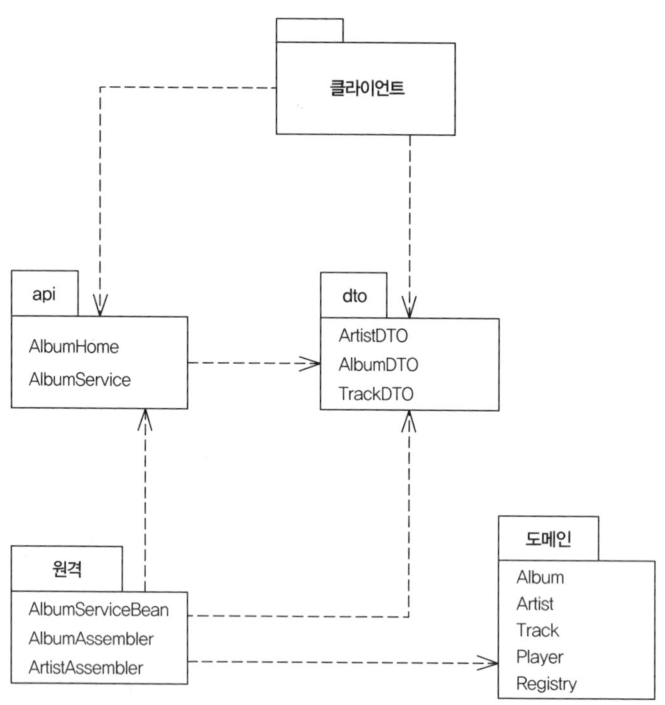

원격 파사드

그림 15.2 패키지는 원격 인터페이스다.

파사드에 대해 설명하기 위해 **데이터 전송 객체(427)**가 데이터를 주고받을 수 있다고 가정하고 원격 객체에 집중해보자. 논리적 자바 세션 빈 하나에는 실제 클래스 세 개가 있다. 이 가운데 둘은 원격 API(그리고 자바 인터페이스)를 구성하며 다른 하나는 API를 구현하는 클래스다. 두 인터페이스는 `AlbumService`와 홈 객체인 `AlbumHome`이다. 홈 객체는 네이밍 서비스에서 분산 파사드에 대한 접근을 얻는 데 사용되지만, 이것은 EJB에 대한 세부 사항이므로 여기서는 다루지 않는다. 우리의 관심사는 원격 인터페이스인 `AlbumService`다. 이 인터페이스는 API 패키지에 선언되고 클라이언트에 의해 사용되며 단순히 메서드의 목록에 불과하다.

```
class AlbumService...

    String play(String id) throws RemoteException;
    String getAlbumXml(String id) throws RemoteException;
    AlbumDTO getAlbum(String id) throws RemoteException;
    void createAlbum(String id, String xml) throws RemoteException;
    void createAlbum(String id, AlbumDTO dto) throws RemoteException;
    void updateAlbum(String id, String xml) throws RemoteException;
    void updateAlbum(String id, AlbumDTO dto) throws RemoteException;
    void addArtistNamed(String id, String name) throws RemoteException;
    void addArtist(String id, String xml) throws RemoteException;
    void addArtist(String id, ArtistDTO dto) throws RemoteException;
    ArtistDTO getArtist(String id) throws RemoteException;
```

이 간단한 예에도 도메인 모델(122)의 다른 두 클래스인 음악가와 앨범을 위한 메서드가 있다. 또한 동일한 메서드의 작은 변형도 있다. 메서드에는 원격 서비스로 데이터를 이동하기 위해 XML 문자열이나 데이터 전송 객체(427)를 사용하는 변형이 있다. 따라서 클라이언트는 클라이언트나 연결의 특성에 맞는 형식을 선택할 수 있다. 여기서 알 수 있듯이 작은 애플리케이션의 경우에도 AlbumService에 많은 메서드가 포함된다.

다행히 메서드 자체는 아주 간단하다. 다음은 앨범을 조작하는 메서드다.


```
class AlbumServiceBean...

    public AlbumDTO getAlbum(String id) throws RemoteException {
        return new AlbumAssembler().writeDTO(Registry.findAlbum(id));
    }

    public String getAlbumXml(String id) throws RemoteException {
        AlbumDTO dto = new AlbumAssembler().writeDTO(Registry.findAlbum(id));
        return dto.toXmlString();
    }

    public void createAlbum(String id, AlbumDTO dto) throws RemoteException {
        new AlbumAssembler().createAlbum(id, dto);
    }

    public void createAlbum(String id, String xml) throws RemoteException {
        AlbumDTO dto = AlbumDTO.readXmlString(xml);
        new AlbumAssembler().createAlbum(id, dto);
    }
```

```
public void updateAlbum(String id, AlbumDTO dto) throws RemoteException {
    new AlbumAssembler().updateAlbum(id, dto);
}

public void updateAlbum(String id, String xml) throws RemoteException {
    AlbumDTO dto = AlbumDTO.readXmlString(xml);
    new AlbumAssembler().updateAlbum(id, dto);
}
```

여기서 알 수 있듯이, 각 메서드는 다른 객체로 작업을 위임하는 것이 전부이므로 한두 줄로 이뤄져 있다. 이 코드 조각을 보면 분산 파사드가 어떻게 생겼는지 쉽게 이해할 수 있다. 즉, 분산 파사드는 아주 간단한 논리를 포함하는 짧은 메서드로 구성된 긴 목록이다. 파사드는 그 이름이 의미하는 것처럼 단순한 패키징 메커니즘에 불과하다.

마지막으로 테스트에 대한 사항을 간단하게 짚어보자. 테스트는 단일 프로세스 안에서 최대한 수행할 수 있게 만들면 유용하다. 이 예제의 경우 세션 빈 구현에 대한 테스트를 직접 작성할 수 있으며, 이러한 테스트는 EJB 컨테이너에 배포하지 않아도 실행할 수 있다


```
class XmlTester...

    private AlbumDTO kob;
    private AlbumDTO newkob;
    private AlbumServiceBean facade = new AlbumServiceBean();

    protected void setUp() throws Exception {
        facade.initializeForTesting();
        kob = facade.getAlbum("kob");
        Writer buffer = new StringWriter();
        kob.toXmlString(buffer);
        newkob = AlbumDTO.readXmlString(new StringReader(buffer.toString()));
    }

    public void testArtist() {
        assertEquals(kob.getArtist(), newkob.getArtist());
    }
```

이것은 메모리에서 실행하도록 작성한 JUnit 테스트의 예다. 이 방법으로 컨테이너 외부에서 세션 빈의 인스턴스를 생성하고 이에 대한 테스트를 실행해 테스트를 신속하게 반복할 수 있다.

예제: 웹 서비스(C#)

애디슨 웨슬리의 편집자인 마이크 핸드릭슨과 이 책에 대해 이야기하며 있었던 일이다. 편집자라면 항상 최신 용어에 온 신경을 집중하기 마련인데, 역시 그는 당시 인기 있는 주제였던 웹 서비스에 대한 내용을 이 책에 넣을 수 없느냐고 물었다. 필자는 사실 유행을 그대로 따르는 것을 굉장히 싫어한다. 게다가 출판 업계의 업무 속도를 감안하면 필자가 소개한 "최신 기술"이 여러분이 책을 읽을 즈음에는 조금 구식으로 느껴질 수도 있다. 어쨌든 웹 서비스는 최신 기술의 급격한 변화에도 핵심 패턴이 여전히 가치를 유지하는 경우가 많다는 것을 잘 보여주는 좋은 예다.

웹 서비스는 근본적으로 (느린 문자열 구문 분석 단계가 추가되긴 했지만) 원격 사용을 위한 인터페이스에 지나지 않는다. 따라서 원격 파사드에 적용되는 기본적인 조언이 거의 그대로 적용된다. 필요한 기능을 가는 입자 방식으로 구현하고 이러한 가는 입자 모델 위에 원격 파사드 계층을 추가해 웹 서비스를 처리하게 한다.

이번 예에서는 지금까지 설명한 것과 기본적으로 동일한 문제를 다루지만, 그중에서도 단일 앨범에 대한 정보 요청을 집중적으로 다룬다. 그림 15.3에는 예제에 사용되는 다양한 클래스가 나온다. 이러한 클래스는 앨범 서비스, 두 개의 데이터 전송 객체(427)로 이뤄진 원격 파사드, 도메인 모델(122)에 포함된 세 개의 객체, 그리고 도메인 모델(122)에서 데이터 전송 객체(427)로 데이터를 가져오는 어셈블러 하나로 분류할 수 있다.

원격 파사드

도메인 모델(122)은 놀라울 만큼 간단하다. 사실 이러한 종류의 문제에는 테이블 데이터 게이트웨이(151)를 사용해 직접 데이터 전송 객체(427)를 생성하는 방법이 낫다. 어쨌든 이 예제에서는 도메인 모델 바탕에 원격 파사드 계층을 사용하는 방법을 보여준다.

```
class Album...

    public String Title;
    public Artist Artist;

    public IList Tracks {
        get {return ArrayList.ReadOnly(tracksData);}
    }

    public void AddTrack (Track arg) {
        tracksData.Add(arg);
    }
```

```
    public void RemoveTrack (Track arg) {
        tracksData.Remove(arg);
    }

    private IList tracksData = new ArrayList();

class Artist...

    public String Name;

class Track...

    public String Title;

    public IList Performers {
        get {return ArrayList.ReadOnly(performersData);}
    }

    public void AddPerformer (Artist arg) {
        performersData.Add(arg);
    }

    public void RemovePerformer (Artist arg) {
        performersData.Remove(arg);
    }

    private IList performersData = new ArrayList();
```

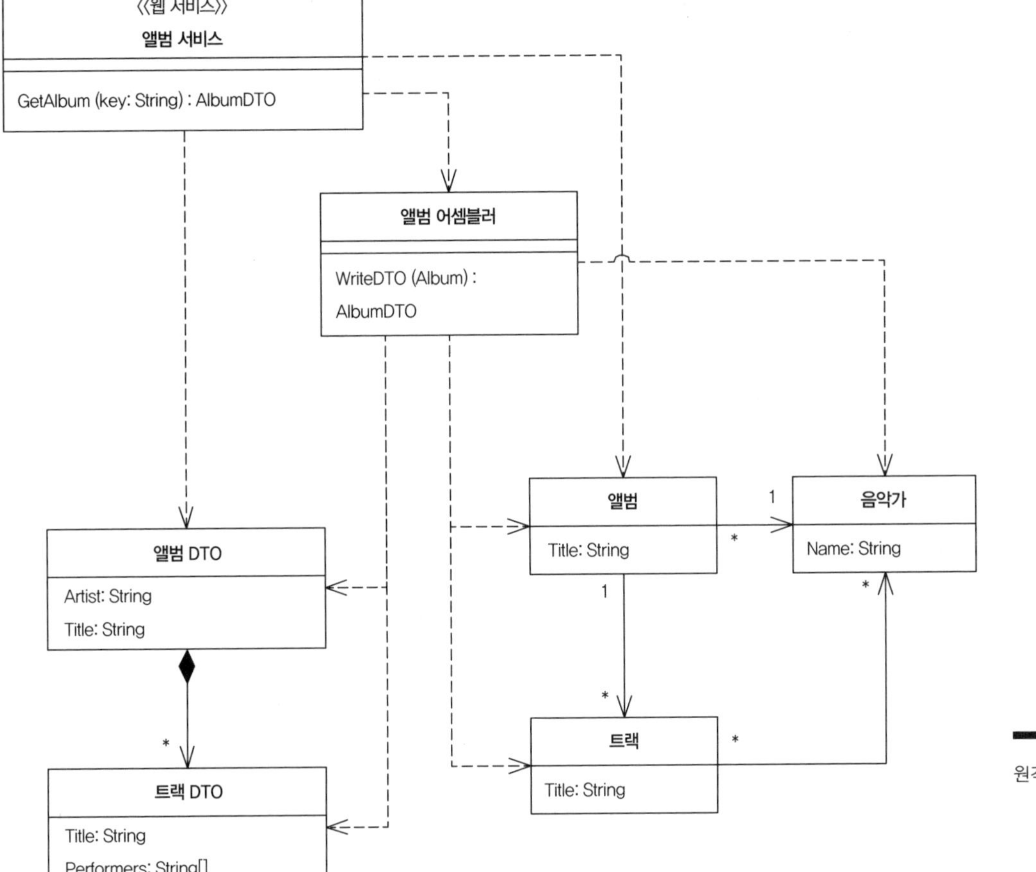

그림 15.3 앨범 웹 서비스에 포함되는 클래스

원격 파사드

이 예에서는 데이터를 전송하는 데 데이터 전송 객체(427)를 사용한다. 여기서 사용한 데이터 전송 객체(427)는 웹 서비스에 사용하기 위해 자료구조를 결합하는 데이터 홀더 역할을 한다.

```
class AlbumDTO...

    public String Title;
    public String Artist;
    public TrackDTO[] Tracks;

class TrackDTO...

    public String Title;
    public String[] Performers;
```

이 예제의 기반 환경은 .NET이므로 .NET 프레임워크에서 제공하는 직렬 변환기 클래스를 사용할 수 있기 때문에 XML을 직렬화하고 복원하는 코드는 따로 작성할 필요가 전혀 없다.

이것은 웹 서비스이므로 WSDL을 사용해 데이터 전송 객체(427)의 구조를 선언해야 한다. 비주얼 스튜디오 툴을 사용하면 WSDL을 자동으로 생성할 수 있으므로 이 기능을 사용하지 않을 이유는 없다. 다음은 데이터 전송 객체(427)와 대응되는 XML 스키마 정의다.

```
<s:complexType name="AlbumDTO">
    <s:sequence>
        <s:element minOccurs="1" maxOccurs="1" name="Title" nillable="true" type="s:string" />
        <s:element minOccurs="1" maxOccurs="1" name="Artist" nillable="true" type="s:string" />
        <s:element minOccurs="1" maxOccurs="1" name="Tracks"
                nillable="true" type="s0:ArrayOfTrackDTO" />
    </s:sequence>
</s:complexType>
<s:complexType name="ArrayOfTrackDTO">
    <s:sequence>
        <s:element minOccurs="0" maxOccurs="unbounded" name="TrackDTO"
                nillable="true" type="s0:TrackDTO" />
    </s:sequence>
</s:complexType>
<s:complexType name="TrackDTO">
    <s:sequence>
        <s:element minOccurs="1" maxOccurs="1" name="Title" nillable="true" type="s:string" />
        <s:element minOccurs="1" maxOccurs="1" name="Performers"
                nillable="true" type="s0:ArrayOfString" />
    </s:sequence>
</s:complexType>
<s:complexType name="ArrayOfString">
    <s:sequence>
        <s:element minOccurs="0" maxOccurs="unbounded" name="string"
                nillable="true" type="s:string" />
    </s:sequence>
</s:complexType>
```


XML이므로 자료구조 정의치고는 다소 복잡하지만 사용하는 데 문제가 되지는 않는다.

데이터를 도메인 모델(122)에서 데이터 전송 객체(427)로 가져오려면 어셈블러가 필요하다.

```
class AlbumAssembler...

    public AlbumDTO WriteDTO (Album subject) {
```

```
        AlbumDTO result = new AlbumDTO();
        result.Artist = subject.Artist.Name;
        result.Title = subject.Title;
        ArrayList trackList = new ArrayList();
        foreach (Track t in subject.Tracks)
            trackList.Add (WriteTrack(t));
        result.Tracks = (TrackDTO[]) trackList.ToArray(typeof(TrackDTO));
        return result;
    }

    public TrackDTO WriteTrack (Track subject) {
        TrackDTO result = new TrackDTO();
        result.Title = subject.Title;
        result.Performers = new String[subject.Performers.Count];
        ArrayList performerList = new ArrayList();
        foreach (Artist a in subject.Performers)
            performerList.Add (a.Name);
        result.Performers = (String[]) performerList.ToArray(typeof (String));
        return result;
    }
```

마지막으로 필요한 사항은 서비스 정의다. 서비스 정의는 C# 클래스에서 가장 먼저 나온다.


```
class AlbumService...

    [ WebMethod ]
    public AlbumDTO GetAlbum(String key) {
        Album result = new AlbumFinder()[key];
        if (result == null)
            throw new SoapException ("unable to find album with key: " +
                    key, SoapException.ClientFaultCode);
        else return new AlbumAssembler().WriteDTO(result);
    }
```

물론 이것은 WSDL 파일에서 가져온 실제 인터페이스 정의는 아니다. 여기서 중요한 부분은 다음과 같다.

```
<portType name="AlbumServiceSoap">
    <operation name="GetAlbum">
        <input message="s0:GetAlbumSoapIn" />
        <output message="s0:GetAlbumSoapOut" />
    </operation>
</portType>
```

```
<message name="GetAlbumSoapIn">
    <part name="parameters" element="s0:GetAlbum" />
</message>
<message name="GetAlbumSoapOut">
    <part name="parameters" element="s0:GetAlbumResponse" />
</message>
<s:element name="GetAlbum">
    <s:complexType>
        <s:sequence>
            <s:element minOccurs="1" maxOccurs="1" name="key" nillable="true"
type="s:string" />
        </s:sequence>
    </s:complexType>
</s:element>
<s:element name="GetAlbumResponse">
    <s:complexType>
        <s:sequence>
            <s:element minOccurs="1" maxOccurs="1" name="GetAlbumResult"
                    nillable="true" type="s0:AlbumDTO" />
        </s:sequence>
    </s:complexType>
</s:element>
```


WSDL도 비교적 장황한 편이지만 본래 역할을 하는 데는 문제가 없다. 이제 다음과 같은 형식의 SOAP 메시지를 전송해 서비스를 호출할 수 있다.

```
<?xml version="1.0" encoding="utf-8"?>
<soap:Envelope xmlns:xsi="http://www.w3.org/2001/XMLSchema-instance"
            xmlns:xsd="http://www.w3.org/2001/XMLSchema"
            xmlns:soap="http://schemas.xmlsoap.org/soap/envelope/">
    <soap:Body>
        <GetAlbum xmlns="http://martinfowler.com">
            <key>aKeyString</key>
        </GetAlbum>
    </soap:Body>
</soap:Envelope>
```

이 예에서 기억할 중요한 사항은 SOAP나 .NET에 대한 이야기가 아니라 기본적인 계층화 방식이다. 처음에는 분산을 염두에 두지 않고 애플리케이션을 설계한 후 원격 파사드와 데이터 전송 객체(427)를 사용해 애플리케이션 위에 분산 기능을 계층으로 추가하는 것이다.

데이터 전송 객체

메서드 호출 횟수를 줄이기 위해 프로세스 간에 데이터를 전송하는 객체

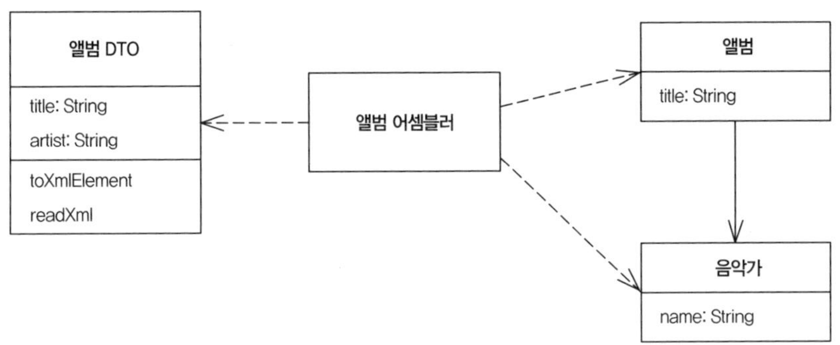

원격 파사드(412)와 같은 원격 인터페이스를 사용할 때는 각 호출의 비용이 상당히 부담스럽다. 따라서 호출 횟수를 줄여야 하며, 이를 위해서는 각 호출에서 더 많은 데이터를 전송해야 한다. 한 가지 방법은 다수의 매개변수를 사용하는 것이다. 그러나 이 방식은 프로그램을 작성하기에는 상당히 불편하며, 자바와 같이 단일 값만 반환할 수 있는 언어에서는 아예 불가능하다.

이 문제를 해결하는 방법은 호출에 필요한 모든 데이터를 저장하는 데이터 전송 객체(Data Transfer Object)를 만들어 사용하는 것이다. 데이터 전송 객체는 직렬화가 가능해야 연결을 통해 전송할 수 있다. 일반적으로 데이터 전송 객체와 도메인 객체 간에 데이터를 전송하기 위해 서버 측에서 어셈블러가 사용된다.

썬 커뮤니티에는 이 패턴을 "값 객체"라고 부르는 사람들이 많은데 필자는 다른 의미로 이 용어를 사용하고 있다. 값 객체에 대해서는 515쪽을 참고한다.

작동 원리

데이터 전송 객체는 사실 여러 면에서 그리 바람직하게 보이지는 않는 객체이며, 일반적으로 다수의 필드와 이러한 필드를 위한 접근자 메서드와 설정자 메서드를 포함하는 단순한 구조를 가진다. 데이터 전송 객체는 네트워크 상에서 한 번의 호출로 많은 정보를 전송하기 위해 설계됐으며, 분산 시스템을 구현하는 데 핵심적인 개념이다.

원격 객체는 데이터가 필요할 때마다 적절한 데이터 전송 객체를 요청한다. 일반적으로 데이터 전송 객체는 원격 객체가 요청한 것보다 훨씬 많은 데이터를 가져오며, 실제로는 원격 객체가 한동안 사용할 모든 데이터를 가져와야 한다. 원격 호출의 지연 비용을 감안할 때 여러 번 추가로 호출하는 것보다는 필요 이상의 데이터를 전송하는 것이 낫다.

데이터 전송 객체 하나는 일반적으로 서버 객체를 두 개 이상 포함하며, 원격 객체가 데이터를 원할 가능성이 있는 모든 서버 객체에서 데이터를 가져와 집계한다. 예를 들어, 원격 객체가 한 주문 객체에 대한 데이터를 요청한 경우 반환된 데이터 전송 객체에는 해당 주문, 고객, 주문 품목, 주문 품목의 상품, 배송 정보 등의 관련 정보가 모두 포함될 수 있다.

일반적으로 도메인 모델(122)에서 객체를 전송할 수는 없다. 그 이유는 객체는 일반적으로 직렬화가 적어도 매우 어렵거나 아예 불가능한 복잡한 연결망에 연결돼 있기 때문이다. 또한 전체 도메인 모델(122)을 복사하는 것과 마찬가지이므로 일반적으로 클라이언트에서는 도메인 객체 클래스를 원하지도 않는다. 그 대신 도메인 객체에서 단순화된 형식의 데이터를 전송해야 한다.

데이터 전송 객체의 필드는 상당히 단순하며, 기본형이거나 문자열 및 날짜와 같은 다른 클래스 또는 다른 데이터 전송 객체일 수 있다. 데이터 전송 객체 내의 모든 구조는 도메인 모델(122)에서 볼 수 있는 복잡한 그래프 구조와는 다른 간단한 그래프 구조(일반적으로 하나의 계층)여야 한다. 모든 구조는 직렬화돼야 하고 전송하는 양쪽에서 쉽게 이해할 수 있어야 하므로 이러한 단순한 속성을 유지해야 한다. 따라서 데이터 전송 객체 클래스와 여기서 참조하는 모든 클래스는 양쪽에 존재해야 한다.

데이터 전송 객체는 특정 클라이언트의 필요성에 맞게 설계하는 것이 이치에 맞다. 데이터 전송 객체가 웹 페이지나 GUI 화면에 대응되는 경우가 많은 것도 이 때문이다. 특정 화면에 따라 하나의 주문에 대해 여러 데이터 전송 객체가 사용되는 경우도 있다. 물론 여러 프레젠테이션에서 비슷한 데이터를 필요로 하는 경우 하나의 데이터 전송 객체로 모두 처리하는 것이 이치에 맞다.

이와 관련된 다른 고려 사항으로 데이터 전송 객체 하나를 전체 상호작용에 사용할지, 아니면 요청마다 각기 다른 데이터 전송 객체를 사용할지에 대한 것이 있다. 다른 데이터 전송 객체를 사용하면 각 호출에 어떤 데이터가 전송되는지 확인하기 쉽지만 데이터 전송 객체가 많아지는 문제가 있다. 데이터 전송 객체 하나를 사용하면 해야 하는 작업은 줄지만 각 호출에서 정보가 어떻게 전송되는지 알아보기 힘들다. 필자는 데이터 간에 공통점이 많은 경우 데이터 전송 객체 하나를 사용하는 편이지만, 특정한 요청을 처리하는 데 적합하다고 판단하면 주저하지 않고 다른 데이터 전송 객체를 사용한다. 이것은 일괄적인 규칙을 정할 수 없는 사항 중 하나이므로 예를 들어 대부분의 상호작용에 특정한 데이터 전송 객체 하나를 사용하고 한두 개의 요청과 응답에는 다른 데이터 전송 객체를 사용할 수 있다.

비슷한 고려 사항으로 요청과 응답에 데이터 전송 객체 하나를 사용할지 아니면 각기 다른 데이터 전송 객체를 사용할지에 대한 것이 있다. 이 경우에도 역시 일괄적인 규칙이 적용되지 않는다. 요청과 응답의 데이터가 상당히 비슷하다면 한 객체를 사용하고 다르다면 두 객체를 사용한다.

읽기 전용 데이터 전송 객체를 선호하는 사람이 있다. 이 체계에서는 클라이언트로부터 데이터 전송 객체 하나를 받고 동일한 클래스라고 하더라도 다른 객체를 생성하고 전송한다. 반대로 변경 가능한 요청 데이터 전송 객체를 선호하는 사람도 있다. 필자는 두 방식에 대해 특별한 의견은 없지만 대체적으로는 응답에 대한 객체를 새로 생성하더라도 데이터를 점진적으로 넣을 수 있는 변경 가능한 데이터 전송 객체를 선호하는 편이다. 읽기 전용 데이터 전송 객체를 선호하는 측에서 주장하는 사항에는 값 객체(514)와의 이름 혼란과 관련된 것이 있다.

일반적인 데이터 전송 객체의 형식으로 SQL 쿼리에서 얻는 것과 동일한 테이블 형식의 데이터인 레코드 집합(538)이 있다. 실제로 레코드 집합(538)은 SQL 데이터베이스를 위한 데이터 전송 객체다. 여러 아키텍처에서 설계 전체에 이를 사용하고 있다. 도메인 모델은 클라이언트로 전송할 데이터의 레코드 집합(538)을 생성할 수 있으며, 클라이언트는 이를 SQL에서 직접 받은 것처럼 취급한다. 이 방식은 클라이언트가 레코드 집합(538) 구조와 밀접한 툴을 가진 경우 유용하다. 레코드 집합(538)은 완전하게 도메인 논리를 통해 생성될 수도 있지만 이보다는 SQL 쿼리를 통해 생성되고 도메인 논리를 통해 수정된 후 프레젠테이션으로 전달되는 것이 일반적이다. 이 스타일은 테이블 모듈(132)에 도움이 된다.

다른 형식의 데이터 전송 객체로 범용 컬렉션 자료구조가 있다. 여기에 배열을 사용하는 경우를 직접 본 경험이 있는데, 배열은 코드를 알아보기 힘들게 만들기 때문에 필자는 권장하지 않는다. 최상의 컬렉션은 의미가 있는 문자열을 키로 사용하는 딕셔너리(dictionary)다. 여기서 문제는 명시적 인터페이스와 엄격한 형식 지정의 장점을 잃어버린다는 것이다. 딕셔너리는 직접 명시적 객체를 작성하는 것보다 다루기 수월하므로 적절한 생성자가 없을 때 임시 용도로 사용하는 데 적합하다. 그러나 생성기가 있을 때는 명시적 인터페이스를 사용하는 것이 좋다. 특히 다른 컴포넌트 간에 통신 프로토콜로 사용하는 것을 고려할 때는 더욱 그렇다.

데이터 전송 객체의 직렬화: 데이터 전송 객체는 간단한 접근자 메서드와 설정자 메서드를 제공하는 것 외에도 자신을 전송 가능한 형식으로 직렬화하는 책임을 가지고 있다. 어떤 형식을 사용할지는 연결 양쪽에 무엇이 있는지, 연결을 통해 무엇을 전송할 수 있는지, 그리고 직렬화의 난이도가 어느 정도인지에 따라 달라진다. 많은 플랫폼에서 간단한 객체에 대한 직렬화를 기본 제공한다. 예를 들어, 자바는 이진 직렬화를 기본 제공하며 .NET은 이진 및 XML 직렬화를 기본 제공한다. 데이터 전송 객체는 도메인 모델의 객체를 다룰 때 경험하는 복잡성이 없는 간단한 구조이므로 기본 제공 직렬화가 있는 경우 일반적으로 이를 거의 곧바로 사용할 수 있다. 필자도 가능하면 거의 항상 자동 메커니즘을 사용한다.

자동 메커니즘이 없는 경우 직접 만드는 방법이 있다. 간단한 레코드 설명을 토대로 데이터를 저장하고, 접근자를 제공하며, 데이터 직렬화를 읽고 쓰는 클래스를 생성하는 코드 생성기를 몇 가지 직접 본 경험이 있다. 이러한 생성자를 직접 만들 때 기억할 사항은 앞으로 필요할 것이라고 예상되는 기능까지 넣을 것이 아니라 현재 필요한 기능만 넣는 것이 현명하다는 점이다. 첫 번째 클래스는 직접 작성한 다음 이를 사용해 생성기를 작성하는 것도 좋은 생각이다.

리플렉션 프로그래밍을 활용해 직렬화를 처리할 수도 있다. 이렇게 하면 직렬화와 역직렬화 루틴을 한 번만 작성하고 이를 상위 클래스에 넣어 사용할 수 있다. 이 경우 성능 저하가 발생할 수 있는데 그것이 감당할 수 있는 만큼인지는 직접 확인해야 한다.

연결의 양쪽에서 작동할 수 있는 메커니즘을 선택해야 한다. 양쪽을 모두 제어할 수 있다면 가장 쉬운 메커니즘을 선택한다. 제어할 수 없는 쪽(예: 외래 컴포넌트)이 있으면 이에 해당하는 커넥터를 제공하는 방법이 있다. 커넥터를 외래 컴포넌트에 적용하면 연결 양쪽에 간단한 데이터 전송 객체를 사용할 수 있다.

데이터 전송 객체

데이터 전송 객체를 사용하려면 먼저 텍스트 또는 이진 직렬화 형식 중 하나를 선택해야 한다. 텍스트 직렬화는 읽고 통신 내용을 확인하기 쉽다. 텍스트 직렬화 방식 중에는 해당 형식으로 문서를 생성하고 구문 분석하는 툴이 많이 보급된 XML이 인기가 많다. 텍스트 직렬화의 가장 큰 단점은 동일한 데이터를 전송하는 데 더 많은 대역폭이 필요하며(특히 XML의 경우 대역폭을 많이 소비함) 성능이 많이 저하될 수 있다는 것이다.

직렬화에 대한 중요한 고려 사항 중 하나는 연결 양쪽에서 데이터 전송 객체의 동기화다. 이론상으로는 서버가 데이터 전송 객체의 정의를 변경할 때마다 클라이언트도 업데이트하지만 실제로 그렇지 않을 수 있다. 구형 컨트롤러로 서버에 접근하면 반드시 문제가 발생하며, 직렬화는 이 문제를 어느 정도 더 악화시킬 수 있다. 이 경우 데이터 전송 객체를 순수하게 이진 직렬화하는 체계에서는 통신 내용이 완전하게 손실될 수 있다. 구조를 조금만 변경해도 역직렬화에 오류가 발생하기 때문이다. 옵션 필드를 추가하는 등의 무해해 보이는 변경도 이러한 결과를 낳는다. 결과적으로 직접 이진 직렬화는 통신 라인의 취약성을 높일 수 있다.

다른 직렬화 체계로 이 문제를 완화할 수 있다. 그중 하나가 변경에 좀 더 잘 대처하도록 클래스를 작성하는 것이 가능한 XML 직렬화다. 다른 체계로는 딕셔너리를 사용해 데이터를 직렬화하는 방식으로 내결함성을 높인 이진 방식이 있다. 필자는 딕셔너리를 데이터 전송 객체로 사용하는 방법을 선호하지는 않지만 동기화에 어느 정도 수준의 내결함성을 제공하므로 데이터의 이진 직렬화를 수행하는 유용한 방법일 수 있다.

도메인 객체에서 데이터 전송 객체 조립: 데이터 전송 객체는 연결 양쪽에 배포되므로 도메인 객체와 연결하는 방법을 알 필요가 없다. 따라서 데이터 전송 객체가 도메인 객체에 의존하는 것은 바람직하지 않다. 또한 인터페이스 형식을 변경하면 데이터 전송 객체의 구조도 변경되므로 도메인 객체가 데이터 전송 객체에 의존하는 것도 좋지 않다. 일반적으로 도메인 모델은 외부 인터페이스에 대해 독립적으로 유지하는 것이 좋다.

따라서 도메인 모델로부터 데이터 전송 객체를 생성하고 데이터 전송 객체로부터 모델을 업데이트하는 별도의 어셈블러 객체를 만드는 것이 좋다(그림 15.4). 어셈블러는 데이터 전송 객체와 도메인 객체를 매핑한다는 점에서 일종의 매퍼(500)에 해당한다.

여러 어셈블러가 동일한 데이터 전송 객체를 공유하게 만드는 경우도 있다. 이 개념을 적용하는 일반적인 예로 동일한 데이터를 사용해 시나리오별로 다른 업데이트 체계를 적용하는 것이 있다. 어셈블러를 분리하는 다른 이유는 데이터 전송 객체는 간단한 데이터 설명을 활용해 쉽게 자동으로 생성할 수 있기 때문이다. 어셈블러를 생성하기는 더 어렵거나 아예 불가능할 때가 많다.

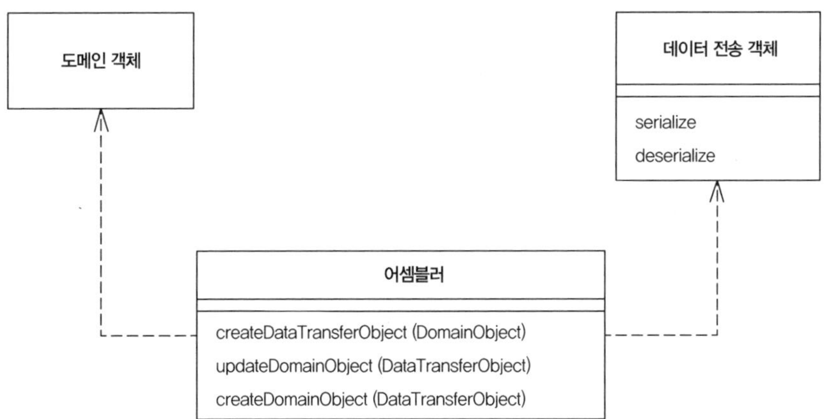

그림 15.4 어셈블러 객체를 사용해 도메인 모델과 **데이터 전송 객체**를 서로 독립적으로 유지할 수 있다.

사용 시점

데이터 전송 객체는 한 번의 메서드 호출로 두 프로세스 간에 다수의 데이터 항목을 전송할 때 사용한다.

필자는 그다지 선호하지 않지만 데이터 전송 객체 대신 사용할 수 있는 몇 가지 대안이 있다. 그 중 하나는 아예 객체를 사용하지 않고 설정 메서드 하나와 다수의 인수 또는 얻기 메서드 하나와 참조로 전달되는 여러 인수를 사용하는 것이다. 그런데 문제는 자바와 같은 여러 언어에서는 반환 값으로 한 객체만 돌려줄 수 있다는 점이다. 즉, 업데이트하는 데는 이 방법이 가능하지만 정보를 얻으려면 콜백과 같은 부수적 기법을 사용해야 한다.

다른 방법은 인터페이스 역할을 하는 객체 없이 일종의 문자열 표현을 직접 사용하는 것이다. 이 방법의 문제는 다른 모든 부분이 문자열 표현과 결합된다는 점이다. 정확한 표현은 명시적인 인터페이스로 감추는 것이 좋다. 이렇게 하면 문자열을 변경하거나 이진 구조로 대체할 때 다른 모든 부분을 변경하지 않아도 된다

특히 XML을 사용하는 컴포넌트 간의 통신이 필요할 때는 데이터 전송 객체를 만들면 매우 유용하다. XML DOM은 직접 다루기가 매우 까다로우므로 손쉽게 생성할 수 있는 데이터 전송 객체를 사용해 이를 캡슐화하면 쉽게 작업할 수 있다.

데이터 전송 객체

데이터 전송 객체의 다른 일반적인 용도는 다른 계층의 다양한 컴포넌트를 위한 공용 데이터 원본으로 작동하게 하는 것이다. 각 컴포넌트는 데이터 전송 객체를 조금씩 변경하고 다음 계층으로 전달한다. 이것의 좋은 예로 COM과 .NET에서 레코드 집합(538)을 사용하는 것이 있는데, 이 경우 각 계층에서는 레코드 집합 기반 데이터가 SQL 데이터베이스에서 얻은 것이든 또는 다른 계층에 의해 수정된 것이든 관계없이 그것을 조작하는 방법을 알고 있다. .NET은 레코드 집합을 XML로 직렬화하는 메커니즘을 기본 제공함으로써 이 기능을 더 확장했다.

이 책에서는 동기 시스템을 주로 다뤘지만 데이터 전송 객체를 비동기 방식으로 사용하는 흥미로운 예가 있다. 인터페이스를 동기식과 비동기식으로 모두 사용하려는 경우가 이러한 예다. 동기식에서는 일반적인 방법대로 데이터 전송 객체를 반환한다. 비동기식에서는 데이터 전송 객체의 지연 로드(211)를 생성하고 이를 반환한다. 비동기 호출의 결과가 나타나야 하는 위치로 지연 로드(211)를 연결한다. 데이터 전송 객체의 사용자는 호출의 결과에 접근하려고 하면 차단된다.

참고 자료

[Alur et al.]에서는 동일한 패턴을 값 객체 패턴이라는 이름으로 소개하고 있다. 필자는 완전히 다른 패턴을 지칭하는 데 값 객체(514)라는 이름을 사용한다. 이것은 이름이 충돌하는 사례로 볼 수 있는데, 필자가 생각하는 개념으로 "값 객체"라는 용어를 사용하는 곳이 많으며, 필자가 아는 한도 내에서는 "값 객체" 패턴이라는 용어를 데이터 전송 객체를 나타내는 데 사용하는 곳은 J2EE 커뮤니티가 유일하다. 따라서 필자는 좀 더 일반적인 예를 따랐다.

값 객체 어셈블러[Alur et al.]는 어셈블러에 대한 내용을 다룬다. 필자는 어셈블러를 별도의 패턴으로 분리하지는 않았지만, 매퍼(500) 기반의 이름 대신에 "어셈블러"라는 이름을 사용했다.

[Marinescu]에서는 데이터 전송 객체와 몇 가지 변형된 구현을 소개한다. [Riehle et al.]에서는 다양한 형식의 직렬화를 전환하는 방법을 포함해 유연한 직렬화 방법을 설명한다.

예제: 앨범에 대한 정보 전송(자바)

이 예제에는 그림 15.5의 도메인 모델을 사용한다. 전송하려는 데이터는 이렇게 연결된 객체이며, 데이터 전송 객체의 구조는 그림 15.6에 나온다.

데이터 전송 객체를 사용하면 이 구조를 더 간소화할 수 있다. 음악가 클래스의 연관 데이터는 앨범 DTO로 축소했고 트랙의 연주자는 문자열의 배열로 나타냈다. 이것이 데이터 전송 객체에서 자료구조를 간소화하는 데 자주 사용되는 방법이다. 데이터 전송 객체는 앨범에 대해 하나, 그리고 각 트랙에 대해 하나씩 두 가지가 있다. 이 예에서는 다른 두 객체 중 하나에 필요한 데이터가 모두 있으므로 음악가에 대한 객체는 필요 없다. 앨범에 여러 트랙이 있고 각 항목에 둘 이상의 데이터 항목에 포함될 수 있으므로 트랙은 전송 객체로만 사용했다.

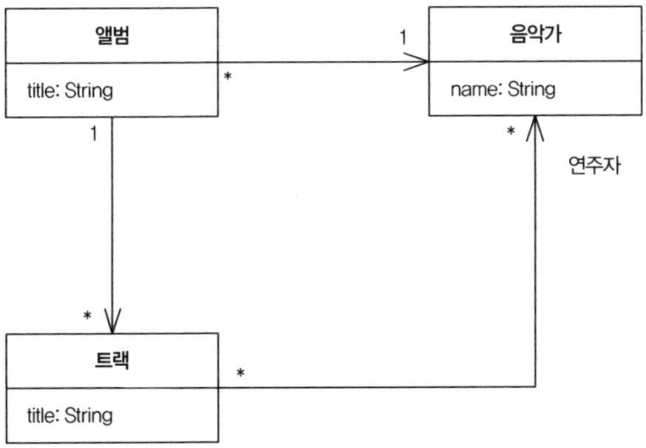

그림 15.5 음악가와 앨범의 클래스 다이어그램

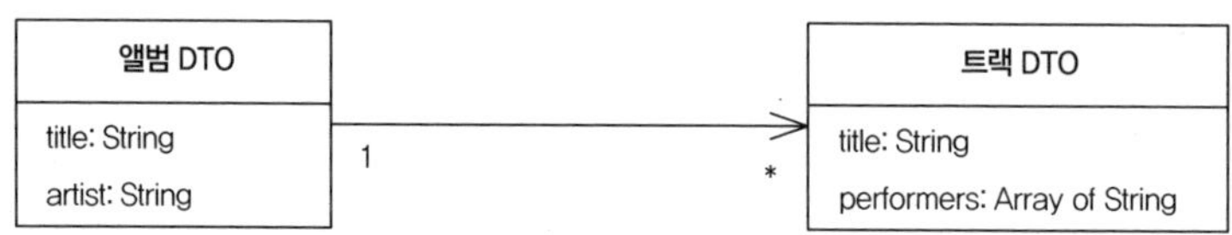

그림 15.6 데이터 전송 객체의 클래스 다이어그램

다음은 도메인 모델에서 데이터 전송 객체를 기록하는 코드다. 어셈블러는 원격 파사드(412)와 같은 원격 인터페이스를 처리하는 객체에 의해 호출된다.


```
class AlbumAssembler...

    public AlbumDTO writeDTO(Album subject) {
        AlbumDTO result = new AlbumDTO();
        result.setTitle(subject.getTitle());
        result.setArtist(subject.getArtist().getName());
        writeTracks(result, subject);
        return result;
    }

    private void writeTracks(AlbumDTO result, Album subject) {
        List newTracks = new ArrayList();
        Iterator it = subject.getTracks().iterator();
        while (it.hasNext()) {
            TrackDTO newDTO = new TrackDTO();
            Track thisTrack = (Track) it.next();
            newDTO.setTitle(thisTrack.getTitle());
            writePerformers(newDTO, thisTrack);
            newTracks.add(newDTO);
        }
        result.setTracks((TrackDTO[]) newTracks.toArray(new TrackDTO[0]));
    }

    private void writePerformers(TrackDTO dto, Track subject) {
        List result = new ArrayList();
        Iterator it = subject.getPerformers().iterator();
        while (it.hasNext()) {
            Artist each = (Artist) it.next();
            result.add(each.getName());
        }
        dto.setPerformers((String[]) result.toArray(new String[0]));
    }
```

모델에서 데이터 전송 객체를 업데이트하는 작업은 일반적으로 좀 더 복잡하다. 이 예제에서는 새 앨범을 생성하는 작업과 기존 앨범을 업데이트하는 작업 간의 차이가 있다. 다음은 생성 코드다.

```
class AlbumAssembler...

    public void createAlbum(String id, AlbumDTO source) {
        Artist artist = Registry.findArtistNamed(source.getArtist());
        if (artist == null)
            throw new RuntimeException("No artist named " + source.getArtist());
        Album album = new Album(source.getTitle(), artist);
        createTracks(source.getTracks(), album);
        Registry.addAlbum(id, album);
    }

    private void createTracks(TrackDTO[] tracks, Album album) {
        for (int i = 0; i < tracks.length; i++) {
            Track newTrack = new Track(tracks[i].getTitle());
            album.addTrack(newTrack);
            createPerformers(newTrack, tracks[i].getPerformers());
        }
    }

    private void createPerformers(Track newTrack, String[] performerArray) {
        for (int i = 0; i < performerArray.length; i++) {
            Artist performer = Registry.findArtistNamed(performerArray[i]);
            if (performer == null)
                throw new RuntimeException("No artist named " + performerArray[i]);
            newTrack.addPerformer(performer);
        }
    }
```


DTO를 읽는 과정에서 여러 결정을 내려야 한다. 여기서 중요한 결정 중 하나는 음악가의 이름을 읽으면서 처리하는 방법을 결정하는 것이다. 이 예에서는 앨범을 생성할 때 음악가의 이름이 레지스트리(507)에 이미 있다는 조건을 정했다. 즉, 여기서 해당 음악가를 발견할 수 없으면 오류로 처리한다. 다른 생성 메서드에서는 데이터 전송 객체에서 처음 나온 음악가를 생성할 수도 있다.

이 예제에는 기존 앨범을 업데이트하는 다른 메서드가 있다.

```
class AlbumAssembler...

    public void updateAlbum(String id, AlbumDTO source) {
        Album current = Registry.findAlbum(id);
        if (current == null)
            throw new RuntimeException("Album does not exist: " + source.getTitle());
        if (source.getTitle() != current.getTitle()) current.setTitle(source.getTitle());
        if (source.getArtist() != current.getArtist().getName()) {
            Artist artist = Registry.findArtistNamed(source.getArtist());
            if (artist == null)
                throw new RuntimeException("No artist named " + source.getArtist());
            current.setArtist(artist);
        }
        updateTracks(source, current);
    }

    private void updateTracks(AlbumDTO source, Album current) {
        for (int i = 0; i < source.getTracks().length; i++) {
            current.getTrack(i).setTitle(source.getTrackDTO(i).getTitle());
            current.getTrack(i).clearPerformers();
            createPerformers(current.getTrack(i), source.getTrackDTO(i).getPerformers());
        }
    }
```


업데이트의 경우 기존 도메인 객체를 업데이트하거나 이를 삭제하고 새로운 객체로 대체하는 방법을 선택할 수 있다. 이때 한 가지 고려할 사항은 업데이트하려는 객체를 참조하는 다른 객체가 있는지 여부다. 이 코드에서는 다른 객체가 앨범과 앨범의 트랙을 참조하므로 앨범을 업데이트하는 방법을 선택했다. 반면 트랙의 제목과 연주자는 그냥 객체를 대체했다.

다른 사항은 음악가 변경에 대한 것이다. 기존 음악가의 이름을 바꿀 수도 있고 앨범과 연결된 음악가를 바꿀 수도 있다. 이 경우도 마찬가지로 사례별로 다른 방법으로 해결해야 하며, 이 예제에서는 새로운 음악가를 연결하는 방법으로 처리했다.

이 예제에서는 원시 이진 직렬화를 사용한다. 즉, 양쪽의 데이터 전송 객체 클래스에 동기화가 유지되도록 주의해야 한다. 서버 데이터 전송 객체의 자료구조를 변경하고 클라이언트는 변경하지 않으면 전송 중에 오류가 발생한다. 맵을 직렬화에 사용하면 전송 중에 내결함성을 높일 수 있다.

```
class TrackDTO...

    public Map writeMap() {
        Map result = new HashMap();
        result.put("title", title);
        result.put("performers", performers);
        return result;
    }

    public static TrackDTO readMap(Map arg) {
        TrackDTO result = new TrackDTO();
        result.title = (String) arg.get("title");
        result.performers = (String[]) arg.get("performers");
        return result;
    }
```

이제 서버에 필드를 추가하고 이전 클라이언트를 사용하는 경우 클라이언트는 새로운 필드를 이해하지는 못하지만 나머지 데이터는 정상적으로 처리한다.

물론 이러한 직렬화와 역직렬화 루틴을 직접 작성하는 일은 아주 지루하다. 계층 상위 형식(502)에서 다음과 같은 리플렉션 루틴을 사용하면 이러한 지루한 작업을 크게 줄일 수 있다.


```
class DataTransferObject...

    public Map writeMapReflect() {
        Map result = null;
        try {
            Field[] fields = this.getClass().getDeclaredFields();
            result = new HashMap();
            for (int i = 0; i < fields.length; i++)
                result.put(fields[i].getName(), fields[i].get(this));
        } catch (Exception e) {
            throw new ApplicationException (e);
        }
        return result;
    }

    public static TrackDTO readMapReflect(Map arg) {
        TrackDTO result = new TrackDTO();
        try {
            Field[] fields = result.getClass().getDeclaredFields();
            for (int i = 0; i < fields.length; i++)
```

```
                fields[i].set(result, arg.get(fields[i].getName()));
            } catch (Exception e) {
                throw new ApplicationException (e);
            }
            return result;
        }
```

이러한 루틴으로 대부분의 상황을 아주 매끄럽게 처리할 수 있다(기본형을 처리하는 코드는 추가해야 한다).

예제: XML을 사용한 직렬화(자바)

이 책을 집필하는 시점에 자바의 XML 처리 기능은 불안정한 상태였고 API도 아직 불안하지만 전반적으로 개선되고 있었다. 여러분이 이 절을 읽을 때 쯤이면 이미 오래된 이야기이거나 관계 없는 이야기일 수 있지만, XML로 변환하는 기본 개념은 거의 동일하다.

먼저 데이터 전송 객체의 자료구조를 얻은 다음 이를 직렬화하는 방법을 결정해야 한다. 자바의 경우 마커 인터페이스를 통해 간단하게 이진 직렬화를 사용할 수 있다. 이 기능은 데이터 전송 객체에 완전히 자동으로 적용할 수 있으므로 필자가 가장 선호하는 방법이다. 그러나 텍스트 기반 직렬화가 필요한 경우도 많다. 이 예제에서는 XML을 사용한다.

이 예제에서는 XML 작업에 W3C 표준 인터페이스보다 사용하기 편리한 JDOM을 사용한다. 그리고 다음과 같이 각 데이터 전송 객체 클래스를 나타내는 XML 요소를 읽고 쓰는 메서드를 작성한다.

```
class AlbumDTO...

    Element toXmlElement() {
        Element root = new Element("album");
        root.setAttribute("title", title);
        root.setAttribute("artist", artist);
        for (int i = 0; i < tracks.length; i++)
            root.addContent(tracks[i].toXmlElement());
        return root;
    }

    static AlbumDTO readXml(Element source) {
        AlbumDTO result = new AlbumDTO();
        result.setTitle(source.getAttributeValue("title"));
```

```
        result.setArtist(source.getAttributeValue("artist"));
        List trackList = new ArrayList();
        Iterator it = source.getChildren("track").iterator();
        while (it.hasNext())
            trackList.add(TrackDTO.readXml((Element) it.next()));
        result.setTracks((TrackDTO[]) trackList.toArray(new TrackDTO[0]));
        return result;
    }
```

```
class TrackDTO...

    Element toXmlElement() {
        Element result = new Element("track");
        result.setAttribute("title", title);
        for (int i = 0; i < performers.length; i++) {
            Element performerElement = new Element("performer");
            performerElement.setAttribute("name", performers[i]);
            result.addContent(performerElement);
        }
        return result;
    }

    static TrackDTO readXml(Element arg) {
        TrackDTO result = new TrackDTO();
        result.setTitle(arg.getAttributeValue("title"));
        Iterator it = arg.getChildren("performer").iterator();
        List buffer = new ArrayList();
        while (it.hasNext()) {
            Element eachElement = (Element) it.next();
            buffer.add(eachElement.getAttributeValue("name"));
        }
        result.setPerformers((String[]) buffer.toArray(new String[0]));
        return result;
    }
```


물론 이들 메서드는 XML DOM에 요소를 생성하기만 한다. 직렬화를 수행하려면 텍스트를 읽고 써야 한다. 트랙은 앨범을 처리할 때 함께 전송되므로 다음과 같이 앨범 코드만 작성하면 된다.

```
class AlbumDTO...

    public void toXmlString(Writer output) {
        Element root = toXmlElement();
```

```
        Document doc = new Document(root);
        XMLOutputter writer = new XMLOutputter();
        try {
            writer.output(doc, output);
        } catch (IOException e) {
            e.printStackTrace();
        }
    }

    public static AlbumDTO readXmlString(Reader input) {
        try {
            SAXBuilder builder = new SAXBuilder();
            Document doc = builder.build(input);
            Element root = doc.getRootElement();
            AlbumDTO result = readXml(root);
            return result;
        } catch (Exception e) {
            e.printStackTrace();
            throw new RuntimeException();
        }
    }
```


사실 그리 어려운 작업은 아니지만 JAXB로 이 작업을 대신할 수 있게 됐을 때는 필자도 기뻤다.

16장

오프라인 동시성 패턴

낙관적 오프라인 잠금

데이비드 라이스

충돌이 감지되면 트랜잭션을 롤백해 동시 비즈니스 트랜잭션 간의 충돌을 방지한다.

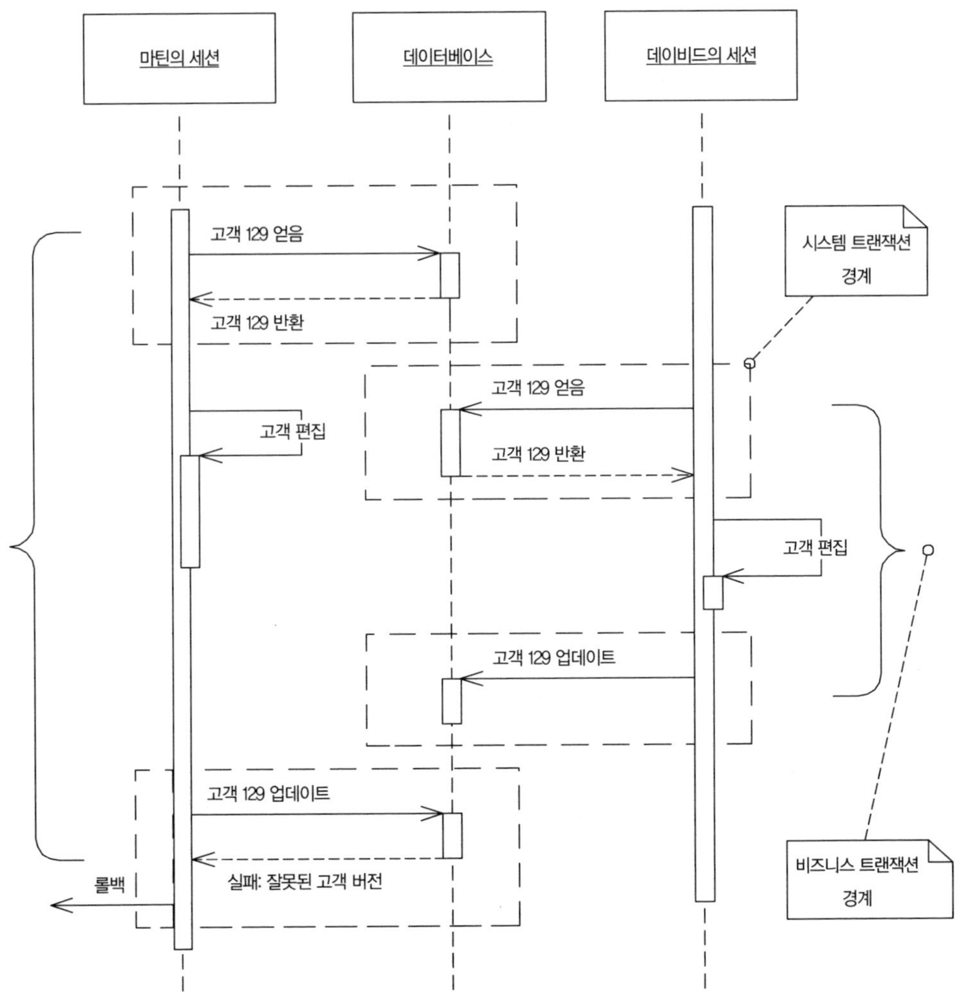

비즈니스 트랜잭션은 여러 시스템 트랜잭션을 거쳐 실행되는 경우가 많다. 일단 비즈니스 트랜잭션이 단일 시스템 트랜잭션의 범위를 벗어나면 더 이상 레코드 데이터를 일관된 상태로 유지하는 데 데이터베이스 관리자에만 의존할 수 없다. 두 세션이 동일한 레코드에 대한 작업을 시작하면 데이터 무결성이 위협을 받으며 업데이트 손실도 발생할 수 있다. 또한 한 세션에서 편집 중인 데이터를 다른 세션에서 읽으면 일관성 없는 읽기도 발생할 수 있다.

낙관적 오프라인 잠금은 한 세션에서 커밋하려는 변경 내용이 다른 세션의 변경 내용과 충돌하지 않는지 확인하는 방법으로 이 문제를 해결한다. 성공적인 커밋 전 유효성 검사는 말하자면 레코드 데이터에 대한 변경을 진행해도 좋다는 의미의 잠금을 얻는 것이다. 유효성 검사와 업데이트가 단일 시스템 트랜잭션 내에서 수행되는 한 비즈니스 트랜잭션은 일관성을 유지한다.

비관적 오프라인 잠금(452)은 세션 충돌의 가능성이 높다고 간주하고 시스템의 동시성을 제한하는 반면, 낙관적 오프라인 잠금은 이러한 충돌 가능성이 낮다고 간주하므로 여러 사용자가 동시에 동일한 데이터를 가지고 작업하도록 허용할 수 있다.

작동 원리

낙관적 오프라인 잠금은 세션이 레코드를 로드한 이후 다른 세션이 이를 변경하지 않은 것을 확인함으로써 획득할 수 있다. 이 잠금은 언제든지 획득할 수 있지만 획득한 시스템 트랜잭션 안에서만 유효하다. 따라서 비즈니스 트랜잭션이 레코드 데이터를 손상시키지 않으려면 데이터베이스에 변경을 적용하는 시스템 트랜잭션 내에서 변경 내용의 집합에 포함되는 각 멤버에 대해 낙관적 오프라인 잠금을 획득해야 한다.

이를 구현하는 가장 일반적인 방법은 시스템의 각 레코드에 버전 번호를 연결하는 것이다. 레코드가 로드되면 이 번호는 다른 모든 세션 상태와 함께 세션에 의해 유지 관리된다. 이 경우 낙관적 오프라인 잠금을 얻는다는 것은 세션 데이터에 저장된 버전을 레코드 데이터의 현재 버전과 비교하는 것을 의미한다. 유효성 검사가 성공하면 버전 증가를 비롯한 모든 변경을 커밋할 수 있다. 버전 증가는 이전 버전을 가진 세션이 잠금을 얻을 수 없게 함으로써 레코드 데이터의 일관성을 보호한다.

RDBMS 데이터 저장소를 사용하는 경우 유효성 검사는 레코드를 업데이트 또는 삭제하는 SQL 문에 조건을 추가하는 것을 의미한다. SQL 문 하나로 잠금을 얻고 레코드 데이터를 업데이트할 수 있다. 마지막 단계는 비즈니스 트랜잭션이 SQL 실행에 의해 반환된 행 카운트를 검사하는 것이다. 행 카운트 1은 성공을 의미하며, 0은 레코드가 변경 또는 삭제됐음을 의미한다. 행 카운트가 0인 경우 비즈니스 트랜잭션은 시스템 트랜잭션을 롤백해 어떤 변경 사항도 레코드 데이터에 적용되지 않게 해야 한다. 이 시점에 비즈니스 트랜잭션은 작업을 중단하거나 문제를 해결하고 다시 시도해야 한다.

각 레코드의 버전 번호와 함께 레코드를 마지막으로 수정한 사용자와 시간에 대한 정보를 저장하면 동시성 충돌을 관리하는 데 아주 유용하게 활용할 수 있다. 올바른 애플리케이션이라면 사용자에게 동시성 위반 때문에 업데이트가 실패했음을 알릴 때 레코드가 변경된 시간과 변경한 사용자를 알려줄 것이다. 낙관적 검사에 버전 번호 대신 수정 타임스탬프를 사용하려는 것은 좋지 않은 생각이다. 시스템 클록은 신뢰할 수 없으며, 특히 여러 서버 간에 작업을 조율하는 경우 더욱 신뢰하기 어렵다.

다른 구현 방식으로 UPDATE 문의 where 절에 행의 모든 필드를 포함하는 방법이 있다. 이 방식의 장점은 일종의 버전 필드를 사용하지 않아도 where 절을 사용할 수 있다는 것인데, 이 방식은 데이터베이스 테이블을 변경해 버전 필드를 추가할 수 없을 때 유용하다. 이 방식의 문제는 UPDATE 문이 아주 큰 where 절을 포함한 복잡한 구조가 될 수 있으며, 이 경우 데이터베이스가 기본 키 인덱스를 사용하는 방법에 따라 성능에 영향을 줄 수 있다는 점이다.

낙관적 오프라인 잠금

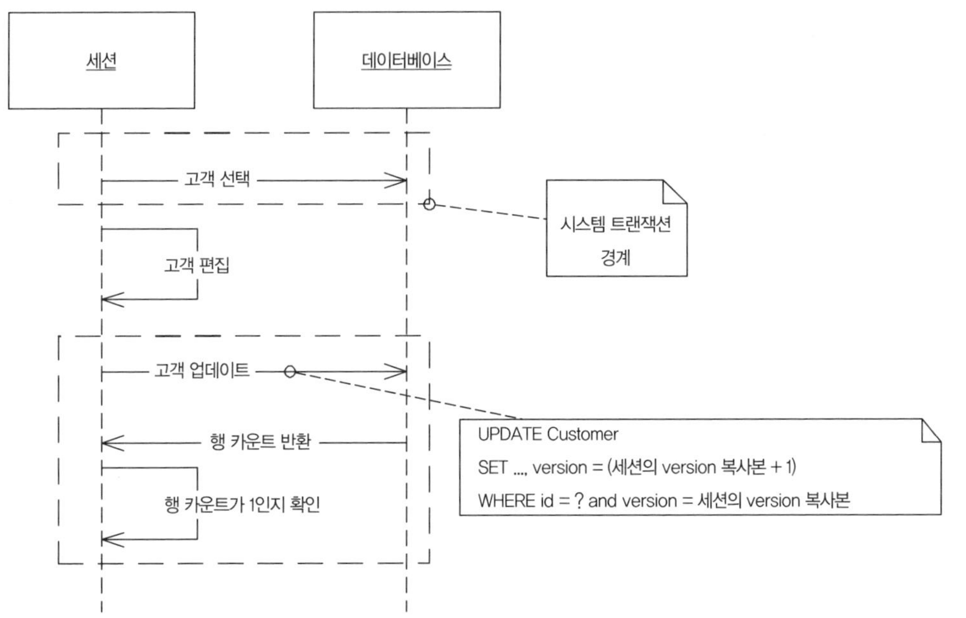

그림 16.1 UPDATE 낙관적 검사

낙관적 오프라인 잠금을 구현하는 방법으로 UPDATE와 DELETE 문에 버전을 추가하는 방법이 많이 선택되지만, 이 방법으로는 일관성 없는 읽기의 문제가 해결되지 않는다. 청구서를 생성하고 소비세를 계산하는 청구 시스템의 예를 생각해보자. 한 세션이 청구서를 생성하고 세금을 계산하기 위해 해당 고객의 주소를 조회하는 동안 별도의 고객 유지 관리 세션이 고객의 주소를 편집할 수 있다. 세율은 고객의 주소지에 따라 다르므로 청구서 생성 세션이 계산한 세율이 틀릴 수 있다. 그러나 청구서 생성 세션은 주소를 변경하지 않았기 때문에 충돌이 감지되지 않는다.

낙관적 오프라인 잠금을 일관성 없는 읽기를 감지하는 데 사용하지 못할 이유는 없다. 앞의 예에서 청구서 생성 세션의 경우 작업을 올바르게 수행하려면 고객의 주소 값이 중요하다는 것을 인식해야 한다. 따라서 주소를 변경 집합에 추가하거나 버전 검사를 수행할 항목의 목록을 별도로 유지하는 등의 방법으로 주소에 대한 버전 검사를 수행해야 한다. 후자의 방법은 작업이 약간 더 필요하지만 코드에 의도가 명확하게 드러난다. 인공적 업데이트가 아니라 버전을 다시 읽는 방법으로 일관된 읽기를 검사하는 경우 시스템 트랜잭션 격리 수준에 특히 주의해야 한다. 버전 다시 읽기는 반복 가능 읽기 이상의 격리 수준에서만 작동한다. 이보다 낮은 격리 수준에서는 버전 증가를 사용해야 한다.

특정한 일관성 없는 읽기 문제를 해결하려고 할 때 버전 검사까지는 필요 없을 수 있다. 트랜잭션이 한 레코드가 있는지 여부나 특정 필드 중 하나의 값에만 영향을 받는 경우가 많다. 이러한 경우 버전보다는 조건을 확인하는 방법으로 동시 업데이트가 비즈니스 트랜잭션의 경합 때문에 실패하는 확률을 낮춰서 시스템의 활동성을 개선할 수 있다. 동시성의 문제를 더 정확하게 이해할수록 코드를 더 잘 관리할 수 있다.

굵은 입자 잠금(465)을 사용하면 객체의 그룹을 하나의 잠금 항목으로 취급함으로써 특정한 일관성 없는 읽기 문제를 해결하는 데 도움이 된다. 다른 방법은 문제가 될 수 있는 비스니스 트랜잭션의 모든 단계를 하나의 장기 실행 트랜잭션 내에서 실행하는 것이다. 경우에 따라서는 손쉬운 구현을 위해 소수의 장기 실행 트랜잭션을 실행하면서 발생하는 추가적인 리소스 소비를 합리화할 수 있다.

트랜잭션이 특정 레코드의 읽기가 아닌 동적 쿼리의 결과에 의존하는 경우 일관성 없는 읽기를 감지하기가 좀 더 어려울 수 있다. 낙관적 오프라인 잠금을 획득하는 한 방법으로 초기 결과를 저장했다가 이를 커밋 시에 동일한 쿼리의 결과와 비교하는 방법이 있다.

다른 모든 잠금 체계와 마찬가지로 낙관적 오프라인 잠금만으로 비즈니스 애플리케이션의 모든 까다로운 동시성 또는 일시적 문제를 해결할 수 있는 것은 아니다. 비즈니스 애플리케이션의 동시성 관리는 기술적 문제이기도 하지만 동시에 도메인 문제이기도 하다는 점을 강조하고 싶다. 앞서 고객 주소 시나리오를 충돌이라고 말할 수 있을까? 이전 버전의 고객 주소를 사용해 세금을 계산해도 괜찮을 수 있지만 실제 어떤 버전을 사용하는 것일까? 이것은 비즈니스 문제에 해당한다. 컬렉션에 대해서도 고려해보자. 두 세션이 동시에 컬렉션에 항목을 추가할 경우 어떻게 될까? 이것은 비즈니스 규칙을 위반할 가능성이 아주 높지만 일반적인 낙관적 오프라인 잠금 체계에서는 이를 예방하지 못한다.

낙관적 오프라인 잠금을 사용하는 시스템 중 하나로 우리에게 익숙한 소스코드 관리(SCM; source code management) 시스템이 있다. SCM 시스템은 프로그래머가 작업한 내용 간에 충돌을 발견하면 일반적으로 올바른 병합 방법을 알아내고 커밋을 재시도한다. 정교한 병합 전략을 구현하면 시스템의 동시성을 향상하는 것은 물론 사용자가 작업을 다시 해야 하는 경우를 예방해서 낙관적 오프라인 잠금을 더 강력하게 만들 수 있다. 물론 SCM 시스템은 한 가지 병합 유형만 구현하면 되지만 비즈니스 시스템은 수백 가지 병합을 구현해야 한다는 것이 큰 차이점이다. 이러한 복잡한 병합 중 일부는 코딩할 가치가 없을 수도 있지만 비즈니스에 큰 가치가 있기 때문에 어려움이 있더라도 반드시 구현해야 하는 병합도 있다. 실제로 비즈니스 객체를 병합하는 경우는 많지 않지만 충분히 가능한 일이다. 실제로 비즈니스 데이터 병합은 그 자체로 하나의 패턴이다. 여기서 그 방법까지 다루지는 않겠지만 병합이 낙관적 오프라인 잠금에 큰 가치를 더할 수 있다는 것을 알아두자.

낙관적 오프라인 잠금

낙관적 오프라인 잠금은 비즈니스 트랜잭션이 커밋될 것인지 여부를 마지막 시스템 트랜잭션이 돼서야 알려준다. 종종 충돌이 발생했는지 여부를 미리 알 수 있으면 유용한 경우가 있다. 이를 위해 다른 사용자가 데이터를 업데이트했는지 확인하는 `checkCurrent` 메서드를 제공할 수 있다. 충돌이 절대 발생하지 않는다고 보장할 수는 없지만, 커밋할 수 없는 것을 미리 알면 복잡한 프로세스를 중단하는 것이 좋을 수 있다. 실패가 예상되는 경우 미리 실패하는 것이 나을 때마다 `checkCurrent`를 사용한다. 그러나 커밋 시에 성공이 보장되는 것은 아니라는 것을 기억해야 한다.

사용 시점

낙관적 동시성 관리는 두 비즈니스 트랜잭션 간에 충돌이 발생할 가능성이 낮은 경우 유용하다. 충돌이 발생할 가능성이 높다면 사용자가 작업을 완료하고 커밋할 때가 돼서야 작업이 실패했다고 알리는 것은 사용자 친화적인 방식이 아니다. 이런 상황이 여러 번 반복되면 사용자는 작업이 어차피 실패할 것이라고 생각하고 시스템 이용을 포기할 수 있다. 충돌 가능성이 높거나 충돌의 결과를 받아들일 수 없는 경우 **비관적 오프라인 잠금**(452)을 사용하는 것이 바람직하다.

낙관적 잠금은 구현하기가 훨씬 쉬우며 **비관적 오프라인 잠금**(452)과 다르게 결함이나 런타임 오류에 취약하지 않으므로 모든 시스템의 비즈니스 트랜잭션 충돌을 관리하는 기본적인 방식으로 먼저 고려할 수 있다. 비관적 잠금은 낙관적 잠금을 보완하는 방식으로 잘 작동하므로 어떤 경우에 낙관적 잠금을 사용해 충돌을 방지할지 고려하기보다는 어떤 경우에 낙관적 잠금만으로는 부족한지 고려하는 것이 현명하다. 올바른 방식으로 동시성을 관리함으로써 동시 접근을 최대한 허용하면서 동시에 충돌을 최소화할 수 있다.

예제: 도메인 계층과 데이터 매퍼(174)(자바)

낙관적 오프라인 잠금에 대한 가장 간단한 예제는 버전 열을 포함하는 데이터베이스 테이블 하나와 업데이트 조건의 일부로 이 버전 정보를 사용하는 UPDATE와 DELETE 문이면 충분하다. 물론 실제로 작성할 애플리케이션은 이보다 훨씬 복잡할 것이므로 여기서는 **도메인 모델**(122)과 **데이터 매퍼**(174)를 사용한 구현을 소개한다. 이 예제를 통해 **낙관적 오프라인 잠금**을 구현할 때 흔히 발생하는 여러 문제를 짚고 넘어갈 수 있을 것이다.

먼저 할 일 중 하나는 도메인 **계층 상위 형식**(502)이 **낙관적 오프라인 잠금**을 구현하는 데 필요한 모든 정보(즉, 수정 데이터와 버전 데이터)를 저장할 수 있게 만드는 것이다.


```
class DomainObject...

    private Timestamp modified;
    private String modifiedBy;
    private int version;
```

이 예에서는 데이터를 관계형 데이터베이스에 저장하므로 각 테이블에 버전과 수정 데이터도 저장해야 한다. 다음은 고객 테이블의 스키마와 **낙관적 오프라인 잠금**을 지원하는 데 필요한 표준 CRUD SQL이다.

```
table customer...

    create table customer(id bigint primary key, name varchar, createdby varchar,
        created datetime, modifiedby varchar, modified datetime, version int)
```

```
SQL customer CRUD...

    INSERT INTO customer VALUES (?, ?, ?, ?, ?, ?, ?)
    SELECT * FROM customer WHERE id = ?
    UPDATE customer SET name = ?, modifiedBy = ?, modified = ?, version = ?
        WHERE id = ? and version = ?
    DELETE FROM customer WHERE id = ? and version = ?
```

테이블과 도메인 객체의 규모가 커지면 지루하고 반복적인 O/R 매핑을 처리할 데이터 매퍼(174)의 계층 상위 형식(502)을 추가해야 한다. 이렇게 하면 데이터 매퍼(174)를 작성할 때 많은 수고를 덜 수 있으며, 개발자가 잠금 메커니즘을 코딩하는 것을 잊어버려서 잠금 전략을 무용지물로 만드는 사고도 예방하기 위한 암시적 잠금(477)도 활용할 수 있다.

추상 매퍼에 가장 먼저 추가될 기능은 SQL을 생성하는 기능이다. 이를 위해서는 매퍼에 테이블에 대한 약간의 메타데이터를 제공해야 한다. 매퍼로 런타임에 SQL을 생성하는 방법의 대안으로는 코드로 생성하는 방법이 있다. 그러나 SQL 문을 생성하는 작업은 독자 여러분에게 연습으로 맡겨둔다. 아래의 추상 매퍼를 보면 열 이름과 수정 데이터의 위치에 대해 몇 가지 사항을 가정했음을 알 수 있다. 다만 레거시 데이터에서는 실현 가능성이 낮다. 추상 매퍼는 일반적으로 각 구현 매퍼가 제공하는 약간의 열 메타데이터를 필요로 한다.

추상 매퍼는 생성된 SQL 문을 사용해 CRUD 작업을 관리할 수 있다. 검색을 수행하는 코드는 다음과 같다.


```
class AbstractMapper...

    public AbstractMapper(String table, String[] columns) {
        this.table = table;
        this.columns = columns;
        buildStatements();
    }

    public DomainObject find(Long id) {
        DomainObject obj = AppSessionManager.getSession().getIdentityMap().get(id);
        if (obj == null) {
            Connection conn = null;
            PreparedStatement stmt = null;
            ResultSet rs = null;
            try {
                conn = ConnectionManager.INSTANCE.getConnection();
```

```
                stmt = conn.prepareStatement(loadSQL);
                stmt.setLong(1, id.longValue());
                rs = stmt.executeQuery();
                if (rs.next()) {
                    obj = load(id, rs);
                    String modifiedBy = rs.getString(columns.length + 2);
                    Timestamp modified = rs.getTimestamp(columns.length + 3);
                    int version = rs.getInt(columns.length + 4);
                    obj.setSystemFields(modified, modifiedBy, version);
                    AppSessionManager.getSession().getIdentityMap().put(obj);
                } else {
                    throw new SystemException(table + " " + id + " does not exist");
                }
            } catch (SQLException sqlEx) {
                throw new SystemException("unexpected error finding " + table + " " + id);
            } finally {
                cleanupDBResources(rs, conn, stmt);
            }
        }
        return obj;
    }
    protected abstract DomainObject load(Long id, ResultSet rs) throws SQLException;
```

낙관적 오프라인 잠금

여기서 몇 가지 주의할 사항이 있다. 첫째, 매퍼는 식별자 맵(206)을 확인해 객체가 미리 로드되지 않았는지 검사한다. 식별자 맵(206)을 사용하지 않으면 한 비즈니스 트랜잭션 내에서 다른 시점에 다른 버전의 객체가 로드되어 애플리케이션에 예기치 않은 동작이 발생하는 것은 물론 버전 검사가 엉망이 될 수 있다. 결과 집합을 얻은 후 매퍼는 각 구현 매퍼가 구현해야 하는 추상 로드 메서드를 통해 해당 필드를 추출하고 활성화된 객체를 반환한다. 매퍼는 setSystemFields()를 호출해 추상 도메인 객체의 버전 및 수정 데이터를 설정한다. 이 데이터를 전달하는 방법으로는 생성자가 더 적절한 방법처럼 보일 수 있는데, 생성자를 사용하면 버전 저장소의 역할이 각 구현 매퍼와 도메인 객체로 내려가며 암시적 잠금(477)의 기능이 약화된다.

구현 load() 메서드는 다음과 같다.

```
class CustomerMapper extends AbstractMapper...

    protected DomainObject load(Long id, ResultSet rs) throws SQLException {
        String name = rs.getString(2);
        return Customer.activate(id, name, addresses);
    }
```

추상 매퍼는 업데이트와 삭제 작업의 실행도 비슷한 방법으로 관리한다. 여기서는 데이터베이스 작업이 행 카운트로 1을 반환하는지 확인한다. 업데이트된 행이 없는 경우 낙관적 잠금을 획득할 수 없으며, 매퍼는 동시성 예외를 발생시켜야 한다. 다음은 삭제 작업이다.

```
class AbstractMapper...

    public void delete(DomainObject object) {
        AppSessionManager.getSession().getIdentityMap().remove(object.getId());
        Connection conn = null;
        PreparedStatement stmt = null;
        try {
            conn = ConnectionManager.INSTANCE.getConnection();
            stmt = conn.prepareStatement(deleteSQL);
            stmt.setLong(1, object.getId().longValue());
            int rowCount = stmt.executeUpdate();
            if (rowCount == 0) {
                throwConcurrencyException(object);
            }
        } catch (SQLException e) {
            throw new SystemException("unexpected error deleting");
        } finally {
            cleanupDBResources(conn, stmt);
        }
    }

    protected void throwConcurrencyException(DomainObject object) throws SQLException {
        Connection conn = null;
        PreparedStatement stmt = null; ResultSet rs = null;
        try {
            conn = ConnectionManager.INSTANCE.getConnection();
            stmt = conn.prepareStatement(checkVersionSQL);
            stmt.setInt(1, (int) object.getId().longValue());
            rs = stmt.executeQuery();
            if (rs.next()) {
                int version = rs.getInt(1);
                String modifiedBy = rs.getString(2);
                Timestamp modified = rs.getTimestamp(3);
                if (version > object.getVersion()) {
                    String when = DateFormat.getDateTimeInstance().format(modified);
                    throw new ConcurrencyException(table + " " + object.getId() +
                            " modified by " + modifiedBy + " at " + when);
                } else {
```

```
                throw new SystemException("unexpected error checking timestamp");
            }
        } else {
            throw new ConcurrencyException(table + " " + object.getId() +
                    " has been deleted");
        }
    } finally {
        cleanupDBResources(rs, conn, stmt);
    }
}
```

동시성 예외에서 버전을 체크하는 SQL도 추상 매퍼에서 사용할 수 있어야 하며 매퍼가 CRUD SQL을 생성할 때 이 SQL도 함께 생성해야 한다. 이 SQL은 다음과 비슷하다.

```
checkVersionSQL...

    SELECT version, modifiedBy, modified FROM customer WHERE id = ?
```

이 코드만 봐서는 여러 작업을 단일 비즈니스 트랜잭션 안에서 여러 시스템 트랜잭션을 거쳐 실행한다는 느낌은 들지 않는다. 기억해야 할 가장 중요한 사실은 변경 내용을 커밋하는 특정 시스템 트랜잭션 내에서 낙관적 오프라인 잠금을 획득해야 레코드 데이터의 일관성을 유지할 수 있다는 점이다. UPDATE와 DELETE 문에 검사를 추가하면 문제가 되지 않는다.

낙관적 오프라인 잠금

굵은 입자 잠금(465) 예제 코드에서 버전 객체를 사용한 방법을 살펴보자. 굵은 입자 잠금(465)을 사용하면 일관성 없는 읽기 문제를 어느 정도 해결할 수 있지만, 공유되지 않는 간단한 버전 객체를 사용하면 `increment()`나 `checkVersionIsLatest()`와 같은 낙관적 검사를 편리하게 추가할 수 있어 일관성 없는 읽기를 감지하는 데 도움이 된다. 다음에 나오는 작업 단위(193)에서는 격리 수준을 모르기 때문에 버전을 증가시키는 방법으로 커밋 프로세스에 일관된 읽기 검사를 추가한다.

```
class UnitOfWork...

    private List reads = new ArrayList();

    public void registerRead(DomainObject object) {
        reads.add(object);
    }
```

```
public void commit() {
    try {
        checkConsistentReads();
        insertNew();
        deleteRemoved();
        updateDirty();
    } catch (ConcurrencyException e) {
        rollbackSystemTransaction();
        throw e;
    }
}

public void checkConsistentReads() {
    for (Iterator iterator = reads.iterator(); iterator.hasNext();) {
        DomainObject dependent = (DomainObject) iterator.next();
        dependent.getVersion().increment();
    }
}
```

이 작업 단위(193)에서는 동시성 위반을 감지하면 시스템 트랜잭션을 롤백한다. 커밋 중 예외가 발생하면 거의 대부분 롤백을 선택할 것이다. 이 단계를 꼭 기억하자! 버전 객체 대신 사용할 수 있는 방법으로 버전 검사를 매퍼 인터페이스에 추가하는 방법도 있다.

비관적 오프라인 잠금

데이비드 라이스

한 시점에 한 트랜잭션만 데이터에 접근할 수 있게 해서 동시 비즈니스 트랜잭션 간 충돌을 방지한다.

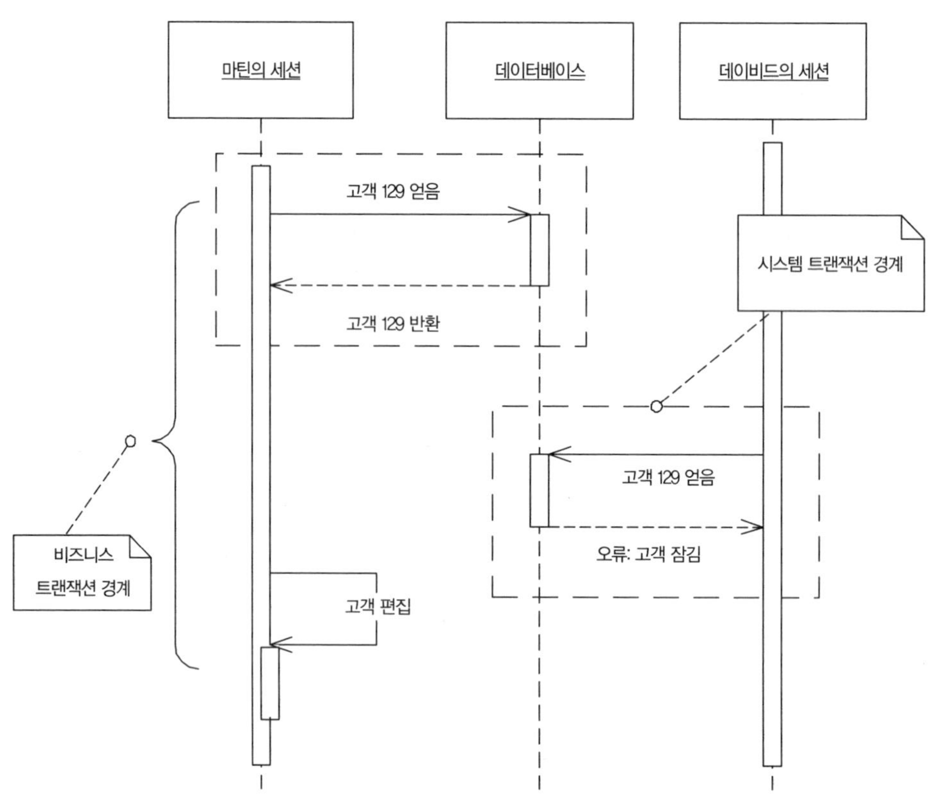

오프라인 동시성을 관리한다는 것은 여러 요청에 걸쳐 수행되는 비즈니스 트랜잭션의 데이터를 관리하는 것을 의미하므로 가장 간단한 방법은 비즈니스 트랜잭션이 수행되는 동안 시스템 트랜잭션을 개방하는 것이다. 아쉽게도 트랜잭션 시스템은 장기 실행 트랜잭션에 맞게 설계되지 않았기 때문에 이 방법을 항상 적용할 수는 없다. 따라서 여러 시스템 트랜잭션을 사용해야 하며, 데이터에 대한 동시 접근을 관리하는 책임은 여러분이 직접 맡아야 한다.

첫 번째 방법은 낙관적 오프라인 잠금(441)을 사용하는 것이다. 그런데 이 패턴에는 고유한 문제가 있다. 여러 사용자가 한 비즈니스 트랜잭션 내에서 동일한 데이터에 접근하는 경우 그중 한 명은 쉽게 커밋할 수 있지만 나머지 사용자의 작업은 충돌하고 실패한다. 문제는 충돌이 비즈니스 트랜잭션의 마지막에 감지된다는 것이다. 사용자는 모든 트랜잭션 작업을 완료한 후 마지막에 가서야 모든 작업이 손실됐다는 메시지를 받게 된다. 오래 걸리는 비즈니스 트랜잭션에서 이러한 문제가 자주 발생하면 시스템에 대한 신뢰가 떨어진다.

비관적 오프라인 잠금(Pessimistic Offline Lock)은 이러한 충돌을 미연에 방지한다. 즉, 작업을 시작할 때 대상 데이터에 대한 잠금을 획득함으로써 일단 비즈니스 트랜잭션을 시작하면 동시성 제어 문제 때문에 작업이 실패하는 경우가 거의 없음을 확신할 수 있다.

작동 원리

비관적 오프라인 잠금은 필요한 잠금 유형 결정, 잠금 관리자 작성, 그리고 잠금을 사용할 비즈니스 트랜잭션의 절차를 정의하는 세 단계로 구현한다. 또한 낙관적 오프라인 잠금(441)을 보완하는 데 비관적 오프라인 잠금을 사용하는 경우 어떤 레코드 유형을 잠글지도 결정해야 한다.

잠금 유형에서 선택할 수 있는 첫 번째 옵션은 **배타적 쓰기 잠금**(exclusive write lock)이다. 이 경우 세션 데이터를 편집하려는 경우에만 비즈니스 트랜잭션이 잠금을 얻도록 요구한다. 즉, 두 비즈니스 트랜잭션이 동일한 레코드를 동시에 변경하지 못하게 함으로써 충돌을 방지한다. 이 잠금 체계에서는 데이터 읽기와 관련된 문제는 무시한다. 따라서 뷰 세션이 반드시 최신 데이터를 읽어야 하는 경우가 아니면 이 전략을 사용해도 충분하다.

비즈니스 트랜잭션에서 편집할지 여부와는 관계없이 항상 최신 데이터를 읽어야 하는 경우 **배타적 읽기 잠금**(exclusive read lock)을 사용한다. 이 유형에서는 비즈니스 트랜잭션이 단지 레코드를 로드하려는 경우에도 잠금을 얻도록 요구한다. 이 전략은 시스템의 동시성을 심각하게 제한할 가능성이 있다. 대부분의 엔터프라이즈 시스템에서는 이 잠금보다는 배타적 쓰기 잠금으로 훨씬 여유 있는 동시 레코드 접근을 제공할 수 있다.

세 번째 전략은 두 잠금 유형을 결합해 배타적 읽기 잠금의 제한적 잠금과 배타적 쓰기 잠금의 향상된 동시성을 함께 제공한다. **읽기/쓰기 잠금**(read/write lock)이라고 하는 이 유형은 앞의 두 유형에 비해 다소 복잡하다. 읽기와 쓰기 잠금의 관계는 두 방식의 장점을 결합하는 데 핵심적인 요소다.

읽기 잠금과 쓰기 잠금은 상호배타적이다. 다른 비즈니스 트랜잭션이 읽기 잠금을 보유한 레코드에 대해서는 쓰기 잠금을 얻을 수 없다. 마찬가지로 다른 비즈니스 트랜잭션이 쓰기 잠금을 보유한 레코드에 대해서는 읽기 잠금을 얻을 수 없다.

동시 읽기 잠금은 허용된다. 읽기 잠금이 적용 중일 때는 다른 비즈니스 트랜잭션이 레코드를 편집할 수 없으므로 한 세션이 레코드를 읽는 동안 다른 세션이 레코드를 읽도록 허용하는 데는 아무 문제가 없다.

다수의 읽기 잠금이 허용되므로 시스템 동시성이 향상된다. 이 체계의 단점은 구현하기가 다소 까다롭고 도메인 전문가가 체계를 제대로 이해하고 시스템을 모델링하기가 어렵다는 점이다.

올바른 잠금 유형을 선택할 때 고려할 사항은 시스템의 동시성 극대화, 비즈니스 요건 충족, 그리고 코드의 복잡성 최소화다. 또한 도메인 모델러와 분석가가 잠금 전략을 이해할 수 있어야 한다는 점도 염두에 둬야 한다. 잠금은 단순히 기술적인 문제가 아니다. 잠금 유형을 잘못 선택하거나 모든 레코드를 잠그거나 또는 잘못된 유형의 레코드를 잠그는 경우 비효과적인 비관적 오프라인 잠금 전략이 될 수 있다. 비효과적인 비관적 오프라인 잠금 전략이란 비즈니스 트랜잭션이 시작할 때 충돌을 방지하지 못하거나 다중 사용자 시스템의 동시성을 저하시켜 단일 사용자 시스템처럼 느껴지는 전략을 의미한다. 잘못된 잠금 전략을 올바른 기술 구현으로 해결할 수는 없다. 실제로는 아예 도메인 모델에 비관적 오프라인 잠금을 포함하는 것도 나쁜 생각이 아니다.

비관적 오프라인 잠금

잠금 유형을 결정하고 나면 잠금 관리자를 정의한다. 잠금 관리자의 역할은 잠금을 획득 또는 해제하려는 비즈니스 트랜잭션의 요청을 허용 또는 거부하는 것이다. 잠금 관리자가 작업을 수행하려면 잠그려는 데이터와 잠금의 소유자(비즈니스 트랜잭션)에 대한 정보가 필요하다. 그런데 비즈니스 트랜잭션이 고유하게 식별할 수 없는 개념일 수 있으며, 이 경우 비즈니스 트랜잭션을 잠금 관리자에 전달하기가 다소 어려울 수 있다. 이 경우 세션의 개념을 적용하는 것을 고려할 수 있다. "세션"과 "비즈니스 트랜잭션"이라는 용어는 일맥상통하는 측면이 많다. 한 세션 안에서 비즈니스 트랜잭션이 연속으로 실행되는 경우 비관적 오프라인 잠금의 소유자로 세션을 사용할 수 있다. 코드 예제를 보면 이 개념을 이해하는 데 도움될 것이다.

잠금 관리자는 잠금을 소유자로 매핑하는 테이블 이상을 포함해서는 안 된다. 간단한 잠금 관리자의 경우 인메모리 해시 테이블을 래핑하거나 아니면 데이터베이스 테이블일 수 있다. 어떤 방식을 사용하든 잠금 테이블은 단 하나여야 하며, 메모리에 있는 경우 싱글턴[Gang of Four]을 사용해야 한다. 애플리케이션 서버가 클러스터링된 경우 인메모리 잠금 테이블은 단일 서버 인스턴스에 고정되지 않으면 작동하지 않는다. 클러스터링된 애플리케이션 서버 환경에서는 데이터베이스 기반 잠금 관리자가 더 적합할 수 있다.

잠금은 객체로 구현되든 또는 데이터베이스 테이블에 대한 SQL로 구현되든 관계없이 잠금 관리자에서만 접근할 수 있어야 한다. 또한 비즈니스 트랜잭션은 잠금 객체가 아닌 잠금 관리자와 상호작용해야 한다.

다음은 비즈니스 트랜잭션이 잠금 관리자를 사용할 때 따라야 할 프로토콜을 정의할 차례다. 이 프로토콜은 잠글 대상과 시기, 잠금을 해제할 시기, 잠금을 획득할 수 없을 때의 대처 방법 등을 포함해야 한다.

잠금 대상은 잠글 시기에 의해 결정되므로 시기에 대해 먼저 알아보자. 일반적으로 비즈니스 트랜잭션은 데이터를 로드하기 전에 잠금을 획득해야 한다. 잠근 데이터의 최신 버전을 얻는다는 보장이 없으면 애초에 잠금을 획득할 필요가 없다. 그런데 한 시스템 트랜잭션 안에서 잠금을 획득하는 것이므로 잠금과 로드의 순서가 관계없는 경우가 있다. 잠금의 유형에 따라 직렬화 가능 또는 반복 가능 읽기 트랜잭션을 사용하는 경우 객체를 읽고 잠금을 획득하는 순서는 문제가 되지 않을 수 있다. 한 가지 옵션은 비관적 오프라인 잠금을 획득한 후 해당 항목에 대한 낙관적 검사를 하는 것이다. 잠근 뒤에는 객체가 최신 버전이라고 확신할 수 있을 것이며 일반적으로 이것은 데이터를 로드하기 전에 잠금을 획득하는 것을 의미한다.

이어서 잠그는 대상을 고려해보자. 객체나 레코드를 잠그는 것처럼 생각되지만 실제로 일반적으로는 이러한 객체를 찾는 데 사용하는 ID 또는 기본 키를 잠그는 것이다. 이렇게 해야 로드하기 전에 잠금을 획득할 수 있다. 객체를 잠그는 개념은 잠금을 획득한 후 객체가 최신이어야 한다는 규칙을 위반하도록 강요하지 않는다면 잘 작동한다.

잠금 해제에 대한 가장 간단한 규칙은 비즈니스 트랜잭션이 완료되면 잠금을 해제하는 것이다. 완료 이전에 잠금을 해제하는 것도 잠금 유형과 트랜잭션 내에서 객체를 다시 사용하려는 의도에 따라서 허용 가능할 수 있다. 그러나 미리 해제하려는 아주 명확한 이유(예: 매우 까다로운 시스템 활동성 문제)가 있는 경우가 아니면 비즈니스 트랜잭션이 완료됐을 때 해제하는 기본 규칙을 따르는 것이 좋다.

비관적 오프라인 잠금

잠금을 획득할 수 없는 비즈니스 트랜잭션에 대한 가장 쉬운 대응은 작업을 취소하는 것이다. 비관적 오프라인 잠금에서는 트랜잭션 초기에 실패하므로 사용자가 큰 거부감 없이 받아들일 수 있다. 개발자와 디자이너는 특히 경쟁이 심한 잠금을 획득하기 위해 트랜잭션의 후반까지 기다리지 않음으로써 상황을 개선할 수 있다. 가능하면 사용자가 작업을 시작하기 전에 모든 잠금을 획득하는 것이 좋다.

어떤 항목이든 잠그려는 경우 잠금 테이블에 대한 모든 접근은 직렬화해야 한다. 인메모리 잠금 테이블의 경우 현재 사용 중인 프로그래밍 언어에서 제공하는 구조를 활용해 전체 잠금 관리자에 대한 접근을 직렬화하는 것이 가장 쉬운 방법이다. 이 이상의 동시성을 구현하려면 아주 복잡한 기법이 필요하다.

잠금 테이블이 데이터베이스에 저장된 경우 첫 번째 규칙은 당연히 한 시스템 트랜잭션 내에서 잠금 테이블과 상호작용해야 한다는 것이다. 데이터베이스가 제공하는 직렬화 기능을 최대한 활용한다. 배타적 읽기와 배타적 쓰기 잠금 직렬화는 데이터베이스가 잠금 가능 항목의 ID를 저장하는 열에 고유성 제약 조건을 적용하게 하면 된다. 읽기/쓰기 잠금을 데이터베이스에 저장하는 경우 잠금 테이블에 삽입은 물론 읽기를 위한 논리가 필요하므로 작업이 다소 복잡해지며 일관성 없는 읽기를 방지하는 것이 매우 중요해진다. 격리 수준이 직렬화 가능인 시스템 트랜잭션은 일관성 없는 읽기를 완전히 예방하므로 최상의 안전을 보장한다. 시스템 전체에서 직렬화 가능 트랜잭션을 사용하면 성능이 문제가 될 수 있지만, 잠금 획득을 위한 직렬화 가능 시스템 트랜잭션을 별도로 분리하고 다른 작업에 대해서는 덜 엄격한 직렬화 수준을 사용하면 성능 문제를 완화할 수 있다. 다른 방법은 저장 프로시저가 잠금 관리에 도움이 될지 조사해보는 것이다. 동시성 관리는 힘든 일이므로 데이터베이스의 도움을 받는 것을 꺼릴 필요가 없다.

잠금 관리의 직렬 특성은 성능 병목현상을 유발한다. 여기서 생각해볼 수 있는 것이 잠금 세분성(lock granularity)이다. 즉, 잠금의 수를 줄일수록 병목현상이 적게 발생하므로 굵은 입자 잠금(465)으로 잠금 테이블 경합을 완화할 수 있다.

비관적 오프라인 잠금

"SELECT FOR UPDATE..." 또는 엔터티 EJB와 같은 시스템 트랜잭션 비관적 잠금 체계는 잠금을 획득할 수 있을 때까지 대기하므로 교착 상태가 발생할 여지가 분명히 있다. 교착 상태는 이렇게 생각해볼 수 있다. 두 사용자가 자원 A와 B를 필요로 할 때, 한 사용자가 A를 잠그고 다른 사용자가 B를 잠근다면 두 트랜잭션은 상대의 잠금이 해제될 때까지 무한정 대기하게 될 수 있다. 작업이 여러 시스템 트랜잭션에 걸쳐 수행되는 것과 특히 비즈니스 트랜잭션 하나가 20분이 걸릴 수도 있다는 것을 감안하면 막연히 잠금이 풀리기를 기다리는 것은 현명한 일이 아니다. 이러한 잠금을 기다리고 싶어 할 사람은 아무도 없다. 또한 대기하는 코드를 작성하려면 시간 제한을 고려해야 하고 복잡해지기 쉽다. 잠금을 사용할 수 없으면 잠금 관리자가 곧바로 예외를 발생시키게 한다. 이렇게 하면 교착 상태를 해결해야 하는 부담을 덜 수 있다.

잠금을 관리하는 작업의 마지막 요건은 손실된 세션에 대한 시간 제한이다. 클라이언트 시스템이 트랜잭션 중간에 강제 종료된 경우 이 손실된 트랜잭션은 완료할 수 없으며 보유한 모든 잠금은 해제된다. 사용자가 세션을 중단하는 경우가 많은 웹 애플리케이션에서 이것은 아주 중요한 문제다. 시간 제한은 애플리케이션에서 처리하기보다는 애플리케이션 서버에서 관리하는 시간 제한 메커니즘을 사용하는 것이 좋다. 웹 애플리케이션 서버는 이를 위한 HTTP 세션을 제공한다. HTTP 세션이 무효화되면 모든 잠금을 해제하는 유틸리티 객체를 등록하는 방법으로 시간 제한을 구현할 수 있다. 다른 방법은 각 잠금에 타임스탬프를 연결하고 특정 기간보다 오래된 잠금은 무효화된 것으로 간주하는 것이다.

사용 시점

동시 세션 간의 충돌 가능성이 높은 경우 비관적 오프라인 잠금을 사용하는 것이 좋다. 사용자의 작업 내용이 버려지는 일이 있어서는 안 된다. 충돌 발생 가능성과는 관계없이 충돌이 발생했을 때의 비용이 너무 높은 경우에도 잠금을 사용해야 한다. 시스템의 모든 엔터티를 잠그면 거의 확실하게 심각한 데이터 경합 문제가 발생하므로 비관적 오프라인 잠금은 낙관적 오프라인 잠금(441)을 보완하는 방법이라는 것과 반드시 필요할 때만 비관적 오프라인 잠금을 사용해야 한다는 것을 기억하자.

비관적 오프라인 잠금을 사용해야 한다면 장기 트랜잭션(long transaction)도 고려해야 한다. 장기 트랜잭션은 절대 바람직하지 않지만 경우에 따라 비관적 오프라인 잠금도 이보다 나을 것이 없을 수 있으며, 프로그래밍하기는 훨씬 쉽다. 선택하기 전에 약간의 부하 테스트를 해보는 것이 좋다.

비관적 오프라인 잠금

비즈니스 트랜잭션을 단일 시스템 트랜잭션으로 처리할 수 있는 경우 이러한 기법을 사용할 필요가 없다. 현재 사용 중인 애플리케이션과 데이터베이스 서버에서 여러 시스템 트랜잭션 비관적 잠금 기법을 기본적으로 제공하는 경우가 많다. 이렇게 기본적으로 사용할 수 있는 기능에는 데이터베이스 잠금을 위한 "SELECT FOR UPDATE" SQL 문과 애플리케이션 서버 잠금을 위한 엔터티 EJB가 있다. 애초에 필요가 없다면 굳이 시간 제한, 잠금 가시성(lock visibility) 등에 대해 걱정할 필요가 없다. 이러한 잠금 유형을 이해하면 비관적 오프라인 잠금을 구현하는 데 분명히 큰 도움이 된다. 다만 반대의 경우는 해당되지 않는다. 즉, 여기서 다룬 내용은 데이터베이스 관리자나 트랜잭션 모니터를 개발하는 데는 도움이 되지 않을 수 있다. 이 책에서 소개하는 모든 오프라인 잠금 기법은 사용 중인 시스템에 자체 트랜잭션 모니터링이 있어야 작동한다.

예제: 간단한 잠금 관리자(자바)

이 예에서는 배타적 읽기 잠금을 위한 잠금 관리자를 작성한다. 기억하겠지만 객체를 읽거나 편집하려면 이 잠금이 필요하다. 그다음에는 여러 시스템 트랜잭션에 걸친 비즈니스 트랜잭션에 잠금 관리자를 사용하는 방법을 알아본다.

첫 번째 단계는 잠금 관리자 인터페이스를 정의하는 것이다.

```
interface ExclusiveReadLockManager...

    public static final ExclusiveReadLockManager INSTANCE =
            (ExclusiveReadLockManager) Plugins.getPlugin(ExclusiveReadLockManager.class);
    public void acquireLock(Long lockable, String owner) throws ConcurrencyException;
    public void releaseLock(Long lockable, String owner);
    public void relaseAllLocks(String owner);
```

lockable은 long으로, 소유자는 문자열로 식별한다는 데 주의하자. Lockable이 long인 이유는 데이터베이스의 각 테이블이 전체 시스템에서 고유한 long 기본 키를 사용하므로 잠금 가능 ID로 훌륭하게 적용할 수 있기 때문이다. 잠금 가능 ID는 잠금 테이블에서 처리하는 모든 유형에서 고유해야 한다. owner ID가 문자열인 이유는 이 예제가 웹 애플리케이션이며, 잠금 소유자로 HTTP 세션 ID가 적절하기 때문이다.

비관적 오프라인 잠금

여기서는 잠금 객체가 아닌 데이터베이스의 잠금 테이블과 직접 상호작용하는 잠금 관리자를 작성한다. 여기서는 lock이라는 테이블을 사용하며, 다른 애플리케이션 테이블과 마찬가지로 데이터베이스의 내부 잠금 메커니즘에 속하지 않는다. 잠금 테이블에 행 하나를 삽입하는 데 성공하면 잠금을 획득한 것이다. 잠금을 해제하려면 이 행을 삭제하면 된다. 다음은 잠금 테이블의 스키마와 잠금 관리자 구현의 일부다.

```
table lock...

    create table lock(lockableid bigint primary key, ownerid bigint)

class ExclusiveReadLockManagerDBImpl implements ExclusiveReadLockManager...

    private static final String INSERT_SQL =
        "insert into lock values(?, ?)";

    private static final String DELETE_SINGLE_SQL =
        "delete from lock where lockableid = ? and ownerid = ?";
```

```
    private static final String DELETE_ALL_SQL =
        "delete from lock where ownerid = ?";

    private static final String CHECK_SQL =
        "select lockableid from lock where lockableid = ? and ownerid = ?";

    public void acquireLock(Long lockable, String owner) throws ConcurrencyException {
        if (!hasLock(lockable, owner)) {
            Connection conn = null;
            PreparedStatement pstmt = null;
            try {
                conn = ConnectionManager.INSTANCE.getConnection();
                pstmt = conn.prepareStatement(INSERT_SQL);
                pstmt.setLong(1, lockable.longValue());
                pstmt.setString(2, owner);
                pstmt.executeUpdate();
            } catch (SQLException sqlEx) {
                throw new ConcurrencyException("unable to lock " + lockable);
            } finally {
                closeDBResources(conn, pstmt);
            }
        }
    }

    public void releaseLock(Long lockable, String owner) {
        Connection conn = null;
        PreparedStatement pstmt = null;
        try {
            conn = ConnectionManager.INSTANCE.getConnection();
            pstmt = conn.prepareStatement(DELETE_SINGLE_SQL);
            pstmt.setLong(1, lockable.longValue());
            pstmt.setString(2, owner);
            pstmt.executeUpdate();
        } catch (SQLException sqlEx) {
            throw new SystemException("unexpected error releasing lock on " + lockable);
        } finally {
            closeDBResources(conn, pstmt);
        }
    }
```


public releaseAllLocks()와 private hasLock() 메서드는 잠금 관리자에 나오지 않은 메서드다. releaseAllLocks()는 이름이 의미하듯이 해당 소유자가 보유한 모든 잠금을 해제한다. hasLock()

은 데이터베이스에 특정 소유자가 잠금을 보유하고 있는지 쿼리한다. 세션 코드가 이미 보유한 잠금을 다시 획득하려는 경우가 종종 있다. 즉, acquireLock()은 잠금 행을 삽입하기 전에 먼저 소유자가 이미 잠금을 가지고 있는지 확인해야 한다. 잠금 테이블은 일반적으로 자원 경합의 주요 지점이 되므로 이러한 반복적인 읽기는 애플리케이션의 성능을 저하시킨다. 성능 저하를 예방하기 위해 소유한 잠금을 세션 수준에서 캐시해 소유권을 확인해야 할 수 있는데, 이 경우 주의해서 작업해야 한다.

다음은 고객 레코드를 유지 관리하는 간단한 웹 애플리케이션을 만들 차례다. 먼저 비즈니스 트랜잭션 처리를 지원할 약간의 인프라를 구성해야 한다. 웹 계층 아래쪽의 계층에서 사용자 세션의 일부 개념이 필요하므로 HTTP 세션에만 완전하게 의존할 수는 없다. 여기서는 HTTP 세션과 구별하기 위해 이 새로운 세션을 애플리케이션 세션이라고 부른다. 애플리케이션 세션은 자신의 ID, 사용자 이름, 그리고 식별자 맵(206)을 비즈니스 트랜잭션 중에 로드되거나 생성된 캐시 객체에 저장한다. 또한 검색이 가능하도록 현재 실행 중인 스레드와 연결된다.

```
class AppSession...

    private String user;
    private String id;
    private IdentityMap imap;

    public AppSession(String user, String id, IdentityMap imap) {
        this.user = user;
        this.imap = imap;
        this.id = id;
    }

class AppSessionManager...

    private static ThreadLocal current = new ThreadLocal();

    public static AppSession getSession() {
        return (AppSession) current.get();
    }

    public static void setSession(AppSession session) {
        current.set(session);
    }
```

요청을 처리하는 데는 프런트 컨트롤러(366)를 사용할 것이므로 명령을 정의해야 한다. 각 명령이 가장 먼저 할 일은 새 비즈니스 트랜잭션을 시작할지 아니면 기존 비즈니스 트랜잭션을 계속할지에 대한 의도를 밝히는 것이다. 이를 위해서는 새로운 애플리케이션 세션을 설정하거나 기존 세션을 검색하면 된다. 다음은 비즈니스 트랜잭션 컨텍스트를 설정하는 편리한 메서드를 제공하는 추상 명령이다.

```
interface Command...

    public void init(HttpServletRequest req, HttpServletResponse rsp);
    public void process() throws Exception;

abstract class BusinessTransactionCommand implements Command...

    public void init(HttpServletRequest req, HttpServletResponse rsp) {
        this.req = req;
        this.rsp = rsp;
    }

    protected void startNewBusinessTransaction() {
        HttpSession httpSession = getReq().getSession(true);
        AppSession appSession = (AppSession) httpSession.getAttribute(APP_SESSION);
        if (appSession != null) {
            ExclusiveReadLockManager.INSTANCE.relaseAllLocks(appSession.getId());
        }
        appSession = new AppSession(getReq().getRemoteUser(),
            httpSession.getId(), new IdentityMap());
        AppSessionManager.setSession(appSession);
        httpSession.setAttribute(APP_SESSION, appSession);
        httpSession.setAttribute(LOCK_REMOVER,
                new LockRemover(appSession.getId()));
    }

    protected void continueBusinessTransaction() {
        HttpSession httpSession = getReq().getSession();
        AppSession appSession = (AppSession) httpSession.getAttribute(APP_SESSION);
        AppSessionManager.setSession(appSession);
    }

    protected HttpServletRequest getReq() {
        return req;
    }
```

```
    protected HttpServletResponse getRsp() {
        return rsp;
    }
```

새로운 애플리케이션 세션을 설정할 때 기존 세션의 잠금을 제거한다는 데 주의하자. 또한 해당하는 HTTP 세션이 만료되면 애플리케이션 세션이 소유한 모든 잠금을 제거하는 수신기를 HTTP 세션의 바인딩 이벤트에 추가한다.

```
class LockRemover implements HttpSessionBindingListener...

    private String sessionId;

    public LockRemover(String sessionId) {
        this.sessionId = sessionId;
    }

    public void valueUnbound(HttpSessionBindingEvent event) {
        try {
            beginSystemTransaction();
            ExclusiveReadLockManager.INSTANCE.relaseAllLocks(this.sessionId);
            commitSystemTransaction();
        } catch (Exception e) {
            handleSeriousError(e);
        }
    }
```


명령에는 표준 비즈니스 논리와 잠금 관리가 포함되며, 각 명령은 단일 시스템 트랜잭션의 경계 안에서 실행돼야 한다. 이를 확실하게 적용하기 위해 트랜잭션 명령 객체로 데코레이션[Gang of Four]할 수 있다. 단일 요청의 표준 도메인 작업과 모든 잠금은 단일 시스템 트랜잭션에서 수행된다는 것을 기억하자. 시스템 트랜잭션 경계를 정의하는 메서드는 배포 컨텍스트(deployment context)에 의존한다. 충돌이 발생했을 때 변경 내용이 영구 레코드 데이터에 기록되지 않도록 동시성 예외가 감지되거나 이 예의 경우 다른 모든 예외가 감지되면 시스템 트랜잭션을 롤백해야 한다.

```
class TransactionalComamnd implements Command...

    public TransactionalCommand(Command impl) {
        this.impl = impl;
    }
```

```
    public void process() throws Exception {
        beginSystemTransaction();
        try {
            impl.process();
            commitSystemTransaction();
        } catch (Exception e) {
            rollbackSystemTransaction();
            throw e;
        }
    }
```

이제 컨트롤러 서블릿과 구현 명령을 작성하면 된다. 컨트롤러 서블릿은 각 명령을 트랜잭션 제어로 래핑하는 역할을 한다. 구현 명령은 비즈니스 트랜잭션 컨텍스트 설정, 도메인 논리 실행, 필요에 따라 잠금 획득 및 해제를 수행해야 한다.

```
class ControllerServlet extends HttpServlet...

    protected void doGet(HttpServletRequest req, HttpServletResponse rsp)
            throws ServletException, IOException {
        try {
            String cmdName = req.getParameter("command");
            Command cmd = getCommand(cmdName);
            cmd.init(req, rsp);
            cmd.process();
        } catch (Exception e) {
            writeException(e, rsp.getWriter());
        }
    }

    private Command getCommand(String name) {
        try {
            String className = (String) commands.get(name);
            Command cmd = (Command) Class.forName(className).newInstance();
            return new TransactionalCommand(cmd);
        } catch (Exception e) {
            e.printStackTrace();
            throw new SystemException("unable to create command object for " + name);
        }
    }

class EditCustomerCommand implements Command...
```

```
    public void process() throws Exception {
        startNewBusinessTransaction();
        Long customerId = new Long(getReq().getParameter("customer_id"));
        ExclusiveReadLockManager.INSTANCE.acquireLock(
                    customerId, AppSessionManager.getSession().getId());
        Mapper customerMapper = MapperRegistry.INSTANCE.getMapper(Customer.class);
        Customer customer = (Customer) customerMapper.find(customerId);
        getReq().getSession().setAttribute("customer", customer);
        forward("/editCustomer.jsp");
    }

class SaveCustomerCommand implements Command...

    public void process() throws Exception {
        continueBusinessTransaction();
        Customer customer = (Customer) getReq().getSession().getAttribute("customer");
        String name = getReq().getParameter("customerName");
        customer.setName(name);
        Mapper customerMapper = MapperRegistry.INSTANCE.getMapper(Customer.class);
        customerMapper.update(customer);
        ExclusiveReadLockManager.INSTANCE.releaseLock(customer.getId(),
                    AppSessionManager.getSession().getId());
        forward("/customerSaved.jsp");
    }
```

비관적 오프라인 잠금

방금 살펴본 명령은 두 세션이 동시에 동일한 고객을 대상으로 작업하지 못하게 한다. 애플리케이션에서 고객 객체를 사용하는 다른 모든 명령은 작업을 하기 전에 잠금을 획득하거나 동일한 비즈니스 트랜잭션에서 이전 명령이 잠근 고객만 사용해 작업해야 한다. 잠금 관리자에 hasLock() 검사가 있음을 고려하면 모든 명령에서 잠금을 얻을 수 있다. 성능에는 좋지 않을 수 있지만 확실하게 잠금을 얻을 수 있다. 암시적 잠금(477)에서는 실수할 우려가 없는 잠금 메커니즘에 대해 설명한다.

예제를 보면 프레임워크 코드와 도메인 코드의 비율이 맞지 않는다는 생각이 들 수 있다. 실제로 비관적 오프라인 잠금을 사용하려면 적어도 애플리케이션 세션, 비즈니스 트랜잭션, 잠금 관리자, 시스템 트랜잭션을 모두 포함하는 조율이 필요하며, 이는 확실히 적지 않은 부담이다. 이 예제는 여러 영역에서 그리 견고하지 않으므로 아키텍처 예시라기보다는 개념 이해를 위한 단순한 예제로 받아들이도록 하자.

굵은 입자 잠금

데이비드 라이스, 매트 폼멜

하나의 잠금으로 여러 관련 객체의 집합을 잠근다.

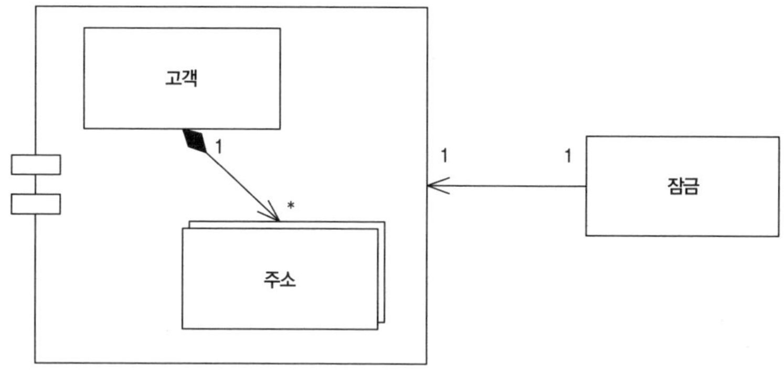

여러 객체를 하나의 그룹으로 편집하는 경우가 많다. 예를 들어, 한 고객과 이 고객의 모든 주소를 생각해볼 수 있다. 이 경우 애플리케이션에서 이러한 항목 중 하나를 잠글 때는 연관된 항목을 모두 잠그는 것이 이치에 맞다. 개별 객체에 별도의 잠금을 유지하려면 여러 가지 문제가 있다. 첫째, 이러한 객체를 조작하려면 객체를 잠그기 위해 먼저 모두 찾는 코드를 작성해야 한다. 고객과 주소의 경우에는 간단하지만, 잠금 그룹이 커지면 문제가 복잡해질 수 있다. 또한 그룹 자체가 복잡할 수도 있다. 프레임워크에서 잠금 획득을 관리한다면 이 동작은 어디에서 수행해야 할까? 낙관적 오프라인 잠금(441)에서는 잠그려는 객체를 먼저 로드해야 해야 하므로 대규모 그룹을 잠그려면 성능이 저하된다. 그리고 비관적 오프라인 잠금(452)에서 대규모의 잠금 집합은 관리하기 어렵고 잠금 테이블에 대한 경합을 가중시킨다.

굵은 입자 잠금

굵은 입자 잠금(Coarse-Grained Lock)은 여러 객체를 다룰 수 있는 단일 잠금이다. 굵은 입자 잠금을 사용하면 잠금 동작 자체를 간소화할 수 있으며, 그룹을 잠그기 위해 모든 멤버를 로드할 필요도 없어진다.

작동 원리

굵은 입자 잠금을 구현하는 첫 번째 단계는 객체의 그룹을 잠그기 위한 단일 경합 지점을 만드는 것이다. 이를 통해 단 하나의 잠금으로 전체 집합을 잠글 수 있다. 그다음에는 잠금을 획득하기 위해 식별하고 경우에 따라 메모리로 로드해야 하는 그룹 멤버를 최소화하기 위해 이 단일 잠금 지점에 대한 최단 경로를 제공한다.

낙관적 오프라인 잠금(441)의 경우 그룹의 각 항목이 버전(그림 16.2)을 공유하게 하면 단일 경합 지점을 만들 수 있다. 즉, 같은 값의 버전이 아니라 동일한 버전을 공유하게 해야 한다. 이 버전을 증가시키면 **공유된 잠금**(shared lock)의 그룹 전체가 잠긴다. 공유된 버전의 그룹 멤버 각각을 가리키도록 모델을 설정하면 경합 지점에 대한 경로를 최소화할 수 있다.

공유된 **비관적 오프라인 잠금**(452)의 경우 그룹의 각 멤버가 일종의 잠금 가능 토큰(lockable token)을 공유해야 하며 이를 획득해야 한다. **비관적 오프라인 잠금**(452)은 **낙관적 오프라인 잠금**(441)을 보완하는 데 사용되는 경우가 많으므로 공유된 버전 객체는 잠금 가능 토큰의 역할에 아주 잘 맞는다.

에릭 에반스(Eric Evans)와 데이비드 시겔(David Siegel) [Evans]은 데이터 변경의 한 단위로 취급하는 연결된 객체의 클러스터를 **집합체**(aggregate)라고 정의했다. 각 집합체에는 집합의 멤버와 집합에 포함된 항목을 정의하는 **경계**(boundary)에 대한 접근 지점을 제공하는 루트(root)가 있다. 집합체의 멤버를 사용하려면 집합체 전체를 잠가야 하므로 집합체의 특성상 굵은 입자 잠금이 필요하다. 집합체의 잠금은 공유된 잠금의 대안이며, 필자가 **루트 잠금**(root lock)이라고 부르는 개념이다(그림 16.4). 기본 개념상 루트 잠금을 잠그면 집합체의 모든 멤버가 잠긴다. 루트 잠금은 경합의 단일 지점을 제공한다.

굵은 입자 잠금

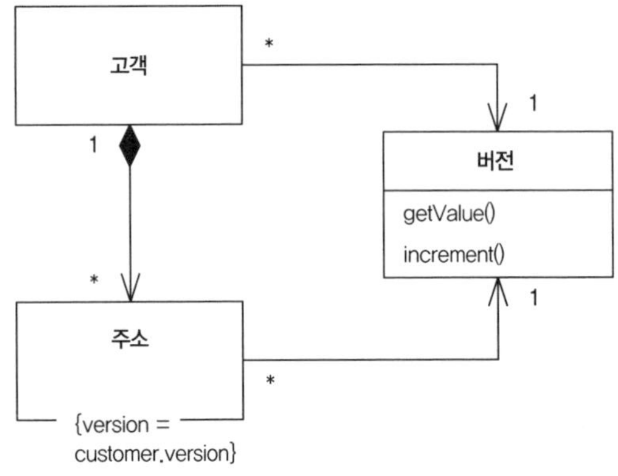

그림 16.2 버전 공유

루트 잠금을 굵은 입자 잠금으로 사용하려면 객체 그래프의 루트로 통하는 연결 방법을 구현해야 한다. 그러면 집합체의 객체를 잠그라는 요청을 받으면 루트로 연결하고 객체 대신 루트를 잠그는 잠금 메커니즘이 가능해진다. 이 연결은 두 가지 방법으로 구현할 수 있다. 집합체의 각 객체에 대해 루트로 통하는 직접 연결을 유지하거나 이어지는 중간 관계의 순서를 사용할 수 있다. 예를 들어, 한 계층에서 루트는 최상위 부모이며 자손을 루트에 직접 연결할 수 있다. 아니면 각 노드에 직계 부모에 대한 링크를 부여하고 이 구조를 통해 루트에 도달하는 방법도 있다.

후자의 전략에서는 대규모 그래프의 경우 각 부모를 로드해 다시 부모가 있는지 확인해야 하므로 성능 문제가 발생할 수 있다. 루트에 대한 경로에 해당하는 객체를 로드할 때는 반드시 지연 로드(211)를 사용해야 한다. 이렇게 하면 아직 필요하지 않은 객체를 미리 로드하는 것을 방지하는 것은 물론 양방향 관계를 매핑할 때 발생할 수 있는 무한 매핑 루프도 예방할 수 있다. 단일 집합체의 지연 로드(211)가 여러 시스템 트랜잭션에 걸쳐 수행될 수 있으며, 이 경우 일관성 없는 여러 부분으로 집합체가 구성되는 문제가 발생할 수 있다.

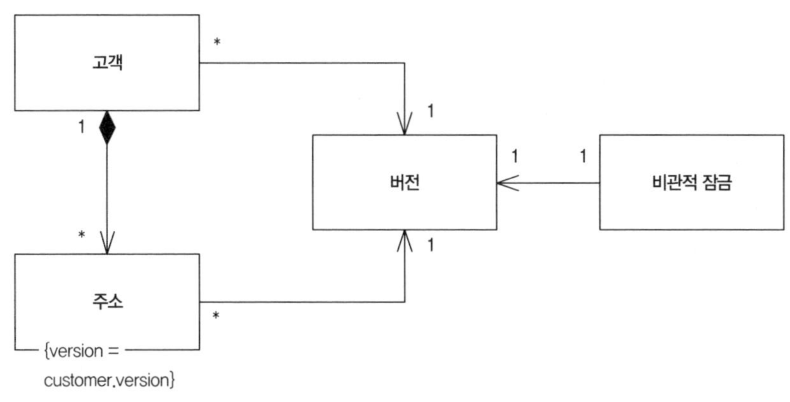

그림 16.3 공유된 버전 잠금

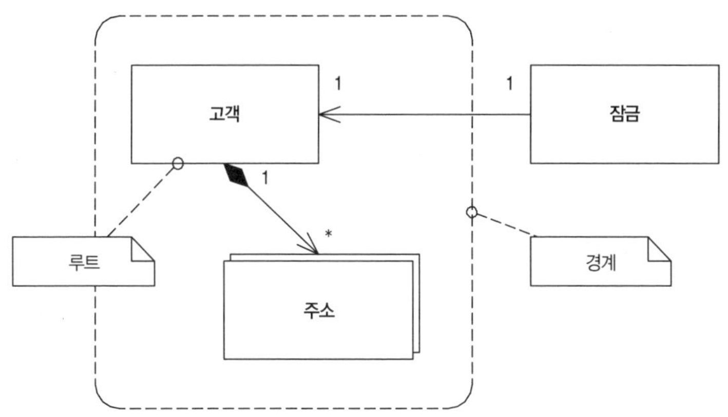

그림 16.4 루트 잠금

집합체의 객체를 잠그면 동시에 루트를 잠그게 되므로 공유된 잠금은 집합체 잠금에도 적용 가능하다.

굵은 입자 잠금

굵은 입자 잠금의 구현 방법인 공유된 잠금과 루트 잠금에는 각기 장단점이 있다. 관계형 데이터베이스를 사용하는 경우 공유된 잠금은 거의 모든 선택에 버전 테이블을 조인해야 하는 부담을 안겨준다. 그러나 루트로 이동하는 동안 객체를 로드하는 것도 성능 저하를 유발한다. 루트 잠금과 비관적 오프라인 잠금(452)은 이상한 조합일 수 있다. 루트로 이동한 다음 잠그려는 시점에는 최신 값을 보장하기 위해 일부 객체를 다시 로드해야 할 수 있다. 그리고 언제나 그렇지만 레거시 데이터 저장소를 사용하는 시스템을 구축할 때는 구현을 선택하는 데 여러 제약이 따른다. 잠금의 구현은 아주 다양하며 미묘한 차이는 더욱 다양한다. 각자의 요건에 맞는 구현을 찾아야 한다.

사용 시점

굵은 입자 잠금을 사용하는 가장 중요한 이유는 당연히 비즈니스 요건을 충족하기 위해서다. 집합체를 잠그는 경우도 마찬가지다. 자산의 컬렉션을 포함하는 임대 객체의 경우를 생각해보자. 한 사용자가 임대를 편집하는 동안 동시에 다른 사용자가 자산을 편집한다는 것은 업무 흐름상 거의 이치에 맞지 않는다. 즉, 자산이나 임대를 잠그면 임대와 이에 해당하는 모든 자산이 잠겨야 한다.

굵은 입자 잠금을 사용할 때의 가장 긍정적인 효과는 잠금을 획득하고 해제하는 부담이 아주 적다는 것이다. 이는 사용을 권장하는 확실한 동기가 된다. 공유된 잠금은 [Evans] 집합체 개념이 아니더라도 사용할 수 있지만 성능과 같은 비기능적 요건이 중요할 때는 주의해야 한다. 굵은 입자 잠금을 원활하게 운영하려면 비정상적인 객체 관계를 만들지 않도록 주의해야 한다.

예제: 공유된 낙관적 오프라인 잠금(441)(자바)

이 예제에서는 계층 상위 형식(502)을 포함하는 도메인 모델, 영구 저장소로는 관계형 데이터베이스, 그리고 데이터 매퍼(174)를 사용한다.

먼저 할 일은 버전 클래스와 테이블을 만드는 것이다. 이 예제에서는 구조를 간단하게 만들기 위해 해당 값을 저장하는 것은 물론 정적 검색기 메서드도 포함된 다용도 버전 클래스를 만든다. 또한 이 예에서는 식별자 맵을 사용해 한 세션의 버전을 캐시한다는 데 주의하자. 객체가 버전을 공유하는 경우 모든 객체가 반드시 정확히 동일한 인스턴스를 가리켜야 한다. 버전 클래스는 도메인 모델의 일부이므로 여기에 데이터베이스 코드를 넣는 것은 좋지 않은 형식이라고 할 수 있다. 버전 데이터베이스 코드를 매퍼 계층으로 분리하는 일은 독자 여러분에게 연습으로 맡겨둔다.

테이블 버전...

```
create table version(id bigint primary key, value bigint,
    modifiedBy varchar, modified datetime)
```

클래스 버전...

```
private Long id;
private long value;
private String modifiedBy;
private Timestamp modified;
private boolean locked;
private boolean isNew;
private static final String UPDATE_SQL =
        "UPDATE version SET VALUE = ?, modifiedBy = ?, modified = ? " +
        "WHERE id = ? and value = ?";
private static final String DELETE_SQL =
        "DELETE FROM version WHERE id = ? and value = ?";
private static final String INSERT_SQL =
        "INSERT INTO version VALUES (?, ?, ?, ?)";
private static final String LOAD_SQL =
        "SELECT id, value, modifiedBy, modified FROM version WHERE id = ?";

public static Version find(Long id) {
    Version version = AppSessionManager.getSession().getIdentityMap().getVersion(id);
    if (version == null) {
        version = load(id);
    }
    return version;
}

private static Version load(Long id) {
    ResultSet rs = null;
    Connection conn = null;
    PreparedStatement pstmt = null;
    Version version = null;
    try {
        conn = ConnectionManager.INSTANCE.getConnection();
        pstmt = conn.prepareStatement(LOAD_SQL);
        pstmt.setLong(1, id.longValue());
        rs = pstmt.executeQuery();
        if (rs.next()) {
            long value = rs.getLong(2);
```

굵은 입자 잠금

```
            String modifiedBy = rs.getString(3);
            Timestamp modified = rs.getTimestamp(4);
            version = new Version(id, value, modifiedBy, modified);
            AppSessionManager.getSession().getIdentityMap().putVersion(version);
        } else {
            throw new ConcurrencyException("version " + id + " not found.");
        }
    } catch (SQLException sqlEx) {
        throw new SystemException("unexpected sql error loading version", sqlEx);
    } finally {
        cleanupDBResources(rs, conn, pstmt);
    }
    return version;
}
```

버전에는 자신을 생성하는 코드도 포함돼 있다. 또한 데이터베이스 삽입을 생성과 분리해 최소한 소유자 하나를 데이터베이스로 삽입하기 전까지 삽입을 연기할 수 있게 했다. 이 예에서 각 도메인 데이터 매퍼(174)는 해당하는 도메인 객체를 삽입할 때 안전하게 버전에 있는 삽입을 호출할 수 있다. 버전은 삽입하려는 항목이 새 항목인지 판단하고 한 번만 삽입되게 한다.

굵은 입자 잠금

```
class Version...

    public static Version create() {
        Version version = new Version(IdGenerator.INSTANCE.nextId(), 0,
                AppSessionManager.getSession().getUser(), now());
        version.isNew = true;
        return version;
    }

    public void insert() {
        if (isNew()) {
            Connection conn = null;
            PreparedStatement pstmt = null;
            try {
                conn = ConnectionManager.INSTANCE.getConnection();
                pstmt = conn.prepareStatement(INSERT_SQL);
                pstmt.setLong(1, this.getId().longValue());
                pstmt.setLong(2, this.getValue());
                pstmt.setString(3, this.getModifiedBy());
                pstmt.setTimestamp(4, this.getModified());
                pstmt.executeUpdate();
                AppSessionManager.getSession().getIdentityMap().putVersion(this);
```

```
                isNew = false;
            } catch (SQLException sqlEx) {
                throw new SystemException("unexpected sql error inserting version", sqlEx);
            } finally {
                cleanupDBResources(conn, pstmt);
            }
        }
    }
```

다음으로 increment() 메서드는 해당하는 데이터베이스 행에서 버전의 값을 증가시킨다. 한 변경 집합 내의 여러 객체가 동일한 버전을 공유할 가능성이 높기 때문에 버전은 자신을 증가시키기 전에 먼저 이미 잠겨있는지 확인한다. 데이터베이스를 호출한 후 increment() 메서드는 버전 행이 실제로 업데이트됐는지 확인해야 한다. 행 카운트로 0이 반환되면 동시성 위반이 감지된 것이므로 예외를 발생시킨다.

굵은 입자 잠금

```
class Version...

    public void increment() throws ConcurrencyException {
        if (!isLocked()) {
            Connection conn = null;
            PreparedStatement pstmt = null;
            try {
                conn = ConnectionManager.INSTANCE.getConnection();
                pstmt = conn.prepareStatement(UPDATE_SQL);
                pstmt.setLong(1, value + 1);
                pstmt.setString(2, getModifiedBy());
                pstmt.setTimestamp(3, getModified());
                pstmt.setLong(4, id.longValue());
                pstmt.setLong(5, value);
                int rowCount = pstmt.executeUpdate();
                if (rowCount == 0) {
                    throwConcurrencyException();
                }
                value++;
                locked = true;
            } catch (SQLException sqlEx) {
                throw new SystemException("unexpected sql error incrementing version",
sqlEx);
            } finally {
                cleanupDBResources(conn, pstmt);
            }
```

```
        }
    }

    private void throwConcurrencyException() {
        Version currentVersion = load(this.getId());
        throw new ConcurrencyException(
                "version modified by " + currentVersion.modifiedBy + " at " +
                DateFormat.getDateTimeInstance().format(currentVersion.getModified()));
    }
```

이 코드에서는 비즈니스 트랜잭션을 커밋하는 시스템 트랜잭션 내에서만 increment를 호출해야 한다. isLocked 플래그는 이전 트랜잭션에서 증가시킨 경우 커밋 트랜잭션 중 잠금 획득이 실패하게 한다. 낙관적 잠금은 기본적으로 커밋할 때만 잠금을 얻는 것이므로 이것은 문제가 아니다.

이 패턴을 사용할 때는 이전 시스템 트랜잭션의 데이터가 데이터베이스에서 아직 최신 상태인지 알아보고 싶은 경우가 있다. 이 기능은 업데이트하지 않고 낙관적 오프라인 잠금(441)을 얻을 수 있는지 확인하는 checkCurrent 메서드를 버전 클래스에 추가하면 구현할 수 있다.

굵은 입자 잠금

코드에는 나오지 않았지만 삭제 메서드는 데이터베이스에서 버전을 제거하는 SQL을 실행하고 반환된 행 카운트가 0일 경우 동시성 예외를 발생시킨다. 이것은 이 버전을 사용해 마지막 객체를 삭제할 때 낙관적 오프라인 잠금을 획득하지 않았기 때문일 수 있으며, 이런 일은 있어서는 안 된다. 공유된 버전을 언제 삭제할 수 있는지 아는 것이 중요하다. 버전을 한 집합체 안에서 공유할 때는 집합체 루트를 삭제한 후 버전을 삭제한다. 좀 더 복잡한 다른 시나리오로는 버전 객체가 소유자에 대한 참조 카운트를 유지하고 카운트가 0이 되면 자신을 삭제하는 것이 있다. 다만 이렇게 하면 버전 객체가 다소 복잡해질 수 있다는 것은 알아두자. 버전이 복잡해지면 이를 완전한 도메인 객체로 만드는 것을 고려할 수 있다. 이 방법도 적절하지만 이 경우 버전이 없는 특별한 도메인 객체가 된다.

다음은 공유된 버전을 사용하는 방법을 고려해보자. 도메인 계층 상위 형식(502)은 간단한 카운트가 아니라 버전 객체를 포함한다. 각 데이터 매퍼(174)는 도메인 객체를 로드할 때 버전을 설정할 수 있다.

```
class DomainObject...

    private Long id;;
    private Timestamp modified;
```

```
    private String modifiedBy;
    private Version version;

    public void setSystemFields(Version version, Timestamp modified, String modifiedBy) {
        this.version = version;
        this.modified = modified;
        this.modifiedBy = modifiedBy;
    }
```

생성에 대해서는 고객 루트와 해당 주소로 구성된 집합체를 살펴보자. 고객의 생성 메서드는 공유된 버전을 생성한다. 고객 클래스에는 고객의 버전을 전달하고 주소를 생성하는 addAddress() 메서드가 있다. 추상 데이터베이스 매퍼는 해당 도메인 객체를 삽입하기 전에 버전을 삽입한다. 버전에는 한 번만 삽입하는 기능이 있다는 것을 기억하자.

```
class Customer extends DomainObject...

    public static Customer create(String name) {
        return new Customer(IdGenerator.INSTANCE.nextId(), Version.create(),
                name, new ArrayList());
    }

class Customer extends DomainObject...

    public Address addAddress(String line1, String city, String state) {
        Address address = Address.create(this, getVersion(), line1, city, state);
        addresses.add(address);
        return address;
    }

class Address extends DomainObject...

    public static Address create(Customer customer, Version version, S
        tring line1, String city, String state) {
        return new Address(IdGenerator.INSTANCE.nextId(), version, customer,
                line1, city, state);
    }

class AbstractMapper...

    public void insert(DomainObject object) {
        object.getVersion().insert();
```

데이터 매퍼(174) 객체를 업데이트 또는 삭제하기 전에 버전을 증가시켜야 한다.

```
class AbstractMapper...

    public void update(DomainObject object) {
        object.getVersion().increment();

class AbstractMapper...

    public void delete(DomainObject object) {
        object.getVersion().increment();
```

이것은 집합체이므로 고객을 삭제할 때 주소도 삭제한다. 이렇게 하면 즉시 버전을 삭제할 수 있다.

```
class CustomerMapper extends AbstractMapper...

    public void delete(DomainObject object) {
        Customer cust = (Customer) object;
        for (Iterator iterator = cust.getAddresses().iterator(); iterator.hasNext();) {
            Address add = (Address) iterator.next();
            MapperRegistry.getMapper(Address.class).delete(add);
        }
        super.delete(object);
        cust.getVersion().delete();
    }
```


예제: 공유된 비관적 오프라인 잠금(452)(자바)

연관된 집합의 모든 객체와 연결할 수 있는 일종의 잠금 가능 토큰이 필요하다. 앞서 논의한 대로 이 예에서는 낙관적 오프라인 잠금(441)을 보완하는 데 비관적 오프라인 잠금(452)을 사용할 것이다. 따라서 잠금 토큰으로 공유된 버전을 사용할 수 있다. 공유된 버전에 접근하는 데는 모두 동일한 코드를 사용한다.

유일한 문제는 버전에 접근하려면 데이터 중 일부를 로드해야 한다는 것이다. 데이터를 로드한 후 비관적 오프라인 잠금(452)을 획득한다면 데이터가 최신인지는 어떻게 알 수 있을까? 한 가지 쉬운 방법은 비관적 오프라인 잠금(452)을 획득한 시스템 트랜잭션 내에서 버전을 증가시키는 것이다. 해당 시스템 트랜잭션이 커밋되면 비관적 잠금이 유효하며 시스템 트랜잭션 내의 어떤 위치에서 로드했든지 관계없이 해당 버전을 공유하는 모든 데이터가 최신 복사본이라고 확신할 수 있다.

```
class LoadCustomerCommand...

    try {
        Customer customer = (Customer) MapperRegistry.getMapper(Customer.class).find(id);
        ExclusiveReadLockManager.INSTANCE.acquireLock
                (customer.getId(), AppSessionManager.getSession().getId());
        customer.getVersion().increment();
        TransactionManager.INSTANCE.commit();
    } catch (Exception e) {
        TransactionManager.INSTANCE.rollback();
        throw e;
    }
```

버전 증가가 잠금 관리자에 넣기에 적합한 기능이라는 생각이 들 수 있다. 이 경우에는 최소한 잠금 관리자에 버전을 증가시키는 코드를 데코레이션[Gang of Four]하는 방법을 사용할 수 있다. 물론 실무 코드에는 당연히 이 예제가 보여주는 것보다 강력한 예외 처리와 트랜잭션 제어가 필요하다.

예제: 루트 낙관적 오프라인 잠금(441)(자바)

굵은 입자 잠금

이 예에는 도메인 계층 상위 형식(502)과 데이터 매퍼(174)를 포함해 이전 예제의 가정이 대부분 그대로 적용된다. 이 예제에도 버전 객체가 있지만 이번에는 공유되지 않는다. 대신 데이터 매퍼(174) 외부에서 손쉽게 낙관적 오프라인 잠금(441)을 얻을 수 있게 해주는 편리한 increment() 메서드를 제공한다. 또한 변경 집합을 추적하기 위해 작업 단위(193)를 사용한다.

이 예의 집합체에는 부모-자식 관계가 포함되므로 자식-부모 이동을 통해 루트를 찾는다. 그리고 이를 위해 도메인과 데이터 모델에서 적절한 준비를 해야 한다.

```
class DomainObject...

    private Long id;
    private DomainObject parent;

    public DomainObject(Long id, DomainObject parent) {
        this.id = id;
        this.parent = parent;
    }
```

소유자를 얻은 다음에는 루트 잠금을 획득하고 작업 단위를 커밋할 수 있다.

```
class UnitOfWork...

    public void commit() throws SQLException {
        for (Iterator iterator = _modifiedObjects.iterator(); iterator.hasNext();) {
            DomainObject object = (DomainObject) iterator.next();
            for (DomainObject owner = object; owner != null; owner = owner.getParent()) {
                owner.getVersion().increment();
            }
        }
        for (Iterator iterator = _modifiedObjects.iterator(); iterator.hasNext();) {
            DomainObject object = (DomainObject) iterator.next();
            Mapper mapper = MapperRegistry.getMapper(object.getClass());
            mapper.update(object);
        }
    }
```

암시적 잠금

데이비드 라이스

프레임워크나 계층 상위 형식 코드에서 오프라인 잠금을 얻을 수 있게 한다.

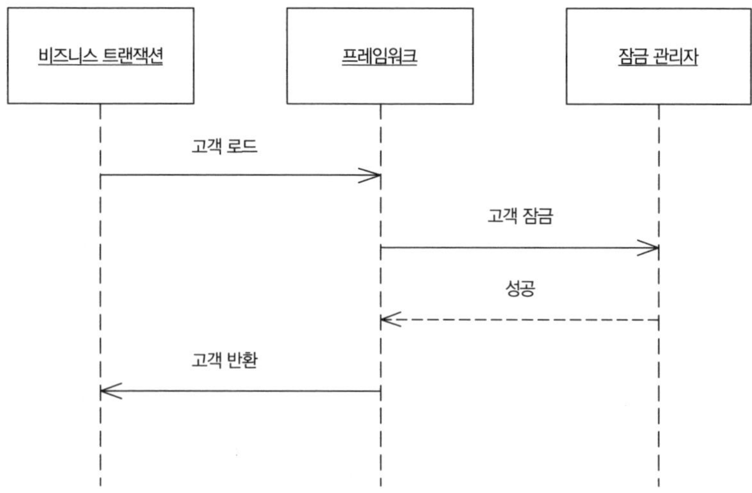

모든 잠금 체계에서 가장 중요한 점은 빈틈없이 꼼꼼하게 처리해야 한다는 것이다. 잠금을 획득하는 코드 한 줄을 깜박해도 전체 오프라인 잠금 체계가 무력화될 수 있다. 다른 트랜잭션이 쓰기 잠금을 사용하고 있을 때 읽기 잠금을 얻지 않으면 최신 세션 데이터를 얻지 못한다는 의미일 수 있다. 버전 카운트를 제대로 사용하지 못하면 다른 사용자의 변경 내용을 실수로 덮어쓸 수 있다. 일반적으로 어떤 항목을 잠글 수 있는 곳이 여러 곳이라면 이러한 모든 곳에서 항목을 잠가야 한다. 애플리케이션 잠금 전략을 무시하면 비즈니스 트랜잭션이 일관성 없는 데이터를 생성할 수 있다. 잠금을 해제하지 않으면 레코드 데이터가 손상되지는 않지만 결국 생산성이 바닥으로 떨어진다. 오프라인 동시성 관리는 테스트하기가 까다로우므로 이러한 오류는 모든 테스트에서 감지되지 않을 수 있다.

한 가지 해결책은 개발자가 이러한 실수를 아예 할 수 없게 하는 것이다. 즉, 이렇게 중요한 잠금 작업을 개발자가 일일이 할 것이 아니라 애플리케이션이 암시적으로 처리하는 것이다. 대부분의 엔터프라이즈 애플리케이션에는 프레임워크, 계층 상위 형식(502), 코드 생성의 조합이 활용되므로 이러한 암시적 잠금(Implicit Lock)을 활용할 수 있는 기회가 충분하다.

작동 원리

암시적 잠금을 구현한다는 것은 **절대 생략할 수 없는** 잠금 메커니즘을 애플리케이션 프레임워크에서 자동으로 수행하도록 코드를 팩터링한다는 의미다. 마땅히 대체할 만한 용어가 없기 때문에 계층 상위 형식(502), 프레임워크 클래스, 그리고 다른 모든 지원 코드의 조합을 합쳐서 "프레임워크"라고 부르기로 하자. 코드 생성 툴은 올바른 잠금을 적용하는 또 하나의 방법이다. 물론 혁신적인 아이디어라고는 절대 말할 수 없다. 애플리케이션에서 동일한 잠금 알고리즘을 여러 번 작성한 후에는 이 방법으로 눈을 돌릴 가능성이 아주 높다. 어쨌든 엉망으로 구현된 사례가 많은 만큼 간단히 살펴볼 가치가 충분하다.

첫 번째 단계는 비즈니스 트랜잭션을 자신의 잠금 전략에 따라 작동시키는 데 필수적인 작업의 목록을 작성하는 것이다. 낙관적 오프라인 잠금(441)의 경우 이 목록에는 각 레코드의 버전 카운트 저장, UPDATE SQL 조건에 버전 추가, 레코드를 변경할 때 증가된 버전 저장 등이 포함된다. 비관적 오프라인 잠금(452)의 경우 이 목록에는 데이터를 로드하기 위해 잠금을 획득하는 작업(일반적으로 배타적 읽기 잠금 또는 읽기/쓰기 잠금의 읽기 부분), 비즈니스 트랜잭션이나 세션이 완료됐을 때 모든 잠금을 해제하는 작업 등이 포함된다.

비관적 오프라인 잠금(452)의 목록에는 데이터를 편집하는 데만 필요한 잠금(즉, 배타적 쓰기 잠금과 읽기/쓰기 잠금의 쓰기 부분)을 획득하는 작업은 포함되지 않는다는 데 주의하자. 물론 이러한 작업도 비즈니스 트랜잭션에서 데이터를 편집하려는 경우 필수적인 것은 맞지만, 사용 가능한 잠금이 없을 때 암시적으로 이러한 잠금을 획득하는 데 몇 가지 어려운 문제가 있다. 첫째, 암시적으로 쓰기 잠금을 획득할 수 있는 유일한 방법(예: 작업 단위(193)에 더티 객체 등록)은 잠금을 획득할 수 없을 때 사용자가 작업을 시작하는 즉시 트랜잭션을 중단한다는 것을 전혀 보장하지 않는다. 애플리케이션 자체는 이러한 잠금을 언제 획득하는 것이 좋은지 알아낼 수가 없다. 신속하게 실패하지 않는 트랜잭션은 사용자가 같은 작업을 두 번 하게 만들지 않는다는 비관적 오프라인 잠금(452)의 의도와 맞지 않는다.

암시적 잠금

둘째, 이러한 잠금 유형은 시스템의 동시성을 크게 제한한다. 이 영역에서는 암시적 잠금을 배제하는 것이 암시적 동시성을 기술 영역에서 비즈니스 도메인으로 옮겨서 동시성에 어떤 영향을 주는지를 생각하는 데 도움이 된다. 물론 변경 내용을 커밋하기 전에 기록을 위한 잠금을 획득했는지 확인하는 것은 필요하다. 이 작업에서 프레임워크가 할 수 있는 일은 변경 내용을 커밋하기 전에 쓰기 잠금을 이미 획득했는지 확인하는 것이다. 커밋 시점까지 잠금을 획득하지 않는 것은 프로그래머의 실수이므로 코드는 적어도 어설션 실패를 발생시켜야 한다. 다만 어설션이 꺼져 있을 때 실무 시스템에서 이러한 오류가 발생하는 것은 바람직하지 않으므로 어설션보다는 동시성 예외를 발생시키는 것이 좋다.

암시적 잠금을 사용할 때는 한 가지 주의할 사항이 있다. 암시적 잠금은 개발자가 잠금 메커니즘의 많은 부분을 무시할 수 있게 해주지만 그 결과까지 무시할 수 있는 것은 아니다. 예를 들어, 잠금이 사용 가능할 때까지 대기하는 비관적 잠금 체계에서 암시적 잠금을 사용할 때는 교착 상태의 가능성을 고려해야 한다. 암시적 잠금의 위험성은 개발자가 잠금에 대해 더 이상 깊게 생각하지 않으면 비즈니스 트랜잭션이 미처 예기치 못한 방법으로 실패할 수 있다는 것이다.

잠금이 제대로 작동하게 하려면 프레임워크가 잠금 메커닉을 암시적으로 수행하게 하는 최상의 방법을 알아내야 한다. 이 잠금 유형의 암시적 처리에 대해서는 **낙관적 오프라인 잠금**(441)의 예제를 다시 살펴본다. 암시적 잠금을 제대로 구현하는 방법은 매우 다양하기에 여기서 모든 방법을 다루기는 어렵다.

사용 시점

암시적 잠금은 프레임워크의 개념이 없는 가장 단순한 애플리케이션을 제외하고 반드시 사용해야 한다. 잠금과 관련해서는 한 번의 작은 실수가 만들어내는 여파가 너무 크기 때문이다.

예제: 암시적인 비관적 오프라인 잠금(452)(자바)

먼저 배타적 읽기 잠금을 사용하는 시스템을 생각해보자. 이 예에서는 아키텍처에 **도메인 모델**(122) 하나가 포함돼 있고 도메인 객체와 관계형 데이터베이스 사이를 중재하는 데는 **데이터 매퍼**(174)를 사용한다. 배타적 읽기 잠금을 지원하는 프레임워크는 비즈니스 트랜잭션이 작업을 수행하기 전에 도메인 객체에 대한 잠금을 획득해야 한다.

암시적 잠금

비즈니스 트랜잭션에서 사용하는 모든 도메인 객체는 매퍼의 `find()` 메서드를 통해 검색하며 비즈니스 트랜잭션이 `find()`를 호출해 매퍼를 직접적으로 사용하거나 객체 그래프를 탐색해 간접적으로 사용하는 경우 모두 마찬가지다. 그리고 이제 매퍼에 필요한 잠금 기능을 데코레이션[Gang of Four]할 수 있다. 먼저 객체 검색을 시도하기 전에 잠금을 획득하는 잠금 매퍼를 작성한다.

```
interface Mapper...

    public DomainObject find(Long id);
    public void insert(DomainObject obj);
    public void update(DomainObject obj);
```

```
    public void delete(DomainObject obj);

class LockingMapper implements Mapper...

    private Mapper impl;

    public LockingMapper(Mapper impl) {
        this.impl = impl;
    }

    public DomainObject find(Long id) {
        ExclusiveReadLockManager.INSTANCE.acquireLock(
            id, AppSessionManager.getSession().getId());
        return impl.find(id);
    }

    public void insert(DomainObject obj) {
        impl.insert(obj);
    }

    public void update(DomainObject obj) {
        impl.update(obj);
    }

    public void delete(DomainObject obj) {
        impl.delete(obj);
    }
```

암시적 잠금

한 세션 안에서 객체를 두 번 이상 조회하는 일은 상당히 많으므로 위의 코드가 제대로 작동하려면 잠금 관리자는 세션이 잠금을 이미 보유하고 있는지 여부를 먼저 확인해야 한다. 배타적 읽기 잠금이 아니라 배타적 쓰기 잠금을 사용하려면 실제 잠금을 획득하는 대신 업데이트와 삭제 시 이전의 잠금 획득을 확인하는 매퍼 데코레이터를 작성하면 된다.

데코레이터의 장점 중 하나는 래핑되는 객체가 자신의 기능이 향상된다는 것을 알 필요가 없다는 점이다. 매퍼는 레지스트리에서 래핑할 수 있다.

```
LockingMapperRegistry implements MappingRegistry...

    private Map mappers = new HashMap();

    public void registerMapper(Class cls, Mapper mapper) {
```

```
        mappers.put(cls, new LockingMapper(mapper));
    }

    public Mapper getMapper(Class cls) {
        return (Mapper) mappers.get(cls);
    }
```

비즈니스 트랜잭션이 매퍼를 얻으면 표준 업데이트 메서드를 실행할 시점이라고 판단하지만 실제로는 그림 16.5와 같은 일이 일어난다.

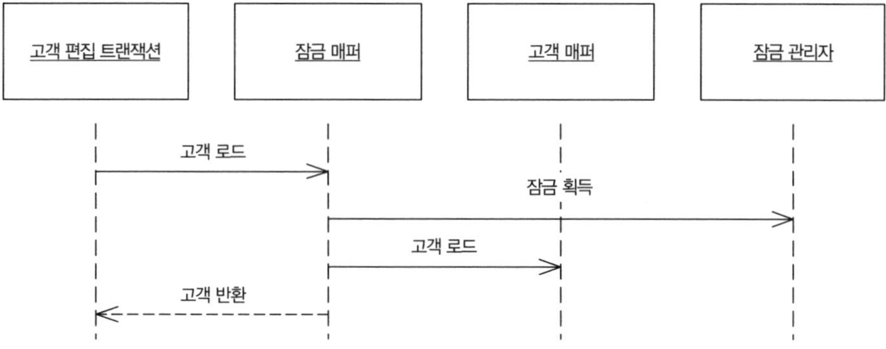

그림 16.5 잠금 매퍼

17장

세션 상태 패턴

클라이언트 세션 상태

세션 상태를 클라이언트에 저장한다.

작동 원리

서버 중심의 설계에서도 최소한 세션 식별자를 저장하기 위해서라도 작은 클라이언트 세션 상태는 필요하다. 일부 애플리케이션에서는 모든 세션 데이터를 클라이언트에 넣는 방법을 고려할 수 있다. 이 경우 클라이언트는 각 요청과 함께 전체 세션 데이터 집합을 서버로 전송하며, 클라이언트는 각 응답과 함께 전체 세션 상태를 클라이언트로 전송한다. 이를 통해 서버를 완전한 상태 비저장으로 유지할 수 있다.

데이터 전송을 처리하는 데는 대부분 **데이터 전송 객체(427)**를 사용한다. **데이터 전송 객체(427)**는 네트워크 상에서 자체 직렬화가 가능하므로 아주 복잡한 데이터도 전송할 수 있다.

클라이언트도 데이터를 저장할 필요가 있다. 리치 클라이언트 애플리케이션의 경우 자체 인터페이스의 필드와 같이 자체 구조 내에 저장할 수 있지만 이 방법은 그리 권장되지 않는다. 이보다는 데이터 전송 객체(427)나 도메인 모델과 같이 시각적이지 않은 객체 집합이 더 나은 방법이다. 두 방법 중 어떤 방법을 선택하더라도 일반적으로 그리 어렵지 않다.

HTML 인터페이스를 사용할 때는 문제가 다소 복잡하다. 이 경우 클라이언트 세션 상태를 구현하는 데는 URL 매개변수, 숨겨진 필드, 쿠키의 세 가지 방법이 있다.

URL 매개변수는 적은 양의 데이터로 작업할 때 가장 쉬운 방법이다. 기본적으로 모든 응답 페이지의 URL은 세션 상태를 매개변수로 받는다. 이 방법의 명확한 한계는 URL의 크기가 제한적이라는 것이지만 데이터 항목이 아주 적은 경우에는 아무 문제없이 잘 작동한다. 세션 ID와 같은 용도에 자주 사용되는 것도 이 때문이다. 일부 플랫폼에서는 자동 URL 다시 쓰기(automatic URL rewriting)를 수행해 세션 ID를 추가한다. URL을 변경하면 즐겨찾기 기능에 문제가 될 수 있기 때문에 소비자를 대상으로 하는 사이트에서는 URL 매개변수를 사용하기 어려울 수 있다.

숨겨진 필드는 웹 페이지에 표시되지 않지만 브라우저로 전송되는 필드이며, `<INPUT type = "hidden">` 형식의 태그를 사용해 페이지에 넣을 수 있다. 숨겨진 필드를 활용하려면 응답을 수행할 때 세션 상태를 직렬화하고 각 요청에서 이를 다시 읽어들이면 된다. 숨겨진 필드에 데이터를 넣으려면 형식을 적용해야 한다. XML은 확실한 선택 중 하나지만 다소 장황하다. 텍스트 기반 인코딩 체계를 사용해 데이터를 인코딩할 수도 있다. 숨겨진 필드는 표시되는 화면에만 나오지 않는다는 것을 기억하자. 페이지 소스를 보면 데이터의 내용을 볼 수 있다.

이전 또는 고정 웹 페이지를 포함하는 혼합 사이트의 경우 주의해야 하며, 사이트 내에서 이동하면 모든 세션 데이터가 손실될 수 있다.

마지막으로 다소 논란의 여지가 있는 방법인 쿠키는 주고받는 과정이 자동으로 처리된다. 숨겨진 필드와 마찬가지로 세션 상태를 직렬화하는 방법으로 쿠키를 사용할 수 있다. 쿠키의 크기에는 제한이 있고 이를 브라우저에서 비활성화하는 사람들도 있다. 이 경우 사이트가 제대로 동작하지 않게 된다. 그러나 점차 많은 사이트가 쿠키에 의존하고 있으므로 이런 일은 거의 일어나지 않는다. 게다가 순수한 사내 시스템에서는 전혀 문제가 되지 않는다.

쿠키는 앞서 다른 방법과 마찬가지로 보안성이 없으므로 모든 유형의 훔쳐보기가 가능하다. 또한 쿠키는 단일 도메인 이름 내에서만 작동하므로 사이트가 여러 다른 도메인 이름으로 분리된 경우 전체 사이트에서 쿠키를 활용하기 어렵다.

클라이언트 세션 상태

일부 플랫폼에서는 쿠키가 활성화돼 있는지 감지하고 쿠키가 활성화되지 않은 경우 URL 다시 쓰기를 사용한다. 이 방법으로 소량의 데이터를 사용하는 경우 클라이언트 세션 상태를 아주 손쉽게 처리할 수 있다.

사용 시점

클라이언트 세션 상태(Client Session State)에는 여러 장점이 있다. 특히 최대한의 클러스터링과 장애 조치(failover) 복구 능력으로 상태 비저장 서버 객체를 지원하는 데 적합하다. 물론 클라이언트에서 오류가 발생하면 모든 정보가 손실되지만 이는 사용자들이 예상하고 있는 결과다.

클라이언트 세션 상태의 효용성이 떨어진다고 주장하는 사람들은 데이터의 양이 많을 때를 근거로 이야기한다. 필드 몇 개가 전부일 때는 아무 문제가 없다. 그러나 데이터의 양이 많아지면 데이터를 저장할 장소를 찾아야 하고 요청마다 모든 데이터를 전송하는 데 걸리는 시간 때문에 사용하기 어려워지는 수준에 이를 수 있다. 특히 http 클라이언트를 지원해야 하는 경우에는 더욱 문제가 된다.

보안 문제도 있다. 클라이언트로 전송되는 모든 데이터는 엿보기와 무단 변경에 취약하다. 암호화가 유일한 대처 방법이지만 요청마다 암호화와 해독을 하는 것은 성능상의 부담이다. 암호화를 사용하지 않을 경우 유출되면 곤란한 중요한 데이터는 보내지 않아야 한다. 사용자가 데이터를 입력하면서 실수를 할 가능성도 있다. 따라서 사용자로부터 받는 모든 데이터는 완전히 다시 검사해야 한다.

세션 식별에는 거의 항상 클라이언트 세션 상태를 사용해야 한다. 다행히도 이 용도로는 숫자 하나만 전송하면 되므로 위에서 말한 부담은 전혀 적용되지 않는다. 악성 사용자가 자신의 세션 ID를 무단 변경해 다른 사용자의 세션을 훔치는 세션 탈취에 대해서도 대비해야 한다. 대부분의 플랫폼에는 세션 탈취에 대비한 랜덤 세션 ID를 지원하지만 그렇지 않은 경우 간단한 세션 ID에 해시를 적용해 사용하는 방법이 있다.

서버 세션 상태

세션 상태를 직렬화된 형식으로 서버 시스템에 저장한다.

작동 원리

이 패턴의 가장 단순한 형식은 애플리케이션 서버의 메모리에 세션 객체를 저장하는 것이다. 이러한 세션 객체를 저장하는 일종의 맵을 메모리에 저장하고 세션 ID를 키로 사용해 접근할 수 있다. 클라이언트가 세션 ID를 제공하면 맵에서 세션 객체를 검색하고 요청을 처리할 수 있다.

물론 이 기본 시나리오에서는 애플리케이션 서버가 작업을 수행할 메모리를 충분하게 보유하고 있다고 가정한다. 또한 애플리케이션 서버가 단 하나이고(즉, 클러스터링되지 않음) 애플리케이션 서버에서 충돌이 발생할 경우 세션이 손실되며 지금까지 수행한 모든 작업을 잃어버려도 괜찮다고 가정한다.

이러한 가정이 문제가 되지 않는 애플리케이션도 많다. 그러나 심각한 문제가 되는 애플리케이션도 있다. 이러한 가정을 적용할 수 없을 때 문제를 해결할 수 있는 여러 방법이 있으며, 이를 적용하려면 기본적으로 간단한 패턴에 여러 변형과 복잡한 개념을 추가해야 한다.

첫 번째 문제는 세션 객체를 저장하는 데 필요한 메모리 자원을 확보하는 것이다. 실제로 이 문제는 서버 세션 상태(Server Session State)를 포기하는 주된 이유 중 하나다. 해답은 자원을 메모리에 유지하지 않고 모든 세션 상태를 지속적 저장소에 메멘토[Gang of Four]로 직렬화하는 것이다. 이 경우 서버 세션 상태를 어떤 형식으로 저장하고 어디에 저장해야 할지 결정해야 한다.

서버 세션 상태를 사용하는 이유는 프로그래밍하기가 간단하다는 데 있으므로 사용할 형식은 일반적으로 단순할수록 좋다. 여러 플랫폼에서 객체의 그래프를 상당히 쉽게 직렬화할 수 있는 간단한 이진 직렬화 메커니즘을 제공한다. 다른 방법은 텍스트와 같은 다른 형식(예: XML 파일)으로 직렬화하는 것이다.

일반적으로는 프로그래밍이 적게 필요한 이진 형식이 더 쉬우며 텍스트 형식은 어느 정도의 프로그래밍이 필요하다. 이진 직렬화는 디스크 공간도 적게 차지하지만 디스크 공간이 문제가 되는 경우는 거의 없으며 직렬화된 그래프가 아주 크면 메모리로 활성화하는 데 오래 걸릴 수 있다.

이진 직렬화에 대한 두 가지 일반적인 문제가 있다. 첫째, 직렬화된 형식은 사람이 알아볼 수 없으므로 결과를 직접 확인하기가 어렵다. 둘째, 버전 제어와 관련된 문제가 있을 수 있다. 예를 들어, 직렬화가 완료된 후 필드를 추가하는 등의 방법으로 클래스를 수정한 경우 기존의 직렬화된 형식을 읽지 못하게 될 수 있다. 물론 연중무휴로 가동하는 클러스터 환경에서 일부만 업그레이드하고 일부는 이전 버전으로 유지되는 경우를 제외하고는 한 세션이 서버 소프트웨어가 업그레이드될 때까지 유지되는 경우는 거의 없다.

다음으로 서버 세션 상태를 저장할 위치에 대해 고려해야 한다. 우선 생각할 수 있는 가능성은 파일 시스템이나 로컬 데이터베이스를 사용해 애플리케이션 서버 자체에 저장하는 것이다. 간단한 방법이기는 하지만 효율적인 클러스터링이나 장애 조치는 지원하지 않을 수 있다. 이러한 안정성을 지원하려면 서버 세션 상태를 일반적으로 접근 가능한 공유된 서버와 같은 곳에 저장해야 한다. 이 방법을 사용하면 서버를 활성화하는 데 시간이 더 오래 걸리지만 클러스터링과 장애 조치를 지원할 수 있게 된다. 걸리는 시간은 캐싱을 사용해 크게 줄일 수 있다.

아이러니하게도 직렬화된 서버 세션 상태를 데이터베이스에 저장하는 데는 세션 ID로 인덱싱되는 세션 테이블이 사용된다. 이 테이블에 직렬화된 서버 세션 상태를 저장하려면 직렬화 LOB(290)가 필요하다. 대형 객체를 다루는 성능은 데이터베이스마다 차이가 있다. 따라서 이 측면의 성능은 어떤 데이터베이스를 사용하느냐에 따라 좌우된다.

이 시점에 우리는 서버 세션 상태와 데이터베이스 세션 상태(489)의 경계에 있다. 이 경계는 실제로 있는 것은 아니지만, 서버 세션 상태의 데이터를 테이블 형식으로 변환하는 지점에 해당한다.

서버 세션 상태

서버 세션 상태를 데이터베이스에 저장하는 경우 특히 소비자 애플리케이션에서는 세션을 삭제하는 방법에 대해 고려해야 한다. 한 가지 방법은 오래된 세션을 찾고 삭제하는 데몬을 사용하는 것이지만 이 방법은 세션 테이블에 대한 경합을 악화시킬 수 있다. 카이 유는 세션 테이블을 12개의 데이터베이스 세그먼트로 분할하고 2시간마다 세그먼트를 회전시켜 가장 오래된 세그먼트의 내용을 모두 삭제하고 여기에 새로운 항목을 삽입하는 좋은 방법을 소개해줬다. 물론 24시간 동안 활성 상태인 세션이 있으면 의도치 않게 삭제된다는 의미지만 상당히 드문 경우이므로 거의 문제가 되지 않는다.

이러한 모든 변형을 제대로 구현하려면 많은 노력이 필요하지만, 이러한 기능을 자동으로 처리하는 애플리케이션 서버가 점차 늘고 있다. 사용하는 애플리케이션 서버에서 이러한 기능을 지원한다면 개발자 입장에서는 걱정할 필요가 없다.

자바 구현

서버 세션 상태의 가장 일반적인 두 가지 기법으로는 http 세션과 상태 저장 세션 빈이 있다. http 세션은 세션 데이터를 웹 서버에 저장하는 간단한 방법이다. 이 방식은 대부분의 경우 서버 선호도 문제를 유발하고 장애 조치를 지원할 수 없다. 일부 개발사에서는 모든 애플리케이션 서버에서 사용할 수 있게 http 세션 데이터를 데이터베이스에 저장하는 기능을 구현하고 있다(물론 원한다면 직접 이 기능을 구현할 수 있다).

다른 일반적인 방법은 상태 저장 세션 빈을 사용하는 방법이며, 여기에는 EJB 서버가 필요하다. EJB 컨테이너는 지속성과 안정성을 위한 모든 기능을 제공하므로 프로그래밍하기가 수월하다. 주요 단점은 사양에서 애플리케이션 서버가 서버 선호도(server affinity)를 방지하도록 요구하지 않는다는 것이다. 그러나 일부 애플리케이션 서버에서는 이 기능을 제공하고 있다. IBM의 웹스피어는 상태 저장 세션 빈을 DB2의 BLOB으로 직렬화해 여러 애플리케이션 서버가 세션 빈의 상태에 접근할 수 있게 해준다.

성능 면에서 상태 비저장 세션 빈이 상태 저장 세션 빈보다 낫기 때문에 상태 비저장 세션 빈만 사용해야 한다고 주장하는 사람도 있지만 이것은 설득력이 떨어지는 이야기다. 먼저 각자의 환경에서 부하 테스트를 해서 상태 저장과 상태 비저장 방식 간에 유의미한 차이가 있는지 먼저 확인해보자. 소트웍스에서 수백 명의 동시 사용자를 적용하고 여러 번 부하 테스트한 결과에 의하면 이 정도의 사용자 부하에서는 상태 저장 빈에 아무런 성능 문제를 발견할 수 없었다. 상태 비저장 방식의 성능상의 장점이 크지 않고 상태 저장 빈을 사용하기 수월한 경우 이를 사용해야 한다. 상태 저장 빈을 사용할 때 주의해야 하는 다른 이유도 있다. 어떤 제품을 사용하느냐에 따라 장애 조치가 더 어려운 경우나 부하가 높은 상황에서만 성능상의 차이가 나타나는 경우도 있다.

또 다른 대안은 엔터티 빈을 사용하는 것이다. 필자는 대체로 엔터티 빈을 선호하지 않는 편이지만 엔터티 빈을 활용해 세션 데이터의 직렬화 LOB(290)를 저장할 수 있다. 구현 방법은 상당히 간단한 편이며 엔터티 빈과 관련된 문제도 대부분 발생하지 않는다.

.NET 구현

기본 제공 세션 상태 기능을 사용하면 손쉽게 서버 세션 상태를 구현할 수 있다. .NET은 기본적으로 세션 데이터를 서버 프로세스 자체에 저장한다. 또한 로컬 시스템이나 네트워크상의 다른 시스템에서 실행할 수 있는 상태 서비스를 사용해 저장소를 조정할 수 있다. 별도의 상태 서비스가 있으므로 웹 서버를 재설정하더라도 세션 상태를 유지할 수 있다. 구성 파일의 서비스 상태와 프로세스 내 상태 사이에서 변경을 수행하므로 애플리케이션은 변경할 필요가 없다.

사용 시점

서버 세션 상태의 가장 큰 장점은 단순함이며, 프로그래밍 작업 없이도 사용 가능한 경우가 상당히 많다. 이러한 기본 기능을 그대로 사용할 수 있을지 여부는 인메모리 구현으로 충분한지 여부와 애플리케이션 서버 플랫폼에서 제공하는 지원 수준에 따라 달라진다.

이러한 기본 기능을 사용하지 않더라도 그리 어려운 작업은 아니다. BLOB을 데이터베이스 테이블로 직렬화하는 작업은 서버 객체를 테이블 형식으로 변환하는 작업에 비하면 훨씬 수월하다.

반면 클러스터링과 장애 조치를 직접 지원해야 하는 경우와 같은 세션 유지 관리 부분에서는 프로그래밍 작업이 많이 필요하다. 세션 데이터가 많지 않거나 세션 데이터를 손쉽게 테이블 형식으로 변환할 수 있는 경우에는 직접 프로그래밍하는 것보다 다른 방법을 사용하는 것이 편리할 수 있다.

데이터베이스 세션 상태

세션 데이터를 데이터베이스에 커밋된 데이터로 저장한다.

작동 원리

클라이언트에서 서버로 호출이 전달되면 서버 객체는 먼저 요청을 처리하는 데 필요한 데이터를 데이터베이스에서 가져온다. 그런 다음 필요한 작업을 수행한 후 모든 데이터를 다시 데이터베이스에 저장한다.

서버 객체가 데이터베이스에서 데이터를 가져오려면 세션에 대한 약간의 정보가 필요하므로 최소한 세션 ID 번호를 클라이언트에 저장해야 한다. 일반적으로 이 정보는 데이터베이스에서 적절한 양의 데이터를 찾는 데 필요한 키 집합에 지나지 않는다.

사용되는 데이터는 일반적으로 현재 상호작용에만 사용되는 세션 데이터와 모든 상호작용에 적용되는 커밋된 데이터가 섞여있다.

여기서 한 가지 고려할 사항은 세션 데이터가 일반적으로 세션에 국한되고 해당 세션이 커밋되기 전에는 시스템의 다른 부분에 영향을 미치지 않아야 한다는 점이다. 즉, 한 세션 내에서 주문을 처리할 때 주문의 중간 상태를 데이터베이스에 저장하려면 일반적으로 세션이 완료된 후 확정된 주문을 저장할 때와는 다른 방식으로 처리해야 한다는 것이다. 그 이유는 데이터베이스에서 서적 재고나 일일 수익과 같은 정보를 얻기 위해 실행하는 쿼리에 대기 중인 주문이 나타나지 않게 하기 위해서다.

그러면 세션 데이터는 어떻게 분리해야 할까? 한 가지 방법은 세션 데이터를 포함할 수 있는 각 데이터베이스 행에 필드 하나를 추가하는 것으로서 가장 간단한 형식은 부울 `isPending` 필드를 사용하는 것이다. 그러나 이보다는 세션 ID를 하나의 보류 필드에 저장하면 특정 세션의 모든 데이터를 훨씬 쉽게 찾을 수 있다. 레코드 데이터만 필요로 하는 모든 쿼리는 이제 `sessionID is not NULL` 절을 포함하도록 수정하거나 해당 데이터만 필터링하는 뷰를 사용하면 된다.

세션 ID 필드를 사용하는 방법은 레코드 데이터베이스를 사용하는 모든 애플리케이션이 세션 데이터를 가져오지 않기 위해 이 필드의 의미를 알아야 한다는 면에서 상당히 많은 변화를 요구하는 해결책이다. 뷰를 사용하면 이러한 변경 요건을 완화할 수 있는 뷰를 사용하는 데도 비용이 따른다.

두 번째 대안은 보류 테이블(pending table)을 별도로 만드는 것이다. 즉, 데이터베이스 안에 주문과 주문 품목 테이블이 있다면 이 데이터베이스에 보류 주문과 보류 주문 품목을 위한 테이블을 추가하는 것이다. 보류 테이블에 저장한 데이터는 보류 세션 데이터가 되고 실제 테이블에 저장한 데이터는 레코드 데이터가 된다. 이 방법으로 변경 요건을 크게 완화할 수 있다. 그러나 데이터베이스 매핑 코드에 적절한 테이블 선택 논리를 추가한다는 점에서 작업의 부담은 확실히 늘어난다.

레코드 데이터에는 보류 데이터에는 적용되지 않는 무결성 규칙이 적용되는 경우가 많다. 이 경우 필요에 따라 선택적으로 보류 테이블에 규칙을 적용할 수 있다. 일반적으로 보류 데이터를 저장할 때는 유효성 검사 규칙이 적용되지 않는다. 세션에서의 위치에 따라 다른 유효성 검사 규칙이 적용될 수 있지만, 일반적으로 이러한 규칙은 서버 객체 논리에서만 볼 수 있다.

보류 테이블은 실제 테이블과 완전히 동일한 복제본이어야 매핑 논리를 최대한 비슷하게 유지할 수 있다. 두 테이블의 필드명을 동일하게 지정하고 보류 테이블에 세션 ID 필드를 추가해 세션의 모든 데이터를 쉽게 검색할 수 있게 한다.

세션이 취소 또는 중단된 경우 세션 데이터를 삭제하는 메커니즘이 필요하다. 세션 ID를 사용해 모든 데이터를 검색하고 삭제할 수 있다. 사용자가 세션을 중단한 경우에 대비해 일종의 시간 제한 메커니즘이 필요하다. 한 가지 방법은 몇 분마다 실행되는 데몬으로 오래된 세션 데이터를 삭제하는 것이다. 이를 위해서는 데이터베이스의 테이블에 세션과 마지막 상호작용을 수행한 시간을 기록해야 한다.

데이터베이스 세션 상태

업데이트를 허용하면 롤백이 훨씬 복잡해지는 문제가 있다. 전체 세션의 롤백이 허용되는 세션 안에서 기존 주문을 업데이트하는 경우 롤백은 어떻게 수행해야 할까? 한 가지 방법은 이러한 세션의 취소를 허용하지 않는 것이다. 기존 레코드 데이터에 대한 모든 업데이트는 요청이 완료된 후 레코드 데이터의 일부가 된다. 이 방식은 간단하며 사용자의 관점에도 잘 맞는다. 대안은 보류 필드나 보류 테이블 중 무엇을 사용하든지 불편하다. 수정될 수 있는 모든 데이터를 보류 테이블로 복사하고 수정한 다음, 세션이 완료되면 레코드 테이블로 커밋하는 편이 쉽다. 보류 필드로도 이 작업이 가능하지만 세션 ID가 키의 일부인 경우에만 가능하다. 이 방법을 사용하면 같은 테이블에 동시에 이전 ID와 새로운 ID가 모두 포함될 수 있어서 상당히 복잡해질 수 있다.

세션을 처리하는 객체에서만 별도의 보류 테이블을 사용한다면 데이터를 테이블 형식으로 만들 이유가 거의 없다. 이 경우 직렬화 LOB(290)를 사용하는 편이 좋다. 이 시점에는 서버 세션 상태(485)로 경계를 넘었다.

보류 데이터를 아예 사용하지 않으면 보류 데이터와 관련된 여러 복잡한 문제를 생각할 필요가 없다. 즉, 모든 데이터가 레코드 데이터로 취급되도록 시스템을 설계하는 것이다. 물론 이것이 항상 가능한 것은 아니며 처음부터 보류 데이터를 명시적으로 고려하는 것이 더 나은 경우도 있다. 어쨌든 이 방법을 선택할 수 있는 경우에는 데이터베이스 세션 상태를 훨씬 쉽게 처리할 수 있다.

사용 시점

데이터베이스 세션 상태는 세션 상태를 처리하기 위한 한 가지 대안이며, 서버 세션 상태(485) 및 클라이언트 세션 상태(482)와 비교해야 한다.

이 패턴에서 고려할 첫 번째 측면은 성능이다. 서버에서 상태 비저장 객체를 사용해 풀링과 손쉬운 클러스터링이 지원되므로 성능상으로 이익을 본다. 반면 요청마다 데이터베이스와 데이터를 주고받는 데 시간이 걸린다. 서버 객체를 캐싱하면 캐시가 적중하는 경우 데이터베이스에서 데이터를 읽을 필요가 없으므로 이 비용을 낮출 수 있지만 쓰기 비용은 그대로 필요하다.

두 번째 측면은 주로 세션 상태를 처리하는 작업과 관련된 프로그래밍 노력에 대한 것이다. 각 요청에 세션 상태라는 것이 없고 모든 데이터를 레코드 데이터로 저장할 수 있다면 프로그래밍 노력이나 성능(서버 객체를 캐싱하는 경우) 면에서 손해가 전혀 없기 때문에 당연히 이 패턴이 최선의 방법이다.

데이터베이스 세션 상태와 서버 세션 상태(485) 중에서 선택할 때는 현재 사용 중인 애플리케이션 서버에서 서버 세션 상태(485)와 함께 클러스터링과 장애 조치를 사용하기가 얼마나 수월한지를 잘 알아봐야 한다. 데이터베이스 세션 상태의 경우 적어도 일반적인 해결책에서는 클러스터링과 장애 조치가 더 직관적이다.

18장

기본 패턴

게이트웨이

외부 시스템이나 자원에 대한 접근을 캡슐화하는 객체

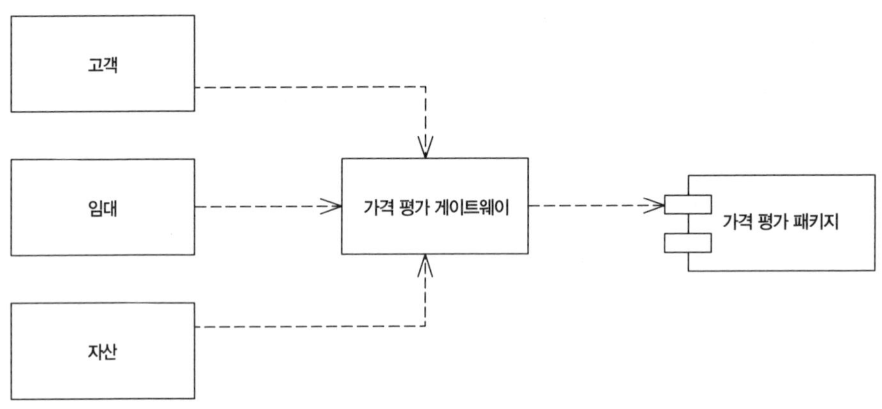

격리된 소프트웨어는 사실 그다지 흥미롭지 않다. 순수한 객체지향 시스템도 관계형 데이터베이스 테이블, CICS 트랜잭션, 그리고 XML 자료구조와 같이 객체가 아닌 대상을 처리해야 하는 경우가 있다.

일반적으로 이러한 외부 자원에 접근할 때는 해당 자원의 API를 사용해야 한다. 그런데 이러한 API는 해당 자원의 특성을 고려해 만들어지므로 자연스럽게 다소 복잡한 경우가 많다. 자원을 사용하려면 관계형 데이터베이스의 JDBC와 SQL, 그리고 XML의 W3C나 JDOM과 같은 각 자원의 전용 API를 사용해야 한다. 이 때문에 소프트웨어가 이해하기 어려워지는 것은 물론이고 이후에 관계형 데이터베이스의 데이터를 XML 메시지로 전환하는 등의 작업을 하기가 훨씬 힘들다.

모든 특수한 API 코드를 일반 객체처럼 보이는 인터페이스를 포함하는 클래스로 래핑하면 이 문제를 간단하게 해결할 수 있다. 다른 객체는 간단한 메서드 호출을 해당하는 특수한 API로 변환하는 이 게이트웨이(Gateway)를 통해 자원에 접근할 수 있다.

작동 원리

게이트웨이는 실제로는 아주 간단한 래퍼 패턴이다. 애플리케이션이 해당하는 외부 자원에 대해 어떤 작업을 수행해야 하는지 고려하고 용도에 맞는 간단한 API를 만든 다음 게이트웨이를 사용해 외부 자원에 맞게 변환할 수 있다.

게이트웨이의 주요 용도 중 하나는 서비스 스텁(533)을 적용하는 지점으로 사용하는 것이다. 즉, 게이트웨이의 설계를 변경해 서비스 스텁(533)을 수월하게 적용할 수 있는 경우가 많다. 서비스 스텁(533)을 적절하게 활용하면 훨씬 쉽게 시스템을 테스트할 수 있다.

게이트웨이는 가급적 단순하게 유지하면서 외부 서비스와 연결하고 스텁의 적용 지점을 제공하는 핵심 역할에 집중해야 한다. 즉, 이러한 작업을 처리할 수 있는 한도 안에서 최소 규모로 유지하는 것이 좋다. 복잡한 논리는 게이트웨이의 클라이언트에 포함돼야 한다.

코드 생성을 활용해 게이트웨이를 생성하는 것이 바람직한 경우가 있다. 외부 자원의 구조를 정의하면 이를 래핑하는 게이트웨이 클래스를 생성할 수 있다. 관계형 메타데이터를 사용해 관계형 테이블을 위한 래퍼 클래스를 생성하거나 XML 스키마나 DTD를 사용해 XML을 위한 게이트웨이를 생성할 수 있다. 이렇게 생성된 게이트웨이는 정교하지는 않지만 사용하는 데는 충분하다. 더 정교한 기능은 다른 객체에서 수행하면 된다.

게이트웨이를 두 개 이상의 객체로 분할해 구현하는 것이 좋은 경우가 있다. 가장 일반적인 구성은 백엔드와 프런트엔드의 두 객체로 구현하는 것이다. 백엔드는 외부 자원에 대한 최소한의 오버레이 역할을 하며 자원 API를 간소화하지는 않는다. 그런 다음 프런트엔드는 이 불편한 API를 애플리케이션에서 사용하기 편리한 API로 변환하는 역할을 한다. 이 방식에서는 외부 서비스를 래핑하는 역할과 요건에 맞게 변환하는 역할이 별도의 클래스에서 수행되므로 이러한 두 역할이 복잡한 경우에 적합하다. 반면 외부 서비스의 래핑이 간단한 경우에는 한 클래스로 래핑과 변환을 함께 수행하는 것이 좋다.

사용 시점

외부 자원에 대한 인터페이스가 불편하다고 느껴지면 항상 **게이트웨이**를 고려해야 한다. **게이트웨이**를 사용해 이러한 불편함이 시스템 전체로 퍼지지 않게 예방하는 것이 좋다. **게이트웨이**를 사용할 때의 단점은 거의 없으며, 시스템의 나머지 부분에서 코드를 훨씬 읽기 쉽게 만들 수 있다.

일반적으로 **게이트웨이**는 서비스 스텁(533)을 적용할 수 있는 확실한 위치를 제공함으로써 시스템을 쉽게 테스트하도록 돕는다. 외부 시스템의 인터페이스에 문제가 없더라도 서비스 스텁(533)을 적용하는 첫 번째 단계로서 **게이트웨이**를 구현하는 것이 좋다.

게이트웨이의 가장 확실한 장점은 일단 **게이트웨이**를 구현한 후에는 자원을 다른 종류로 교체하기가 쉽다는 것이다. **게이트웨이** 클래스만 수정하면 자원을 변경할 수 있으며, 이러한 변경이 시스템의 다른 부분에 영향을 미치지 않는다. **게이트웨이**는 변화에 대비한 단순하고 강력한 보호 방법이며 **게이트웨이**를 사용하는 가치를 설명할 때 이러한 유연성을 강조하는 경우가 많다. 그러나 사용하는 자원이 변경될 가능성이 없다고 해도 **게이트웨이**의 단순성과 테스트 용이성의 혜택을 볼 수 있다는 것을 기억할 필요가 있다.

이러한 하위 시스템을 분리하는 다른 방법으로 **매퍼(500)**가 있다. 그러나 **매퍼(500)**는 **게이트웨이**보다 복잡하기 때문에 필자는 외부 자원에 접근하는 작업에 **게이트웨이**를 주로 사용한다.

솔직히 말해 이러한 패턴을 파사드나 어댑터[Gang of Four] 같은 기존 패턴의 맥락으로 설명할지 아니면 새로운 패턴으로 소개할지를 놓고 고민을 많이 했는데, 차이점을 명확하게 구분했을 때 얻을 수 있는 장점이 많다고 결정을 내렸다.

- 파사드(Facade)는 좀 더 복잡한 API를 간소화할 수 있으며, 일반적인 용도를 위해 서비스 제작자가 제작하는 경우가 많다. 반면 **게이트웨이**는 클라이언트가 특정 용도를 위해 제작한다. 또한 파사드는 지원하는 대상에 대해 거의 항상 다른 인터페이스가 있는 반면, **게이트웨이**는 래핑되는 파사드 전체를 복사해 대체하거나 테스트 용도로 사용할 수 있다.
- 어댑터(Adapter)는 구현의 인터페이스를 다른 인터페이스에 맞게 변환한다. **게이트웨이**를 사용할 때는 기존 인터페이스가 없는 경우가 많지만, 어댑터를 사용해 구현을 **게이트웨이** 인터페이스에 매핑할 수 있다. 이 경우 어댑터는 **게이트웨이** 구현의 일부가 된다.
- 중재자(Mediator)는 일반적으로 여러 객체를 분리해 서로를 인식할 필요 없이 중재자만 인식하게 한다. **게이트웨이**의 경우 일반적으로 두 객체가 포함되며 래핑되는 자원은 **게이트웨이**를 인식하지 못한다.

예제: 특정 메시징 서비스에 대한 게이트웨이(자바)

필자의 동료인 마이크 레티그는 이 패턴을 활용해 엔터프라이즈 애플리케이션 통합(EAI) 소프트웨어와의 인터페이스를 처리한 경험을 이야기해줬다. 이 경험이 게이트웨이에 대한 예제로 아주 적합하다고 결론을 내렸다.

이 예제에서는 메시지 서비스를 사용해 메시지 하나를 전송하는 인터페이스에 대한 게이트웨이를 작성한다. 이 인터페이스에는 다음과 같은 메서드 하나가 있다.

```
int send(String messageType, Object[] args);
```

첫 번째 인수는 메시지의 유형을 나타내는 문자열이며, 두 번째 인수는 메시지를 지정하는 인수다. 메시징 시스템은 모든 유형의 메시지를 전송할 수 있으므로 이 같은 범용 인터페이스가 필요하다. 메시지 시스템을 구성할 때는 시스템이 전송하는 메시지의 유형과 메시지 인수의 수와 유형을 지정한다. 예를 들어, "CNFRM"이라는 문자열로 확인 메시지를 구성하고 ID 번호로 사용할 문자열, 크기를 나타내는 정수, 그리고 시세 코드를 나타내는 문자열에 대한 인수를 사용할 수 있다. 메시징 시스템은 인수의 형식을 확인하고 잘못된 메시지를 보내거나 잘못된 인수와 올바른 메시지를 보내는 경우 오류를 생성할 수 있다.

이러한 범용 인터페이스는 유연하고 긍정적인 측면도 있지만 명확하지 않기 때문에 사용하기 불편하다. 즉, 인터페이스만 봐서는 유효한 메시지 형식이 무엇인지, 또는 특정 메시지 형식에 어떤 인수가 필요한지 알 수 없다. 이보다는 다음과 비슷한 메서드를 포함하는 인터페이스가 필요하다.

```
public void sendConfirmation(String orderID, int amount, String symbol);
```

이 경우 메시지를 전송하는 도메인 객체가 필요하다면 다음과 같이 할 수 있다.

```
class Order...

    public void confirm() {
        if (isValid()) Environment.getMessageGateway().sendConfirmation(id, amount, symbol);
    }
```


이제 메서드의 이름을 보면 어떤 메시지를 전송하는지 알 수 있고 인수에도 형식과 이름이 지정돼 있다. 이 메서드는 범용 메서드보다 훨씬 쉽게 호출할 수 있다. 이렇게 사용하기 편리한 인터페이스를 제공하는 것이 인터페이스의 역할이다. 이것은 메시징 시스템에 메시지 형식을 추가하거나 변경할 때마다 게이트웨이 클래스도 변경해야 한다는 것을 의미하지만, 어차피 호출 코드는 수정이 필요하다. 적어도 이 방식에서는 컴파일러가 오류를 확인하고 알려줄 수 있다.

다른 문제도 있다. 이 인터페이스에서는 오류가 발생하면 오류 코드를 반환한다. 오류 코드 0은 작업 성공을 의미하고 다른 값은 실패를 의미하며 각기 다른 숫자로 다른 오류를 나타낸다. 이 방식은 C 프로그래머에게는 자연스러운 방식이지만 자바에는 어울리지 않는다. 자바에서는 오류를 나타내는 예외를 발생시키는 것이 일반적이므로 게이트웨이의 메서드도 오류 코드를 반환하기보다 예외를 발생시켜야 한다.

발생할 수 있는 모든 오류를 나열하는 것은 의미가 없으므로 알 수 없는 메시지 형식의 메시지를 보내는 경우와 인수 중 하나가 null인 메시지를 보내는 두 경우에 대해서만 알아보자. 반환 코드는 메시징 시스템의 인터페이스에서 정의된다.

```
public static final int NULL_PARAMETER = -1;
public static final int UNKNOWN_MESSAGE_TYPE = -2;
public static final int SUCCESS = 0;
```

두 오류에는 한 가지 큰 차이가 있다. 알 수 없는 메시지 유형 오류는 게이트웨이 클래스에서의 오류를 나타낸다. 모든 클라이언트는 완전히 명시적인 메서드만 호출하므로 클라이언트가 이 오류를 생성해서는 안 된다. 반면 null을 전송하는 경우가 있을 수 있으므로 null 매개변수 오류가 있다. 이 오류는 프로그래머의 실수에 해당하므로 특정한 처리기를 작성하지는 않는다. 게이트웨이도 자체적으로 null을 확인할 수는 있지만 메시징 시스템에서 동일한 오류를 발생시킨다면 그럴 필요는 없다.

따라서 게이트웨이는 명시적 인터페이스에서 범용 인터페이스로 변환하고 반환 코드를 예외로 반환해야 한다.

게이트웨이

```
class MessageGateway...

    protected static final String CONFIRM = "CNFRM";
    private MessageSender sender;

    public void sendConfirmation(String orderID, int amount, String symbol) {
        Object[] args = new Object[]{orderID, new Integer(amount), symbol};
        send(CONFIRM, args);
    }

    private void send(String msg, Object[] args) {
```

```
        int returnCode = doSend(msg, args);
        if (returnCode == MessageSender.NULL_PARAMETER)
            throw new NullPointerException("Null Parameter passed for msg type: " + msg);
        if (returnCode != MessageSender.SUCCESS)
            throw new IllegalStateException(
                    "Unexpected error from messaging system #:" + returnCode);
    }

    protected int doSend(String msg, Object[] args) {
        Assert.notNull(sender);
        return sender.send(msg, args);
    }
```

doSend 메서드의 용도는 아직 설명하지 않았는데, 이 메서드는 게이트웨이의 다른 주요 역할인 테스트를 위한 것이다. 메시지 전송 서비스가 없는 상황에서도 게이트웨이를 사용하는 객체를 테스트할 수 있다. 이를 위해서는 서비스 스텁(533)을 만들어야 한다. 이 예에서 게이트웨이 스텁은 실제 게이트웨이의 하위 클래스이며 doSend를 재정의한다.

```
class MessageGatewayStub...

    protected int doSend(String messageType, Object[] args) {
        int returnCode = isMessageValid(messageType, args);
        if (returnCode == MessageSender.SUCCESS) {
            messagesSent++;
        }
        return returnCode;
    }

    private int isMessageValid(String messageType, Object[] args) {
        if (shouldFailAllMessages) return -999;
        if (!legalMessageTypes().contains(messageType))
            return MessageSender.UNKNOWN_MESSAGE_TYPE;
        for (int i = 0; i < args.length; i++) {
            Object arg = args[i];
            if (arg == null) {
                return MessageSender.NULL_PARAMETER;
            }
        }
        return MessageSender.SUCCESS;
    }

    public static List legalMessageTypes() {
```

```
        List result = new ArrayList();
        result.add(CONFIRM);
        return result;
    }

    private boolean shouldFailAllMessages = false;

    public void failAllMessages() {
        shouldFailAllMessages = true;
    }

    public int getNumberOfMessagesSent() {
        return messagesSent;
    }
```

이러한 테스트에서 게이트웨이가 올바르게 작동하는지 검사하는 데는 전송한 메시지의 수를 확인하는 방법이 유용하다.

```
class GatewayTester...

    public void testSendNullArg() {
        try {
            gate().sendConfirmation(null, 5, "US");
            fail("Didn't detect null argument");
        } catch (NullPointerException expected) {
        }
        assertEquals(0, gate().getNumberOfMessagesSent());
    }

    private MessageGatewayStub gate() {
        return (MessageGatewayStub) Environment.getMessageGateway();
    }

    protected void setUp() throws Exception {
        Environment.testInit();
    }
```


일반적으로 게이트웨이는 클래스가 잘 알려진 위치에서 찾을 수 있게 설정한다. 이 예에서는 정적 환경 인터페이스를 사용했다. 구성 시 플러그인(528)을 사용해 실제 서비스와 스텁 사이를 전환하거나 테스트 설정 루틴이 서비스 스텁(533)을 사용하도록 환경을 초기화할 수 있다.

이 예에서는 게이트웨이의 하위 클래스를 사용해 메시징 서비스를 스텁으로 지정했다. 서비스 자체의 하위 클래스를 만들거나 다시 구현하는 방법도 있다. 게이트웨이를 전송 서비스 스텁(533)에 연결해 테스트하는 방법은 서비스를 다시 구현하기가 너무 어렵지 않을 때 가능하다. 서비스를 스텁으로 지정하거나 게이트웨이를 스텁으로 지정하는 방법은 항상 사용 가능하다. 경우에 따라서는 둘을 모두 스텁으로 만들어 스텁 게이트웨이는 게이트웨이의 클라이언트를 테스트하고 스텁 서비스는 게이트웨이 자체를 테스트할 수 있다.

매퍼

독립적인 두 객체 간의 통신을 설정하는 객체

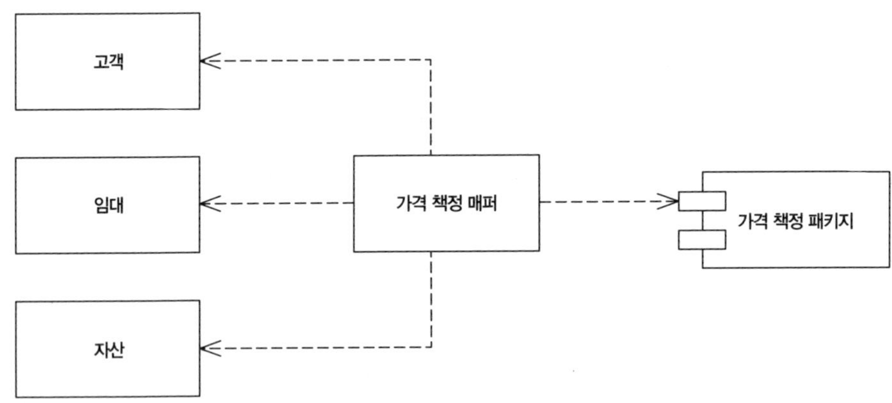

두 하위 시스템이 서로 인식할 필요 없이 통신할 수 있는 방법이 있으면 유용한 경우가 많다. 예를 들어 하위 시스템을 수정할 수 없거나 두 하위 시스템 간 또는 하위 시스템과 격리 요소 간에 의존성을 만들고 싶지 않은 경우일 수 있다.

작동 원리

매퍼는 하위 시스템을 서로 격리하는 계층으로서 하위 시스템이 서로 인식할 필요 없이 통신할 수 있게 세부 사항을 처리한다.

매퍼는 한 계층에서 다른 계층으로 데이터를 섞는 경우가 많다. 일단 이 섞기를 활성화한 다음 어떻게 작동하는지 확인하기는 아주 쉽다. 매퍼를 사용하는 과정에서 어려운 부분은 매퍼를 호출하는 방법을 결정하는 것이다. 매퍼가 매핑하는 두 하위 시스템에서 매퍼를 직접 호출하기는 불가능하기 때문이다. 다른 세 번째 하위 시스템이 매핑을 주도하고 매퍼도 호출하는 경우가 있다. 다른 방법은 매퍼를 두 하위 시스템 중 하나의 관찰자[Gang of Four]로 만드는 것이다. 이렇게 하면 두 하위 시스템 중 하나의 이벤트를 수신하는 방법으로 매퍼를 호출할 수 있다.

매퍼가 작동하는 방법은 매퍼가 매핑하는 계층의 종류에 따라 다르다. 가장 흔히 볼 수 있는 매핑 계층의 예로 데이터 매퍼(174)가 있다. 따라서 매퍼(Mapper)를 사용하는 방법에 대한 자세한 내용은 데이터 매퍼(174)를 참고하면 된다.

사용 시점

기본적으로 매퍼는 한 시스템에서 다른 부분 간의 결합을 분리한다. 이렇게 결합을 분리할 때는 매퍼와 게이트웨이(492) 중 하나를 선택할 수 있다. 이 가운데 게이트웨이(492)는 매퍼보다 코드를 작성하는 것은 물론 나중에 사용하기도 쉽기 때문에 훨씬 많이 선택된다.

따라서 매퍼는 두 하위 시스템에 이러한 상호작용에 대한 의존성이 없어야 하는 경우에만 사용한다. 이러한 요건은 하위 시스템 간의 상호작용이 특히 복잡하며 이러한 상호작용이 두 하위 시스템의 주요 용도와는 다소 거리가 있을 때 특히 중요하다. 결과적으로 엔터프라이즈 애플리케이션에서 매퍼는 데이터베이스와의 상호작용을 위한 데이터 매퍼(174)로 주로 사용된다.

매퍼는 다른 요소를 분리한다는 점에서 중재자[Gang of Four]와 비슷하다. 다만 중재자를 사용하는 객체는 상대 객체를 인식하지 못하지만 중재자는 인식하는 반면, 매퍼가 분리하는 객체는 상대 객체는 물론 매퍼도 인식하지 못한다.

계층 상위 형식

해당 계층에서 모든 형식의 상위 형식 역할을 하는 형식

한 계층의 모든 객체에 시스템 전체에 복제하고 싶지 않은 메서드가 포함되는 경우를 흔히 볼 수 있다. 이러한 모든 동작을 공통적인 계층 상위 형식(Layer Supertype)에 포함시킬 수 있다.

작동 원리

계층 상위 형식은 기본적인 개념을 활용하는 아주 간단한 패턴으로서 한 계층 내의 모든 객체에 대한 상위 클래스를 만드는 것이다. 예를 들어, 한 도메인 모델(122)의 모든 도메인 객체에 대한 도메인 객체 상위 클래스를 만들 수 있다. 이 경우 식별자 필드(227)의 저장과 처리와 같은 공통적인 기능을 이 상위 클래스에 넣을 수 있다. 비슷하게 매핑 계층의 모든 데이터 매퍼(174)는 모든 도메인 객체가 공통적인 상위 클래스를 가진다는 점을 활용하는 상위 클래스를 둘 수 있다.

한 계층 안에 두 가지 종류 이상의 객체가 있을 때는 두 가지 이상의 계층 상위 형식을 사용하면 도움이 된다.

사용 시점

한 계층의 모든 객체에 적용되는 공통적인 기능이 있을 때 계층 상위 형식을 사용한다. 개인적으로 필자는 공통적인 기능을 많이 사용하기 때문에 이러한 계층 상위 형식을 자주 사용한다.

예제: 도메인 객체(자바)

도메인 객체는 ID 처리를 위한 공통적인 상위 클래스를 가질 수 있다.


```
class DomainObject...

    private Long ID;

    public Long getID() {
        return ID;
    }
```

```
public void setID(Long ID) {
    Assert.notNull("Cannot set a null ID", ID);
    this.ID = ID;
}

public DomainObject(Long ID) {
    this.ID = ID;
}

public DomainObject() {
}
```

분리 인터페이스

구현과 분리된 별도의 패키지에 인터페이스를 정의한다.

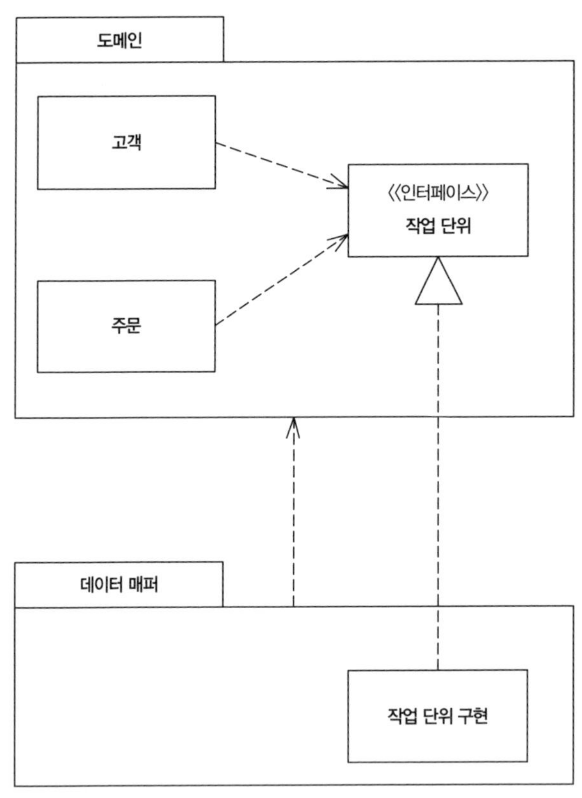

시스템을 구성하는 부분 간의 결합을 줄이면 시스템의 설계를 개선할 수 있다. 이를 위한 좋은 방법은 클래스를 패키지로 그룹화하고 이들 간의 의존성을 제어하는 것이다. 그다음에는 한 패키지의 클래스가 다른 패키지의 클래스를 호출하는 것에 대한 규칙을 적용할 수 있다. 예를 들어, 도메인 계층의 클래스는 프레젠테이션 패키지의 클래스를 호출하지 못하게 할 수 있다.

분리 인터페이스

그러나 일반적인 의존성 구조를 위반하고 메서드를 호출해야 하는 경우가 있다. 이 경우 분리 인터페이스(Separated Interface)를 사용해 한 패키지에 인터페이스를 정의하고 다른 곳에서 구현할 수 있다. 인터페이스에 대한 의존성이 필요한 클라이언트는 이 방식을 통해 구현을 전혀 의식하지 않고 작업을 수행할 수 있다. 분리 인터페이스는 게이트웨이(492)를 연결할 수 있는 좋은 위치다.

작동 원리

이 패턴은 아주 간단하게 적용할 수 있으며, 구현은 해당 인터페이스에 의존하지만 그 반대는 해당되지 않는다는 점을 활용한다. 즉, 인터페이스와 구현을 별도의 패키지에 넣고 구현 패키지가 인터페이스 패키지에 대한 의존성을 갖게 한다. 다른 패키지는 구현 패키지에 의존하지 않고 인터페이스 패키지에 의존할 수 있다.

물론 인터페이스의 구현이 아예 없으면 런타임에 소프트웨어가 제대로 작동하지 않는다. 이 문제는 컴파일 시 둘을 연결하는 별도의 패키지를 사용하거나 구성 시 플러그인(528)을 사용해 해결할 수 있다.

인터페이스는 앞서 그림에서와 같이 클라이언트의 패키지에 넣거나 다른 패키지(그림 18.1)에 넣을 수 있다. 구현에 대한 클라이언트가 단 하나이거나 모든 클라이언트가 동일한 패키지에 있는 경우 인터페이스를 클라이언트와 함께 넣는 것이 낫다. 이 개념은 인터페이스를 정의할 책임이 클라이언트 패키지의 개발자에게 있다고 생각하면 이해하기 쉽다. 근본적으로 클라이언트 패키지는 자신이 정의하는 인터페이스를 구현하는 다른 모든 패키지와 함께 작업한다는 것을 나타낸다. 클라이언트 패키지가 여러 개인 경우 다른 인터페이스를 활용하는 것이 좋다. 인터페이스를 정의하는 역할이 클라이언트 패키지 개발자의 책임이 아니라는 점을 나타내려는 경우에도 이 방법이 좋다. 즉, 구현의 개발자가 인터페이스를 정의하는 경우가 이에 해당한다.

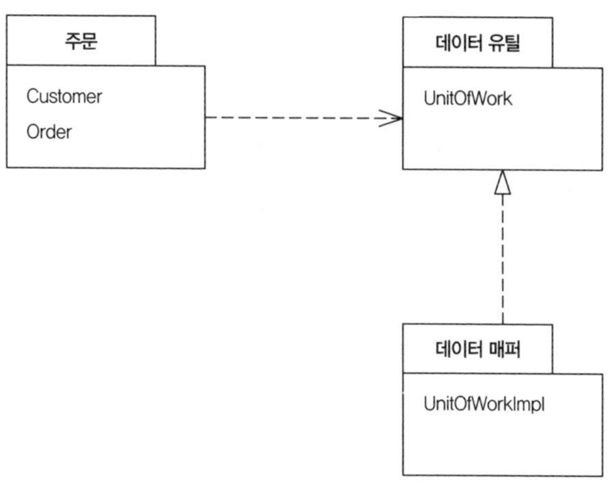

그림 18.1 분리 인터페이스를 다른 패키지에 배치하는 경우

인터페이스에서 사용할 언어 기능에 대해서도 고려해야 한다. 자바나 C# 같이 인터페이스 구조를 가진 언어의 경우 인터페이스 키워드를 사용하는 것이 확실한 방법이다. 그러나 이것이 최선

의 방법은 아닐 수 있으며 공통적이고 선택적인 구현 동작을 포함할 수 있는 추상 클래스도 인터페이스로 사용하는 데 아주 적합하다.

분리 인터페이스에서는 구현을 인스턴스화하기가 약간 불편할 수 있으며, 일반적으로 구현 클래스에 대한 정보가 필요하다. 일반적인 방법은 별도의 팩터리 객체와 팩터리에 대한 **분리 인터페이스**를 사용하는 것이다. 이 경우 구현을 팩터리에 바인딩해야 하며 여기에는 **플러그인(528)**을 사용하는 것이 좋다. 이렇게 하면 의존성이 없는 것은 물론이고 구현 클래스에 대한 결정을 구성 시점까지 연기할 수 있다.

굳이 **플러그인(528)**을 사용하고 싶지 않다면 인터페이스와 구현을 모두 인식하는 다른 패키지를 사용해 애플리케이션 시작 시 해당 객체를 인스턴스화하는 방법이 있다. **분리 인터페이스**를 사용하는 객체는 직접 인스턴스화하거나 시작 시 팩터리를 사용해 인스턴스화할 수 있다.

사용 시점

분리 인터페이스는 한 시스템을 구성하는 두 부분을 격리하는 데 사용한다. 다음과 같은 적용 예를 생각해볼 수 있다.

- 프레임워크 패키지에 넣은 범용 추상 코드에서 특정한 애플리케이션 코드를 호출해야 한다.
- 한 계층의 코드에서 볼 수 없어야 하는 다른 계층의 코드를 호출해야 한다(예: 도메인 코드에서 **데이터 매퍼(174)**를 호출하는 경우).
- 다른 개발 그룹에서 개발한 함수를 호출해야 하지만 해당 API에 대한 의존성을 원하지 않는다.

작성하는 모든 클래스에 **분리 인터페이스**를 사용하는 개발자들이 많이 있는데, 애플리케이션 개발 분야에서 이렇게 할 필요는 없다고 생각한다. 분리 인터페이스와 구현을 유지하려면 추가 작업을 해야 하며 팩터리 클래스(인터페이스와 구현이 포함된)까지 필요한 경우도 많다. 애플리케이션 개발 분야에서는 의존성을 제거하려는 경우 또는 여러 독립적 구현을 사용하려는 경우에만 **분리 인터페이스**를 사용하는 것이 바람직하다. 인터페이스와 구현을 한곳에 넣고 나중에 분리해야 한다면 이것은 필요할 때까지 연기할 수 있는 간단한 리팩터링이다.

이러한 방식의 직접적인 의존성 관리는 지나친 수준이 되지 않게 주의해야 한다. 일반적으로 객체를 생성하기 위한 의존성만 유지하고 이후에는 인터페이스를 사용하는 정도면 충분하다. 반면 빌드 시 의존성을 검사하는 등의 방법으로 의존성 규칙을 강제하려고 하면 그때부터 문제가 복잡해진다. 이 경우 모든 의존성을 제거해야 한다. 소규모 시스템에서는 의존성 규칙을 적용하기가 그리 어렵지 않지만 대규모 시스템에서는 상당한 많은 경험이 필요하다.

레지스트리

다른 객체가 공용 객체와 서비스를 찾기 위해 사용하는 잘 알려진 객체

레지스트리 1
getPerson (id) addPerson (Person)

어떤 객체를 찾으려는 경우 찾으려는 객체와 연결된 다른 객체에서 시작해 이 연결을 따라 검색하는 것이 일반적이다. 즉, 한 고객의 모든 주문을 찾으려면 고객 객체에서 주문을 얻는 메서드를 사용한다. 그런데 이렇게 출발점으로 사용할 적절한 객체가 없는 경우가 있다. 고객의 ID 번호는 알지만 참조가 없을 수 있다. 이 경우 일종의 조회 메서드인 검색기가 필요하지만 이러한 검색기를 얻는 방법은 의문으로 남는다.

레지스트리(Registry)는 기본적으로 전역 객체이거나 보이는 것만큼 전역은 아닐 수 있지만 적어도 전역으로 보인다.

작동 원리

다른 객체와 마찬가지로 레지스트리의 설계도 인터페이스와 구현의 관점에서 생각해봐야 한다. 또한 많은 사람들이 인터페이스와 구현이 같은 것이라고 생각하는 실수를 자주 저지르지만 이 두 가지는 상당히 다르다.

가장 먼저 생각할 부분은 인터페이스이며, 레지스트리의 경우 필자가 가장 선호하는 인터페이스는 정적 메서드다. 클래스의 정적 메서드는 애플리케이션의 어디서든 쉽게 찾을 수 있다. 게다가 정적 메서드 내에는 정적이든 또는 인스턴스든 다른 메서드에 대한 위임을 포함해 모든 논리를 제약 없이 캡슐화할 수 있다.

그러나 메서드가 정적이라도 데이터까지 정적 필드에 넣어야 하는 것은 아니다. 실제로 필자는 필수적인 경우가 아니면 정적 필드를 사용하지 않는다.

데이터를 저장하는 방법을 결정하기 전에 데이터의 범위에 대해 고려해야 한다. 레지스트리의 데이터는 실행 컨텍스트별로 달라질 수 있다. 일부는 전체 프로세스에 대해 전역이고, 일부는 한 스레드 내에서 전역이며, 일부는 한 세션 내에서 전역일 수 있다. 다른 범위를 위해서는 다른 구현이 필요하지만 다른 인터페이스가 필요한 것은 아니다. 애플리케이션 프로그래머는 정적 메서드를 호출했을 때 반환되는 데이터가 프로세스 범위인지 또는 스레드 범위인지 알 필요가 없다. 범위별로 다른 레지스트리를 사용할 수도 있지만 단일 레지스트리 내에서 다른 메서드가 다른 범위를 갖게 할 수도 있다.

데이터가 전체 프로세스에서 공용이라면 정적 필드를 사용하는 것도 방법이다. 그러나 필자는 대체가 불가능하기 때문에 정적 변경 가능 필드를 거의 사용하지 않는다. 테스트 같은 특정한 용도(플러그인(528)은 이를 위한 좋은 방법이다)를 위해 레지스트리를 대체할 수 있으면 상당히 유용하다.

프로세스 범위의 레지스트리에서 일반적으로 사용되는 형태는 싱글턴[Gang of Four]이다. 이 경우 레지스트리 클래스는 한 레지스트리 인스턴스를 저장하는 단일 정적 필드를 포함한다. 일반적으로 싱글턴을 사용할 때는 호출자가 기반 데이터에 명시적으로 접근하는 방법(`Registry.soleInstance.getFoo()`)을 많이 사용하지만, 필자는 이보다 싱글턴 객체를 숨길 수 있는 방법(`Registry.getFoo()`)을 선호한다. 특히 C 기반 언어에서는 정적 메서드가 private 인스턴스 데이터에 접근하는 것을 허용하므로 이 방법이 적합하다.

싱글턴은 단일 스레드 애플리케이션에서 많이 사용되지만 다중 스레드 애플리케이션에서는 문제가 될 수 있다. 여러 스레드가 동일한 객체를 예기치 못한 방법으로 조작하는 경우가 많기 때문이다. 이 문제는 동기화로 해결할 수 있지만 동기화 코드를 작성하는 어려움 때문에 기능을 제대로 구현하는 것은 물론이고 버그를 해결하는 것도 힘들 수 있다. 따라서 다중 스레드 환경의 변경 가능 데이터에 대해서는 싱글턴을 권장하지 않는다. 읽기 전용 데이터의 경우 스레드 충돌 문제를 유발하지 않으므로 관계없다. 따라서 미국 내 주 목록과 같은 항목은 프로세스 범위 레지스트리에 사용하기에 적당하다. 이러한 데이터는 프로세스가 시작할 때 로드된 후 아예 변경되지 않거나 일종의 프로세스 인터럽트를 통해 아주 드문 경우에만 업데이트된다.

레지스트리

스레드 범위의 레지스트리 데이터는 가장 일반적이다. 좋은 예로 데이터베이스 연결이 있다. 이 경우 자바의 스레드 로컬과 같이 스레드별 저장소를 제공하는 환경이 많이 있다. 다른 기법으로 스레드별로 키를 지정하고 값이 해당 데이터 객체인 딕셔너리가 있다. 연결을 요청하면 해당 딕셔너리에서 현재 스레드를 기준으로 조회가 수행된다.

스레드 범위 데이터에 대해 기억할 중요한 점은 프로세스 범위 데이터와 다르지 않게 보인다는 점이다. `Registry.getDbConnection()`과 같은 메서드를 사용할 수 있으며, 이 형식은 프로세스 범위 데이터에 접근할 때 사용하는 것과 동일하다.

딕셔너리 조회도 세션 범위 데이터에 사용할 수 있는 기법이다. 이 작업에는 세션 ID가 필요하지만 세션 ID는 요청이 시작될 때 스레드 범위 레지스트리에 넣을 수 있다. 세션 데이터에 대한 이후 접근에서는 스레드별 저장소에 저장된 세션 ID를 사용해 세션별로 키를 지정하고 맵에서 데이터를 조회할 수 있다.

스레드 범위 레지스트리와 정적 메서드를 사용하는 경우 여러 스레드가 간섭하면서 성능 문제를 겪을 수 있다. 이 경우 스레드 인스턴스에 직접 접근하는 방법으로 병목현상을 방지할 수 있다.

애플리케이션에 따라 레지스트리를 하나만 포함하거나 여러 개 포함할 수 있다. 일반적으로 레지스트리는 시스템 계층이나 실행 컨텍스트별로 분할된다. 필자는 가급적이면 구현을 기준으로 하기보다 사용되는 방법에 따라 레지스트리를 분할한다.

사용 시점

메서드 캡슐화를 감안하더라도 레지스트리는 여전히 전역 데이터이므로 다소 불편하게 생각되는 것이 사실이다. 어떠한 애플리케이션이든 대부분 일종의 레지스트리가 사용되지만 필자는 가급적 정상적인 객체 간 참조를 통해 이러한 객체에 접근하려고 노력한다. 사실상 레지스트리는 최후의 수단으로만 사용해야 한다.

레지스트리를 대신할 수 있는 여러 방법이 있다. 하나는 널리 사용되는 데이터를 매개변수로 전달하는 것이다. 이 방법의 문제는 메서드에 추가된 매개변수가 해당 호출 메서드가 아닌 호출 트리의 몇 단계 계층 아래에 있는 다른 메서드에서만 필요하다는 것이다. 대부분의 상황에 불필요함에도 매개변수를 전달해야 한다면 레지스트리를 사용하는 편이 나을 수 있다.

레지스트리를 대신할 수 있는 다른 대안으로 객체가 생성될 때 공용 데이터에 대한 참조를 추가하는 방법이 있다. 생성자에 매개변수가 추가되는 문제가 있지만 적어도 해당 생성자에서만 매개변수가 사용된다. 이 방법에도 과도한 측면이 없는 것은 아니지만 일부 클래스에서만 사용되는 데이터가 있다면 고려해 볼 만하다.

레지스트리의 문제 중 하나는 새 데이터를 추가할 때마다 수정이 필요하다는 점이다. 이것이 전역 데이터를 저장하는 방법으로 맵을 선호하는 경우가 많은 이유다. 필자는 메서드를 명시적으로 유지해 검색 시 사용할 키에 대한 혼란의 여지가 없는 명시적 클래스를 선호한다. 명시적인 클래스를 사용할 때는 소스코드나 생성된 문서를 보면 무엇이 제공되는지 쉽게 알 수 있다. 맵을 사용할 때는 시스템 내에서 데이터를 읽기 위한 위치나 사용되는 키를 알아내기 위한 작업이 필요하거나 금방 구식이 되는 문서에 의존해야 하는 경우가 많다. 또한 명시적 클래스를 사용하면 정적인 형식 지정 언어에서 형식 안전성을 유지할 수 있으며 레지스트리의 구조를 캡슐화해 시스템이 성장함에 따라 레지스트리를 리팩터링할 수 있다. 또한 원시 맵은 캡슐화되지 않으므로 구현을 숨기기 어렵다. 이런 측면은 데이터의 실행 범위를 변경해야 할 때 특히 불편하게 느껴질 수 있다.

즉, 레지스트리를 사용하는 것이 맞는 상황이 있지만 전역 데이터는 기본적으로는 사용하지 않는 것이 좋다는 것을 기억하자.

예제: 싱글턴 레지스트리(자바)

데이터베이스에서 데이터를 읽고 이를 처리해 정보로 변환하는 애플리케이션을 생각해보자. 이 예는 행 데이터 게이트웨이(160)를 활용해 데이터에 접근하는 간단한 시스템이다. 이 시스템에는 데이터베이스 쿼리를 캡슐화하는 검색기 객체가 있다. 검색기는 테스트할 때 대체해 서비스 스텁(533)으로 만들 수 있도록 인스턴스로 만드는 것이 좋다. 그리고 이를 넣을 위치가 필요하며 레지스트리가 바로 이 경우에 확실한 선택이다.

싱글턴 레지스트리는 싱글턴 패턴[Gang of Four]의 아주 간단한 예다. 다음과 같이 단일 인스턴스를 나타내는 정적 변수를 사용한다.

```
class Registry...

    private static Registry getInstance() {
        return soleInstance;
    }

    private static Registry soleInstance = new Registry();
```

레지스트리

레지스트리에 저장되는 모든 항목이 해당 인스턴스에 저장된다.

```
class Registry...

    protected PersonFinder personFinder = new PersonFinder();
```

그리고 접근하기 쉽게 public static 메서드로 만들었다.

```
class Registry...
```

```
    public static PersonFinder personFinder() {
        return getInstance().personFinder;
    }
```

새 인스턴스를 만들면 간단하게 레지스트리를 다시 초기화할 수 있다.

```
class Registry...

    public static void initialize() {
        soleInstance = new Registry();
    }
```

테스트를 위해 서비스 스텁(533)을 적용하려면 하위 클래스를 대신 사용하면 된다.

```
class RegistryStub extends Registry...

    public RegistryStub() {
        personFinder = new PersonFinderStub();
    }
```

이 예에서 검색기 서비스 스텁(533)은 하드코드된 인물 행 데이터 게이트웨이(160)의 인스턴스를 반환한다.

```
class PersonFinderStub...

    public Person find(long id) {
        if (id == 1) {
            return new Person("Fowler", "Martin", 10);
        }
        throw new IllegalArgumentException("Can't find id: " + String.valueOf(id));
    }
```

레지스트리에 스텁 모드로 초기화하는 메서드를 넣었지만 스텁과 관련된 모든 동작을 하위 클래스에 넣으면 테스트에 필요한 모든 코드를 분리할 수 있다.


```
class Registry...

    public static void initializeStub() {
        soleInstance = new RegistryStub();
    }
```

예제: 스레드로부터 안전한 레지스트리(자바)

매트 폼멜, 마틴 파울러

앞서 살펴본 간단한 예제는 여러 다른 스레드가 각자의 레지스트리를 가진 다중 스레드 애플리케이션에서는 작동하지 않는다. 자바는 스레드에 로컬이고 이해하기 쉽게 스레드 로컬 변수라고 하는 스레드별 저장소 변수[Schmidt]를 제공한다. 이 개념을 활용해 스레드별로 고유한 레지스트리를 만들 수 있다.

```
class ThreadLocalRegistry...

    private static ThreadLocal instances = new ThreadLocal();

    public static ThreadLocalRegistry getInstance() {
        return (ThreadLocalRegistry) instances.get();
    }
```

레지스트리를 얻고 해제하는 메서드에서 레지스트리를 설정해야 한다. 이 작업은 일반적으로 트랜잭션이나 세션 호출 경계에서 수행할 수 있다.

```
class ThreadLocalRegistry...

    public static void begin() {
        Assert.isTrue(instances.get() == null);
        instances.set(new ThreadLocalRegistry());
    }

    public static void end() {
        Assert.notNull(getInstance());
        instances.set(null);
    }
```


그리고 이전 방식대로 인물 검색기를 저장할 수 있다.

```
class ThreadLocalRegistry...

    private PersonFinder personFinder = new PersonFinder();

    public static PersonFinder personFinder() {
        return getInstance().personFinder;
    }
```

외부의 호출에서는 begin과 end 메서드로 레지스트리 이용을 래핑한다.

```
try {
    ThreadLocalRegistry.begin();
    PersonFinder f1 = ThreadLocalRegistry.personFinder();
    Person martin = Registry.personFinder().find(1);
    assertEquals("Fowler", martin.getLastName());
} finally {
    ThreadLocalRegistry.end();
}
```

값 객체

금액이나 날짜 범위와 같이 동등성의 개념이 식별자에 기반을 두지 않는 작고 간단한 객체

다양한 종류의 객체 시스템에서 참조 객체와 값 객체(Value Object)를 구분해서 생각하면 유용하다. 두 가지 객체 중 값 객체는 일반적으로 더 작고, 순수한 객체지향이 아닌 여러 언어에서 제공되는 기본형(primitive type)과 비슷하다.

작동 원리

참조 객체와 값 객체의 차이를 명확하게 정의하기는 까다로운 일일 수 있다. 넓은 의미에서 말하면 값 객체는 금액 객체나 날짜와 같은 작은 객체이며 참조 객체는 주문이나 고객과 같이 큰 객체다. 이러한 정의는 이해하기는 쉽지만 지나치게 비형식적이다.

참조 객체와 값 객체의 가장 중요한 차이는 두 객체가 동등성을 처리하는 방식에 있다. 참조 객체는 동등성을 판단하는 기준으로 식별자를 사용한다. 이 식별자는 객체지향 프로그래밍 언어에서 기본 제공하는 식별자나 일종의 ID 번호 또는 관계형 데이터베이스의 기본 키와 같은 개념일 수 있다. 반면 값 객체는 클래스 안의 필드 값을 기준으로 동등성을 판단한다. 예를 들어, 일, 월, 연도 값이 동일한 두 날짜 객체가 있다면 두 객체는 동일하다고 판단한다.

이러한 차이는 두 객체를 처리하는 방법에서 잘 드러난다. 값 객체는 작고 쉽게 생성할 수 있으므로 참조가 아닌 값으로 전달하는 경우가 많다. 예를 들어, 한 시스템 안에 2001년 3월 18을 나타내는 날짜 객체가 여러 개라도 아무 문제가 없다. 또한 두 객체가 물리적으로 동일한 날짜 객체인지 또는 값만 동일한지 여부도 중요하지 않다.

대부분의 언어에서는 값 객체를 위한 기능을 따로 제공하지 않는다. 이러한 언어에서 값 객체가 올바르게 작동하게 하려면 값 객체를 읽기 전용으로 만들어 일단 생성한 뒤에는 필드를 변경할 수 없게 하는 것이 좋다. 이것은 별칭 버그(aliasing bug)를 방지하기 위한 것이다. 별칭 버그는 두 객체가 동일한 값 객체를 공유할 때 둘 중 한 소유자가 객체의 값을 변경하는 것을 의미한다. 예를 들어, 마틴이 입사한 날짜가 3월 18일이고 같은 날에 신디가 입사했다면 신디의 입사일을 마틴의 입사일로 설정할 수 있다. 그렇데 마틴이 자신의 입사일을 5월로 수정하면 신디의 입사일까지 변경된다. 이 개념이 올바른지 여부와는 관계없이 이 결과는 사람들이 원하는 결과는 아니다. 이와 같은 작은 값의 경우 기존 날짜 객체를 새 날짜 객체로 대체하는 방법으로 입사일을 변경하는 것이 일반적인 방법이다. 값 객체를 읽기 전용으로 만들면 이러한 일반적인 개념에 맞는다.

값 객체는 완성된 레코드로 저장해서는 안 되며, 포함 값(286) 또는 직렬화 LOB(290)를 대신 사용해야 한다. 값 객체는 작으므로 값 객체의 값을 사용해 SQL 쿼리를 수행할 수 있는 포함 값(286)이 일반적으로 가장 좋은 선택이다.

이진 직렬화 작업이 많은 경우, 특히 자바와 같이 값 객체를 특별한 방법으로 취급하지 않는 언어에서는 값 객체의 직렬화를 최적화해서 성능을 개선할 수 있다.

값 객체에 대한 예는 금액(516)을 참고한다.

.NET 구현

.NET에서는 값 객체를 기본 지원한다. C#에서는 객체를 클래스 대신 구조체로 선언하면 값 객체로 지정할 수 있다. .NET 환경에서는 이후부터 이 객체를 값 시맨틱에 따라 취급한다.

사용 시점

식별자가 아닌 다른 기준을 바탕으로 동등성을 판단하는 경우 값 객체를 사용한다. 생성하기 쉬운 모든 작은 객체에 값 객체를 사용하는 것을 고려해보는 것이 좋다.

이름 충돌: 값 객체라는 용어와 관련해서는 용어가 충돌하는 경우를 종종 경험했다. 아쉽게도 J2EE 커뮤니티[Alur et al.]에서는 데이터 전송 객체(427)를 의미하는 용어로 "값 객체(value object)"를 사용하기 시작해 패턴 커뮤니티에 작은 파장을 일으켰다. 사실 이 업계에서 항상 볼 수 있는 이름에 대한 혼란 중 한 사례다. 최근 [Alur et al.]에서는 **전송 객체**(transfer object)라는 용어를 대신 사용하고 있다.

이 책에서는 값 객체라는 용어를 계속 사용할 것이다. 여러 가지 이유가 있지만 그중에서도 필자가 그동안 써온 내용과 일관성을 유지할 수 있기 때문이다!

금액

금액을 나타낸다.

금액
amount currency
+, −, * allocate 〉, 〉, 〈=, 〉=, =

현재 지구상에 존재하는 컴퓨터의 많은 부분이 돈을 다루고 있는 것을 감안하면 필자는 항상 돈이 주류 프로그래밍 언어의 기본 데이터 형식이 아니라는 것을 의아하게 생각했다. 이러한 형식의 부재는 많은 문제를 유발하는데, 이러한 문제에는 특히 통화와 관련된 것이 많다. 금액과 관련된 모든 계산이 한 가지 통화로 이뤄질 때는 큰 문제가 아닐 수 있지만 가령 달러 금액을 엔화에 더하려고 할 때는 통화의 차이를 반드시 감안해야 한다. 좀 더 미묘한 문제로 반올림/내림과 관련된 문제가 있다. 금액 계산에서는 최소 통화 단위에서 반올림하는 경우가 많은데 반올림/내림 오류 때문에 적은 금액이지만 손실이 발생할 수 있다.

객체지향 프로그래밍의 장점 중 하나는 이러한 작업을 처리하는 금액 클래스를 만들어 앞서 언급한 문제를 해결할 수 있다는 것이다. 어쨌든 이 기능을 기본적으로 제공하는 주류 클래스 라이브러리가 없다는 사실은 다소 놀라운 점이다.

작동 원리

기본 개념은 각각 액수와 통화 필드를 포함하는 금액 클래스를 만드는 것이다. 액수는 정수 형식이나 고정 소수점 수를 사용해 저장할 수 있다. 필요한 계산 작업에 따라 고정 소수점 수가 편리한 경우도 있고 정수가 편리한 경우도 있다. 반면 금액(Money)에서 절대 피해야 하는 반올림/내림 오류를 유발할 수 있는 부동 소수점 수 형식은 사용해서는 안 된다. 통화 값은 가장 작은 단위(예: 미화 달러의 센트)에서 반올림하는 것이 일반적이지만 소수점 단위가 필요한 경우가 있다. 특히 두 가지 유형을 모두 사용하는 애플리케이션에서는 어떤 유형의 금액을 사용하는지 명확하게 지정하는 것이 좋다. 두 유형은 산술 계산에서 상당히 다르게 작동하므로 두 가지 형식을 따로 만드는 것이 좋다.

금액은 값 객체(514)이므로 통화와 액수를 기준으로 수행하도록 동등성 및 해시 코드 연산을 재정의해야 한다.

숫자를 사용하듯이 금액 객체를 손쉽게 사용하려면 금액 객체에 산술 연산이 필요하다. 그러나 금액에 대한 산술 연산은 단순히 수치 기반의 금액 계산과는 몇 가지 중요한 차이점이 있다. 가장 중요한 차이는 다른 종류의 통화를 계산하려는 경우 적절하게 대처할 수 있게 더하기나 빼기 계산이 통화를 인식해야 한다는 것이다. 서로 다른 통화로 계산하려고 할 때 가장 간단하고 일반적인 방법은 이 계산 자체를 오류로 처리하는 것이다. 이보다 정교한 처리가 요구되는 상황에는 워드 커닝햄(Ward Cunningham)의 돈가방(money bag) 아이디어를 적용할 수 있다. 여기서는 한 객체가 여러 통화의 금액을 포함한다. 이 객체는 다른 금액 객체와 마찬가지로 계산에 참여할 수 있으며 한 가지 통화 값으로 전환할 수도 있다.

곱하기와 나누기는 반올림/내림 문제 때문에 좀 더 복잡하다. 금액을 곱할 때는 스칼라를 사용한다. 청구 금액에 5% 예금을 더하려면 0.05를 곱하면 된다. 이와 같이 일반적인 수치 형식의 곱셈이 사용된다.

특히 금액을 분할할 때는 반올림과 관련된 까다로운 문제가 발생할 수 있다. 매트 폼멜의 간단한 난제를 소개한다. 전체 금액을 70%와 30%로 분할해서 두 곳에 할당해야 한다는 비즈니스 규칙이 있다고 가정해보자. 이때 5센트를 분할해야 한다. 이를 계산하면 3.5센트와 1.5센트가 나온다. 이 경우 어떤 방법으로 반올림을 하더라도 문제가 된다. 가장 일반적인 반올림 방법을 사용하면 1.5는 2가 되고 3.5는 4가 된다. 즉, 금액이 처음보다 1센트가 늘어난다. 반내림(round down)을 하면 4센트가 되고 반올림을 하면 6센트가 된다. 전체 금액이 줄거나 늘지 않는 일반적인 반올림 규칙은 없다.

이 문제는 다음과 같은 방법으로 해결할 수 있다.

- 가장 간단하고 일반적인 방법은 큰 금액 차이가 아니므로 오류를 그냥 무시하는 것이다. 다만 회계사들은 이 방법을 마음에 들어하지 않을 수 있다.
- 할당 시 현재까지 할당한 액수에서 빼는 방법으로 마지막 할당을 한다. 이 방법으로 금액이 줄어드는 것은 방지할 수 있지만 마지막 할당에서 누적된 금액이 늘어날 수 있다.
- 금액 클래스의 사용자가 메서드를 호출할 때 사용할 반올림/내림 체계를 선언할 수 있게 한다. 예를 들어, 프로그래머가 70% 부분은 반올림을 하고 30% 부분은 반내림을 하도록 선택할 수 있다. 이 방식에서는 계좌가 두 개가 아니라 열 개인 경우 상황이 아주 복잡해질 수 있다. 또한 항상 반올림/내림을 염두에 둬야 한다. 사용자가 반올림/내림을 반드시 지정하도록 곱하기 연산에 반올림/내림 매개변수를 요구하는 금액 클래스도 몇 번 본 적이 있다. 이렇게 하면 프로그래머가 해당 경우에 맞는 반올림/내림을 생각하게 하는 것은 물론 테스트를 작성하

도록 상기시키는 효과도 있다. 그러나 이 방법은 모두 동일한 방법으로 반올림/내림하는 다수의 세금 계산을 하는 경우 등에는 매우 복잡해질 수 있다.

- 필자가 가장 선호하는 해결 방법은 금액에 할당자 함수(allocator function)를 넣는 것이다. 할당자는 할당할 비율을 나타내는 숫자의 리스트를 매개변수로 받는다(예: `aMoney.allocate([7,3])`). 할당기는 외부에서 보는 의사 랜덤 함수와 비슷하게 손실 없이 여러 개로 분할 할당된 금액의 리스트를 반환한다. 할당기에도 문제가 없는 것은 아니다. 일단 사용하는 것을 잊지 않아야 하며, 금액을 분할하는 규칙을 정확하게 적용하기가 어렵다.

여기서 핵심적인 사항은 곱셈을 사용해 비례하는 청구액(예: 세금)을 결정하는 방법과 금액의 합을 여러 곳에 할당하는 방법의 차이다. 곱셈은 전자에 적합하지만, 할당자는 후자에 적합하다. 중요한 것은 금액 값에 곱셈이나 나눗셈을 사용하려는 원래 의도를 고려하는 것이다.

금액을 다른 통화로 변환하는 데는 `aMoney.convertTo(Currency.DOLLARS)`와 같은 메서드를 사용할 수 있다. 가장 확실한 방법은 환율을 조회하고 이를 곱하는 것이다. 이 방법은 대부분의 경우 잘 작동하지만 그렇지 않은 경우가 있다. 이번에도 역시 반올림/내림 때문이다. 고정 유로 환율에 대한 변환 규칙에는 특정한 반올림/내림 규칙이 적용되므로 간단한 곱셈을 사용할 수 없다. 따라서 알고리즘을 캡슐화하는 변환기 객체를 사용하는 것이 좋다.

비교 연산으로 금액을 정렬할 수 있다. 더하기와 마찬가지로 변환도 통화를 인식해야 한다. 다른 통화를 비교하는 경우 예외를 발생시키거나 통화를 변환할 수 있다.

금액은 출력 동작을 캡슐화할 수 있다. 이렇게 하면 깔끔한 사용자 인터페이스와 보고서를 생성하는 작업이 한결 수월하다. 또한 금액 클래스는 문자열을 구문 분석해 통화 인식 입력 메커니즘을 제공할 수 있으며, 이 역시 사용자 인터페이스를 제작할 때 아주 유용하다. 이러한 기능은 플랫폼 라이브러리에서 제공하는 것이 적합하다. 특정 국가에 대한 세부적인 숫자 형식 포매터를 포함한 국제화 지원을 제공하는 플랫폼이 점차 늘고 있다.

금액

아무래도 데이터베이스 역시 금액의 중요성을 인식하지 못해서인지(데이터베이스 개발사는 그렇지 않은 것 같지만) 금액을 데이터베이스에 저장하는 것도 항상 문제가 된다. 확실한 방법은 포함 값(286)을 사용해 모든 금액을 한 통화로 저장하는 것이다. 예를 들어, 한 계좌의 모든 항목이 파운드화인 경우 과도한 방법일 수 있다. 이 경우 통화를 계좌에 저장하고 데이터베이스 매핑을 변경해서 항목을 로드할 때마다 계좌의 통화를 가져올 수 있다.

사용 시점

필자는 객체지향 환경의 거의 모든 수치 계산에 금액을 사용한다. 주된 이유는 반올림 동작의 처리를 캡슐화해서 반올림 오류의 문제를 완화하기 위한 것이지만 다중 통화 작업을 수월하게 하는 데도 도움이 된다. 금액을 사용할 때 한 가지 고려할 사항으로 성능이 있지만, 체감 수준의 차이는 거의 없으며 이 경우에도 캡슐화를 통해 튜닝이 가능하다.

예제: 금액 클래스(자바)

매트 폼멜, 마틴 파울러

먼저 액수를 나타낼 데이터 형식을 결정해야 한다. 부동 소수점 수를 사용하지 않는 것이 좋다는 것을 잘 이해하지 못하는 사람이 있다면 다음 코드를 실행해서 보여주면 된다.

```
double val = 0.00;
for (int i = 0; i < 10; i++) val += 0.10;
System.out.println(val == 1.00);
```

부동 소수점을 제외한 다음에는 고정 소수점 수와 정수를 선택할 수 있으며, 자바에서는 BigDecimal, BigInteger, long을 선택할 수 있다. 정수 값을 사용하면 내부 연산이 쉬워지며 long을 선택하는 경우 기본형을 사용할 수 있기 때문에 수식을 읽기 쉽게 작성할 수 있다.

```
class Money...

    private long amount;
    private Currency currency;
```

금액의 가장 작은 기본 단위에는 정수 액수를 사용했고 이해하기 쉬운 이름인 센트(cents)를 지정했다. long을 사용할 때 숫자가 너무 크면 오버플로 오류가 발생한다. $92,233,720,368,547,758.09와 같이 규모가 큰 금액을 처리하려면 BigInteger를 사용하는 버전이 필요하다.

다음과 같이 다양한 숫자 형식에 대한 생성자를 제공하면 도움이 된다.

```
public Money(double amount, Currency currency) {
    this.currency = currency;
    this.amount = Math.round(amount * centFactor());
}
```

```
public Money(long amount, Currency currency) {
    this.currency = currency;
    this.amount = amount * centFactor();
}

private static final int[] cents = new int[] { 1, 10, 100, 1000 };

private int centFactor() {
    return cents[currency.getDefaultFractionDigits()];
}
```

통화마다 소수점 액수의 자릿수가 다르다. 자바 1.4의 통화 클래스에서는 클래스의 소수점 자릿수를 알려준다. 10의 거듭제곱을 활용하면 주요 단위 안에 보조 단위가 몇 개인지 알 수 있지만, 자바에서는 이보다 배열을 사용하는 것이 더 쉽다(속도도 더 빠를 것이다). 실제 문제가 될 가능성은 희박하지만, 이 코드는 소수점 자릿수가 네 자리인 경우에는 작동하지 않는다.

대부분의 경우 제공되는 금액 연산을 이용하겠지만 기반 데이터에 접근해야 하는 경우도 있을 수 있다.

```
class Money...

    public BigDecimal amount() {
        return BigDecimal.valueOf(amount, currency.getDefaultFractionDigits());
    }

    public Currency currency() {
        return currency;
    }
```

접근자를 사용할 때는 항상 한 번 더 생각하는 것이 좋다. 캡슐화를 깨지 않는 더 좋은 방법이 거의 항상 있기 때문이다. 접근자를 꼭 사용해야 하는 경우는 포함 값(286)에서와 같은 데이터베이스 매핑이 있다.

리터럴 액수에 한 가지 통화를 아주 자주 사용한다면 도우미 생성자를 사용하는 것이 편리하다.

```
class Money...

    public static Money dollars(double amount) {
        return new Money(amount, Currency.USD);
    }
```

금액은 값 객체(514)이므로 동등성을 정의해야 한다.

```
class Money...

    public boolean equals(Object other) {
        return (other instanceof Money) && equals((Money)other);
    }

    public boolean equals(Money other) {
        return currency.equals(other.currency) && (amount == other.amount);
    }
```

그리고 동등성이 있는 곳에는 항상 해시도 필요하다.

```
class Money...

    public int hashCode() {
        return (int) (amount ^ (amount >>> 32));
    }
```

먼저 더하기와 빼기부터 시작해 산술 연산을 추가한다.

```
class Money...

    public Money add(Money other) {
        assertSameCurrencyAs(other);
        return newMoney(amount + other.amount);
    }

    private void assertSameCurrencyAs(Money arg) {
        Assert.equals("money math mismatch", currency, arg.currency);
    }

    private Money newMoney(long amount) {
        Money money = new Money();
        money.currency = this.currency;
        money.amount = amount;
        return money;
    }
```


여기서는 private 팩터리 메서드를 사용해도 센트 기반 액수로의 일반적인 변환은 수행되지 않는다. 이 메서드는 금액 코드 자체에서 몇 차례 사용된다.

빼기는 더하기만큼 쉽다.

```
class Money...

    public Money subtract(Money other) {
        assertSameCurrencyAs(other);
        return newMoney(amount - other.amount);
    }
```

비교에 사용할 기본 메서드는 compareTo다.

```
class Money...

    public int compareTo(Object other) {
        return compareTo((Money)other);
    }

    public int compareTo(Money other) {
        assertSameCurrencyAs(other);
        if (amount < other.amount) return -1;
        else if (amount == other.amount) return 0;
        else return 1;
    }
```

현재 대부분의 자바 코드에서 제공하는 기능은 이 정도 수준이지만 다음과 같은 다른 비교 메서드가 있으면 코드를 좀 더 읽기 쉽게 만들 수 있다.

```
class Money...

    public boolean greaterThan(Money other) {
        return (compareTo(other) > 0);
    }
```

금액

이제 곱셈을 살펴볼 준비가 끝났다. 여기서는 기본 반올림/내림 모드를 제공하지만 여러분이 직접 설정할 수도 있다.

```
class Money...

    public Money multiply(double amount) {
        return multiply(new BigDecimal(amount));
    }
```

```
    public Money multiply(BigDecimal amount) {
        return multiply(amount, BigDecimal.ROUND_HALF_EVEN);
    }

    public Money multiply(BigDecimal amount, int roundingMode) {
        return new Money(amount().multiply(amount), currency, roundingMode);
    }
```

금액을 여러 대상에 할당하면서 액수가 손실되지 않게 하려면 할당 메서드를 사용하면 된다. 가장 간단한 할당 메서드는 다음과 같이 (거의) 동일한 액수를 여러 대상에 할당한다. 이 할당 메서드는 액수가 양수인 경우에만 작동한다. 액수가 음수일 때도 작동하도록 수정하는 일은 독자 여러분에게 맡긴다.

```
class Money...

    public Money[] allocate(int n) {
        Money lowResult = newMoney(amount / n);
        Money highResult = newMoney(lowResult.amount + 1);
        Money[] results = new Money[n];
        int remainder = (int) amount % n;
        for (int i = 0; i < remainder; i++) results[i] = highResult;
        for (int i = remainder; i < n; i++) results[i] = lowResult;
        return results;
    }
```

다음과 같이 좀 더 정교한 알고리즘을 사용하면 모든 비율을 처리할 수 있다.

```
class Money...

    public Money[] allocate(long[] ratios) {
        long total = 0;
        for (int i = 0; i < ratios.length; i++) total += ratios[i];
        long remainder = amount;
        Money[] results = new Money[ratios.length];
        for (int i = 0; i < results.length; i++) {
            results[i] = newMoney(amount * ratios[i] / total);
            remainder -= results[i].amount;
        }
        for (int i = 0; i < remainder; i++) {
            results[i].amount++;
        }
```

```
        return results;
    }
```

이 메서드로 앞에서 소개한 매트 폼멜의 난제를 해결할 수 있다.

```
class Money...

    public void testAllocate2() {
        long[] allocation = {3,7};
        Money[] result = Money.dollars(0.05).allocate(allocation);
        assertEquals(Money.dollars(0.02), result[0]);
        assertEquals(Money.dollars(0.03), result[1]);
    }
```

특수 사례

특정 사례에 대해 특수한 동작을 제공하는 하위 클래스

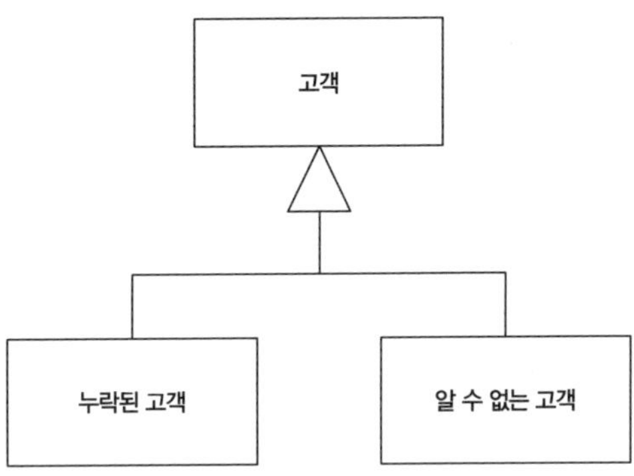

null은 다형성을 방해하므로 객체지향 프로그램에서 상당히 불편한 존재다. 일반적으로는 항목의 정확한 형식이나 하위 클래스에 대해 걱정할 필요 없이 주어진 형식의 변수 참조에 있는 어떤 것이라도 호출할 수 있다. 엄격한 형식의 언어(strongly typed language)에서는 호출이 올바른지 확인하는 컴파일러 검사까지 지원된다. 그런데 변수는 null을 포함할 수 있으므로 null에서 메시지를 호출하면 런타임 오류가 발생하고 알아보기 어려운 스택 추적 오류가 표시될 수 있다.

변수가 null일 가능성이 있다면 null 테스트 코드를 추가해 null인 경우 적절한 작업을 해야 한다. 그런데 이 적절한 작업은 여러 환경에서 대부분 동일하므로 비슷한 코드를 여러 번 반복하는 코드 중복(code duplication)이라는 잘못을 저지르게 될 수 있다.

null은 이러한 문제의 일반적인 예지만, 흔히 발생하는 다른 비슷한 문제도 있다. 예를 들어 숫자 시스템에서는 보편적 불변성을 위반하는 실수(real number)의 덧셈과 같은 특수 규칙을 비롯한 무한대의 문제를 처리해야 한다. 필자의 경우 "거주자"에 대한 개념을 확실하게 모르는 공익시설 고객을 대하면서 이 개념을 처음 경험했다. 이러한 모든 상황은 특정 형식의 일반적 동작을 변경해야 하는 경우를 의미한다.

특수 사례

즉, null이나 다른 이상한 값을 반환하는 대신 호출자가 예상하는 것과 동일한 인터페이스를 갖는 특수 사례(Special Case)를 반환하는 것이다.

작동 원리

기본 개념은 특수 사례를 처리하는 하위 클래스를 만드는 것이다. 즉, 고객 객체가 있을 때 null 검사를 피하고 싶다면 null 고객 객체를 만들면 된다. 그리고 고객 객체의 모든 메서드를 가지고 특수 사례에서 일부를 재정의해 해가 되지 않는 동작을 제공하는 것이다. 그리고 다음부터 null인 고객이 있으면 null 고객 객체의 인스턴스를 대신 사용하면 된다.

보통은 null 고객의 다른 인스턴스를 구분할 필요는 없으므로 플라이급[Gang of Four]을 활용해 특수 사례를 구현하는 경우가 많다. 물론 항상 가능한 것은 아니다. 공익시설의 경우 거주자 고객에게 요금을 누적해서 청구할 수 있으므로 거주자를 분리하는 것이 중요하다.

같은 null도 상황에 따라 다른 의미를 가질 수 있다. null 고객은 고객이 없음을 의미하거나 고객이 있지만 아직 누구인지 모른다는 의미일 수 있다. 이 경우 단순히 null 고객을 사용하기보다 누락된 고객과 알 수 없는 고객의 특수 사례를 분리하는 것을 고려해야 한다.

특수 사례에서 메서드를 재정의하는 데 자주 사용하는 방법은 다른 특수 사례를 반환하는 것이다. 즉, 알 수 없는 고객의 마지막 청구서를 요청한 경우 알 수 없는 청구서를 받는다.

IEEE 754 부동 소수점 산술 연산은 양의 무한, 음의 무한, 그리고 NaN(not-a-number)을 포함하는 특수 사례의 좋은 예다. 이 시스템에서는 0으로 나누기를 시도하면 예외가 발생하는 것이 아니라 NaN을 반환하며, 다른 부동 소수점 수와 마찬가지로 NaN도 산술 연산에 참여할 수 있다.

사용 시점

시스템에서 특정 클래스 인스턴스에 대한 조건 검사 후 또는 null 검사 후 동일한 동작을 수행하는 위치가 여러 곳인 경우 특수 사례를 사용한다.

참고 자료

아직 특수 사례가 패턴으로 다뤄진 경우는 보지 못했지만 [Woolf]에서 null 객체에 대해 다뤘다. 약간 말장난 같지만 필자는 null 객체가 특수 사례의 특수 사례라고 생각한다.

예제: 간단한 null 객체(C#)

특수 사례의 한 예로 null 객체에 대한 예를 살펴보자.

다음은 일반적인 직원 클래스다.

```
class Employee...

    public virtual String Name {
        get {return _name;}
        set {_name = value;}
    }

    private String _name;

    public virtual Decimal GrossToDate {
        get {return calculateGrossFromPeriod(0);}
    }

    public virtual Contract Contract {
        get {return _contract;}
    }

    private Contract _contract;
```

이 클래스의 기능은 null 직원으로 재정의할 수 있다.

```
class NullEmployee : Employee, INull...

    public override String Name {
        get {return "Null Employee";}
        set {}
    }

    public override Decimal GrossToDate {
        get {return 0m;}
    }

    public override Contract Contract {
        get {return Contract.NULL;}
    }
```


null 직원의 계약서를 요청하면 null 계약서를 받는다는 데 주의하자.

동일한 null 값이 나오는 경우가 많다면 여기에 나오는 기본값으로 많은 null 테스트를 예방할 수 있다. 반복되는 null 값은 기본적으로 null 객체에 의해 처리된다. 또한 직원 클래스에 isNull 메서드를 추가하거나 마커 인터페이스에 대한 형식 테스트를 사용해 명시적인 null 테스트를 할 수도 있다.

플러그인

데이비드 라이스, 매트 폼멜

컴파일이 아닌 구성 중에 클래스를 연결한다.

애플리케이션 코드를 여러 런타임 환경에서 특정 동작에 따른 구현을 적용해 실행해야 하는 경우 분리 인터페이스(504)가 많이 활용된다. 대부분의 개발자는 팩터리 메서드를 작성하는 방법으로 올바른 구현을 제공한다. 예를 들어, 분리 인터페이스(504)를 사용해 기본 키 생성기를 정의하는 방법으로 단위 테스트용으로는 간단한 인메모리 카운터를 제공하고 실무 코드에는 데이터베이스로 관리되는 시퀀스를 제공한다고 가정해보자. 이 경우 팩터리 메서드에는 로컬 환경 변수를 조사해 시스템이 테스트 모드인지 확인하고 조건에 맞는 키 생성기를 반환하는 조건문을 포함한다. 문제는 팩터리가 여러 개로 늘어나면 관리하기가 어려워진다는 점이다. 예를 들어, "트랜잭션 제어를 제외하고 인메모리 데이터베이스로 단위 테스트 실행" 또는 "완전 트랜잭션 제어를 포함해 DB2 데이터베이스로 실무 모드 실행" 등과 같은 새로운 배포 구성을 설정하면 여러 팩터리에서 조건문을 편집하고, 재빌드, 재배포하는 여러 과정을 거쳐야 한다. 구성은 애플리케이션 전체로 분산되지 않아야 하며, 재빌드나 재배포를 거칠 필요가 없어야 한다. 플러그인을 사용하면 중앙 집중식 런타임 구성을 통해 두 가지 문제를 모두 해결할 수 있다.

작동 원리

가장 먼저 할 일은 분리 인터페이스(504) 런타임 환경에 따라 다른 구현을 포함하는 동작을 정의하는 것이다. 그다음에는 몇 가지 특수한 요건을 포함하는 기본 팩터리 패턴을 사용한다. 구성을 쉽게 관리할 수 있게 하려면 플러그인 팩터리의 연결 명령을 외부 지점 한곳에 명시해야 한다. 또한 재빌드 없이도 재구성이 가능하게 하려면 컴파일이 아닌 런타임 중에 동적으로 구현에 연결해야 한다.

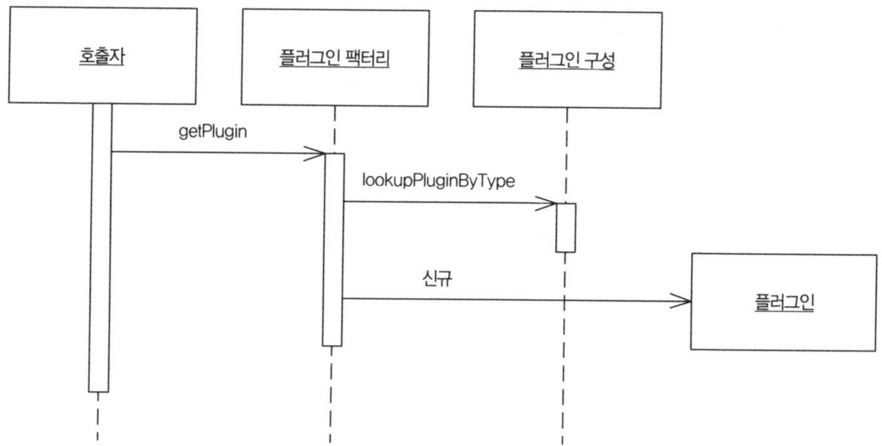

그림 18.2 호출자가 분리 인터페이스의 플러그인 구현을 얻는다.

텍스트 파일은 연결 규칙을 명시하는 방법으로 적합하다. 플러그인 팩터리는 이 텍스트 파일을 읽고 요청된 인터페이스의 구현을 지정하는 항목을 검색한 다음 해당 구현을 반환한다.

플러그인은 리플렉션이 있는 언어에서 잘 작동하는데, 그러한 언어에서는 팩터리가 구현에 대한 컴파일 타임 의존성 없이 구현을 구성할 수 있기 때문이다. 리플렉션을 사용하는 경우 구성 파일에는 인터페이스 이름과 구현 클래스 이름의 매핑을 담고 있어야 한다. 팩터리는 프레임워크 패키지에 별도로 배치할 수 있으며, 구성 옵션에 새 구현을 추가하더라도 변경할 필요가 없다.

리플렉션을 지원하지 않는 언어를 사용하더라도 중앙 집중식 구성을 사용하는 것이 바람직하다. 연결 규칙을 설정하는 데도 텍스트 파일을 그대로 사용할 수 있다. 이 경우 유일한 차이점은 팩터리에서 조건부 논리를 통해 인터페이스를 필요한 구현과 매핑한다는 점이다. 각 구현 형식은 팩터리에서 확인이 가능해야 하는데, 실제로 어려운 일은 아니다. 새 구현을 코드 기반에 추가할 때마다 팩터리 메서드 내에 다른 옵션을 추가하면 된다. 빌드 타임 검사를 통해 계층과 패키지 의존성을 적용하려면 이 팩터리를 자체 패키지에 넣어 빌드 프로세스를 방해하지 않게 한다.

사용 시점

런타임 환경에 따라 다른 구현이 요구되는 동작이 있는 경우 플러그인을 사용한다.

예제: ID 생성기(자바)

위에서 언급한 것처럼 키나 ID 생성은 배포 환경에 따라 구현이 달라질 수 있는 작업이다.

먼저 IdGenerator 분리 인터페이스와 다른 필요한 구현을 작성한다.

```
interface IdGenerator...

    public Long nextId();

class OracleIdGenerator implements IdGenerator...

    public OracleIdGenerator() {
        this.sequence = Environment.getProperty("id.sequence");
        this.datasource = Environment.getProperty("id.source");
    }
```

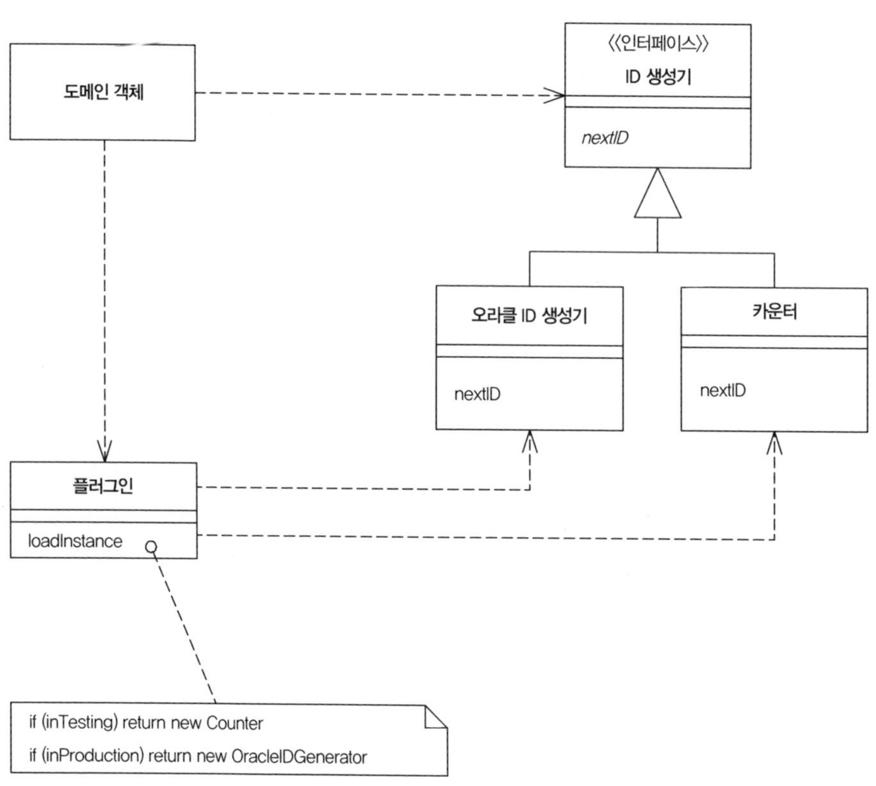

그림 18.3 여러 ID 생성기

플러그인

OracleIdGenerator에서 nextId()는 정의된 데이터 원본의 정의된 시퀀스에서 다음 사용 가능한 번호를 가져와 선택한다.

```
class Counter implements IdGenerator...

    private long count = 0;

    public synchronized Long nextId() {
        return new Long(count++);
    }
```

이제 만들어야 하는 것이 생겼다. 현재 인터페이스-구현 매핑을 실체화하는 플러그인 팩터리를 다음과 같이 작성한다.

```
class PluginFactory...

    private static Properties props = new Properties();

    static {
        try {
            String propsFile = System.getProperty("plugins");
            props.load(new FileInputStream(propsFile));
        } catch (Exception ex) {
            throw new ExceptionInInitializerError(ex);
        }
    }

    public static Object getPlugin(Class iface) {

        String implName = props.getProperty(iface.getName());
        if (implName == null) {
            throw new RuntimeException("implementation not specified for " +
                    iface.getName() + " in PluginFactory propeties.");
        }
        try {
            return Class.forName(implName).newInstance();
        } catch (Exception ex) {
            throw new RuntimeException("factory unable to construct instance of " +
                    iface.getName());
        }
    }
```

여기서는 연결 명령을 담은 파일 위치를 알려주는 plugins라는 시스템 프로퍼티를 찾은 다음 구성을 로드했다. 연결 명령을 정의하고 저장하는 방법은 아주 다양하지만 간단한 프로퍼티를 사용하는 것이 가장 쉽다. 클래스패스(classpath)를 조회하는 방법 대신 시스템 프로퍼티를 사용해 파일을 찾으면 시스템의 어느 위치에 있든지 관계없이 간단하게 새 구성을 지정할 수 있다. 빌드를 개발, 테스트, 그리고 실무 환경에 맞게 자주 전환하는 경우 이 방법이 아주 편리하다. 다음은 각각 테스트와 실무 환경을 위한 두 구성 파일의 예다.

```
구성 파일 test.properties...

    # 테스트 환경 구성
    IdGenerator=TestIdGenerator
```

```
구성 파일 prod.properties...

    # 실무 환경 구성
    IdGenerator=OracleIdGenerator
```

다음으로 `IdGenerator` 인터페이스로 돌아와서 플러그인 팩터리가 호출되면 설정되는 static `INSTANCE` 멤버를 추가한다. 이와 같이 플러그인과 싱글턴 패턴을 결합해 ID를 얻는 호출을 아주 간단하고 알아보기 쉽게 만들었다.

```
interface IdGenerator...

    public static final IdGenerator INSTANCE =
        (IdGenerator) PluginFactory.getPlugin(IdGenerator.class);
```

이제 다음과 같이 간단한 호출로 환경에 따라 올바른 ID를 얻을 수 있다.


```
class Customer extends DomainObject...

    private Customer(String name, Long id) {
        super(id);
        this.name = name;
    }

    public Customer create(String name) {
        Long newObjId = IdGenerator.INSTANCE.nextId();
        Customer obj = new Customer(name, newObjId);
        obj.markNew();
        return obj;
    }
```

서비스 스텁

데이비드 라이스

테스트 중 문제가 될 수 있는 서비스에 대한 의존성을 제거한다.

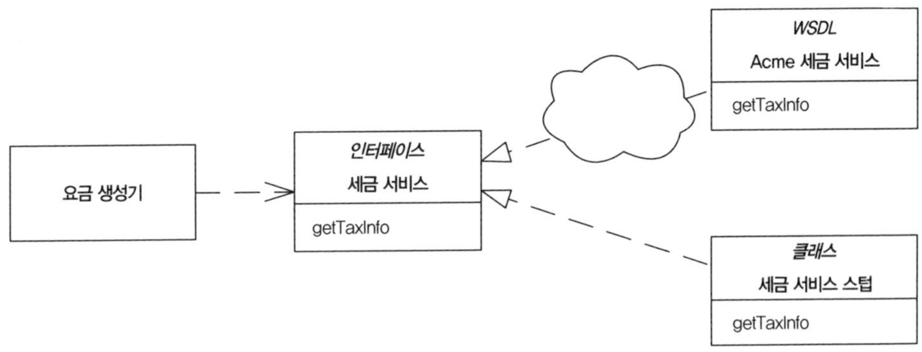

엔터프라이즈 시스템은 신용 평점, 세율 조회, 가격 결정 엔진 등의 타사 서비스를 이용하는 경우가 많다. 엔터프라이즈 시스템을 구축해본 경험이 있는 개발자라면 누구나 이렇게 자신이 제어할 수 없는 리소스에 의존하는 것이 얼마나 어려운 일인지를 잘 알 것이다. 기능이 제공될지 확신할 수 없으며 안정성이 낮거나 성능 또한 떨어지는 경우가 많다.

이러한 문제는 적어도 개발 프로세스를 더디게 한다. 이러한 서비스 점검이 끝나기를 하염없이 기다리거나 아니면 서비스가 제공되지 않는 동안에도 작동하도록 코드에 복잡한 기능을 넣기도 한다. 가장 문제가 되는 것은 이러한 의존성 때문에 테스트를 실행할 수 없는 경우가 많다는 것이다. 테스트를 실행할 수 없으면 개발 프로세스가 제대로 흘러가지 않는다.

테스트 중에는 이러한 외부 서비스를 로컬에서 인메모리로 빠르게 실행되는 서비스 스텁(Service Stub)으로 대체하면 개발 환경을 개선할 수 있다.

작동 원리

첫 번째 단계는 게이트웨이(492)를 통해 서비스에 대한 접근을 정의하는 것이다. 게이트웨이(492)는 실제 서비스를 호출하는 구현 하나와 하나 이상의 서비스 스텁을 포함할 수 있도록 클래스가 아닌 분리 인터페이스(504)여야 한다. 원하는 게이트웨이(492)의 구현은 플러그인(528)을 이용해 로드해야 한다. 서비스 스텁을 작성할 때 가장 중요한 점은 최대한 단순하게 만들어야 한다는 점이다. 복잡한 서비스 스텁은 본래 목적에 어긋난다.

주소와 상품 유형, 판매량을 지정하면 주별 소비세 세액과 세율을 제공하는 소비세 서비스를 스텁으로 지정하는 과정을 살펴보자. 서비스 스텁을 제공하는 가장 간단한 방법은 모든 요청을 충족하는 고정 세율을 반환하는 2~3줄의 코드를 작성하는 것이다.

물론 세법은 그리 간단하지 않다. 지역에 따라 소비세가 면세되는 상품도 있기 때문에 어떤 상품과 지역의 조합이 면세 대상인지는 실제 세금 서비스를 이용해야 한다. 그러나 애플리케이션의 기능 중에는 세금이 변경되는지 여부가 중요한 것이 많으므로 서비스 스텁에서 면세 기능을 제공해야 한다. 이 동작을 스텁에 추가하는 가장 간단한 방법은 특정 지역과 상품의 조합을 면세하는 조건문을 스텁에 추가하고 해당 테스트 사례에 동일한 데이터를 사용하는 것이다. 이 경우에도 스텁에 필요한 코드 행 수는 서너 행으로 충분하다.

좀 더 동적인 서비스 스텁에서는 면세 상품과 지역의 조합을 리스트로 유지하고 테스트 사례에서 추가하는 기능도 제공할 수 있다. 이 경우에도 10줄 정도면 충분하다. 서비스 스텁의 목적은 개발 프로세스의 속도를 높이는 것이므로 최대한 단순하게 유지하는 것이 좋다.

동적인 서비스 스텁을 사용할 때는 서비스 스텁과 테스트 사례의 의존성을 고려해야 한다. 서비스 스텁에 원래 세금 서비스 **게이트웨이**(492) 인터페이스에는 없는 면세 항목을 추가하려면 설정 메서드가 필요하다. **플러그인**(528)을 활용해 서비스 스텁을 로드하려면 이 메서드를 **게이트웨이**(492)에 추가해야 한다. 코드를 크게 복잡하게 만들지 않고 테스트의 목적에 맞게 이뤄진다면 이 정도는 감수할 수 있다. 그리고 테스트 메서드에서는 실제 서비스를 호출하는 **게이트웨이**(492) 구현이 어설션을 발생시키는 것도 중요하다.

사용 시점

서비스 스텁은 특정 서비스 간의 의존성 때문에 개발과 테스트 속도가 더뎌지는 경우에 사용한다.

서비스 스텁

익스트림 프로그래밍 전문가들은 서비스 스텁의 의미로 모형 객체(mock object)라는 용어를 사용한다. 이 책에서는 좀 더 오랫동안 사용된 용어인 서비스 스텁을 고수했다.

예제: 소비세 서비스(자바)

이 애플리케이션은 웹 서비스로 배포된 세금 서비스를 사용한다. 가장 먼저 할 일은 도메인 코드가 웹 서비스를 다루는 복잡한 일을 직접 할 필요가 없도록 **게이트웨이**(492)를 정의하는 것이다. 게이트웨이(492)는 앞으로 작성할 서비스 스텁을 편리하게 로드할 수 있게 인터페이스로 정의된다. 올바른 세금 서비스 구현을 로드하는 데는 플러그인(528)을 사용한다.

```
interface TaxService...

    public static final TaxService INSTANCE =
        (TaxService) PluginFactory.getPlugin(TaxService.class);
    public TaxInfo getSalesTaxInfo(String productCode, Address addr, Money saleAmount);
```

간단한 고정 세율 서비스 스텁은 다음과 같이 작성하면 된다.

```
class FlatRateTaxService implements TaxService...

    private static final BigDecimal FLAT_RATE = new BigDecimal("0.0500");

    public TaxInfo getSalesTaxInfo(String productCode, Address addr, Money saleAmount) {
        return new TaxInfo(FLAT_RATE, saleAmount.multiply(FLAT_RATE));
    }
```

다음은 특정 주소와 상품의 조합에 대해 면세를 제공하는 서비스 스텁이다.

```
class ExemptProductTaxService implements TaxService...

    private static final BigDecimal EXEMPT_RATE = new BigDecimal("0.0000");
    private static final BigDecimal FLAT_RATE = new BigDecimal("0.0500");
    private static final String EXEMPT_STATE = "IL";
    private static final String EXEMPT_PRODUCT = "12300";

    public TaxInfo getSalesTaxInfo(String productCode, Address addr, Money saleAmount) {
        if (productCode.equals(EXEMPT_PRODUCT) && addr.getStateCode().equals(EXEMPT_STATE)) {
            return new TaxInfo(EXEMPT_RATE, saleAmount.multiply(EXEMPT_RATE));
        } else {
            return new TaxInfo(FLAT_RATE, saleAmount.multiply(FLAT_RATE));
        }
    }
```


다음은 테스트 사례에서 면세 조합을 추가하고 재설정할 수 있는 메서드가 포함된 더 동적인 서비스 스텁이다. 이러한 테스트 메서드가 필요해지면 원래의 간단한 서비스 스텁과 실제 세금 웹 서비스를 호출하는 구현에 메서드를 추가하면 된다. 사용되지 않은 테스트 메서드는 모두 어설션 실패를 발생시켜야 한다.

```
class TestTaxService implements TaxService...

    private static Set exemptions = new HashSet();

    public TaxInfo getSalesTaxInfo(String productCode, Address addr, Money saleAmount) {
        BigDecimal rate = getRate(productCode, addr);
        return new TaxInfo(rate, saleAmount.multiply(rate));
    }

    public static void addExemption(String productCode, String stateCode) {
        exemptions.add(getExemptionKey(productCode, stateCode));
    }

    public static void reset() {
        exemptions.clear();
    }

    private static BigDecimal getRate(String productCode, Address addr) {
        if (exemptions.contains(getExemptionKey(productCode, addr.getStateCode()))) {
            return EXEMPT_RATE;
        } else {
            return FLAT_RATE;
        }
    }
```

예제에는 웹 서비스를 호출해 실제 세금 데이터를 제공하는 구현은 나오지 않았다. 실무 플러그인(528) 구성에서 세금 서비스 인터페이스를 여기에 연결해야 한다. 테스트 플러그인(528) 구성에서는 앞에 나온 적절한 서비스 스텁을 연결하면 된다.

마지막으로, 세금 서비스를 호출하는 모든 호출자는 게이트웨이(492)를 통해 서비스에 접근해야 한다. 다음은 표준 요금을 생성한 다음 세금 서비스를 호출해 요금에 적용되는 세금을 얻는 요금 생성기다.


```
class ChargeGenerator...

    public Charge[] calculateCharges(BillingSchedule schedule) {
        List charges = new ArrayList();
        Charge baseCharge = new Charge(schedule.getBillingAmount(), false);
        charges.add(baseCharge);
        TaxInfo info = TaxService.INSTANCE.getSalesTaxInfo(
            schedule.getProduct(), schedule.getAddress(), schedule.getBillingAmount());
```

```
    if (info.getStateRate().compareTo(new BigDecimal(0)) > 0) {
        Charge taxCharge = new Charge(info.getStateAmount(), true);
        charges.add(taxCharge);
    }
    return (Charge[]) charges.toArray(new Charge[charges.size()]);
}
```

레코드 집합

테이블 형식 데이터의 인메모리 표현

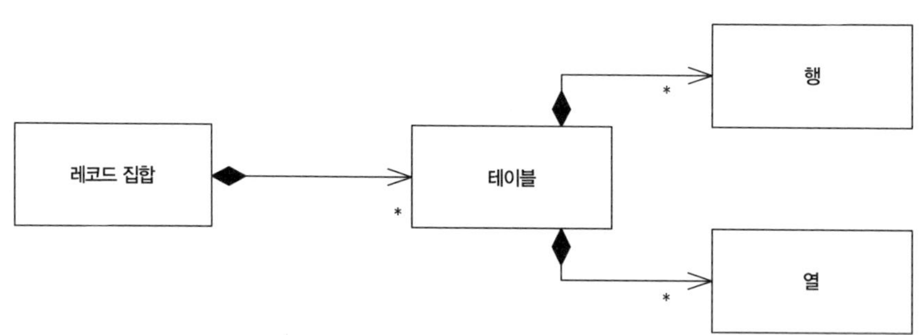

최근 십여 년간 데이터베이스에 데이터를 저장하는 주요 방식은 테이블 형식의 관계형 방식이었다. 크고 작은 여러 데이터베이스 회사의 지원과 상당히 표준화된 쿼리 언어 덕분에 필자가 접한 거의 모든 개발 프로젝트에는 관계형 데이터가 사용됐다.

그리고 이를 바탕으로 UI를 신속하게 제작할 수 있는 다양한 도구가 선보였다. 이러한 데이터 인식 UI 프레임워크는 관계형 기반 데이터를 활용해 프로그래밍이 거의 없이 손쉽게 데이터를 보고 조작할 수 있게 해주는 다양한 종류의 UI 위젯을 제공한다.

다만 이러한 환경은 데이터를 표시하고 업데이트하는 작업은 아주 쉽게 할 수 있지만 비즈니스 논리를 추가하는 기능은 거의 가지고 있지 않다. 말하자면 "유효한 날짜인가?" 이상의 유효성 검사나 비즈니스 규칙 또는 복잡한 계산은 따로 수행할 방법이 없다. 즉, 저장 프로시저를 사용해 데이터베이스 안에 넣거나 UI 코드에 포함시키는 수밖에 없다.

레코드 집합(Record Set)의 기본 개념은 SQL 쿼리의 결과와 완전히 같은 형식이지만 시스템의 다른 부분에서 생성하고 관리할 수 있는 인메모리 구조를 제공해 활용할 수 있게 하는 것이다.

작동 원리

일반적으로 레코드 집합은 직접 작성하기보다 작업 환경의 소프트웨어 플랫폼에서 제공하는 경우가 많다. ADO.NET의 데이터 집합이나 JDBC 2.0의 행 집합이 이러한 예에 해당한다.

레코드 집합의 가장 중요한 점은 데이터베이스 쿼리의 결과와 완전히 동일해 보인다는 점이다. 즉, 쿼리를 수행하고 얻은 데이터를 곧바로 데이터 인식 UI로 전달하는 전통적인 2계층 방식을 편리하게 사용할 수 있다는 의미다. 두 번째로 중요한 점은 레코드 집합을 직접 생성하거나 데이터베이스 쿼리를 통해 얻은 레코드 집합을 활용해 도메인 논리 코드로 손쉽게 조작할 수 있다는 점이다.

플랫폼에서 레코드 집합을 제공하는 경우가 많지만 직접 만들 수도 있다. 그러나 데이터 인식 UI 툴이 없으면 레코드 집합을 직접 만드는 의미가 없으므로 데이터 인식 UI 툴도 직접 만들어야 한다. 레코드 집합 구조는 맵의 리스트로 만들 수 있으며 동적 형식 스크립트 언어에서 일반적으로 사용되는 패턴의 좋은 예다.

레코드 집합과 데이터 원본의 연결을 분리할 수 있는 능력은 아주 유용하다. 덕분에 데이터베이스 연결에 대한 걱정 없이 네트워크 상에서 레코드 집합을 전달할 수 있다. 또한 레코드 집합을 손쉽게 직렬화할 수 있는 경우 애플리케이션의 데이터 전송 객체(427)로도 활용할 수 있다.

연결이 분리됐다면 레코드 집합을 업데이트했을 때 어떤 일이 생기는지 궁금할 수 있다. 레코드 집합을 작업 단위(193) 형식으로 사용해 수정한 후 데이터 원본으로 반환해서 커밋할 수 있는 플랫폼이 늘고 있다. 데이터 원본에서는 일반적으로 낙관적 오프라인 잠금(441)을 사용해 충돌이 있는지 여부를 확인하고 충돌이 없는 경우 변경 내용을 데이터베이스에 기록한다.

명시적 인터페이스: 대부분의 레코드 집합 구현은 암시적 인터페이스를 사용한다. 즉, 레코드 집합에서 정보를 얻으려면 인수에 원하는 필드를 지정하고 범용 메서드를 호출해야 한다. 예를 들어, 항공예약 시스템에서 승객에 대한 정보를 얻으려면 `aReservation["passenger"]`와 비슷한 식을 사용한다. 명시적 인터페이스에서는 정의된 메서드와 프로퍼티가 있는 실제 예약 클래스가 필요하다. 명시적 예약의 경우 승객을 표현하는 식은 `aReservation.passenger`와 비슷하게 작성할 수 있다.

암시적 인터페이스는 범용 레코드 집합을 어떤 종류의 데이터에도 사용할 수 있다는 점에서 유연하다. 즉, 새로운 종류의 레코드 집합을 정의할 때마다 매번 새로운 클래스를 작성할 필요가 없다. 그러나 전체적으로 보면 명시적 인터페이스가 그리 좋지 않은 것도 사실이다. 예약 기능을 프로그래밍한다면 승객에 대한 정보는 어떻게 얻어야 할까? 승객을 의미하는 문자열은 "passenger", "guest", "flyer" 중 무엇일까? 확실하게 알 수 있는 방법은 코드를 살펴보면서 예약이 생성되고 사용되는 부분을 확인하는 것뿐이다. 명시적 인터페이스가 있다면 예약의 정의를 보고 어떤 프로퍼티가 필요한지 확인할 수 있다.

레코드 집합

이 문제는 정적 형식 언어(statically typed language)에서 악화된다. 승객의 성을 얻으려면 `((Person)aReservation["passenger"]).lastName`과 같은 알아보기 힘든 식을 사용해야 하지만 컴파일러가 모든 형식 정보를 잃어버리므로 원하는 데이터를 얻으려면 직접 이러한 항목을 입력해야 한다. 명시적 인터페이스의 경우 형식 정보가 유지되므로 `aReservation.passenger.lastName`과 같은 식을 사용할 수 있다.

이러한 이유로 필자는 일반적으로 암시적 인터페이스(그리고 이와 비슷하게 딕셔너리에 데이터를 넣어 전달하는 방식)를 좋아하지 않는다. 사실은 레코드 집합도 그리 선호하지는 않지만 적어도 레코드 집합은 정상적인 열에 정보가 저장된다. 열 이름은 레코드 집합을 생성하는 SQL에서 정의되므로 필요할 때 프로퍼티를 찾는 것은 그리 어렵지 않다.

그러나 명시적 인터페이스를 만드는 것이 더 좋은 방법이다. ADO.NET은 엄격한 형식의 데이터 집합과 생성된 클래스(레코드 집합에 대한 명시적이고 완전히 형식이 지정된 인터페이스를 제공하는)를 제공한다. ADO.NET 데이터 집합은 여러 테이블과 이러한 테이블 간의 관계를 포함할 수 있으므로 엄격한 형식의 데이터 집합도 이러한 관계 정보를 활용할 수 있는 프로퍼티를 제공할 수 있다. 클래스는 XSD 데이터 집합 정의를 활용해 생성한다.

암시적 인터페이스가 좀 더 흔히 사용되므로 이 책의 예제에서는 형식 없는 데이터 집합을 사용했다. 그러나 ADO.NET 기반의 실무 코드에서는 형식이 지정된 데이터 집합을 사용하는 것이 좋다. 또한 ADO.NET이 아닌 환경에서는 명시적 레코드 집합을 위한 코드 생성을 사용하는 방법이 좋다.

사용 시점

레코드 집합의 가치는 레코드 집합을 기반으로 데이터 조작 기능을 제공하는 환경에서 발휘된다. 레코드 집합을 지원하는 UI 도구는 매우 다양하므로 레코드 집합을 사용할 이유는 충분하다. 이러한 환경을 사용하고 있다면 도메인 논리를 구성하는 데 **테이블 모듈**(132)을 사용해야 한다. 데이터베이스에서 레코드 집합을 얻고 이를 **테이블 모듈**(132)로 전달해 처리를 거쳐 정보를 생성한 다음 이를 UI로 전달해 표시 및 편집을 수행한다. 그리고 이 정보를 다시 **테이블 모듈**(132)로 전달해 유효성을 검사한다. 그런 다음 마지막으로 업데이트를 데이터베이스로 커밋한다.

레코드 집합의 가치를 높이는 데 중요한 역할을 하는 도구가 많이 개발된 데는 이 업계에서 관계형 데이터베이스와 SQL의 꾸준한 입지, 그리고 이를 대체할 수 있는 다른 구조와 쿼리 언어의 부재가 한몫했다. 물론 지금은 널리 표준화된 구조인 XML과 쿼리 언어인 XPath가 있기 때문에 현재의 여러 도구가 레코드 집합을 지원하는 것과 비슷하게 계층적 구조를 사용하는 도구가 개발될 것이다. 아마도 이것이 **범용 자료구조**에 가까운 더 범용적인 패턴일 것이다. 그러나 이러한 패턴이 현실화되기 전에는 어디까지나 예상에 불과하다.

참고 서적

[Alexander et al.]

Alexander 외 저. A Pattern Language. Oxford, 1977.

많은 사람들에게 패턴에 대한 영감을 준 책이다. 사실 필자가 그리 좋아하는 책은 아니지만 왜 그토록 많은 사람들이 높게 평가하는지 이해하려면 한번쯤 읽어보기를 권장한다.

- 한국어판: 『패턴 랭귀지』, 인사이트, 2013

[Alpert et al.]

Alpert, Brown, Woolf 저. Design Patterns Smalltalk Companion. Addison-Wesley, 1998.

스몰토크 커뮤니티 외부에는 그리 많이 알려지지 않았지만 고전 패턴을 확장하고 여러 측면을 설명한다.

[Alur et al.]

Alur, Crupi, Malks 저. Core J2EE Patterns: Best Practices and Design Strategies. Prentice Hall, 2001.

패턴 서적의 새로운 변화를 시작한 책. 거의 J2EE 플랫폼을 기준으로 패턴을 소개했지만 다른 플랫폼에 적용하는 데도 문제가 없다.

- 한국어판: 『코어 J2EE 패턴: 2판』, 피어슨에듀케이션코리아(PTG), 2004

[Ambler]

http://www.agiledata.org/essays/mappingObjects.html

객체-관계형 매핑에 대한 개념을 소개하는 유용한 자료

[Beck XP 2000]

Beck 저. Extreme Programming Explained. Addison-Wesley, 2000.

익스트림 프로그래밍을 위한 선언문. 소프트웨어 프로세스에 관심이 있다면 누구나 읽어야 할 책이다.

- 한국어판: 『익스트림 프로그래밍: 2판』, 인사이트, 2006

[Beck Patterns]

Beck 저. Smalltalk Best Practice Patterns. Prentice Hall, 1997.

스몰토크에 기반을 둔 탓에 널리 알려지지 않은 안타까운 책이다. 객체지향 전문 서적보다도 다른 객체지향 언어에 대한 좋은 조언을 더 많이 담고 있다. 유일한 단점은 스몰토크로 프로그래밍하지 않으면 사용하지 못할 유용한 특성을 너무 많이 알게 된다는 점이다.

[Beck TDD]

Beck 저. Test-Driven Development: By Example. Addison-Wesley, 2003.

이 책과 같은 날 출간될 예정이다. TDD는 설계를 개선하기 위한 테스트와 리팩터링의 긴밀한 주기를 안내하는 책이다.

- 한국어판: 『테스트 주도 개발』, 인사이트, 2014

[Bernstein and Newcomer]

Bernstein, Newcomer 저. Principles of Transaction Processing. Morgan Kauf-mann, 1997.

트랜잭션이라는 골치 아픈 세계에 대한 탁월한 소개서.

[Brown et al.]

Brown 외 저. Enterprise Java Programming with IBM Websphere. Addison-Wesley, 2001.

이 책의 2/3는 소프트웨어 매뉴얼이지만 나머지 1/3은 다른 설계 전문 서적보다 더 유익한 설계에 대한 조언을 담고 있다.

[Brown and Whitenack]

http://members.aol.com/kgb1001001/Chasms.htm[1]

객체-관계형 매핑에 대한 가장 오래되고 훌륭한 논문.

[Cockburn UC]

Cockburn 저. Writing Effective Use Cases. Addison-Wesley, 2001.

유스 케이스에 대한 최고의 참고서.

- 한국어판: 『앨리스터 코오번의 유스케이스: Writing Effective Use Cases』, 인사이트, 2011

[Cockburn PloP]

Cockburn 저, "Prioritizing Forces in Software Design," in [PLoPD 2].

애플리케이션 경계에 대해 논의한 책이다.

[Coleman et al.]

Coleman, Arnold, Bodoff 저. Object-Oriented Development: The Fusion Method, Second Edition. Prentice Hall, 2001.

UML 이전에 나온 책으로서 주로 과거의 주제를 다루고 있지만 인터페이스 모델에 대한 소개는 서비스 계층을 설계하는 사람들에게 아주 유용하다.

[Evans and Fowler]

http://martinfowler.com/apsupp/spec.pdf

사양 패턴에 대한 논의

[Evans]

Evans 저. Domain Driven. Addison Wesley, 출간 준비 중.

도메인 모델 개발을 다룬 책. 아직 출간되지 않은 책을 소개하기는 조심스럽지만 필자가 읽어본 원고로 판단하면 엔터프라이즈 애플리케이션 개발의 중요하고 어려운 측면을 훌륭하게 다룬 책이 될 것이다.

- 한국어판: 『도메인 주도 설계: 소프트웨어의 복잡성을 다루는 지혜』, 위키북스, 2011

---

1 (옮긴이) 원본 페이지는 깨진 상태이고, 인터넷 아카이브에 페이지가 저장돼 있다. http://web.archive.org/web/20030402004741/http://members.aol.com/kgb1001001/Chasms.htm

[Fowler Temporal Patterns]

http://martinfowler.com/eaaDev/timeNarrative.html

시간에 따라 변화하는 객체 내역을 처리하기 위한 패턴

[Fowler AP]

Fowler 저. Analysis Patterns. Addison-Wesley, 1997.

도메인 모델 패턴

[Fowler Refactoring]

Fowler 저. Refactoring. Addison-Wesley, 1999.

기존 코드 기반의 설계를 개선하기 위한 기법

- 한국어판: 『리팩토링: 코드 품질을 개선하는 객체지향 사고법』, 한빛미디어, 2012

[Fowler CI]

http://martinfowler.com/articles/continuousIntegration.html

소프트웨어를 하루에 여러 번 자동으로 빌드하는 방법을 설명하는 글

[Gang of Four]

Gamma, Helm, Johnson, Vlissides 저. Design Patterns. Addison-Wesley, 1995.

패턴에 중대한 영향을 미친 책

- 한국어판: 『GoF의 디자인 패턴: 재사용성을 지닌 객체지향 소프트웨어의 핵심요소』, 프로텍미디어, 2015

[Hay]

Hay 저. Data Model Patterns. Dorset House, 1995.

관계형 관점에서 본 개념 모델의 패턴

[Jacobson et al.]

Jacobson 외 저. Object-Oriented Software Engineering. Addison-Wesley, 1992.

객체지향 설계에 대한 초기 서적. 설계를 위한 인터페이스-컨트롤러-엔터티 방식과 유스 케이스를 소개한다.

[Keller and Coldewey]

http://www.objectarchitects.de/ObjectArchitects/orpatterns/index.htm

객체-관계형 매핑에 대한 훌륭한 자료

[Kirtland]

Kirtland 저. Designing Component-Based Applications. Microsoft Press, 1998.

DNA 아키텍처에 대한 설명

[Knight and Dai]

Knight, Dai 저. "Objects and the Web." IEEE Software, 2002.

모델 뷰 컨트롤러에 대한 소개, 발전 방향, 그리고 웹 애플리케이션에서의 활용 방안에 대한 훌륭한 논문

[Larman]

Larman 저. Applying UML and Patterns, Second Edition. Prentice Hall, 2001.

현재 필자가 객체지향 설계를 소개할 때 가장 먼저 권하는 책

■ 한국어판: 『UML과 패턴의 적용』, 홍릉과학출판사, 2005

[Lea]

Lea 저. Concurrent Programming in Java, Second Edition. Addison-Wesley, 2000.

다중 스레드를 사용한 프로그램을 작성하려면 먼저 이 책을 이해해야 한다.

■ 한국어판: 『자바 병행 프로그래밍: 디자인 원리와 패턴』, 성안당, 2003

[Marinescu]

Marinescu 저. EJB Design Patterns. New York: John Wiley, 2002.

자바의 EJB에 대한 최신 패턴 서적

[Martin and Odell]

Martin, Odell 저. Object Oriented Methods: A Foundation (UML Edition). Prentice Hall, 1998.

개념 관점에서 객체 모델링과 모델링이 무엇인지에 대한 근본적인 연구.

[Nilsson]

Nilsson 저. .NET Enterprise Design with Visual Basic .NET and SQL Server 2000. Sams, 2002.

마이크로소프트 플랫폼의 아키텍처에 대한 확실한 기본서.

[Peckish]

정답은 200만 개(86쪽 참고)

[PLoPD 2]

Vlissides, Coplien, Kerth 편저. Pattern Languages of Program Design 2. Addison-Wesley, 1996.

패턴 논문의 개요서

[PLoPD 3]

Martin, Buschmann, Rielhe 편저. Pattern Languages of Program Design 3. Addison-Wesley, 1998.

패턴 논문의 개요서

[POSA]

Buschmann 외 저. Pattern-Oriented Software Architecture. Wiley, 2000.

광범위한 아키텍처 패턴에 대한 최고의 책

■ 한국어판: 『패턴 지향 소프트웨어 아키텍처: 패턴 시스템 Volume 1』, 지앤선, 2008

[Riehle et al.]

Riehle, Siberski, Baumer, Megert, Zullighoven 저. "Serializer," in [PLoPD 3].

객체 구조의 직렬화를 심도 있게 설명한다. 특히 다른 형식으로 직렬화하는 방법을 중점적으로 다룬다.

[Schmidt]

Schmidt, Stal, Rohnert, Buschmann 저. Pattern-Oriented Software Architecture, Volume 2. New York: John Wiley, 2000.

동시 및 분산 시스템을 위한 패턴. 애플리케이션 서버를 사용하는 사람보다는 이를 설계하는 사람에게 더 도움이 되는 책이지만 이러한 결과물을 사용할 때 알고 있으면 도움되는 정보가 많다.

[Snodgrass]

Snodgrass 저. Developing Time-Oriented Database Applications in SQL. Morgan-Kaufmann, 1999.

관계형 데이터베이스에서 내역 정보를 추적하는 방법을 다룬다.

[Struts]

http://struts.apache.org/

점차 인기를 얻고 있는 자바용 웹 프레젠테이션 프레임워크

[Waldo et al.]

Waldo, Wyant, Wollrath, Kendall 저. A Note on Distributed Computing. SMLI TR-94-29, http://carroll.aset.psu.edu/pub/kde/devel/smli_tr-94-29.pdf, Sun Microsystems, 1994.

"투명한 분산 객체"가 어째서 위험한 생각인지를 설명하는 최고 수준의 논문

[wiki]

http://c2.com/cgi/wiki

워드 커닝햄(Ward Cunningham)이 개발한 오리지널 위키 웹. 전 세계 사람들이 모든 종류의 정보를 공유하는 환상적인 공개 웹 사이트

[Woolf]

Woolf 저. "Null Object," in [PLoPD 3].

Null 객체 패턴에 대한 설명

[Yoder]

http://www.joeyoder.com/Research/objectmappings

객체-관계형 패턴에 대한 좋은 자료

기호

.NET 108
.NET 플랫폼 4
2단계 매핑 스키마 57
2단계 뷰 65, 106, 388
2티어 시스템 27
3계층 시스템 27

A

access control list 415
ACID 78
Adapter 494
ad hoc query 305
ADO.NET 267
aggregate 466
aggregate mapping 288
allocator function 518
aspect-oriented programming 197
assertion 201
Atomicity 78
auto-generated field 230
automatic URL rewriting 483

B

batch processing 13
batch update 199
BigDecimal 519
BigInteger 519
binary serialization 291
BLOB 52
boilerplate code 394
boundary 466
bug, aliasing 514
bulk accessor 413
business transaction 82

C

C# 5
C++ 3
capacity 18
CGI 스크립트 62
classpath 532
clean object 195
CLOB 52
CMP 107
code behind 362
code duplication 525
code generation 325
COM 86
compareTo 522
complexity booster 33
composer 288
composition 281
compound key 228
concrete subtype 204
concurrency 47
Consistency 78
Container Managed Persistence 107
controller 351, 354
CORBA 3
coupling 31
CRUD 143

D

DAO 154
Data Access Object 154
database counter 230
database-unique key 229
data feed 347
data source 28
deadlock 76, 199
decorator 366
degradation 18
deployment context 462
dictionary 429
dirty flag 200
dirty object 195
dirty read 81
domain facade 142
domain logic 28
downcast 221
DTD 295
Durability 78

E

EAI 495
efficiency 18
EJB 2.0 107
empty object 178
equality test 209
exclusive read lock 453
exclusive write lock 453

F

Facade 494
failover 484
finder 48
fine–grained interface 95
Fusion methodology 145

G

GET 366
ghost 213
Globally Unique IDentifier 230
granularity 414
GUID 230
GUI 스크립팅 351

H

Haskell 384
hook method 222
horizontal scalability 18
HTML 105
HTML 렌더러 클래스 389
HTML 인터페이스 15
HTML 프런트엔드 15
HTTP 89
HttpRequest 346
HTTP 매개변수 368
http 세션 487
HTTP 세션 460
HTTP 세션 데이터 405
HTTP 요청 68
http 클라이언트 484

I

ID 455
immutable 73, 178
impedance mismatch 45
inconsistent read 70
input controller 63
intercepting filter 367
interface granularity 143
Isolation 78
isomorphic 170
isomorphic schema 206
iterative development 3

J

J2EE 107
JAXB 440
JDBC 107
JDO 46
JDOM 438
JSP 뷰 355

K

key table 231

L

Large OBject 52
latency 17
late transaction 79
layering 25
lazy initialization 211
light object 213
Lisp 384
liveness 71
load 17
load sensitivity 17
lockable token 466
lock escalation 79
lock granularity 456
lock visibility 457
long 519
long transaction 79, 457
lost update 70

M

max 쿼리 247
meaningful key 228
meaningless key 228
Mediator 494
method object 276
mock object 534
model 350
money bag 517
Multiappearance apps 391

N

NaN 526
not-a-number 526
null 검사 125

O

offline concurrency 82
operation script 142
optimistic locking 74
orphan row 282
O/R 매핑 툴 46
O/R 매핑 패턴 103

P

pending table 490
performance 17
Perl 62
persistent data 12
pessimistic concurrency control 49
pessimistic locking 74
phantom 80
placeholder 47
plain old Java object 107
plain old Java objects 125
POJO 107, 125, 150
POST 366
predicate 339
prepared statement 183
presentation 28
primitive type 514
process 72
process-per-request 85
process-per-session 85

Q

query by example 338

R

read committed 80
read uncommitted 81
read/write lock 453
record data 90
reflective program 326
repeatable read 80
request 71
request handler 354
request transaction 79
response 62
response time 17
responsiveness 17
rich constructor 178
ripple loading 213
root 466
root lock 466
row set 107

S

scalability 16, 18
scriptlet 63
select 문 48
serializable 80
serialization 290
server affinity 92, 487
session 72
session migration 92
shared lock 466
short-lived connection 60
simple key 228
single-thread apartment 86
Smalltalk 3
SOAP 99
SOAP 메시지 426
source code management) 시스템 445
Specification 339
SQL 41, 540
stateful session 88
stateless session 88
statically typed language 539
strongly typed language 525
surrogate primary key 207

T

table-unique key 228
temporal read 76
temporal relationship 291
thin wrapper 223
thread 72
thread-per-request 86
throughput 17
tier 27

topological sort 52, 198
tps 17
transaction 72
transfer object 515

U

UI 62, 538
UML 다이어그램 21
UML 모델 281
unrepeatable read 80
URL 매개변수 483
useBean 태그 377

V

value holder 212
value list handler 213
value object 515
variant 174
vertical scalability 18
view 351
virtual proxy 212

W

web.xml 356
where 절 233
WSDL 424

X

XML 99, 540
XML DOM 294, 385
XML over HTTP 99
XML 기반 HTTP 통신 99
XML 스키마 295, 424
XML 처리기 386
XPath 53, 540
XSLT 66, 384
XSLT 프로세서 396

ㄱ

가는 입자 인터페이스 95
가비지 컬렉션 59
가상 프락시 212
값 객체 52, 433, 514, 515
값 리스트 처리기 213
객체 그래프 47, 123
객체 데이터베이스 103
객체지향 언어 4
객체 클러스터 52
검색기 메서드 48
게이트웨이 42, 492
격리 73
격리성 78, 90
결합 31
경계 466
계층 25
계층 상위 형식 502
계층화 25
고스트 213
공용 데이터 509
공용 메서드 177
공유된 잠금 466
공통 서브루틴 35
관계 매핑 50
관계형 데이터베이스 4, 41, 51, 540
관점 지향 프로그래밍 197
관찰자 150
관찰자 패턴 352
교착 상태 52, 76, 199
구성 파일 368
구조화 메커니즘 27
구현 매퍼 309
구현 명령 463
구현 테이블 상속 53, 313
구현 하위 형식 204
굵은 입자 인터페이스 96
굵은 입자 잠금 84, 465
굵은 입자 파사드 413
그래프 구조 428
금액 516
기본 로더 객체 214
기본 키 133, 227, 455
기본형 514
긴 트랜잭션 79

ㄴ

낙관적 동시성 관리 445
낙관적 동시성 제어 74
낙관적 오프라인 잠금 84, 104, 441
낙관적 잠금 74, 446
닐슨의 계층 113

ㄷ

다대다 관계 51
다대다 연결 254
다중 값 속성 122
다중 상속 55
다중 외형 앱 391
단수명 연결 60
단순 키 228
단일 스레드 아파트먼트 86
단일 테이블 상속 53, 296
대기 시간 17
대량 접근자 413
대리 기본 키 207
더티 객체 195
더티 읽기 81
더티 플래그 200
데몬 490
데이터 로더 141
데이터 매퍼 44, 105, 174
데이터베이스 고유 키 228
데이터베이스 관리자 41
데이터베이스 매핑 36
데이터베이스 세그먼트 486
데이터베이스 세션 상태 91, 489
데이터베이스 스키마 337
데이터베이스 연결 58, 508
데이터베이스 카운터 230
데이터베이스 트랜잭션 81
데이터 어댑터 156
데이터 원본 28
데이터 원본 객체 63
데이터 전송 객체 33, 106, 427
데이터 접근 객체 154
데이터 집합 156
데이터 집합 홀더 261
데이터 프로세싱 12
데이터 피드 347
데이터 필드 163
데코레이션 462
데코레이터 366
도메인 객체 테스트 197
도메인 논리 26, 28, 142
도메인 모델 2, 32, 34, 35, 102, 105, 108, 122
도메인 파사드 142, 150
도우미 객체 374
돈가방 517
동기식 RPC 기반 인터페이스 100
동기화 블록 85
동등 검사 209
동등성 521
동시성 47, 69, 90
동시성 예외 479
동시성 충돌 73
동적 인스턴스화 367
동형 스키마 170
동형 스키마 206
디버그 326
디스패처 368
딕셔너리 220, 429

ㄹ

라이트 객체 213
래퍼 패턴 493
레지스트리 59, 87, 507
레코드 데이터 90
레코드 집합 37, 42, 58, 104, 538
렌더러 393
로더 인터페이스 217
로컬 인터페이스 95
롤백 60
루트 466
루트-리프 매핑 306
루트 잠금 466
루트 테이블 305
리스프 384
리치 객체 모델 36
리치 생성자 178
리치 클라이언트 27, 105
리터럴 210
리팩터링 39
리포지토리 58, 344
리플렉션 529
리플렉션 프로그래밍 57
리플렉션 프로그램 326

ㅁ

마리네스쿠 계층 112
마이크로소프트 DNA 계층 111

마커 인터페이스 438
매퍼 500
매핑 56
매핑 데이터 파일 326
맵 152
메멘토 290, 485
메서드 객체 276
메시지 기반 통신 4
메타데이터 50, 57
메타데이터 매핑 57, 325
명령 41
명령 패턴 116
모델 350
모델 객체 63
모델 뷰 컨트롤러 40, 63, 105
모듈식 설계 373
모형 객체 534
목적 파일 197
물결 로딩 213

ㅂ

바인딩 이벤트 462
반복 가능 읽기 80, 444
반복 불가능 읽기 80
반복적 개발 3
반복 주기 56
배타적 쓰기 잠금 453
배타적 읽기 잠금 453
배포 컨텍스트 462
버전 검사 444
범용 매퍼 334
변경 불가능한 178
변경 불가능한 데이터 73
변환 뷰 65, 106, 384
별칭 버그 514
보류 테이블 490
보일러플레이트 코드 394
복잡도 38
복잡성 증폭기 33
복합 키 228
부하 17
부하 민감도 17
부하 테스트 457
분리 인터페이스 504
분산 객체 94, 95
분산 객체 시스템 94
분산 아키텍처 95
분산 컴포넌트 99
분산 파사드 417
불변성 73
뷰 45, 63, 351
브라운 모델 110
비관적 동시성 제어 49, 74
비관적 오프라인 잠금 84, 452
비관적 잠금 74, 446
비동기 메시지 기반 방식 100
비어 있는 객체 178
비연결 작업 32
비주얼 스튜디오 108
비즈니스 논리 13, 122, 142
비즈니스 트랜잭션 34, 82, 193
비즈니스 트랜잭션 컨텍스트 461
빌드 스크립트 326
빌드 프로세스 326

ㅅ

사양 패턴 339
사양 패턴 347
사용자 세션 460
사용자 인터페이스 13, 62, 141
사전 컴파일 61
상속 43
상속 그래프 고유 229
상속 매퍼 322
상속 매핑 체계 322
상태 비저장 서버 88
상태 비저장 세션 88
상태 비저장 프로토콜 89
상태 시스템 406
상태 저장 서버 89
상태 저장 세션 88
서버 선호도 92, 487
서버 세션 상태 91, 485
서버 페이지 62, 353
서브루틴 29
서블릿 컨트롤러 355
서비스 계층 39, 141
서비스 스텁 48, 533
설정자 메서드 190
성능 16, 17
성능 저하 18
성능 프로파일링 49
세분성 414
세션 72, 83
세션 ID 509
세션 마이그레이션 92
세션별 프로세스 85
세션 빈 150

세션 상태 90
세션 컨텍스트 208
세션 파사드 145, 416
소스코드 관리 시스템 70, 445
손실된 업데이트 70
수직 확장성 18
수평 확장성 18
숨겨진 필드 483
스레드 69, 72
스레드 로컬 변수 512
스몰토크 3
스크립트 34, 62, 353
스크립트릿 63, 354
스키마 56
스타일시트 386
스택 오버플로 254
시간 제한 456
시맨틱 52
시스템 계층 509
시스템 트랜잭션 81
시퀀스 번호 239
식별자 133
식별자 맵 47, 50, 206
식별자 참조 133
식별자 필드 50, 227
실행 컨텍스트 71, 509
싱글턴 454, 508
씬 래퍼 223
씬 파사드 142

ㅇ

아키텍처 3, 10
아키텍처 패턴 41
안전성 71
암시적 잠금 84, 477
애플리케이션 논리 142
애플리케이션 세션 460
애플리케이션 역할 142
애플리케이션의 경계 141
애플리케이션 컨트롤러 40, 65, 404
양방향 관계 467
어댑터 494
어설션 201
어설션 실패 478
어셈블러 424, 433
엄격한 형식의 언어 525
업데이트 손실 442
엔터티 빈 124
엔터프라이즈 애플리케이션 2, 11
엔터프라이즈 애플리케이션 통합 495
역참조 247
연결이 끊어진 행 282
연관 테이블 매핑 51, 264
열거형 139
예제를 이용한 쿼리 338
오프라인 동시성 82
오프라인 동시성 제어 83
온전성 검사 363
와 컨트롤러의 분리 352
외래 키 매핑 50, 251
요청 71
요청별 스레드 86
요청별 프로세스 85
요청 처리기 354
요청 트랜잭션 79
용량 18
워크플로 논리 142
원격 파사드 33, 98, 106, 109, 412
원격 프로시저 호출 417
원격 호출 16, 98
원자성 78, 145
웹 브라우저 62
웹 서버 62
웹 서비스 109
위상 정렬 52, 198
위지윅 편집기 373
유스 케이스 40
유스 케이스 컨트롤러 40
육각 아키텍처 패턴 29
응답 62
응답성 17
응답 시간 17
의미 없는 키 228
의미 있는 키 228
의존 매핑 50, 280
의존성 25
의존자 347
이벤트 406
이중 매핑 57
이진 데이터 52
이진 직렬화 291
이형 스키마 174
인덱서 158
인덱싱 파일 구조 12
인터셉트 필터 367
인터페이스 504
인터페이스 세분성 143
인터프리터 337
일관성 78, 442

일관성 문제 47
일관성 없는 읽기 70, 442
일괄 업데이트 199
일괄 처리 13
일대일 연관 287
읽기/쓰기 잠금 453
읽기 전용 514
임시 관계 291
임시 읽기 76
임시 쿼리 305
임피던스 부정합 45
입력 컨트롤러 63

ㅈ

자동 URL 다시 쓰기 483
자동 메모리 관리 59
자동 생성 필드 230
자동 커밋 235
자리표시자 47
자바 4, 107
자바 바이트코드 213
자바 서블릿 62
작업 단위 47, 60, 104, 105, 193
작업 스크립트 142, 150
잠금 85
잠금 가능 토큰 466
잠금 가시성 457
잠금 경합 53
잠금 관리자 454
잠금 상향 79
잠금 세분성 456
장기 실행 트랜잭션 452
장기 트랜잭션 457
장애 조치 484
재진입 124
저장 프로시저 27, 108
전략 43
전략 계층 128
전략 패턴 128
전송 객체 515
절차형 스크립트 66
접근자 163, 520
접근 제어 목록 415
정규화 50
정보 시스템 12
정적 타입 언어 213
정적 형식 언어 539
정확성 71
제1정규형 254
제어기 354
제어 메커니즘 71
조건 객체 345
조건부 태그 374
조건자 339
조인 49, 265
조회 메서드 139
준비된 문 183
중재자 494
지속성 78, 148
지속적 데이터 12
지속적 저장소 485
지연 로드 99, 211
지연 초기화 211
지연 트랜잭션 79
지원되지 않는 작업 예외 246
직렬화 290
직렬화 LOB 52, 290
직렬화 가능 80
집계 매핑 288
집합체 466

ㅊ

참조 50
참조 무결성 52, 194
처리량 17
초당 트랜잭션 17
추상 리포지토리 345
충돌 감지 74
충돌 예방 74

ㅋ

캐시 491
캐싱 49
캡슐화 26
커밋 60
커밋되지 않은 읽기 81
커밋된 읽기 80
커밋 전 유효성 검사 442
커스텀 태그 359
컨테이너 124
컨테이너 관리 지속성 124
컨트롤러 63, 351
컨트롤러 객체 393
컨트롤러 서블릿 463
컨트롤러-엔터티 40
컬렉션 50, 154

컴파일 타임 367
컴파일 타임 의존성 529
컴포넌트 11
컴포저 288
코드 생성 57, 197, 325
코드 숨김 362
코드 중복 525
코바 3
코어 J2EE 계층 111
콜백 432
쿠키 483
쿼리 41
쿼리 객체 337
쿼리 메서드 154
큰 객체 52
클라이언트-서버 분리 97
클라이언트-서버 시스템 26
클라이언트 세션 상태 91, 482
클래스 테이블 상속 53, 304
클래스패스 532
클러스터링 96, 484
클로저 278
클린 객체 195
키 테이블 231
키, 테이블 고유 228

ㅌ

테이블 45
테이블 데이터 게이트웨이 43, 61, 104, 105, 109, 151
테이블 모듈 34, 103, 104, 108, 132
테이블 상속 229
텍스트 데이터 52
템플릿 메서드 244, 380
템플릿 뷰 65, 106, 372
통합 13
통합 게이트웨이 141
튜닝 49
트랜잭션 60, 69, 72, 77
트랜잭션 롤백 52
트랜잭션 리소스 78
트랜잭션 모니터 457
트랜잭션 스크립트 32, 34, 102, 104, 115
트랜잭션의 경계 34
특수 사례 525
티어 27

ㅍ

파사드 39, 494
패키지 29, 504
패턴 3, 15, 19
팩터리 메서드 134, 528
팬텀 80
펄 62
페이지 컨트롤러 68, 106, 353
포함 값 286
표시자 373
풀링 59
퓨전 방법론 145
프런트 컨트롤러 106, 366
프레젠테이션 28
프레젠테이션 계층 105
프로세스 69, 72
프로세스 간 호출 417
프로세스 동시성 85
플라이급 526
플러그인 528
플러그인 팩터리 531
필터 체인 367

ㅎ

하스켈 384
하위 시스템 144
하향 형변환 221
할당자 함수 518
함수 포인터 278
합성 281
해결책 19
해시 484, 521
행 데이터 게이트웨이 42, 104, 105, 160
행 집합 107
호출자 등록 194
홀더 156, 212
화면 기반 XML 396
확장성 16, 18
활동성 71
활성 레코드 40, 105, 168
효율 18
후크 메서드 222

패턴 요약

경고: 이 패턴 요약은 아주 단순화된 문제와 해결책을 제시한다!

도메인 논리의 구조를 선택해야 한다.

논리가 간단하다 → 트랜잭션 스크립트(115)

논리가 복잡하다 → 도메인 모델(122)

논리가 어느 정도 복잡하고 레코드 집합(538)과 관련된 좋은 도구를 사용할 수 있다 → 테이블 모듈(132)

도메인 논리에 고유한 API를 적용하려고 한다.

→ 서비스 계층(141)

웹 프레젠테이션의 구조를 선택해야 한다.

→ 모델 뷰 컨트롤러(350)

HTTP 요청 처리를 체계화하려고 한다.

애플리케이션의 흐름이 단순하고 아주 직접적인 페이지 URL을 사용한다 → 페이지 컨트롤러(353)

애플리케이션에서 복잡한 흐름을 사용한다 → 프런트 컨트롤러(366)

국제화와 유연한 보안 정책을 지원해야 한다 → 프런트 컨트롤러(366)

웹 페이지 포매팅을 제어하는 방법이 필요하다.

페이지를 편집하고 동적 데이터에 대한 후크를 넣으려고 한다 → 템플릿 뷰(372)

도메인 데이터(예: XML)를 변환해 페이지를 만들려고 한다 → 변환 뷰(384)

사이트의 모양과 느낌을 전체적으로 변경하려고 한다 → 2단계 뷰(388)

동일한 논리적 화면 포맷에 여러 외형을 적용하려고 한다 → 2단계 뷰(388)

복잡한 애플리케이션의 흐름을 제어하는 방법이 필요하다.

→ 애플리케이션 컨트롤러(404)

데이터베이스와 상호작용하는 방법이 필요하다.

트랜잭션 스크립트(115)를 사용하고 있다 → 행 데이터 게이트웨이(160)

트랜잭션 스크립트(115)를 사용하고 있고 현재 플랫폼에 레코드 집합(538) 지원 기능이 많다 → 테이블 데이터 게이트웨이(151)

도메인 모델(122)이 데이터베이스 테이블과 근접하게 대응된다 → 활성 레코드(168)

리치 도메인 모델(122)을 사용하고 있다 → 데이터 매퍼(174)

동일한 데이터베이스를 메모리 내의 각기 다른 위치에서 업데이트하지 않게 하려고 한다.

→ 식별자 맵(206)

도메인 객체를 데이터베이스 레코드와 연결하려고 한다.

→ 식별자 필드(227)

도메인 데이터와 데이터베이스를 매핑하는 코드를 최소화하려고 한다.

→ 메타데이터 매핑(325)

도메인 모델(122)을 기준으로 데이터베이스를 쿼리하려고 한다.

→ 쿼리 객체(337)

객체 연관 관계를 데이터베이스에 저장하려고 한다.

객체 연관 관계가 단일 참조 관계다 → 외래 키 맵핑(251)
객체의 컬렉션이 있다 → 외래 키 매핑(251)
객체 연관 관계가 다대다 관계다 → 연관 테이블 매핑(264)
공유되지 않는 객체의 컬렉션이 있다 → 의존 매핑(280)
값 객체(514)인 필드가 있다 → 포함 값(286)
데이터베이스의 다른 부분에서 사용되지 않는 복잡한 객체 연결체가 있다 → 직렬화 LOB(291)

전체 데이터베이스를 메모리에 로드하지 않고 작업하려고 한다.

→ 지연 로드(211)

상속 구조를 관계형 데이터베이스에 저장하려고 한다.

→ 단일 테이블 상속(296)
데이터베이스 접근 시 단일 테이블이 병목 현상을 일으킨다 → 클래스 테이블 상속(304)
데이터베이스에서 단일 테이블에 공간이 낭비된다 → 클래스 테이블 상속(304)
조인이 너무 많아지지만 그래도 단일 테이블을 원하지 않는다 → 구현 테이블 상속(313)

읽거나 변경한 객체를 추적하려고 한다.

→ 작업 단위(193)

단일 클라이언트 요청 안에서 데이터베이스로 변경 내용을 커밋하려고 한다.

→ 낙관적 오프라인 잠금(441)
사용자의 작업 손실을 방지해야 한다 → 비관적 오프라인 잠금(452)

단일 잠금으로 연관된 객체의 집합을 잠그려고 한다.

→ 굵은 입자 잠금(465)

잠금 전략에 허점이 생기지 않게 해야 한다.

→ 암시적 잠금(477)

원격에 있는 가는 입자 객체에 접근해야 한다.

→ 원격 파사드(412)

단일 원격 호출로 여러 객체에서 데이터를 전달해야 한다.

→ 데이터 전송 객체(427)

상태 저장 트랜잭션 중간에 상태를 저장하려고 한다.

저장하려는 상태 정보가 많지 않다 → 클라이언트 세션 상태(482)
저장하려는 상태 정보가 많다 → 서버 세션 상태(485)
진행 중인 작업을 데이터베이스로 커밋할 수 있다 → 데이터베이스 세션 상태(489)